U0680308

中等收入陷阱

基于经济转型与社会治理的理解

郑之杰◎著

清华大学出版社

北京

内 容 简 介

自改革开放以来,我国经济经历了近40年的高速增长,但近年来经济增速明显放缓。我国是否遭遇了中等收入陷阱?我国遭遇的发展问题能否用当下的中等收入陷阱这一概念及相关理论框架解释,并在此基础上找到跨越中等收入阶段的合理方案?本书一方面从经济表象和经济学角度分析中等收入阶段经济增长方式及转变的特征,另一方面以社会学视角分析中等收入阶段社会结构和体制的变化与转型特征,最后综合分析得出了本书的论断:中等收入陷阱的实质是一国在中等收入阶段经济增长面临"双重挤压",同时原有的社会结构与体制不适应新的社会发展阶段,从而引发的经济滞涨或衰退、社会矛盾加剧的现象,即经济转型与社会转型的双重困境。这一判断对于认识当前中国发展中遇到的问题非常有价值。

本书封面贴有清华大学出版社防伪标签,无标签者不得销售。
版权所有,侵权必究。侵权举报电话:010-62782989 13701121933

图书在版编目(CIP)数据

中等收入陷阱:基于经济转型与社会治理的理解/郑之杰著. —北京:清华大学出版社,2018
ISBN 978-7-302-49413-3

Ⅰ.①中… Ⅱ.①郑… Ⅲ.①中国经济-经济发展-研究 Ⅳ.①F124

中国版本图书馆 CIP 数据核字(2018)第 012300 号

责任编辑:高晓蔚
封面设计:汉风唐韵
责任校对:王荣静
责任印制:杨 艳

出版发行:清华大学出版社
　　　　网　　　址:http://www.tup.com.cn,http://www.wqbook.com
　　　　地　　　址:北京清华大学学研大厦 A 座　　　　邮　编:100084
　　　　社 总 机:010-62770175　　　　　　　　　　邮　购:010-62786544
　　　　投稿与读者服务:010-62776969,c-service@tup.tsinghua.edu.cn
　　　　质量反馈:010-62772015,zhiliang@tup.tsinghua.edu.cn
印 装 者:三河市铭诚印务有限公司
经　　销:全国新华书店
开　　本:185mm×245mm　　　印　张:27.75　　　字　数:482 千字
版　　次:2018 年 3 月第 1 版　　　　　　　　印　次:2018 年 3 月第 1 次印刷
印　　数:1~2500
定　　价:128.00 元

产品编号:072725-01

中等收入陷阱课题组

课题组组长：郑之杰

课题组成员：刘　勇　　郭　濂　　白映福

　　　　　　刘卫平　　纪飞峰　　熊　文

内 容 提 要

党的十九大报告指出,"中国特色社会主义进入了新时代。我国社会主要矛盾已经转化为人民日益增长的美好生活需要和不平衡不充分的发展之间的矛盾"。自改革开放以来,我国经济经历了近 40 年的高速增长,人均国内生产总值(GDP)2001 年跨越 1 000 美元大关,2008 年突破 3 000 美元,2016 年达到 8 123 美元,但只是高收入国家标准的 2/3。近年来,中国经济增速明显放缓逐渐成为一种社会共识。那么,我国是否遭遇了中等收入的陷阱? 我国遭遇的发展问题能否用当下的"中等收入陷阱"这一概念及相关理论框架来进行解释,并且在此基础上找到跨越中等收入阶段的合理方案? 要有效回答这些问题,必须准确把握中等收入陷阱概念的实质。而要理解中等收入陷阱的实质,则必须将这一概念置于超越特定国家经历和单纯经济视角的背景框架下进行重新理解。

本书基于"经济转型"与"社会转型"两个视角探讨了中等收入陷阱的实质,首先从经济表象和经济学角度分析中等收入阶段经济增长方式及其转变的特征;接着从社会现象入手,从社会学视角分析中等收入阶段社会结构和体制的变化与转型特征。中等收入国家要跨越中等收入陷阱,就必须成功地进行经济和社会的双转型。经济转型与社会转型互为因果、相互促进。经济转型改变了社会结构与关系,因而要求相应的社会转型与制度变迁;而社会转型的成功与制度变迁的合理化,反过来又进一步推动了经济转型的深入发展。

本书梳理了西方发达国家、拉美国家、东亚和东南亚等一些国家(地区)跨越中等收入陷阱的成功经验和失败教训,总结出中等收入陷阱的实质是一国在中等收入阶段,经济增长面临"双重挤压",同时原有的社会结构与治理方式不适应新的社会发展阶段,从而引发的经济滞涨或衰退、社会矛盾加剧的现象,即经济转型与社会转型的双重困境。最后综合分析得出了本书的论断:一个国家若要跨越中等收入陷阱,必须实现经济转型升级,同时必须充分实现社会转型。

Abstract

The CPC's official report of the 19th National Congress states, "As socialism with Chinese characteristics has entered a new era, the main contradiction in our society has been transformed into a contradiction between the growing needs of the people and the inadequatly balanced economic development." China has experienced high-speed economic growth for nearly 40 years since the adoption of the Reform and Opening policies. Though China's GDP per capita reached USD 1 000, 3 000 and 8 123 respectively in 2001, 2008 and 2016, currently the number only amounts to two thirds of that of the standard high-income country. It has become a common understanding in the global community that China's economic growth has been slowing down significantly in recent years. So has China tumbled into the middle-income trap? Can we use the concept of "middle-income trap" and relevant theories to understand the development issues faced by China? Furthermore, can we develop reasonable solutions based on such understanding to help China escape the middle-income trap? To answer these questions, we must identify the essence of the concept. While before that, we must renew our understanding of the middle-income trap by seeing beyond the experiences of some certain countries and not simply focusing on the economic perspective.

This book explores the essence of the middle-income trap based on two major perspectives, namely "economic transformation" and "social transformation". First, it analyzes the features of the economic growth pattern and economic transformation during the middle-income stage, from the perspectives of economic phenomena and economics. Then, it dives into how the social structure and institutions change and transform during the middle-income stage, from the perspectives of social phenomena and sociology. A country must perform both successful economic and social transformation in order to survive the middle-income trap. There is a causal relationship between the two types of transformation. They are also complementary to each other. Economic transformation makes changes to the social structure and relationships, thus requiring successful and reasonable social transformation and institutional reform, which would in turn promote further development of economic transformation.

By presenting how western developed countries and countries (regions) from Latin-America, East Asia and Southeast Asia escaped or got lost in the middle-income trap, this book reveals the essence of the middle-income trap: with the economic growth challenged by developed and less-developed economies, as well as the current social structure and governance system unsuitable for the new social development phase, a country in the middle-income stage will experience issues of both economic and social transformation, such as economic stagnation or recession and more intensified social conflicts. Finally, after comprehensive analysis, this book concludes that in order to escape the middle-income trap, a country must perform economic transformation and upgrading and attach great importance to social transformation, especially education, which plays a fundamental role for the successful economic and social transformations.

目录
CONTENTS

序
PREFACE

约翰·桑顿[①]

经过过去近 40 年的发展,中国摆脱了亚洲最贫穷国家之列,一跃成为世界第二大经济体,这是新时期最重要的地缘政治事件。中国实行改革开放,7 亿人民脱离贫困,完成人类史上空前的壮举。中国的崛起改写了第二次世界大战以后决定全球贸易体制的商业版图。现在,中国的银行跻身全球最大金融机构之列,中国网络公司领头羊与世界最具创新力、竞争力的公司比肩,中国游客不仅涌入纽约、东京,而且将足迹延伸至世界最遥远的角落。

但是,发展中国家如果固守过去的成功经验,面对发展带来的新挑战无法作出相应调整,成绩本身就可能成为最大负担。太多的发展中经济体没能避开"中等收入陷阱",而那些越过陷阱,实现可持续增长,成为高收入国家的案例格外引人注意,因为它们代表的例外少之又少。根据世界银行统计,1960—2008 年期间,全球仅有 13 个国家实现这种过渡。

中国人均收入(以购买力平价值计算)1990 年不足 1 000 美元,2016 年已达到15 500美元。成绩令人惊叹,但中国也由此站在了一个新的门槛上。很多经济学家认为,人均收入 16 000 美元是"中等收入陷阱"的边缘。中国国内生产总值增长速度近年来从 10% 下降到 6.5%,这样的经济指数变化引起众说纷纭,也使政策制定者集中思考中国如何避免很多发展中国家经历过的滞涨。

面对紧迫的挑战,郑之杰先生选择了这样一个课题——中等收入陷阱:基于经济转型与社会治理的理解——进行创造性的、广泛的分析。该

[①] 约翰·桑顿,布鲁金斯学会董事会主席,巴里克黄金公司董事会主席,高盛公司前总裁,清华大学经济管理学院国际顾问委员会主席,"全球领导力"项目主任、教授。2008 年,桑顿先生被授予中华人民共和国友谊奖。

课题十分及时,意义重大。中国国家开发银行是全球最大开发性金融机构,服务中国长期发展战略。作为行长,郑之杰先生享有独特的优势,可以从理论、政策和实践角度了解中等收入挑战。本书不仅体现了郑行长的专业素养,而且展示了他对所探讨问题的职业责任感和个人责任感。中国即将进入新的发展阶段,如何应对中等收入陷阱成为一个至关重要的问题,本书一定会给相关讨论带来深远影响。

本书的核心观点是,实现中等收入到高收入的转变,一个国家的经济制度和社会体制都要转型。郑行长广泛分析了多个国家的经历,指出:"从历史看来,避开中等收入陷阱的国家之所以成功,无一不是在经济、政治、社会、文化领域实现了全面转型。"他看到,政府能够在推动改革、避开陷阱方面发挥决定性作用,这点在中国尤为突出。因为从古至今,政府在中国都占据主导地位,这和有些国家不同,例如美国建国基本原则即是限制政府权力。

郑行长认为,中国在经济领域的首要挑战仍然是理顺政府与市场的关系,自20世纪70年代起,中国领导人就开始研究这一根本性问题。目前,还有很多的大型国企依赖政府规划与支持。同时,地方政府领导为了通过政绩考核,寻求更大晋升空间,过度依赖资本投入保证增长、税收、就业,利用优惠政策、优惠信贷保护低效率国企。这种做法打乱了可持续增长的市场激励机制。郑行长指出,中国"应该进一步开放市场,消除障碍,推动市场在资源配置中发挥决定性作用,创造公平竞争环境",这也会"促使政府更好地发挥作用"。这些观点极为重要。

郑行长多年奋战于中国发展工作一线,他明白,真正的改变必然会遭到强烈抵制,在现有体制下受益并拥有政治影响力的群体一定会反对。通过分析拉美、东南亚等地的案例,他得出结论:经济如果为利益集团控制和主导,就会损害市场效率,牺牲大众利益,仅满足统治阶层的狭隘需求,国家也无缘实现充分现代化。

通过分析受困于中等收入陷阱的国家案例,郑行长发现,社会矛盾突出,破坏社会稳定,也会极大阻碍进一步发展。过去几十年,中国的增长优先模式扩大了人民的收入差距。因此,中国必须实现转型,缩小财富差异,壮大中产阶级,大幅增加资源投入筑牢社会保障体系和安全网。

郑行长还提出,经济转型成功本身还不够,同时应该有深度社会转型,增强法治和良治,建立百姓普遍信任的法律体制。只有如此,中国才能"保障全体人民的生命和生活,处理社会矛盾,确保长期社会稳定和繁荣"。

同经济转型一样,社会转型也要求政府放松管控。政府应该与其他利益相关方分担责任,共同管理社会事务,在可能的领域最终实现公民自我管理。郑行长将这一目标与中国历史上的管理模式进行对比。即便今天,这种模式依然在中国得以大部分保留。他指出,"中国的社会治理面临一个根本问题,即政府是唯一的治理机制,而市场、社会和公众的力量十分薄弱,导致社会治理中行政管理过度,资源分配效率低下"。

最后,郑行长指出,教育可以成为重要力量,帮助中国越过中等收入陷阱。为世界上最多的人口提供教育,任务十分艰巨,无论从哪个角度看,中国在教育领域的成就已经十分可观。广东、重庆等地的工厂车间里,工人工作效率极高,30万中国留学生在美国求学,这都是中国教育成绩的例证。但是,全球竞争日趋激烈,中国不能骄傲自满,只有教育"能够带来经济转型和产业升级……从而实现生产力结构改革,改变生产关系,最终重塑社会的经济基础"。

我与郑行长已认识近20年。他的这部著作既有学术性,又充满人文关怀。这本著作不仅会吸引专家读者,也会吸引很多业外人士来阅读,书中探讨的问题关系到很多人的生活。对于像我这样在中国以外的读者来说,它也具有重要意义,因为如果中国能够跨越中等收入陷阱,成为发达国家,我们的世界也会变得更加美好。中国的成功关系到我们所有人。在应对挑战方面,中国有过很多成功经验,如果能够战胜中等收入陷阱的挑战,中国将会发挥示范作用,为更多同样希望改善人民生活的国家提供指引。

Preface

John L. Thornton[①]

The transformation of China over the past forty years from one of the poorest countries in Asia to the world's second largest economy is the most significant geopolitical event of our times. In the era of Reform and Opening-up, China has lifted 700 million people out of poverty—an unprecedented feat in human history. China's rise has redrawn the maps of commerce that defined the global trading system after World War Ⅱ. Today its banks are among the largest financial institutions in the world; its leading internet companies stand with the world's most innovative and competitive. Chinese travelers can be found in numbers in the remotest corners of the globe, as well as in New York and Tokyo.

Success, however, can be its own worst enemy if a developing country remains bound to what has worked in the past and fails to adapt to new challenges brought about by development itself. Many emerging economices have failed to escape the "middle-income trap," while those that have averted it to achieve sustainable growth and join the ranks of high-income countries stand out precisely because they are the exceptions. According to the World Bank, only thirteen countries successfully made the transition between 1960 and 2008.

China's per capita income (in purchasing power parity terms) has grown from less than 1 000 U. S. dollars in 1990 to over $ 15 500 in 2016. In this remarkable achievement, however, it has essentially reached the level of $ 16 000 that many economists believe is the precipice of the middle-income trap. Indicators such as the deceleration of GDP growth from 10% to 6.5% in recent years have sparked discussion and focused policymakers on the question of how China can avert the stagnation experienced by so many other developing nations.

Given the urgency of the challenge, Mr. Zheng Zhijie's original and wide-ranging examination of the topic, The Middle-Income Trap: An Analysis Based on Economic Transformations and Social Governance, could not be more timely or relevant. As the President of the China Development Bank (CDB), the largest finance development

---

① John L. Thornton is Chairman of the Board of Trustees of the Brookings Institution, Executive Chairman of Barrick Gold Corporation and Professor and Director of the *Global Leadership* Program at China's Tsinghua University. He was President of Goldman Sachs. In 2008, he was awarded the Friendship Award of the People's Republic of China.

institution in the world with a mandate to support China's long-term development strategy, Mr. Zheng is in a singular position to understand the middle-income challenge in theory, policy, and practice. What comes through in these pages is not only President Zheng's deep technical expertise, but also his sense of professional and personal responsibility for the issues he explores. That combination makes it a book that should have profound influence on the debate about this vital question in the next phase of China's development.

The book's central insight is that for a country to transition successfully from middle-income to high-income, it must transform not only its economic system, but its social system as well. After a broad-ranging survey of the experiences of countries on four continents, President Zheng concludes that, "Historically, all countries that managed to escape the middle-income trap have undergone a series of comprehensive transformations in the economy, politics, society and culture before escaping the trap." He also finds that government plays a decisive role in determining whether or not a country makes the necessary changes to avoid the trap. This is particularly true in China, given the dominant role that government has played since ancient times through to the present day—in contrast to a country like the United States, in which the founders intentionally set out to restrict government's reach.

Regarding the economy, President Zheng argues that China's primary challenge is still to delineate the relationship between government and the market—the fundamental question for Chinese leaders since the late 1970s. There are still too many cases of large state-owned enterprises (SOEs) dependent on government planning and support. Local government leaders, meanwhile, rely far too much on capital investment to maintain the growth, tax revenues, and employment by which they are assessed and promoted. The same dynamic motivates them to protect inefficient SOEs through favorable policy, credit, and loans. Such actions distort the market incentives needed for sustainable growth. President Zheng argues that China needs to "further open up the market and remove barriers to allow the market to play a decisive role in resource allocation (and) create an equal competition environment," which in turn would "enable the government to play its role better." These insights are extremely important.

Given his decades of experience on the front lines of China's development work, President Zheng understands that meaningful change will inevitably face fierce resistance from those who are invested in the current system and can exert political influence. In case studies from Latin America and Southeast Asia, he draws cautionary lessons for China: economies controlled and dominated by interest groups sacrifice efficient markets and the broader good for the narrow benefits of the ruling class; in doing so, countries ruin their chance to achieve full modernization.

In the countries that failed, President Zheng observes that intense social conflict and the resulting damage to societal stability can be one of the major elements that block further progress. This is one reason China must transition from the growth-first orientation of previous decades, which has exacerbated income inequality, to one that narrows the wealth gap, expands the middle class, and devotes far greater resources to strengthening the social welfare system and safety net.

President Zheng goes on to argue that it is still not enough to execute the economic transformation successfully. Economic reform must be accompanied by an equally deep social transformation that strengthens the rule of law and brings about good governance. It requires the establishment of a legal system that enjoys the confidence of average citizens. Only by doing this can China "guarantee the lives and livelihoods of its people, handle social conflicts, and ensure long-term social stability and prosperity."

As with economic transformation, social transformation requires that government loosen its grip. The government should share responsibility with other stakeholders in managing civil affairs and ultimately let citizens govern their own affairs wherever possible. President Zheng contrasts this with the historical model, too much of which still persists, in which "social governance in China was limited by a fundamental problem with the government functioning as the sole governing body, while the powers of the market, society and the public were too weak, if not zero, leading to over-administration in social governance and low efficiency of social resource allocation."

Finally, President Zheng makes a persuasive case that education can be a great source of strength in helping China escape the middle-income trap. By any measure, China has had remarkable success in the daunting task of educating the largest population in the world. The effects can be seen from the efficient employees on the factory floors of Guangdong and Chongqing to colleges in the United States where over 300,000 Chinese currently study. In a highly competitive world, however, China cannot afford to be satisfied or complacent. Only education "can provide economic transformation and industrial upgrading...which, in turn, restructures productive forces, changes relations of production and, in the end, reshapes the economic base of a society."

Having known President Zheng for nearly 20 years, it comes as no surprise to me that he has written a book that is at once scholarly and deeply humane. It is a volume that will hold the interest of both experts and those concerned with an issue that will affect so many lives. It is also relevant for those of us based primarily outside China, because a world in which China averts the middle-income trap and joins the ranks of developed nations is much better than one in which it fails. We are all invested in China's success. If it can safely navigate this challenge, as it has in so many other cases, China will be an example for other nations who share the universal aspiration of providing a better life for their citizens.

绪论
INTRODUCTION

实现经济与社会转型　跨越中等收入陷阱
厉以宁

　　我国改革开放近40年以来,取得了举世瞩目的发展成就。人民生活水平大幅提高,综合国力明显增强,国际影响力显著提升。2016年,我国人均国内生产总值(GDP)已经达8 123美元。按照世界银行公布的收入分组标准,即人均GDP 3 976～12 275美元为中等偏上收入国家,我国已经由长期以来的低收入国家、中等偏下收入国家成功跃升至中等偏上收入国家行列。

　　世界银行在2007年的研究报告中指出,一国在进入中等收入国家发展阶段后,既有的增长因素消耗殆尽,新的增长模式未能形成,并受到发达国家和欠发展国家的"双重挤压",很有可能在相当长的时期内陷入经济增长停滞、发展缓慢,即跌入所谓的"中等收入陷阱"。当然,在这个问题上,国内学术界还存在许多的争论和不同的看法,甚至有着明显的分歧。比如,究竟中等收入陷阱这个概念成立不成立,这个问题对于中国是不是一个真问题等。但中等收入陷阱的概念在实践上是有意义的,对于认识当前中国发展中遇到的问题是非常有价值的。

　　随着我国进入中等收入阶段,经济增长逐渐趋缓,进入中高速增长的"新常态"。目前,GDP增速已由原来的超过10%下降至2016年6.7%左右,而生产价格指数(PPI)连续40多个月出现负增长。同时,环境污染加剧、收入差距拉大、房价过高等一系列社会问题涌现。为了稳定经济增长,党的十八大以来,中央出台了诸多社会、经济、金融、产业领域的改革措施。在这样的背景下,深入研究中等收入陷阱的机理,总结世界各国跨越或跌入中等收入陷阱的经验或教训,探讨未来我国跨越中等收入的经济发展空间和转型升级路径,具有重要意义。

　　一直以来,国家开发银行以增强国力和改善民生为使命,为国家的经济社会发展作出了重大贡献。国家开发银行行长郑之杰先生和课题组的研究新作《中等收入陷阱：基于经济转型与社会治理的理解》与其他多数关于中等收入陷阱书籍不同的是，它从"经济转型"与"社会转型"两个视角去探究中等收入陷阱的实质。首先，郑之杰先生从经济表象和经济学角度分析中等收入阶段经济增长方式及其转变的特征；接着从社会现象入手，从社会学视角分析中等收入阶段社会结构和体制的变化与转型特征；最后综合分析得出了本书的论断：中等收入陷阱的实质是一国在中等收入阶段经济增长面临"双重挤压"，同时原有的社会结构与体制不适应新的社会发展阶段，从而引发的经济滞涨或衰退、社会矛盾加剧的现象，即陷入经济转型与社会转型的双重困境。中等收入国家要跨越中等收入陷阱，就必须成功地进行经济和社会的双转型。经济转型与社会转型互为因果、相互促进。经济转型改变了社会结构与关系，因而要求相应的社会转型与制度变迁；而社会转型的成功与制度变迁的合理，反过来又进一步推动了经济转型的深入发展。

本书在第二章中对世界各国（地区）跨越中等收入陷阱的成功经验和失败教训进行分析，论证了要跨越中等收入陷阱必须成功实现经济与社会的双转型。历史上看，那些成功应对中等收入陷阱的国家，无一不是通过综合性的经济、政治、社会和文化变革，才得以避免或者跨越中等收入陷阱。第三章则系统地梳理了我国在中等收入阶段面临的问题与挑战。在经济领域我国面临着由原有的要素投入向提高全要素生产率的经济增长方式的转型，但这种转型受到体制、环境、国际竞争等多方面的制约。通过对当前我国的社会特征进行分析和比较发现，我国当前同时面临着发达国家、发展中国家和转型国家这三种类型国家社会转型时所遭遇的挑战，收入差距不断拉大，社会矛盾加剧。经济与社会的转型，意味着要转变一些现有的思想观念，改变一些现有的模式、制度，淘汰一些现有的企业、部门，肯定会遇到较大的阻力。本书研究认为，只有完善的法治才能为成功转型提供制度保障，并分析、指出了我国经济与社会转型面临的法治"短板"。这也是本书不同于其他中等收入陷阱相关研究的创新之处。

在第四章中，本书从产业结构调整与经济转型、推进市场化改革、推动创新发展、大力发展教育以及提高经济治理能力几个方面进行了研究，并用翔实的数据分析了未来我国经济转型升级的空间和重点领域，对区域、产业、金融、收入、消费、教育、科创等各领域的市场化、国际化改革提出了相应建议，并结合当前中央提出的"一带一路"以及国企混合所有制改革等战略，提出了具体的研究策略。在第五章中，针对目前的社会结构、社会矛盾，强调了要以公平正义为目标来凝聚改革共识，要优化国家治理机制，通过促进社会转型发展、收入分配改革、加强民生保障等措施来优化社会结构、缓解社会矛盾、实现社会转型，并通过完善的法治建设来保障经济与社会的成功转型。

在第六章中，对当前中国参与全球化和探索中国发展道路进行了深入的分析。从参与全球治理、全球价值链与产业结构调整的方向、探索新常态下的中国发展道路和政府角色转型是跨越中等收入陷阱的关键等方面进行了论述。

本书研究认为，自改革开放蓬勃发展以来，从倡议"一带一路"为全球经济提供发展平台，到设立亚洲基础设施投资银行和参与金砖国家银行金融对世界金融体系的补充，从建立世界合作体系，到倡导人类命运共同体，不论是在经济发展、制度创新方面的贡献，还是在推动全球化以及人类价值观等各个方面的贡献，中国一直都在为引领和重塑人类文明共同体而努力，并为世界合作共赢的发展作出了重大贡献。这些都表明，中国的发展与世界的发展息息相关，中国的发展不仅能够成功跨越中等收入陷阱，更能够为全球提供经济秩序和安全秩序。

作为一名银行家，作者能够大胆突破以往将中等收入陷阱这一现象局限于经济学范畴的窠臼，从经济和社会发展两个方面进行了深入的理论研究，通过对世界各国的中等收入阶段发展史的比较研究，分析了我国经济和社会发展的特征和存在的问题，并从转变经济增长方式、推动社会体制改革、完善社会法治、加强文化道德建设、发挥开发性金融支持作用等方面，多维度、全方位地阐述了我国在中等收入阶段的经济、金融和社会、法治领域的改革路径。本书充分体现了作者宽广的视野、大胆的创新、勇于担当和实践的精神，这是一本非常值得一读的好作品。相信本书也会对广大经济、社会学者的研究工作大有裨益，并将为今后一段时期我国的经济和社会发展提供有益参考。

Completing Economic and Social Transformation to Escape the Middle-Income Trap

Li Yining

Over the last 40 years, China has made remarkable economic achievements after adopting the Reform and Opening-up policies. The living standards, comprehensive national strength and international status of the country have been greatly improved. In 2016, China's GDP per capita reached USD 8 123. According to the income group classification by the World Bank (WB), China has become an upper middle-income country (GDP per capita shall reach USD 3 976-12 275) after staying in the low-income and lower-middle-income groups for many years.

A research conducted by WB in 2007 reports that after entering the middle-income stage, a country will suffer from lack of growth drivers and incomplete new growth models, as well as challenges posed by developed and less-developed countries, which may lead to long-term economic stagnation and slower development—the so-called "middle-income trap". There is no doubt that with respect to this issue, China's academic community has varied opinions, and even totally different beliefs. For example, scholars argue over whether the concept of "middle-income trap" is valid or applicable for China. Nevertheless, the concept has great practical significance and value in understanding the current challenges faced by China's economic and social development.

As China has become a country in the middle-income stage, Chinese economy enters the "new normal" of medium-to-high speed growth, with its growth rate gradually slows down. Currently, the growth rate of China's GDP has dropped from over 10% to 6.7%, and the Producer Price Index (PPI) has experienced negative growths for more than 40 consecutive months. Meanwhile, many social issues have emerged, such as aggravated environmental pollution, widening income gap, and high house price. Since the 18th National Congress of the CPC, Chinese Central Government has introduced various reforms in social, economic, financial, and industrial fields to achieve stable economic growth. Under such circumstances, it is of great significance to study the rationale of the middle-income trap in depth, summarize experiences and lessons learned from countries that escaped or got lost in the middle-income trap, and explore opportunities for escaping the middle-income trap and how to perform successful transformation and upgrading in the future.

China Development Bank (CDB) has been devoted to the mission of "enhancing national competitiveness and improving people's livelihood", and makes great contribution to the economic and social development of China. Unlike other books on the middle-income trap, *Middle-Income Trap: An Analysis Based on Economic Transformations and Social*

Governance, a new book written by Zheng Zhijie, President of CDB, explores the essence of the middle-income trap from two major perspectives, namely "economic transformation" and "social transformation". First of all, this book analyzes the features of the economic growth pattern and economic transformation during the middle-income stage, from the perspectives of economic phenomena and economics. Then, it dives into how the social structure and institutions change and transform during the middle-income stage, from the perspectives of social phenomena and sociology. Finally, it reveals the essence of the middle-income trap: with the economic growth challenged by developed and less-developed economies, as well as the current social structure and governance system unsuitable for the new social development phase, a country in the middle-income stage will experience issues of both economic and social transformation, such as economic stagnation or recession and more intensified social conflicts. A country must perform both successful economic and social transformation in order to survive the middle-income trap. There is a causal relationship between the two types of transformation. They are also complementary to each other. Economic transformation makes changes to the social structure and relationships, thus requiring successful and reasonable social transformation and institutional reform, which would in turn promote further development of economic transformation.

Chapter Two presents how various countries across the world escaped or got lost in the middle-income trap, demonstrating that a country must perform both successful economic and social transformation in order to survive the middle-income trap. Those that successfully escaped the middle-income trap are countries that introduced comprehensive reforms in economic, political, social, and cultural fields to avoid getting lost in the middle-income trap. Chapter Three systematically outlines issues and challenges that China faces as a middle-income country. In the economic filed, China's economic growth pattern is shifting from factor input to enhancing total factor productivity, which is restricted by institutions, environment, and international competitiveness. Analysis and comparison of China's current social features reveal that China is facing challenges that developed countries, developing countries, and countries in transition would face during social transformation, i. e. widening income gap and mounting social conflicts. Economic and social transformation requires changing some current ideas, transforming some existing models and systems, and phasing out some existing enterprises and sectors, which undoubtedly will encounter resistance. This book believes that rule of law can provide institutional guarantee for successful transformation, and identifies issues related to rule of law that hinder China's economic and social transformation, which distinguishes this book from other books on the middle-income trap.

Chapter Four contains several sections, i. e. Accelerating Industrial Restructuring to Promote Economic Transformation, Advancing Market-Oriented Reform to Ensure Greater Economic Vitality, Promoting Innovation to Further Stimulate Development, Education: the Key to Escaping the Middle-Income Trap, and Improving Economic Governance Capacity. Based on detailed data, this chapter analyzes opportunities and key areas for China to perform economic transformation and upgrading, makes recommendations for market-oriented and global approaches in fields including regional development, industry, finance, income, consumption, education, and technological innovation, and puts forward specific research strategies on the basis of strategies developed by Chinese Central Government, including the "One Belt, One Road" initiative and mixed ownership reform in state-owned enterprises. Given current social structure and social conflicts, Chapter Five highlights the importance of reaching consensus on reforms based on fairness and justice. This book points out that, only through optimizing the national governance system to facilitate social transformation and development, reforming income distribution models and improving livelihood, can we improve the social structure, ease social conflicts, and successfully perform social transformation, and achieving rule of law is the guarantee for successful economic and social transformation.

In the sixth chapter, China's participation in globalization and exploration of the country's development path are analyzed. Problems are discussed pertaining to participation in global governance, the direction of the global value chain and industrial restructuring, leaping over the middle-income trap and the government role's under the New Normal.

Solutions are then put forward. No one can ignore China's achievements since the Reform and Opening-up, including proposing the "Belt and Road Initiative" as a platform for world economic development, founding the Asian Infrastructure Investment Bank and co-founding the New Development Bank as supplements to the global financial system, pushing for more global cooperation in a number of areas and advocating a community of shared future for all mankind. It's undeniable that China has striven to lead and reshape a common civilization for all mankind that encompasses economic development, institutional innovation, globalization and human values. Therefore, China's development is closely in line with the world's development as a whole. And not only will China succeed in crossing the middle-income trap, it will be trusted to offer economic opportunities and security for the world as a high-income country in the future.

As a banker, Mr. Zheng carries out in-depth study from perspectives of economic and social development instead of mere economics. This book compares the middle-income stage in various countries across the world, analyzes features and issues in China's economic and social development, and comprehensively explores approaches of reforms in China's economic, financial, social, and legal fields in the middle-income stage, which include changing economic growth patterns, facilitating reforms in social institutions, achieving rule of law, enhancing cultural and moral construction, and making use of development finance. This book is worth reading for demonstrating the broad vision, bold innovation, and pursuit for practice of Mr. Zheng. I believe it is beneficial for other economists and sociologists in this field, and will offer valuable references for China's economic and social development in the near future.

跨越中等收入陷阱亟须提高治理能力①

郑之杰

中国特色社会主义进入新时代,我国社会主要矛盾已转化为人民日益增长的美好生活需要和不平衡不充分的发展之间的矛盾。随着我国进入中等收入阶段,经济增长逐渐趋缓,进入中高速增长"新常态"。习近平总书记之所以高度重视中国如何迈进高收入阶段及进入后如何保持的问题,是因为跨越中等收入陷阱的本质不是数量问题,而是治理水平的质量问题。如果国家治理体系和治理能力达不到现代化标准的话,即使是在低收入阶段照样存在着发展陷阱;有的国家虽然进入了高等收入阶段,反而拉大了贫富差距,更加剧了社会矛盾,难以保证持续发展。因此,在我国处于跨越中等收入陷阱的关键时期,有必要分析世界各国跨越中等收入陷阱阶段的成功经验和失败教训,提高治理能力,全面构建国家经济治理的法治化机制和实现路径,在法治的轨道上推进国家治理。

一、提高经济治理能力,适应经济的发展要求

纵观我国经济发展脉络,政府和市场关系问题贯穿于我国改革开放近40年发展历程。经济腾飞离不开市场在配置资源中所发挥的越来越重要的作用,但要想跨越中等收入陷阱,还必须进一步推进市场化改革、释放经济活力。

深化经济体制改革,转变政府职能。党的十八届三中全会《关于全面深化改革若干重大问题的决定》(以下简称《决定》)指出,经济体制改革是全面深化改革的重点,核心问题是处理好政府和市场的关系,使市场在资

---

① 原载中共中央党校《学习时报》2016 年 8 月 11 日第 1 版,作为本书前言有增补。

源配置中发挥决定性作用和更好地发挥政府作用。政府的职责和作用主要是保持宏观经济稳定,加强和优化公共服务,保障公平竞争,加强市场监督,弥补市场失灵,维护市场秩序,推动可持续发展,促进共同富裕。

扩大市场开放程度,消除市场壁垒。由于历史原因,我国政府与企业长期以来联系在一起,在市场经济制度建立和完善的初期,我国的政企分离还不够彻底,企业经营机制及管理理念尚未彻底转变,部分行业准入不放开,且关键资源定价仍掌握在政府之手,降低了经济效率;部分企业,尤其是大型国企习惯于依赖政府的安排和照顾,与此同时,为了增加税收和保证就业,地方政府又往往具有很强的依靠投资拉动经济的冲动,从而在政策、信贷方面支持和保护了一些低效率的大型企业。地方政府出于自身财政收入和政绩的考虑,也往往使用行政命令的方式限制、排斥或阻碍外地同类企业参与竞争。

需持续扩大市场开放,打破阻碍市场的壁垒。当前,我国经济面临着较大的下行压力,但经济增长仍有巨大空间。然而,部分较好的投资机会却被名目繁多的市场准入所限制,大量的社会资本可望而不可即,影响了市场的活力和运行效率。因此,需要持续扩大市场开放,打破壁垒,发挥市场在资源配置中的决定性作用,为社会资本创造公平的竞争环境,从而释放出巨大的投资潜力。

具体做法如下:一是对内对外全面推行市场准入负面清单制度,实现"法无禁止皆可为"。二是重点开发开放试验区、沿边国家级口岸、边境城市、边境和跨境经济合作区等沿边重点地区。这些地区是我国深化同周边国家和地区合作的重要平台,是沿边地区经济社会发展的重要支撑,也是"一带一路"发展的重要内容。三是完善重点领域价格形成机制,实现竞争性领域和环节价格基本放开。要健全政府定价制度,推进定价项目清单化,推进政府定价公开透明。凡是能由市场形成价格的都交给市场,坚持放管服结合,强化事中事后监管,提高监管效率。

二、提高政府与市场互补治理能力,调整好两者的关系

在跨越中等收入陷阱的重要阶段,处理好政府与市场的关系,更好地发挥政府的作用,并使市场在资源配置中起决定性作用,核心是要合理地

界定政府与市场之间的动态边界,而这其中的关键在于厘清政府行为的边界。应明确:"以经济建设为中心"并不意味各级政府直接从事生产经营活动,应始终坚持"三不"的原则,即一不干预微观经济活动,二不包办企业决策,三不代替企业招商引资,从而逐步摆脱商务性经营职能,不再成为直接推动经济增长的主导力量,让市场机制在资源配置上发挥更多的主导作用。同时,完善政府的经济调节职能和市场监管职能,特别是针对当前普遍存在的"缺位"情况,强化和健全政府的社会管理和公共服务职能,尽快改变公共产品供给不足状况,逐步实现基本公共服务的均等化。

客观地分析,在经济发展水平尚低、工业化进程尚处在起步加速阶段、市场尚不完善的情况下,政府在经济发展过程中的积极介入有重要的合理性。特别是应看到,地方政府在引资竞争中所表现出的种种"亲"企业行为对改善企业运营环境很有裨益,尤其是对民营企业而言。但在政府介入的过程中,有一个基本原则必须明确,就是不能混淆相关行为方的权力边界和风险承担区间,造成过大的行政渗透和扭曲,从而影响市场的有效运行,保持"清"的定位。

需要指出的是,在政府主导型经济发展模式所引发的政府行为微观化、企业化、趋利化的背景下,尤其应防止"坏的市场经济"的出现,也就是政府强势介入过程中所产生的权力与资本合谋、权力与利益交换的权力市场化倾向,这可能引发利益集团的内生形成。这种内生性利益集团不同于市场化过程中由公平竞争产生的一般性利益集团,他们往往具有更强烈的动机以维持现状,抵制某些具有帕累托改进性质的改革政策的引入。由于这些特殊的利益集团具有较一般的利益集团更强的行动能力,可以对政治决策过程施加更强的影响力,因此更有可能妨碍尚未完成的市场化转轨,使深度介入的政府权力无法随着经济发展阶段和市场成熟度的变化而适时退出,进而使制度安排长期被锁定在低效率均衡状态,也使寻租的土壤滋生发展。世界上一些国家(如一些拉美国家和东南亚国家)因一个无处不在、极为强势的趋利性政府而带来的危害就是前车之鉴。这些由权贵控制和主导的市场经济国家纷纷落入发展的陷阱,无法顺利实现现代化的教训值得我们深刻吸取。

与此同时,我们必须正确认识和把握国家治理能力现代化。

一是从治理主体角度讲,有效的治理,突出强调社会公共事务的多方合作治理。过去我们的社会管理存在一个根本性的问题,就是作为管理主体的政府一家独揽,市场、社会、民众的力量比较薄弱,甚至缺席,这导致了社会治理的过度行政化,造成了社会资源配置效率的低下。通过改革,从政府与市场关系而言就是要回归市场本位,充分发挥市场在资源配置中的决定性作用,这是治理能力现代化的关键;从政府与社会的关系而言就是要回归人民本位,让人民群众以主体身份参与到社会治理中去,实现自我治理,这是治理能力现代化的突破口。

二是从权力运行角度讲,有效的政府治理,必须合理定位政府职能。原来政府承担了其他主体的许多职能,现在要通过简政放权,明确权力清单,放权于市场、放权于企业、放权于社会,明确政府与市场、政府与社会权力的边界范围。在此基础上,顺应经济社会发展的形势和要求,推动政府职能向创造良好发展环境、提供优质公共服务、维护社会公平正义转变。

三是从组织结构角度讲,有效的治理,必须以科学合理的政府组织结构为基础。重点是要优化政府职能配置、机构设置、工作流程,完善决策权、执行权、监督权既相互制约又相互协调的行政运行机制,用机制再造流程、简事减费、加强监督、提高效能。

三、提高财政与货币统筹治理能力,处理好两者的关系

在跨越中等收入陷阱的关键阶段,为了保证财政政策和货币政策的有效性,我们有必要从经济结构的角度展开对财政政策和货币政策传导机制的分析。有别于以往对财政政策和货币政策传导机制本身的分析,将对传导机制的研究具体为经济结构对传导效果的影响,进而为财政政策和货币政策工具的选择提出更有针对性的意见。

改善民生系财政增加支出的重心。积极财政政策的操作历来有两个工作线索:增加支出与减少税收。财政扩张的主要载体之所以由"增支"转为"减税",一个十分重要的考虑就在于,我们要在稳增长与调结构两大目标之间寻求平衡。

鉴于稳定物价总水平仍然是我们的重要任务,更鉴于稳增长和调结构两大目标必须兼容,尤其是不能再走以牺牲调结构换取保增长的老路。即是说,增加支出的重点,要由以往相对偏重投资适时转移到着力拉动消费

需求上来。

具体而言,有关"增支"的安排,除了继续着眼于优化投资结构之外,当前最重要的工作,就是要通过一系列以改善民生为主要线索的支出项目及其规模的增加,来拉动终端消费。其中,比较重要的有:落实最低工资制度,提高低收入者劳动报酬;促进增加农民收入;基本实现新型农村社会养老保险和城镇居民社会养老保险制度全覆盖;提高城乡居民最低生活保障水平、部分优抚对象待遇和企业退休人员基本养老金;支持建立企业职工工资正常增长和支付保障机制;增加财政补助规模,提高城乡居民特别是中低收入者的收入,减轻困难群众在教育、医疗、住房等方面的负担;大力支持保障性安居工程建设等。

可以预期,以结构性减税为重心并辅之以改善民生为主线索的一系列增加支出的操作,有利于收支两翼彼此协调、互相策应,意味着将来的积极财政政策操作将有可能走出一条与当前国内外经济形势相契合、同整个宏观经济政策布局相协调的路子。

增加需求应调整财政制度。当前,中国经济所面临的真正的挑战在于经济增长的不平衡、不充分和不可持续性。其重要原因在于:一方面,需求明显不足;另一方面,供给侧结构性改革不到位。在全球金融危机以前,中国快速的经济增长,部分原因来自美国和欧洲强劲的外部需求,而这些需求现在正逐渐减小,中国投资率及效率将持续走低。要解决中国经济的扩大需求和持续增长问题,适应中国的发展首要的方法应该是调整中国财政制度,这将有利于弥补放缓的投资增长和变弱的出口市场。中国财政预算的不合理在于其有限的规模,以及中央和地方的收入和支出分配的方式不一致。社会主义经济体的特点是能够拥有和控制所有关键性资源并主导所有主要的战略活动,而中国财政总预算只占了国内生产总值(GDP)的28%,这个比例与其他类似国家相比实在是偏小。如中等偏上收入国家占35%,经济与合作发展组织(OECD)大多数经济体占40%～45%。据世界银行报告《2030年的中国》分析,与其他类似国家相比,中国财政预算所提供的社会服务及其他消费需求所占GDP的百分比排倒数第三。这就解释了中国总体消费比例(家庭和政府)要比其他类似国家低10%～15%的原因。如果中国实施财政改革,将能够提高政府支出,增加其GDP占比约4%～5%。这样一来,就能够确保中国有足够的需求,以维持年均6%～

7％的经济增长率。

货币政策的取向及思路。央行将继续实施稳健中性的货币政策,同时正确处理经济平稳发展、结构调整和通胀预期管理三者的关系,全力维护好经济增长、物价稳定和风险防范三者的平衡。主要有以下几个方面的思路。

一是促进规范金融市场的建立,大力深化金融机构改革。继续深化大型商业银行改革,不断完善公司各方面管理,逐步实现现代金融企业制度,继续深化内部管理和风险防范管理,提高创新能力和国际竞争力。

二是提高金融体系配置效率,完善金融调控机制,扎实推进利率市场化改革和人民币汇率形成机制改革。加快完成市场基准利率体系的建成,努力提高央行对市场利率调控水平,正确高效引导金融机构进行风险定价,要善于利用好利率浮动定价权进行合理定价,还要加强主动负债管理和成本约束,做到科学评估利率风险,合理完善定价机制,自觉维护定价秩序,最终促进经济金融协调发展。

继续深化人民币汇率形成机制的改革创新,增强人民币汇率双向浮动弹性,使市场供求规律能在汇率形成中发挥更大作用,以便保持人民币汇率基本稳定在合理均衡水平上。同时加快发展外汇市场,推动汇率风险管理工具创新,密切关注国际形势变化对资本流动的影响,加强对国际资本的有效监控。协调人民币在国际贸易投资中的使用,积极拓宽人民币流出和回流渠道。

三是全力支持对经济结构的调整,不断优化信贷资源配置,以便更好地服务于实体经济发展,构成产业体系内协同。正确引导金融机构加强管理和产品创新,探索适合的信贷管理模式,加大金融支持节能减排和低碳经济发展力度,积极培育多层次、多元化、良性竞争的农村金融服务体系,为促进农业增产、农民增收、农村发展提供更多的金融支持,努力开创金融支持就业、扶贫、助学等民生工程的新局面;加大对中小企业尤其是小微企业的金融支持力度;加大对事关全局、带动性强的重大项目和科技、文化产业、旅游业、战略性新兴产业等国民经济重点领域的支持;配合国家区域经济发展政策,继续做好区域经济协调发展的金融支持和服务工作。加大存量信贷资产的结构调整力度。坚决落实差别化的各项住房信贷政策,加大对保障性住房、中小套型普通商品住房建设和居民首套自住普通商品房消费的监管力度,坚决抑制投机投资性购房需求。

四是全方位引导货币信贷及社会融资规模稳步健康增长,深化宏观审慎政策框架和双支柱调控,全面运用各种货币政策工具,保持合理的市场流动性。继续发挥宏观审慎政策的逆周期调节作用,根据经济景气变化、金融机构稳健状况和信贷政策执行情况等对有关参数进行适度调整,引导金融机构有针对性和灵活性地支持实体经济发展。根据国际宏观经济形势,综合货币收支和流动性供需关系,运用央行票据、存款准备金率、逆回购、正回购等各种流动性管理工具,综合调节好银行体系流动性,引导市场利率平稳浮动。

五是切实维护金融体系稳定,严密防范系统性金融风险,既要防范"黑天鹅"事件,更要防范"灰犀牛"事件。巩固健全系统性金融风险的防范预警和评估体系,强化不同行业、不同市场和国际金融风险的监测评估,防范部分地区、行业、企业等实体经济风险及非正规金融风险向金融体系的传导。建立风险预警和处置预案,促进存款保险制度的建设。用综合措施维护金融稳定,尽最大可能地防患于未然。深化宏观审慎政策改革,引导金融机构稳健经营,对加强系统重要性金融机构监管政策措施深入研究,敢于创新,提出切实可行的办法。督促金融机构加强内控和风险管理,继续加强对金融机构表外业务、地方政府融资平台贷款和房地产业的风险评估与监测管理。

四、增强金融治理能力,提高金融市场化程度

在世界金融格局调整变化的格局中,跨越中等收入陷阱的经济治理的重心是金融治理能力的提高。因此,中国金融业要实现全球的战略定位必须看清面对的主要困难与挑战。

金融市场化程度有待提高。从国际金融体系的演变和发达国家的历史经验来看,一国尤其是像中国这样由计划经济向市场经济转变的发展中大国,要想在全球金融格局中占据一席之地,实现后危机时代金融的战略定位和跨越发展,一个自由而开放的宏观金融环境必不可少。因此,在今后一段时期内,中国应不断深化金融改革,提高金融市场化程度,努力解决以下三个问题。

一是利率市场化障碍有待克服。利率是金融产品和服务的基本价格，是其他众多金融创新和衍生产品定价的参照基准，因此在发挥市场配置资源作用方面有着重要的意义。通过利率市场化，金融机构能够自主地提供多样化的金融产品和服务，并在消费者的自由选择中实现优胜劣汰，从而平衡差异性金融产品和服务的供求关系，帮助企业对风险进行正确的判断和定价，促进资金的优化配置。此外，市场化的利率还是建立顺畅、有效的货币政策传导机制的基本保证，反映了经济宏观调控的需要。中国的利率市场化是一个循序渐进的过程，分别经历了放开国内外币存贷款利率，扩大银行贷款和存款利率的浮动范围，在企业债、金融债、商业票据方面以及货币市场交易中全部实行市场定价，扩大商业性个人住房贷款利率的浮动范围等阶段，但这远未达到社会主义市场经济对资金价格市场化的内在要求。因此必须继续有规划、有步骤、坚定不移地推进利率市场化改革。

二是资本流动壁垒有待疏通。随着中国经济改革的稳步推进和经济空间的逐步拓展，资本市场也获得了长足发展，其重要性日益明显。目前，中国在国际经济方面发挥的作用越来越大，而在国际资本市场中的影响力却微乎其微，其中一个重要原因就是资本市场的开放程度不高，从而阻碍了国际资本的流动。尽管对资本流动的管制能够有效地防止资本快速流动引发的风险，但是也失去了在全球范围内优化资源配置的好处。未来中国要想在经济发展和资源利用间找到平衡点，扩大在国际金融市场上的作用，就要稳步地放松资本的流动管制，保证在市场经济条件下的公平竞争。

三是汇率障碍有待减少。根据克鲁格曼的"不可能三角"模型，一国不可能同时实现资本的自由流动、货币政策的独立性和汇率的稳定。未来中国要想在实现资本全球配置的同时，拥有独立的货币政策，汇率的市场化改革势在必行。更为重要的是，汇率制度改革还能够为人民币的国际化创造良好的货币环境。今后仍需进一步推动人民币汇率形成机制改革，增强人民币汇率的弹性，提高在资本开放过程中的抗风险能力，为人民币成为世界主要货币之一的战略目标奠定基础。

金融结构有待进一步优化。目前，中国的金融系统仍然以银行为主，占73.4%。这突出表现在：银行资产在全部金融资产中占有绝对优势，资本市场的发展尽管增加了直接融资的比重，但间接融资的主导地位仍未得到根本性的转变，保险业、信托和金融租赁业发展缓慢，社会融资风险高度集中于银行。过多的货币性资产无疑会压缩社会融资的途径和空间,降低金融创新的能力和动力,使得企业的负债水平居高不下,不利于金融结构的优化和实体经济的发展。其资源分配又主要集中于国有企业和大型企业,从而将大多数中小企业和民营企业排斥在有组织的金融市场之外,这在客观上催生了各种形式的民间金融市场,在加剧金融系统不稳定因素的同时,增加了金融监管的难度。

金融城乡二元结构有待缩小。一方面,农村和欠发达地区产业化程度低,经济效益不明显,信息成本较高,又缺乏足够的抵押担保品和防范风险的可替代手段,从而导致金融机构往往不愿意在上述地区开展业务,造成"市场失灵";另一方面,通过政府补贴和非营利性组织捐助等形式注入的资金,由于逆向选择和道德风险等原因,在实践中使用效率较低,违约情况时有发生,影响了资金的循环使用,并降低了农村和欠发达地区的整体信用状况,造成"政府失灵"。上述两种"失灵"反过来又会产生明显的虹吸效应,引起资金从农村到城市、从西部到东部的逆向流动,进一步阻碍当地的经济发展和合理、均衡的金融结构的形成。

因此,中国金融要在跨越中等收入陷阱阶段发挥重要作用,并在国际金融危机后实现战略崛起,必须首先着力解决自身存在的结构性难题,不断优化金融业的内部结构,建立统一的全国金融市场,推动金融系统的健康发展。

提高对金融治理重要性的认识。纵观世界各国在从中等收入阶段向高收入阶段发展的过程中,都会面临巨大的经济社会转型的挑战,其中,金融治理在此阶段起到基础性作用。中等收入陷阱缘于中等收入经济体的经济不稳定,而经济不稳定则主要缘于频繁爆发的金融危机。中等收入经济体之所以频发金融危机,是因为其经济与社会转型所引发的一系列结构性问题。避免中等收入陷阱,关键在于防范金融危机:政治上,要建立强有力的支撑改革和审慎监管的体制;政策上,要及时地、审慎地推进财政改革和金融改革;技术上,要实施宏观审慎监管,维持金融稳定,并建立有效应对危机和加速危机恢复的机制。中国正处于中等收入中后期阶段,要跨越中等收入陷阱,关键同样在于避免金融危机。而防范金融危机,关键在于防止不稳健的金融自由化和对企业债务问题的不当处理。

五、提高社会治理能力，适应社会的发展要求

纵观世界各国跨越或跌入中等收入陷阱的经验和教训，要跨越中等收入陷阱必须成功实现经济与社会的双转型。历史上看，那些成功应对中等收入陷阱的国家，无一不是通过综合性的经济、政治、社会和文化变革，才实现了避免或者跨越中等收入陷阱。根据习近平总书记提出的全面建成小康社会、全面深化改革、全面依法治国、全面从严治党的战略布局，以及党的十八届三中全会《决定》提出的创新社会治理、改进社会治理方式，并强调"加强党委领导，发挥政府主导作用，鼓励和支持社会各方面参与，实现政府治理和社会自我调节、居民自治良性互动"的精神，新形势下，创新社会治理、改进社会治理方式、发挥政府主导作用，首要的是全面提高政府社会治理能力。

一是提高社会治理主导能力。应充分发挥政府在社会治理中的引导和统筹作用。二是提高社会多元主体合作能力。在社会治理中，政府并不是唯一主体，其他社会组织或团体也需承担社会治理责任，维护社会秩序，参与社会事务。三是提高有效预防和化解社会矛盾的能力。坚持以人为本，高度关注民生，重点解决好普遍多样的民生问题；坚持预防为主、调解优先，综合运用多种调解手段，形成科学有效的诉求表达机制、矛盾调处机制、利益协调机制、心理干预机制、权益保障机制，确保群众的合理诉求及时得到解决；建立健全重大决策社会稳定风险评估机制，凡是涉及群众利益的重大决策、项目、工程等，都应广泛听取民意，充分考虑可能产生的各种影响。四是提高维护公共安全能力。提高政府维护公共安全能力，是在日益复杂的国际国内环境下深化改革、促进发展的必然要求。五是提高自身变革与发展能力。政府的主动性、前瞻性变革是社会治理目标实现的前提条件和基本保障。实现主动性、前瞻性变革，要求政府主动审视外在环境变化和社会发展要求，积极转变角色，确立社会规则制定者、公共服务提供者、社会秩序维护者的定位；主动借助智库和外脑，深入研究社会治理的一般规律与特殊表现，有效整合社会治理资源，避免"塔西佗陷阱"；随环境和形势变化自觉调整和完善治理模式，不断提高自我调整、自我改革的能力。

从发达国家经济与社会转型的经验及启示分析来看,以美、英、法、德为代表的西方发达国家,进入高收入阶段的路径与策略不尽相同。然而,它们都经历了全面而又深刻的经济发展动力转型和社会治理能力提高。

发达国家的工业化首先表现为人的专业化,劳动力的专业化素质和劳动生产率的提高在经济增长过程中起到了突出作用。中国在今后相当长的时间内,要继续用好"人口红利",更加注重依靠"人才红利"。要实现这一目标,必须一靠教育,二靠科技,两者有机结合,提升中国创造财富的能力,推动社会文明进步。西方发达国家的经验证明,城市化必须建立在工业化的基础之上。从整体上说,没有工业化就没有城市化,但工业化发展到一定阶段以后,其对城市化的促进作用渐趋减弱,而服务业等第三产业的兴起,将会加快推动城市化的发展。

许多研究认为,阶层对立、分配不公、政治腐败、社会失范等现象,是一个国家落入中等收入陷阱之后的社会后果。但实际上,对拉美、南亚和苏东那些陷入中等收入陷阱的国家的经济发展和社会问题的分析表明,这些国家落入中等收入陷阱的原因,除了创新不力、转型不畅之外,畸形的社会结构、失衡的利益关系、匮乏的福利保障和低效的行政能力,这些社会因素同样不可忽视。而欧美发达国家和日、韩等东亚国家的经验也表明,成功进入高收入阶段的条件,除了产业升级和转型等经济转型之外,还需要社会治理制度规范和社会治理能力的进一步提高。

各国经验和教训表明,中等收入阶段和高收入阶段需要不同的社会条件,那些在中等收入阶段可以支持高速增长的社会条件,往往无法支持高收入阶段的经济增长。这些不同类型国家的经验教训告诉我们,跨越中等收入陷阱,既需要经济转型的努力,也需要社会转型的努力。

因此,跨越中等收入陷阱,既需要完成经济转型,也需要社会治理能力的提高,我国也不例外。然而,推进社会转型,我国面临着复杂难解的多重挑战,难度可谓空前。过去近40年的经验表明,只有坚持改革开放、解放思想,充满自信、抓住机遇,从顶层设计的高度统筹安排,我国才能成功应对这一挑战,从而又快又好地跨越中等收入陷阱,全面建成小康社会。

Escaping the Middle-Income Trap
Requires Increasing Governance Capacities[①]

Zheng Zhijie

Socialism with Chinese characteristics has entered a new era, the main contradiction in our society has been transformed into a contradiction between the growing needs of the people and the inadequately balanced economic development. As China emerges as a middle-income country, its economic growth slows gradually. And it enters into a "new normal" characterized by medium or high speed growth. Xi Jinping, General Secretary of the CPC Central Committee, attaches great importance to issues such as how can China move on to the high-income stage, and how to stay in that stage, because escaping the middle-income trap, in its essence, is not an issue of quantity, but an issue of the quality of governance. Without modernized governance systems and capacities, countries may still come across development traps at the low-income stage. Although some countries have entered the high-income stage, they experience larger wealth gap, and intensified social conflicts, which makes it difficult to maintain sustainable development. Therefore, as we are at a critical juncture of escaping the middle-income trap, it's critical to review the lessons of success and failure learned by countries around the world in escaping the middle-income trap, enhance governance capacities, construct the legal system and roadmap for national economic governance in a comprehensive manner, and advance national governance on the track of rule of law.

I. Enhancing Economic Governance Capacities to Adapt to the Development Needs of the Economy

Reviewing the development path of our economy, it can be observed that the relationship between government and market continues to be an issue in the forty years of development since the reform. Although the economic boom requires the market to play a fundamental role in resource allocation, it is necessary to take further steps in escaping the middle-income trap, such as facilitating market-oriented reforms and invigorating the economy.

Further Reforming the Economic System to Transform Government Functions. In the Decision of the CCCPC on Some Major Issues Concerning Comprehensively Deepening the Reform made in the 18th The Third Plenary Session of the 18th CPC Central Committee,

---

[①] This was an article originally published in the first edition of the August 11, 2016 issue of *Study Times*, a newspaper published by the Party School of the CPC Central Committee, and was edited as the foreword of this book.

the reform of the economic system was recognized as the focus of all the efforts to deepen the all-round reform. And the core issue to be addressed is handling the relationship between government and market properly to allow market to play a decisive role in resources allocation, and enable the government to play its role better. The role and function of the government is to maintain the stability of the economy on the macro level, enhance and improve public services, safeguard fair competition, enhance market supervision, complement market failure, maintain the order of the market, promote sustainable development and common prosperity.

Establishing a More Open Market to Eliminate Barriers to Market Entry. Due to historical reasons, the government and enterprises have been closely associated for a long time in China. In the early stage of building and refining the market economy mechanism, the functions of the government and those of the enterprise were not thoroughly separated. The operation system and management mindset were not completely changed. The access to some industries was not granted. And the government was still in control of the pricing of key resources, which lowered the efficiency of the economy. Some enterprises, especially large SOEs, were used to relying on government planning and support. Meanwhile, to increase tax revenue and assure employment, the local governments are highly motivated to rely on investment to drive economic growth, and support and protect some large enterprises through policy, credit and loans. Out of the concern for fiscal revenue and political track record, local governments were used to using administrative orders to restrict, reject and hinder the involvement of non-local companies in the same industries in the market competition.

Further Opening Up the Market and Remove Market Barriers. Chinese economy is facing large downward pressure, yet still has great growth potential. However, some good investment opportunities are constrained by various market access policies, making these opportunities inaccessible for a large amount of social capital, thus taking a toll on the vigor and efficiency the market. Therefore, we need to further open up the market, and remove market barriers to allow the market to play a decisive role in resource allocation, create an equal competition environment for social capital and unleash massive investment potential.

First, fully rolling out a negative list for market access to both international and domestic companies, and allowing the companies to engage in anything that is not prohibited by the law. Second, focusing on the development and opening-up of critical border areas such as pilot zones, state-level border ports, border cities, border and cross-border economic cooperation zones. These areas are important platforms for our cooperation with neighboring countries and regions. Third, completing pricing mechanisms of critical sectors, and easing most of the control over the pricing in competitive sectors and segments. It is also necessary to strengthen government pricing mechanisms, facilitate the management of government-priced items through lists, and improve the openness and transparency of pricing activities by the government. We should also trust the market with the pricing of all items that can be priced by the market, combine power delegation with strict oversight, strengthen regulation in-process and afterwards, and improve the efficiency of regulation.

II. Improving Complementary Governance Capacities Between the Government and the Market with Balanced Roles Played

In the crucial stage of escaping the middle-income trap, to balance the roles of the government and the market with the latter playing a decisive role in the allocation of resources and the former doing complementary work, the key is to clarify the appropriate boundary between the government and the market, which depends on the identification of government acts. It is important to note that "taking economic development as the central task" does not imply that governments of all levels should be directly involved in business production or management. All governments should consistently stick to a "Three-No" principle of no intervention in microeconomic activities, no decision making of business activities, and no introduction of investment for business entities, so as to gradually get rid of its business functions, giving back the leading role of resource allocation to the market and avoiding directly promoting economic growth as a dominant force. In addition, efforts should be made to improve the government's functions of economic regulation and market supervision, and in the particular common cases where the governments fail to play their roles, to strengthen and improve their functions of social management and public service, with a view to filling the gaps in public goods supply as soon as possible, and gradually achieving balanced supply of basic public services.

From an objective point of view, it is reasonable for local governments to proactively involve themselves in the economic growth when the economy is underdeveloped, the industrialization has just started, and the market imperfect. In particular, it should be acknowledged that local governments have improved the business environment for business entities, especially for private entities, by taking pro-business measures in the competition for investments. However, a basic principle must be upheld by governments that they should not change the boundaries of rights or the amount of risks of related business entities, so as to avoid too much administrative intervention and ensure effective functioning of the market, keep the target of "distinct".

It is essential to note that against the backdrop of government acts being increasingly of micro level, similar to those of business entities, efforts should be made in particular to avoid an "ill-functioning market economy" created by marketization of powers during strong government intervention in forms of collusion of power and capital and exchange between powers and capitals, which may generate endogenous interest groups. These interest groups are different from the general ones fostered as a result of fair competitions during market development, as the former have stronger incentives to maintain the status quo and to curb Pareto-improving reforms. Since the endogenous interest groups have stronger capacities than the general ones and are able to exert greater political influences on the political decision-making process, they are therefore more likely to hinder the undergoing transition to a market economy and the withdrawal of deeply involved governments from the market, so as to maintain an inefficient yet balanced system for long. The harms of these interest groups can be seen in some countries (such as Latin American and Southeast Asian countries) where extremely powerful governments seeking profits are ubiquitous. These market economies controlled and dominated by the ruling elites have fallen into the trap of economic development, and failed to successfully achieve their modernization, from which we should learn lessons.

Meanwhile, we must develop accurate understanding of the modernization of governance capacities.

First, from the perspective of governing bodies, effective governance highlights governance of public affairs that involves multiple stakeholders. Previously, the social governance in China was limited by a fundamental problem, with the government functioning as the sole governing body, while the powers of the market, the society and the public being too weak, leading to over-administration in social governance and low efficiency of social resource allocation. The objectives of reforms include: from the perspective of the relationship between the government and the market, giving back the central role to the market so as to allow the market to play a decisive role in resource allocation, which is key to the modernization of governance capacities; and from the perspective of the relationship between the government and the society, putting the people in the center with a view to enabling them to function as a governing body in social governance and achieving self-governance, which is the impetus for the modernization of governance capacities.

Second, from the perspective of power operation, effective governance calls for a proper identification of government functions. The functions of other governing bodies previously practiced by the government should now be delegated to the market, business entities and the society, with the boundaries of powers between the government and the market and between the government and the society clearly defined. On this basis, efforts should be made to adapt to the situation and requirements of economic and social development, and to promote the transition of government functions centered on creating favorable environments for development, providing high quality public services, and maintaining social fairness and justice.

Third, from the perspective of organizing structure, effective governance must be built on a scientific and reasonable government structure. The key is to optimize government functions, institutional settings and work processes, and to enhance an administrative mechanism with powers of decision-making, execution and supervision constraining and coordinating with each other that can be used to optimize processes, reduce costs, strengthen supervision and improve efficiency.

III. Improving Capacities of Coordinated Fiscal and Monetary Governance and Properly Addressing Their Relationship

At the key stage of escaping the middle-income trap, to ensure the efficacy of fiscal and monetary policies, it is necessary for us to analyze the transmission mechanism of fiscal and monetary policies from the standpoint of economic structure. This type of analysis, which is distinct from the previous practice of analyzing the transmission mechanism itself, focuses the research on transmission mechanisms on the influence of economic structure on transmission effects, thus providing more targeted views on the selection of fiscal and monetary policy tools.

Improving people's livelihood is the focus of increasing fiscal expenditure. Increasing expenditure and decreasing taxation have always been the two threads of proactive fiscal policy operations. An important consideration as to why the main conduit of fiscal expansion is switched from increasing expenditure to decreasing taxation is that we need to seek balance between the two major goals of steady growth and structural readjustment.

Given that stabilizing the overall price level remains an important mission for us and due to further consideration that the two major goals of steady growth and structural readjustment must be compatible, we cannot revert to the old path of sacrificing economic structure in exchange for growth. This means that the focus of increasing expenditure needs to be shifted, at an opportune time, from investment to stimulating consumption demands.

To be more specific, as to the arrangements about increasing expenditure, aside from continuing to work on optimizing investment structure, the most important task is to stimulate terminal consumption by introducing and expanding a series of items of expenditure with the improvement of people's livelihood as the main thread. Important items include implementing the minimum wage system, increasing labor compensation for low-income workers, promoting farmers' income, basically realizing the full coverage of the new old-age pension system for rural residents and the old-age pension system for urban residents, improving the subsistence allowances for urban and rural residents, the treatment of certain recipients of special care, and the basic pensions for enterprise retirees, supporting the establishment of the mechanism to enable normal growth of the income of enterprise employees and ensure compensation payment, increasing the scale of fiscal aid to increase the income of rural and urban residents, especially middle and low-income residents, alleviating the burdens including education, medical care and housing of citizens with financial difficulties, and vigorously supporting the construction of affordable housing projects.

It can be expected that by focusing on structural tax reduction and taking the auxiliary measure of a series of expenditure-increasing operations with the improvement of people's livelihood as the main thread, coordination and interaction between revenue and expenditure can be realized and proactive fiscal operations in the future can lead to a path in line with domestic and international economic situations and coordinated with the entire layout of macroeconomic policies.

To increase demands, adjustments should be made to the fiscal system. Currently, the real challenge facing China's economy is the unbalanced inadequate and unsustainable nature of economic growth. The two major reasons are a marked lack of demand and the insufficient structural reform of the supply side. Prior to the global financial crisis, China's rapid economic growth was partly due to the strong external demands from the US and Europe. However, such demands are gradually shrinking, leading to continuously decreasing rates of investments in the future. To resolve the issue of expanding demands and sustaining growth for the Chinese economy, the primary method should be adjusting China's fiscal system, which plays a positive role in compensating for the slowing investment growth and the weakened export market. What is unreasonable about China's financial budget is its limited scale and the inconsistency between the allocation methods of the revenues and expenditures of local and central governments. The socialist economy is characterized by its ability to possess and control all key resources and take the lead in all major strategic actions. China's total financial budget, however, accounts for only 28% of GDP, a proportion which is significantly lower than the figures of similar countries. The figure is 35% for upper middle-income countries and 40% to 50% for most economies of the OECD. According to the analysis in China 2030, published by the World Bank (WB) , the percentage of social services and other consumption demands provided by China's financial budget in GDP ranked third to last when compared with similar countries. This explains why China's overall consumption ratio (for families and the government) is 10% to 15% lower than those of similar countries. The implementation of fiscal reforms can increase the expenditure of the government by 4% to 5% of its GDP. This way, sufficient demands can be ensured to sustain China's economic growth of 6% to 7% annually.

Orientation and Directions of Monetary Policies. The central bank will continue to implement robust monetary policies, while correctly addressing the relationship between stable economic development, structural adjustments, and inflation expectation management and sparing no efforts to safeguard the balance between economic growth, price stability, and risk prevention. The main directions in this regard are as follows.

First, facilitating the establishment of a regulated financial market and vigorously deepening the reforms of financial institutions. We need to deepen the reforms of large commercial banks and continuously improve corporate governance in all regards, gradually realizing a modern financial corporate system. Continuing to deepen internal management and risk prevention and management, and increasing innovation capacities and international competitiveness are also imperative.

Second, increasing the allocation efficiency of the financial system and improving the financial regulation and control mechanism to effectively advance interest rate liberalization and the reform of the RMB exchange rate formation mechanism. To achieve this, we should accelerate the formation of the system of benchmark market interest rates, increase the level of regulation and control over market interest rates by the central bank, and correctly guide financial institutions to perform risk-based pricing. Financial institutions should make good use of the right to floating rate pricing to conduct reasonable pricing and take the initiative to strengthen liability management and cost constraint, thus realizing scientific evaluation of interest risks, improving pricing mechanisms, actively safeguarding pricing order, and ultimately contributing to coordinated economic and financial development.

We should deepen reform and innovation of the RMB exchange rate formation mechanism and strengthen the two-way floating elasticity of RMB exchange rates, enabling the principle of market supply and demand to play a greater role in exchange rate formation so as to basically maintain the RMB exchange rate at reasonable and balanced levels. At the same time, we need to continue accelerating the development of the foreign exchange market, pushing forward the innovation of exchange rate risk management tools, paying close attention to the effect of changing international situations on capital flows, strengthening effective monitoring and control of international capital, coordinating the use of RMB in international trade and actively expanding the channels of RMB outflow and inflow.

Third, vigorously supporting the economic restructuring and optimizing credit resource allocation to better serve the development of real economy, formation of synergy in the industrial industry. It is important to guide financial institutions to improve management and product innovation and explore proper credit management model, strengthen financial support to energy conservation and emission reduction as well as low carbon economy and cultivate a multi-level rural financial service system with various offerings under healthy competition to provide more financial support in boosting agricultural harvest, the income of farmers and development of the rural area. Efforts should be made to support projects affecting people's livelihood, including job creation, poverty relief, and education loans. More financial support should be provided for SMEs, especially micro and small businesses, key projects that bear importance on the big picture and can promote other sectors, and key national economy sectors such as technology, cultural industry, tourism, and strategic emerging industry. Also we should provide financial support and services that are in line with national policy to balance regional economic development, carry out tougher credit asset stock restructuring, implement differentiated housing credit policy, tighten supervision on indemnificatory housing, encourage construction of small and middle-sized commercial houses and first-time purchasing of commercial houses for living and contain speculative property buying.

Fourth, guiding the steady and healthy growth of currency loans as well as aggregate financing to the real economy on all fronts; improving the micro-prudential policy framework and double-pillar regulation through brining in various monetary policies so as to keep the market flow reasonable; continuing to let micro-prudential policy play its role in countercyclical regulation and adjust relevant factors in accordance with economic environment changes, shape of financial institutions, and implementation of credit and loan policies; guiding financial institutions to support the development of real economy in a targeted and flexible way. Regulating the mobility of banking system to make fluctuation in market interest stable through leveraging mobility managing tools such as central bank bills, reserve requirement ratio, reverse repos and sell repos, based on the global macro-economic trend and the relation between monetary revenue and expenditure and between mobility supply and demand.

Five, upholding the stability of financial institution and guarding against systematic financial risks. Consolidating and improving the system of warning, preventing and evaluating systematic financial risks, not only to prevent the "black swan" incident, but also to prevent the "grey rhinoceros" event; strengthening the monitoring and evaluation of financial risks in different industries and markets as well as around the globe; guarding against the spreading of real economic risks and non-standard financial risks from certain areas, industries and enterprises to the financial system; Developing risk warning and dealing plans, and promoting deposit insurance schemes; implementing comprehensive measures to maintain financial stability so as to prevent any possible risks; deepening the macro-prudential policy reform; guiding the sound operation of financial institutions; strengthening the research into systematically important financial institutions supervision policies and encouraging innovation in order to put forward practical solutions. Urging financial institutions to strengthen internal control and risk management; continuing to strengthen the off-balance sheet business of financial institutions, local government financing and loans and real estate industry risk assessment, monitoring and management.

IV. Strengthening Financial Governance and Increasing Marketization Level of Financial Sector

Among the changing financial landscape in the world, economic governance should focus on strengthening financial governance so as to escape the middle-income trap. Therefore, China's financial sector must understand major difficulties and challenges to achieve their strategic positioning in the globe.

The marketization level still has space to improve. Taking evolution of global financial system and historical experience of developed countries into account, we find that if a large developing country, such as China which shifts from planned economy to market economy, wants to have a place in the global financial landscape and achieve strategic positioning and leapfrog development in post financial crisis era, it requires a free and open macro financial environment. Therefore, in a relatively long period, China should continue to deepen financial reform, increase marketization level of financial sector and overcome the following three obstacles.

Obstacle to interest rate liberalization needs to be overcome. Interest rate defines the basic price of financial products and services, and offers pricing baseline for many innovative financial products and derivatives, so it plays an important role in giving full play to the market's function of allocating resources. With interest rate liberalization, financial institutions can independently offer diversified financial products and services and compete to survive based on consumers' free choices, therefore balancing the supply and demand of differentiated financial products and services, helping enterprises accurately assess risks and set prices and optimizing capital allocation. In addition, interest rate liberalization ensures the development of an efficient and effective monetary transmission mechanism and reflects the needs of economic macro-control. Interest rate liberalization is a gradual process in China. Up til now, China has removed restrictions on interest rate of deposit and loan denominated in foreign currencies, expanded the fluctuation range of interest rate for bank loans and deposits, applied market-oriented pricing for enterprise bond, financial bond, commercial bill and currency market transaction, and expanded the fluctuation range of interest rate of housing loans. However, China still falls short of the requirements of interest rate liberalization, so it must promote reform of interest rate liberalization in a well-planned, systematic and determined manner.

Barrier to capital flow needs to be overcome. With steady progress in China's economic reform and gradual expansion of economic space, capital market has witnessed rapid development and its significance is increasing. Currently, China is playing a more and more important role in international economy, but its influence is still limited in international capital market. One key reason is that limited openness of its capital market restricts the inflow of international capital. Though capital flow regulation can effectively prevent relevant risks, it also prevents China from enjoying the benefits of optimizing resource allocation around the globe. If China wants to balance economic development and resource utilization, and increase its importance in global financial market, it should remove barrier to capital flow and support fair competition in market economy.

Obstacle to exchange rate should be reduced. According to "The Impossible Trinity" proposed by Krugman, free capital flow, independent currency policy and stable exchange rate cannot be all realized in a single country. If China wants to allocate capital in global context and establish independent monetary policy, the trend is to promote marketization reform of exchange rate. More importantly, exchange rate regime reform can also offer good conditions for internationalization of RMB. In the future, China should further promote reform of RMB exchange rate formation mechanism, increase the flexibility of RMB exchange rate, improve anti-risk capacities during capital liberalization, and lay foundations for the strategic target of promoting RMB as a major international currency.

The financial structure needs to be further optimized. Banks are still dominant institutions in China's financial structure, marked by banks holding the vast majority share of the total financial assets; the indirect financing remaining dominant, though with direct financing increasing due to the development of the capital market; and the slow development of the insurance industry, trust industry and financial leasing industry, resulting in risks of social finance highly concentrated in banks. Excess monetary assets will undoubtedly reduce the availability and use of social finance and weaken businesses' abilities and motivations to innovative financing, resulting in businesses' increasing debt levels, which is harmful to the optimization of Chinese financial structure and the development of real economy. Moreover, massive financing resources are allocated to SOEs and large-scale enterprises, shutting the majority of SMEs and private companies out of organized financial markets with a result of different types of private financial markets popping up, which brings more challenges to both the stability of financial system and financial regulation.

The gap between urban and rural areas in finance needs to be narrowed. On one hand, rural and underdeveloped areas in China are less industrialized with less potential economic benefits, higher information costs and lack of sufficient collateral and risk mitigation alternatives, where financial institutions are reluctant to operate, leading to "a market failure". On the other hand, due to the adverse selection and moral risks, funds that subsidized by the government and donated by NPOs are underused in these areas in practice, sometimes even with violations of contracts, which undermine the local capital circulation and lower the credit scores of rural and underdeveloped areas, leading to "a government failure". Those two "failures", in turn, will lead to siphon effects, resulting in the reverse flow of capital from rural to urban areas and from west to east regions, further impeding the development of local economy and the formation of a reasonable and balanced financial structure.

As a result, if China's financial sector wants to play a significant role in escaping the middle-income trap and achieve a strategic rise after international financial crises, we must try our best to address structural issues in the first place, then continue to optimize the internal structure of financial sector and build a national integrated financial market, driving the healthy development of China's financial system.

The significance of financial governance needs to be improved. It has turned out that countries all over the world will face huge challenges when transforming to high income countries from middle-income ones, during which financial governance is critical. The middle-income trap is largely the result of the economic instability of middle-income countries, which mainly stems from the frequent financial crises. Middle-income countries suffer financial crises frequently as a result of structural issues caused by the ongoing economic and social transformation. The key to escape the middle-income trap lies in how to avert financial crises. We should, politically, perform strong supporting reforms and prudential regulatory systems, develop policies to promote fiscal and financial reforms promptly and prudentially, and technologically, carry out macro-prudential regulation to maintain the stability of Chinese financial system and establish a mechanism for effective risk response and quick recovery. The key for China in the middle-income stage to escape the middle-income trap is to avert financial crises. And the key to preventing financial crises mainly lies in avoiding unhealthy and unsound financial liberalization and improper ways of managing enterprise debts.

V. Improving Social Governance Capacity to Accommodate the Demands of Social Development

The experience or lessons learned from the countries that have escaped or got lost in the middle-income trap indicate that economic and social transformation is indispensable for escaping the trap. Historically, all countries that managed to escape the middle-income trap have undergone a series of comprehensive transformation in economy, politics, society and culture before escaping the trap. Xi Jinping, General Secretary of the CPC Central Committee, has proposed the strategy of comprehensively building a moderately prosperous society, deepening reform, advancing rule of law and strictly governing CPC, and the Decision adopted at the Third Plenary Session of the 18th CPC Central Committee suggests that efforts should be made to innovate and improve the social management methods, by "strengthening leadership by the CPC committee, giving full play to the leading role of the government and encouraging and supporting the participation of all sectors of the society, so as to achieve positive interaction between the government management on the one hand and social self-management and residents' self-management on the other." Against the new backdrop, how should we do to innovate and improve social governance methods and facilitate the government to play its leading roles? First and foremost, the government's capacity of social governance should be increased comprehensively.

First, increasing the leadership in social governance. We should give full play to the guiding and coordination roles of the government in social governance. Second, increasing the capacity of promoting cooperation between diverse entities. Besides the government, other entities should also take their responsibilities in social management to maintain social order and engage in social affairs. Third, increasing capacity of effectively preventing and resolving social conflicts. Efforts should be made to: (1) uphold the human-oriented philosophy and focus on solving universal issues related to people's livelihood; (2) take prevention as the main task and mediation as a priority and use multiple mediation methods to establish reasonable and efficient mechanisms for people's demands and expression, conflict resolution, interests coordination, psychological intervention and rights protection, with the view to meeting the reasonable needs of all people; (3) complete the risk assessment mechanism for important decisions and social stability, and listen to people for decisions, projects and programs involving interests of all people, to take all possible effects in consideration. Fourth, improving capacity of maintaining public security. Improving the government's capacity of maintaining public security is necessary for deepening the reform and facilitating development in the increasingly complicated global context. Fifth, improving capacity of self-transformation and development. An active and forward-looking transformation in the government is a precondition for ensuring a sound social governance system. To promote an active and forward-looking transformation, the government should: (1) review the changes in external contexts and demands of social development, to clarify its position as a rule maker of the society, a public service provider and a guardian of social orders; (2) use the think tank and external resources to conduct in-depth research on general rules and specific features in social governance and effectively integrate related resources to avoid "Tacitus trap"; (3) actively adjust and improve the governance models in alignment with the changes in environment and situations, to improve its capabilities in self-adjusting and self-reform.

According to the lessons learned and inspiration drawn from the economic and social transformation in developed countries, the US, UK, France, Germany and other western countries have adopted different strategies in heading into the high-income stage. However, all of these countries have undergone comprehensive and deep economic and social transformation.

Industrialization in developed countries starts from the specialization of human resources. As labor force specializes, labor productivity rises, thus contributing greatly to the economic development. In a considerable time from now, it is imperative that the demographic dividend should be made full use of and counted upon. To that end, China has to bring about the integration of two powerful weapons—education and technology, to upgrade its capacity to create wealth and propel the wheel of society and civilization. The development and maturation of modern cooperate system further spur the economic growth and industrial structural transformation in the western world. Developed countries have already shown that urbanization must be fostered on the foundation laid out by industrialization. On the whole, urbanization is impossible without industrialization. However, when industrialization comes to a certain point, its effect on urbanization will be compromised and its role will be taken over by the emergence of the tertiary industry such as service industry.

Many researches conclude that hostility among social strata, unequal distribution, political corruption, and social disorder are all consequences of the middle-income trap. But in reality, analysis on economic development and social problems in some Latin American, South Asian, and Eastern European countries that suffer from the trap indicates that except for lack of innovation and unsuccessful transformation, other factors like deformed social structure, dysfunctional network of interests, poor welfare system, and inefficient administration are pulling these countries into quagmires. In contrast, the development process of some European countries, the US, Japan, and South Korea shows that apart from industrial upgrading and social transformation, a sound welfare system, adjustment of social structure, and balanced political powers are the key to breaking into the high-income stage.

Experience from many countries makes it clear that both middle-income and high-income stages need the support of certain social conditions. Those that can enable high-speed growth in middle-income stage often fail to support economic development in high-income stage. We can learn from various lessons that in order to escape the middle-income trap, efforts must be made in both economic and social transformation.

It is a principle that also works for China. However, in the process of social transformation, China is confronted with multiple challenges that necessitate unprecedented efforts. The past 40 years show us a way out. That is to continue reform with confidence while keeping an open mind, seize opportunities, and make arrangements in a top-down fashion. Only in this way can we escape the middle-income trap quickly and efficiently.

第一章　中等收入陷阱的概念与实质

自 1978 年我国改革开放以来,经历了将近 40 年的高速经济增长,2001 年人均国内生产总值(GDP)跨越 1 000 美元大关,2008 年突破 3 000 美元,2015 年突破 8 000 美元,2016 年达到 8 123 美元[①]。但是近年来经济增速明显放缓,这不仅是事实,也逐渐成为一种社会共识的新常态。我国是否遭遇了中等收入陷阱? 我国遭遇的发展问题能否用当下的中等收入陷阱这一概念及相关理论框架来进行解释? 并且在此基础上找到跨越中等收入阶段的合理方案? 要正确回答这些问题,必须准确把握中等收入陷阱概念的实质。而要理解中等收入陷阱的实质,则必须将这一概念置于超越特定国家经历和单纯经济视角的背景框架下进行重新理解。这就意味着不仅仅将中等收入陷阱理解为部分发展中国家在自身发展过程中可能遭遇的问题,而是理解为一切国家在中等收入阶段都可能遭遇的问题;不仅仅从经济增长的视角来定义中等收入陷阱,也要从社会发展的视角来理解中等收入陷阱。

第一节　中等收入陷阱概念的由来

一、世界银行报告首提中等收入陷阱概念

2007 年,世界银行发布了两份关于东亚经济增长的报告,分别是《东亚复兴:关于经济增长的观点》与《东亚与太平洋地区报告:危机十年后的状况》。世界银行的专家在报告中以拉美地区经济停滞的例子来警示东亚地区的经济发展,正式提出了中等收入陷阱的概念。世界银行使用中等收入陷阱这一概念描述发展中国家在进入中等收入阶段之后在相当长的时期内陷入经济增长停滞、发展缓慢的现象,并且将中等收入陷阱归结为经济转型失败的后果:既有的增长因素消耗殆尽,新的增长模式未能形成,导致经济发展遭遇瓶颈。拉美和东南亚地区的部分国家被认

---

① 数据来源:中华人民共和国国家统计局。

为是落入中等收入陷阱的典型。虽然学界针对中等收入陷阱这一概念是否成立、这一概念对于描述发展中国家的经济发展现象是否具有普遍意义仍有争论,但部分发展中国家在进入中等收入阶段后遭遇以停滞为特征的发展问题却是客观事实。

从长时段的历史来看,拉美国家经济发展呈现出增长缓慢的特点。相关数据表明,18 世纪初期,北美和拉美地区的人均收入几乎持平,但是进入 21 世纪以来,前者已经是后者的 5 倍。如果说北美地区(尤其美国)具有其他地区不可比拟的保持经济持续增长的能力,使得这一比较有失公允,那么 20 世纪(尤其后半期)东亚地区经济迅速发展充分说明拉美的发展是存在问题的。大多数拉美国家自 20 世纪 70 年代初就进入中等收入国家行列,但是在随后的 80 年代,由于债务危机的影响,整个拉美地区经济年均增速仅有 1.2%,而货币贬值、高通胀又降低了 GDP 的实际增长率,人均 GDP 增长只有－1.9%。尤其在 1963—2008 年的 45 年间,阿根廷还出现了连续 16 年的负增长。时至今日,拉美地区多数国家仍然徘徊在中等收入阶段。而东亚多数国家和地区则在 20 世纪 70 年代至 90 年代期间完成了从中等收入国家向高收入国家的跨越。虽然东亚地区在 1997 年遭受金融风暴重创,当时许多人也预测东亚经济体会重蹈拉美在 20 世纪 80 年代中期的覆辙,陷入停滞状态,但是 1998 年之后的 10 年间,东亚经济体的 GDP 年均增长保持在 9% 以上,并且实现了 GDP 总量翻倍。自 20 世纪 50 年代以来,在与美国同时期经济发展的比较中,拉美和东亚也呈现出巨大反差。从 1950 年到 1998 年,东亚地区人均收入占美国人均收入的比值从 8% 攀升到 16%,而拉美地区的这一比值则从 27% 下降到 21%[①]。与东亚地区经济迅猛增长的趋势相比,拉美地区的经济发展几乎处于停滞甚至倒退状态。

20 世纪下半叶,东南亚地区国家普遍经历了一段经济快速发展的时期。但是在 2000 年前后 10 年的时间内,这些国家先后出现经济增长速度突然下降,转而停滞的状况。直到 2005 年,东南亚国家的经济发展才恢复到 1995 年的水平。以泰国为例,泰国自 20 世纪 60 年代实施以拉动内需与外贸外资并重为特征的"双轨式"经济发展战略,实现了经济快速发展。20 世纪 90 年代以来,经济年均增长率约 8%。1995 年,泰国人均收入已超过 2 500 美元,世界银行将泰国列入中等收入国家。但自 1996 年开始,泰国经济增长率急骤下降至 6.9%,为过去 13 年来最低水平。经常项目赤字占 GDP 的 8.3%,通货膨胀率也上升到 6.2%。再如马来西亚,自独立之后到 20 世纪 60 年代期间经济发展迅速,至 80 年代已经从一个农业社会成为引领地区发展的亚洲"四小虎"之一。但是随后由于亚洲金融风暴

---

① Fukuyama. Falling Behind-Explaining the Development Gap Between Latin America and the United States,2008.

的冲击,经济发展也出现了停滞。越南自 20 世纪 90 年代进行经济改革以来,经济快速增长。在 20 世纪的最后 10 年,越南的 GDP 年均增长率达 7.6%。从 2007 年上半年开始,越南通货膨胀率持续上扬,贸易逆差迅速扩大,国家信用评级下降,财政力量薄弱,资本外逃,货币大幅贬值。

二、世界银行关于中等收入陷阱的描述

按照世界银行 2017 年的标准,人均 GDP 在 1 005 美元以下的国家,属于低收入国家;人均 GDP 在 1 006～3 955 美元之间的国家,属于低中等收入国家;人均 GDP 在 3 956～12 235 美元之间的国家,属于高中等收入国家;人均 GDP 超过 12 276 美元,则进入高收入国家的行列。中等收入陷阱的概念描述了 20 世纪世界经济发展的一个重要现象,即许多国家通常可以迅速达到中等收入阶段,但只有少数国家能够跨越这个阶段,因为要实现这一跨越所需的政策和制度变革,在政治、技术以及社会等方面更具挑战性。

世界银行将全球国家分为高、中、低三个收入等级,可以发现在最近的半个世纪中不同收入等级的国家在经济发展上呈现出巨大的差异。从图 1.1 可以看出,以人均 GDP 为衡量指标,高收入国家的发展历史呈现出一种总体上平滑、连贯且线性的增长趋势;与之呈现出巨大差异的是,中等收入国家的经济发展在 20 世纪前几乎处于停滞状态,而在进入 21 世纪以来才显示出类似于高收入国家在半个世纪前处于增长起步阶段的趋势;而低收入国家的增长趋势至今仍然处于一种停滞状态。从最近半个世纪来看,高收入国家、中等收入国家和低收入国家在经济发展上存在巨大差异,这种差异体现在以下三个方面。

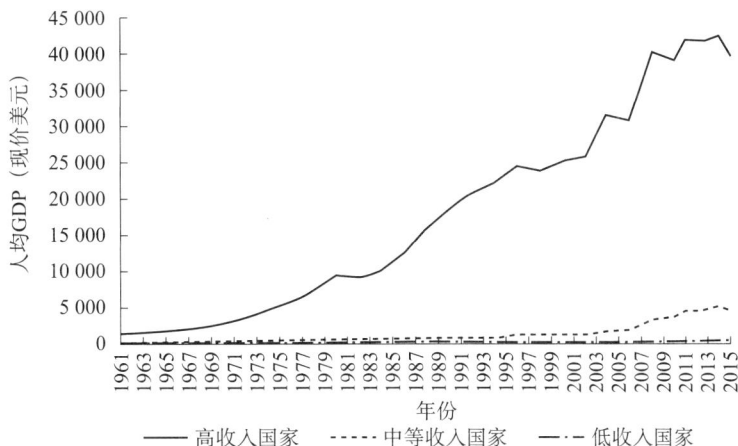

图 1.1 全球范围不同收入等级国家的历年人均 GDP

数据来源:世界银行网站。

第一,经济发展的绝对水平差距相当大(参见表 1.1)。1960 年,高收入国家的人均 GDP 约为 1 257 美元;中等收入国家的人均 GDP 约为 133 美元;低收入国家的人均 GDP 约为 93 美元;中国的人均 GDP 只有 90 美元。高收入国家的人均 GDP 是中等收入国家的 9.5 倍,而中等收入国家的人均 GDP 是低收入国家的 1.4 倍。2015 年,高收入国家的人均 GDP 为 39 577 美元;中等收入国家的人均 GDP 将近 4 668 美元;而低收入国家的人均 GDP 为 616 美元。高收入国家的人均 GDP 是中等收入国家的 8.5 倍,而中等收入国家的人均 GDP 是低收入国家的 7.6 倍。1960—2015 年,高收入国家与中等收入国家的人均 GDP 差异并未显著缩小,而中等收入国家与低收入国家的人均 GDP 差异则显著拉大。

表 1.1　不同收入等级国家的人均 GDP(1960—2015 年)　　　　　　　美元

国　　　家	1960 年	1970 年	1975 年	1988 年	1996 年	2013 年	2015 年
高收入国家	1 257	2 518	4 716	14 654	22 092	39 116	39 577
中等收入国家	133	195	376	710	1 235	4 814	4 668
低收入国家	93	133	237	276	264	722	616

数据来源:世界银行网站

第二,相对于高收入国家来说,中等收入国家和低收入国家的经济发展严重滞后(参见表 1.1)。中等收入国家的人均 GDP 在 1996 年才达到了高收入国家在 1960 年的水平,而低收入国家的人均 GDP 在 1970 年才达到中等收入国家在 1960 年的水平。粗略来说,如果以 1960 年人均 GDP 水平为基准,中等收入国家的经济发展相比高收入国家滞后至少 36 年,而低收入国家的经济发展相比中等收入国家又滞后至少 10 年。中等收入国家 2015 年的人均 GDP 仅相当于高收入国家在 1975 年的水平,低收入国家 2015 年的人均 GDP 仅相当于中等收入国家在 1988 年的水平。因而,以 2015 年的人均 GDP 水平为基准,中等收入国家的经济发展相比高收入国家滞后至少 40 年,而低收入国家的经济发展相比中等收入国家滞后至少 27 年。因此,1960—2015 年,中等收入国家与高收入国家的差距从 36 年扩大到 40 年,而低收入国家与中等收入国家的差距则从 10 年扩大到 27 年。

第三,不同收入等级国家的经济增长率相去甚远(参见表 1.1)。1960—2015 年,高收入国家的人均 GDP 增长了 30.5 倍,中等收入国家的人均 GDP 增长了 34 倍,而低收入国家的人均 GDP 只增长了约 6 倍。从 1 200 美元到 4 800 美元,高收入国家用了约 15 年,而中等收入国家则用了 17 年;从 133 美元到 722 美元,中等收入国家用了 28 年(1960—1988 年),低收入国家用了 43 年(1970—2013 年)。

从世界银行关于中等收入陷阱概念的表述可以看出,这一概念的提出显然是以高收入国家的发展经历为参照的。在此基础上,与高收入国家的发展路径呈现出巨大差异的中等收入国家和低收入国家的发展则被认为是有问题的。其中,中等收入国家面临的问题被概念化为中等收入陷阱。从图 1.2 可以看到,自 20 世纪 60 年代以来,欧美发达国家的人均 GDP 增长总体上表现为平稳的上升趋势,其中尤以美国的增长曲线最为平滑,而其他国家虽然有些波动,但总体上仍表现为平稳上升的趋势,比较明显的起伏来自 2008 年的世界金融危机,其次是 1997 年的亚洲金融风暴。

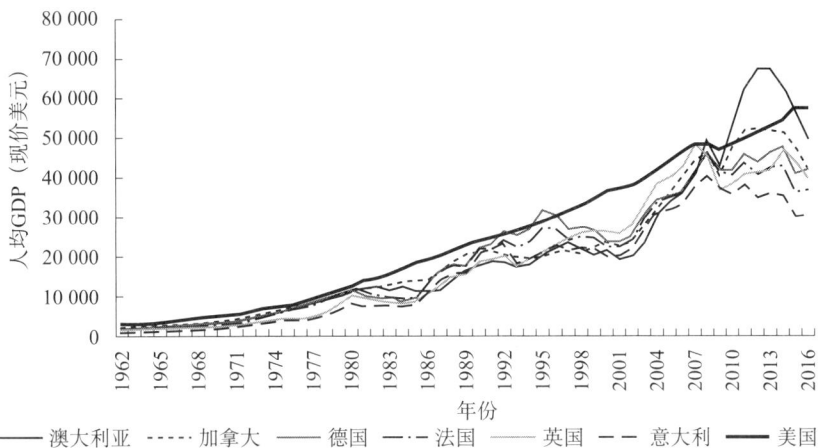

图 1.2　欧美发达国家历年人均 GDP

数据来源:世界银行网站

从全球范围来看,第二次世界大战以后,只有少数国家和地区,如日本和"亚洲四小龙"(中国香港、新加坡、中国台湾和韩国)在短期内顺利跨越这道坎,成为发达国家和地区(图 1.3)。日本 1966 年达到低中等收入水平,从 20 世纪 70 年代初(1972 年、1973 年)到 80 年代初(1981 年)完成了从高中等收入国家到高收入国家的跨越。随后,中国香港和新加坡于 70 年代末进入高中等收入阶段,到 80 年代末进入高收入阶段。中国台湾的高中等收入阶段起步于 80 年代中期,至 90 年代初进入高收入阶段。韩国则从 80 年代中后期到 90 年代中期完成了这一跨越。

拉美地区国家,例如巴西、阿根廷、墨西哥、智利,在 20 世纪六七十年代均进入了中等收入国家行列,之后的半个世纪里,这些国家一直挣扎、徘徊在中等收入阶段。只有少数国家在近期才有所突破,达到了高等收入水平(图 1.4)。例如,阿根廷在 20 世纪 60 年代初即跨越人均 GDP 1 000 美元的中等收入门槛,80 年代中期进入高中等收入阶段,1998 年左右触及高收入阶段的门槛,但很快下滑,2002 年甚至跌落中等收入的底线附近,其后恢复发展,直至 2008 年重新回到 1998 年

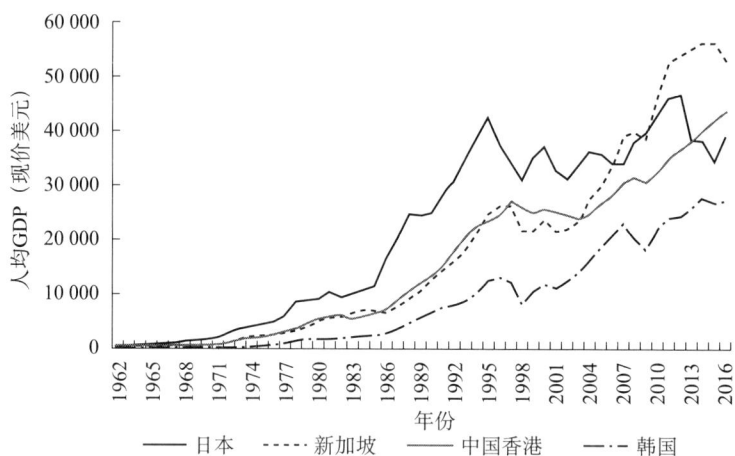

图 1.3　东亚国家和地区历年人均 GDP

数据来源:世界银行网站

的水平,2010 年后稳步增长,算是跨入了高收入国家行列。而巴西在 1975 年左右进入中等收入阶段;1994 年进入高中等收入阶段,随后的 10 年一直在高中等收入的门槛线附近挣扎,其间 2002 年一度跌落到中等收入水平以下;2005 年左右才开始实现稳步增长;2010 年跨入高收入门槛。墨西哥 1974 年进入中等收入阶段,1981 年一度跨越高中等收入线,但随后下滑,始终徘徊在低中等收入水平,至 1990 年跨越高中等收入线,其后一直缓慢增长,直到 2013 年触及高收入门槛。智利在 1971 年突破人均 GDP 1 000 美元,其后一直在低中等收入线上下波动;1992年突破 3 000 美元,进入高中等收入阶段;2007 年跨入高收入阶段。

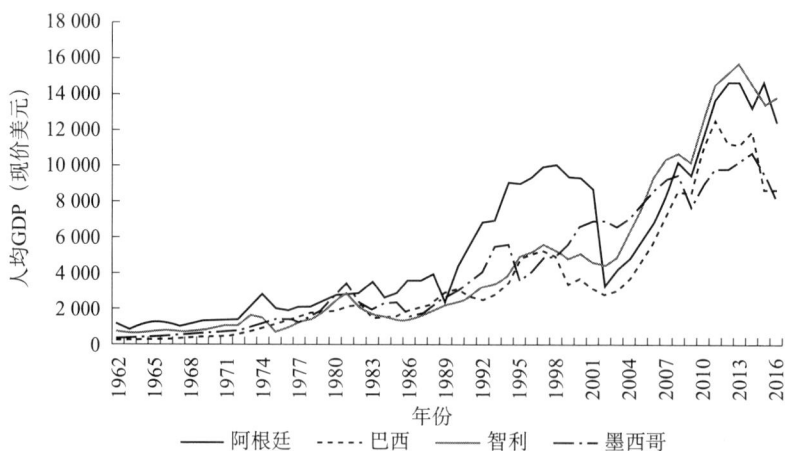

图 1.4　拉美国家历年人均 GDP

数据来源:世界银行网站

在东南亚地区,马来西亚 1977 年进入中等收入阶段;1992 年才突破高中等收入线;2011 年触及高收入水平。泰国 1988 年进入中等收入阶段,之后稳步增长;1996 年一度触及高中等收入线,但 1997 年金融风暴后急速跌落,此后一直在低中等收入阶段挣扎;2006 年重返高中等收入水平;截至 2016 年,泰国人均GDP 5 908 美元,不到 6 000 美元。菲律宾 1995 年首次突破人均 GDP 1 000 美元大关,其后 10 年一直在 1 000 美元上下挣扎;从 2005 年开始实现缓慢增长,直到2016 年仍未达到高中等收入的门槛。越南直到 2008 年才达到低中等收入水平;2016 年人均 GDP 仅 2 186 美元。印度尼西亚 1995 年进入中等收入阶段;2011 年跨入高中等收入水平(图 1.5)。

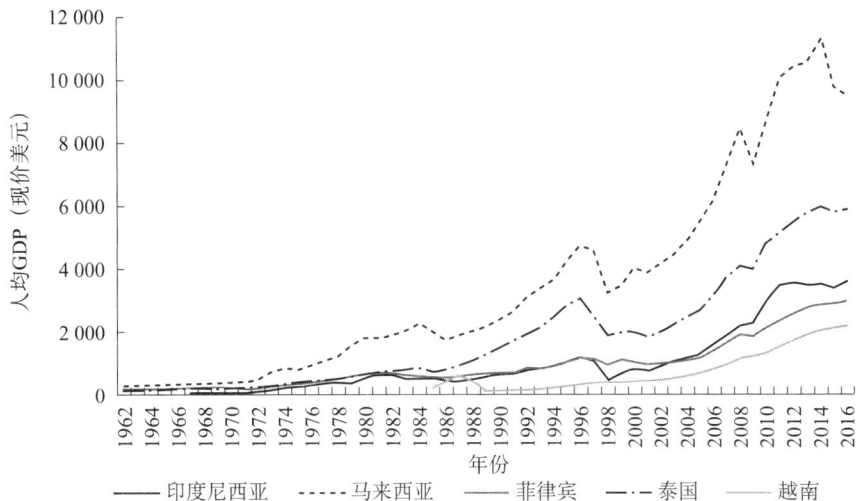

图 1.5 东南亚地区国家历年人均 GDP

数据来源:世界银行网站

在发展过程中,为什么有些国家(地区)能成功跨越中等收入陷阱,而有些会掉入中等收入陷阱? 造成中等收入陷阱的因素到底有哪些?

第二节 中等收入陷阱的经济学分析

一、中等收入陷阱的经济现象

跌入中等收入陷阱的国家在经济上明显的表现就是经济增长的停滞、徘徊甚至倒退,即便有缓慢的增长但始终难以缩小与高收入国家的鸿沟,人均国民收入难以突破 1 万美元。而与此同时,快速发展中积聚的一些矛盾集中爆发,如贫富差距拉大、资源与环境破坏、金融体系脆弱等。拉美地区和东南亚一些国家是陷入中等收入陷阱的典型代表。还有一些国家收入水平长期停滞不前,如菲律宾1980年人均国内生产总值为671美元,至2016年仍只有2 951美元,剔除通货膨胀因素,人均收入基本没有太大变化。还有一些国家收入水平虽然在提高,但始终难以缩小与高收入国家的差距,如马来西亚1980年人均国内生产总值为1 812美元,到2014年仅达到10 804美元。阿根廷则在1964年时人均国内生产总值就超过1 000美元,在20世纪90年代末上升到了8 000多美元,但2002年又下降到2 000多美元,而后又回升到2014年的12 873美元。墨西哥1973年人均GDP已经达到了1 000美元,在当时属于中等偏上收入国家,而2015年人均GDP只有9 476美元,42年后仍属于中等偏上国家。拉美地区还有许多类似的国家,虽然经过了二三十年努力,几经反复,但一直没能稳定跨过15 000美元(比2007年数值提高了50%)的发达国家门槛。

二、中等收入阶段经济发展面临的挑战

多数经济学研究者倾向于认为:中等收入国家在世界经济体系中的相对边缘位置、与发达国家的依附关系对其经济增长带来了客观制约,导致中等收入国家受到发达国家和欠发展国家的"双重挤压",在世界经济体系中既不具备前者的创新优势,又丧失了后者具有的劳动力优势,其结果是发展中国家经济增长"动力不足",经济增长速度不仅低于发达国家,而且低于欠发展国家。经济学上认为中等收入阶段国家经济发展的挑战主要包括以下几点。

第一,劳动力优势的丧失。进入中等收入阶段后,一方面劳动力成本不断上升,将明显高于低收入阶段和欠发展国家。另一方面人口红利也不断消失,人口年龄结构逐步老化,而从农业等领域释放出来的劳动力则不断减少。

第二,创新能力不强,技术对外依赖没有明显改善。在低收入阶段,凭借向发达国家的模仿、仿制以及发达国家的技术转移,后发国家技术进步较快。而为了防止竞争,发达国家则不愿向中等收入国家转移核心技术。如果未能形成良好的创新能力,中等收入国家无法掌握核心技术,在国际产业链分工中,只能始终处于低端,无法完成产业升级。

第三,资源环境的制约。低收入阶段不少国家依赖矿产资源出口或者牺牲环境吸引国外投资而获得较快发展。但随着达到资源和环境承载力的上限,这种粗放式的增长方式已难以为继。

第四,国际发展环境的挤压。发达国家希望将低收入国家一直作为产业链中

的低端加工基地,一方面利用其廉价的劳动力和资源;另一方面又要防止中等收入国家与其产生竞争。因此,发达国家往往借助在国际经济贸易、金融交易中的话语权,制定有利于其自身的制度和规则。例如,西方国家通常会不断提高贸易门槛来限制发展中国家,或者通过金融手段来控制发展中国家的某些领域或产业。而一些发展中国家因金融体系不完善或金融政策错误,被发达国家利用,甚至引发严重的金融危机。

第五,经济发展不平衡,收入差距拉大,包括城乡发展的不平衡、产业结构的不平衡、地区发展的不平衡等。再加上收入分配制度的不完善,从而使得收入差距拉大,贫富分化加剧,进而引发一系列经济和社会问题。

2011 年,国际经济学界指出中等收入陷阱现象具有普遍意义,针对中等收入陷阱的概念作了进一步阐释,认为中等收入陷阱是每个国家在其自身发展历程中都会遭遇并受到影响的客观问题,同时强调跌入中等收入陷阱是由于国家未能有效应对以"双重挤压"为特征的客观制约因素的后果。

三、中等收入阶段经济增长方式的转变

从经济学的观点来看,低收入与中等收入是两个截然不同的发展阶段,不同的发展阶段要求不同的增长模式与之相对应。从历史经验来看,在低收入阶段,经济增长以要素驱动(廉价劳动力和资本、结构单一、资源出口)为基础;而在中等收入阶段,则要求建立以生产率驱动为基础的增长模式。当一个国家从低收入阶段跨入中等收入阶段时,如果不能实现增长模式的转型,仍然沿用、维持低收入阶段的发展战略,那么低收入阶段的成功经验必然转变为中等收入阶段的发展障碍,其后果是在世界经济体系中由于缺乏比较优势而丧失国家竞争力,最终导致经济发展的长期停滞。经济学家以打高尔夫球为比喻:中等收入陷阱是客观存在的,虽然并非每个球手都会落入陷阱,但是每个球手的打法必然受到陷阱的影响。因此,面对中等收入陷阱,成功的国家要么避免了跌入陷阱,要么在不幸跌入陷阱之后很快跳了出来;而失败的国家则可能深陷泥潭,始终无法跳出陷阱。成功或失败,取决于能否实现经济增长模式的转型[①]。而这个转型就是经济增长由要素驱动转向全要素生产率的提升。

---

① Kharas,H & Kohli,H. What is the middle-income trap,why do countries fall into it,and how can it be avoided? [J]. *Global Journal of Emerging Market Economies*,2011,3(3),281-289.

第三节　中等收入陷阱的社会学分析

社会学认为，跨越中等收入陷阱的关键在于实现社会转型，建立与中等收入阶段相匹配的社会发展模式。要找到这一答案，就需要回答如下社会学问题：一个国家在跨入中等收入阶段之后，在经济、政治、社会和文化领域究竟面临着什么样的问题？受到了怎样的挑战？这些问题的交互作用又如何构成国家继续发展的阻碍，甚至导致国家陷入发展困境？

一、中等收入陷阱的社会现象

世界各国的经验表明，在进入中等收入阶段之后，除了经济增长可能失速之外，还会面临一系列的社会问题。虽然不同类型的国家，由于处于不同的历史阶段、因文化宗教差异而选择不同的发展路径，各自面临的社会问题也不尽相同，但比较研究还是表明，几乎所有的国家进入中等收入阶段后都曾经出现过以下三种社会问题。

（一）日益严重的社会断裂

在进入中等收入阶段之前的高速增长，通常会带来不断扩大的贫富差距。当收入差距持续攀升，整个社会可能出现两极分化，而贫富阶层之间的鸿沟则难以跨越，这就是所谓"断裂"的社会。由于缺乏中间阶层，以及缺乏社会流动的途径，整个社会没有缓冲，也缺乏活力。这时，社会结构的合法性将直接受到质疑，社会问题也很容易暴露出来。对于社会问题而言，最令人担心的情形就是，贫富阶层之间的对立，以及由此产生的宗教、种族等社会冲突及动荡。

无论是英、美这样的发达国家，还是拉美和东南亚的发展中国家，在中等收入阶段都经历了贫富差距的逐渐扩大。如果政府不能从分配格局和福利制度等方面遏制这一趋势，就会出现贫富差距进一步扩大的可能。拉美和东南亚等国家的教训表明，过大的贫富差距将会造成社会阶层的对立和社会结构的断裂。

社会结构的断裂，不仅是一个国家落入中等收入陷阱的结果，同时也是这个国家无法跨越中等收入陷阱的原因。拉美国家之所以长期陷入中等收入陷阱无法自拔，一个重要的原因就是独立之后的社会结构没有实现成功转型，延续并放大了殖民时期的社会结构断裂。断裂的社会结构，导致这样一种两难境地：如果选择有利于发展的战略，那就将进一步扩大社会不平等，于是不平等加剧会招致底层民众的强烈不满；如果选择特定的社会福利政策，那又会超出财政承受能力，难以为继，最终也将失败。

（二）不断激化的社会矛盾

落入中等收入陷阱的另一个典型表现，就是社会阶层尖锐对立，社会矛盾层出不穷，甚至会出现一个矛盾冲突的爆发期。无论是发达国家，还是发展中国家，概莫能外。拉美国家和东南亚国家最为典型，主要表现为腐败横行，犯罪猖獗，机会主义泛滥，社会缺乏共识，精英与民众势同水火。即使最早进入高收入阶段的美、英两国，也同样经历了社会矛盾的多发期，美国出现了金玉其外、败絮其中的"镀金时代"；英国出现了悲观失望的"英国病"。

社会矛盾的爆发期，与中等收入阶段的增长模式密切相关。经济起飞、摆脱贫困和快速的收入增加能够有效地掩盖国内的社会矛盾和政治问题，达成社会共识，实现社会稳定。这极易使得这些国家在解决温饱问题的过程中形成经济增长的依赖症，即经济增长成为解决社会问题的灵丹妙药。但是一方面，这种"解决"并非是一种真正意义上的"解决"，我们很少看到摆脱贫困陷阱的国家进行大而彻底的社会转型，全社会的注意力集中到经济增长速度方面，忽视或掩盖了社会矛盾。另一方面，也正是由于社会转型相对滞后，极易形成和积累各种新的社会问题，诸如收入差距、贪污腐败、利益集团等深层矛盾，从而产生更加差异化的社会新诉求，形成不同的社会诉求群体。一般而言，经济增长速度越快，这些矛盾和问题的积累也越快，反过来全社会对经济增长的依赖性也越强。一旦经济增长放缓或停滞，这些矛盾则会集中爆发出来。

（三）持续积累的心态危机

中等收入陷阱在许多国家不但表现为一种政治和社会危机，更表现为一种社会心态危机。在严重的社会心态危机中，任何政治和社会改革的措施都有可能激发更大的社会矛盾而导致改革的失败。中等收入陷阱中的心态危机，主要分为两种：一是在中等收入阶段的经济高增长期可能出现的相对剥夺；二是在经济停滞乃至衰退期可能出现的预期落差。

相对剥夺意味着，人们判断生活是否改善的标准，不是跟过去自己的生活相比，而是跟现在自己身边的人相比。虽然一个人的收入在提高，但当其他人的收入提高更为明显时，这个人就会由于相对剥夺而心生不满。这种社会心态危机形成在经济起飞的高速增长阶段，与收入增加、社会横向和纵向流动性增强等现象密切相关。

预期落差意味着，中等收入阶段的持续增长会在大众的心理中形成一种"增长不会停止"的高预期。而一旦经济停滞乃至衰退，大众的高预期就会落空，造成预期与现实的巨大落差，从而带来个人或群体的强烈不满，信心不足。

无论是"相对剥夺"还是"预期落差",这种危机心态一旦形成,就具有极强的反社会性,在社会层面往往表现为普遍的不满甚至仇恨情绪,以及蔓延的寻衅行为。社会心态危机的出现,将会给国家的政策造成很大的影响,使得政策出现极端化偏向,从而又制造出更大的社会矛盾和不稳定。这也会使国家在中等收入陷阱中越陷越深,成为中等收入陷阱的极端形式,甚至带来政治及社会动荡。

二、中等收入阶段面临的社会转型挑战

虽然不同国家面对中等收入陷阱时,所处的历史阶段不同,采用的跨越路径不同,最后的结果更不相同,但它们在中等收入阶段所遭遇的社会转型的挑战,则具有不容忽视的一致性。一般而言,完成社会转型,需要克服一系列的挑战,通过结构和制度的积极调整,弥合社会断裂,化解社会矛盾,缓和心态危机,从而顺利进入高收入阶段。

第一,从中等收入阶段向高收入阶段的过渡,意味着生活方式、价值理念和消费能力的重大转变。这一过渡可以看作从柴米油盐等生活必需品为基础的消费,向汽车、住房等耐用消费品为基础的消费的转变。这一转变的完成,需要在社会结构方面实现城市化和中产化①。一方面,社会要具备一定的城市化程度。农村的生活方式很难大量消费耐用消费品,农村人口的收入往往也难以支付大量的耐用消费品。另一方面,城市人口要有相当比例的中产阶层。中产阶层的个人收入与消费偏好,使得他们成为耐用消费品的主要消费人群。只有一个具有相当规模的中产阶层的社会,才可能对耐用消费品形成强劲而又持久的需求。

第二,从中等收入阶段向高收入阶段的过渡,意味着利益格局和治理方式的重大转变。中等收入阶段的高速增长,往往带来日益失衡的利益关系和不断积累的社会矛盾,甚至可能遭遇矛盾冲突的大爆发。完成利益格局调整和治理方式的转变,需要在社会制度方面完善福利保障和增强治理体系。一方面,只有建立起较为完善的福利保障制度,才能扩大消费能力,平衡分配格局,改善利益关系,缩小阶层差距,进而弥合日益扩大的阶层断裂。另一方面,只有不断增强社会治理体系,才能通过利益表达和参政议政的制度化,维护不同群体的合法权益,增强社会治理能力,预防和化解社会矛盾的积累,顺利度过可能的矛盾高发期。

第三,从中等收入阶段向高收入阶段的过渡,还意味着社会心态与社会秩序的重大转变。一旦落入中等收入陷阱,就可能出现道德滑坡、信任丧失、社会整体

① 孙立平. 再谈中国进入耐用消费品时代[N]. 经济观察报,2010-07-19.

失序的重大危机。完成这一转变,需要信任重建和道德重塑。只有重建基本信任,才能恢复合理的个人预期与行为规范,减少机会主义,降低交易成本,稳定社会秩序。只有重塑基础道德,并辅之以有效的监督机制,才能树立正确的价值观念,真正做到惩恶扬善、遏制贪腐,防止社会的整体失序。

利益格局的调整必定会触动既得利益者和原有模式,必然遭遇较大的阻力;完善的福利保障制度需要更加强大的经济基础和政府公共管理能力来支撑;而社会信任和道德的重塑则需要长期不懈的努力才能逐步改善;中等收入阶段的社会矛盾积累、激化,致使处理、化解的难度增大,也考验着政府的智慧和执政能力。因此,中等收入阶段所面临的社会转型的复杂程度要远远超过低收入阶段。

三、世界各国中等收入阶段的社会转型

不同类型的国家在各自的中等收入阶段遭遇的问题是不同的,因为不同国家在进入中等收入阶段时的国际环境和国内经济、政治、社会和文化的发展形态都存在显著差异。这也意味着,不同国家在进入中等收入阶段之后,其社会转型的重点与过程也不尽相同(参见图1.6)。

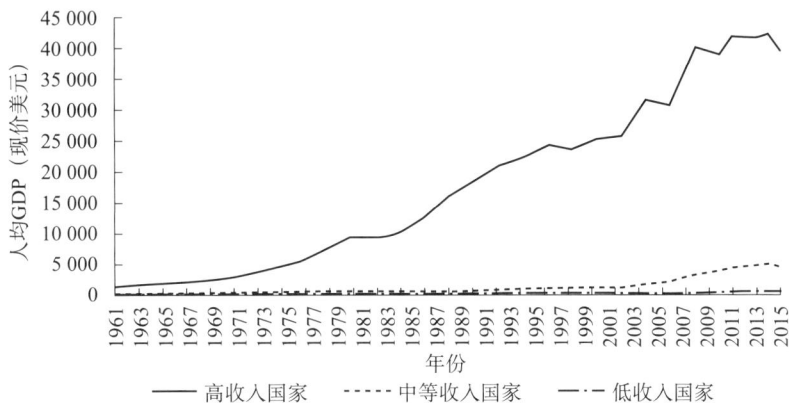

图 1.6　不同收入等级国家的中等收入阶段

数据来源:世界银行网站

（一）发达国家:社会结构转型与福利制度建立

以英、美为代表的发达国家,进入中等收入阶段之后,在社会转型中面临的核心挑战是如何形成以中产阶层为主的社会结构和以普遍福利为主的社会保障制度。进入20世纪之后,美国也出现了社会矛盾不断积累、阶层对立持续恶化、经济周期频繁动荡等问题。20世纪30年代的大萧条,既是这一转型导致的社会矛

盾的突出表现,同时也是社会结构转型和福利制度发展的转折点。随着罗斯福新政在就业、保障、工会等一系列领域的政策调整,美国在第二次世界大战之后发展成中产阶级占人口绝对多数的橄榄型结构,形成了经济转型的社会条件,并成功地完成了从自由资本主义向垄断资本主义的转变。在跨越中等收入阶段的历史进程中,美国这样的发达国家并未从根本上改变其政治制度和经济制度,而是通过调整其产业政策、劳工政策和福利政策,实现了权力的扩散和福利的普及,造就了一个以中产为主体的社会结构,从而解决了中等收入阶段所面临的经济转型和社会转型的挑战,一举实现了从垄断资本主义向福利资本主义的转变,并在此基础上进入高收入阶段。

（二）发展中国家:治理能力与经济现代化

以东亚为代表的发展中国家(地区),在进入中等收入阶段之后,社会转型面临的核心挑战是如何学习发达国家的先进经验,通过增强治理能力,实现经济和政治的现代化。发展中国家在进入中等收入阶段之后,往往已经确立了基本社会制度,跨越中等收入陷阱的核心任务,是进一步完成经济现代化和政治现代化。经济现代化主要包括以生产要素投入为主的传统增长方式向以技术进步和生产效率提高为基础的经济增长方式的转变,这一转变的关键在于技术创新以及相应的制度创新。"亚洲四小龙"充分利用后发优势,学习欧美国家的经验,通过政策调整,激励技术创新与制度创新,成功应对了来自发达国家的技术挤压以及来自低收入国家的成本挤压,实现了经济增长方式的转变(参见图1.7)。

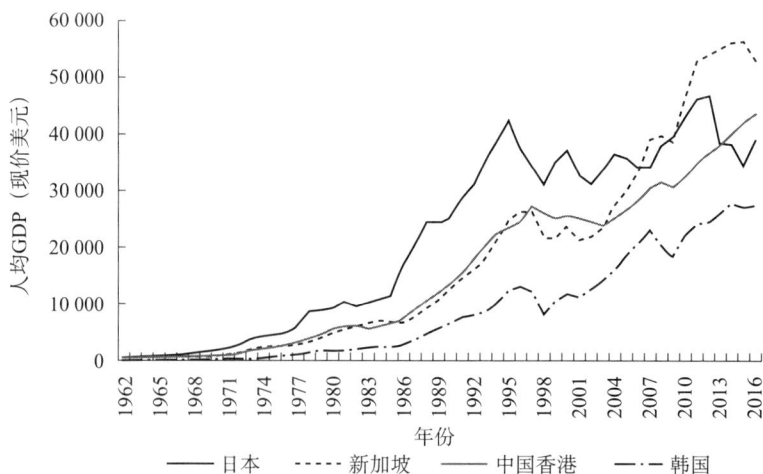

图 1.7 东亚发达国家及地区的人均 GDP

数据来源:世界银行网站

　　同为发展中国家的拉美和东南亚国家,也面临着如何实现经济现代化和政治现代化的问题。但由于技术创新不足、收入分配不均、国际市场不利以及政局腐败、社会动荡等原因,这些国家既未能及时完成从劳动密集型向资本和技术密集型的产业升级,无法有效应对经济上的双重挤压,也未能及时遏制贫富差距的扩大和阶层矛盾的激化,从而落入中等收入陷阱,遭遇长期的经济停滞和社会危机。东亚的经验和拉美的教训表明,发展中国家走出中等收入陷阱的关键,在于如何实现经济和政治的全面现代化(参见图 1.8 和图 1.9)。

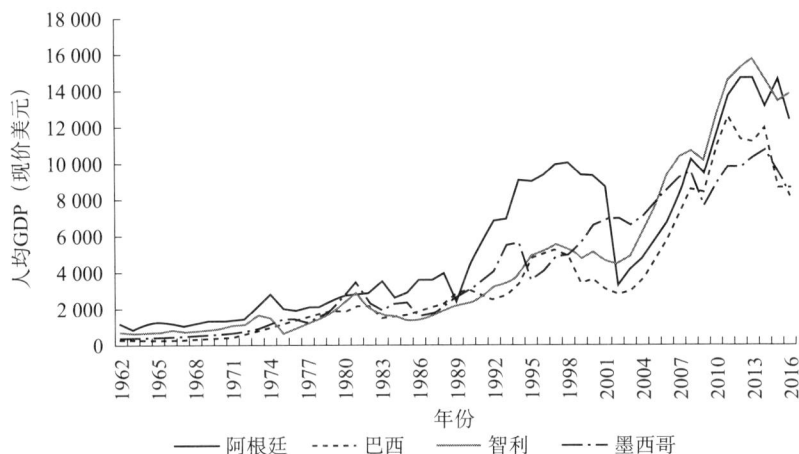

图 1.8　拉美国家的人均 GDP

数据来源:世界银行网站

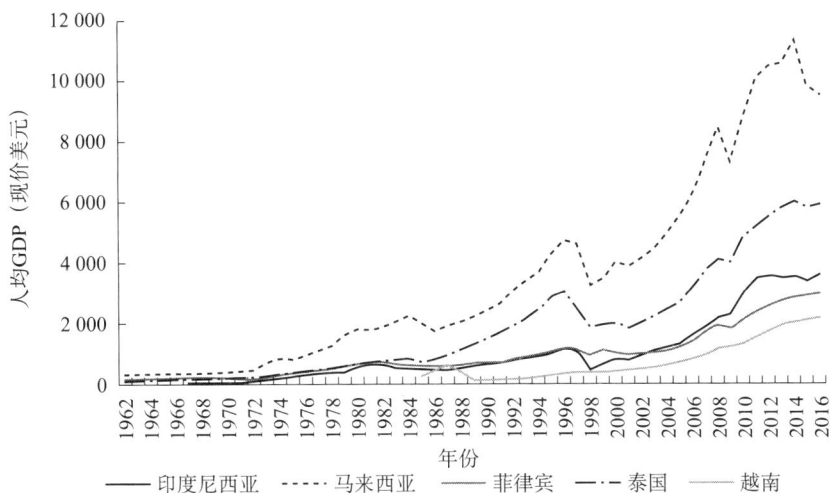

图 1.9　东南亚国家的人均 GDP

数据来源:世界银行网站

(三) 转型国家:基本制度变革与市场经济转型

以苏联和中东欧地区为代表的转型国家在迈入中等收入阶段之前基本都已完成了工业化的过程,在这一阶段主要面临着"市场—社会体制"的转型。第二次世界大战结束后,东欧各国移植苏联模式,建立起以单一的公有制经济结构、高度集中的指令性计划为特点的经济体制。这一经济体制一度带来较高速度的增长率,在 20 世纪 60 年代中期以前与西方发达国家齐头并进。但进入 70 年代后,欧洲社会主义国家普遍出现了经济增速的下滑,国民经济面临巨大困难。苏东剧变之后,这些国家经历了政治制度和经济制度的全面变革,进行了大规模的国有产权私有化改革,核心体现在政治的民主化和经济的市场化。捷克、波兰、匈牙利等中东欧国家在转型过程中坚持的"法治化"和"市场化"改革,使得它们最终冲破中等收入陷阱。而俄罗斯在"证券私有化"的过程中,由于民主和法治的缺失,大量的内部人交易形成了"官僚—寡头"为主导的社会经济结构,导致少数人迅速聚集财富形成金融工业寡头,控制国家经济命脉,居民生活水平急剧恶化,社会贫富分化加剧(参见图 1.10)。

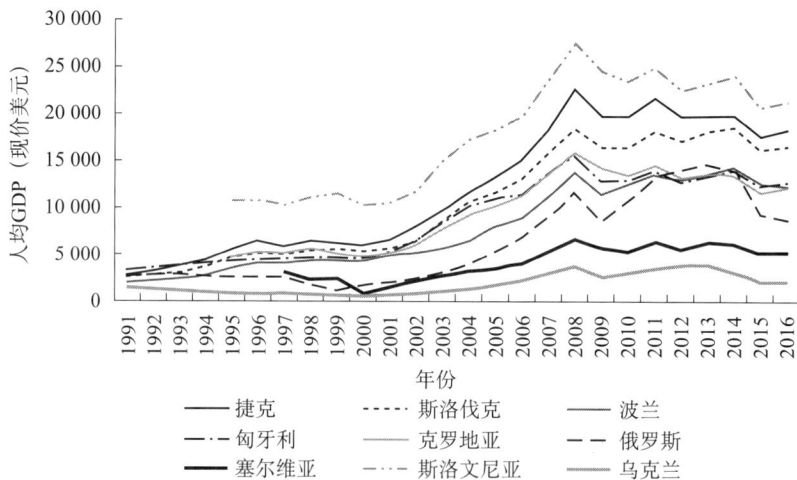

图 1.10 转型国家的人均 GDP

数据来源:世界银行网站

与发达国家和发展中国家相比,转型国家在跨越中等收入阶段中最为特殊,出现了基本制度的全面变迁。而发达国家的社会转型和发展中国家的现代化进程表面存在许多相似之处,但实际上也有着重要差异:发达国家和发展中国家在跨越中等收入陷阱时,在世界历史进程和国际政治经济体系中的地位不同。发达国家在跨越中等收入阶段时,历史上并无先例,一切都要摸索进行,但同时也因为始终处于世界体系的核心,产业转型和升级的压力较小,化解经济和社会转型成本的空间较大,甚至可以通过海外市场来转移和消化国内转型的社会和经济成本。而发展中国家在跨越中等收入陷阱时,大多以发达国家为模板,直接学习甚至复制发达国家的制度和经验。但同时,发展中国家往往不处于世界体系的核心,面临更大的产业转型和升级压力,化解转型的经济和社会成本的空间也更为狭小。

第四节 中等收入陷阱的实质:经济与社会转型问题

中等收入陷阱的实质是一个国家在从低收入阶段跨入中等收入阶段之后面临的经济转型与社会转型的双重困境。

一、跨越中等收入陷阱需要实现经济转型

前面分析了中等收入阶段的国家将面临"双重挤压"和"动力不足"的难题,并遭遇人口红利的逐步消失、环境资源的约束等一系列挑战。而要突破"双重挤压",培育经济增长新动力,就必须进行经济转型。经济增长主要有两个来源:一个是要素积累的增加,另一个是全要素生产率的提高。当一个经济体进入中等收入阶段后,前期依靠生产要素的大量投入和扩张的发展方式已不可持续,当务之急就是切实促进经济结构的转型升级,通过提高全要素生产率实现经济增长。一是优化需求结构。摆脱过度依赖于投资和出口的增长循环,把经济发展根植于国内需求,形成消费与投资、出口均衡拉动经济增长的格局。二是优化产业结构。加快产业创新驱动转型、服务化转型、内需主导及消费驱动转型;积极鼓励自主创新,掌握核心技术,培育具有自主知识产权的新兴产业。三是优化要素投入结构。加速人力资本形成,提高技术进步以及制度化改革对经济增长的溢出作用,进而提升本国在全球产业分工体系和利益格局中的地位。

二、跨越中等收入陷阱需要实现社会转型

进入中等收入阶段的国家,经过前期经济快速的增长和收入的提高后,社会的收入差距不断拉大,社会阶层日益分化,如果不能及时进行有效的社会改革,将会导致社会矛盾层出不穷。中等收入国家将面临日益严重的社会断裂、不断激化的社会矛盾和持续积累的心态危机等社会发展难题,甚至会出现一个矛盾冲突的爆发期。同时,进入中等收入阶段,人民整体收入水平提高,但收入差距拉大,而

从生活必需品时代向耐用消费品时代的过渡，对于一个国家的社会结构和社会制度提出了全新的要求。例如，中产阶层规模的壮大、社会保障和福利制度的完善、鼓励创新的法律制度和市场体系等。而为了实现这样的社会结构和制度的转变，就必须针对利益关系、分配格局乃至道德信任和治理能力进行全方位的深入变革。因此，成功跨越中等收入阶段必须对社会进行深入的变革，这种变革要以公平正义和道德建设为共识，从调整收入分配、加强民生保障和道德文化建设等方面统筹推动，才能克服中等收入阶段面临的社会发展挑战。

三、经济与社会成功转型才能跨越中等收入陷阱

经济学从经济转型的角度，认为中等收入阶段经济增长方式转变成功与否决定了一个国家是否能跨越中等收入陷阱。而社会学则认为需要从社会转型入手，建立与中等收入阶段相匹配的社会结构与制度，解决不断积累的社会矛盾，才能跨越中等收入陷阱。事实上，经济学和社会学分析的中等收入阶段现象和面临的经济、社会问题都是客观存在的。学界普遍认同的陷入中等收入陷阱国家的主要特征包括：经济增长回落或停滞、民主乱象、贫富分化、腐败多发、过度城市化、社会公共服务短缺、就业困难、社会动荡、信仰缺失、金融体系脆弱等。这其中既有经济问题，也有社会问题。而不同的国家由于原有的经济、社会基础不同，其在中等收入阶段可能存在上述所有的经济和社会问题；或者是存在部分经济和社会问题；也可能是部分问题突出，而另一些问题则不明显。但总体而言，在中等收入阶段面临经济和社会转型问题是一个普遍现象。

从历史上来看，发达国家的工业化、现代化进程往往也伴随着社会转型。经济转型与社会转型互为因果、相互促进。经济转型改变了社会结构与关系，因而要求相应的社会转型与制度变革；而社会转型的成功与制度变革的合理，反过来又进一步推动了经济转型的深入发展。因此，中等收入国家要跨越中等收入陷阱就必须成功地进行经济和社会的双转型。一方面，转变经济增长方式，实现产业升级，突破双重挤压，获得增长新动力；另一方面，通过社会转型，积极消除积累的社会矛盾，优化社会结构，完善各项制度，建立适应新阶段的社会体制，为经济发展提供制度保障。经济转型从要素投入驱动转向提升全要素生产率，尤其需要在土地制度、户籍制度、金融制度、收入分配、消除垄断等方面进行强有力的社会体制改革。而社会转型中完善社会保障与福利、增加公共服务、加强环保治理等也依赖于经济的转型升级。

因此，中等收入陷阱的实质是在中等收入阶段，经济增长面临"双重挤压"，同

时原有的社会结构与治理方式不适应新的社会发展阶段,从而引发的经济滞涨或衰退,社会矛盾加剧的现象。要跨越中等收入陷阱就必须在中等收入阶段成功地完成由要素驱动向提升全要素生产率的经济增长方式的转型,同时,要积极推动社会转型,优化社会结构,消除社会矛盾,理顺社会关系,为经济转型提供稳定的社会环境和制度保障。

第五节　小　结

2007 年,世界银行提出了中等收入陷阱的概念,用以描述发展中国家在进入中等收入阶段之后在相当长的时期内陷入经济增长停滞、发展缓慢的现象,并且将中等收入陷阱归结为经济转型失败的后果:既有的增长因素消耗殆尽,新的增长模式未能形成,导致经济发展遭遇瓶颈。拉美和东南亚地区的部分国家被认为是落入中等收入陷阱的典型。虽然学界针对中等收入陷阱这一概念是否成立、这一概念对于描述发展中国家的经济发展现象是否具有普遍意义仍有争论,但部分发展中国家在进入中等收入阶段后遭遇以停滞为特征的发展问题却是客观事实。

中等收入陷阱的实质是,一个国家在从低收入阶段跨入中等收入阶段之后面临的经济与社会转型困境。而跨越中等收入陷阱的关键在于如何实现经济与社会的双转型,建立与中等收入阶段相匹配的经济增长模式和社会结构与体制。

从世界范围来看,进入中等收入阶段,就意味着从生活必需品时代向耐用消费品时代的过渡,而耐用消费品时代需要完全不同的社会条件和制度基础。如果不能进行针对性的调整,这一过渡就无法完成,导致经济减速甚至停滞,可能陷入全面的发展困境。不同类型的国家,在这一过渡阶段将会遭遇不同类型的问题。解决这些问题、进入高收入阶段,不同类型的国家也需要不同的路径和方法。跨越中等收入阶段,对于发达国家,意味着从自由资本主义向福利资本主义的社会转型;对于发展中国,意味着以经济市场化和治理现代化为核心的现代化进程;对于转型国家,则意味着从传统的计划经济向市场—社会的全面体制转型。中国在进入中等收入阶段后,同样面临着经济转型与社会转型的双重挑战。

经济学的解释将中等收入陷阱描述为一个"坎"。而对任何一个国家来说,中等收入陷阱都不只是意味着一个"坎",而是一个由很多"坎"构成的长期而复杂的系统问题;跨越中等收入陷阱也不是跨越一个"坎"的过程,而是一个贯穿整个中等收入阶段的全面而连续的"跨栏"过程。因此,中等收入陷阱是一个在过程中不断展开的一系列问题。这需要从以下几个方面来理解。

第一,中等收入陷阱问题贯穿于一个国家的整个中等收入阶段。

第二,各个国家在中等收入阶段面临的各种问题具有不同步的特点。一个国家在跨越中等收入陷阱的过程中所面临的各种问题并非是在进入中等收入阶段的那一刻立即并且同时呈现出来的,也不是在步入高收入国家行列的那一时点即刻并且全部消失的。这些问题既不是同时出现的,也不是同时消失的,而是存在先后的顺序问题。

第三,中等收入陷阱具有阶段性的特点。各个国家在不同领域遭遇的各种问题具有明显的阶段性,即各国在不同阶段遭遇的主要问题是不一样的。

第四,在经济、政治、社会及文化领域,每一个具体问题的酝酿、出现、激化、缓解和消失也存在一个长期而复杂的过程。

第五,问题与问题之间不是相互割裂,而是相互作用。这也意味着,在同一个阶段可能存在不同问题的叠加;在不同阶段,不同问题之间可能存在连续性和接续性。

落入中等收入陷阱并不意味着处于绝对的停滞状态。陷阱中也存在一定的发展空间和可能性,那些掉入陷阱的国家经济仍有发展也是不争的事实。陷阱中的发展,一方面,表现为增长速度缓慢,既有经济增长模式难以为继,而且往往建立在以高投入低产出为特征的低效增长模式的基础之上,同时付出了巨大的社会成本、不可逆的环境代价,呈现为经济的畸形增长;另一方面,还表现为社会的畸形发展。经济领域以及社会、政治和文化领域之间由于发展的不平衡与不同步导致日益激烈的矛盾和冲突,传统的社会发展模式越来越难以获得认同,既有的社会制度越来越成为发展的桎梏与障碍。

从历史来看,那些成功应对中等收入陷阱的国家,无一不是通过综合性的经济、政治、社会和文化变革才得以避免或者跨越中等收入陷阱。这也证明,中等收入陷阱的实质不仅仅是经济增长的问题。成功地跨越中等收入陷阱,既需要深入的经济转型,也需要全面的社会转型。

第二章　中等收入的国家类型与经验教训

　　跨越中等收入陷阱，既需要成功的经济转型，也需要成功的社会转型。所有国家在从中等收入阶段向高收入阶段发展的过程中，都会面临巨大的经济社会转型的挑战，而不同类型的国家在各自的中等收入阶段遭遇的问题是不同的。中等收入陷阱问题与各类国家的经济、社会、政治、文化等结构和制度特征密切相关。因而，比较和总结不同国家跨越中等收入陷阱的成功经验和失败教训，对于我国完成经济社会转型、顺利跨越中等收入陷阱有着重要的借鉴意义。

第一节　欧美等发达国家

　　以欧、美为代表的发达国家，都在相当长的时间内较为成功地保持了经济增长，并且率先成长为高收入国家，其中的经验值得我们学习和借鉴。

一、美国跨越中等收入陷阱的过程及经验

（一）美国的经济转型

　　美国在 19 世纪末完成第一次工业革命的同时，率先进入第二次技术革命，经济获得了惊人的增长。1869—1898 年，美国煤炭产量增加 800%，铁路长度增加 567%，30 年内实际工资增加了 53%。1860 年，美国在主要资本主义国家中工业产值排名第 4 位，不到英国的一半。1890 年，美国工业产值就跃居世界首位，将近占世界工业总产值的 1/3[①]。1920—1929 年，美国在资本主义世界工业生产的比重为 48.5%，超过英、德、法三国总和的 79%，成为首屈一指的世界强国[②]。

　　美国经济强劲而又持续的增长，主要得益于技术进步、制度创新、产业调整和城市化。

[①] 刘绪贻，杨生茂. 美国通史[M]. 北京：人民出版社，2008.
[②] 黄安年. 20 世纪美国史[M]. 石家庄：河北人民出版社，1988.

1. 技术进步

诸多研究显示,技术进步而不是资本积累,是导致美国工业化后期经济增长的主要原因。索洛(1957 年)计算了美国非农业私营部门 20 世纪上半叶(1909—1949 年)的全要素生产率增长,他认为,技术进步可以解释这一阶段美国每人·时产出增长的 87.5%,其余 12.5%归因于资本的增长。随着工业化的发展,美国教育投资成倍增长。到 1916 年,美国公民在初等和中等教育事业上所花的钱大约相当于 1870 年的 8 倍。1870 年,美国的高校有 563 所,到 1910 年达到近 1 000 所,入学学生总数 33 万余人。而这一时期,法国的全部 16 所大学招生人数总共约4 万人。美国增加教育投资主要采取以下几个办法:一是增加教育经费;二是各州通过社会征收特别税以补充学校经费;三是拨出大量公有土地作为教育事业用地。到 19 世纪末,联邦政府拨给国民教育用的土地约有 1.5 亿英亩,等于法国、瑞士、比利时三国面积的总和。

2. 制度创新

现代企业制度的发展和成熟,也是美国经济长盛不衰的一个重要原因。公司法律地位的确立为公司的崛起奠定了基础。公司法律地位是在 1819 年联邦最高法院首席大法官约翰·马歇尔在"达特茅斯学院诉伍德沃德案"中确立的,在马歇尔的阐述中,公司在法律上被看作是具有永久生命的法人。这一特征使得企业公司具有了个人业主或合伙企业所没有的优势。有限责任是公司相对于个人企业与合伙企业的另一个优势。1830 年,马萨诸塞州通过了一个一般有限责任的法案,到 1860 年时,有限责任的原则开始在各州普遍适用。有限责任的普遍推广,成为推动公司在美国迅速普及的原因之一。

公司的崛起及其迅猛发展无疑推动了美国工业和经济的迅速发展。它首先解决了美国进入工业革命后经济起飞时期的资金筹集问题,促进了企业和生产规模的扩大,直接推动了企业管理的改进。资金的筹集、技术的进步和管理的科学化是任何一个国家经济起飞的三大要素,公司的崛起有效地解决了其中的两大要素问题。

但是随着公司的发展及其规模的不断扩大,公司追求最大利润的本来面目日益显现,逐渐演变成置公众利益于不顾的拼命寻求扩大私人商业机会的工具。大公司控制国家经济使得公众与公司之间的矛盾日益突出,公众纷纷要求政府对大公司进行管制。1890 年和 1914 年,国会分别制定了《谢尔曼法》和《克莱顿法》,将限制竞争、企图垄断的公司及其实行的价格差别对待、订立特殊销售合同、购买竞争者的股票、大公司之间建立连锁董事会等经营活动宣布为非法,《反托拉斯法》

的制定标志着联邦政府对私人公司严格意义上的管制。

3. 产业调整

1783—1860 年间，农业是美国的主要产业，交通和工业主要为农业服务。直到 1832 年左右，美国大约仍旧有 4/5 的人口从事农业。1832 年以后，这个比例迅速下降。

美国的制造业是在 1812 年第二次独立战争中出现的，当时，抵制英国货的进口起了促进作用。但是，直到 1850 年，美国绝大多数制造业还是家庭手工业和雇用学徒的手工作坊，1860 年开始的南北战争给美国带来了工业革命，使工厂制度在美国扎下了根。南北战争中，北方工业资本取得了胜利，奴隶制度被废除，统一大市场得以建立，美国因此迅速上升为世界第一工业大国。1900 年美国农村人口占整个人口的比重是 51.7%，到 1910 年已经下降到 45.3%。

工业经济的成熟使美国逐步成为服务业比重最大的社会。第二次世界大战后，美国制造业产值大体占国民生产总值的 30% 左右，此后进一步逐年下降，1947 年为 29.6%；1970 年为 30.1%；1997 年下降到 16.0%。1929 年，美国服务业就业人口在非农业就业人口中占 57.5%。1979 年，它的比重达到 71.5%。1995 年，服务业产值占国民生产总值的比重为 72%。

4. 城市化

美国是高度城市化的国家，早在 19 世纪就开始了从农村社会向城市社会的转变。工业化的启动以及国内市场的扩大使城市数量迅速增加、城市规模逐渐扩大，城市空间结构也随之发生显著变化，由最初的紧凑和密集结构向多中心分散结构发展。

内战结束后（1865—1920 年），美国工业化、城市化加速。这一阶段美国制造业带形成，城市化加速。在此期间，美国的工业经济成熟，顺利由农业社会转变为工业社会。由于工业化向西部转移，在五大湖周围的东北部和中西部地区形成了制造业带。城市化速度在这一阶段也最为迅速，城市人口比例由 1860 年的 19.8% 上升至 1920 年的 51.2%，标志着城市化基本完成。

交通革命促使城市化地域范围进一步扩大。铁路网的完善，尤其是横贯东西大铁路的修建，加强了东西之间的经济联系，人流、物流、资金流开始自东向西流动，促使工业化和城市化向西推进。第一次世界大战爆发时，美国的城市结构已经定型：高楼大厦分布在市中心，而市中心又根据功能划分为金融、零售、法律以及其他产业相对集中的区域，居住区向外发展，城市呈多中心发展态势。由于东西以及南北联系加强，工业化以及城市化的区域不均衡状况开始得到改善。以集中型城市化为主,郊区化开始出现。由于原材料的可获得性,运输费用、交易成本、规模经济等原因,大量的人口和产业活动还是集中在市中心,并且通过不断的竞争和兼并,产业的集中度越来越高。

(二) 美国的社会转型

1. 社会进步运动的出现

在 19 世纪末 20 世纪初,美国的经济在高速增长的同时,也出现了一系列严重的社会问题,主要表现为:贫富差距扩大(最富有的 2% 的家庭拥有 1/3 的全美财富),生产条件恶劣(全美 70 万铁路工人中,工伤导致 1 972 人死亡,超过 2 万人受伤),劳资矛盾激化(1887 年的铁路大罢工造成数百人死亡),刑事案件猛增(1880—1890 年,全美犯罪收监率上升 50%;1881—1898 年,芝加哥杀人案件从 1 266 起增加到 7 480 起),以及"适者生存"观念泛滥等。[①]

于是,美国的"进步时代"(progressive era)应运而生。进步时代的主题,可以归纳为"政治要民主、市场要自由、社会要发展"。在政治上,美国进步运动反对官员腐败,报纸杂志发行量激增,掀起了"黑幕揭发"运动,专注报道城市寡头及官商勾结,大量曝光贪腐官员和官商勾结,为社会改革进行了充分舆论准备。同时积极要求扩大政治参与,女性获得选举权,参议员也由选民直接选举产生。经济上,开展反对寡头垄断、改善食品安全、缩短工作时间、提高工人工资等一系列进步运动。在社会层面,巨富开始回馈社会,成立诸如洛克菲勒和卡耐基这样的基金会,女性地位升高,各群体的社会参与空前活跃。

2. 社会福利体系的建立

罗斯福新政开始了社会保障和福利体系的建立。以 1929—1933 年的经济大危机为界,可将美国分配模式一分为二:大危机前为一种模式,其主要特点是资本居于强势地位,分配向资本倾斜,政府再分配力度微弱,税收和社会保障的力度都十分有限。大危机后分配模式发生了巨大变化,其主要特征可概括为:各分配主体地位逐渐趋于均衡,并略向普通劳动群体倾斜,政府再分配力度加大,差距趋于收缩。政府对劳工政策的调整以及其他举措,使得工会力量得以发展壮大,普通劳动者的地位空前提高。工会力量的壮大、工人阶层话语权的提高,使得这一阶段的收入分配向劳动者阶层倾斜。

另外,美国政府在危机过后开始承担起改善收入分配的职能,加大了税收和社会保障力度,美国社会保障事业起步于新政期间,发展很快,联邦政府社会保障

---

① 刘绪贻,杨生茂. 美国通史[M]. 北京:人民出版社,2008.

开支占联邦总预算支出的比重于 1950 年已达到 22.6％。

3. 行政权力的双向运动

首先,美国出现了行政权力的分散和下移。

美国在 1870—1970 年的 100 年间,出现了显著的权力分散和下移,包括选举权的普及、代议制的完善(参议院直选)等,在镀金时代出现的那些经济寡头和城市黑帮,再也无法像过去那样肆无忌惮地操纵公共事务。当社会从由上层精英支配的结构转变为一个更加扁平的、以中产阶级为主体的结构,权力下移导致中间阶层产生了强烈的政治参与制度化的诉求,并在此基础上实现市场、国家与社会之间的良性互动,这种转型实质是以政治现代化为核心的社会转型。

其次,从另一个方面来看,在这 100 年中,美国也有明显的权力集中和上移的过程。与 1870 年的联邦政府相比,1970 年的联邦政府无论在规模和权限上,还是在能力和复杂程度上,都有了惊人的增长,变成美国历史上一个前所未有的庞然大物。联邦政府不断强化的这一历史进程,不仅意味着州政府在政策制定与资源分配中地位的显著而持续地下降,同时还意味着,作为自由民主制度的基石,普通民众的政治和社会参与,至少从大选投票率和社团成员数量与活动频次上,在第二次世界大战之后也出现了持续的衰减。权力的集中与社会的进步,这一因果链条的实现,需要一系列的制度条件。

(三)美国的经验与启示

美国的历史进程,从经济制度上划分,大致可以认为出现了两次大转变:第一次大转变是从自由资本主义向垄断资本主义的过渡,主要发生在 1870—1900 年的"镀金时代"和 1900—1920 年的"进步时代";第二次大转变是从垄断资本主义向福利资本主义的过渡,主要发生在 1930 年到第二次世界大战之前的"罗斯福新政"阶段。1965 年约翰逊总统开始推行的建设"伟大社会"的一系列努力,则可以看作是这一阶段的最终完成。这两次大转变,都可以看作是美国在从生活必需品时代向耐用消费品时代过渡时所做的努力。第一次大转变,奠定了从生活必需品时代向耐用消费品时代过渡的经济基础,而第二次大转变则奠定了从生活必需品时代向耐用消费品时代过渡的社会基础。

具体而言,与上述的两次大转变相对应,美国历史大致可以分为三个阶段:第一个阶段发生于 1870—1900 年的"镀金时代",技术创新与产业革命推动经济高速增长,产业结构与社会结构均随之出现急剧变化,导致贫富差距扩大、社会矛盾增多,行政、司法、立法腐败横行,美国社会陷入整体性信用危机。此时,美国已经出现了从生活必需品时代向耐用消费品时代过渡的苗头。第二个阶段发生于

1900 年至第一次世界大战的"进步时代",垄断资本主义确立,经济继续增长,金融寡头控制经济命脉。经济上反对托拉斯、强调自由竞争,政治上扩大参与、打击腐败,社会上积极推行进步运动。在这个阶段中,美国社会已经实现了温饱,生活必需品时代也走到了尽头,仅仅依靠对生活必需品的需求,已经无法满足国民经济的持续增长。第三个阶段是 1932 年之后的"新政时代",通过更为彻底的制度调整和更为全面的社会建设,制约资本、保障民生、扩大参与,同时抓住第二次世界大战提供的调整窗口,从而在战后实现了经济的高速增长以及中产社会的形成。在这个阶段,人们已经认识到,进入耐用消费品时代需要一定的社会条件,"罗斯福新政"即可看作通过政策调整来实现耐用消费品时代的社会条件的一种努力。在这一阶段中,美国真正成为一个中产阶层为主体的社会,具备了从生活必需品时代向耐用消费品时代过渡的社会条件。

美国的经验告诉我们,跨越中等收入陷阱,既需要完成经济领域的转型,也需要完成社会领域的转型,两者相辅相成、缺一不可。

二、英国跨越中等收入陷阱的过程及经验

英国是世界上最早进入工业化和城市化的国家,它的发展道路独一无二,在经济转型和社会转型方面的经验得失,值得世人进行深入的分析和思考。

(一)英国的经济转型

相对于新兴国家而言,由于英国是第一个工业化国家,产业结构的调整相对缓慢:1820 年工业产值超过农业,1851 年前后,英国工业劳动力超过农业;而在第一次世界大战前夕,即在英国开始产业革命 150 年之后,第三产业在产值和劳动力两方面才超过第二产业。

第二次世界大战以后,英国经济迅速发展,虽然第二产业的比重在缓慢下降,但 20 世纪 70 年代初至 80 年代初的 10 年间,第二产业一直占 GDP 的 40%左右。此后,英国经济发展进入了一个拐点。当时,英国开始了大规模产业结构的优化升级,主要是大力发展金融、市场中介服务、房地产、专利、版权、商标和设计等新兴产业,促使服务业加快发展,从而不断提高其在三大产业中的地位。到 20 世纪 80 年代中期,英国服务业占 GDP 的比重超过了 60%,并一直持续提高。

由于英国在第二次世界大战后开展了过度的国有化改革,将那些对国家和社会有重要战略意义的工业部门如铁路运输、煤矿、造船等实行国有化或公有化,20 世纪 70 年代末期,国有经济成分在国内生产总值中所占比例已上升到 12%,在邮政、通信、电力、燃气、铁路、造船和钢铁等工业部门,国有化比重高达 75%或者更

高。其结果却是：政府职能僵化，经济干预过度，使得竞争机制缺乏，导致了资源配置不合理、机构臃肿、企业管理水平低下的局面。因此，从 1979 年开始，英国以"减少国有份额"为重点开始了结构调整和改革，旨在提高企业经济效益、建立国家创新体制和增强国家经济竞争力，其较有效的政策途径主要有以下三类。

一是股份制改革，包括两种类型：(1)内部参股，即通过企业内职工持股方式让企业职工在本企业参股，参股数额视企业具体情况而定，使企业由原来的单一国有形式转变为私人形式或混合所有形式。(2)外部参股，即采用企业外参股的方式组建合资公司，一方面拓展了企业资金渠道；另一方面迫使管理层有义务尊重股东的权利，有助于引入市场机制，减少和防止政府的过多行政干预。

二是以协议方式将原来中央或地方政府所执行的行政或服务职能转变成由私人执行和经营。这种形式对原政府部门下属事业单位和公司十分有效，使得原来的政府指令性行为转变为市场规范，大大提高了效率和服务质量，同时也降低了成本。

三是"国有＋私人"投资经营的捆绑模式。如对于一些投资力度大、回报周期长的基础设施建设和维护保养以及某些机构的运作管理，政府筹集资金难以满足运营要求，则可以在所有权归国家所有的基础上以该捆绑模式引入私人投资、经营和管理，提高利润。

结构调整导致企业拥有了更多的灵活性，以便向竞争力强和效益高的产业转移，加速了产业和技术的优胜劣汰。1998 年英国 GDP 的产业构成是：农业 2％、工业 31％(其中制造业 21％)、服务业 67％。结构调整尤其对经济效益低下的国有企业产生了巨大震荡，相反，新兴产业和具有竞争力的产业则获得了发展机会，如通信业、计算机产业以及相应的服务和咨询行业便在这一时期迅猛发展。失业人员经过培训，转入新兴产业部门重新就业。经过市场竞争的历练，这些产业增强了国际竞争力，逐步从国内市场向国际市场拓展。国际竞争又促进了国内产业的进一步创新和升级，这种良性循环使得英国的产业结构不断优化调整。

（二）英国的社会转型

"英国病"始于 20 世纪 20 年代，在第一次世界大战期间萎缩的民用工业部门，原指望可以在战争结束以后恢复和发展起来，然而经济危机使之成为泡影。煤炭、棉纺织业、造船工业部门因国内市场狭窄和出口遇到困难，在度过 1920 年经济危机之后的整个 20 年代内，它们始终是停滞的。与此同时，英国国内工人阶级斗争的高涨，也对此后英国经济产生了不利影响。

在"英国病"的初期，英国经济力量削弱了，经济长期停滞，国内阶级矛盾激化,而英国对帝国各个部分的控制也不如以往。紧接着是在 20 年代长期经济停滞的基础上爆发了 30 年代的经济危机。通过国际贸易和国际金融等渠道,英国很快受到美国经济危机的影响。外来的震动和冲击使英国国内经济中原来就存在的各种矛盾激化了。从 1930 年第一季度起,工业生产指数和进出口贸易指数都显著下降,失业人数激增,到 1932 年第三季度,英国的经济危机达到了最严重的地步,失业人数达到了 300 万,失业率达到了 23%。

英国国内经济因 20 世纪 30 年代的经济危机和第二次世界大战而变得更糟。第二次世界大战后,英国对殖民地的控制削弱了很多。战后,1945—1951 年,在出口品竞争能力没有改进、出口贸易额不可能迅速增长的情况下,尽管有美国的贷款和美国资本的输入,但英国的国际贸易逆差增大了。1949 年英国政府宣布英镑贬值 30.5%。

战后的一个时期,英国奉行凯恩斯主义,用财政政策和货币政策对经济加以干预。推行凯恩斯主义的结果是:一方面,它为英国创造了短暂的繁荣,1951—1964 年,英国经济一度出现过"两低一高"(低失业率、低通胀率,高增长率);但另一方面,从长期看,凯恩斯主义也给英国带来了灾难。政府开支过大,财政入不敷出,于是企业不堪税收重负,银根被迫一松再松。所引起的连锁反应是:生产停滞,失业反弹,物价飙升,通胀一发不可收拾。尽管英国 1965 年人均 GDP 已突破 15 000 美元,但 1967 年发生了严重的英镑危机,英国在国际贸易和金融中的地位进一步削弱。20 世纪 70 年代英国进入经济滞涨,在所有的发达资本主义国家中,始终保持最低的经济增长率、最高的通货膨胀率和最高的贸易赤字纪录。

20 世纪 70 年代,当时执政的工党政府面临的是物价飞涨、生产停滞、失业率居高不下的全面困境。从 1979 年开始,撒切尔政府主推自由经济,大刀阔斧地改革政府管制,降低通货膨胀率和维持物价稳定,展开了英国的货币主义实验。该项改革带来了持续时间长达 7 年的经济增长,国际收支大大盈余,政府地位提高。同时政府通过微观经济政策鼓励实业,提高效率、灵活性以及市场竞争力。

撒切尔政府通过抑制通货膨胀,打击了工会力量,吸引了投资,获得了经济增长,1988—1989 年英国走出了经济危机。但撒切尔政府因侵害了中下阶层的利益而竞选失败。

此后,兼顾了中下层利益的布莱尔、布朗和卡梅伦政府以"第三条道路"阐释了英国的变革与创新,寻求"发展与公正""权利与义务"之间的平衡,以改革化、现代化和合作的姿态应对全球化,如布莱尔所言,"第三条道路是一次认真的重新评价,它既不是放任自流,也不是僵化的国家干涉主义,它寻求采纳中间和中左道路的基本价值观念,并使其适用于世界根本的社会和经济变革,而不受意识形态的束缚"。第三条道路尽管在社会改革方面未能如德国那样较好地处理经济发展与社会公正的平衡,但是仍然让英国保持了较好的经济增长。

（三）英国的经验与启示

英国是最早开始工业革命的国家,也是最早的福利国家,但是在工业化后期也陷入了"英国病":国内资本投资率低下,企业国有化的管理不善,市场僵化,社会保障制度超负荷运转。当时的撒切尔政府通过改革传统的"大政府小社会"的现代凯恩斯主义政策,转而实行货币主义经济政策:抑制货币发行和流通、紧缩货币、控制通货膨胀;压缩公共开支、削减税收;控制社会保障制度规模,逐步改革实施福利国家制度的弊端;推行企业民营化、发挥自由市场机制的活力。在20世纪80年代西方国家的国营企业民营化趋势中,英国起了推动作用。撒切尔政府逐步推行出售国营企业,将国家雇用的工作人员转移到民营部门,并以股票形式将国营企业资产转向民营企业。英国的发展显示,在社会转型时期,经济结构调整和社会矛盾的积累都处于一个波峰阶段,能否推动技术进步,并且以技术进步为引擎拉动产业结构优化调整,改革市场机制和对外贸易体系,同时通过制度改革,在促进社会公正的同时,使社会保障体系与现实的经济发展水平相匹配,有效地规避"福利陷阱",是一个国家能否顺利从工业化后期进入高收入国家的基本条件。

三、法国跨越中等收入陷阱的过程及经验

法国是世界主要的发达国家之一,国内生产总值位居世界前列,2016年人均GDP达到36 855美元。与美、英、德等其他主要发达国家相比,法国经济发展历程和道路选择具有相当的独特性。

（一）法国的经济转型

法国在中世纪时期,一直都是欧洲最大的封建专制国家。16—18世纪,法国社会经历了重商主义政策和工场手工业的快速发展,虽然封建专制制度开始从极盛走向衰落,商品经济有了很大的发展,但就整个社会来说,封建社会的基本政治制度和生产关系仍然占据绝对统治的地位。小农经济的长期存在,是法国国民经济的重要特点之一。

从大革命以后到1870年以前是法国工业的大发展时期,工业革命基本完成。这一时期法国工业发展可以分为三个阶段:第一个阶段,1795—1815年,即大革

命结束后到拿破仑专政结束。这是法国近代工业初步奠定基础的阶段。第二个阶段,1815—1848 年的波旁王朝和奥尔良王朝统治时期。这一时期法国国内社会稳定,战争创伤逐步恢复,工业革命在法国大规模展开。第三阶段,从 1848 年到 1870 年的第二帝国时期,这是法国工业革命最后完成的阶段,20 年时间内煤炭和生铁的产量提高了两倍,钢产量提高了 7 倍。19 世纪五六十年代,法国国民经济经历了一个空前的大发展时期,国民收入增加了 1 倍,工业总产值增加了两倍。至此,工业革命基本完成,法国正式迈入了工业化国家行列。

进入 20 世纪 50 年代中后期,特别是戴高乐执政后,法国经济发展进入了黄金时期。1961—1974 年石油危机爆发之前,法国经济保持了 10 多年的持续高速增长,年平均增长率达到 5.5%,与同一时期的主要发达国家相比仅次于日本(8.3%),高于美国、德国和英国(分别为 4.2%、4.2%、3.4%)。法国经济能够在这一时期取得快速的增长,除了美国的有力援助之外,主要还有以下几方面的原因。

首先,法国在第二次世界大战之前良好的工业基础为战后经济的快速复苏打下了坚实的基础。尽管 20 世纪 20 年代开始的全球经济萧条和第二次世界大战对法国的经济造成了严重破坏,但在大战之前法国早已成为世界主要的工业化国家之一,在机械、电机、化工、冶金、汽车制造、航空等领域拥有较雄厚的工业基础,其农业的机械化程度和劳动生产率都很高,一直是欧洲最重要的农业大国。因此,当战争结束,社会趋于稳定后,良好的工业和农业生产基础为法国经济的迅速恢复提供了最为重要的保障和前提。

其次,欧洲经济共同体的成立为法国经济增长提供了强大的推动力。法国是欧洲国家中最积极倡导和推行经济区域一体化的国家。经济共同体成立后,法国与欧洲经济共同体成员国家的贸易规模迅速扩大,1970—1975 年法国与经济共同体国家的贸易占全部贸易的比重约为 50%,与 1960 年相比提高了 1 倍。特别需要指出的是,法国是欧洲共同体主要的农产品出口国,欧洲经济共同体采取的共同农业政策、农产品保护价格,对于农业大国法国的农业生产和出口起到了重要推动作用。

再次,推行计划指示性经济政策。与其他西方国家不同的是,法国的国民经济中长期存在比重较高的国有企业(1982 年法国的国有企业就业比重超过20%)。1947—1975 年,法国共推行了 6 个计划方案对经济进行调节,确定每个阶段的发展重点和计划指标。虽然法国的经济计划对企业的具体经营不具有强制性和约束性,而是更多地扮演指示性和引导的作用,但法国通过推行恰当的计划指示和市场调节相结合的方法,避免了企业生产的盲目性,对促进经济平稳快速发展和国家经济战略的实现都起到了一定的促进作用。

最后,加大科研和教育的投入,技术进步对经济增长贡献突出。20世纪50年代末,法国为了改变技术相对落后的状态采取了一系列政策,包括政府对科研管理体制的大规模改革,强调基础研究和应用研究的紧密结合、科研与工业应用的紧密结合,加大科研投入力度等。与1959年相比,1969年法国的科研经费投入增加了3.6倍以上,科研经费占GDP的比重也从1.15%上升到2.03%。法国负责科研的国务秘书曾经的估计结果显示:"二战"后法国经济年均增长5.1%,其中2.6%是技术进步的结果。"二战"后法国同样非常重视教育的发展和人才培养,1950年法国的教育投入占国民收入的比重为2.4%,到1970年该比重激增到了5.8%,超过了联邦德国(5.7%)和英国(5.2%),仅次于美国(8.6%)。法国在这一时期大力发展了高等教育和职业教育,培养了大批的工程技术和管理人员。

经过"二战"后20多年经济的高速增长,到1975年,法国的经济实力大为增强,综合实力跃居世界前列,重新成为世界上最主要的政治大国和经济发达国家。世界银行的数据显示:1960—1975年,按不变价格计算的法国GDP增加了1倍以上,1975年GDP总额超过了英国,低于美国、日本、德国,位居世界第四;而按不变价格的人均GDP计算,法国人均GDP在1975年超过了德国,略低于英国,大约是美国和日本人均GDP的70%。总体来看,这一时期法国的经济发展良好。

(二)法国的社会转型

在发达国家中,法国居民的收入分配差距较小。法国的基尼系数1995年为0.327,2014年为0.323,低于0.4的警戒线。据欧盟统计办公室的抽样调查,按五等分法计算,2001年法国最高20%人口的收入总额与最低20%人口的收入总额之比为4.0倍,比1995年的4.5倍降低了0.5倍,而同期欧盟国家的平均水平为4.4倍。与欧元区及全部欧洲国家相比,法国属于较低水平。

从国民核算角度看,2001年法国居民收入分配的宏观构成是:居民收入(主要是工资和补贴)为5 680亿欧元,经营性收入为2 290亿欧元,转移性收入为2 900亿欧元,减去个人所得税及财产税支出1 370亿欧元,居民的可支配收入总额为9 490亿欧元。法国居民的净财产总额为56 430亿欧元,其中居民的私有住房财产为17 280亿欧元。此外,法国居民财产总额占国民财产总额的比例为84.8%。

近几年,受经济不景气的影响,法国居民收入增长放缓。进入21世纪,由于整个欧元区经济复苏乏力,法国经济增长速度逐渐回落,GDP 实际增长率由 2000 年的 3.8% 降至 2016 年的 1.2%。法国劳动力市场的就业人数也难以扩大,2016 年就业人数为 2 066 万人,增长率为 -0.11%,比 2000 年降低 2.6 个百分点。同时,失业率居高不下,2016 年达到 9.97%,高于整个欧洲国家 8.19% 的平均水平。法国居民收入的增长也随之放慢,主要表现在工资水平的增长上:2013 年法国雇员每月平均工资为 2 905 欧元,比 2000 年仅增长了 1.39 倍,而 1990 年比 1980 年的每月平均工资增长了 2.24 倍。法国居民的贫困率 1997 年为 7%,贫困人口绝对数为 163 万人,比 1970 年减少了 90 万人,贫困率也降低了 8.7 个百分点。法国居民的贫困标准为月收入 528 欧元,比 1970 年提高了 307 欧元。

收入分配的公平性包括初次收入分配公平及再收入分配公平,而法国的收入分配政策在这两方面都付出了努力。

在初次收入分配公平方面:首先,法国政府制定实施全社会工资指导制度。这一制度的主旨在于将全社会分为两大部门,即公共部门和私人部门。对于私人部门,国家不直接干预,但是要通过指导和控制最低工资标准和行业工资水平标准来实现间接的管理调控。其中,最低工资标准是指国家根据物价指数、就业状况、经济发展、低收入人群的生活水平等因素确定,每年再根据情况进行适当调整,以保障劳动者的基本生活。对于公共部门,工资的管理主要是针对那些政府机关和国有企业的公务员,政府对他们制定相应的福利制度和薪酬等级。

其次,法国政府采取积极的就业政策,以保证居民的充分就业。在劳动力供给方面实行增加就业的措施包括:增加年轻人的就业,政府为年轻人的就业提供在职培训以及职业变化时期的各种培训,并且年轻人还享受社会分摊金的减免;对于残疾人和长期失业者,政府努力为其提供就业实习机会和新技能的培训;对于妇女制定了职业平等的同工同酬公约;对于自主创业人士,政府资助长期失业者创业开业前的费用,资助开展家庭加工业,个体企业雇用个人可减免其部分社会分摊金等。在劳动力需求方面,采取增加就业范围的措施,包括缩小劳动时间并实行计时工作制,比如实行 35 小时工作制可以调控劳动力市场供求结构、增加低收入者的收入和降低失业率。

在再收入分配公平方面:一是法国实行的社会保障制度是以低收入群体为重点保护对象。法国是个高福利国家,居民的生老病死、住房、失业等均有社会保障的支持。法国的社会保障制度包括 5 项基本内容,即养老、失业、医疗、家庭补贴及工伤事故。根据法国的规定,凡在法国的受薪者或达到高中毕业的会考年龄学生,须参加社会保险。家庭生活补贴是涉及范围最广的法国社会保障,其名目繁多，也被视为法国福利高水准的体现。

二是法国政府调节收入差距主要是依靠个人所得税制度和财产税制度。法国对于所有有收入人群征税采取的是高额累进制，即根据收入数目的不同划分不同征税档。与此同时，根据每个人及其家庭不同情况扣除家庭等开支，再计算是否有孩子家庭的征税参数。除了采取个人所得税外，政府也采取对居民的存量财产进行税收调节。主要的税种有财产升值税、财产转移税、巨富税等。

三是法国实行全民共同负担社会分摊金制度，即从人们获得的工资、退休金等收入中提取特定比例。除了领取工资的雇员，他们的雇主也须缴纳其相对分摊金，即使是失业者也应当按照一个较低的比例缴纳社会分摊金。

四是法国政府对农业和农民的补贴已经成为法国财富再分配制度重要的组成部分。这些补贴包括生产、流通和生活领域三种。20世纪60年代后，法国农业补贴政策经过了按产品价格补贴，按生产规模直接补贴和按农村环境、发展、农产品质量及动物生存条件直接补贴的演变过程。

（三）法国的经验与启示

在西方国家中，法国经济与我国的社会主义市场经济最为接近，因此法国的经验和教训对我们也最有借鉴意义。

首先，法国近现代的创新历史表明，科技自主创新能力是一个国家科技事业发展的决定性因素，是国家竞争力的核心。法国在基础科研领域一直具有非常活跃的创新能力，虽然法国原有的公共科研体制受到批评，但其却很适合于自由探索的基础科学。雄厚的基础科学使法国科研和创新能力具有坚实的基础，对于未来"厚积薄发"未必不是一件好事。

其次，技术创新机遇的丧失会对整个国家经济发展造成被动，法国在20世纪90年代以信息技术为代表的上一轮技术创新浪潮中落后的教训就证明了这一点。对此，法国政府改变策略，着眼于国家未来，把科研和创新置于优先改革与发展的地位，加强战略筹划，从加强基础、促进创新、抢占制高点等方面采取了一系列重大措施。法国在不断深化科技体制改革中发展前行，政府先期推行的科技改革措施效果逐渐显现，多个方面取得新进展，部分领域出现新亮点。我国要以法国的教训作为前车之鉴，即使今天中国科技实力渐强，我们的发展水平已经赶上世界发达国家，也要防止在国家技术创新发展战略方面出现类似错误，造成因被动发展而带来的损失。

最后，自主创新是法国在历史上的战略选择，也应是中国唯一的战略选择。法国在1958年第五共和国成立后开始改变发展战略，摒弃了战后对美国的依附政策,实行独立自主的戴高乐主义,尤其在科技领域坚持独立自主、提高创新能力,赢得了历史上的第二个辉煌时期。核心技术是买不来的,西方大国在发展过程中尚且意识到了,何况是作为东方大国的中国。因此,坚持自主创新的发展道路,也应当是中国的战略选择。

四、德国跨越中等收入陷阱的过程及经验

(一)德国的经济转型

1. 德国的经济发展道路

德国的工业革命跨度为整个 19 世纪。相对于英国,德国工业革命起步晚而发展速度快。在 19 世纪五六十年代,其工业发展速度远远高于英、法等国。在 1870—1914 年,德国进入第二次工业革命,德国借助于这一时期的关键产业(以钢铁、化学、电力为代表)及其核心技术方面具有的优势,带动了工业化的加速发展,进入集群创新的时代,相关产业不断外延,就业增加趋向于新兴行业,尤其是向水电、煤气、印刷、化工等行业的集中。到第一次世界大战爆发时,德国有机化学工业已占化学工业部门全部就业人数和投资的一半以上,它们又不断地衍生出新的方向与产品。

经过第一次世界大战、第一次经济危机以及第二次世界大战后,德国经济受到了连续重创,直至马歇尔计划、舒曼计划的刺激,才推动了德国经济的重新复苏,使其走上了社会市场经济的发展道路。20 世纪 50 年代末,德国进入经济起飞阶段,按 2005 年不变价美元计算,到 1970 年人均 GDP 就已经超过了 16 000 美元,1987 年突破了 25 000 美元。这一阶段是德国从工业化后期成为高收入福利国家的主要时期,同时也是其社会市场经济道路逐步成熟的关键时期,折射出其积极的制度因素,如对科技创新与教育的尊崇,以及其带动的产业结构的优化、对外政策的调整、市场机制的逐步矫正、"公平与效率"并重理念的发展及对社会和谐均衡的追求等。

2. 产业升级与技术创新

在第一次世界大战之前,德国第一、第二、第三产业在国民生产总值中的比重分别占 25%、40% 和 35%,现代产业结构的特征初现。此后德国陆续面临第一次世界大战和第二次世界大战的创伤、国际重化产品市场需求疲软以及石油危机的影响、美日的重工业产品与新兴国家的大宗商品的竞争等冲击,德国在应对不同时期的各种冲击过程中不断调整发展战略,提升产业结构,主要包括以下几个方面。

（1）通过贸易自由化政策推动产业重组

第二次世界大战后重建时期，德国加入了关贸总协定，同时马歇尔计划和舒曼计划也使德国的工业开始迅速恢复发展，从 20 世纪 50 年代到 70 年代初，由于德国实行对外贸易自由化，促进了德国商品出口和工业发展的正相关增长，德国的工业在对外贸易持续扩大的背景下开始迅速增长，贸易出口大幅上升。这一时期德国进一步向重化工业产业转型，1970 年德国重工业占工业总产值的比重已达到 74%。

（2）集中研发确立产业地位

进入 20 世纪 70 年代之后，受国际重化工产品市场需求疲软以及石油危机的影响，德国工业结构面临新的转型压力和挑战。德国开始通过支持化学、汽车、飞机等低能耗、低物耗、高附加值的重化工业的技术研发和创新，逐步淡出石油冶炼、钢铁、造船等传统高能耗、高物耗、低附加值重工业，同时第三产业在国内生产总值中的比重也不断上升。

（3）以高新技术对抗经济衰退，并实行产业绿色转型等战略

进入 20 世纪 90 年代，德国在国内面临经济衰退，在国际上面对来自美国和日本高附加值产品的巨大挑战以及新兴国家的廉价商品的竞争。对此，德国政府开始大力强调、开发和投资微技术、生物技术等高新技术产业，推进高新技术的产业化进程等，以利润导向、结构改革和全球化经营来发展高新技术，提升产业结构，从而对抗国内的通胀和经济衰退，并在新一轮的产业转型中形成国际竞争优势。

（4）扶持中小企业技术创新

德国促进产业转型的手段是一种政府政策与市场机制的有机结合，并且重在中小企业（绝大部分也是私营企业）。在不直接干预企业技术经济活动的前提下，联邦政府和州政府按照市场竞争的原则制定各种政策和措施，引导企业的发展和整个社会科研力量的合理组合，同时在政府层面（包括联邦和州）制订明确的科技发展战略和计划，引导企业和科研单位在国家优先发展的某些技术领域内进行开发。

（二）德国的社会转型

德国在跨越中等收入阶段时，一个重要的社会转型就是建立了一个兼顾效率与公平的收入分配制度。

第二次世界大战前，德国的基尼系数一度超过 0.4。到 20 世纪 70 年代，德国社会市场经济道路逐渐成熟，通过多种政策工具矫正收入分配差距，基尼系数逐

渐下降,基本上控制在 0.3 以内。德国收入分配相对平均,在人均生产总值为 3 000美元、6 000 美元和 10 000 美元时,劳动报酬占生产总值的比重分别为 48.7%、53.1% 和 55.4%。20 世纪 80 年代以来,包括德国在内的欧洲发达国家居民收入增长与经济发展呈现明显的协同趋势。德国在初次分配阶段,劳动者报酬占 GDP 的比重在 50%～55% 之间;在再分配阶段,居民可支配收入占 GDP 的 70% 左右,这意味着通过再分配调节,居民收入总量规模得到明显扩大,体现了收入的普惠性和均等化。

德国收入分配制度遵循效率优先、兼顾公平的原则,即初次分配注重效益,二次分配注重公平,其有效干预收入分配的主要手段包括以下几种。

1. 协调劳资关系,促进就业

第二次世界大战后,德国逐步在调节和处理劳资关系方面形成了一整套社会运行机制和企业组织制度,劳资双方结成了较为稳定的"社会伙伴关系",主要遵循如下原则:一是劳资自治原则,劳资协议双方享有工资自治权,经过谈判达成工资协议;二是共同决策原则,职工共同参与企业决策和管理,企业内部建立企业监事会和企业职工委员会,其中企业职工委员会代表雇员利益,监督企业对维护职工权益的法律、规章、劳资协议及企业中其他各种协议的执行情况;三是劳资矛盾调解原则,劳资争议和纠纷主要由劳资双方共同协商解决。在劳资谈判陷入僵持局面时,政府或其他社会团体以中立和公平原则出面调解、仲裁。

2. 调节税收

德国长期以来实行的高税率税收制度,在缩小收入差距的过程中起到了至关重要的作用。德国现行税制中征收最广泛的税种是个人所得税,占整个税收收入的 40% 以上,征收范围包括所有取得应税所得的人。德国采取累进税率,其原则是收入越多,缴税比例越高,低收入者少缴税或免缴税。这种收入分配政策对缩小收入差距、缓和社会矛盾起到了积极作用。如德国的基尼系数税前为 0.44,税后降为 0.28。德国绝大多数居民属于中间收入阶层,这种"橄榄型"的社会结构也是德国社会稳定发展的重要因素。

3. 通过财政手段促进地区经济平衡发展

第二次世界大战后,德国为解决地区经济发展不平衡问题,制定了有关平衡地区发展的政策和法律法规。《基本法》等有关法律规定,联邦政府和各州政府有义务在实施财政援助时保持总体经济的均衡发展;经济发展必须能够保证各地区人民享有同等生活条件。在此基础上,德国实行的是在"社会公正"原则指导下的财政平衡政策措施,即以各州间的横向财政转移支付为主、联邦政府的纵向财政转移支付为辅的平衡政策。

4. 完善社会保障体系

第二次世界大战后,随着社会市场经济体制的建立,社会保障制度也随之恢复并进一步发展完善。目前,德国是世界上最为发达的福利国家之一,其社会福利保障覆盖了 90% 以上的居民。社会保障制度成为社会发展的"减震器"和"安全网"。德国的社会保障制度以社会保险为主,其中包括法定养老、医疗、失业、工伤事故、护理保险等。除了社会保险,还有社会救助和家庭补贴等。其中社会救助是社会保障制度的最后屏障,即政府通过社会救助,确保最贫困人群的基本生活。根据社会救济法,处于无力自助与无法获助的每一个居民都可要求政府提供社会救助。

(三)德国的经验和启示

德国的发展经验显示,在保持经济总量持续增长的同时,还需要对经济结构、利益分配关系、社会经济成分、组织形式等多个方面进行动态的调整,如经济的增长更多地依赖于技术进步和产业升级。同时,对外依赖程度也会随着经济发展而加深。此外,随着经济发展,内部社会压力增大,如何保持社会的均衡发展就成为一个重要的问题。德国在该阶段的发展路径和制度设计值得我国借鉴。

1. 建立完善的经济法律体系

第二次世界大战使德国遭到惨重的失败。战后联邦德国的社会生产力遭到毁灭性的破坏。但是如今德国却成为世界上经济最发达、最有效率、最有秩序的国家之一。这种"德国的经济奇迹"出现的一个重要原因就在于,各个时期的德国政府为改革、调整和管理国民经济,颁布了大量的经济法律法规,涉及面相当广泛,形成了庞大的经济法体系。完善的与社会市场经济相适应的经济法律体系的构筑,不仅极大地推进了德国的经济腾飞,而且它本身就是德国法治国家的一个重要标志和评价指标。德国有"法治经济国家"之美誉,这与其强大的经济实力和良好的经济秩序息息相关。第二次世界大战后的几十年中,德国一直在不断推进和稳定这一社会市场经济秩序,并逐渐形成一种"德国模式",引起世人的广泛关注。德国经济及社会立法的启动与深化就得益于此种新兴经济模式。德国是最先实行社会福利的国家,俾斯麦首创了国家社会保险制度。他曾直言不讳地宣称:"一个期待着养老金的人是最守本分的,也是最容易被统治的。"他认为社会保险是"一种消除革命"的投资。不管俾斯麦创立国家社会保险制度的初衷及实质是什么,这种制度在客观上改善了广大雇员的生活,对发展经济、稳定社会、缓解矛盾起了很大的积极作用。第二次世界大战后,随着德国社会市场经济体制的形成和发展,有关社会保障方面的法律及其制度也不断得到完善。

2. 分散化双轨制职业教育

德国不仅建立了世界上前所未有的一流综合大学,而且也建成了最好的技术和商务教育体系,借此,各层次的劳动者文化技术水平得以提高。在职业教育体系中,行会组织的作用不可替代。它推动了进入城市的农村劳动力积极参与相关的职业培训,学习与自己职业相关的必要技术,以适应职业转换并提高在城市中的社会地位,在造就和提供熟练技术工人方面发挥了积极作用。此外,行会组织还塑造了诚实的商业态度和商业氛围;促进行会成员尽快适应工业化对其提出的前所未有的高要求,并鼓励其成员接受更高级别的教育。这种多样化的教育体制为公民提供了大量的发展机会,促进了行业的技术进步,并且有助于防止对高学历的盲目、无效追求,也为择业倾向的分散化打好了基础。

3. 稳定而灵活的公共财政制度

德国的公共财政渗透着浓厚的均衡理念:一是税收来源相对均衡,直接税跟间接税比重相对比较均匀,而一个相对均衡的税收体制能够帮助公共财政提供稳定的税收收入,这也成为德国应对本轮经济衰退的一个潜在法宝。二是提升能源税、资源税。这不仅能够提供稳定的政府税收,更主要的是促进节能环保,推动环境友好型社会发展。三是以人为本的转移支付,即根据各个地方的实际社会发展的需要进行转移支付,尤其是在所谓的穷州和富州之间能够直接进行转移支付,不经过中央政府。

4. 共同决策与多层治理机制

德国在工业化过程中逐渐形成的"共同决策+监事会"机制,使得劳工和企业管理决策有机结合在一起,提高了劳工的积极性,缓和了劳资关系,避免恶性劳资冲突事件。多层治理是德国社会平衡和去中心化实现的一个关键要素。多层多维的协调机制尽管会带来速度损失,但是它所提供的充分争论和沟通则在很大程度上保证了政策的可操作性和民众的可接受性,并且有助于解决政策的负外部性(如政策引起的对利益各方的不公允状况),最大限度地实现资源和公共产品与服务的均衡分布,使不同利益相关者的权益得到较充分的表达,最大程度上减少因政策失误引致的社会正义损害,能有效地避免社会冲突。

5. 必要的福利制度

社会保障制度是维系社会均衡的一个核心要素。政府和企业应该确定合理的比例对所有的员工提供基本的住房和医疗保险,使劳动者专心致志于工作,这将间接提高经济效率。对于这一问题,德国的方式值得借鉴:德国企业更多关注企业的长期利益,而不是股东的眼前利益,公司经营更多的是为雇员而不是为股东谋取利益,并重视对员工的技能培训和素质教育。

五、发达国家经济与社会转型经验及启示

以美、英、法、德为代表的西方发达国家,进入高收入阶段的路径与策略不尽相同。然而,它们都经历了全面而又深刻的经济转型和社会转型。西方发达国家的历史进程,为我国跨越中等收入陷阱提供了如下启示。

(一)转变经济发展方式,提升技术创新和人力资本的拉动作用

欧美发达国家的成功经验表明,率先进入高收入阶段,首先需要转变经济发展方式,提升技术创新和人力资本的拉动作用;需要切实措施保证中小企业与大企业作为整个市场经济中完全平等的参与主体,在同等市场条件下平等地参与市场竞争及合作。中国改革开放近40年来,一方面资源的投入增加,投资项目增加,也就是要素数量增加支撑了经济的快速发展;另外一方面,要素使用结构的变化和对外开放,使得全要素生产率也得到了很大的提高,再加上政府动员资源的能力和协调能力助推经济增长。这些因素使得过去40年里中国经济发展相对顺利,经济增长速度相对较高。但到世纪之交,这些优势逐渐消减,尤其是农村剩余劳动力无限供应的情况已经改变。要实现中国经济的可持续增长,必须转变经济发展方式,提升科技进步和人力资本对经济增长的拉动作用。

(二)重视教育,更新观念,创造更多"人才红利"

发达国家的工业化首先表现为人的专业化,劳动力专业化素质和劳动生产率的提高在经济增长过程中起到了突出作用。在今后相当长的时间内,应该继续用好"人口红利",更加注重依靠"人才红利"。要实现这一目标,必须一靠教育、二靠科技,两者有机结合,使中国创造财富的能力得到巨大提升,推动社会文明进步。当前,我国教育虽然各方面水平有了明显提高,但是依然存在的一个突出问题,即创新型人才培养能力严重不足,这在很大程度上影响了"人才红利"的释放。重视教育,更新人才培养观念,尤其是树立全面发展观念、多样化人才观念和系统培养观念,推进教学、科研、实践紧密结合,是培养创新型人才的重要前提。

(三)为企业的发展营造一个公平公正的竞争环境

现代公司制度的发展和成熟,推动了西方发达国家经济的迅速发展和产业结构的调整。在全球经济一体化进程不断加剧、城市化建设规模不断扩大的推动下,我国国民经济建设目标对各行业发展提出了更为全面而系统的要求。我们需

要清醒地认识到,企业发展需要政府营造一个公平、公正的竞争环境。就我国现阶段市场经济发展形势来说,平等的市场经济参与者在参与市场竞争的过程中往往会由于经营管理性质、企业组织规模等客观因素,在融资、税收以及政府支持力度等方面存在差异,需要采取切实措施保证中小企业与大企业作为平等的参与主体,在同等市场条件下平等地参与市场竞争与合作。

（四）通过产业结构的动态调整为城市化提供持久动力

西方发达国家的经验证明,城市化必须建立在工业化的基础之上。从整体上来说,没有工业化就没有城市化,但工业化发展到一定阶段以后,工业化对城市化的促进作用逐渐减弱,而服务业等第三产业的兴起,将会加速推动城市化的发展。美国的工业化率在 20 世纪 50 年代以后开始下降,但是城市化率仍持续上升,说明服务业在 50 年代后逐渐成为美国城市化的主要动力。在工业化初期,工业发展所形成的聚集效应对城市化率的提高具有直接的带动作用;而当工业化接近和进入中期阶段之后,产业结构转变和升级的作用超过了聚集效应的作用,非农产业就业比重上升促使城市化率上升,而非农产业就业比重上升主要不是工业而是服务业的增长带动的。对我国而言,城市产业结构的动态调整并非一味地追求产业结构的高级化,必须因地制宜,充分考虑农村人口就业于城市的需要。

（五）有效缓解未来人均收入差距进一步拉大的压力

从美国等发达国家类似阶段收入分配的演变轨迹来看,我国今后一段时期面临着收入差距进一步拉大的严峻挑战。一方面,由于存在庞大的劳动人口以及地区间资源禀赋上的巨大差异,我国产业结构转移以及调整收入差距的难度明显高于美国;另一方面,我国人均收入差距的变动,在很大程度上是由各种因素导致,可以采取制度性措施缓解,也就是说政府和社会有很大空间采取合理措施来防止收入差距继续扩大,分析显示,经济发展并不必然带来收入差距先升后降的结果。

此外,公路、铁路等交通基础设施,对于推动落后地区经济发展也是非常重要的。目前,在公路建设方面,一些地区有重高速公路和城市道路、重形象工程和轻乡村公路建设的倾向,应当进行调整。市场化本身并不导致收入差距扩大。收入差距扩大在相当程度上是因为在市场化过程中,制度不健全、政府行为不规范和腐败现象导致的资源分配扭曲和收入分配不公所致。因此,需要通过政府改革,建立一套公平、规范、透明的制度框架来与市场体制相配套,需要形成一套社会公众监督体系来约束政府行为,在经济发展中保障社会大众的利益不受侵害。

第二节 日、韩等东亚国家(地区)

东亚国家和地区,包括日本、韩国、中国台湾和中国香港等,在发展中并没有经历明显的中等收入陷阱这个阶段。许多研究认为,这些经济体也经历了明显的产业升级的较长过程,即也存在劳动密集型产业向资本和技术密集型产业转型的阶段,但是这些经济体并没有像世界上其他一些国家陷入经济停滞、政治不稳定和社会动荡的过程,而是相对成功地跨越了这一可能发生的"陷阱"。因此,对于东亚这些经济体而言,比较重要的问题是何种因素帮助它们避免了这个可能发生的问题。

一、日本跨越中等收入陷阱的过程及经验

日本是从低收入国家进入中等收入国家而后顺利进入高收入国家行列的典型经济体。第二次世界大战结束后的30多年里,日本经济先是得到迅速恢复,接着又连续实现20多年的高速增长。日本之所以能够成功地跨越中等收入陷阱,一方面得益于成功地实现了经济发展模式和产业的转型升级,特别是实现了从模仿到自主创新的转换;另一方面也得益于较好地平衡了利益分配,控制了收入差距扩大,为跨越中等收入陷阱提供了较为稳定的社会环境(参见表2.1和表2.2)。

表 2.1　1945—2016 年日本 GDP 年均增长率　　　　　　　　　%

指　标	1945—1950 年	1951—1955 年	1955—1960 年	1960—1965 年	1966—1970 年	1970—1980 年	1980—1985 年	1985—1999 年	2000—2009 年	2010—2016 年
GDP 年均增长率	9.9	8.7	8.5	9.8	11.6	4.5	4.3	8.3	0.6	−0.18

数据来源:中经网

表 2.2　1945—2016 年日本人均 GDP　　　　　　　　　现价美元

指标	1945 年	1950 年	1955 年	1960 年	1965 年	1970 年	1980 年	1985 年	1986 年	1990 年	2000 年	2010 年	2016 年
人均 GDP	89	113	209	431	890	1 940	9 308	11 466	16 882	25 124	37 292	43 118	38 894

数据来源:中经网

(一)日本的经济转型

从 20 世纪 50 年代初到 80 年代,日本实现了轻工业—重工业—第三产业的

适时转换升级,完成了由"贸易立国"到"技术立国"再到"文化立国"的转变,为成功跨越中等收入陷阱奠定了物质文化基础。根据"二战"后经济社会发展的现实需求和国际环境的变化,日本先后进行了三次大的产业结构调整。

在1955年后的近20年间,日本确立了"贸易立国"战略,以重工业为主导,并以此带动相关产业的发展。20世纪50年代,纤维是日本最主要的出口产品。70年代,日本通用机械、精密仪器、半导体和电力设备在全要素生产率贡献最大,机械行业在出口中占比大幅上升,其中汽车制造业的迅速崛起带动了钢铁、石化等重工业和化工业的快速发展,机械电子工业逐步成为日本最具国际竞争力的产业。

在20世纪70年代,日本重工业比重明显下降,日本加快实施以产业"绿色化"为核心的产业结构调整,积极建设资源节约型和环境友好型经济结构。20世纪70年代的石油危机进一步加快了日本产业结构调整,重工业比重明显下降,逐步以电子计算机、宇航等知识密集型产业为主导性产业,并开始加快实施以产业"绿色化"为核心的产业结构调整,积极建设资源节约型和环境友好型经济结构。尤其是从70年代开始,日本从治理恶性通货膨胀入手,调整产业结构,开发新能源,开展"企业能耗瘦身"运动,大力开发节能技术、新能源和石油替代技术,并于1974年和1978年分别提出了"日光计划"和"月光计划"。前者是太阳能、煤能、地热和氢能等新能源开发计划,后者强化对节能技术的研究与开发,提高能源转换效率,回收和利用尚未利用的能源。同时,成立环境厅,加强环境立法,支持环境保护,明确了促进高能耗产业向节能型产业转变,以此来突破束缚经济增长的资源能源制约,减轻环境污染的压力。

从20世纪80年代开始,日本产业结构再次转向以最终消费为主。在政府推动下,以文化创意为发展方向的第三产业比重迅速提升,服务业成为日本经济增长的主导产业。1995年,日本文化政策推进会议发表重要报告《新文化立国:关于振兴文化的几个重要策略》,提出了21世纪"文化立国"的战略方针。2001年日本文化产业总产值占GDP的18.3%,文化产业成为日本仅次于制造业的第二支柱产业。

同时,为了解决内生动力不足的问题,20世纪80年代以来,日本加快了培育国内自主创新能力的步伐。日本政府既从国家高度设计了一套培育国内自主创新能力的战略,又从政策措施、平台建设等方面扶植民间研究开发活动,大力支持自主创新平台的建设,切实提高技术成果的转化率。80年代初,日本通产省提出"技术立国"的战略口号,日本科学技术厅也提出了"科学技术立国"的战略口号,力图成为世界科学技术大国,这标志着日本技术进步从"模仿时代"进入了真正意义上的"创新阶段"。日本政府通过实行税制优惠措施、补足金与委托费低息融资等政策优惠,加大对企业研发的支持力度,在政策上对民间部门研究开发进行大力扶植。"产官学"结合是日本在工业技术上通过引进、吸收、改良和发展等方式赶超欧美国家的成功模式。同时,日本政府还专门制定法律,促进"创新中心"型科技园区的建立,加快向电子工业时代迈进,并加大培育具有战略性的高新产业,大力培育自主创新能力。

（二）日本的社会转型

20世纪60年代初,日本经济进入"萧条"阶段。为了解决过度依赖投资带动增长、人口红利即将耗尽、个人消费不足等诸多问题,日本制订了"国民收入倍增计划"。首先,通过农地改革,加快水利化、化肥化和机械化进程,提高农产品价格和农业生产率,增加农民收入。其次,通过确立最低工资,肯定中小企业在国民经济中的重要作用,建立大小企业之间的分工体系,确立大企业和小企业之间紧密协调的社会分工合作体制,促进中小企业发展,缩小工资差距和提高整个工资水平。最后,通过实施有效的教育政策,调整再分配。基础教育与中等教育的普及有效地增加了人力资本积累并提高了收入水平。另外,于1961年、1969年和1977年先后制订了3个全国综合开发计划,力图实现区域之间和城乡之间的均衡发展。自1960年推出的"国民收入倍增计划"以来,日本市民购买力增强,民间投资增加,仅仅经过7年的努力,日本就实现了国民收入翻番,中等收入阶层明显增多,最终发展为"一亿皆中流"的现代中产社会。

与此同时,日本在向高收入国家迈进的过程中,也吸取了欧美福利制度的经验,构建了适合本国国情的社会福利体系。20世纪60年代,日本建立了包括年金、医疗、雇用、劳灾和看护的五项社会保险制度。80年代起又重点实施收入、医疗、教育、居住四项基本保障计划。在80年代的泡沫经济尚未到来之前,日本基本完成了社会保障体系和社会福利制度建设,并积聚了足以抗衡后来出现的更严重、更长时间的经济衰退的力量。

（三）日本的经验与启示

日本政府在避免陷阱方面的作用和角色是顺利实现产业升级的重要保障。众多研究都发现,日本的产业结构调整之所以顺利,与日本政府和大财团、大企业的协同产业政策密切相关。

新增长理论（Becker,1970）认为,日本经济在第二次世界大战前所拥有的物质—人力资本禀赋遭到第二次世界大战的外生冲击而被打破,物质资本虽然骤然降低,但人力资本在很大程度上保持下来。因此第二次世界大战后的经济崛起,实际上是借助保存下来的较高水平人力资本重归经济发展轨道的过程。"战时起源论"[1]认为,日本经济能在战后快速崛起,源于战争期间建立的国家—企业联合体制,以及相应的物质—人力资本动员结构。继承自战时体制的动员形态塑造了日本战后经济发展的特殊形态,迥异于自由市场的资本主义,体现为国家对经济发展施以有力控制。这样一种集中的国家主导的市场发展机制,是日本在"二战"后能够集中资源与精力快速发展经济的保障。战时建立的为军工服务的物流和生产体系,转为民用后产生了不小的推力。"战后形成说"[2]认为,战后的一大努力就是清算大资本与军国主义的勾连,切割国家与企业,拆分垄断性大财团。当然这一努力并不彻底,但正是摒弃战时体制的过程才给日本经济的发展注入了活力。研究者认为,日本经济也受惠于"二战"后日本作为被占领国的身份。例如,以美国为首的占领国进行一系列税收、法律方面的改革,帮助日本建立了较为科学有效的制度基础;以朝鲜战争为契机,美国向日本低价输出了不少物资和技术,并且带动了日本加工业的发展。日本在国家导向下建立了外向型经济,很好地融入了全球市场。

二、韩国跨越中等收入陷阱的过程及经验

在 20 世纪 50 年代,韩国还是一个贫穷国家,其后由于韩国经济结构和社会结构转型顺利,实现了 30 多年经济高速增长,使其很快从中等收入国家迈向高收入国家。从 1961—1994 年,韩国经济年平均增长 8.4%,其中 1980—1990 年年平均增长 9%(见表 2.3)。经济高速增长使得韩国人均国民收入水平不断提高。

表 2.3 1953—1995 年韩国人均 GDP   现价美元

指　标	1953 年	1961 年	1970 年	1977 年	1980 年	1990 年	1995 年	2000 年	2005 年	2016 年
人均 GDP	67	100	270	1 000	2 330	5 770	11 468	11 948	18 657	27 539

数据来源:中经网

（一）韩国的经济转型

进入 20 世纪 80 年代以后,世界经济格局发生重大变化,西方国家受能源危机的影响转向奉行贸易保护主义,极大地冲击了韩国出口导向型经济。同时,西方国家开始了新一轮技术革命,大力推进产业结构转型升级。韩国政府意识到,必须及时转变发展方式,从出口导向的劳动密集型经济转向创新经济。其中非常

---

[1] ［日］冈崎哲二、奥野正宽. 现代日本经济体系的源流[M]. 东京:本经济新闻社,1993;野口悠纪雄. 1940 年体制.

[2] ［日］桥本寿郎. "二战"后日本经济[M]. 东京:岩波书店,1995.

有特色的做法集中体现在:其一,重视顶层设计。韩国在 20 世纪 80 年代初确立了"科技立国"的战略,力图通过利用先进技术改造提升传统产业,发展知识密集型产业。1985 年,韩国颁布《产业发展法》,重点强调市场在产业发展和经济运行中的作用,极大地释放了市场力量,为产业优化升级创造良好的外部环境。20 世纪 90 年代以后,韩国进一步深化"科技立国"战略,加大对本国高新技术产业的支持力度,并逐步从模仿创新转向自主创新。1998 年,韩国提出"设计韩国"战略,大力发展文化创意产业,从制造国家转型为设计创新国家。在顶层设计指引下,韩国的自主创新能力大幅度提升,三星、LG 等成为全球著名品牌。其二,加大研发投入。20 世纪 80 年代以来,韩国逐年加大对研究与开发(R&D)的投入力度,研发投入规模每年增长 10% 以上。

(二)韩国的社会转型

"新村运动"缩小城乡差距。20 世纪 70 年代初期,韩国经济已经开始起飞,但城乡差距依然较大。1970 年,韩国 80% 的农民住茅屋,晚上点油灯,一天两顿饭,一半以上的农村不通汽车。同年 4 月,时任总统朴正熙提出开展"新村运动",政府提供钢铁和水泥,引导农民参与农村的经济社会建设,改善农村生产、生活环境。"新村运动"改善了韩国农村基础设施,带动了农业发展,提高了农民收入,改变了农村、农民的精神面貌。同时避免农民短时间内大量涌入城市带来"城市病",对缩小城乡差距、促进城乡融合发挥了重要作用。

通过税收改革缩小收入差距。20 世纪 70 年代中后期,韩国实行比较彻底的综合个人所得税制,对储蓄与投资所得单独设计了税率。

重视教育,推进教育服务均等化。韩国在 20 世纪 60 年代开始实行多层次的人力资源开发战略,这不仅体现在国民人均受教育年限、受教育人口比例以及义务教育后中等教育入学率都在全世界前列,还体现在高等教育的普及化和研究生教育的发展。"韩国经济的增长是以人力资本的大量投资来实现的,其教育投资在发展中国家算是最高的,高中毕业生的升学率仅低于美国,居世界第二位"(宋丙洛,1994)。在重视教育与培训体制的同时,韩国高度重视科技研发投入,1995年,韩国的人均 R&D 经费高达 80 420 美元;2000 年达 88 678 美元;2006 年达到120 370 美元。从 R&D 投入占 GDP 的比例来看,2007 年韩国的比例达到3.47%,总额为 337 亿美元。这种对于多层次的培养以及对研发投入的重视,使得韩国高技术产业增加值占制造业比重近 20 年来在国际上始终处于领先地位。正是教育培训体制的完善和对科技研发投入的重视为产业向高精尖转型升级提供了基础。

（三）韩国的经验与启示

韩国政府的产业政策在帮助韩国经济避免中等收入陷阱方面的作用受到学者们的重视。研究学者认为，韩国的发展得益于政府三个方面的举措。第一，推进产业结构优化升级，"科技立国"，大力发展知识密集型产业。其中包括进行经济体制改革，强化市场机制在经济体制中的作用；通过《产业发展法》，调整产业政策；重点培育产业的技术创新能力，通过《技术研究开发促进法》；出台一系列保护本国市场和扩大出口的政策。第二，调整国内收入分配格局。具体举措有，通过税收政策调整，调整初次分配格局；通过社会保障措施，调整再分配格局；通过"新社区运动"（或称"新村运动""新农村运动"）缩小城乡差距。第三，提升整体人力资本质量。具体举措有：积极调动社会各方面力量，增加全社会教育投入；调动社会力量，增强各类学校的办学活力；政府主导优先发展基础教育。研究学者更侧重于公共政策层面的举措，指出韩国的做法主要不是从改变产业结构或者增强创新能力出发，而是从公共政策方面作出适当回应，充分发挥了就业、教育、税收和社会保障等一系列与经济发展相适应的社会均等化政策，从而实现了高速增长的社会均等化发展。具体来说，其一，从就业政策来看，随着进入中等收入发展时期，韩国的就业政策从培育劳动力转向促进公平。其二，教育政策层面，韩国政府通过教育政策的持续改变，来达到改变经济计划的目标，迎合变化的市场需求。其三，税收政策层面，降低中低收入劳动者税负，提高高收入者税率，保证分配的相对公平。其四，社会保障层面，经济增长的成果分配到各个社会阶层，发挥社会保障的再分配效应。

三、东亚国家经济与社会转型经验及启示

（一）完善法治保障经济及社会的转型与发展

1. 法治促进科技强国

日本以法律形式确立了科技的重要地位。1946 年，日本颁布的宪法就规定了科技进步的优先地位。20 世纪 80 年代以来，日本政府专门制定法律，促进"创新中心"型科技园区的建立，加快向电子工业时代迈进，并加大培育具有战略性的高新产业，大力培育自主创新能力。1995 年，日本颁布了《科学技术基本法》，之后三次出台《科技基本计划》，认真设计科技发展的方向和重点。1986 年，日本政府制定了《研究交流促进法》，极大地促进了政府研究机构、高校和民间企业间科技人员的流动和技术转移，在这一框架下支持的校企合作研究项目数量庞大。同

时,《促进大学等技术转让法》为科研成果的专利化、实用化和商品化研究作出了重大贡献。20世纪90年代,在"拿来主义"、促进技术进步基础上,日本更加重视基础性和开拓性研究,进行自主技术创新,并制定"科学技术基本法",进一步提出"技术创造立国"战略。此后又发展为"科学技术创造立国"战略,从而迅速实现了科学技术的赶超。

韩国政府在1967年设立科学技术处,随即制定了《科学技术振兴法》。20世纪70年代,又制定了《技术开发促进法》,建立了产业技术开发制度,致力于发展钢铁、机械、电子等高新科技。80年代初,韩国确立了"科技立国"战略,并为科技发展制定了具体的各种支援、鼓励的制度和法规。在这一时期先后制定了《新技术金融支援法》和《新技术事业金融支援法》。韩国政府制定的《促进技术转让法》和《科学技术创新特别法》,以法律的形式保障了韩国技术交易所的设立与运营,在保证创新者收益的基础上,鼓励并促进了技术的转让和扩散,为技术研发、转让及其产业化提供了法律保障。[①] 完善的科技法律体系,保障科技人员和科技创新成果的法律法规,将使科技创新牢固地建立在法律基础之上,成为科技创新成果的"保护伞"。

2. 法治助力经济发展

韩国在土地改革之前,由于地租过高,不仅造成了租佃关系的紧张,也严重打击了广大农民的生产积极性,造成土地的产出效率不断下降。为此,韩国政府公布了《土地改革法》,废除旧的租佃关系,以"耕者有其田"为原则,实行自耕农制度,通过有偿没收和有偿分配的办法,将土地直接作价卖给佃农。[②] 土地改革将封建社会体制下的小农纳入资本主义市场经济之中,成功地完成了农村社会的制度变革,促进了农村社会生产力的发展。日本政府实施了类似的举措,1938年的《农地调整法》规定政府收买地主的土地并将这些土地卖给农民,日本进一步着手农地改革,废除了封建农地制度,创设自耕农,改善租佃关系。

在韩国经济发展之初,为支持国家的经济开发五年计划,构建了以政府为主导的金融制度,修改了中央银行法,将中央银行编制在财政部之下,使金融政策当局的职权从央行转移到政府,奠定了开发性金融制度的基础。然而,随着经济发展,这种以政府为主导的金融制度的弊端逐步暴露出来,在国内要求改革的呼声不断高涨以及国际社会施加压力的背景之下,韩国金融制度开始了以民营化、自由化和国际化为主要内容的改革,减少了政府的行政干预,废止了《关于金融机构

---

① 李以学,王君. 韩国促进自主知识产权成果产业化的经验[J]. 经济纵横,2007(12):68.
② ［日］小川雄平,等. 南朝鲜经济分析[M]. 赵凤彬,译. 北京:中国展望出版社,1989.

的临时措施法》,干预手段改为公开市场政策和支持准备金制度等间接监管,调控手段逐渐倾向市场化,[①]从而在制度上保证了金融机构的独立性和自主性。1985年,韩国颁布了《产业发展法》,重点强调市场在产业发展和经济运行中的作用,极大地释放了市场力量,为产业优化升级创造良好的外部环境。

3. 法治推动社会公平

日本社会保障体系经过了几十年的不断发展和完善,已经成长为一个较为完整的社会保障体系。社会保障制度的各个部分都有与之对应的较为完善的法律法规。健全的法律体系使得社会保障制度有法可依,保障了其规范的实施。"二战"后在美国占领军指导下,基于国民生存权平等原则,针对1/3的国民需要救济的困境,日本政府1946年颁布了《生活保护法》,明确对全体国民的最低生活进行保障是国家的一项责任。此后又相继颁布了《儿童福利法》(1948年)、《残疾人福利法》(1949年)等法令,被称为社会福利的"三法时代"。在城市化进程中,日本建立统一的社会保障制度,阻止收入差距扩大。《国民健康保险法》和《国民养老金法》于1959年颁布、1961年实施。到20世纪60年代,以农村公共医疗和养老保障为支柱的农村社会保障体系初步建立并开始得到迅速普及。1985年,日本政府修改《国民年金法》,使国民年金成为国民共同的基础养老保险。从日本的社会保障制度可以看出,其法律法规的健全性和规范性在很大程度上保障了日本社会保障制度的有效实施。

韩国政府于1988年起执行《最低工资法》。20世纪80年代以后,基尼系数明显降低,1991年韩国的基尼系数由1980年的0.39降至0.26,收入分配趋于平均。韩国政府规范公平交易行为,限制市场垄断,遏制腐败,并用法律予以约束。1980年,韩国政府公布了《限制垄断及公平交易法》;2001年,韩国公布了系统可行的《防止腐败法》。这些法律和机构为打击经济垄断和政治腐败起到了重要作用。

4. 法治孕育教育人才

第二次世界大战后,日本遭遇了巨大的战败创伤,经济一蹶不振,日本开始对原先的教育制度进行改革,主要是对教育理念、教育结构以及教育内容进行了较大程度的改革。随后,日本的经济获得了较为快速的发展,各类教育也相应地进行了调整与革新。1947年,日本政府正式颁布《日本教育基本法》,并将之作为日本教育改革的根本大法。在该法中,原先的六年义务教育制度改成九年义务教育制度。日本还非常重视职业技术教育,要求职业教育的内容要多样化,以满足日

---

① 方芳. 韩国金融制度的改革与启示[J]. 教学与研究,2006(5):59.

本经济发展的需要。20世纪60年代末,《职业训练法》全面修订,一套较为完善的职业技术业务教育制度在日本形成。职业教育的发展为日本经济发展培养了必备人才,进一步促进了日本经济的腾飞。

韩国在"二战"后颁布的《大韩民国宪法》和《教育法》中,勾画了完整而规范的民主教育制度的轮廓,为日后韩国教育制度的发展奠定了法律基础。1951年修改了《教育法》,明文规定中高等学校要选择一定比例以上的实业课程,1963年制定《产业教育振兴法》,确定了实业教育的法律地位。1967年,韩国政府颁布的《职业培训法》,以及在20世纪70年代颁布的《产业教育振兴计划》和《产业教育振兴法》,促进了职业教育的发展。韩国的职业教育形成了一个多层次、多专业、职业学校教育与职前训练、企业培训相结合的职教体系,为经济发展的人力要素积累奠定了基础。

（二）传统文化有利于社会稳定和经济发展

东亚国家的文化传统对于避免中等收入陷阱也起到了重要的作用。日本、"亚洲四小龙"属于典型的儒家文化圈,儒家文化的某些特质对于技术创新、教育普及、政府政策、高储蓄率以及社会心态方面都起了重要的作用,有利于在经济增长放缓时保持社会的稳定,调整安抚社会心态。

日本独特的东方文化对经济发展的促进作用首先得到了西方学者的重视。西方人观察日本经济与社会时,经常强调其社会底蕴与西方社会的差异,并以此解释日本经济迅速发展的奇迹。日本人蕴于传统之中的精神,如崇尚合作而非竞争、崇尚团体而非个人、赞许勤奋工作追求卓越的职人精神以及国家管理中的精英主义等,解释了日本经济发展中的一些特点,比如终身雇用、企业内部分配平等、工会以合作而非对抗为主旨、敬业专注和对质量控制的极端追求等。研究者认为正是这些社会领域的特性,使得资本主义在日本呈现出一种迥异于西方的情况,并给日本企业带来整体的竞争力。

韩国有学者认为,东亚国家劳动力教育水平之所以显著高于同一收入水平的发展中国家,主要是受到儒家文化传统的影响。东亚地区的儒家文明历史悠久,从未中断,其积累的知识在东亚的传播,提高了东亚地区各国人民参与工业化的能力,这种认识正是承继马克斯·韦伯对于宗教伦理与经济增长的关系的研究传统而来,但是其具体的作用机制尚未得到清晰解释。

（三）其他有利因素

在东亚地区,日本是最先进入高收入国家的经济体。一些研究认为,日本经济的成功在很大程度上得益于"二战"后的经济结构和社会政治状况。其中,"二

"战"后的国家—企业的联合体制以及良好的物质—人力资本动员结构是比较关键的因素。同时,在美国为首的占领国的影响下,一系列税收、法律方面的政治和社会改革帮助日本建立了科学有效的制度基础,"二战"后的国际经济贸易环境也有利于日本的发展和产业升级。

其他地区,包括韩国、中国台湾和中国香港则是相对后发的经济体。在韩国和中国台湾地区,以土地改革为主要开端的社会财富的分配体制比较有效地缩小了贫富差距,抑制了社会中特殊利益集团的兴起,为高储蓄和高投资奠定了社会基础。同时,政府的作用非常明显,这主要表现在政府通过产业政策协调私人部门的投资,大力促进了新型产业,尤其是知识密集型产业的发展,这方面也是新加坡得以顺利发展的最主要因素。中国香港的快速发展则主要得益于其独特的地理位置和比较特别的政治治理体系。另外,在大部分东亚地区经济发展中共同的因素是东亚文化的影响。

总之,"东亚经验"中较为重要的因素是政治、法治、文化、教育和良好的产业政策,其中前两个更为基础和关键。稳定而且有适当协调能力的政府似乎是跨越中等收入陷阱的关键。所谓适当的协调能力,是指政府本身形成了比较良性的治理结构,一方面能够干预社会财富的不平等分配,能够推行有力的教育和产业政策;另一方面其本身又不会成为随意干扰和影响经济增长的力量。

第三节　印(尼)、菲等东南亚国家

在亚洲,经济增长最快的地区集中在东亚和东南亚。我们所讨论的中等收入陷阱问题,又可将这个地区分为东盟国家和东亚国家两个大类。东盟国家的主体是印度尼西亚、菲律宾、马来西亚、泰国、越南和新加坡,可以归入"亚洲四小虎"的一类;东亚国家(地区)主要包括日本和"亚洲四小龙",即韩国、新加坡、中国台湾地区和中国香港地区。这两类国家和地区在经济起飞和高速的经济增长过程中都经历了经济转型和社会转型的问题,相对日、韩、新加坡等国,印(尼)、菲、泰等东南亚国家普遍陷入了中等收入陷阱。

一、印度尼西亚跌入中等收入陷阱的原因

(一)印度尼西亚独立以来的经济发展轨迹

1945年独立以来,印度尼西亚国民收入持续提高,贫困率不断下降,以农业为主的经济结构逐渐演变为以工业和服务业为主的结构,取得了巨大的成就。印

度尼西亚经济经历了四个阶段,分别是:1945—1955 年的恢复期阶段、1956—1966 年的进口替代阶段、1967—1998 年的出口导向阶段、1997 年亚洲金融危机之后的结构调整阶段。1965—1989 年间,印度尼西亚人均 GDP 年平均增长4.4%,从 50 美元跃升到 1 200 美元,人均 GDP 增长超过了 300%,接近中等收入国家门槛。1990—1999 年间的 GDP 年平均增长率为 4.7%。经济增长速度虽然慢于"亚洲四小龙"和中国,但是超越了大多数国家[①]。

1997 年的亚洲金融危机给印度尼西亚造成了沉重的打击,使印度尼西亚经济陷入了严重衰退期。印度尼西亚币值一泻千里,股市和楼市全线崩溃。人均GDP 由 1996 年的 1 050 美元下降至 1998 年的 435 美元,一度回到了世界上最贫困国家的行列,在当时世界上最贫困的国家中排名第 23 位。印度尼西亚社会的贫富差距也造成了严重的社会问题,民族矛盾与宗教冲突相互交织,1998 年 5 月发生了严重的排华骚乱。亚洲金融危机之后,印度尼西亚政府进行了一系列调整经济结构的政策举措,包括进行银行体系改革,调整投资政策,改善投资环境,调整经济发展模式,对区域经济发展不平衡的调整、产业结构的调整和升级等。这些改革有助于维持经济稳定,阻止经济继续下滑,同时也致力于经济发展路径的转换,使其经济重新获得增长活力,近年来 GDP 增速均能保持在 5% 左右。据世界银行2017 年数据显示,印度尼西亚 GDP 已达 9 323 亿美元,经济排名全球第 16 位。[②] 尽管如此,根据印度尼西亚统计局发布的数字,其 2016 年的人均 GDP 为 3 570 美元,仍处于中等收入国家水平。

（二）印度尼西亚经济发展中存在的主要问题

作为世界第四人口大国,印度尼西亚拥有丰富的自然资源和大量的廉价劳动力,经济发展具有巨大潜力。同时,印度尼西亚在经济发展中仍然存在一些重大问题,包括失业和贫困仍然严重、区域发展不平衡、金融体制市场化改革不彻底、经济结构不合理,等等。

1. 失业与贫困交织,区域发展不均衡

1976—2000 年间,印度尼西亚的失业率从 2.5% 上升到 6.0%,这还不包括隐性失业。2006 年失业人口为 1 093 万,失业率为 10.5%。失业率的居高不下导致印度尼西亚贫困状况得不到缓解,印度尼西亚每天生活费不足 2 美元的人口占全国总人口将近一半。从区域发展来看,爪哇岛只占印度尼西亚国土面积的

---

① 赖莉云.1945—1998 年印度尼西亚经济发展的成就及其弊端[J]. 广西大学学报(哲学社会科学版),2006(2):171-173.

② 世界银行 WDI 数据库。

6%，但是生产总值却占了印度尼西亚的56%，吸收外国投资的占比为63.1%，人均生产总值是其他地区的6.8倍。

2. 金融体系的市场化改革不彻底

政府投资在经济发展中起到了主导作用，银行掌握在政府手中，政府未按市场需求投放的贷款大多成了不良贷款，政府又通过滥发货币来弥补坏账，从而导致财政赤字和恶性通货膨胀，一度使印度尼西亚的经济走到了崩溃的边缘。虽然之后进行了利率市场化改革，但是市场过于自由以及监管制度不健全导致了信贷过量，坏账比例一直过高。不健全的金融体制始终是导致东南亚经济容易出现危机的一个重要原因。

3. 产业结构不合理，产品出口结构单一化

印度尼西亚的支柱产业集中在以出口为导向的劳动密集型的加工工业部门，而在高新技术产业、基础产业、服务业领域的发展则相对落后，自主创新能力不够，高科技的关键装备基本上依赖进口，服务业的比重偏低。印度尼西亚的产业结构升级自2005年以来进入了一种相对停滞的状态，主导国民经济发展的工业和制造业发展缓慢，"去工业化"现象在印度尼西亚开始出现。这种"过早的去工业化"，已对印度尼西亚经济增长产生负面影响[①]。

尽管面临种种挑战，印度尼西亚政府正在继续推进基础设施建设，改善投资环境，简化行政手续，并积极应对复杂的国际环境带来的影响。希望通过一系列的经济结构调整，实现7%～8%的经济年增长率，争取到2030年，人均GDP达到13 000～15 000美元之间[②]，从而跨越中等收入陷阱。

二、菲律宾跌入中等收入陷阱的原因

（一）菲律宾战后以来的经济发展轨迹

菲律宾是亚洲最早走上工业化道路的发展中国家。20世纪60年代之前，菲律宾曾是亚太地区最先进的国家之一，其经济实力仅次于日本，而强于其他亚太国家。1978年，菲律宾跨入中等收入国家行列。然而，从20世纪80年代开始，菲律宾经济进入长期停滞状态，10年间平均增长率仅为1.7%，低于中等收入国家平均水平，在整个20世纪90年代，菲律宾人均经济增长率不到3%。随着近年来中国与东盟经贸关系的提升，菲律宾经济增长出现抬头趋势。2016年，菲律宾经济增长

---

① 黄光锋，卢泽回. 印度尼西亚独立以来工业化阶段及政策特点分析[J]. 生产力研究，2014(6)：102-106.
② 吴崇伯. 正在崛起的印度尼西亚经济分析与前景透视[J]. 南洋问题研究，2012(3)：1-9.

率为 6.9%,位列全球第 11 位,但人均 GDP 仅为 2 951 美元,仍位列东盟四国之末。

菲律宾是世界上最大的劳工输出国之一,海外劳工人数超过 1 000 万,约占全国人口的 10%。历届政府都将菲律宾海外就业和海外劳工汇款作为社会经济稳定的重要因素。海外劳工汇款带动菲律宾国内消费,是促进该国经济增长的重要因素。菲律宾央行数据显示,2013 年菲律宾海外劳工现金汇款总额相当于国内生产总值的 8.5%。当时的阿基诺政府提出在其任期内通过在国内创造就业机会,使得人民不再需要到国外去寻找就业机会,不再被迫将出国谋生作为第一选择。然而,投资在 GDP 中的占比较低一直是菲律宾经济发展与转型的主要障碍,这也是造成菲律宾高失业率的主要原因。菲律宾经济在未来一段时间里的重要挑战之一,是如何将较高的经济增长率转换成就业机会,以助于进一步减贫和支持包容性增长①。

（二）制约菲律宾经济发展的主要问题

菲律宾长期积累下来的经济、政治及体制等方面的结构性矛盾,严重制约了菲律宾的经济发展。

1. 土地制度导致贫富分化悬殊、叛乱久剿不灭

菲律宾继承西班牙殖民时代的庄园制度,大量土地仍集中在少数人手中,数次土地改革收效甚微。随着生产技术的提高,农业机械的推广运用减少了对农业工人的需求,导致大量农村人口无所适从,除了成为菲佣、城市贫民,更有人组成反政府武装。尽管菲律宾经济发展较快,阿基诺三世也在推行降低贫困的"现金转移计划",但联合国粮农组织的一份报告却指出,菲律宾 2010—2012 年的饥饿人口比 1990—1992 年的还多 5.4%②。政府与摩洛分离组织、菲律宾共产党、阿布沙耶夫组织等反政府武装的和平谈判仍然举步维艰。没有一个稳定的政治环境,就无法吸引游客和投资,经济的可持续发展也难以实现。

2. 法治缺失导致政局动荡、腐败盛行

菲律宾是东南亚民主国家。1986 年马科斯下台以后,菲律宾重新实现了民主选举和政党轮替。但每次大选总是出现诸如贿选、作弊、暴力事件等。2001 年还发生过逼迫总统埃斯特拉达下台的大规模示威,2006 年发生企图推翻总统阿罗约夫人的未遂军事政变等。政局动荡导致菲律宾社会人人自危,经济受到严重打击。菲律宾政府和地方官员、私营机构的贪污已根深蒂固,贪污腐败现象非常严

① 沈红芳,冯驰. 菲律宾经济:没有发展的增长[J]. 亚太经济,2014(3):72-76.
② 陈庆鸿. 菲律宾经济起飞略论[J]. 国际研究参考,2013(1):28-32.

重。菲律宾每年约有 40％的国家预算被侵吞①。根据非政府组织"透明国际"的《2013 年全球清廉指数报告》数据显示,在 177 个被评估的国家和地区中,菲律宾公共部门的清廉度排名第 94 位②。菲律宾的政局动荡和贪污腐败横行,根本原因在于法治社会的缺失。菲律宾制定了许多反腐败的法律,但形同虚设,未被落实。

三、泰国跌入中等收入陷阱的原因

(一)泰国战后的经济发展轨迹

20 世纪 40 年代末的泰国仍然是一个农业国。20 世纪 50 年代开始,泰国政府以建立国营经济为标志,开始实施工业化计划,并于 1959 年成立国民经济和社会发展委员会来掌控泰国的五年计划的实施。在 1961—1971 年的两个五年经济发展计划期间,泰国通过发展进口替代经济,创下年均经济增长率 8.4％、工业增长率高达 11％的纪录,这段时间被称为"泰国工业革命"时期。1985 年 9 月"广场协议"后美元大幅贬值,日本和当时的"亚洲四小龙"货币都不同程度地升值,使这些国家和地区在低附加值工业制成品方面的比较优势消失,泰国因此获得了大量的劳动密集型产业的投资。1987 年泰国吸引外国直接投资 1.82 亿美元,到 1990 年已增至 24.02 亿美元。外资的大量流入推动泰国经济迅猛发展,1987—1990 年间泰国年均 GDP 增长率达到 11.6％,1991—1995 年间年均 GDP 增长率达到 9％,其强劲的增长势头为泰国赢得了"东亚小虎"的声誉。

20 世纪 90 年代末,泰国经济尽管受到了亚洲金融危机的严重创伤,但在 1995 年之后的 10 年间的经济年均增长率高达 8％～9％,成为全球经济增长最快的国家之一。1996 年泰国迈入了中等收入国家行列,根据世界银行数据,泰国 2015 年的人均 GDP 为 5 815 美元。

(二)制约泰国经济发展的主要问题

1. 政治动荡影响政府正常运作,严重妨碍经济发展

2006 年,他信被军事政变赶下台后,支持他信的"红衫军"和反他信的"黄衫军"各自发动了旷日持久的反政府集会示威,造成社会的撕裂,暴力流血冲突频发,大量人员伤亡。

直到 2011 年 8 月,他信的妹妹英拉经过选举成为泰国总理,才基本结束了长达 5 年的政治动荡,然而好景不长,2013 年 12 月,泰国反政府组织人民委员会重

① 黄继炜,全毅. 东盟国家落入中等收入陷阱的原因与教训[J]. 当代经济管理,2014(7):92-97.
② 黄耀东. 菲律宾:2014 年回顾与 2015 年展望[J]. 东南亚纵横,2015(3):20-24.

新走上街头，要求彻底铲除"他信政权"。英拉宣布解散国会、举行全国大选，但也无法解决这场政治危机。长期的政局动荡给泰国的经济带来了巨大的负面影响，2006—2016 年，泰国的 GDP 年平均增长率仅为 6.5%。

2. 贫富差距悬殊，中产阶级力量薄弱

泰国经济的地区发展很不均衡。除了作为经济和政治中心的曼谷，其他城市和地区的发展都相对落后，而曼谷与这些地方的差距越拉越大，从而形成了一少部分人十分富裕、大部分人生活拮据的局面。泰国月平均收入最高的 10 个府中，有 9 个在曼谷及其周边的中部地区，而月平均收入最低的 10 个府中，全部都聚集在北部和东北部地区。泰国有 9.6% 的人属贫困人口，在曼谷地区和中部地区贫困人口比例为 0.5% 和 3.3%，而在北部地区和东北部地区这个比例则高达 16.8% 和 12%。中产阶级尚未形成独立的政治力量。自从 1932 年民主化以来，泰国的统治精英分化为军人、文职军官和国王三大派系。在一个强大的中产阶级缺失的情况下，文职官员和军事力量的分裂与斗争导致泰国政治发展进程中不断发生政变和政治动荡。

四、东南亚国家跌入中等收入陷阱的教训

印（尼）、菲、泰等东南亚国家在经济发展上既有共同之处，又有一些差别。其中，菲律宾是最早实现经济起飞的国家；泰国是最晚实现经济起飞的国家；印度尼西亚介于两者之间。从进入中等收入国家的时间来看，菲律宾在 20 世纪 70 年代中期进入中等收入国家行列，印度尼西亚和泰国则在 80 年代早期进入中等收入国家行列，其先后的经济起飞大都靠工业化实现。其中，菲律宾和印度尼西亚在达到中等收入水平线后即开始出现经济停顿，菲律宾 1980—1990 年人均国民总收入（gross national income，GNI）增长只有 1.69%，90 年代年均增长率 2.94%，如果扣除 2% 的人口增长率，人均产值实际上处于停滞甚至下滑的状态。这种状态一直持续到 21 世纪的前 10 年。所以，菲律宾虽然最早开始经济起飞，却是东盟四国中发展最慢的一个，也是到目前为止人均 GNI 最低的一个。印度尼西亚也在进入中等收入国家行列后即出现经济停顿，1997 年的亚洲金融危机中又遭受了进一步的沉重打击，直到 2004 年经济才开始出现复苏迹象，其发展水平在东盟四国中仅好于菲律宾。泰国的经济起飞较晚，但是增长速度较快。在达到中等收入线之后，泰国经济继续以较高的速度增长了 10 年，直到 1997 年亚洲金融危机为止。此后经历了 6 年的衰退期，也是到 2004 年才开始出现复苏。就印度尼西亚、菲律宾、泰国在成为中等收入国家之后的经济及社会转型的特征来看，存在

以下四方面的教训和启示。

（一）技术创新和人才相对不足使得产业转型难以实现

与东亚国家相比，虽然印(尼)、菲、泰等国都经历了或长或短的经济较快增长期，但是其全要素生产率(TFP)的增长速度一直不够快。1970—1994 年间，菲律宾的 TFP 增值率均呈负增长，印度尼西亚的增长率则没有超过 1%。相比之下，泰国的 TFP 增长率要高于这两个国家，大部分时间在 1%～2%之间。全要素增长率是衡量技术创新推动经济增长的重要指标，这可以看出东盟的经济体在这方面的缺陷。这种状况直到现在也无明显的改变。2007 年，泰国研发经费占 GDP 的比重为 0.21%；菲律宾为 0.11%；印度尼西亚仅为 0.08%(2009 年数据)。每百万人中研发人员的比重泰国为 315 人(2006 年数据)；印度尼西亚为 90 人(2009 年数据)；菲律宾仅为 78 人。

（二）严重的收入分配失衡是中等收入陷阱的主要表现之一

经济起飞阶段带动了全社会收入的普遍提高，同时拉大了收入差距。在菲律宾、泰国、马来西亚等国，收入分配失衡是一个主要特征，而且随着经济的停滞有所加剧，这在各国的表现有所不同。泰国的收入分配不均主要体现在地区之间的差异和城乡之间的差异。伴随着经济增长，泰国形成了泾渭分明的地区差异，一个是富裕的工业化的首都地区；另一个是贫穷的农业内地[①]。城乡之间的差距主要与泰国的经济发展战略有关，泰国在经济发展中的进口替代和出口导向的发展战略，忽视了农村、农业的发展，城市的发展以牺牲农业为代价，这导致农村人口的收入水平明显低于城市。根据世界银行的统计，2009 年泰国的基尼系数为 0.4，菲律宾为 0.43，马来西亚 0.462，均已超过 0.4 的国际警戒线。收入分配不公与经济停滞相互作用，造成了社会和政治方面的危机。

（三）腐败和政局不稳使得东南亚国家在陷阱中越陷越深

短暂而快速的经济起飞并没有在印(尼)、菲、泰等国内部发展出中产阶级，而摆脱掉殖民统治的国家政府并没有能够建立起成熟的宪政体制，这使得政府权力缺乏制约，从而产生了东盟各国较为普遍的腐败问题。腐败问题与社会分配不公相互作用，极大地加大了各国的政局动荡和社会混乱状况。印度尼西亚是世界上腐败程度最严重的国家之一，没有有效的法律监督机制是印度尼西亚腐败泛滥的基本原因，在以威权统治著称的苏哈托时代，军队长期控制着印度尼西亚的政治，

---

① 肖三华. 泰国的地区发展战略. 东南亚研究，1995(1)：15-17.

凌驾于法律之上；而在处于民主化转型时期的梅加瓦蒂政府，地方权力得到扩大却缺乏执政能力，监督机制形同虚设。在东盟各国中，菲律宾的民主选举和政党轮替体制相对成熟一些，但几乎每次大选都伴随着贿选、作弊等丑闻以及相关的暴力事件。印度尼西亚的社会矛盾则经常表现为极端排华事件。与各国相比，泰国的政治和社会动荡最具代表性。21世纪以来，红衫军、黄衫军、军队等各种政治势力冲突不断，导致了许多暴力流血事件，这极大地影响了国外在泰投资及作为泰国支柱产业之一的旅游业发展。

（四）国际竞争环境的双重挤压不利于东南亚国家走出陷阱

东南亚各国在20世纪70年代的经济起飞与当时的国际环境有关。这个时代，欧美经济有迅速的增长，拉动了对初级产品的世界需求，这极有利于出口导向的东盟各国。20世纪80年代，相对先进的日本、韩国和中国台湾地区的中小企业在东南亚的扩张性投资也促进了这个时期东盟各国的经济增长。但20世纪90年代后期，亚洲金融危机以及中国经济的崛起使得东盟各国承受了巨大的挤压压力。中国的发展使得东盟各国能够依赖传统产业保持经济增长的机会大幅度下降，而各国的国内政治和社会环境又不利于经济转型，这使得东盟国家走出陷阱的时间越拉越长。

总之，中等收入陷阱在印（尼）、菲等东南亚国家体现为产业升级和社会转型失败引发的经济增长放缓，进而导致政治和社会不稳定的现象，而政治和社会的不稳定又反过来影响了产业升级的顺利完成。由此看出，经济结构转型及产业升级是任何经济体跨越中等收入陷阱的必经之路，在这一过程中政治和社会力量的变动以及对经济转型的影响是能否跨越中等收入陷阱的决定性因素。

第四节　墨西哥、阿根廷和巴西等拉美国家

拉美国家的总体经济增长在过去近半个世纪处于极为缓慢的时期，20世纪50年代至70年代，GDP年均增长2%～3%。与世界其他地区相比，比发达地区高，但是与东亚等新兴工业国家和地区（如日本、韩国、中国香港等）相比，则远远落后。而到20世纪80年代则出现了负增长，虽然20世纪90年代超过1%的年平均增长率使得发展速度有所回升，但是到了21世纪经济增长率又跌落至0.2%的水准。也正是在这一时期，拉美国家与发达国家以及新兴发达国家经济发展水平的差异拉大，陷入了增长乏力、发展不振的怪圈无力自拔。

在国家发展的研究中，拉美国家成为典型的反面例子，是学术研究与发展战

略选择的重要讨论对象。在讨论拉美国家发展停滞的原因时,已有的文献提出了制度问题、种族文化分裂、政治动荡不稳、发展战略失误、社会福利超前等各种因素。这些因素都对拉美的"陷阱中的增长"或多或少提供了合理的解释。仔细分析,这些解释的理论层次各不相同。但是,梳理起来它们呈现出一个清晰的脉络:社会结构的断裂导致了制度环境的困境,最终使得经济增长停滞;更进一步的是,长期的停滞,又进一步堆积了社会政治问题,恶化了经济增长的制度环境,导致形成难以自拔的"陷阱中的缓慢增长"怪圈。

一、墨西哥跌入中等收入陷阱的原因

自第二次世界大战结束一直到 20 世纪 70 年代中期,墨西哥经济的增速基本维持在 6%,晋级中等收入国家行列,被称为"墨西哥奇迹"。而从 80 年代至今,墨西哥经济增长不稳定,经济增速徘徊在 3% 上下,人均 GDP 等指标几乎没有实现增长。

（一）"进口替代"工业化模式的后遗症

墨西哥在 19 世纪政治独立后,一直致力于经济独立,但由于受到殖民经济的深刻影响,墨西哥国民经济发展高度依赖初级产品出口,仍未从根本上摆脱殖民地经济形态的束缚。20 世纪 30 年代初的世界性经济危机重创墨西哥经济,迫使它逐渐放弃"出口导向"发展模式,转而奉行进口替代的工业化战略,即自己生产工业制成品。这种模式使墨西哥摆脱了"低收入陷阱",并在 70 年代中后期进入中等收入国家之列。此后,它的后遗症越来越明显。

1. 国际债务过重

为发展工业化,墨西哥大举外债,但偿债能力不足,为了支付外债,需要通过进一步发展工业化来弥补。因此,墨西哥的工业化需要政府不断进行财政投入,导致债务过重,不得不再次借外债,如此恶性循环,直至演变为 1982 年的债务危机。

2. 贫富差距和城乡差距过大

由于贫富差距日益扩大,墨西哥普通民众无法享受到工业化和财富增长带来的成果,他们对墨西哥工业化和现代化的前景普遍感到悲观失望,被遗弃感、不公正感充斥着整个社会,由此引起的暴力行为时有发生,各种社会矛盾进入了一个空前激化的阶段。

（二）新自由主义经济改革后遗症

1982 年,爆发的债务危机迫使墨西哥改变经济增长模式。改革的主要做法是采用了新自由主义的主张,即将墨西哥经济向世界经济开放。1986 年,墨西哥加入世界贸易组织（WTO）。1988 年,墨西哥开放本国市场,积极参与国际竞争,和加拿大、美国签署了北美自由贸易协定。但新自由主义改革不仅没有使墨西哥走出困境,反而令其在中等收入陷阱中越陷越深。

1. 过度开放导致国家经济安全失衡

在新自由主义旗号下,墨西哥积极参与经济全球化。它降低关税,逐步取消贸易壁垒,使外国资本特别是来自美国的投机资本大举进军本国市场,直接导致本国中小企业纷纷破产,失业率居高不下。

2. 过度私有化

1990 年,墨西哥一些国有企业开始私有化改革,很多企业被外国资本买走,但这并没有增加墨西哥的资本存量。唯一的变化就是资本所有权的持有者从一个人转到另一个人,而且在转移的过程中国有资产大量流失。此外,大规模私有化,也使得政府直接掌控的资源减少,无法拥有足够的财力解决教育培训、就业、交通以及社会保障等民生问题。

3. 创新能力丧失

创新是国家持续发展的源泉。但墨西哥没有通过技术创新实现经济增长,仅仅通过廉价出售本国自然资源和开放国内市场来解决发展困境,结果是饮鸩止渴,经济越来越缺乏活力,使得国家的整体创新能力丧失。

4. 生产力倒退

1980—2016 年,墨西哥人均 GDP 增长缓慢,与国际水平相比,墨西哥人均 GDP 占美国人均 GDP 比值不断波动,始终未能超越 1982 年债务危机前的数值,可以认为,墨西哥经济基本没有增长,生产力严重下滑(见图 2.1)。

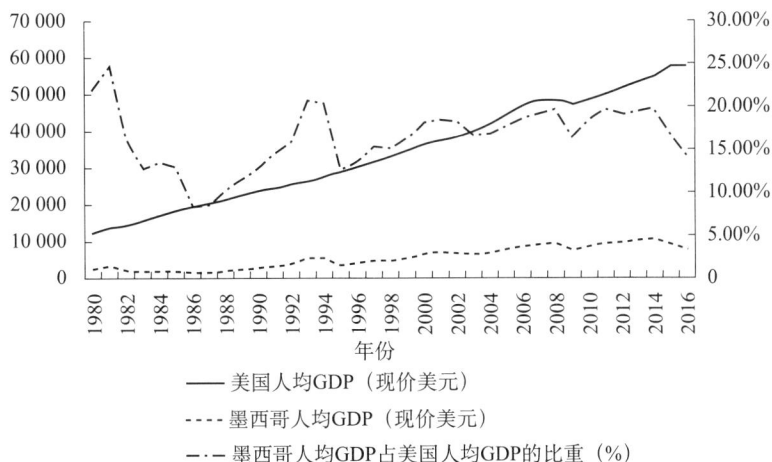

——美国人均GDP(现价美元)
- - - - 墨西哥人均GDP(现价美元)
—·—·墨西哥人均GDP占美国人均GDP的比重(%)

图 2.1 1980—2016 年墨西哥人均 GDP 与美国人均 GDP 对比

数据来源:中经网数据整理

二、阿根廷跌入中等收入陷阱的原因

拥有优越地理条件和丰富自然资源的阿根廷在 20 世纪初曾是全球前十的经济强国,20 世纪 70 年代初就已经达到中等收入水平,但是经过三四十年的跌宕起伏,人均 GDP 直到 2010 年才突破 1 万美元,2016 年达到 12 449 美元,长期成为中等收入陷阱的俘虏。

(一)政府管理与市场机制矛盾重重

第二次世界大战至 20 世纪 80 年代,阿根廷军政府选择了国家直接干预经济的道路,以进口替代工业化发展模式实现了 30 年左右的稳定增长。但政府高度干预为经济发展带来了内生性缺陷,如农业没落、地区和产业二元矛盾突出、创新能力低下、腐败滋生等,阿根廷经济发展陷入困局,军人政权难以为继,民主体制得以恢复。面对"政府失灵"带来的种种弊端,阿根廷由国家干预主义的极端转向了彻底自由主义的极端,政府作用和执行能力在强大的新自由主义思潮的冲击下被弱化,大规模私有化、贸易自由化、放松规制成为新的潮流。但集权经济下成长起来的市场成熟度很低,政府管制彻底放松而市场自身调节机制和市场秩序尚未有效建立,导致了财政负担加大、外国资本垄断市场、金融风险凸显、分配不公更趋严重、经常账户赤字加大和国际收支恶化等一系列的严重后果。同时,长期受到保护的民族企业多数还处于发展的幼稚期,难以抵御贸然开放带来的外国企业和外国产品剧烈冲击,大批民族企业破产或被兼并,民族经济发展陷入停滞,至今没有真正复苏。这是由于政府管理与市场机制之间没能合理协调而导致的经济运行混乱。

(二)财政管理混乱导致政府债务危机

庞大的公务员队伍、复杂的中央地方财政关系、不合理的税收制度、大量逃税漏税和沉重的债务负担,这些造成了阿根廷巨大的财政赤字。阿根廷政府不得不用巨额的外部贷款填补越来越大的财政窟窿。在整个 20 世纪 80 年代,每年还本付息占出口的比例基本都超过 50%,外债总额占出口总额的比例在 1987 年达到 717% 的历史高点。大量的外债与其偿付能力完全不匹配,2001 年经济危机爆发后,阿根廷政府不得不宣布暂时停止支付 1 321 亿美元的政府债务,国家信用严重受挫,进一步加剧资本外逃,使经济形势雪上加霜。

(三)盲目实施联系美元的汇率制度

进入 20 世纪 90 年代后,为了应对通货膨胀率居高不下、汇率频繁波动的局面,阿根廷政府实施了货币局汇率制度,把本国货币与美元等值挂钩,并禁止在没有美元相等储量的情况下增发货币。这一举措控制住了野马脱缰式的货币(比索)发行,通货膨胀率从 1989 年的 3 079.5% 降到 1994 年的 1.6%。然而,联系汇率制度的实施是要以充足的外汇储备为基础的。而当时阿根廷出口创汇能力低下、连年财政赤字,僵硬的汇率制度过度限制了政府利用汇率和货币政策等手段进行宏观调控,导致债务大量增加,外汇储备消耗殆尽,结果联系汇率制度崩溃,货币急剧贬值,以美元计价的外债迅速攀升。最终投资者信心丧失,大量外资抽逃,形成了恶性循环。

(四)国家的经济命脉落入外国资本手中

梅内姆政府在 1989 年执政后大力推行贸易自由化政策,大幅降低进口关税和数量限制,对出口税收的减免、津贴以及其他鼓励措施也中止实施。这造成外国资本和企业蜂拥而至,击垮和兼并了大量阿根廷企业,对民族工业造成沉重打击。更为严重的是,从实体经济到虚拟经济的彻底开放,使外资得以控制了整个银行体系和金融体系,控制了国民经济基础部门和服务业,控制了除核电站以外的石油、煤炭、水力和热力发电等全部能源的生产及分配,并控制了矿业和大量的土地资源,可以说国家的经济主权基本丧失。

三、巴西跌入中等收入陷阱的原因

巴西在经过 1968—1973 年国内生产总值年均增长 10% 以上的快速发展以后,在 1974 年人均 GDP 突破 1 000 美元,进入中等收入国家行列。然而此后,巴西长期徘徊在中等收入阶段,一直没能进入高收入国家行列。2002 年后,巴西经济重新开始新一轮高速发展,但是直到 2010 年人均 GDP 才刚刚突破 10 000 美元,2016 年跌至 8 650 美元,仍然没有进入高收入国家。巴西近 40 年在中等收入阶段的徘徊,给它的经济、社会带来了许多问题,严重影响了人民生活质量的改善。

(一)发展战略未能根据经济发展阶段及时转型

1. 产业结构长期失衡

长期重视工业投资造成产业结构失衡问题,20 世纪 70 年代的石油危机使结构性矛盾进一步加剧。巴西从 20 世纪 30 年代开始实施"进口替代"战略,以保护民族工业的发展,加强本国经济独立自主的能力。"进口替代"工业模式使巴西的工业化快速发展,在 70 年代末建立起了较为完整的工业体系,拥有门类齐全的基础工业部门。但是,由于巴西长期奉行进口替代战略,从而忽视了出口市场,同时,又在相当程度上保护了落后产业,造成了工业技术落后,技术设备陈旧,产品质量差,成本高,难以参与国际市场竞争,不利于工业化深入发展。长期重视工业投资也造成了产业结构失衡问题:第一产业薄弱;第二产业的内部结构不合理,对内缺乏基础建设支撑,对外资金和资源的依赖性十分严重;第三产业由于非正规部门的急剧膨胀,而难以整体性规划发展,更难替代第二产业成为拉动经济增长的动力。70 年代的石油危机后,这种结构性矛盾进一步加剧。

2. 发展模式转换不利

20 世纪 70 年代,世界产业结构开始进行优化升级,巴西依然推行"进口替代",未能及时转换发展模式。70 年代的能源危机使西方国家陷入经济萧条,西方国家开始实行新一轮贸易保护主义,国际贸易环境恶化。同时,基于微电子技术的信息技术迅速传播,新技术革命在世界范围内兴起,高技术产业迅速发展,世界产业结构开始进行优化升级。在国内国外的挑战和机遇面前,巴西依然"举债发展",继续推进耐用品和资本品的进口替代,未能及时转换发展模式,错失产业结构的优化升级时机。

3. 过度依赖外资,国内工业衰败

20 世纪 90 年代,巴西推行新自由主义政策,实行经济自由化改革,并主要以依赖外资为主求发展,试图稳定经济,实现经济现代化。虽然贸易自由化和吸引外资在开始时还算顺利,但 90 年代后期,巴西遭受了这样的结果:国际收支账户出现巨额赤字;基于过高估价的汇率手段实现的经济稳定,附带了很高的而且是难以弥补的代价——进口的结构性增长,致使本地企业无法抵御具有廉价优势的进口产品、组件和散件,它们越来越多地替代国内生产的产品,国内生产多被其摧垮;国际竞争力主要来源于规模大而附加值低的商品生产部门,主要商品部门是原材料部门(农业、自然资源和能源密集型等部门),相对而言,产业转型水平较低。20 世纪 90 年代的新自由主义改革带来的只是巴西的去工业化。

(二)科技进步与创新长期未能得到应有的支持和重视

1. 经济衰退,财政无力投资科技研发

20 世纪 70 年代末的能源危机迫使世界产业结构开始进行优化升级的时候,巴西经济开始衰弱。80 年代,巴西的投资大幅减少,致使巴西难以引进所需的新技术,持续的财政困难和外部压力也使主要国有技术研发中心的改革处于停滞不前的状态。政府面对外汇与通货膨胀危机一再引起的困难已经无力做出必要的协调或前后一贯的调整措施。巴西 R&D(研究与发展)投入强度低,始终在 1%

以下徘徊。

2. 跨国公司大肆兼并本土企业,本土创新能力进一步削弱

20 世纪 90 年代,受"华盛顿共识"新自由主义思潮的影响,巴西政府开始大幅削减公共财政预算,研发投入急剧萎缩,本土优秀研发机构被弃置。同时,跨国公司对巴西本土企业大肆兼并重组,巴西本土企业技术创新能力被进一步削弱。在这些情况下,巴西已无力构建和培育必要的条件来促成以微电子技术为核心的新兴产业集群的兴起,进而实现以技术革新带动新一轮的资本积累。

3. 制度阻碍科技成果的应用和企业创新

2004 年以前,巴西法律禁止政府直接资助公司的创新行为,也不允许公司雇用大学研究人员,不仅阻碍新的科学技术成果应用于经济,也阻碍了中小企业创新发展。

（三）收入分配不合理,导致社会结构两极分化

公平发展不仅有利于改善收入分配,创造更为均衡的发展,还能够减缓社会矛盾和冲突,从而有利于经济可持续发展。拉美国家在进入中等收入阶段后,由于收入差距迅速扩大导致贫富悬殊和社会结构两极分化,迫使执政党采取民粹主义的分配政策,提出高福利承诺以缓解社会压力,但是政府财力不能支撑透支性的福利政策,最终导致高通货膨胀和资本外逃,引发激烈的社会动荡,甚至政权更迭,对经济发展造成严重冲击。新上台的反对党政府同样没有能力和勇气摆脱恶性循环,政权快速更替和恶性通货膨胀相互伴随,致使两极分化现象长期化。20世纪 70 年代,拉美国家基尼系数高达 0.44～0.66 之间,巴西到 90 年代末仍高达0.64。在收入分配两极分化的同时,教育机会不公平现象加剧,使贫困"再生产过程"循环反复而成为难以抑制的顽疾。

四、智利跨越中等收入陷阱的经验

智利的发展历程提供了脱离中等收入陷阱的成功经验。尽管 1950—1973 年间,智利跟多数拉美国家基本在同一起跑线上,甚至达不到拉美的平均水平。但1973 年后,智利经济进入了快速增长,最终成为拉美的高收入国家。

1973 年以前,在发展历程和发展水平上,智利与其他主要拉美经济体非常相似。由于资源比较丰富,经过一个世纪的发展,到 1950 年时拉美国家已经是发展中国家人均 GDP 最高的地区,并具备了工业化起飞的一些有利条件。但在之后的 50 年里,拉美多数国家总体增长缓慢,始终未能突破中等收入陷阱,除了智利。

智利在 1950—1973 年间增长速度相当慢,既低于拉美主要经济体,也低于拉

美国家平均水平,这个阶段可以说该国落入了中等收入陷阱。但 1973 年后形势发生逆转,智利增长速度明显高于拉美主要经济体和平均水平。1998 年后智利与其他拉美国家的差距进一步扩大,目前已成为该地区收入最高的国家之一。

（一）1950—1973 年间智利落入中等收入陷阱的主要原因

1. 未能因时而异地改变"进口替代"战略

和其他拉美国家一样,智利之所以落入中等收入陷阱,最主要的原因是采取了错误的发展战略,特别是在 20 世纪 30 年代之后实行的"进口替代"工业化战略。当时,西方主要国家陷入大萧条并采取了广泛的贸易保护主义措施,之后的第二次世界大战又导致来自西方国家的进口中断,拉美国家因此普遍采取了"进口替代"的工业化战略。这种发展战略在初期对经济增长起到了一定的刺激作用,工业产值和工人数量增长较快,但其弊端也很快显现出来。

"进口替代"战略违背比较优势原则,相关产业效率较低且提升很慢,导致国内产品价格显著高于进口产品,只能通过高关税等贸易壁垒进行保护,增大了国内通货膨胀压力。由于智利的工业门类不齐全,很多关键零部件和设备需要进口。为了降低这些产品的进口成本又不得不采取高估汇率的政策,结果打击了出口部门,造成国际收支的恶化。智利采取大量借外债的方式平衡国际收支,埋下债务危机的隐患。实际上成功突破中等收入陷阱的中国台湾地区和韩国也曾短暂实施过"进口替代"战略,也造成通货膨胀率上升和国际收支恶化,但都能迅速改弦更张,转为实行出口导向战略。

2. 受困于利益集团的强势,土地改革迟迟不能推行

由于当时政府政治力量的不稳定,智利没能迅速调整政策方向。土地集中又是智利贫富差距大的一个重要原因。10％的庄园主占有 80％的土地。为了不得罪庄园主,土地改革迟迟不能推行。为了缓解就业压力,智利政府大幅增加公共开支和公职人员数量,导致财政状况恶化,不得不实施赤字货币化政策,又造成超级通货膨胀。20 世纪 70 年代初,智利经济已经陷入困境,社会矛盾十分突出。

（二）20 世纪 70 年代智利新政府全面建立市场机制

1973 年 9 月,智利军队发动政变,建立了以皮诺切特为首的独裁军政府。新政府认为,在微观层面需要全面建立市场机制,按照比较优势原则促进出口并对外开放,用创业精神来取代对国家的依赖,政府应退出对经济的广泛干预,其职责仅是市场经济的"守夜人"。结果进口平均关税从 1974 年的 70％被削减到 1980 的 10％,国有企业私有化加快进行,极为宽松的外资法律得到通过,税收和汇率制度得到全面改革。在宏观层面,智利政府对经济实施了"休克疗法",公共开支被削减 1/4,大幅提升利率并压缩货币供给。

1. 在金融全球化背景下,建立适合本国国情的财政税收体制

智利新政府对于在金融全球化背景下适合本国国情的财政税收政策进行了有益的探索。该国通过适度限制公共开支、建立稳定化基金和保持公共财政结构性盈余等多种手段,逐步形成了相对稳健、负责任的财政政策。为了鼓励产品出口,智利还设立专门出口信贷和建立出口信贷基金,提供贷款方面的优惠,并用减免税收的办法鼓励厂商向出口生产部门投资。自 20 世纪 90 年代以来,智利保持了 27%～28%左右的投资率,成为拉动经济增长的关键性因素。

2. 根据国情调整汇率政策,逐步增大汇率弹性

20 世纪 80 年代,为了加强内部竞争及推动出口,智利政府开始实行根据国内外通货膨胀率的变动不断地进行小幅调整的爬行汇率,此后比索汇率开始朝着市场化和更富有弹性的方向发展。1985—1990 年间智利汇率改革的成功进行,使比索的实际有效汇率呈现贬值趋势。进入 90 年代以后,外资特别是短期私人资本的大量流入,对该国货币形成越来越大的升值压力。针对流入的外资以美元为主的形势,智利对汇率政策作出重要调整,逐步增大汇率弹性,放弃了本币单独与美元挂钩,改用钉住多种货币即“货币篮子”的办法。

3. 大力支持中小企业发展

智利极为重视中小企业发展,目前已建立了比较完整的支持中小企业政策体系和与之配套的体制架构。智利的支持中小企业政策体系由多个部分组成:开通面向中小企业的专门融资渠道,向中小企业提供投资贷款;建立面向中小企业的技术援助基金,专门资助中小企业聘请顾问,解决经营中遇到的各类问题;实行退税制度,即非传统产品出口部门中的中小企业可以得到其出口产品离岸价格一定比例的退款;实行中小企业研究与开发援助。智利于 1991 年建立全国技术与生产基金,支持中小企业的研发活动。

经过一系列改革,智利经济出现新变化。首先,通货膨胀问题逐步得到解决,从 20 世纪 70 年代初的 3 位数降到 1981 年的 1 位数。其次,出口的结构和效益显著改善:20 世纪 60 年代铜矿出口占出口总额比重一度高达 90%,到 80 年代已经不到一半,农、林、渔业及相关产品加工业成为智利具有比较优势的产品;国有企业的私有化培育了一大批有竞争力的私营企业和企业家;外债大幅下降,外国直接投资直线上升,且基本上都投入生产领域。

一直以来,智利始终坚持市场化和外向型的经济政策。尽管先后受到 1994 年墨西哥债务危机、1997 年东亚金融危机以及 2001 年阿根廷债务危机的冲击,智

利经济每次都能迅速作出调整,保持宏观稳定和经济增长,与其他拉美国家逐渐拉开距离。2016 年智利人均 GDP 已达到 15 019.6 美元,在拉美国家中位居前列。

五、拉美国家在中等收入阶段的经验与教训

过去的半个世纪以来的拉丁美洲,基本处于"陷阱中增长"的阶段。它们深陷各种社会经济问题当中,不是完全没有发展,而是缓慢发展,缓慢到远远落后于其他发展迅速的地区。经过 50 多年的积累之后,它们被当年与它们发展水平相当,甚至不如它们的这些地区远远地抛在后面,成为跌入"陷阱"的典型。并且,至今看不到从"陷阱"中跃出的可能。

造成拉美国家长期跌入中等收入陷阱的经济和社会原因,主要包括社会结构断裂、制度惰性严重、国家能力不足以及法律保障缺失。

(一) 社会结构的断裂

拉美的殖民历史,塑造了拉美特殊的社会结构,其基本特征表现为上层权贵集团与底层人群巨大的两极分化,中间阶层人数较少且实力羸弱。这样的社会结构,是在殖民时期形成,即使在拉美独立以后的社会历史发展过程中,也没有得到根本的改变,一直成为拉美发展的桎梏。

1. 殖民时期的拉丁美洲社会结构

西班牙与葡萄牙在拉丁美洲的殖民过程充满了暴力与血腥。在建立其殖民地掠夺资源与财富的过程中,殖民者对拉丁美洲的印第安人进行了残酷的征服、驱逐甚至屠杀。除此之外,葡萄牙人还从非洲输入黑人奴隶以补充劳动力的不足。这种殖民者与被殖民者之间的社会结构一直作为历史遗产成为拉丁美洲发展过程中无法绕过的梦魇。

在拉丁美洲的各个地区,殖民过程的差别造成后来的社会人口结构的重大差异。在中美洲地区,由于存在文明程度高、组织程度高的印第安阿兹特克帝国与印加帝国,殖民者在此地区直接完成另一次征服,形成殖民者与土著印第安人的两极社会结构。在葡萄牙殖民地,由于土著印第安人稀少并大多处于初民社会阶段,无法成为被殖民的劳动力,殖民者另寻他途从非洲贩卖黑人奴隶。在更南端的阿根廷与乌拉圭等地,殖民者干脆将本来就稀少的印第安人杀害或驱赶殆尽,也没有从非洲输入黑人奴隶,而是依靠欧洲的白人移民建立了殖民地。

拉丁美洲的人口构成主要是殖民地统治者(来自宗主国的白人,又称"半岛人")、土生土长的白人(又称"克里奥人")、混血人种、印第安人与黑人奴隶。"半

岛人"代理宗主国行使权力,占据主要资源;"克里奥人"可以拥有土地等财产,但在政治上权力弱小;混血人种虽然身份自由,但不能担任公职、不能拥有土地;而印第安人与黑人奴隶则是被奴役的劳动力。不论是被征服的印第安人、被贩卖的非洲黑奴,还是身无分文移民南美的欧洲贫民,他们在拉丁美洲的殖民社会结构中处于社会的底层,没有政治与经济资源。

需要特别指出的是,这种社会结构上的撕裂有着种族与肤色的界限。这一生理特征明显的界限,渗透到政治、经济、文化等各个领域之中,相互强化,变成经久持续、难以打破的社会结构。

2. 拉丁美洲独立后的社会结构

从 19 世纪初期开始,拉丁美洲各个国家开始了它们的民族独立运动。在持续了近半个世纪的时间里,西班牙与葡萄牙等国的殖民统治基本瓦解,拉美各国获得了独立。在这一波澜壮阔的民族独立解放运动中,领导运动的更多的是拥有土地等资产的"克里奥人",他们不满"半岛人"的殖民特权统治,意在通过民族独立运动摆脱宗主国的殖民统治。

从社会结构上来看,拉美各国的民族独立有着强烈的局限性。独立国家的建立是拉美国家的重大历史变迁,但并没有更改独立之前的社会结构状况。独立解放的结果是"克里奥人"取代了"半岛人"成为新的统治阶层;而更为广大的印第安人、黑人奴隶,甚至是混血人种都没有获得实质上的社会地位、经济地位的提高。

独立之后的拉丁美洲,在经济上致力于现代化,追赶西方发达国家,先后经历了出口导向、进口替代以及后来的自由市场经济发展模式。从 19 世纪 20 年代独立之后直到 20 世纪 20 年代末世界经济危机之前,出口导向的经济模式使得向国外出口农产品、原料与矿产品的白人庄园主与矿主获利颇丰,而底层民众的收入没有得到真正的提升。20 世纪 30 年代以后的进口替代与自由经济模式虽带来了成功,但终究因为各种内困外患导致了经济发展"钟摆"式大起大落(如 20 世纪 80 年代的债务危机等)。每一次经济发展周期性的大起大落,通常伴随着恶性通货膨胀、大规模的失业以及国民财富的巨额流失。这样的周期在社会结构上体现为贫困人口的增多、贫富差距的扩大、社会矛盾的激化。

在努力追赶的现代化进程中,拉美各国的人口结构也发生了较大的变化。一方面,印第安人的比例大幅下降,外来白人移民大量涌入,同时本地印欧混血人种的比例也大幅上升。

但是,所有的这些经济上的发展以及人口结构上的变化并没有改变殖民时期以来的两极分化的社会结构。一方面,在拉丁美洲的社会结构中,占据上层精英地位的一直都是白人殖民者的后裔,他们拥有大量土地,垄断经济命脉,掌握国家权力,控制文化话语,更为重要的是他们封闭社会流动的渠道,维系其特有的阶层特权。另一方面,绝大多数混血人种、印第安人与黑人奴隶的后裔们被束缚在社会的底层,他们没有公正地享受到民族独立与经济发展的真正成果,缺乏上升成为中产阶级的机会与通道。

3. 拉丁美洲社会结构现状

从拉丁美洲摆脱欧洲白人殖民统治、获得民族独立自治到今天的 200 多年中,拉美各个国家的社会结构依然呈现出两极分化的"金字塔"特征。

20 世纪最后 10 年,8 个主要拉美国家(通常意义上包括阿根廷、玻利维亚、巴西、智利、哥伦比亚、墨西哥、秘鲁、委内瑞拉;如未注明,下同)的职业分层结构包括上等阶层(雇主、经理与专业人员)、中等阶层(技术人员与行政雇员)、下上层(商业劳动者、工人、手工业者与司机)、下下层(私人服务者与农业劳动者)。

拉美从业人口中仅有 1/4 的从业人口拥有一份在职业等级上处于中等或是上等的工作,而近 3/4 的从业人员的工作处于职业等级的下端。下等阶层与其他两个阶层的差异极其显著。

在 20 世纪末的 10 年中,上等阶层的从业人口比例基本保持不变,中等阶层的比例略有下降,而下等阶层的比例略有上升。从好的方面来讲,所有阶层的教育水平都得到了提升,下等阶层的从业人员教育水平提升的幅度最大。从不好的方面来讲,上等与中等阶层的受教育水平远远高于下等阶层,是其平均教育水平的两倍年限。从相对收入(用贫困线收入的倍数表示)方面讲,这 10 年中上等与中等阶层的 25% 的从业人员得到了提升,而低端的 75% 下等阶层的从业人员反而下降了。

从巴西、智利等 8 个拉丁美洲国家在 2000 年的阶层结构情况来看,拉丁美洲的制度成本较高,许多产业都形成了规模化的非正规的地下经济。在非正规部门的从业人员往往在更差的工作环境中,从事更为繁重的劳动,得到更为微薄的劳动报酬。

当时拉美国家有着一个比例较小的统治阶级(大多小于 10%),另外还有一个同样比例较小的小资产阶级(大多小于 10%),除去委内瑞拉以外,所有国家这两个阶级的比例之和都小于 20%。

与此相对的是,这些国家中超过 80%(委内瑞拉的比例超过 75%)的人口属于无产阶级。令人更为担忧的是,其中有相当大的比例是在没有任何政府或是制度监督的非正规部门从业的劳动者,而这些劳动者的比例远远高于在正规部门从业的劳动者比例。

与世界上的其他地区相比,拉丁美洲的收入差距一直是遥遥领先的。拉丁美洲的社会结构是一个底层极为庞大,上层精致细小的"金字塔"形状,包含了相互断裂的两个社会阶层集团:高高在上的权贵集团与为生活奔忙的社会底层。这两个阶层集团在利益立场上针锋相对,因此社会冲突在所难免,甚至导致政治动荡。

这样的社会结构有着明显的拉美殖民的历史印记。这样的路径依赖,使得拉美在独立近 200 年以来的社会、政治、经济、文化的变迁中都没有能够有效地改变这样的断裂结构。这种结构之下的社会不平等表现在政治、经济、社会、文化的各个方面,又与社会发展的政策战略纠缠在一起,形成了独特的拉丁美洲国家的发展路径。从结果上看,断裂的社会结构给经济发展的制度环境以及国家的治理能力带来的是难以挣脱的负面影响。整个社会也显示出了政局动荡、政策经常改弦易张、经济波动大起大落、发展停滞不前的弊端。

(二)制度困境

社会结构上的断裂导致了政治经济发展上的制度困境,使得拉丁美洲国家难以选择恰当的发展战略,造成了拉美国家经济社会发展的制度困境。

1. 精英控制的制度惰性

在拉美国家中,掌握政治经济命脉的精英集团控制了发展战略的选择,他们毫无例外地选择不可动摇其统治地位的具体政策措施,以维护其在经济收入上的寻租以及政治权力上的垄断。任何旨在缩小统治权贵集团的权力与利益的结构性变革都无法真正实施。这就是拉美国家的制度惰性。可见,拉美各国的精英集团要维护以往可以将财富聚集到他们手中的制度,就必然阻挡一次分配过程中的改革,继续攫取超额利益,使得社会不平等一直处于极高的水平。

而事实上,拉丁美洲独立以来的三种经济发展模式都使得精英集团攫取了更多的财富。在早期的初级产品出口导向的发展阶段,真正受益的是庄园主与矿主;在进口替代的工业化阶段,获益最大的是扩大规模的资本家、从农业生产转向工业生产的农场主以及进口产品的代理人;在自由化发展阶段,则是跨国公司与大资本家从市场化与私有化的进程中获利最丰。

毋庸讳言,底层民众虽然也从经济发展中获得了好处,但其提升的速度显然远远低于经济发展的速度,更是低于权贵集团积攒额外财富的速度。这必然导致社会结构的进一步两极分化。

拉丁美洲国家最为显著的特征就是国民收入高度集中在精英阶层手中(最富有的 10% 人口):集中度最低的玻利维亚接近 1/3,集中度最高的智利接近 1/2。

同一指标在成功转型的日本与韩国则仅仅超过 1/5。与此同时,这些拉丁美洲的国家中,有相当比例的从业人员被迫置身于缺乏劳动保护与社会保障、工资低下且没有发展空间的非正规部门:这一比例从智利的 1/5 到玻利维亚的 2/3。而日本在非正规部门的从业人员仅占 1/9,韩国为 1/4。

拉丁美洲与东亚国家在创新与教育方面的差异更为显著,前者对可能促进结构性变迁的创新与教育的投入,远远低于后者。很显然,在西方发达国家以及东亚国家日本与韩国,都是通过适宜并有效的发展战略选择完成了这一结构性转型过程,并最终走上更加发达的阶段。

但是,拉丁美洲国家中在研发投入力度最大的巴西也达不到 GDP 的 1%,最少的秘鲁则只有 0.1%,远远低于发达国家的平均 2% 的水平,更是低于转型成功的东亚国家。与此一致的是,拉丁美洲国家在教育上的投入也远远不够。教育水平最好的智利也仅有超过 1/3 的成年人口(25 岁以上)完成了中学教育,而最差的委内瑞拉则只有不到 1/10 的成年人口完成中学教育。日本与韩国的成年人口中差不多有一半完成了中学教育。

2. 高额的"社会福利"支出

在讨论拉美国家的发展战略选择过程中,高额的"公共福利"支出通常被指为导致制度环境困境的重要羁绊。由高企不下的社会不平等导致的过大的社会压力,使得政府在二次分配中走向"民粹主义",将大部分公共支出用于消费性的社会福利,而在公共基础设施投入上严重不足,使得投资环境难以改善。这样的"福利赶超"成为经济发展的障碍。

在上述反复讨论的 8 个主要拉美国家中,都经历了典型的"民粹主义"政府,有些"民粹主义"政策一直持续到现在。

在 20 世纪 80 年代,拉美国家在社会支出上处于相对较低的水平。但到了 80 年代后期,拉美国家开始反思社会政策,认识到以往的工资补贴仅仅使得城市中产阶级获益。由此,拉美国家通过"民粹主义"的政策调整,加大在教育、健康等方面的投入,将大量贫穷人口纳入社会福利支持当中。

从 20 世纪 90 年代开始,拉美国家的社会支出有了巨大的飞跃,从 80 年代的平均 5% 左右,提升到 90 年代的 10% 以上,直到 2001 年的 13.8%。社会福利支出挤占了拉美国家的整个公共支出。在 90 年代初,拉丁美洲各国平均的社会支出占公共支出的 41.8%,这一比例在 90 年代末上升到了 47.8%。而其中的一些国家(比如阿根廷、巴西、智利等)在 90 年代末,这一比例甚至达到了 60% 以上。

但是,"民粹主义"政策的效果一直并不显著,根本没有达到最初提供工人工资福利与提升民众社会福利的目标。拉美主要国家 21 世纪初的收入不平等情况，在实施了数十年的旨在降低收入差距的政策之后，这些国家依然是世界上收入不平等情况最为严重的地区。

"民粹主义"政策指引下的超额"社会支出"不仅没有带来收入差距的降低，反而导致了巨大的发展陷阱：既增加了财政负担，也限制了增长的动力。在这种政策下，宏观经济发展的周期通常可以分成以下四个阶段①。第一阶段：如政策所预期的初见成效，产出、实际工资与就业保持高水平，同时通货膨胀与商品短期都不是问题。第二阶段：增长遇到瓶颈，国内需求的扩张与外汇储备的不足导致了商品储存严重不足。通货膨胀抬头，工资大幅提升，财政赤字恶化。第三阶段：全面短缺，通货膨胀高企，资本外流，货币匮乏，实际工资大幅下降，财政难以为继，政府处于破产边缘。第四阶段：新政府上台，实施正统的稳定政策。实际工资下降到"民粹主义"政策实施之前的低水平，并将保持相当长一段时间。这样的"民粹主义"政策在其末期通常会导致经济上的混乱、社会上的骚乱，甚至是政治上的剧烈动荡。

由两极分化的社会结构导致的"民粹主义"政策注定不可持续。但是，这种社会结构的沉重压力使得新上台的政府又不得不作出同样的承诺，实施同样的"民粹主义"政策。正是在这样"钟摆"似的周期过程中，拉美国家就陷入"发展陷阱"而难以挣脱。

3. 无序城市化、非正规部门与扭曲的效率机制

在整个 20 世纪，拉丁美洲经历了人口的快速增长。第二次世界大战之后，其人口增长的速度进一步提高，年均人口增长率由 1.9% 提升到 2.9%。

这一人口增长过程伴随着更为快速的城市化进程。在 20 世纪 30 年代开始的进口替代工业化发展策略之后，拉丁美洲农村开始出现大量的剩余劳动力，这些农村人口只能转移到城市中去。这必然带来拉丁美洲的快速城市化。第二次世界大战后，拉丁美洲城市人口的增长速度是其农村人口的 3 倍。

从 20 世纪 20 年代末期开始提速，拉丁美洲的城市人口比例快速上升，在 1950 年超过 40%；1975 年超过 60%；在 2000 年超过 75%，成为超过欧洲、仅次于北美洲的第二大城市化地区。

需要特别指出的是，拉丁美洲的高速城市化是在其工业化并不彻底、经济发展并不成功的背景下发生的，拉美各国的工业化水平仅仅在 30% 左右。这样的

---

① Dornbusch, R & Edwards, S. *Macroeconomic Populism in Latin America* (No. w2986). National Bureau of Economic Research. 1989.

经济发展水平难以支撑起如此高涨的城市化水平。

因此,大量涌入城市的农民根本无法找到体面的工作,导致了大量的城市新移民的失业,或是进入非正规部门就业。这些新移民在城市里形成了庞大的城市底层群体,既导致了城市贫困问题,也带来了大量与城市贫民窟相关的社会问题。同时,城市贫民进一步加剧了社会上的贫富差距,也为政治动荡埋下隐患。这些群体成为支持"民粹主义"政策的最重要政治力量。

在社会不平等高企与"福利赶超"的背景下,制度改革的壁垒越来越高,要素市场的效率机制被扭曲了,生产效率难以提高,使得非正式部门经济发展起来。这进一步恶化了政策的制定与效率机制的纠正,发展陷入困境。

秘鲁经济学家德·索托在《另一条路》中描写了一个在美国与秘鲁开办小型工厂的程序差异。他的研究小组在 1983 年分别在美国佛罗里达的坦帕与秘鲁的利马向相关部门递交了申请开办一个成衣厂。在坦帕,整个申请过程花费了两个小时。在不行贿的情况下,利马的申请程序一共花费了研究小组 289 天。这里的差别就在于制度的壁垒,这种制度屏障使得整个社会运转的效率大大降低。

（三）国家治理能力薄弱

拉美国家两极分化的社会结构让政府在国家治理上面临两难的境地,经常在发展与公平之间无法平衡,政策选择进退失据,并可能最终导致政府的频繁更替与政局的动荡。这显示了拉美政府在特定的社会结构中薄弱的治理能力:既无法完全倒向权贵集团成为寡头政府,也无法完全成为一个可持续的"民粹主义"政府。

无论是在初级产品出口导向发展时期、进口替代工业化发展时期还是 20 世纪 80 年代开始的自由主义发展时期,拉美各国政府都需要依靠精英集团推动发展,从而政策制定的偏好在一定程度上为这一集团所控制。相应的,经济发展的大部分收益也为这些精英所获得。这也是为什么在过去 100 多年的发展过程中,拉美各国的社会不平等程度一再向上攀升,也一直处于全球的最高位。

广大的底层民众也从经济发展中受益。但是,一旦经济停滞(如 20 世纪 30 年代与 80 年代的世界危机),其代价通常由他们来承担。这也是为什么每一次经济模式失败之后,在下一个经济发展模式实施之前,拉美各国总是要经历剧烈的社会冲突、政局动荡,甚至是深刻的社会革命。

前述的超额"社会支出"及其后果也是拉美各国政府治理能力薄弱的表现。为了避免激烈的社会冲突,安抚底层民众,拉美各国政府在公共支出中通常会加大对社会福利支出的份额。这些计划因为政治上的权宜之计,往往不顾财政能力,支出往往大于政府收入。

当然,这样的"民粹主义"政策难以长期支撑。最终,超额社会支出政策失败的时候,政府既要承担对于底层民众的信用破产,又要面对滥用资源限制发展的指责,只好黯然下台。面对底层民众庞大的社会结构,新一届上台的政府首要的任务,就成了安抚因为经济波动受到伤害的底层民众,其国家治理能力又在这种特定环境中被绑架,根本无法施展。

20世纪30年代,在初级产品出口导向的发展模式失败以后,一些主要的拉美国家(如阿根廷、巴西、墨西哥等)基本都经历了剧烈的社会革命,甚至是军人干政,最后才逐渐平稳下来。20世纪90年代以后,绝大多数拉美国家的民主体制得到了进一步巩固,但是底层民众的政治诉求在经济领域与社会领域的争夺是不可避免的。

总结起来,拉美的困境在很大程度上是独立之后的社会结构没有一个成功的转型,延续并放大了殖民时期的社会结构断裂。而这一特定的历史遗产与发展轨迹,使拉美国家在制定发展战略的过程中面临两难境地:选择特定的有利于发展的战略,将进一步拉大社会不平等,任何的经济停滞都将带来更为猛烈的底层民众的反抗;选择特定的社会福利政策,又超出了财政支撑能力,难以为继,最终也将失败。

这样两极分化的社会结构,也导致了拉美国家在国家治理能力上表现出来的严重不足。面对掌控了国家政治经济命脉的权贵阶层——他们在一次分配中攫取了超额利益,政府无力加以改变,因为那样就意味着经济的崩溃;而对待底层民众,政府同样无力迫使其作出牺牲,因为那样意味着政治动荡。在这样的左右为难之中,拉美国家政府已经是难以应付,更遑论制度性变革。

与此相应的是,拉美国家在应对城市化进程时,无力把控局面,引导农民循序进城,从而使得城市化在短期内完成,导致了社会阶层的高度不平等与阶层间的对抗在城市中直接体现出来,导致了社会压力的提升与社会冲突的加剧,直接扼杀了制度变革的潜在可能。

(四)法律保障缺失

拉美地区一些陷入中等收入陷阱的国家面临着严重的法律法规的操作问题和法律保障的缺失,这些问题都在很大程度上阻碍了跨越中等收入陷阱的进程。

1. 法律缺失阻碍经济发展

以巴西为例,尽管20世纪90年代至21世纪初进行了多次改革,竞争的阻碍仍然存在于巴西经济中。特别是营商环境中凸显出的几个问题:高成本、规章制度的复杂性以及法律法规的运作问题都导致了法律保障的缺失。法律体系运行上的缺陷导致了各种合同在法律上的不确定性。对巴西来说,改革的核心应该是以改善巴西的营商环境为目标,特别应强调减少监管的复杂性和加强法律对合同的保障,以法治替代人治,重树市场的资源配置作用,才是确保公平和对抗腐败的最佳途径。

2. 法律禁止阻碍企业创新

2004 年以前,巴西法律禁止政府直接资助公司的创新行为,也不允许公司雇用大学研究人员,这样不仅创新主体自身的能力建设削弱,主体间的交流互动和衔接更被制度束缚,阻碍新的科学技术成果应用于经济,也阻碍了中小企业创新发展。巴西政府也认识到创新的制度性缺失问题,声称巴西存在着科研成果无法向产业部门有效转化的矛盾和障碍,已严重影响到巴西的国际竞争力。近年来,巴西出台了一系列促进大学与企业合作的法律和政策,旨在将科研成果应用于经济和社会领域。然而,这种矛盾是历史积淀下来的,制度性缺失很难一朝一夕得到扭转,对于企业创新的阻碍也使得巴西的经济发展水平滞后。

第五节　苏东转型国家

虽然中等收入陷阱的概念创始之时主要针对的是拉美国家,然而如果将人均 GDP 3 000~10 000 美元看作经济增长必经的一个标志性阶段,苏联和东欧等前社会主义国家发展及转型过程之中同样面临着能否跨越这样一个标志性阶段的问题。由于苏东等前社会主义国家与我国都在经历从"全能主义"国家到市场—社会重建的经济和社会转型过程,苏东国家的经历对我们更具有镜鉴意义。

一、苏东剧变前的经济社会困境

(一)苏东市场化改革与经济内卷化

第二次世界大战后,东欧各国移植苏联模式,建立起以单一的公有制经济结构、高度集中的指令性计划、片面强调重工业发展为特点的经济体制,以及趋同的政治、社会结构。虽然初期迅速发挥了一定的历史作用,然而这种僵化模式弊端日显。1953 年斯大林逝世,特别是 1956 年苏共"二十大"和匈牙利事件发生后,以南斯拉夫为首,东欧国家开始了"改革的第一浪潮",突破了单一的苏联模式,形成了"南斯拉夫模式""匈牙利模式"等典型模式。

南斯拉夫最早走上改革道路。1945 年后南斯拉夫基本照搬苏联模式,完成了社会主义改造。1948 年开始苏南关系破裂,南斯拉夫为了谋求生存发展开始改革。1950 年 6 月,南斯拉夫颁布了《企业自治法》,宣布实行工人自治,通过工人自己选举产生的管理委员会对工厂进行管理。1952 年南斯拉夫取消了高度集中的国家指令性计划,改为在自治基础上制订的社会计划,指导企业的发展;在匈牙利,受"十月事件"影响,卡达尔上台后,1957 年开始实施局部改革,包括经济上放慢重工业发展速度、削减指令性计划指标、扩大企业自主权、实行企业利润分红制、提高职工工资;政治上推行民主集中制,加强法治建设等。波兰的改革也同样具有代表性。哥穆尔卡 1956 年重新上台后,反对盲目效仿苏联,第二次提出要走社会主义建设的"波兰道路"。经济上扩大企业自主权,允许工人自治管理,解散多数农业合作社,承认价值规律,放弃优先发展重工业方针,提高农产品价格。政治上,主张扩大议会权力,改善与其他政党、社会团体及教会的关系。苏联在赫鲁晓夫上台后,以农业为突破口,采取了一定的改革措施,在坚持国家高度集中管理的同时,有限度地扩大企业自主权并利用市场机制。1954 年 8 月,开始扩大企业领导的权力,国家对企业的指令性指标减少 52%。

20 世纪六七十年代,针对经济危机,苏东社会主义国家又启动了第二轮改革。在苏联,1964 年勃列日涅夫上台后,推行了新经济体制,注重计划的完善,强化经济核算,建立物质激励机制,致力于提高劳动生产率。1965 年 10 月,苏联宣布"以集中的有计划的领导在发展经济中的主导作用为出发点""把集中的有计划的领导同企业和全体职工的经营主动性、同加强发展生产的经济杠杆和物质刺激、同充分进行经济核算结合起来"。从 1968 年起,匈牙利的经济改革全面铺开,目标是"在生产资料社会主义所有制的基础上,把按计划发展国民经济的集中管理,同商品关系与市场的积极作用有机地结合起来""建立计划与市场的有机统一体"。南斯拉夫在 20 世纪 60 年代中期推出了"新经济措施",采取了一系列财政措施缓解经济危机;同时推进党内民主,自治的范围由工厂企业扩展到国家机关和事业单位。1964 年年初,捷克斯洛伐克发布以捷经济学家奥塔·希克为首的委员会制定的经济改革方案原则,宣称扩大企业权限,更多地运用市场机制的方法发展经济。当年 10 月,捷共发表声明,决定在部分企业试行"经济管理新体制","用整套的经济管理体制"来代替"建立在中央指示和行政方法之上的管理体制";通过"扩大企业的权利和责任,发挥劳动人民和企业集体的主动精神",提高劳动生产率,发展生产。

这些改革一定程度上克服了斯大林模式的弊端,延续了战后苏东社会主义国家经济增长的趋势。从数据来看,1950—1965 年,苏东社会主义国家保持着较高的增长速度,年增长率大都在 6%～10%,与同时期西方资本主义国家不相上下(参见图 2.4)。

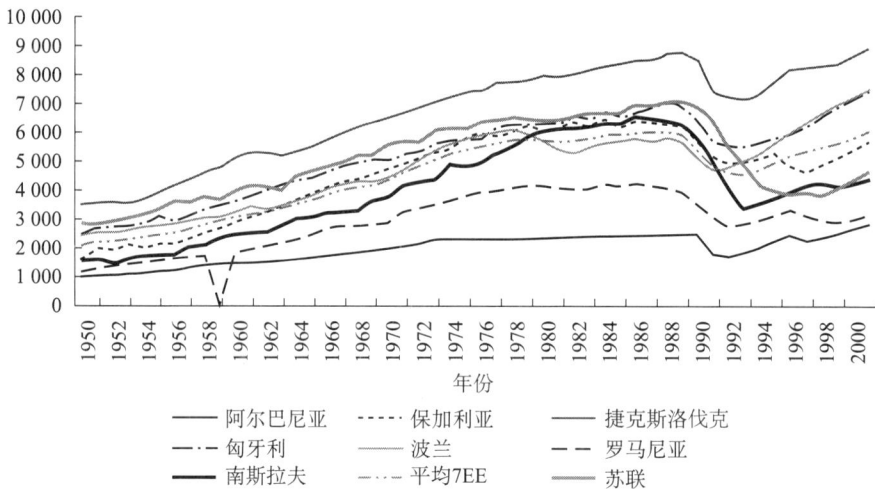

图 2.2　前苏联和东欧社会主义国家人均 GDP(1950—2002 年)(单位:1990 年国际元)

数据来源:Angus Maddison. The World Economy:Historical Statistics,OECD Publishing,2003.

　　然而苏东的经济体制改革并不彻底,基本属于"技术性改革"的范畴。尽管南斯拉夫、匈牙利等国家的改革不同程度地强调了市场的作用,但根本上并未脱离计划经济的基本框架。南斯拉夫改革设定的目标是"工人自治",对"市场经济"的概念仍持批判态度。匈牙利的经济改革则强调"间接的行政协调"。苏联则更是保守,否认经济体制存在不同模式,大搞条条为主的行政性"联合公司"。由于国内外反对改革势力的阻挠,各国的改革实际上也困难重重、一波三折。例如,捷克斯洛伐克,1968 年年初主张改革的杜布切克上台后,力主更为彻底的经济体制改革,并且政治上推进政治多元化,但却引起国内外保守势力的反弹,在苏联出动军队干涉下,捷克的改革中止。

　　1965 年之后,社会主义国家(包括苏联和中国)经济普遍开始出现问题。20 世纪 70 年代,苏联、东欧各国经济发展势头开始减慢,尤其 70 年代后期,经济增长速度明显下滑,但仍能维持低速增长。1976—1980 年,苏联、东欧国家总产值平均增长率只略高于 4%。进入 80 年代以后,尽管苏东多国仍在推进改革,但未能挽救经济下滑的基本态势。无论采取哪种经济模式,除民主德国稍有例外,经济上都不同程度地出现较大滑坡,波兰经济甚至出现了负增长(参见表 2.4)。

表 2.4 苏联与部分东欧国家国民收入增长率 %

国 家	1971— 1975 年	1976— 1980 年	1981— 1985 年	对上年增长百分比				
				1986 年	1987 年	1988 年	1989 年	1990 年
苏联	5.7	4.3	3.2	1.7	1.7	4.1	2.4	−4.7
保加利亚	7.8	6.1	3.7	5.0	10.8	6.0	−0.4	−10.0
匈牙利	6.3	2.8	1.3	0.9	3.7	0.5	1.2	−3.0
原民主德国*	5.4	4.1	4.5	4.0	3.8	3.0	2.0	—
波兰	9.8	1.2	−0.8	5.0	2.0	4.0	0.0	−13.0
罗马尼亚	11.4	7.0	4.4	7.2	5.3	2.8	−9.9	−10.0
捷克斯洛伐克	5.5	3.7	1.7	1.8	2.7	2.5	1.7	−3.1

注:＊民主德国于 1990 年 10 月 3 日与联邦德国统一。

数据来源:陈秀英. 苏联东欧国家经济统计[J]. 世界经济,1991(5).

进入 20 世纪 80 年代,面对日益严峻的经济发展困境,尽管南斯拉夫、匈牙利、波兰等国启动了第三轮改革,取得了一定的局部成功,但并未从根本上扭转经济整体衰退的态势。80 年代末,尤其是 90 年代开始,整个苏联、东欧经济出现全面衰退,各国主要经济指标几乎无一例外地呈现出负增长局面,陷入严重的经济危机。据有学者估算,1973—1992 年,东欧国家年平均增长率为−0.8%,而同期西欧国家的年平均增长率为 1.8%,结果东西欧差距从 1∶2 扩大到 1∶4。

总体来看,20 世纪 70 年代以后,苏东社会主义国家人均 GDP 的增加出现了严重"内卷化"的趋势。1965—1990 年,东欧主要 7 个国家人均 GDP 最高只略超过 6 000 美元,苏联的人均 GDP 则没有突破 7 500 美元(参见图 2.2)。虽然从词源上来讲中等收入陷阱的概念最初并非主要描述这些转型国家,但这些表现与中等收入陷阱在某些发展中国家经济层面的表现十分类似。

(二)从"外延型增长"向"集约型增长"转变的挑战

苏联、东欧国家普遍陷入困境,与经济上"外延型增长"(或粗放型增长,extensive growth)向"集约型增长"(或内涵型增长,intensive growth)的转变有关。"外延型增长"向"集约型增长"的转变是诸多学者刻画苏东国家经济转型的一个重要维度。与 20 世纪二三十年代资本主义国家的"大萧条"类似,七八十年代社会主义国家经济萧条可以看作是一场从"外延型增长"向"集约型增长"的结构性危机[①]。

---

① Szelenyi, Ivan. "Eastern Europe In an Epoch of Transition: Toward a Socialist Mixed Economy?" In Remaking the Economic Institutions of Socialism: China and Eastern Europe (1989): 208-232.

[匈]科尔奈. 社会主义体制——共产主义政治经济学[M]. 北京:中央编译出版社,2007.

从概念上说,所谓"外延型增长"主要是基于劳动力、资本和土地等生产要素投入量增加而实现的增长。外延式发展方式受制于边际回报递减规律,以牺牲质量为代价的数量驱动为特点,效益低下。所谓集约型增长,则主要得益于综合生产率的提高、生产要素的优化组合,也就是劳动率的增加、资本利用和其他生产方式的更有效利用。一般将这类增长归结为技术创新以及完善的法律法规。集约型增长实现了公众收入和福利的持续改善,即便人口减少也能保证增长。

20世纪60年代晚期,随着农业剩余劳动力被吸收进工业部门,苏东社会主义国家以工业化或资本积累为标志的"外延型增长"不得不宣告结束。这一变化对改变中央集权式的经济管理系统提出了要求。计划的指令性与个人消费难以计划之间存在矛盾。旧的指令式经济的方式如果说在社会主义国家在"外延型增长"阶段工业生产由中央计划调配还有一定合理性,在向"集约型增长"转变的阶段,面对数以百万计的消费者,则难以适应。更重要的是,向"集约型增长"模式转变需要通过提高生产力和发展新技术来实现,必须以对经济社会结构重构,包括提高居民实际收入、扩大消费商品生产、向大众消费社会转型等一系列变化作为条件。然而,由于指令性计划经济体制存在的"软预算约束""短缺经济"等固有缺陷,苏东社会主义国家的经济转型困难重重。概括地讲,主要表现在以下三个方面。

第一,需求严重不足。正如科尔奈指出的,苏东社会主义体制下,推行"强制型增长"模式。资源由国家高度垄断,重工业优先、大型企业优先,高投资低消费,投资优先于消费,消费总是宏观分配最后考虑的因素,公众被要求放弃或推迟当前消费,作出牺牲,同时在某些领域尤其是教育、卫生、环保等领域,公众的需求被严重忽视,错失改革良机。同时,消费品严重短缺,个人消费水平远远落后于资本主义国家,国内需求不足。尽管总体来看消费水平有所增加,但消费增长率远远落后于GDP增长率。

第二,投资严重过剩、效率低下。社会主义体制下,"扩张冲动""软预算约束"和"投资饥渴"是固有特征。苏联和东欧社会主义国家固定生产投资增长一直高于资本主义国家。然而,"强制性增长"模式下,投资主导体制一直延续粗放的外延型增长模式。虽然一定时期增长率较高,但各要素综合生产率较低,要素生产率对经济增长的贡献,远远低于同期资本主义国家(参见表2.5)。进入20世纪80年代之后,苏东各国资本生产率跌入负数(参见表2.6)。苏联与东欧国家每生产一件产品所消耗的能源,是市场经济国家的两三倍。

表 2.5 要素生产率对产量增长的贡献比例:国际比较

国 家		时 期	平均年度变化率		要素生产率对产量增长的贡献比例
			产量	要素生产率	
社会主义国家	捷克斯洛伐克	1960—1975 年	3.0	1.0	0.33
		1976—1980 年	2.2	0.7	0.29
		1981—1988 年	1.4	0.1	0.07
	波兰	1960—1975 年	5.1	2.4	0.47
		1976—1980 年	0.7	−0.6	—
		1981—1988 年	0.8	0.2	0.40
	苏联	1960—1975 年	4.6	1.2	0.26
		1976—1980 年	2.3	0.5	0.22
		1981—1988 年	1.9	0.5	0.13
资本主义国家	法国	1960—1973 年	5.8	3.9	0.67
		1973—1979 年	2.8	1.7	0.65
		1979—1988 年	1.9	1.5	0.75
	日本	1960—1973 年	10.8	6.6	0.61
		1973—1979 年	3.6	1.8	0.43
		1979—1988 年	4.1	1.8	0.43
	英国	1960—1973 年	2.9	2.2	0.76
		1973—1979 年	1.5	0.5	0.60
		1979—1988 年	2.2	1.9	0.95

数据来源:[匈]科尔奈.社会主义体制——共产主义政治经济学[M].北京:中央编译出版社,2007.

第三,软预算约束、缺乏市场竞争,导致企业缺乏技术创新的激励,官僚体制不仅对技术创新起到阻碍作用,甚至损害了日常生产效率。几乎所有的技术进步都是对资本主义国家技术创新的复制,甚至这种模仿性技术进步也带有很大偶然性。

需求不足、创新有限,资源被过度消耗在效率低下的投资之中。尽管在初期阶段可以取得较高的经济增长,但这种"强制增长"模式强制人们"节衣缩食",代价过大,难以长期维持。随着各种资源潜力被耗尽(在东欧主要表现为劳动力剩余被耗尽),经济增长率迟早会逐步下降。

表 2.6 苏联与东欧 20 世纪 80 年代外延型增长(年均百分比变化)　　　　%

国 家	劳动生产率		资本生产率	
	1981—1985 年	1986—1989 年	1981—1985 年	1986—1989 年
保加利亚	3.5	4.0	−2.9	−2.2
捷克斯洛伐克	1.1	2.1	−3.6	−2.1
民主德国	4.3	3.5	0.2	−1.3
匈牙利	2.1	2.9a	−2.2	−0.8b

续表

国 家	劳动生产率		资本生产率	
	1981—1985 年	1986—1989 年	1981—1985 年	1986—1989 年
波兰	−0.1	4.5	−3.4	−1.2
罗马尼亚	4.2	4.5ª	−4.2	−1.2ᵇ
苏联	2.7	3.3	−3.1	−2.3

注:a 表示 1986—1988 年；b 表示 1986—1987 年。

数据来源:M Knell, C Rider. Socialist Economies in Transition: Appraisals of the Market Mechanism, Edward Elgar Publishing Limited,1992.

(三) 经济、社会、政治的总体性危机

"二战"后,苏东社会主义国家在经济发展过程之中,虽然也不断采取改革措施,甚至出现诸如南斯拉夫大胆的探索,但仍未能从根本上成功实现或应对经济增长阶段性转变而带来的诸多挑战。实际上,尽管高度集中的计划体制、强制性的增长模式,不可避免地存在经济效率方面的问题,但脱离社会结构和政治体制,则很难全面理解这一转型面临困难的本质。

在全权主义体制下,资源为国家高度垄断,发展战略上挤压消费,社会结构上也排除掉扩大内需的社会基础。再分配体制下,特权阶层垄断各种优势资源和机会,一般社会阶层收入普遍较低,缺少成规模的中等收入阶层,内需严重不足。国家对国有企业的偏好,挤占了私营经济生存的空间,也严重影响了自主创新能力。这些方面的问题是导致实现经济转型所必需的社会经济基础付之阙如的重要因素。

同时,受制于政治体制,由于缺乏制度化的有效利益表达机制,难以形成对特殊利益集团的制衡,推动经济社会方面的深入改革也成为难以实现的任务。如在波兰,官僚机器中的保守势力"强烈反对可能危害已经建立起来的组织控制社会和经济方式的任何变革。他们通过党的机构努力限制社会和经济变革进程的方向和步伐"。[①] 由于遭到国内外保守势力抵制,哥穆尔卡改革于 1959 年被迫停滞。

与此形成鲜明对照的是,正当苏东社会主义国家陷入上述问题难以自拔之时,发达市场经济体则通过一系列制度变革逐步实现了向"大众消费时代"的转变。在美国,通过罗斯福、肯尼迪总统的施政改革,社会民主福利体制建立,成功地度过经济危机,保证了经济持续增长。

宏观矛盾加剧、经济发展停滞、公众收入和生活水平下降,苏联和东欧国家遭遇到重大经济、社会危机,要求变革的呼声日益高涨,各种抗议纷纷出现。在各类

---

① [波]布鲁斯. 社会主义的政治与经济[M]. 何作,译. 北京:中国社会科学出版社,1981.

危机面前,苏东社会主义政权合法性受到挑战。

二、苏东转型后的发展路径与后果

经济上,苏东剧变可以看作是对经济转轨失败的应对。在隶属于前社会主义阵营的国家之中,根据世界银行 2011 年的划分标准,捷克、匈牙利、波兰、俄罗斯等国已经进入了高收入经济体的行列,但如何站稳高收入国家行列仍是一个重要的问题。某些国家的经济仍然面临着重返中等收入陷阱的危险。出现这种差异,除了资源禀赋、国家规模等因素之外,很大程度上可以归因于前社会主义时期和转型过程的路径依赖。

捷、波、匈等中东欧国家在转型过程中基本上没有发生太大的社会动荡。这些国家都是在政治体制变革之后进行的经济转型,其共同特点是市场化、稳定化、私有化①。在经济改革中以"民主分家"实现了较为公正的国有产权私有化改革,注重交易的合法性和公平原则。虽然多元利益群体之间的谈判过程颇费周折,加大了交易成本,但保证了私有化过程的公正透明,奠定了产权合法化的基础。而在俄罗斯,民主缺失导致"证券私有化"流产,内部交易形成金融—工业寡头。这些转型国家的国有资产私有化的途径可以分为三种类型:第一种是以至少形式平等的方式分给老百姓;第二种是按开放式自由竞争的方式拍卖,因此导致实力雄厚的外国资本的涌入;第三种的特征是内部人交易。捷克、波兰是属于第一种方式;匈牙利是第二种;俄罗斯则是第三种。

(一)捷克的转型

捷克的转型特征是以其原有的民主传统推动"大众私有化"的顺利开展。捷克是前东欧国家里唯一在第二次世界大战前就有了发达稳定的议会制民主制的国家。在民主参与和监督理念以及左翼平等理念的双重影响下,捷克政界和民众一致认为捷克的工业是全体公民合作建立起来的,普遍的社会补偿是有必要的,因此私有化过程中以分配投资券来达到"全民持股"。即捷克政治家克劳斯所说的"在起点平等的基础上找到最初的所有者,在规则公平的基础上找到最终的私有者"。① 因此,以机会均等、起点公平的证券方式进行大众私有化较为顺利。寡头式的、暗箱操作式的产权改革都是国民不能接受的。以民主法治为基础的私有化有效抑制了寡头式的、暗箱操作式的产权改革,在很大程度上减小了基于资本占有而带来的收入不平等。

---

① 金雁.从"东欧"到"新欧洲":20 年转轨再回首[M].北京:北京大学出版社,2011.

  捷克进行了周密的私有化设计。1992 年 5 月,当时的捷克斯洛伐克联邦开始推动证券私有化的运动。第一阶段交易期为 14 个月,第二阶段为 7 个月,均按期完成交易,进度相当均匀,没有俄罗斯那种一再拖延、进展缓慢,最后在证券作废前突击成交的现象,企业折股上市按照政府统一规定进行,没有与"内部人"讨价还价的问题。与俄罗斯免费分发不同,捷克通过上缴一定数额的登记费将缺乏公民资格的人排除在外,减少了国民借此抛售、投机的行为。

  捷克私有化过程中的另一项重要的制度创新是成立了数百家私有化投资基金,目的在于解决大众私有化之后因股权高度分散而出现的"治理真空"问题,用投资基金来制衡企业内部人,以保障小股东的利益,有效防止了俄罗斯出现的"把私有化证券换酒喝"的现象。通过向投资基金投入私有化证券,捷克公民成为基金股东,获得基金投资收益的分红。据捷克私有化部统计,平均每个捷克公民分到了 5 000 多美元的资产,每份资产在私有化的几年里平均每年带来 300 美元的收益(资产和收益均按购买力计算)。[①]

  捷克于 1996 年宣布完成的私有化给绝大多数公民带来均等的实惠,"全民皆股东"的公平性有利于提升政权合法性。捷克在经济上于 1992 年年末走出谷底,是继波兰之后第二个经济复苏的东欧国家。同时为捷克在法治、控制政府财政支出、经济自由、市场的开放度等方面的转型提供了有利的社会和经济条件(见图 2.3)。

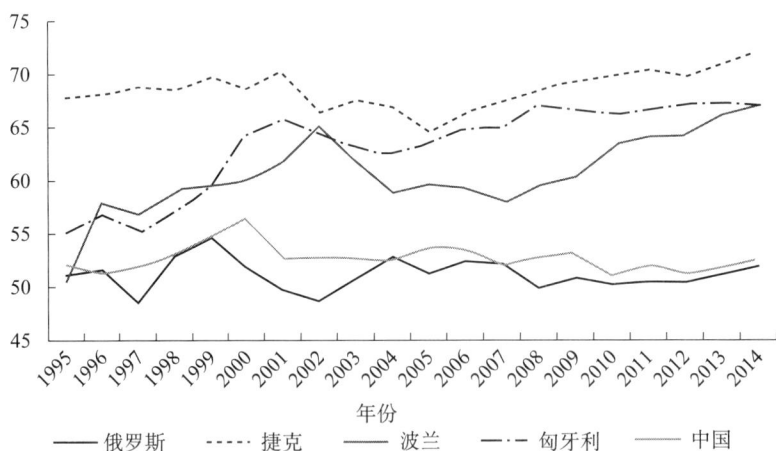

图 2.3　俄、捷、波、匈、中五国经济的自由指数(1995—2014 年)

数据来源:世界银行网站

---

① 金雁,秦晖. 捷克:起点平等之后[J]. 改革,2001(2):112-127.

（二）波兰的转型

波兰的转型是以其强大的工会力量为特征的。波兰的工会是剧变的主要推动力量，在"工人总统"瓦文萨的扶持下，工会继续发展壮大，工会拥有发言权有利于转轨过程的公平性，消除"权贵私有化"之弊，对转轨的长远效果是利大于弊的。波兰的私有化进程由于强大的工会势力而进展缓慢，独立工会在前体制下发动的群众运动是以腐败和化公为私为斗争目标的，因此在波兰剧变后第一届非共产党政府执政期间，国营企业私有化进程不是加快了，而是放慢了①。由政府、三大工会代表、企业与外国专家四方组成的委员会经过反复磋商，在 1994 年才通过第一个被各方接受的私有化方案，到 1996 年完成第一阶段的转制时，已是波兰剧变后的第 7 个年头。强大的工会力量使进入企业的私有资本方都需经历与工会复杂的谈判过程。虽然双方的拉锯战增加了转轨的成本，但保证了私有化过程中普通工人的利益。在波兰的私有化过程中，约 15% 的国有资产无偿送给本企业职工，部分企业经评估折股后让企业职工以优惠价格购买或者分期购买，这就是波兰特色的"雇员所有制"。虽然都是内部人控制，与俄罗斯最大的不同在于，波兰的"内部人"是股东，他们之间的交易是"自由交易"，小股东在卖掉股票的同时完成了责任转移，大股东在集中股权的同时承担了责任。俄罗斯的"内部人"实际上是有权人，也是被权力机构视为可靠的自己人，他们不是在和独立的小股东买卖，而是和国家做"交易"，从国库中获取利益，而包袱却让国家来背负。波兰转轨过程民主化程度较高，法治监督有力，体制性腐败与权力寻租活动在整个苏东转型国家中是最少的，更没有发生与俄罗斯类似的严重的资本外逃现象。

（三）匈牙利的转型

匈牙利的转型以早期的经济改革为基础，其特点是只卖不分，对外资开放。从 1965 年开始，匈牙利借助苏联经济学界对经济自由的公开讨论这一宽松环境，展开市场化试验，取消国家下达给企业的主要指令性指标，扩大企业经营自主权。在随后的 20 多年改革中，在商业、手工业、服务业、中小企业中普遍实行承包制、租赁制，使得人们易于接受市场经济，为后来的经济转轨奠定了广泛的社会基础。匈牙利在过去的经济改革中还制定了比较完善的经济法律法规，因而成为东欧国家中与西方法律最接近的国家之一。同时也培养了一批熟悉市场经济的专业经纪人员。

东欧剧变前匈牙利政府留下了全欧最高的人均债务，新政府对急需变现的国

---

① 金雁．波兰经济转轨的成就、经验与教训[J]．国际经济评论，2003(2)：20-29.

有资产进行公开竞价,多数出价高的都是外资公司,因此出现了"面向外资的大拍卖"。能源、动力部门、军工、银行、传媒等部门经历了几轮"私有化大运动",全国1 857家大型国有企业被拍卖了1 299家,保留为国有的仅有10家,剩下的都关停并转。由于民主制下监督机制完备,拍卖组织得十分规范,各家外商竞争踊跃,国有资产卖到了好价钱,国库"私有化"收入因而大增(社会党执政次年即1995年,私有化收入达4 739亿福林,超过了前5年的总和)。竞购国有资产使匈牙利吸引了大量外资,1996年匈牙利获得外资143亿美元,占整个东欧吸引外资总额的一半①。大量的私有化收入稳定了匈牙利财政,使得匈牙利得以度过转型期危机,并能够应对过渡时期社会保障、债务等负担,外资的流入也有助于匈牙利经济的复兴。

这种方式使得匈牙利市场一步到位,直接进入国际市场,买主原来的顾客关系与营销网络均属现成,不像许多东欧私有企业需要从无到有地在国际市场上大拼杀。跨国公司在促进匈牙利经济转型方面发挥了突出的作用。不少跨国公司在匈设立了研究所或研究开发中心,带来了先进的工艺和技术水平以及有国际竞争力的产品②。匈牙利在转轨初期经历了一个非常艰难的阵痛时期,到20世纪90年代末,其经济才进入了增长的轨道,但与此同时也形成了市场经济所需的经济结构和法律体系。

(四)俄罗斯的转型

俄罗斯的转型虽然也是走"证券私有化"的道路,但由于民主和法治的缺失,大量的内部人交易形成了官僚—寡头为主导的社会经济结构。俄罗斯的寡头垄断脱胎于过去的国家垄断,寡头制源于过去的集权制。在市场条件下经营的国家资本由于国家的民主程度不够而被官僚控制并用以谋私。俄罗斯的金融工业寡头形成路径不是私有化证券的买卖与集中,而是在民主政治转为"新威权主义"的背景下,有人利用国家权力将当局不愿"分"给老百姓的资产(良性资产)通过权钱交易直接转入权贵手中③。

捷克和俄罗斯至少形式上都是通过向国民分发证券来分享国有资产,所以经常被用以比较,所不同的是,俄罗斯利益集团抵制证券私有化:财政上要求改分为卖,内部人要求关门分肥,寡头们要求以权力直接攫取公共资产,不想通过私有化证券的交易与集中这种费时费力的方式来实现这一点,导致大众私有化实际上流

---

① 金雁,秦晖. 经济转轨与社会公正[M]. 郑州:河南人民出版社,2002.
② 王岳平. 关于经济转型地区的产业结构调整——对德国、匈牙利产业结构调整的考察报告[J]. 宏观经济研究,2000(4):59-63.
③ 李新. 对俄罗斯经济两次转型的认识[J]. 俄罗斯学刊,2014(1):34-47.

产。而且越是良性资产、盈利企业越不愿意向社会出售,情愿内部人分肥。于是证券私有化结束时,俄罗斯"私有化"企业绝大部分控股权控制在内部人手中。据俄罗斯政府调查,1994 年这些企业 65% 股权为内部人掌握;13% 在国家手中;外部的自然人与法人只有 21%[①]。而捷克持券公民直接间接持有企业 80%～90% 的产权。

由于私有化过程中国有企业被无偿或低价转让,少数人迅速聚集财富形成金融工业寡头,控制国家经济命脉。居民生活水平急剧恶化,社会贫富分化加剧(图 2.4)。同时,严重依赖能源原料出口的经济模式使俄罗斯的产业结构未能顺利转型,经济结构反而更加畸形,未能从粗放型转变为集约型经济,国内经济状况受国际原材料市场波动的影响非常大。俄罗斯的能源依赖型经济使其面临着重返中等收入陷阱的危险。

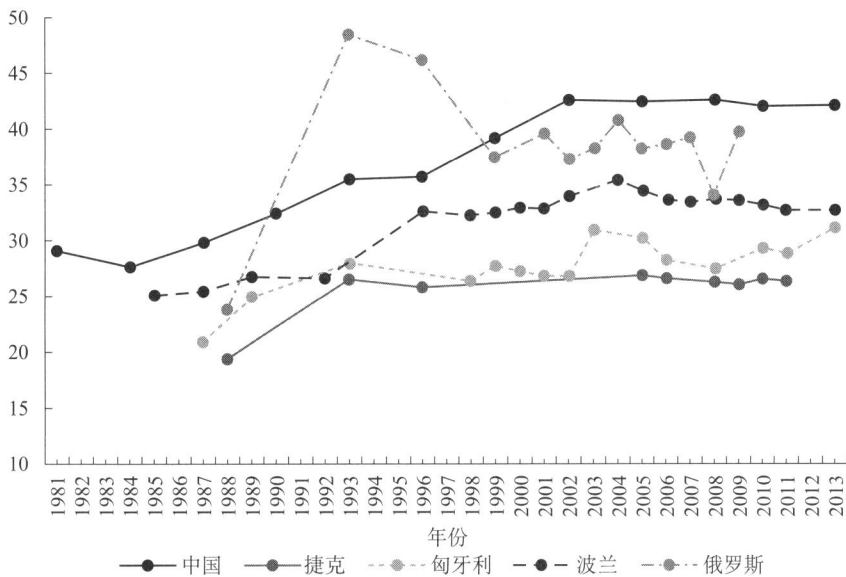

图 2.4 中、捷、匈、波、俄五国基尼系数(1981—2013 年)

数据来源:世界银行网站

与俄罗斯相比较,捷克、波兰、匈牙利等中东欧国家虽然经济转轨的路径不同,但最终形成的产权配置公信力高,在市场条件下推行企业的破产重组,实现优胜劣汰,同时在吸引外资、经济增长、社会保障和控制贫富分化各方面都取得了不错的成效[②]。简而言之,是中东欧国家在转型过程中坚持的"法治化"和"市场化"

① 田春生."内部人控制"与利益集团——中国与俄罗斯公司治理结构的一个实证分析[J]. 经济社会体制比较,2002(5):18-25.

② 金雁,秦晖. 十年沧桑:东欧诸国的经济社会转轨与思想变迁[M]. 上海:上海三联书店,2004.

改革,使得它们最终冲破中等收入陷阱。

三、俄罗斯工业化后期的发展道路

我们可从以下五个方面的发展来考察俄罗斯经济在工业化后期所走过的发展道路。

(一)技术进步和创新能力

俄罗斯继承了苏联庞大的科技遗产,国民平均受教育水平很高,拥有雄厚的科技创新潜力。据世界发展指数的统计数据显示:2007 年俄罗斯就业人口当中接受过高等教育的劳动力比例高达 52.5%,不仅远远高于发展中国家,也远高于日本、英国、法国和德国等许多发达国家的水平(比例分别为 40%、31.8%、29.3%、24.1%),仅次于美国(比例为 61.1%),人力资本储备水平位居世界前列。俄罗斯每百万人口拥有的科研人员数量和工程技术人员数量不仅远高于其他几个新兴经济体国家,与多数发达国家相比也毫不逊色。遗憾的是,由于长期受制于体制和政策原因,俄罗斯雄厚的科技生产要素没有得到较好的开发利用,没有转化为现实的创新能力。

首先,由于苏联的研发战略导向和创新思路主要是以军事工业为导向,俄罗斯在继承苏联雄厚的科技要素的同时,并未从根本上摆脱长期依赖物质资本大规模投入、片面追求经济增长速度的粗放型经济发展道路,忽视科技创新对生产效益和质量的提升作用。尽管俄罗斯人力资本储备雄厚,但对研发的投入密度与其他国家相比并不高。俄罗斯 2005 年研发投入占 GDP 的比重高于巴西和印度,但低于中国,与发达国家相比差距更为明显;日本、美国、德国等发达国家对研发的投入密度是俄罗斯的 2~3 倍以上。由于研发资金投入有限并且主要集中在一些军工领域,1998—2008 年,俄罗斯除了军工产品之外的高科技产品出口几乎可以忽略,高科技行业对推动俄罗斯经济增长所发挥的作用也非常有限,2008 年高科技产业占 GDP 的比重仅为 3%。科技创新能力欠缺和高科技产业发展落后不仅不利于俄罗斯经济的长期发展,而且也会对俄罗斯的经济结构调整和经济转型产生制约作用。

其次,尽管俄罗斯历届政府已经认识到提升技术创新能力、转变发展方式对于经济增长的重要性,也采用了许多政策措施促进科技进步和创新能力提升,比如作为国家创新战略的组成部分设立了"技术创新区",而且,一些经济特区、科学园区等创新载体也相继出现。但俄罗斯现有的创新机制仍然带有苏联的弊病,比如推动创新的核心仍然依赖政府、国有企业和研究机构,总体上参与市场竞争的私有企业的研发水平和创新能力有限；缺乏通过市场竞争推动的企业自发激励机制，研发的市场竞争机制还远未建立；非企业自发的研究创新机制，导致科技开发成果难以直接与科技应用企业对接，不利于科技在不同部门的外溢和扩散。此外，政府对创新企业的过度管制和腐败问题、财政资金紧张导致缺乏强有力的金融支持、科技人才的大量流失、创新研发能力的区域分配不平衡等问题，都在不同程度地阻碍着俄罗斯科技创新能力的提升。

（二）产业结构调整

俄罗斯的产业结构是对苏联畸形产业结构的继承与发展。苏联在优先发展重工业政策的指引下，形成了以重化工业为支柱的第二产业过于庞大，而农业和服务业相对落后的产业格局。1991 年苏联解体后，俄罗斯产业结构进入了大规模的调整时期，经过 20 多年的调整，俄罗斯的产业结构主要呈现以下特征：一方面，从总产业结构看，俄罗斯第三产业快速发展，总体的农业、工业和服务业比例结构已经接近发达国家水平，看似比较合理；另一方面，三大产业内部的比例仍然严重不合理，工业的重、轻结构仍旧畸形，主导产业仍然是工业化时期形成的基础工业，特别是资源、原材料、能源在工业部门所占比重更加突出，产业结构不仅没有出现明显的升级趋势，甚至还出现了倒退的趋势。

应该肯定的是，苏联解体以来俄罗斯总的产业结构发生了积极的变化，不仅三大产业的关系得到了初步的调整，而且产业结构出现了走向高级化的趋势：从 GDP 的产业构成来看，第一产业的产值比重降幅最大，从苏联解体之前 1989 年的 16.8%，最低降到了 2010 年的 4.0%；第二产业占 GDP 的比重总体上也呈现稳步下降的趋势，从 1989 年的 50.2%最低下降到 2003 年的 32.6%，尽管之后在 36%左右波动，但与苏联时期相比，工业部门在国民经济中的比重已经大幅下降，从过去的占一半以上到现在的略超 1/3；而第三产业的比重呈现显著提高趋势，从 1989 年的 33.0%，最高上升至 2009 年的 61.7%，尽管在此期间和之后有不同程度的波动，但服务业在国民经济占据主导地位（60%左右）的态势已经确立，该比重已接近发达国家水平（美国为 75%，英国、法国、德国和日本在 60%～70%之间）。

尽管如此，但俄罗斯各产业内部的结构却越发不合理，不仅没有出现产业升级和高端化的趋势，甚至呈现倒退的态势。主要表现在工业过度依赖能源和原材料加工的趋势不仅没有得到纠正，而且还存在恶化的趋势。具体的结构分布来看，俄罗斯的电力、燃料、有色及黑色金属和森林、木材等能源和原材料部门占据了工业总产值的半壁江山。统计表明，俄罗斯燃料动力部门，特别是石油开采业的比重自 1995 年以来一直呈上升的趋势；机械制造和金属加工部门虽然在工业中的比重有所上升，但只占工业总产值的 1/5 左右，而且目前的产值仍然只恢复到 1990 年的 68%；而原本比重就很小的轻工业进一步下降，到 2004 年只相当于 1990 年产值的 14%；一些劳动密集型工业，如纺织、缝纫、皮革制靴业与 1990 年相比的指数都在下降；高加工产业，如化学和石化工业的比重没有明显变化；基础工业部门经济增长速度明显快于加工工业部门。根据世界发展指数的数据，1992—2010 年，俄罗斯自然资源租金占 GDP 比重显著上升，尤其是 1992—2000 年，出现了大幅上升的趋势，自然资源租金占 GDP 的比重最高达到 2000 年的 42.5%；之后虽然有所下降，但到 2010 年仍为 20%，仍远远高于 20 世纪 90 年代初的水平。在第三产业内部，商业、公共餐饮业发展较快，而交通运输业发展相对滞后，在 GDP 中的比重持续减少。高新技术产业的发展相对落后，在经济总量中的比重太小，且增幅不大。经济转轨以来，俄罗斯第三产业得到了迅速发展，但由于这样的发展是在严重的社会经济危机和经济转轨的条件下进行的，就不可避免地出现一些结构性矛盾，主要表现为：为市场服务的部分快速增长，如贸易服务、金融信贷服务、咨询审计服务等；而对发展后工业社会非常重要的教育、科学、卫生和文化等领域，其服务的比重在不断缩小，从 1990 年占 GDP 的 11% 缩小到 2004 年的 6%。

俄罗斯转轨以来的产业调整，对其经济增长具有一定积极意义，尤其是以能源、原材料为主的产业结构在阻止其经济崩溃和促进经济回升方面起了重要作用，但也对其现在与未来的经济增长形成了严重制约。首先，它使俄罗斯在相当长时间内失去了通过结构优化带来的促进经济增长的效应。持续、快速的经济增长是以产业结构的不断优化为基础的，这可以从资源的高效率配置和形成协调的产业关系两方面得到解释。但俄罗斯目前经济增长很难从这两方面获得推动力。同时，依靠燃料、能源工业支持的经济增长具有脆弱性，能源、燃料等产业极易受到国际市场剧烈波动的影响，是典型的易于"大起大落"的产业。其次，增加了俄罗斯未来产业结构变革的难度。在现有结构下，各产业间的良性循环并没有建立起来，薄弱的轻工业、农业不能为重工业的进一步发展拓展空间，而后者在失去前者的支持的同时，也不能推动前者的发展。再次，能源、原材料行业的高额利润，吸引了大量资金和技术，如 2000 年和 2001 年，在工业投资中，石油开采一个部门就占了 33%，冶金、天然气和电力部门分别占 13%、11% 和 10%。当这些产业部门挤占大量经济资源，其他产业部门的发展必然受到抑制，其中包括教育、科学、高科技等产业，这不仅将影响俄罗斯经济增长效率的提高，也将不利于其产业结构的加速转变。最后,处于国际分工的低层次地位。在经济全球化的背景下,俄罗斯必须面对的问题除了体制转轨外,还有如何融入全球经济中,在新的国际分工格局中抢占制高点。产业结构的低度化、低层次化,决定了俄罗斯主要以垂直型方式参与国际分工。这使得俄罗斯主要是在世界的初级制成品市场上,与许多不太发达的国家一起在世界市场的边缘地带分享有限的好处和利益。这不仅与当前世界经济发展的水平及趋势不相适应,而且也制约了俄罗斯利用国际市场发展本国经济的可能性。

(三)收入分配与收入差距

俄罗斯对社会公平的广泛关注和理论研究始于 20 世纪 90 年代初,经济和社会的巨大转型致使俄罗斯的贫困和收入分配问题也十分尖锐。俄罗斯转型 20 多年来,由于经济发展状况好转,俄罗斯居民收入增加较快,俄罗斯在消除贫困和缩小收入差距方面也做了许多努力,取得了一定的效果。然而,俄罗斯的贫困和收入分配不公的问题依然尖锐,已成为俄罗斯社会最难解决又必须要解决的重要问题。

1992—2015 年的 23 年间,俄罗斯居民实际工资先降后升:在 1999 年之前,除了 1997 年增长 5% 之外,其他年份均为下降;2000—2015 年,除 2008 年下降 3% 之外,其他年份均为增长,其中 2015 年增长 4.7%。退休者实际退休金在 1992—1999 年呈现持续下降的趋势,此后持续增长,其中 2009 年增长 11%,2010 年增长 35%。实际最低工资在 1992—1999 年呈现下降的趋势,此后同样呈现为增长的态势,其中 2009 年增长高达 68.6%;2015 年增长 7.4%;2016 年增长 25.7%。俄罗斯实际工资、退休金和最低工资变化趋势大致同经济增长变化趋势保持一致。

一般而言,判断国民收入初次分配是否公平的主要标准是分配率,即劳动报酬总额占 GDP 的比重。分配率越高,初次分配越公平。发达国家的国民收入初次分配率大多为 60%,其中美国高达 70%。1991—2011 年,俄罗斯国民收入初次分配率从 34.9% 升到 35.7%,2009 年最高为 37.9%,2000 年最低为 29.1%,其他年份均为 31%～35%;2011 年比经济转轨之前(1991 年)仅高出 0.8%,即使加上隐性报酬部分,分配率也没有达到市场经济成熟国家的标准(最高的 2009 年也仅为 52.6%)。劳动报酬在国民收入初次分配中占比过低,表明劳动者的经济地位相对下降,导致消费与投资的比例失调,不利于经济与社会的发展。

在收入差距方面,苏联时期基尼系数一般维持在 0.25 左右。经济转轨以来,俄罗斯的基尼系数从 1988 年的 0.238 升至 2012 年的 0.417,收入差距比较明显,已突破了国际收入差距的警戒线。从五等份法计算的收入差别系数来看,苏联时期收入差距呈现下降的趋势,1970 年为 4.7 倍;1991 年降为 2.6 倍。经济转轨以来,俄罗斯居民收入差距不断扩大,收入差别系数从 1991 年的 2.6 倍升至 2011 年的 9.1 倍。从十等份法计算的收入差别系数来看,苏联时期居民最高收入组和最低收入组之间的收入差距不断缩小,一般在 2～5 倍之间,而 1991 年以后该差距急剧扩大,1992 年为 8 倍,2011 年升至 16.1 倍。这一比值超过俄罗斯国家经济安全警戒线(不超过 8 倍),也大大超过了国际公认的 10 倍安全警戒线。

俄罗斯的贫富分化比较集中地表现在地区之间、城乡之间、不同经济部门之间贫富差距的扩大。贫困地区就业人员的收入比富裕地区就业人员的收入低 1/3;贫困地区领取抚恤金的居民比富裕地区的多 30%。不同经济部门之间的收入差距也持续拉大,特别是石油等能源部门、金融部门的职工收入远远高于其他部门的职工收入。公职人员的工资水平相对较低,一般公务员月工资收入只有几百美元,与私营部门职工平均收入水平相比差距达到几倍到十几倍。在俄罗斯制度变迁的过程中,许多富人靠收购国有企业起家,他们以低价购进高价倒出,以此大发横财,而且在最近几年石油和天然气价格不断飞涨的市场背景中,他们也获得财富再次增长的机会。

从苏联到俄罗斯经济转轨期间,收入差距持续扩大的主要原因有以下几个方面的因素。

1. 俄罗斯走的是一条激进式转型的道路

通过采取萨克森等提倡的所谓"休克疗法",俄罗斯迅速实现经济和社会的全方位转型。其中最重要的步骤也是核心措施之一,就是实行迅速的私有化。私有化后,原来"软预算约束"下的大部分企业都将直接面临来自市场的竞争压力,为了生存和有效率,企业必须使自己的成本最小化,采取措施刺激工人的积极性,采取工资差别的政策也就理所当然了,这一政策的直接结果就是导致了工人收入上的两极分化。对这一现象的判断不能绝对化,控制在合理范围内的收入差别对经济增长是有利的。这是所有转型国家都必须面对的,是引入市场机制的必然结果。

2. 软预算约束的新形势使收入差距进一步扩大

虽然市场化后软预算约束应该不起作用而应代之以硬预算约束,但实际情况是,在俄罗斯转型过程中,还有相当一部分企业没有硬化预算约束,转型期间的软预算约束现象甚至比计划经济下的软预算约束对经济影响更坏,因为计划经济下还有行政管制来约束经理的败德行为。在激进转轨的情况下,市场经济还不能马上形成一套有效的监督机制,使得委托—代理问题更加严重。

3. 俄罗斯收入分配差距的扩大同俄罗斯垄断势力的急剧扩大有关

俄罗斯转型以来的一个突出特征就是造就了一大批暴富阶层。这些暴富阶层与垄断势力是密不可分的,他们极力谋求政治利益,一度形成政治上的寡头干预状况,虽然普京上台极力打击这种情况,但正如别列佐夫斯基所说:"俄罗斯摆脱寡头政治是不可能的。"暴富阶层是在私有化时通过各种貌似合法的方式攫取国家资产而产生的。首先,暴富阶层的存在本身就导致了收入差别的急剧扩大;其次,他们掌握的垄断企业通过谋求有利的倾斜政策等手段获取大量利润,其工作人员收入大大高于普通行业,这种收入差别是在不公平条件下实现的,对社会发展尤其不利。

4. 政府的一些行为导致收入差距进一步扩大

掌握垄断企业的利益集团正是通过各种方式获取政府政策上的支持才能实现自己的利益,政府政策上的漏洞和寻租行为助长了垄断势力。政府的转移支付既可以协调区域发展不平衡问题,也可以直接调节个人收入差距。与收税相反,转移支付增加了个人可支配收入,只不过其目标是有选择的群体,是一种收入的"再分配"。俄罗斯的社会保障体制还很不完善,没有完善的社会保障体制,收入分配差距扩大的状况就难以得到改善。另外,俄罗斯虽然也实行累进收入税,但政府的监管职能执行不力,导致这项改善贫富差距的职能也降低了效果,间接地使收入差距扩大。

5. 经济发展导致的正常范围内的收入差别扩大

根据库兹涅茨等学者的研究,在收入差别与经济发展水平之间存在"倒 U"关系。根据这一假说,在经济发展的最初阶段,收入分配差距扩大可能存在合理性。但这一理论只是一个假说,不同的学者对这个假说能否成立都有不同的看法。

(四)城市化发展状况

在 1900 年,俄罗斯仍然是一个农业国家,仅有 15% 的人口居住在城市里,西方国家当时城市化水平是俄罗斯的 2.5 倍。20 年之后,俄罗斯经过了第一次世界大战的洗礼,人员损失比较大,但这种比率依然保持不变。在这之后的时间里,随着苏联工业化的大规模开展,俄罗斯的城市化进程快速发展。到 1980 年时,苏联城市化的水平已经接近发达国家,比起广大第三世界国家的城市化水平要高出很多。按照城市人口占全部人口的比重来衡量,俄罗斯的城市化水平目前已经接近发达国家水平,世界发展指数的统计数据显示,俄罗斯城市人口的比重从 1960 年的 53.7% 上升到 2012 年的 74%(2012 年,美国城市人口比例为 82.6%;日本为 91.7%;德国为 74%;英国为 76.8%;法国为 86.3%)。

　　提到俄罗斯的城市化发展过程,就有必要指出苏联对俄罗斯城市化水平的影响,众所周知,苏联在城市化方面取得了令人瞩目的成绩。在目前俄罗斯1 000多个城市里,有600多个是在1917年以后建立的。1926—1939年是苏联实行强制工业化和集体化的阶段,在此期间,城市得到了极大的发展。大城市得到了最快速的发展,小城市的发展速度最慢,表明苏联从早期的城市化阶段逐渐向极化阶段过渡,这一过程一直持续到1940年以前。第二次世界大战打乱了苏联城市化发展的进程。在后来的20世纪50年代,随着经济的快速恢复,苏联又重新开始城市化的正常发展进程,直到20世纪六七十年代才慢慢恢复到战前水平,增速也开始逐渐减缓。进入80年代以后,苏联城市化的发展速度并不快,这一方面表明城市化在达到一定程度以后其发展速度必然会减缓;但另一方面,苏联过于重视城市工业尤其是重工业的发展,而轻视对第二、第三产业的扶持与发展,明显束缚了苏联城市化的进一步发展,虽然其城市化水平较高,但城市生活质量与西方发达国家相比尚有很大的差距。这一阶段一直持续到苏联解体之前,其间城市化水平上升并维持在73%左右。

　　自从1992年以来,无论俄罗斯的农村还是城市,人口都经历着负增长的过程,城市人口的下降速度更快。在1991—1992年城市危机期间,食品短缺和物价飞涨引起了短期内城市人口的大量迁出。而农村地区则吸收了大量来自其他原加盟共和国的俄罗斯人,一些来自俄罗斯东部和北部城市的居民也纷纷迁往俄罗斯传统地区的农村。另外一个导致城市人口下降的特定因素是行政管理的再分化:成百上千半城市化的小镇要求返回农村的身份,因为这样可使居民负担较低的水电、公共交通等费用,而且还可以拥有大块私人土地。这些因素共同导致了农村地区人口的增长和半城市化地区人口总量的下降。大城市同样经历了人口减少的过程。

　　在经济转轨之前,俄罗斯农村人口长期处于净迁出状态。在经典的城市化理论中,农村向城市的迁移从来都是主要的流向,一般只有在战争时期才有可能发生反向流动。但发生在俄罗斯20世纪90年代的情况却有所不同,俄罗斯首次在和平时期发生城市居民向农村迁移。不过随着俄罗斯经济的逐渐恢复,这个过程也只经历了很短的时间,农村向城市的迁移再次成为主流,并且来自原加盟共和国的移民也从起初的农村居住地转向城市。

　　在苏联解体之前,俄罗斯慢慢过渡到城市化的早期成熟阶段,农村的净迁出率由很高慢慢过渡到迁出很少;大中城市一开始迁入率很高,达到一定程度之后也开始缓慢下降。20世纪90年代早期的经济衰退使所有城市分组的发展历程倒退回早期城市发展阶段。如前所述,在 1992—1994 年,乡村和小城市成为热门的迁入地,吸引了大量大城市和原加盟共和国的俄罗斯人迁入。从其他加盟共和国来的移民往往首先被强迫安置在乡村和小城市。但是调查显示,这些外来的定居者在乡村和小城镇里生活得并不如意,他们中的许多人要求离开。

综上所述,俄罗斯在 20 世纪 90 年代早期以来城市化发展停滞不前,城市化水平一度下降到发展中国家水平。而持续的经济衰退和社会动乱使得俄罗斯城市人口的死亡率大幅上升,年轻夫妇不愿意生育子女,由此又引发了人口负增长和老龄化问题,而这些问题同样也出现在西方发达国家。但是俄罗斯近些年出现的逆城市化现象并非西方国家所经历的逆城市化阶段,相反俄罗斯良好的城市化进程被延续十几年的动荡所打乱,只在近年随着经济的复苏得到了一定的恢复,但要想达到西方发达国家城市化水平的成熟阶段则尚需时日。

(五)俄罗斯的对外开放状况

在 1949—1991 年间,苏联的对外经济贸易关系一直在"经互会"框架内进行。在"经互会"框架内,各成员国之间的贸易根据"经互会"会议确定的"五年协定"有计划地进行。成员国之间的年度贸易以实现"五年协定"为目标,按双边达成的贸易备忘录安排。成员国相互贸易的价格以"转账卢布"计算。这种价格与世界市场价格有极大差异,在部分类别的商品贸易中,价格差异相当突出。例如,能源产品的价格,在"经互会"成员国的能源产品贸易中,价格是根据世界市场五年的价格,通过移动平均方法计算,然后按套算汇率将其折算成"转账卢布"。从总体上讲,"经互会"的能源产品价格较世界市场价格低得多,而制成品价格一般又高于世界市场价格。由于苏联向其他"经互会"成员国出口的主要是石油和原材料产品,而进口主要是制成品,因此其贸易条件处于不利地位,从某种意义上讲,这种贸易条件的不利是苏联向其他"经互会"成员国的一种"援助"或补贴。

1991 年,"经互会"解散,俄罗斯的对外贸易环境发生了深刻变化,俄罗斯同其他独联体国家和其他前"经互会"成员国之间的贸易,在贸易价格上逐步同世界市场价格接轨,在支付、结算方式上改由硬通货进行。

1. 对外贸易

1991 年苏联解体,俄罗斯开始了全面的经济体制转轨,对外贸易的发展主要经历了以下三个主要阶段。

第一阶段为 1991—1992 年。1992 年俄罗斯开始实行激进的经济转轨,生产大幅度下降,通货膨胀严重,对外贸易锐减,按不变价格计算,1991 年和 1992 年外贸总额与上年同比分别减少了 30% 和 28.7%。进出口额的锐减是国内经济危机的重要信号,是经济转轨后国有外贸机构失灵而私营外贸机构尚未得到发育的必然结果。1991 年 11 月 15 日,俄罗斯通过了《俄罗斯对外经济活动自由化法令》,这也标志着俄罗斯废除了贸易垄断体制,开始了新外贸自由化改革。俄罗斯在对外贸易自由化道路上采取的重大步骤,为参加对外贸易活动的企业之间开展公平竞争创造了平等条件,从而成为对外贸易活动得以正常发展的重要因素之一,同时对推动俄罗斯经济发展起到了一定的作用。

第二阶段是 1993—1999 年。从 1993 年开始,俄罗斯生产的降幅减小,通货膨胀速度减缓,一些适应市场经济的部门开始形成并发展起来。到 1997 年,经济止跌趋升,国内生产总值首次出现增长,商业部门比较活跃,金融市场比较稳定。按不变价格计算,1994 年对外贸易总额比上年增长 9.5%,这一时期尽管贸易都有较快增长,但直到 1999 年,对外贸易总额都没有恢复到经济转轨之前的水平,特别是进口的波动幅度较大,1999 年的俄罗斯进口额达到转轨以来的最低水平,只有 541 亿美元,相比 1991 年下降幅度超过 85%。

第三阶段是 2000 年以来。由于普京执政以来一系列政策的顺利推行,俄罗斯对外贸易进入了快速发展时期:按不变价格计算,俄罗斯出口除了受 2008 年金融危机影响之外,总体上保持了快速增长的趋势,从 2000 年的 1 031 亿美元上升到了 2015 年的 3 439 亿美元,年平均增长速度达 9.0%;进口总额由 2000 年的 449 亿美元上升到 2015 年的 1 928 亿美元,年平均增长 10.6%;2000—2015 年俄罗斯一直保持贸易顺差状态,其中 2005 年以后的平均顺差都超过了 1 000 亿美元,2013 年达到阶段性峰值,为 2 123 亿美元。

2. 外商直接投资

俄罗斯利用外商直接投资(FDI)变化状况同样呈现两个明显的阶段:在 2003年之前,俄罗斯外商直接投资净流入呈现规模小且波动较大的特征,从 1992—2003 年,俄罗斯历年近流入的 FDI 均不超过 100 亿美元;2003 年最高达到 79 亿美元,1993 年最低只有 6.9 亿美元。从 2004 年开始,俄罗斯利用外商直接投资状况有了显著的改善,2004 年 FDI 净流入首次突破 100 亿美元,达到 154 亿美元,2008 年最高达到了 748 亿美元,受金融危机的影响,2009 年俄罗斯外资流入水平又出现了大幅的下降,2009 年 FDI 净流入 366 亿美元,同比下降幅度超过 100%,之后 FDI 流入状况又开始逐步回升,2011 年 FDI 净流入为 551 亿美元,创近年来的新高。

总体来看,俄罗斯利用外资在国民经济中所占的比重较小,其规模与多数新兴经济体相比较为落后,而且呈现明显的大起大落状况,这与俄罗斯长期恶劣的商业环境存在密切关系,按照世界银行"做生意难度"的排名统计,2012 年俄罗斯在全球 185 个国家中排名 112 位,属于最难做生意的国家行列(中国排名 91 位),造成这种现状的主要原因在于俄罗斯政府对市场存在严格的管制,不仅严格控制资源开采、银行、电信、烟草等高利润垄断行业,而且对于与这些产业关联的下游产业也进行严格的管制,外国投资者进入壁垒很高。政府对价格过度管制,排斥外国投资者进入垄断高利润行业,并且对国有企业过度保护和盲目支持,这限制了俄罗斯企业通过技术创新参与市场竞争的激励机制,扭曲了资源配置效率,导致大量的社会资源浪费和损失。

在俄罗斯开办企业存在的获取进入许可困难、对投资者利益保护不力、难以进行跨境贸易结算、享受税收优惠措施困难等问题,不同程度地恶化了俄罗斯的商业环境,企业管理者需要投入大量的精力与政府部门进行沟通和协商,造成俄罗斯的大量中小企业生存困难,商业活动不够频繁也在很大程度上限制了俄罗斯经济竞争力的提升。

3. 贸易结构

对外开放的水平,不仅仅体现在对外贸易和外资利用状况,更多地体现为一国的贸易结构和竞争力状况。贸易结构是生产结构的体现,这一点对俄罗斯同样不例外。统计数据显示,俄罗斯的工业制成品出口比重不仅没有上升的趋势,反而出现了逐步下降的态势,制成品出口的比重在 2005 年已经下降到不足 20%,其中制成品出口中高科技产品占了大约 50%,而高科技产品的出口主要是军工产品,信息科技产品占全部产品出口的比重不足 0.5%;与此同时,燃料、矿物和金属初级产品的出口比重占据绝对的优势,其中燃料出口比重在 2009 年最高达到66.7%,初级产品总出口比重超过 70%。

与出口结构特征相反,俄罗斯制成品进口比重从 1996 年的 45.3% 持续攀升到 2011 年的 80.5%,俄罗斯在信息科技产品、食品进口的比重也远高于出口相应的比重份额,而初级产品进口的比重总体上不超过 5%。

与其他新兴市场国家横向比较,俄罗斯的出口结构具有显著的资源密集型特征,不仅没有转变的趋势,而且具有不断强化的趋势,与俄罗斯资源禀赋同样充沛的巴西,矿产资源初级产品出口的比重 2011 年最高达到 19.3%,制成品的出口比重 1980—2011 年平均达到 40% 以上,2001 年最高超过 58%;而印度在 1990—2011 年制成品出口平均比重超过 70%,燃料进口的比重超过 30%;与中国的贸易结构变化趋势对比更加明显,中国制成品出口比重从 1984 年的 47.6% 逐步上升到 2011 年的 93.3%,其中 2000 年以后高科技产品出口平均比重超过 25%,高科技产品出口中信息科技产品的出口比重超过了 95%,而同时中国燃料和矿石的进口比重从 1984 年约为 6%上升到 2011 年超过 31%。

俄罗斯经济发展长期依赖自然资源和初级产品出口,造成这一缺陷的原因是多方面的。首先,世界市场能源和原材料价格的频繁波动会对其经济造成显著的负面冲击,对经济的平稳持续发展造成严重干扰,经济增长大起大落付出的代价是巨大的;其次,自然资源和低附加值初级产品普遍具有需求弹性较小的特点,大规模的持续出口容易造成贸易条件恶化,陷入贫困化增长的陷阱,即随着初级产品出口规模的不断扩张,出口的收入不仅没有相应得到改善,还存在恶化的趋势,造成经济陷入低水平的重复,并且由于缺乏创新和竞争等推动经济增长的持续动力,而致使经济增长变得难以持续;最后,更为严重的是,经济增长严重依赖能源出口会造成其他工业部门生产要素向能源部门转移,引发其他工业部门产出供给减少,进而引发实际汇率不断升值,造成工业部门进口大量增加,进一步打击本国非能源工业部门的发展,加剧产业结构和比例失衡的趋势,引发经济发展过程中所谓的"荷兰病"。

四、苏东转型国家在中等收入阶段的经验与教训

苏联和俄罗斯过去数十年来经济发展的历程和经验教训,呈现出丰富的内涵,对于正处于经济转型关键时期的中国经济具有特别重要的借鉴意义,尤其是因为长期以来中国的经济发展严重受苏联的影响,带有明显的粗放式发展特征,基于对苏联和俄罗斯发展经验的分析,我们认为中国未来的经济发展和转型的重点需要在以下几个方面有所突破。

1. 促进科技进步,提升科技创新能力

尽管苏联和俄罗斯也非常重视教育和科研的投入,并且国民受教育水平也很高,具有丰富的人力资本要素和雄厚的科研基础,但由于长期受制于体制障碍,科研和技术创新的驱动力主要来自政府推动,且科研和技术创新主要围绕军工部门,忽视市场的作用,不注重加强技术和创新能力来提升经济发展的质量,产业结构过度依赖资源和能源部门,产业竞争力长期得不到提升,俄罗斯已经为此付出了巨大的经济发展代价。

与俄罗斯相比,长期以来中国的经济发展同样具有过度注重数量的扩张忽视质量提升的问题,中国在基础科学和全民受教育水平方面不仅与发达国家存在较大差距,而且也长期落后于俄罗斯。随着中国经济的高速增长,近年来中国的科研投入和高等教育得到了快速发展,科研投入的相对比例和接受高等教育的绝对

人口数量与发达国家的差距大大缩小,但仍然存在科研投入产出效率较低、总体质量有待提高、高等教育脱离市场需求、职业教育发展滞后的问题。从科研管理体制和激励机制来看,中国的科研管理体制与苏联和俄罗斯并没有实质性的区别,政府仍然是科学研究和技术创新的主要驱动力,而企业基于市场竞争的驱动,自发地进行科技开发和创新活动的数量仍然很有限。

因此,我国的科研和创新激励机制,需要积极吸取发达国家的先进经验,建立科学的管理、考核、监督方法,以提高科学研究质量为核心,杜绝高等学校和科研院所行政化的管理方式方法,坚决摒弃科研管理和考核中存在的短视化和重数量轻质量的泛滥倾向,为广大科研人员提供合理、宽松、有序竞争的科研环境;同时也需要为企业,特别是市场竞争意识较强的中小型民营企业提供良好的创新环境,激励企业通过技术创新参与国际市场竞争,减少政府部门对企业活动的过度干预。

2. 大力发展现代服务业,优化结构,促进升级

服务业占国民经济的比重逐步上升,农业和工业部门相应比重的下降是经济走向现代化和高端化的一般性规律。尽管许多新兴经济体(包括俄罗斯和中国)的经济发展,总体上都呈现了上述的特征,但仍然存在以下两个突出的问题。

一是从总体上看,服务业占国民经济的比重与高收入国家相比仍然偏低,同时工业部门占国民经济的比重长期居高不下,特别是进入中等收入阶段后,服务在国民经济中比重的提升缓慢。由于能源工业部门的快速扩张,俄罗斯近年来还出现了再度工业化的逆经济规律发展的倾向,不仅服务业得不到发展,制造业部门的发展空间也面临挤压。

二是服务业发展的内部结构不合理。传统的旅游、餐饮住宿、工程承包、运输等以劳动和资本密集为特征的服务业,占了主要的比重,而以知识技术密集为特征的信息、金融、保险、咨询、法律服务、科技服务等现代服务业部门,发展较为滞后。

现代服务业具有高人力资本含量、高技术含量和高附加值等特点,现代服务的快速发展不仅会直接带动整个产业结构的合理化,优化产业结构,而且由于紧密的产业关联效应,现代服务业对于制造业有显著的带动和改造作用。从全球范围的产业发展趋势来看,制造业的服务化和信息化趋势越来越明显,只有以完善的现代服务业作为支撑,以现代服务业改造传统制造业,才能提升制造业的核心竞争力,促进整体产业竞争力的增强。

3. 缩小三大收入差距,营造良好稳定的发展环境

俄罗斯在苏联解体之后收入差距出现了急剧扩大的时期,利益集团通过快速

私有化侵吞国有资产,垄断国家能源和资源性部门,导致了社会各阶层的分化和对立,引发了严重的社会矛盾。也正是由于利益集团的长期把持,才导致俄罗斯经济结构调整往往难以推进,产业结构长期畸形发展,经济大起大落,致使俄罗斯在探索实现现代化的道路过程中屡受挫折。

与苏联工业化时期和俄罗斯20多年的发展历程相比,中国同样也面临改革开放以来收入差距持续扩大的问题,并且与俄罗斯相比,中国的收入差距似乎更为严重。按照国家统计局和一些学者抽样调查的数据计算的结果,中国的基尼系数已经逼近或者超过了0.5,远高于世界银行收入分配的警戒线水平。同时,与俄罗斯相比,中国的收入差距问题更为复杂,中国除了需要解决居民的收入差距之外,同时还存在城乡和地区收入差距持续扩大的问题,经济发展不平衡的问题相对于俄罗斯更为突出。虽然中国人均国民收入2015年已经达到7 800美元,但收入差距仍然没有缩小的趋势,收入差距的持续扩大已经成为目前中国经济发展领域最为棘手的问题。未来10年,如果不能解决收入差距持续扩大的问题,不仅经济增长难以为继,而且会激化社会各阶层矛盾,破坏和谐的经济发展环境,中国同样有很大的可能进入中等收入陷阱,重蹈拉美国家经济发展的覆辙。

收入差距持续扩大已经成为威胁中国经济长期发展极为严重的问题,必须下决心尽快缩小居民、城乡、地区三大收入差距,按照长期研究中国收入差距问题的学者蔡昉的观点,导致中国收入分配状况继续恶化的主导因素,是资产性和财产性收入的严重不均等。解决收入不公问题,应从增量、存量和收入流三个角度着手:一是解决增量角度形成的不公问题,应着眼于在土地、矿产资源的开发过程中,做到真正以法律为依据,通过规范的程序,从制度上杜绝权力的介入。二是解决已经不合理的个人或集团资产的存量,应着眼于利用税收手段,调节过高收入。为此,旨在调节收入分配的遗产税和房产税等税种应尽快出台。同时,鼓励和推动企业职工持股,也具有一定的资产占有均等化的效果。三是解决由资源不平等占有形成的收入流问题,应着眼于利用法律手段调节。

同时,还应在以下方面推行具有长期效果的制度建设。首先,工资性收入差距的实质性缩小有赖于包括劳动法规在内的一系列劳动力市场制度,如最低工资、工会、工资集体谈判等制度的建设与完善。其次,改善收入分配政策应有实质性的调整,即在继续实施推动结果平等的各项政策的同时,更多地转向消除特殊利益集团对收入分配政策的影响,使资源分配、占有和使用摆脱权力的干扰,实现机会平等。这要求改革政府的决策机制,使之更加民主、公正和透明。再次,更加包容和均等化的教育发展,是缩小收入差距、防止贫困代际传递的根本办法。最后,政府改善收入分配的努力,要着眼于在经济增长与再分配政策之间形成恰当的平衡。同时防止政策的随意性,避免伤害劳动就业、合理消费、资本积累和投资积极性。

4. 大力推进城镇化进程,以城镇化促进工业化、农业现代化

苏联在工业化早期就基本完成了城市化过程,俄罗斯的城市化水平远高于中国。加快中国的城镇化进程,核心是人的城镇化。首先,需要建设更加公平的制度。推进城镇化建设、公平制度建设首先涉及户籍制度改革和保证公平就业机会制度的建立。同时,城镇的管理制度也要更加民主化。要尽可能让城镇的有关决策多一些协商化和公开化,要让更多城镇居民有参政议政和表达诉求的机会。其次,要把发展现代农业作为重要动力。产业是城镇的经济动力,没有产业,城镇化就是空壳化。在我国,应高度重视现代农业产业对推动我国城镇化进程的重大作用。具体来说,我国的城镇化应该考虑如下几点。

一是我国的城镇化不能走发达国家或者俄罗斯的老路,因为二者的历史起点不同。西方发达国家城镇化的起点是技术革命与工业革命,是基本与工业化并行的产物,是工业化推动城镇化,城镇化又进一步推动工业化。而我国的城镇化,并不具备与发达国家相同的历史起点,所以,我国的城镇化建设,需要走出自己的道路。

二是我国的城镇化也不能走一些发展中国家失败的路子。我国的城镇化需要吸取发展中国家城镇化失败的教训,需要在城乡协调、工业和农业协调中推进城镇化。一些发展中国家,如一些拉美国家,之所以会产生过度城市化,就是因为农业发展与城市化之间没有形成良性互动和良性循环,没有积极推动农业现代化,片面将工业化等同于现代化,在农业生产力没有得到提高的情况下,盲目推进工业化,导致城市人口爆炸,粮食供应不足,城市贫困加剧,国内购买力难以提升。事实证明,在农业相对停滞的基础上加速进行的拉美国家城市化,不仅使农村在发展中日益贫困,而且也导致了城市的贫困和危机,使城市化走入歧途。

三是我国的城镇化需要符合我国的国情。我国是一个人口大国,需要实现发展与稳定的有机统一。实现发展与稳定的有机统一,建设现代农业是关键。建设现代农业,可以有效保障粮食的供给,这是国家稳定的重要基础。同时,有了现代农业,工业化的发展也就有了雄厚的基础。从需求方面看,现代农业建设可为工业化提供更广阔的市场需求空间;从供给方面看,现代农业可为工业化提供更稳定的原料供给渠道和更低廉的供给成本。

5. 全面提高对外开放水平

从俄罗斯的对外开放的发展历程来看,主要有两大特点:一是对外贸易波动

较大,而且进出口结构单一,主要以能源、资源和军工产品为主;二是投资和商业环境较差,俄罗斯对外资进入管制较为严重,外商直接投资规模总体上较少。俄罗斯对外开放具有显著的粗放型特征,对外开放并没有显著促进俄罗斯产业结构调整和经济转型,相反,正是长期依赖能源和资源产品出口,导致了俄罗斯制造业严重萎缩,同时,国际能源和基础资源产品价格的波动直接导致俄罗斯经济大起大落。

与俄罗斯相比,我国的对外开放水平总体上要高很多,特别是过去近 40 年来,我国对外开放在促进国内技术进步、提升产业竞争力和产业结构优化、促进工业化、城镇化进程加速等诸多方面,都发挥了极为重要的积极作用,取得了巨大的成就。

但不能回避的是,我国对外开放水平仍然有巨大的提升空间,需要改变对外贸易和吸引外资"重量轻质"的问题,提高对外贸易和吸引外资的效应和质量,同时,鼓励中国企业走向海外市场,提高中国产品和企业的国际竞争力,从主要依靠劳动力成本优势转变到依靠核心技术、品牌来参与国际竞争。

第六节　小　结

过去许多研究认为,阶层对立、分配不公、政治腐败、社会失范等现象,是一个国家落入中等收入陷阱之后的社会后果。但实际上,对拉美、南亚和苏东那些陷入中等收入陷阱国家的经济发展和社会问题的分析表明,这些国家落入中等收入陷阱的原因,除了创新不力、转型不畅之外,畸形的社会结构、失衡的利益关系、匮乏的福利保障和低效的行政能力,这些社会因素同样不可忽视。而欧美发达国家和日、韩等东亚国家的经验也表明,成功进入高收入阶段的条件,除了产业升级和转型等经济转型之外,还需要福利制度的完善、社会结构的调整以及政治权力的均衡等社会转型。各国经验表明,中等收入阶段和高收入阶段需要不同的社会条件,那些在中等收入阶段可以支持经济高速增长的社会条件,往往无法支持高收入阶段的经济增长。因此,中等收入陷阱既是一个经济转型问题,也是一个社会转型问题。

世界一些国家在遭遇中等收入陷阱时的经验教训,为我国跨越中等收入陷阱提供了有益的启示。

欧美发达国家的成功经验表明,率先进入高收入阶段,首先需要转变经济发展方式,提升技术创新和人力资本的拉动作用,创造更多"人才红利";需要切实措施保证中小规模企业与大规模企业作为整个市场经济中完全平等的参与主体,在同等市场条件下平等地参与市场竞争及合作;需要通过均衡教育资源,有效缓解未来人均收入差距进一步拉大的压力,为形成以中产阶级为主体的稳定社会结构打下良好基础。

日、韩等东亚国家和地区的成功经验表明,跨越中等收入陷阱需要平衡的政府结构、广泛的基础教育以及准确而又灵活的产业政策。稳定而且有适当协调能力的政府是跨越中等收入陷阱的关键。所谓适当的协调能力,是指政府本身形成了比较良性的治理结构,能够干预社会财富的不平等分配,能够推行有力的教育和产业政策。同时,东亚地区的儒家文化传统对于跨越中等收入陷阱也起了重要的作用。儒家文化的某些特质对于技术创新、教育普及、政府政策、高储蓄率以及社会心态方面都起了重要的作用,有利于在经济增长放缓时保持社会的稳定,调整安抚社会心态。

印度尼西亚、菲律宾等东南亚国家落入中等收入陷阱的教训,主要体现在社会腐败和政府无效上。短暂而快速的经济起飞并没有在印(尼)、菲、泰等国内部发展出中产阶级,而摆脱掉殖民统治的国家政府并没有建立起成熟的宪政体制,这使政府权力缺乏制约,从而产生了东南亚各国较为普遍的腐败问题。腐败问题与社会分配不公相互作用,加大了各国的政局动荡和社会混乱状况,导致经济无法持续增长。

巴西、阿根廷和墨西哥等拉美国家,作为长期落入中等收入陷阱的典型案例,告诉我们,它们在经济转型上面临着双重挤压,无法实现产业的升级与转型,同时在社会转型上也面临着社会结构的断裂、精英控制的制度惰性以及政府能力的低下等问题。首先,社会结构的断裂,意味着巨大的贫富差距以及随之而来的精英与大众的尖锐对立。高企不下的社会张力,导致二次分配中民粹主义泛滥,大部分公共支出用于消费性的社会福利,而在公共基础设施投入上严重不足,使投资环境难以改善。其次,精英控制的制度惰性,意味着在这些国家中,掌握政治经济命脉的精英集团控制了发展战略的选择,他们全都选择不可动摇其统治地位的具体政策措施,以维护其在经济收入上的寻租以及政治权力上的垄断。因此,任何旨在缩小统治权贵集团的权力与利益的结构性变革都无法真正实施。最后,政府能力的低下,意味着面对掌控了国家政治经济命脉的权贵阶层,政府无力加以改变,因为那样就意味着经济的崩溃;而对待底层民众,政府同样无力迫使其作出牺牲,因为那样意味着政治的动荡。在这样的左右为难之中,拉美国家政府已经难以应付,更遑论推进经济与社会转型。

苏联、东欧等转型国家的经验教训表明，能否顺利跨越中等收入陷阱，关键在于能否有效地推进全面而又深刻的社会转型。凡是完成了社会转型的国家，就可以扩大政治参与，平衡利益关系，改善社会结构，从而为成功的经济转型提供坚实的社会条件。凡是社会转型不成功、不彻底的国家，就会陷入权力不受制衡、资本缺乏制约、社会矛盾日益激化的困境，最终导致经济增长乏力，落入中等收入陷阱而无法跨越。

第三章　中国在中等收入阶段面临的问题与挑战

党的十八大报告明确指出：加快经济发展方式转变，是贯彻落实科学发展观的内在要求和推动科学发展的重大举措；坚持把科技进步和创新作为加快转变经济发展方式的重要支撑。深入实施科教兴国战略和人才强国战略，充分发挥科技第一生产力和人才第一资源作用，提高教育现代化水平，增强自主创新能力，壮大创新人才队伍，推动发展向主要依靠科技进步、劳动者提高和管理创新等方面转变，加快建设创新型国家。目前，中国正处于跨越中等收入陷阱和经济全面转型的关键阶段，现有的经济增长方式面临着许多挑战。经济转型的关键问题是转变经济增长的方式，实现经济的可持续发展。本章首先对主要经济体的跨越中等收入陷阱的经验进行了总结，然后对我国可持续发展所面临的挑战、经济状况及发展阶段、我国产业、所有制、地区结构和经济增长、发展的重要领域、经济转型问题与挑战、经济转型与社会转型问题与挑战，以及我国跨越中等收入陷阱面临的法治短板进行了较为全面的分析和总结。

第一节　中国经济可持续发展面临的挑战

中国的改革开放近 40 年，中国在经济建设和社会发展各方面都取得了巨大的成就，但我们也应当清醒地看到，中国仍然处于社会主义初级阶段，仍然是最大的发展中国家，跨越中等收入陷阱与发展道路，一方面，社会经济和政治方面的问题并没有因为经济的快速发展而得到根本性的解决；另一方面，中国跨越中等收入陷阱与发展道路正经历着巨大的挑战，其核心就是发展的可持续性问题。国内外学者对中国发展道路可持续性面临的主要挑战和问题进行了许多研究，主要可以总结为以下四个方面。

一、经济发展的不平衡性对经济持续增长的制约

长期以来，推动中国经济高速增长的两大主要动力来自大规模的投资和出口

的快速攀升。

（一）投资

从拉动经济增长的内部需求来看,中国与主要经济体之间有显著的区别,主要表现为过度的投资依赖倾向,表 3.1 给出了过去 30 多年来中国与主要经济体在投资、消费、储蓄率的变化对比。表中的数据显示:2010 年中国的固定资本形成占国内生产总值比重高达 45.7%,是主要发达国家的 2～3 倍以上,同时也远高

表 3.1　中国与主要经济体投资、消费、储蓄率的变化对比（1980—2015 年）　　　　%

总固定资本形成占国内生产总值的比重

国家	1980 年	1990 年	2000 年	2010 年	2015 年
中国	29.09	25.86	34.11	45.73	43.76
巴西	22.90	20.66	16.80	19.46	18.09
印度	17.92	23.82	22.83	31.74	29.26
俄罗斯	—	28.70	16.86	21.23	20.75
韩国	32.22	37.08	29.96	28.27	29.31
日本	31.55	31.96	25.21	19.99	23.43
美国	20.42	17.45	20.02	14.44	19.83
英国	18.70	20.38	17.13	14.91	16.93
德国	24.23	22.81	21.47	17.44	19.91

居民消费占国内生产总值的比重

国家	1980 年	1990 年	2000 年	2010 年	2015 年
中国	50.29	46.73	46.69	34.58	37.14
巴西	69.71	59.30	64.34	59.64	63.84
印度	74.86	64.61	64.07	55.95	59.09
俄罗斯	—	48.87	46.19	51.48	52.09
韩国	63.64	51.75	54.62	52.69	49.11
日本	54.77	53.31	56.52	59.26	56.56
美国	63.44	66.62	69.00	70.85	68.14
英国	58.22	62.07	65.50	64.20	65.04
德国	58.43	57.65	58.36	57.41	53.94

总储蓄占国内生产总值的比重

国家	1980 年	1990 年	2000 年	2010 年	2015 年
中国	—	39.50	36.83	52.38	48.89
巴西	17.87	18.92	13.96	17.53	14.43
印度	16.98	23.11	25.10	34.61	30.59
俄罗斯	—	—	36.15	26.69	30.44
韩国	23.05	36.80	33.01	31.92	35.88
日本	31.05	33.93	27.81	23.48	23.59
美国	19.09	15.07	17.86	11.67	17.45
英国	18.01	15.10	14.42	12.40	15.59
德国	19.65	22.99	20.18	23.52	26.81

于其他新兴市场经济体和转型国家。从 1980—2010 年的变化情况来看,其他主要经济体(除印度之外)的固定资本形成占国内生产总值的比重都呈现逐步下降的趋势,而中国则呈现快速攀升的势头。特别是进入 2002 年以后,中国的投资率维持在 40% 以上的高水平达到 10 年之久。

对比其他主要经济体的发展历程,中国无论从投资率的水平还是持续的时间来看都显得极为特殊。造成中国持久高投资率的原因主要有两个:一方面是由中国长期的高储蓄率这个现实原因决定的。表 3.1 的数据显示,中国储蓄率与投资率水平的变化呈现出高度一致性。2015 年中国的总储蓄率高达 48.89%,远远高于主要发达国家和新兴市场经济体的水平。另一方面,与其他国家相比,中国政府在现代化的过程中干预能力更强,其主导作用很大程度上体现在过强的投资冲动上,各地方政府的 GDP 竞赛机制同样发挥了重要的推动作用。

尽管中国在实现现代化的过程中,大规模的投资在完善基础设施等方面发挥了十分重要的作用,也是中国经济发展过程必须经历的一个过程。但近年来,中国的投资越来越多地集中在回报率较高的房地产及相关行业,这一方面增加了房地产投资的泡沫化风险;另一方面,由于房地产价格的持续攀升严重挤压了居民的消费需要和空间,导致储蓄率持续攀升和消费支出的相对比例迅速下降。

表 3.1 中的统计数据显示:中国居民消费支出占 GDP 的比重从 1980 年的 50.29% 持续下降到 2015 年的 37.14%,特别是从 2000 年以后,居民消费需求占 GDP 的比重下降最快。与其他主要经济体相比,中国的居民消费需求严重偏低。主要的发达国家居民消费支出占 GDP 比重大体都介于 55%~70% 之间,并且都保持相对稳定的状态;尽管与中国同为新兴经济体和转型国家的巴西、印度、韩国在同一时期居民消费支出占 GDP 的比重也同样出现了一定程度的下降,但直到 2015 年,上述国家的消费支出占 GDP 的比重仍然都超过了 50%。

从各国的经济发展历史来看,依靠持续大规模的投资来推动经济的增长并不具有可持续性。首先,持续高涨的投资必然导致资本的边际报酬水平降低,投资对经济拉动的效应存在递减的客观经济规律;其次,中国的投资有很大部分属于房地产及相关行业,房地产业的持续快速增长尽管短期内会提升经济增长速度,但长期来看,房地产业本身并不能提升科技的创新能力,也无助于增强产业的竞争力,而技术进步和人力资本积累才是经济长期增长的持久动力所在。

不仅如此,房地产及相关产业属于比较典型的高污染行业,与房地产高度相关的数十个产业均属于高耗能、高污染、高排放的产业,房地产行业的快速和过度增长强化了这些低端粗放式产业的发展空间。特别是近 10 多年来,中国为此付出了巨大的生态环境代价。更为重要的是,房地产行业的快速增长严重挤压了居民的消费需求,导致中国的经济增长过分依赖投资扩张,消费需求增长缓慢的局面长期难以扭转,经济持续增长动力日渐疲乏。因此,逐步摆脱长期过度依赖投资拉动的经济增长方式,提升居民消费需求水平,已经成为当前转变经济发展方式的重要任务之一。这些年来,特别是从 2012 年开始,这些问题已经开始扭转。

(二) 对外贸易和外资

从拉动经济增长的外部需求和因素来看,得益于廉价的劳动力成本、巨大的市场规模、相对完善的基础设施和庞大的人力资本储备,中国成为世界各国中通过发展对外贸易和吸引外商直接投资最为成功的国家,堪称典范。在 30 多年的时间里,中国从一个几乎完全封闭的社会以极快的速度成长为世界最重要的贸易大国,从一个落后的农业社会转变成为全世界的制造业中心,成为名副其实的"世界工厂"。显然,对外贸易和外资的大举进入对于中国过去 30 多年经济的高速增长发挥了至关重要的作用。

表 3.2 列出了中国与其他主要经济体从 1980—2016 年在不同时间点对外贸易和外商直接投资(FDI)净流入的对比。表中的数据显示:与其他主要经济体相比,中国对外贸易和外商直接投资净流入规模的扩张速度惊人。按照 2005 年不变美元价格计算,中国 2015 年对外贸易总规模大约是 1980 年的 50 倍。在同一时期,贸易增长速度同样惊人的韩国增长了大约 26 倍,印度增长了大约 32 倍,而传统的贸易大国美国和德国在同一时期只增长了 5～7 倍。特别是进入 2000 年和加入世界贸易组织以后,中国的对外贸易扩张速度以年均 20% 以上的速度增长,是全球贸易扩张速度最快的国家。在贸易快速扩张的同一时期,跨国公司也开始大举进入中国市场。按不变美元价格计算,2015 年中国吸引的外商直接投资为 1 360 亿美元,仅次于美国(3 800 亿美元),和其他 7 个主要经济体吸引外商直接投资的总额持平。截至 2015 年中国累计吸收的外商直接投资超过 1 万亿美元。不仅吸收外资的总规模在发展中国家最高,其外资净流入的增长速度也远远超过其他主要发达国家和新兴经济体。

表 3.2　中国和主要经济体外向型经济发展状况对比(1980—2016 年)　十亿美元

出口总额					
国家	1980 年	1990 年	2000 年	2010 年	2016 年
中国	51	67	300	1 500	2 198
巴西	21	42	81	150	218
印度	14	23	73	270	—
俄罗斯	—	210	180	320	332
韩国	18	49	210	500	605
日本	180	310	490	750	809
美国	350	600	1 200	1 700	2 212
英国	—	290	510	670	740
德国	280	460	840	1 400	1 604
进口总额					
中国	39	55	280	1 200	1 950
巴西	37	36	94	210	218
印度	14	26	86	340	467
俄罗斯	—	190	72	250	264
韩国	27	76	210	430	500
日本	190	350	500	590	—
美国	350	670	1 600	2 100	—
英国	—	290	530	700	785
德国	300	450	820	1 200	1 330
FDI 净流入总额					
中国	—	3.5	38	240	171
巴西	1.9	0.99	33	53	79
印度	0.079	0.24	3.6	27	—
俄罗斯	—	—	2.7	43	33
韩国	0.006	0.79	9.3	1.1	11
日本	0.28	1.8	8.2	1.1	35
美国	17	49	320	270	425
英国	10	34	120	61	300
德国	0.34	3.0	210	28	52

尽管中国长期坚持对外开放,走外向型经济发展道路,对促进中国经济的持续高速增长发挥了至关重要的作用,但经济增长过度地依赖贸易扩张和大规模吸引外商直接投资,这种经济增长方式越来越变得难以维持。

第一,中国对外贸易的快速扩张是建立在廉价的劳动力和土地等生产要素基础之上,近年来随着劳动力成本和其他生产要素价格的大幅度攀升,"人口红利"效应逐渐减弱,在国际市场仅仅依靠价格优势参与竞争的空间越来越小。

第二，自从 2008 年金融危机爆发以来，全球经济进入了艰难且缓慢的复苏和调整期。外部需求下降明显，中国出口受制于外部经济环境的影响，很难再实现快速的扩张。

第三，过去 30 多年来，特别是近 20 年来，中国急速的出口扩张，导致贸易顺差激增，不仅引发了中国与众多国家频繁的贸易摩擦，同时也给人民币汇率造成了巨大的升值压力。自从 2005 年人民币汇率形成机制改革以来，人民币汇率已经出现了 30% 以上的大幅度升值，中国企业参与国际市场竞争的利润空间越来越低。

第四，虽然中国通过大规模的吸引外商直接投资对经济发展产生了诸多有利的效应，但进入中国的大量跨国公司，主要是向中国转移落后产业，从事低端的加工贸易活动。一方面，中国企业参与加工贸易的利润较低，同时，跨国公司也很难转让核心技术，对于推动国内产业升级的作用有限。另一方面，长期以来，各地方政府为了鼓励外资进入，对外商直接投资采取了许多超国民待遇的政策措施。国际上大量低端、高能耗、高污染的产业进入中国市场，尽管对当地的经济发展和就业产生了积极的作用，但进入中国的大量外资企业主要利用中国廉价的生产要素从事出口加工贸易，给中国的资源和环境承载能力带来了巨大的压力。

综上所述，长期以来中国外向型经济的发展在取得巨大成就的同时，也带来了一系列挑战。特别是近年来随着国内和国外经济环境的变化，仅仅依靠出口的快速扩张来促进经济增长已经变得不现实。中国的对外贸易必须要经历从注重数量扩张转变为依靠提升产品质量、掌握核心技术、培养自主创新能力的全面转型和挑战。同时，中国利用外资的政策也同样需要转型，从过去积极主动、全方位吸引外资转变为有针对性地、在新兴高技术领域利用外资、提高中国企业的国际竞争力，从注重引进外资向全面开拓海外市场转变，引导中国企业通过直接投资方式走向国际市场参与竞争。近 5 年来中国以出口为导向的经济结构发生了较大变化，出口结构在优化。

二、面临中等收入陷阱的挑战

在本书的第一、第二章中，我们研究认为，没有成功跨越中等收入陷阱的国家失败的特征是：经济增长回落或停滞、贫富分化、腐败多发、过度城市化造成畸形发展、社会公共服务短缺、就业困难、社会动荡、金融体系脆弱等。

因此，所有的国家在工业化后期、进入中等收入阶段之后，都必须要面对如何跨越"中等收入陷阱"的问题。过去 60 多年各新兴经济体的发展历程表明：尽管从经济起飞到进入中等收入阶段都会面临收入差距快速扩大的现象,但进入中等收入阶段之后,只有那些能够较好解决收入差距问题的国家才能够顺利地完成工业化,进入高收入的发达国家行列。而收入差距持续扩大,不仅经济增长受阻,而且会引发一系列社会问题,导致经济社会发展长期停滞不前,甚至会出现严重的倒退,牺牲前期经济发展累积的成果。

世界各国在面对中等收入陷阱时有不同选择。发达国家利用其先发优势,通过引领技术进步和廉价利用全球资源跨越了中等收入陷阱。新兴工业化国家和地区通过出口导向的发展战略、承接发达国家产业转移、实现产业升级等途径,也实现了跨越中等收入陷阱的目标。现在国际上公认成功地实现了从中等收入向高收入跃升的国家和地区有日本和"亚洲四小龙"(中国香港、中国台湾、韩国和新加坡)。从中等收入国家跨入高收入国家,日本和韩国都花了大约 12 年时间。与西方发达国家相对漫长的工业革命进程对比,日韩两国的经验值得借鉴。一些拉美国家虽然在 20 世纪 70 年代进入中等收入国家行列,却因为没有处理好发展战略、收入分配差距和对外经济关系等问题,最终陷入中等收入陷阱,有的直到现在还处于徘徊、停滞不前阶段。

2009 年,中国人均 GDP 达到 3 600 美元,GDP 总量世界第三,13 亿人开始进入中等收入发展阶段。如何在加速发展中越过中等收入陷阱,是中国必须面对的挑战。各国经济发展的不同特征和历史都表明:对于进入中等收入发展阶段的国家,只有那些能够逐步处理好经济发展中的诸多不平衡、缩小收入差距、提升生产效率和教育质量、善于进行制度和技术创新的国家才能跨越中等收入阶段,顺利进入发达国家行列。

中国的收入分配格局近年来正在发生急剧变化,已经明显偏离了原有收入差距较大的范围。按照世界银行和国内一些学者的测算,截至 2015 年中国的基尼系数已经上升到 0.462,仅次于巴西的 0.56 和南非的 0.63,收入分配的不平等程度超过了俄罗斯和印度,并且有明显的趋势向拉美化或东南亚化的方向发展。收入分配形势的长期恶化是许多国家在成为中等收入国家后落入发展陷阱的主要原因之一。从 GDP 收入法的构成可以看出,2003 年以后中国收入结构出现了较大变化,即劳动者报酬所占的比重由过去 25 年长期保持在 52% 左右大幅下降,经过短短的三四年时间,到 2007 年下降为 40%。发达国家之所以居民收入差距较小,主要是因为劳动者报酬所占的份额均在 55% 以上,经营盈余所占比重较为适宜,在 20% 左右。

而那些长期落入中等国家陷阱的国家却是另一番景象,劳动者报酬所占的比重不到 40%，有的长期仅占 20%～30%，相反，企业盈利所占的比重较高，均占 50%左右，资本所得占比偏高，这正是导致收入差距过大的根本原因。就东亚国家来讲，泰国、菲律宾具有典型的拉美化特征，日本与欧美发达国家相似，韩国介于中间，不过韩国收入构成中劳动者报酬占比偏低的问题在 20 世纪 80 年代得到了明显的改善，可以说这是它能避免陷入中等收入陷阱的一个重要原因之一。

收入差距过大，特别是如果长期得不到改善，将会造成社会不稳定和对消费的抑制，将对经济的高增长形成巨大的影响，即一国在达到中等收入水平后的增长将面临消费不足的巨大障碍。城镇化长期滞后、地区差距过大等都会产生需求的陷阱。在这一阶段，缩小增长差距的政策不仅会得到更多民众的支持，而且会推动新的发展，因为它们将带动消费需求的扩张，从而纠正投资与消费的不平衡问题。

三、转变经济发展方式，推进产业技术进步和升级

迈入中等收入阶段的国家容易落入增长陷阱的一个重要原因在于：中等收入国家的产业发展往往介于低收入国家主导的成熟产业和高收入国家主导的新兴高技术行业之间，产业的发展同时受到低收入国家的激烈市场竞争和高收入国家新兴产业技术优势的双重挤压。也就是说，产业升级对于中等收入国家摆脱中等收入陷阱具有重要意义，如果持续的经济高增长不能带来产业竞争力和技术水平的稳步提升，必然会落入中等收入陷阱。

中国现有的发展道路如果继续推进下去而不做根本性的战略转变，就会因创新激励不足和技术进步缓慢而陷入两难境地。一方面，劳动密集型产业的竞争力会因国内要素成本的上升及低收入国家竞争者的压力而逐渐消失；另一方面，在跨国公司的竞争压力和自身有效激励机制难以建立起来的情况下，资本密集型产业难以形成强大的国际市场竞争力。尽管中国的情况并没有像那些已经落入中等收入陷阱的国家那样糟糕，但资本密集型产业的自主创新能力不足、缺乏核心的技术优势和竞争力，无疑是影响未来经济增长的稳定性和质量的关键因素。

要摆脱这种局面，需要对我国房地产行业进行有效的调控和管制。房地产行业对提高产业竞争力和科技创新推动作用很小，但会消耗大量社会资源。要为新兴的高科技产业特别是一些战略性的重化工业和高技术产业创造良好的生存和创新环境，促使这些行业的经营者不再受外部短期暴利机会的影响而安于创新。同时，国家要增加对自主创新活动的政策激励，利用宏观经济政策鼓励和支持企业提升生产效率，淘汰落后产能和技术设备，逐步提升产品质量和自主创新能力。

四、生产要素的宏观配置效率不高

中国的经济增长在国内过度依赖投资扩张(很大程度上依赖于房地产投资),对外则过度依赖以廉价的生产要素为支撑的出口快速扩张。无论是房地产业还是低成本产品的大规模出口,都意味着经济增长过度依赖于高耗能和高资源消耗行业。同时,房地产行业和基于低成本优势大规模出口扩张的行业,其自身对技术进步、提升自主创新能力、产业竞争力增强的作用非常有限,对下游产业升级换代的要求也很有限。因此,长期依赖对房地产的大规模投资和基于廉价生产要素的出口快速扩张,不仅会受到与日俱增的资源约束,生态和环境也将付出难以承受的代价,同时,也将阻碍新兴产业部门的正常发展,致使产业升级步伐缓慢,科技进步和自主创新能力难以有较大的突破,对经济的长远持续发展产生严重的负面影响。

近 10 多年来,中国的房地产行业过度发展,这不仅影响经济的宏观资源配置效率,而且可能引发重大的金融危机或经济危机,即存在房地产过度泡沫化的风险。不论是从较早时期步入中等收入国家(南美国家)的经验看,还是从晚些步入中等收入国家(一些东南亚国家)的经历看,房地产泡沫均难以避免,这无疑是它们先后陷入金融或经济危机的重要原因。所以,在一个国家或地区达到中等收入水平后,抵挡房地产的诱惑是避免出现金融或经济危机的关键,日本、韩国和中国台湾地区的成功经验值得我们学习。韩国做得最好,1975 年韩国便开始实施重工业战略,这时,房地产投机活动开始兴起,韩国政府以提升重化工业竞争力的大局为重,采取抑制性的政策,避免了房地产泡沫的产生。泰国之所以陷入发展陷阱,与其 20 世纪 90 年代所发生的严重房地产泡沫有直接关联。

这里有一个重要问题,是不是房地产泡沫在任何时期都会产生致命性的影响?答案是否定的。主要看房地产泡沫发生的时期和程度,即发生在经济增长的哪个阶段。日本的房地产泡沫发生在工业化及现代化完成之后,韩国基本避免了房地产过度泡沫问题,东南亚国家房地产泡沫发生在刚刚达到中等收入国家水平时,中国则有可能发生在达到中高等收入国家水平之前。然而,房地产泡沫发生得越早,相对危害越大;越迟,相对危害越小。日本是"结果泡沫"、东南亚与我国可能是"过程泡沫"。"结果泡沫"问题不大,"过程泡沫"将可能破坏整个长期高增长机制,从而落入中等收入陷阱。要避免落入中等收入陷阱,在很大程度上就是要在发展的战略转型期避免房地产出现过度的泡沫,特别是不能出现泡沫经济。

综上所述,现有发展道路在新的内部和外部经济环境下难以继续发挥作用。

中国经济增长对内依赖于房地产投资,对外依赖于出口,在新的国际、国内经济形势下,正面临着巨大挑战。特别是 2008 年全球性的国际金融危机将会彻底改变传统的经济增长方式,即美国经济增长依赖于过度消费和金融市场的泡沫化的情形将发生重大改变,政府将加强对金融的监管,居民消费行为将主要依赖于收入增长而不是资产泡沫的膨胀。因此,可以预见危机中及危机过后相当长的一段时间,没有了过度消费的美国经济将会恢复常态。这将使中国以高投资形成的过剩生产能力无法消化,而只好转向内需以及国际产能合作。这是必然的规律,当然也是改变原有发展道路的重大机遇。但内需的增长将受到与前期高增长相伴的一系列不合理结果(收入差距扩大且长期得不到改善、对消费激励不足、房地产过度消耗居民的购买力、产业竞争力提高缓慢等)的严重制约,而中国各级政府对投资的冲动依然强烈,这将会使中国的经济形势更加恶化。未来经济增长唯一的出路就是尽快转变目前不完善的发展方式,重新塑造中国产业的国际竞争力,增强中国产业的自主创新能力,创造新的经济增长点。

第二节　中国的经济状况及发展阶段

随着中国经济的发展,2016 年中国国内生产总值(GDP)为 74.41 万亿元,在世界排名第二,仅次于美国。而中国人均 GDP 为 5.4 万元,约合 8 123 美元,已经进入中高收入国家行列。与此同时,2016 年中国 GDP 同比增速为 6.7%,比 2015 年增速下降 0.2%,经济增长进一步趋缓,中国经济已由高速增长进入中高速增长的"L 型新常态"。那么,中国进入中高等收入阶段后,经济发展状况如何? 经济增长面临哪些问题和制约? 社会发展遇到哪些瓶颈? 面对这些问题和挑战,我们有必要回顾一下中国经济发展战略与政策的演变历程。

一、中国经济发展战略与政策的演变回顾

第二次世界大战以后,不少国家总结工业化的经验,提出"进口替代的发展战略""出口替代的发展战略"等不同的经济发展模式。联合国也先后制定了 20 世纪 60 年代、70 年代、80 年代三个十年的国际发展战略,使"发展战略"概念在国际上广泛使用开来。所谓经济发展战略(economic development strategy),是指关于国民经济发展中带有全局性、长远性、根本性的总体构想,及其为此而实施的总体规划和方针政策,是国家对经济发展全局的策划和谋略,一般包括经济系统在较长时期内所要达到的主要目标,以及为实现这些目标而采取的重大政策措施,或

者说是带有全局性、长期性的经济发展方针①。1958 年，美国发展经济学家 A. O. 赫希曼出版《经济发展战略》一书，最早提出了"经济发展战略"的重要概念。由于战后现代理论体系风靡一时，经济发展战略也从泛指一切国家经济增长的战略，逐渐演变为专指发展中国家由落后经济过渡到现代经济体系的战略。因此，在中国，20 世纪 70 年代末一些学者开始引用"发展战略"概念，并进行了专门研究。改革开放后，随着我国从计划经济体制向市场经济体制的转轨，经济发展战略不仅被明确提出，而且成为党和政府治国理政的核心领域。

自中华人民共和国成立以来，中国经济发展战略经历了几次重大的调整和改变，特别是社会主义市场经济体制建立后，经济发展战略与财政、货币金融政策相辅相成，共同推动我国经济社会发展和转型。

中华人民共和国经济战略大体可以划分为两大阶段，即 1978 年改革开放前后。这两个过程的主要差别是显而易见的，即我们通常所说的计划经济发展战略与市场经济发展战略。虽然这两个阶段的过渡经历了一个较长过程，但是，如果以经济组织方式来看，1978 年之前（1949—1978 年）的经济战略总体上否定市场的作用，采取计划集中的资源配置方式；1978 年之后，市场的地位逐渐增强。但是，必须明确的是，以上整个过程其实有一点是不变的，那就是社会主义基本经济制度并没有发生本质性变化，即国有经济掌握社会经济发展命脉，并且社会主义公有制的核心性和主导性地位始终保持不变。中国经济战略的演变同中国经济发展的步伐高度一致，体现的正是经济发展同经济战略之间的相互影响。当然，1978 年前后两大阶段又可以细分为不同阶段②。

就中国经济战略的具体演变过程而言，由于不同时期，中国面临不同的国内外环境，并且受到各类历史因素的影响，中国经济发展战略呈现出不同特点。③ 中华人民共和国成立之后，经济战略首先同新民主主义向社会主义过渡的整体发展目标相一致，所以，该时期经济发展战略的基本思路是全面实现公有制经济，大力发展工业特别是重工业，初步建立社会主义经济的基础。1956 年之后，随着社会主义基本经济制度的确立，全面发展社会主义经济成为该时期经济战略的核心，但是，这一时期处于一个不断探索的过程，期间经历了两次大的发展战略挫折，社会经济出现大的问题。这一时期，重点发展工业，增强经济的计划与集中能力成

① 李成勋. 经济发展战略学[M]. 北京：知识产权出版社，2009.
② 之恺. 中国现代经济史研究的新进展[J]. 当代中国史研究，2002(2)：96-102.
③ K ZHI. New Advances in Research on Modern Chinese Economic History[J]. Contemporary China History Studies，2002(2)：96-102.

为经济战略的特点。在这一战略指导之下，一方面，中国的工业化水平不断提高；另一方面，高度集中的计划指令性经济导致社会经济组织能力效率逐渐低下。这一时期，社会整体处于较为贫困但是社会分配较为合理的时期。此外，由于采取了类似苏联的社会主义计划经济体制，难以融入世界经济体系之中，所以，经济对外发展基本处于停滞状态。1978 年之后，改革开放战略不仅仅是一个国家发展战略，更可以被狭义理解为经济战略。这一转变在中国经济发展与社会整体发展的历史当中具有划时代的意义。改革开放，首先是经济改革和对外开放，从此，经济发展成为社会发展的中心。这一过程大致可以分为 1978—1992 年、1992—2001 年、2001 年至今三个大的阶段。其中，1978—1992 年是经济战略在改革开放大战略之下的具体摸索阶段，这个阶段经济战略的基本思路是让利放权，全面提升社会经济各要素的积极性。但是，由于缺乏发展经验，这一时期的经济发展战略兼备计划经济与市场经济的缺点，计划经济的全面公有制观念同市场经济的分配问题结合起来，经济发展面临困境。于是，1992 年之后，随着邓小平南行，经济发展战略的整体思路是进一步解放思想，将市场经济和计划经济的优点进行整合，创造性地提出社会主义市场经济概念，即保持社会主义基本经济制度，充分发挥市场的作用，但是，进行强有力的宏观调控。到 2001 年左右，社会主义市场经济经历财政双轨制改革和国企改革两大跨越，初步成型。2001 年之后，中国经济发展战略在坚持改革开放的基础之上，加入了 WTO，面对国内外形势，投资、消费和出口三驾马车的带动成为基本发展思路，中国经济迅速发展成为全球第二大规模。但是，这种经济发展战略存在各种问题，资源浪费、环境问题、分配问题等日益严重。虽然这一时期或先前就提出了可持续发展和科学发展观等同经济发展战略相关的社会整体发展战略，但是，法制不健全等问题日益影响了经济的发展。党的十八大之后，经济发展战略进一步完善，一方面，全面深化改革成为一项基本任务，依法治国方面要求经济发展全面法制化；另一方面，对外开放逐渐"走出去"，"一带一路"战略提出；同时，全面创新成为经济发展的原动力。经济发展战略经历几十年探索，终于全面完善。

（一）中国经济发展战略的演变

1. 计划经济体制建构战略（1949—1978 年）

中华人民共和国成立后，实际上在很长时间内，中国并没明确而专门地提及国民经济发展战略。但在不同的时期所提出的总路线、总任务和总方针、总政策中，实际上含有经济发展战略的意义。

中华人民共和国成立后，中国首个经济发展战略基本上可称为"计划经济体制建构战略"。"一化三改造"可谓该经济发展战略的实践路径。1949 年 10 月中华人民共和国成立后,党领导全国各族人民迅速恢复了旧中国遭到严重破坏的国民经济,开始了从新民主主义向社会主义转变的伟大征程。1952 年年底,党中央按照毛泽东同志的建议,提出了党在过渡时期的总路线,指明了中国新民主主义过渡到社会主义的任务、途径和步骤,它的实质是要改变生产关系,解决生产资料的所有制问题,为进一步解放和发展生产力创造条件。1953 年 6 月 15 日,毛泽东在中央政治局扩大会议上第一次对党在过渡时期的总路线和总任务的内容作了比较完整的表述:要在一个相当长的历史时期内,基本上实现国家工业化和对农业、手工业、资本主义工商业的社会主义改造。

"过渡时期总路线"是中华人民共和国成立后的首个国民经济发展战略,其显著特点是社会主义工业化和社会主义改造同时并举,以工业化为主体,三大改造为两翼,两者相互适应,相互促进,协调发展。这条总路线旨在改变生产资料的资本主义私有制为生产资料的社会主义公有制,解决所有制问题。这一经济发展战略的重大意义在于:一是使得社会主义公有制经济扩大;二是基本上建立起了计划经济体制。这套体系一直持续到改革开放初期。诚如有研究指出的:"从中华人民共和国成立到改革开放前,中国在确立经济发展战略方面基本上是采取了优先发展重工业的赶超型发展战略。这种战略和为其服务的传统计划经济体制并不适合于中国的资源禀赋结构,结果导致了资源配置的扭曲和经济的普遍低效,中国并没有实现赶超西方发达国家的预期目标。"[①]

2. 中国特色的市场经济建构战略(1979—2008 年)

十年"文革"使中国经济社会陷入崩溃的边缘。1978 年,党的十一届三中全会决定把全党的工作重点转移到社会主义现代化建设上,作出了改革开放的伟大历史抉择,开启了中国经济社会发展的历史新时期。

在经济发展战略上,党的十一届三中全会启动了农村改革的新进程。全会在讨论 1979 年、1980 年两年的国民经济计划安排时,提出了要注意解决国民经济重大比例失调问题,搞好综合平衡的要求。全会还讨论了农业问题,认为农业这个国民经济的基础就整体来说还十分薄弱,只有大力恢复和加快发展农业生产,才能提高全国人民的生活水平。全会提出了当前发展农业的一系列政策措施,并同意将《中共中央关于加快农业发展若干问题的决定(草案)》等文件发到各省、市、自治区讨论和试行。这个文件在经过修改和充实之后正式发布,接着一些重要的

---

① 卢文鹏.学习、路径依赖与后发劣势:中国经济发展战略的调整[J].经济评论,2003(01).

农业方面的文件相继制定和发布施行,有力地推动了农村经济社会改革的进程①。

以"家庭联产承包责任制"为核心的农村经济体制改革的成功,为国家对城市计划经济体制改革提供了重要的经验参考。1984 年以后,城市经济体制改革全面展开。城市经济体制改革的重点是国有企业的改革,主要从三个方面进行:一是把原来单一的公有制经济发展为以公有制经济为主体的多种所有制经济共同发展;二是对国有企业实行政企分开,逐步扩大企业的生产经营自主权,实行经营责任制;三是实行按劳分配为主、多种分配方式并存的制度。

在改革 10 年探索的基础上,1993 年中共十四大提出建立社会主义市场经济体制的伟大战略,指出国有企业改革应按照建立社会主义市场经济体制的要求,从以往的放权让利、政策调整进入转换机制、制度创新的阶段。大批国有企业建立现代企业制度试点,推行公司制、股份制改革,为建立现代企业制度进行了有益探索②。

从放权让利、财政包干,到发展有计划的商品经济,再到发展中国特色的社会主义市场经济,总体上讲,我们可以将改革开放近 40 年来我国经济发展战略称为"社会主义市场经济体制建构战略"。在此战略下,家庭联产承包责任制、乡镇企业与乡村工业化、小城镇模式、区域经济模式(以温州模式、苏南模式、珠江模式为代表)成为建立农村市场经济体制战略的主要实施路径;而放权让利、国企改制、政企分开、建立现代企业制度成为建立城市市场经济体制战略的重要操作路径。

由于党的十一届三中全会所开启的经济社会体制改革是在"摸着石头过河"的渐进式改革原则下进行的,而这场改革又有幸赶上了新一轮全球化所带来的国际经济和产业分工的良好机遇,凭借着中国特有的资源和劳动力禀赋,中国通过建立市场经济体系和加入 WTO 战略,在新的全球分工中迅速找准了自己的位置——出口导向的外向型经济体系建立,"三来一补"成为沿海企业的核心经营模式。这一模式充分利用了中国农村改革所释放出来的大量廉价劳动力,中国一跃而成为"世界工厂"、全球第二大经济体。正因如此,林毅夫和蔡昉等也将这一段时期中国的经济发展战略称为"比较优势战略"③。

3. 迈向全球竞争的经济转型升级战略(2009 年至今)

2008 年全球金融危机,给外向型主导的中国经济敲响了警钟。全球贸易争

---

① 新华资料:中共十一届三中全会(1978 年). http://news. xinhuanet. com/ziliao/2003-01/20/content_697755. htm.

② 付晓东,余婧. 中国城市经济发展与体制改革 30 年[J]. 中国城市经济,2009(1).

③ 林毅夫,蔡昉,李周. 中国的奇迹:发展战略与经济改革[M]. 上海:上海三联书店,上海人民出版社,1994.

端不断加剧和升级,世贸组织成就甚微,中国经济体系的盈利模式面临着深度转型的重大挑战,长期支撑中国经济高速增长的要素红利、人口红利以及全球化红利的势能都在衰减,主要依靠低成本刺激的出口超高速增长逐渐回归常态增长,以大量增加资源资金投入维持的粗放型增长模式已走到尽头。中国经济要在外部环境变数多、资源环境约束增强、生产要素成本提高的情况下,实现高质量、高效益的经济增长,还需付出很大努力。

在此背景下,"十二五"期间,国家在国民经济发展"十二五"规划中设置了 24 项主要指标,包括 12 个预期性指标和 12 个约束性指标,助力调整经济结构、转变经济发展方式。这些指标主要集中在经济结构、科技教育、资源环境、培育内需和改善民生等方面[①]。

为了应对经济新常态所带来的各种危机和挑战,新一代领导集体正着手建构面向全球的经济发展转型升级战略。各种多边战略性合作平台的陆续搭建,金砖国家开发银行、亚洲基础设施投资银行的相继成立,"一带一路"倡议的提出,亚太自贸区(FTAAP)计划的布局,在以美国为代表的西方工业与资本强国来看,都可归结为对美国主导的机制化金融与贸易体系的挑战。国际舆论对"中国版马歇尔计划"的炒作,实际上正是试图将中国提前推向与美国战略竞争的最前沿。

事实上,作为经济发展战略转型的重要组成部分,中国通过构建各种建设性战略措施向全球性产业与资本强国迈进是经济发展战略的必然趋势。以高铁为代表的高端制造业在全球价值链的提升,正在改变世人对中国制造业以 OEM (original equipment manufacturer,原始设备制造商)为主要特征的一贯看法,而华为、阿里巴巴、腾讯等中国创新型企业在国际市场上竞争力的不断提高,则是中国企业赢得国际尊重的重要参照系。美国投资者对阿里巴巴的接纳,表明中国企业可以在国际资本市场有所作为。随着人民币跨境流动自由化步伐的加快,金砖银行以及金砖国家应急储备基金将来有可能建立包括人民币在内的储备货币组合。如果人民币能成为金砖银行的货币资本,结合中国国家开发银行、中国进出口银行以及亚洲基础设施投资银行,将会显著促进广大发展中国家的经济建设[②]。这一切,当然也表明中国未来经济发展战略必须冲破美国所主导的国际经济与金融秩序框架,积极构建新的全球性经济与金融秩序。

① 中央政府门户网站.国民经济和社会发展第十二个五年规划纲要[EB/OL].http://www.gov.cn/2011lh/content_1825838_2.htm.

② 章玉贵.谋求经济战略转型根本性突破[EB/OL].新华网.http://news.xinhuanet.com/fortune/2014-11/10/c_127195384.htm.2014-11-10.

如果沿着经济学家的思路,我们可以将这次面向全球竞争的经济发展转型升级战略称为"竞争优势战略"。而在当今全球化日益纵深的国际经济格局中,这种基于竞争优势的经济发展战略的建构已经远远超越了传统经济发展中劳动力和资源禀赋的视阈,越来越依托产业战略、地缘政治、外交谋略,以及现代财政、货币和金融体系等配套系统的紧密支持与配合。

(二)中国货币、财政与金融政策的演变

中国的货币政策在狭义上属于中国经济发展战略,所以,其演变同中国经济发展战略相一致。但是,由于货币政策自身的特殊性与独立性,特别是对当代市场经济制度具有独特意义,所以,中国货币政策的演变又具有不同特点。

中国的货币政策同样可以大致分为两大阶段:1978 年之前,中国的货币政策就是计划经济的货币政策。由于在意识形态上将货币同对资本的全面批判与否定相结合,导致这一时期货币政策被全面压制,整个社会信用体系单一、僵化。这一时期的货币战略在严格意义上是不存在的,国家对货币具有绝对控制力,货币实质上极少具有市场功能。1978 年之后,中国经济由高度集中的计划经济转变为以市场为主导的经济形态,货币的作用开始变得逐渐重要,社会信用体系市场化,国家对社会信用体系逐渐由控制变为调控。

1979 年之后,中国人民银行首先转型,由单一国家银行转型为中央银行。社会主义市场经济被确立之前,中国的货币政策仍然是以建立国家基本信用体系为主。与此同时,为适应对外开放战略,国家货币政策的改革尝试以对外为主,主要是为对外开放创造有利信用环境。这种思路还有利于探索货币体系建设经验,并逐步将经验应用到国内货币政策,避免国内大幅度改革带来的风险。

1993 年之后,随着社会主义市场经济体制的确立,中国货币政策成为国家调控市场的重要手段。这一时期,中央银行制度逐渐确立并完善,人民银行真正成为货币政策的实施载体,同时,对国有银行进行市场化改革,建立多个政策性银行,完善监管体系,并成立银监会等。可以看到,以市场经济为核心的社会信用体系基本建立起来。这一阶段,货币政策成为刺激经济发展和调控经济发展的关键手段,通过利率调控,对通胀通缩进行全面监控与调控,稳定货币流通。

与中国经济发展战略不同的是,中国货币政策改革相对滞后于整体经济发展。货币政策发展思路的转变往往也要相对滞后于经济发展战略。这一方面是由于货币政策的运用需要专业化的团队实践;另一方面,货币政策的运用是把双刃剑,运用不当往往导致严重经济危机,所以,采取货币政策必须谨慎——对于中国这种缺乏货币政策运用经验的国家尤为如此。

在计划经济时代,可以说是有财政政策而无货币和金融政策。改革开放后,随着社会主义市场经济体制的逐步确立,财政政策之外的货币、金融政策越来越成为经济发展战略的重要支撑。邓小平曾经指出:"金融很重要,是现代经济的核心。金融搞好了,一着棋活,全盘皆活"[①]。这一论断精辟地阐明了金融在现代经济发展战略建构中的核心地位和重要性。从计划经济体制下单一财政政策主导的经济发展模式,到中国特色的市场经济体制下财政政策与货币、金融政策相辅相成的现代金融体系的建构,标志着我国现代金融政策的日渐成熟。在未来迈向全球竞争的经济转型升级战略中,金融体系的创新与金融政策的系统化建设成为经济发展战略实施的重要依托,甚至直接决定着经济发展战略的成败。

1. 计划经济体制下的财政政策及其运作(1953—1980 年)

在计划经济体制时代的赶超型经济发展战略下,国家为了集中财力物力干大事,主要通过"统收统支"和"统销统购"的财政政策对国民经济进行直接调节和全面干预。

中华人民共和国成立后至 1953 年是中国国民经济恢复时期,国家经济面临着严重的困难,一方面是国民党遗留下来的烂摊子,生产瘫痪,工人失业,通货膨胀;另一方面财政收入来源少而且难以集中,支出巨大,结果导致国家预算失衡。在这种情况下,为了尽快医治战争创伤,恢复生产,发展经济,稳定社会,中央政府必须集中财力物力,于是实行了统收统支、高度集中的财政体制。这个体制的核心要义即国家预算管理权和制度决定权集中在中央政府,一切收支项目、收支办法、收支范围和收支标准都由中央统一制定;财力集中在中央,预算收支由中央统一掌握和分配,即地方收入集中于中央,地方支出必须经中央统一审核,逐级拨付,地方财政收入与支出之间基本上不发生关系。

"一化三改"后,中国确立了重工业主导的赶超型经济发展战略。为了这一战略的顺利实施,我国逐步建立起了"统销统购"的物资调拨制度。统销统购制度,最初源于对粮食短缺问题的解决。据国家统计局数字,城镇总人口由 1949 年的 5 765万增加到 1954 年的 8 249 万,5 年增长了 43%[②]。随着工业建设的发展,城市人口继续大幅度增加,粮食供应形势日益严峻。1953 年 6 月的全国财经会议粮食组指出:问题很大,办法不多,真有点难以为继[③]。面对粮食短缺的尖锐矛盾,毛泽东让中央财经委员会拿出办法。当时的中财委负责人陈云研究出 8 种方案,

---

①　中国人民银行办公厅.金融政策法规文件选编[M].北京:中国金融出版社,2008.

②　中国统计年鉴 1984[M].北京:中国统计出版社,1984:81.

③　若干重大决策与事件回顾(上)[M].北京:中共中央党校出版社,1993:255-256.

最后选定了统购统销的方案。1953 年 10 月 2 日晚,毛泽东主持中央政治局扩大会议,听取了陈云的汇报,采纳了陈云的建议。10 月 16 日,中共中央政治局讨论通过了《中共中央关于粮食的计划收购与计划供应的决议》,之后政务院(国务院的前身)又发布了相关命令和执行办法。从此以后"所有收购量和供应量,收购标准和供应标准,收购价格和供应价格等,都必须由中央统一规定或经中央批准"[①]。在当时环境下,统购统销不仅是解决城市粮食问题的手段,也为计划经济体制的建立和工业化战略的开展奠定了坚实的基础。

2. 改革开放后现代金融体系的逐步建立(1980—2008 年)

改革开放后,随着经济体制的转轨,以中央银行体制的建立,商业银行体制的改革以及证券市场的建立和发展为标志的现代金融体系逐步建立起来。

1984 年,中国人民银行专门行使中央银行职能,我国正式建立起现代中央银行体制,标志着我国真正意义上的货币政策开始实践。总体上讲,在这近 30 年里,我国的货币政策可以 1997 年作为分界线,之前主要是以反通货膨胀为核心目标,表现出抑制需求的特征;而之后是以反通货紧缩及促进经济增长为主要目标,表现出扩大需求的特征。

在建立中央银行之后,金融体制改革的重点是加快我国商业银行体制改革。刘鸿儒教授认为:要建立社会主义市场经济体系,必须有与之相适应的新型金融体制,这一新型的金融体制的主体是商业银行的改革。若不实行商业银行体制改革,金融体制改革就难以深化[②]。改革开放以来,中国银行业改革发展取得了巨大成绩。中国的银行体系形成了 5 家国有控股银行、12 家股份制银行、147 家地方性商业银行、多家村镇银行,以及部分外资银行并存、竞争发展的多层次、多形式的格局,一个逐步开放、全方位竞争的银行业格局逐步形成[③]。

此外,建立和发展证券市场也是改革开放以来建构现代金融系统的一项重要工作。我国长期在高度集中的计划体制下管理经济,形成了"大财政、小银行"的格局,即各种投资多由财政负担。随着现代银行体制的建立,我国逐步加强了银行职能,信贷资金开始占主导地位。但是随着经济不同层次发展的需要,要求金融形式多样化,将市场机制引入金融市场,实现金融证券化。建立和发展证券市场,使企业成为筹资主体,金融机构成为中介人,融资方式变为市场方式,这种模式将使我国的财政、计划、金融体制发生革命性的变化。因此,证券市场是金融市

---

① 中共中央文献编辑委员会.陈云文选(第二卷)[M].北京:人民出版社,1995:208.

② 金晓斌.中国商业银行体制改革的思路与焦点——刘鸿儒教授访谈[J].浙江金融,1998(01).

③ 胡雪琴,陈勇.改革开放三十年来中国银行业的发展与变迁[J].中国金融,2008(17).

场的重要组成部分,在金融市场体系中居重要地位,对中国整个经济体制改革具有巨大推动作用。从 20 世纪 90 年代初开始,中国证券市场经历了 20 多年的发展历程,从不成熟逐步走向成熟,从监管缺位到监管逐步完善,从初具规模到发展壮大,证券业已成为中国国民经济中的一个重要行业,对推动国民经济增长作出了重大贡献。

3. 迈向全球金融新秩序的金融发展战略(2009 年至今)

例如,证券市场自沪深交易所正式运营至今 20 多年来,中国证券市场从无到有、从小到大,成长为拥有 2 600 多家上市公司,市值超过 36 万亿元的全球第二大证券市场。但距离国际金融中心的战略目标还存在相当大差距,主要体现在市场化程度不高,行政或非市场性力量配置资源作用明显;国际化水平不高;信息披露和市场透明度有待改善;投机色彩明显,投资功能不足。存在上述问题的深层次原因主要是认识误差、设计偏差、政策不明晰、法律不健全等。

研究认为,要构建与中国大国地位相匹配的大国金融,需正确认识证券市场功能,深刻理解发展证券市场的战略意义,推进证券市场化改革和国际化战略。要修改相应法律法规中有关股票发行审批或核准的内容;重点推进发行制度改革、并购重组规则的调整和退市机制的严格执行;明确资本市场开放顺序[①]。

二、我国经济的发展状况

(一)我国经济保持了近 40 年的高增长

2016 年,中国 GDP 增速为 6.7%,经济总量达 74.4 万亿元。从 1978 年到 2016 年,我国经济保持着高中速度增长率。近 10 年来,虽然经历了全球金融危机的冲击,仍然保持了高增长,实现了经济增长率、主要工业品产量、粮食产量、进出口总额和外汇储备等指标的全球第一的奇迹。

人口结构和改革红利是驱动我国经济高增长的根本因素。中国人口结构变迁的两大趋势"人口红利"和"城乡转移",从两方面促进了经济的增长。一方面,生产者超过消费者的人数越来越多,经济的供给能力相对当期的消费需求增加,储蓄率上升;另一方面,大量农村富余劳动力向城镇转移,互相竞争,抑制了工资的上升,收入分配朝企业倾斜,企业部门的储蓄增加。此外,城市的聚集效应提高劳动力技能,促进了劳动生产率的提高。

---

① 全国人大. 必须建立与大国地位相匹配的证券市场[EB/OL]. 财经网, http://www.ctjin.com/ziben/caijing/pinglun/2014-12-30/57347.html. 2014-12-30.

过去将近 40 年的时间里,我国经济增长有三次明显的加速期,这三次加速期和三次大的体制改革联系在一起,反映了改革带来的经济体制和组织形式的变化,以及对外开放带来的竞争环境的变化。第一个上升期是 20 世纪 80 年代初,以家庭联产承包责任制为核心的农村改革开始推行,大幅提高了农业生产效率。第二次是 90 年代初,邓小平南方谈话和建设社会主义市场经济体制的改革目标确立,改革开放的力度加大。第三次是 21 世纪初,我国加入世界贸易组织(WTO),大幅提高了对外开放的水平,从两方面提升了全要素生产率:一是随着进出口规模的扩大,外商投资的增加,中国企业全面参与全球竞争,从技术、管理等方面提高了生产效率;二是出口的扩大为农村富裕劳动力的转移创造了有利条件。

(二)经济增长的质量不高,问题突出

经济增长包含量和质两个方面:从量上来说经济增长是指经济总量即 GDP 或人均 GDP 增加;从质上来说经济增长是指经济结构的改善、效益的提高。就我国经济增长来看,经济总量已经位于世界第二位,但质量不高的问题比较突出。

从投资、消费和出口来看,一是投资是我国经济高速增长的主要动力。应该充分肯定投资在我国追赶发展、弥补历史欠账和短板、支撑就业等方面所发挥的历史作用。同时近年来,我国投资对增长的边际贡献率及本身收益率有所下降。例如,往年投资每增长 1% 就能拉动 GDP 增长约 0.8%,而到了 2016 年,这一指标已经下降到了 0.3% 左右。

二是消费占 GDP 的比重仍然较小。在现代社会,消费本该是推动经济发展的主导因素,然而由于社会保障制度不健全,对未来收入预期不确定等原因,我国居民长期以来储蓄率很高而消费率偏低,这是造成大量生产力闲置和商品积压的重要原因之一,也迫使我国不得不依靠扩张投资来维持增长。

三是出口主要依赖劳动密集型、技术含量低、附加值不高的产品输出。出口主要处于全球价值链低端,形成了中国资源变相补贴全球经济的局面。加之外资在我国部分重要、高收益产业中占据了较大比重,中国商品出口量很大但收益率却偏低。

三、我国经济的增长方式及转型制约

(一)我国的经济增长方式正处于转变期

2008 年,我国的刘易斯拐点(即劳动力过剩向短缺的转折点)已经完成,经济发展进入了一个劳动力短缺所导致的低速经济增长和经济结构被倒逼调整的阶段。刘易斯拐点的越过为中国经济从要素驱动向生产力驱动的转型提出了迫切要求。2002—2013年,我国全要素生产率的贡献率仅为29%,60.3%的经济增长靠资本投入实现。但是随着人口红利的消失、资源和环境承载力的限制、不断高企的社会债务率等因素影响,主要依靠要素投入的粗放式增长方式已难以为继。中国进入了解决"发展的问题"和解决"发展起来的问题"同步推进的阶段,迫切需要通过改革挖掘制度红利,构筑发展的新动力。

从国际和历史的视野来看,过去近40年我国经济的高速增长属于比较典型的后发追赶型增长。现在我国追赶型增长进程还没有结束,目前所面临的增长阶段转换,属于后发追赶型增长过程中的阶段转换。关于这个时期我国的经济发展,近年来学术界已经形成两个基本共识:一是我国经济基本面正在发生变化,传统增长动力减弱,潜在增长率下降,不可能再回到过去接近两位数的高增长;二是虽然我国经济潜在增长率已经下降,但不会一下子滑落到发达国家2%~3%的低速水平,而是具有在一定时期内实现中高速增长的潜力。但要注意的是,潜在增速只是由经济发展阶段、与发达国家发展差距及后发优势大小等因素所决定的一种增长可能性,是通过努力有可能实现的增速,而不是不通过努力就可以实现的。有三个方面的国际经验可以说明这一点:一是世界上有不少处于低收入发展水平、非常贫穷的国家或地区,它们的后发优势和增长潜力很大,但长期没有实现快速增长;二是一些成功实现追赶型增长的经济体,包括日本、韩国及我国台湾地区等,尽管它们在相似发展阶段的后发优势或增长潜力比较相近,但各自实现的中长期平均增长速度存在较大差异;三是一些追赶不那么成功的国家或地区,虽然在发展初期经历了高速增长,但到中等收入阶段则出现了发展的停滞,落入了中等收入陷阱。这些经验教训都是值得吸取的。可见,当前我国经济从高速增长向中高速增长转变,并不仅仅意味着增长速度的变化,而同时意味着增长动力和增长方式的重大转变。中高速增长并不能在延续旧的增长模式下自动实现,而需要通过改革的深化和政策的调整去争取。如果不能真正建立适应发展阶段变化、有利于实现增长方式转变的体制和政策环境,那么,不仅中高速的增长潜力不会变为现实,而且经济有可能滑落至低速徘徊,甚至落入中等收入陷阱。[1]

因此,当前我国要更加明确,"深水区"和"攻坚期"的改革是最大红利。要在保持经济基本稳定、风险总体可控的前提下,不失时机地推进各项改革,加快形成与新环境、新阶段相适应的质量效率型集约增长方式。同时,应加快培育发展新产业、新业态、新商业模式和新增长点,带动经济增长方式转变。

① 张扩军. 人民要论[N]. 人民日报,2015-07-13.

（二）转变经济增长方式面临制约

转变经济增长方式是一项极其艰巨复杂的任务，存在许多制约因素需要克服。其中最主要的制约有以下四个方面。

1. 转变经济增长方式受到 GDP 政绩观的影响

过去一些地区的政府和领导干部把 GDP 增长速度作为衡量政绩大小的标准。为追求政绩，各地各部门进行 GDP 竞赛，把经济增长速度放在第一位，使转变经济增长方式徒具虚名。本来，用 GDP 来衡量经济发展的状况是全世界通行的普适指标，并没有什么不妥。问题是不考虑资源环境、不顾及社会民生的以 GDP 为核心的政绩观存在很大的局限性。这种政绩观只看到经济发展的速度，却难以看到经济发展的质量，不能正确地评价经济发展的状况，也不能导引科学的发展决策，而只能刺激铺摊子、上项目、搞规模。最终，使领导干部政绩评价标准扭曲，往往造成毁坏青山绿水、耗尽各种资源的竭泽而渔者得到鼓励和提拔，而顾及发展代价和成本、尽力保护生态环境、旨在提高百姓幸福指数的人受到贬损和挤压。因此转变经济增长方式首先要转变以 GDP 为核心的政绩观。

以 GDP 为核心的政绩观的产生有以下几种原因：一是政绩考核的导向作用。在一些地区，以经济建设为中心被片面地理解成只搞经济建设，GDP 几乎成为干部升降去留的唯一条件，结果是"经济发展，环境负债"；二是现行财政体制的结果。在现行财政体制下，地方财政主要依靠企业税收，如果本地区 GDP 增长缓慢或者负增长，地方财政就会难以为继，这就迫使地方追求 GDP 的增长率；三是市场化改革不到位。如果市场化改革到位了，GDP 到底有多少，最终还是市场说了算，政府只能作出预测，不可能从根本上改变一年的 GDP 数字，以 GDP 为核心的政绩观就失去了存在的基础。

政绩观的转变不可能一蹴而就。首先，政绩观的转变涉及如何客观评价领导干部政绩的问题，评价指标体系的建立、评价方式和程序的确定、深入的调查研究、必须的透明和公开、各种信息的搜集过滤等，都是政绩评价所必须做好的基本工作，而这些工作十分复杂。其次，政绩观的转变关系到各种利益的考量和取舍。政绩观的调整往往涉及利益的重新调整，各种利益关系的妥善处理和利害权衡难度较大。最后，政绩观的转变也是各种制度不断创新、各种体制不断变革和完善的过程，而进行一定的制度变革是一个艰难的历史过程。

2. 转变经济增长方式受到科技创新能力的制约

科技是第一生产力，也是决定经济发展方式的最根本因素。科技创新能将科技成果转化为现实的生产力，以尽可能少的资源、劳动力投入和尽可能少的污染排放实现经济增长,是经济发展方式由粗放型向集约型转变的关键。科技创新也是产业结构优化和升级的关键。科技创新能提高经济的科技含量和集约化程度,是第二产业发展的主要方向,而第二产业生产率大幅提高,又为第三产业发展创造巨大空间,促进第二、第三产业协同发展。

改革开放以来,中国科技创新条件有所改善,创新水平不断提高。但从总体上看,中国科技创新能力还比较薄弱,与发达国家的差距还比较大,已经成为加快转变经济发展方式的瓶颈。中国科技创新能力薄弱主要表现在以下几个方面。

一是企业创新能力较低。改革开放以来,中国出现了一批创新能力相对较强的企业。但总的来看,中国企业技术创新能力还很难满足加快经济增长方式转变、实现产业结构升级的需要。1995年,中国大中型工业企业中,有科技活动的企业数所占比重为56.9%,2008年下降为37.1%。有科技机构的企业数所占比重为39.8%,到2008年下降为24.7%。有3/4的企业没有设立科技机构,企业科技活动呈现下降态势。而且,企业引进技术消化吸收所投资经费比例极低。2008年,中国企业引进技术消化吸收费用与技术引进费用相比仅为0.24∶1。从国外经验来看,日本、韩国引进技术消化吸收的费用高达引进费用的3倍到10倍。[①] 上述数据表明,中国绝大部分企业的发展仍不是主要依靠科技创新能力的提高。如果作为微观经济主体的企业创新能力不提高,发展方式不转变,整个宏观经济的发展方式就很难根本改变。

二是科技成果转化与产业化水平低。中国科技成果转化能力仍然需要有较大提高。教育部的一份研究报告显示,中国高校每年取得的科技成果有6 000～8 000项,而实现成果转化与产业化的不足占1/10。目前中国有科研人员每年取得的科技成果达3万多项,并且拥有上万项省部级科研成果,2万项以上专利,科技成果推广率约为15%,真正大面积应用并获得可观经济效益的很少。科技创新成果没有转化和产业化,其对生产力和经济发展的作用将无法发挥,不能支持中国加速转变经济发展方式。

三是关键技术受制于人。长期以来,中国所实行的产业技术进步方针主要是"以市场换技术",习惯于通过引进与模仿实现技术进步,缺乏自主创新意识,结果是中国一些关键技术受制于人。由于缺乏核心技术,中国企业总是处于全球制造业产业链的低端,产品的附加值很低,成本利润的刚性极强。有资料显示,中国汽车产业的外国投资商出30%的资本,拥有50%的股份,却拿走了70%的利润,中

---

① 孙福全,陈宝明,彭春燕. 突破发展方式转变的创新能力制约[N]. 学习时报,2011-05-16.

国的资本只能拿到 30% 的利润。另据统计,中国每生产一个 iPod,美国的苹果公司就拿去了 94% 的利润。原因就在于苹果的技术,而中国的企业做的仅仅是将相应的零件拼装在一起,然后打包卖出。中国以出口为主的中小企业做得最多的就是 OEM,即所谓的贴牌生产。如果在关键技术领域不能有效突破,中国的产业升级和新兴产业发展以及经济增长方式转变将面临瓶颈。

3. 转变经济增长方式受到体制机制的制约

制度问题具有根本性、全局性和长远性,是经济增长方式转变的基础。虽然中国改革开放取得了重大的历史性成就,但是体制机制改革的任务并没有完成,改革攻坚仍处于关键时期,与转变经济发展方式的要求存在很大差距。主要表现在以下四个方面。

一是市场机制不完善。中国的生产要素价格,包括劳动力价格、生产资料价格、土地价格、货币价格、能源价格、资源价格、环保价格等,都存在扭曲,市场发育滞后,价格形成机制过多的受到行政干预。例如,土地作为主要生产要素之一,大部分掌握在政府手中,成为政府的主要财政收入来源和招商引资的手段,往往是一届政府就把几十年的土地都批出去了,结果就是鼓励企业扩张规模。水、煤、电、油等能源的价格也没有放开,总体价格水平偏低,不能反映其稀缺程度,在中国现行矿产资源开采体制下,获取开采权的成本很低,也使得价格和成本严重脱离,这些都造成了使用中的大量浪费。

二是市场主体不合格。中国国有经济战略性调整尚未到位,国有企业是市场的重要主体,国有资本在一般竞争性领域比重仍然较高,规模仍然偏大,一些垄断行业改革仍然滞后。由于产权的限制,国有企业的经营管理还没有完全市场化,企业技术创新能力和资源配置效率较低;另外,政府对经济起着重要作用,并且经常直接干预经济活动。由于政府投资决策的机制不规范,投资责任追究制度不健全,决策者不对决策后果负责,在当前的考核体制下,造成了政府追求政绩、政府官员忙于招商引资上项目的现象,甚至不惜引入对当地环境造成严重污染的项目。而真正需要政府关注的教育、医疗、农业等领域却投入不足。这使中国不但投资率居高不下,而且投资结构扭曲,资源配置效率低下。

三是财税金融体制改革滞后。首先,资源税费体系改革滞后,当年为了补贴国有企业而采取的低资源税政策在目前资源价格不断上涨的形势下仍然存在。其次,金融改革也严重滞后。利率主要由央行确定,没有实现市场化,不能准确反映资金市场供求状况,利率水平偏低,并且信贷资金的配置往往受到行政干预,信贷资金的低成本也诱使企业竞相扩大规模。

四是社会管理机制不健全。劳动力市场体系和就业服务体系还不健全。初次分配秩序还不规范,再分配调节作用有限,收入差距扩大趋势并没有根本扭转;社会保障制度严重滞后于经济社会发展,覆盖范围窄,保障水平低,城乡、地区、行业分割,转移接续难;多元参与、平等竞争的公共服务供给机制尚未形成,社会管理体制还不适应社会格局深刻变化的需要;城乡二元体制分割,阻碍了公共资源和生产要素在城乡之间合理配置和自由流动。

4. 转变经济增长方式受到现实经济发展条件的制约

中国经济发展方式的转变还要受到现实经济发展条件的诸多制约。

一是经济发展阶段的制约。目前中国相对粗放的经济发展方式,是与中国经济所处的发展阶段密切相关的。中国处于工业化中后期,居民对住房、汽车、通信产品等的需求迅速扩大,由此带动钢铁、水泥、建材、化工等物耗和能耗较高的重化工业的迅猛发展。中国还处于城市化加速发展的时期,城市基础设施、高速公路、铁路等的大规模建设,也必然会使中国现阶段的经济发展呈现出高物质消耗的特征。与此同时,中国经济起步较低,与发达国家相比,技术水平和管理水平都存在较大差距,这就决定了经济发展方式难以完全避免相对粗放的特征。

二是资源禀赋的制约。例如,中国煤炭资源相对丰富,石油等资源相对贫乏,这使中国现行能源结构调整和环境治理难度加大。2010 年在中国能源消费中,原煤所占比重高达 70.9%,这与中国原煤产量占能源生产比重 76.8% 有关。中国煤炭的一半以上是用于发电,大约 78% 的电力装机是以煤为燃料的火电机组;而发电量的 84% 来自煤电,电力结构呈现以煤为主的特征。据计算,每燃烧一吨煤炭会产生 4.12 吨的二氧化碳气体,比石油和天然气每吨多 30% 和 70%。更为严峻的是,煤炭大量开采、消耗带来了生态环境破坏和水资源的污染,这也在很大程度上加大了转变经济增长方式的难度。

三是区域发展差异的制约。中国幅员辽阔,各地区的经济发展速度和水平存在明显差距。东部基础较好发展较早的省份,其发展水平大大领先于中西部相对落后的地区。2016 年,中国有 12 个万亿城市,其中东部地区就有上海、北京、广州、深圳、天津、苏州、杭州、南京、青岛 9 个城市。在 2010 年东部地区的国内生产总值占整个国内生产总值的 53%,而西部地区只占到 18.7%。东部地区第二、第三产业和固定资产投资占全国比重都在 50% 上下,进出口总额比重更是高达 87.6%,远远超过中、西、东北地区的总和。区域经济发展极不平衡,经济、社会和环境条件千差万别,使转变经济发展方式变得更加复杂而艰巨。

第三节 中国产业、所有制、地区结构和经济增长

本节运用中国改革开放以来的经验数据,实证地考察以市场制度为体制变迁目标的改革对资源配置起到了怎样的作用。以此试图说明,在现有的生产技术条件下,市场制度应体现什么样的价值取向,才能通过市场调整出合理的经济结构。通过模型对中国经济的产业结构、所有制结构以及产业结构和所有制结构之间的互动影响进行实证分析,发现从产业结构或所有制结构单方面地对经济结构进行调整,都无法使经济结构达到一种合理的状态,并且通过市场调整经济结构时,市场制度的价值取向将起到关键的作用。比较分析不同的市场制度价值取向下市场对经济结构的调整发现,只有当经济中形成一种国有经济不与民(资本和劳动)争利的制度环境,并且制度的价值取向侧重于保护资本利益,但同时兼顾劳动利益时,市场才能调整出合理的经济结构。

经济结构主要指一个经济体中的所有制结构和产业结构。在一定的技术条件下,生产要素的所有者通过市场上的逐利行为,将要素投入不同的产业之中从而形成一定的产业结构。由于要素所有者不同,如国有或私人所有,决定了市场上的逐利行为、要素的投向以及要素的组织形式都不一样,这从另一个角度也说明所有制结构对产业结构有很强的影响作用;另外,产业结构在一定意义上又决定了经济的生产方式,生产方式的不同会影响到要素的生产效率和要素的市场交换,因而在一定程度上产业结构又影响着经济的所有制结构。人们在研究经济结构的调整时,更多地讨论应由政府主导结构调整还是应由市场推动,理论界一般主张经济结构调整应由市场推动。然而在现实经济中,比如更倾向效率还是更倾向公平等,市场制度的价值取向也不一样,因此市场制度的不同经济结构也不同。本研究基于现有的生产技术条件,试图说明什么样的市场制度的价值取向才能使市场调整出合理的经济结构。

市场发展程度不同,市场制度表现的价值取向也会不同。比如在初级市场经济中,市场制度几乎只保护资本在市场上追逐利润,整个市场制度都围绕怎样使资本获得最大利益来安排,劳动成为资本雇佣,整个市场制度极少考虑劳动的利益。在这样的市场制度中,制度所表现的价值取向完全倾向于保护资本的利益。随着市场经济的发展,劳动要素在市场经济中形成了保护自身利益的组织和群体,比如工会等,这些组织和群体作为市场制度的一部分,对要素的交换和配置也起到一定的作用。在这样的市场经济中,市场制度本身不可能完全只保护资本的

利益,它同时还部分地顾及劳动的利益。因此在这种层次相对高一点的市场经济中,市场制度在保护资本利益的同时还兼顾劳动的利益。市场制度的价值取向不同,会导致市场运作机制的不同,运作机制不同的市场所选择的经济结构也将不同,本节将在市场制度的价值取向不同的情形下,讨论市场对经济结构的调整,并对调整的经济结构进行比较研究。

我们试图从一个全新角度,对中国经济中产业结构的变动、所有制结构的变动以及产业结构和所有制结构之间的互动关系进行研究,并利用这种互动关系说明在不同的市场制度之下,通过对产业结构和所有制结构的优化调整,会形成不同的经济结构,由此说明市场制度的价值取向对经济结构调整的影响作用。同时对不同价值取向下的市场选择形成的经济结构进行比较分析,说明只有资本和劳动要素的利益得到保护,并且只有在资本利益的保护略高于劳动要素利益保护的市场制度下,通过市场机制调整的经济结构才是符合工业化的产业结构和高层次市场经济需要的所有制结构。

在现阶段的生产技术条件下,通过模型实证分析中国经济中产业结构、所有制结构以及产业结构和所有制结构互动对经济的影响,并对这种互动影响进行优化分析发现,在现有所有制结构不变的条件之下,无论在怎样的市场制度下,中国经济都无法通过市场调节实现工业化,同时也无法扩大市场规模;而在现有产业结构不变的条件之下,通过市场调节所有制结构,如果市场制度的价值取向只是保护资本的利益,那么市场将选择更大份额的非国有经济份额;当市场制度体现出对劳动利益的保护时,市场选择的国有经济份额将超过非国有经济份额,但此时无论市场制度的价值取向只是保护资本利益或同时兼顾劳动利益,经济都无法通过市场选择的所有制结构使经济总量规模或市场规模最大。分析同时表明,在现有产业结构不变的情形下,私营经济的增加虽然能使资本利益提高 7 倍,但劳动利益只是国有经济的 1/2。因此市场制度侧重于资本利益,并鼓励资本在市场上追逐利润。那么资本,无论是国有资本还是私营资本,从自身利益的角度出发都将选择私营,此时市场选择的所有制调整方式就是国有资本民营,这样既大力发展了私营经济,同时也协调发展了国有经济,使资本的收益增值最大。但是这种调整方式将使劳动要素收入的增加减少近一半,这势必增大资本所有者和劳动所有者的收入差距。总而言之,只从产业结构或所有制结构单方面进行经济结构调整,都无法使经济结构达到一种合理的状态,因此对经济结构的调整需要通过所有制结构和产业结构共同的协调调整,方能达到一种合理经济结构状态。

通过市场调整经济结构时,市场制度的价值取向将起到关键的作用。当市场制度的价值取向偏重于劳动,或对劳动利益的保护大于或等于资本的利益,那么通过市场所选择的所有制结构主要是完全绝对私有化但组织程度很低的个体经济;当市场制度的价值取向侧重于保护资本的利益,但同时兼顾劳动利益时,那么通过市场所选择的所有制结构主要由有一定组织程度的私营经济构成。这说明单纯从要素利益的角度出发,市场都不会选择国有经济,但是考虑到经济的规模时,国有经济在市场组织形式(也包括经济的基础设施)建设中起到非常重要的作用。所以在利用市场调节所有制结构时,需要发挥国有经济在市场组织形式中的作用。

一、区域差异的结构性特征与我国经济的持续增长

一国经济区域之间存在显著的发展差异,通常被作为经济二元性的重要体现和不发达的重要标志。但对于我国现阶段经济成长来说,这种区域差异的存在,进而产生的梯度式推进的可能,从一定意义上恰恰是我国实现持续高速增长的重要资源和特有的发展禀赋。改革开放以来,我国经济保持了 31 年之久的高速增长,GDP 年均增速保持在 9% 以上,到 2010 年,我国人均 GDP 已经突破中等收入发展中国家的平均水平。

从经济史上看,从来没有一个新兴工业化国家能够持续保持 31 年的高速增长。也正是基于这种经验,西方学者针对亚洲新兴工业国高速增长曾提出"增长的 22 年极限论"。经过近 40 年的改革开放和经济增长,我国欠发达地区的经济也发生了深刻的变化,在经济体制改革、基础设施建设等许多方面也都取得了进展。虽然这些地区的发展仍明显落后于全国沿海发达地区的水平,甚至落后于全国平均水平,但如果这些地区能够进一步加强人力资源等方面的开发和基础设施建设,同时又有在劳动力成本、自然资源等方面的优势,它们就有可能成为今后新一轮经济高速增长的新动力。如果说此前近 40 年我国经济的高速增长,主要来自东部沿海相对发达的区域增长带动,如果说一个不存在区域显著差异的小国,一个经济发展呈现均质状态的地区,保持高速增长近 40 年后,可能会出现增长速度的递减甚至停滞,那么,我国作为一个非均质、非均衡的区域差异显著的发展中大国,区域间客观存在的发展落差,却极可能形成梯度或高速推进的动力,从而使中国经济具有更长期高速增长的发展可能。这是我国在持续高速增长上优于许多新兴工业化国家之处。这一优势的存在,源于我国客观上存在的区域差异这一发展资源和禀赋。

二、区域发展水平及增长速度的差异与梯度式推进

一般来说,人均 GDP 是一个地区经济发展水平的重要标志,GDP 的年均增长速度则反映一个地区的经济活力,两者分别从静态和动态上反映一个地区的经济发展水平。静态水平是动态增长的结果,动态增长则又以静态水平为基础。根据我国现阶段各地区人均 GDP 水平以及近年来的年均增长速度,从动态和静态水平上可以把各地区划分为以下几类。

1. 静态的人均 GDP 水平最高,动态的增长速度最快的经济发达地区

以上海、广东、北京为顶点的经济大三角,包括长江三角洲地区(上海、浙江、江苏)、珠江三角洲地区(广东、福建)、京津地区。从静态上看,这些区域在国内人均 GDP 水平排位最高;从动态上看,这些区域也是改革开放以来发展最快的地区。

2. 静态的人均 GDP 水平较高,动态的增长速度也较高,并且都明显高于全国平均水平的经济较发达地区

这些地区包括山东、河北等在内的环渤海湾地区。由于处于沿海地区,又靠近京津地区,同时具有较好的工业基础,在未来的经济发展和对外开放中具有很强的区位优势。现阶段的人均 GDP 水平虽不如经济发达地区,但却明显高于全国平均水平,近几年的年均增长速度也同样明显高于全国同期的平均增长速度。

3. 静态的人均 GDP 水平较高,明显超出全国平均水平,但动态地看,近些年的增长速度却大体接近全国平均水平的东北地区

东北三省具有丰富的资源和较好的工业基础,人均 GDP 水平一直处于较高水平上,但改革开放以来的经济增长速度并不高。近年来国家"东北振兴"计划的出台,为这个地区未来加速增长提供了条件。

4. 静态的人均 GDP 水平和动态的增长速度均处于中等水平的华中内陆地区

这些地区包括河南、山西、湖南、湖北、江西、安徽、四川、陕西等地区。

5. 人均 GDP 水平较低,但近些年来增长速度特别迅速的少数民族聚集地区

这些地区包括西藏、宁夏、青海和内蒙古等。由于种种历史的和现实、自然、社会的原因,这些地区长期以来是我国经济较贫困的地区,人均 GDP 水平比较低,但近些年来由于国家对这些少数民族地区的大力扶持,这些地区的经济发展速度特别快,都高于全国同期平均水平。

6. 人均 GDP 水平和 GDP 增长速度都处于全国最低水平的边远地区

这些地区包括贵州、云南、甘肃、广西等。

总之,无论是从经济发展水平和经济增长速度的地区差异上,还是从区域间产业结构高度的落差上,或是从地区间投资和消费需求变动的特点上,我国作为一个处在工业化加速期的发展中大国,区域间发展的非均衡既是我国实现现代化的巨大难题,也是支持我国经济不同于发达国家,不同于一般发展中的小国,保持更长时期高速增长的重要发展性条件和资源。问题在于我们能否从发展战略、经济体制、经济政策等各方面,使这种发展性的资源和非均衡的潜在持续发展优势真正转变为财富,转变为现实的发展奇迹。

三、中国的地区经济结构与平衡发展

我们研究分析了中国东部、中部和西部三个经济区的经济结构对经济的影响,说明东部经济区已经出现了有利于吸纳资本要素和劳动要素的初级市场经济结构,中部经济区的经济结构表现出很强的非工业化特征,而西部经济区则表现出农业化的经济结构特征。

分析说明这些经济结构特征并不利于各个地区的经济总体规模的扩大,即不利于促进各个地区的专业化和社会分工的深化,以及高层次市场经济制度的形成。针对各个地区存在的经济结构差异,本研究认为,要促进各个地区的经济平衡发展,不能只依靠市场的调节力量,政府必须发挥指导性干预作用。并且政府在指导各个地区的经济结构调整时,要强调混合所有制经济和个体经济的发展,同时在东部地区要强调第三产业的发展,特别是商业和金融性的第三产业发展;而在中部地区要强调第二产业的发展,特别是工业化发展;在西部地区要强调第三产业的发展,特别是与生态环境保护、旅游、文化和科技以及军事相关的第三产业的发展。并且这样的经济结构调整还必须配套性地从西部经济区向东部经济区和中部经济区进行有计划或有规划的劳动力转移。

经济增长与收入分配或平衡发展常常被经济学家以"效率与公平"的论题进行讨论,然而如果脱离一定的经济发展水平,而单纯地分析经济中的效率与公平是没有意义的,因为效率与公平谁优先的问题,将随着经济发展水平的不同而不同。雷伯托·佩罗蒂(Reberto Perotti,1993)通过经济分析说明,不公平的程度与收入水平之间存在着倒 U 型的关系。他指出,在现实经济中,一个贫困落后的国家,如果实行平均主义的政策,将很难启动经济发展的步伐;相反,如果实行不平等的收入分配政策,经济则更容易在初始阶段实现高速增长。但是当一个国家的经济发展到一定(或较高)水平时,不平等的收入分配方式或不平衡的经济发展将不利于经济的进一步发展。当前我国的经济发展水平已经达到人均年收入 1 000

美元,下一个目标是向人均 3 000 美元的小康目标迈进,地区间的平衡发展和缩小要素间收入差距的问题越来越重要。可是对中国全面实现平衡地区间的经济发展确实不是一件容易之事。原因很简单,因为这种经济水平的发展差异不是一种简单的总量问题,其基础是经济结构和资源条件的差异。因而要认识和理解地区间经济的平衡发展就必须首先分析和说明地区间的这种经济结构差异的基础。

在一定的技术和资源条件下,一种经济在一定的要素所有制环境中,通过专业化和社会分工会形成一定的产业结构。库兹涅茨(Kuznets,1949)认为,产业结构在一定意义上又决定了经济的增长方式,早在 1949 年论述国民收入的度量问题时,库兹涅茨就指出,一个国家国民收入的度量必须从产业结构的角度去衡量,而一个经济的产业结构又是由其生产方式所决定的。为此,库兹涅茨(Kuznets,1957)将 50 个国家的经验数据进行比较后发现,制造业部门的增加将伴随着人均国民收入的增长。因此,人们认为有必要从产业结构的角度去研究和分析经济增长。为此,钱纳里(Chenery,1960)从分析部门增长的决定要素出发,利用 51 个国家的经验数据说明,当一个国家处于工业化过程中的经济规模发生变化时,服务行业和农业变化最小,而制造业增长最大,由此提出产业增长的模式,并认为这种工业化模式能使资源得到最优配置。由此许多经济学家通过国别的经验数据从不同角度说明经济增长的工业化模式(Beason and Weinstein,1996;Lee,1981;Sacks,1972;Ueno,1972)。但有些经济学家(Gregory and Griffin,1974)发现存在着大量经济事实与钱纳里的经济增长模式相反,他们通过经验数据说明在人均收入水平很高时,服务行业的快速增长会降低制造业的规模弹性。然而这些研究都忽视了一个非常重要的影响因素,即不同的要素所有制在一定的技术条件和产业结构下,对经济的增长方式也将产生重要影响。有学者对中国经济结构中产业结构和所有制结构之间的互动影响关系进行了实证分析,说明在市场化转型的中国经济中,只单方面地从产业结构或要素所有制结构进行结构调整,都不会使经济结构达到一种能合理满足良好经济增长的状态,这也说明为何当前我国的经济结构中无论是要素所有制结构还是产业结构都与目前的生产技术发展水平不相适应,因此只有对经济结构中的所有制结构和产业结构进行相互协调,才能使经济结构调整到一种对经济增长最有利的状态。这从另一个角度说明在分析中国的经济增长时,忽视所有制结构和产业结构之间的协调性都将导致认识的偏差,因此只有把所有制结构和产业结构都作为控制变量,才能正确地认识经济结构对中国经济增长的影响。

我们从地区经济结构特别是产业结构和要素所有制结构对地区经济增长的

贡献,说明各地区间经济结构存在的差异,并由此说明平衡地区间经济发展和缩小要素间收入差距的发展战略,特别是西部经济发展战略。

（一）东部地区经济结构对经济的影响

从中国东部经济区的经济结构对经济影响的分析来看,在现行的经济结构中,提高第三产业在产业结构中的份额,并同时增加混合所有制企业职工和个体从业人员在总劳动人口中的比例,能够深化经济区的专业化和社会分工的深度,极大地扩大经济的总体规模。可是在当前的要素所有制结构之下,第三产业份额的增加会提高资本的产出效率而减少劳动的产出效率,而市场化的要素分配是按要素的产出效率进行的,这意味着在市场经济条件下,第三产业份额的增加会增加资本的要素收入,而减少劳动的要素收入。在当前的产业结构下,个体从业人员在总劳动人口中的比例增加却会降低资本的产出效率,进而会减少资本的市场收入。

因此,在市场化条件下,如果完全靠资本要素所有者和劳动要素所有者的市场逐利行为来调整经济结构,那么在东部经济区不会出现对提高社会专业化和劳动分工有利的经济结构调整,即增加混合所有制职工和个体从业人员的劳动比例以及第三产业的份额。然而由于私营企业职工人数在总劳动人口的比例增加能够同时增加资本要素和劳动要素的市场收入,因此如果完全通过要素所有者的市场行为来调节东部地区的经济结构,经济中会出现私有化的倾向,并且在经济私有化的同时还伴随着资本要素和劳动要素的大量投入,也就是东部地区的私有化有助于吸引地区外资金和劳动而推动经济增长。但是这种私有化并不利于社会专业化和劳动分工的深化,即不能扩大经济的总体规模。因此东部地区的经济私有化并不像人们所想象的那样,会提高和完善市场制度。恰好相反,它会阻碍深层次社会专业化和劳动分工所表示的更高层次的市场制度的形成。而市场对经济结构调整所实现的也只是能够吸引资本要素和劳动要素大量投入的低层次和简单的市场组织形式。

（二）中部地区经济结构对经济的影响

从定性的角度讲,中部经济区在既定的要素所有制结构条件下,第一产业份额的增加会缩小经济的总体规模,但同时提高资本和劳动的产出效率;第二产业份额的增加会缩小经济的总体规模,同时增加资本产出效率,但会减少劳动的产出效率,只是对规模影响在统计上不显著;第三产业份额的增加会缩小经济的总体规模,但会同时提高资本和劳动的产出效率。而在产业结构既定的条件下,中部地区国有企业职工在总劳动人口中比例的增加会缩小经济的总体规模,但同时会提高资本和劳动的产出效率,只是对资本产出效率的影响在统计上不显著;私营企业职工在总劳动人口中的比例增加会缩小经济的总体规模,但能够提高资本和劳动的产出效率,只是对经济的总体规模和劳动产出效率的影响在统计上不显著;个体从业人员在总劳动人数中的比例增加会扩大经济的总体规模,同时会降低资本和劳动的产出效率;而东部的经济区中,在当前既定的产业结构下,增加混合所有制企业职工在总劳动人数中的份额会扩大经济的总体规模。

从中部经济区的经济结构对经济影响的分析可以看出,在现行的经济结构中,降低第一产业或第三产业在产业结构中的份额,并且同时增加混合所有制企业职工和个体从业人员在总劳动人口中的比例可以加深中部经济区的专业化和社会分工的深度,从而极大地扩大经济的总体规模。可是在目前的要素所有结构之下,中部地区的第一产业和第三产业在产业结构中份额的增加都会提高资本和劳动的产出效率,进而提高资本要素和劳动要素的市场收入。而在当前的产业结构下,个体从业人员在总劳动人口中的比例虽然会增加资本的产出效率,同时却会降低劳动的产出效率,也就是增加资本的市场收入,同时减少劳动的市场收入。因此,在市场化条件下,如果完全靠资本要素所有者和劳动要素所有者的市场逐利行为来调整经济结构,那么在中部经济区不会出现能够深化社会专业化和劳动分工的经济结构调整,即降低第一产业或第三产业在产业结构中的份额,同时增加混合所有制企业职工和个体经营者在总劳动人数中的比例。研究发现,中部经济区的经济结构实际上还带有明显的非工业化特征,即还没有形成能够通过市场调节使该经济区形成工业化的经济结构。其中主要是目前的要素所有制结构还无法形成能够使市场中资本要素所有者和劳动要素所有者都实现帕累托改进的工业化过程。在目前的要素所有制结构下,增加第二产业在产业结构中的份额会提高资本的市场收入,但同时会降低劳动要素的市场收入。

（三）西部地区经济结构对经济的影响

从定性的角度看,西部经济区在既定的要素所有制结构条件下,第一产业份额的增加会缩小经济的总体规模,但同时提高资本和劳动的产出效率,只是对劳动产出效率的影响在统计上并不显著;第二产业份额的增加会缩小经济的总体规模,同时增加资本和劳动的产出效率,只是对经济总体规模和资本产出的影响在统计上不显著;第三产业份额的增加会增大经济的总体规模,并同时提高资本的产出效率,但会降低劳动的产出效率,并且对经济总体规模的影响在统计上不显著。而在产业结构既定的条件下,西部地区国有企业职工在总劳动人口中比例的增加会缩小经济的总体规模,同时会降低劳动的产出效率,但会提高资本的产出效率,只是对劳动产出效率的影响在统计上不显著;私营企业职工在总劳动人口中的比例增加会缩小经济的总体规模,但能够提高资本和劳动的产出效率,只是对劳动产出效率的影响在统计上不显著;个体从业人员在总劳动人数中的比例增加会扩大经济的总体规模,同时会降低资本产出效率和增加劳动的产出效率;并且与东部和中部经济区一样,西部的经济区中,在当前既定的产业结构下,增加混合所有制企业职工在总劳动人数中的份额同样会扩大经济的总体规模。

从对西部经济区经济结构的分析可以看出,在现行的经济结构中,降低第一产业在产业结构中的份额,并且同时减低国有企业和私营企业职工人数在总劳动人口中的比例,以及增加混合所有制职工和个体从业人员在总劳动人口中的比例可以加深西部经济区的专业化和社会分工的深度,从而极大地扩大经济的总体规模。可是在目前的要素所有制结构之下,西部地区的第一产业在产业结构中份额的增加会提高资本和劳动的产出效率,进而提高资本要素和劳动要素的市场收入,只是劳动收入的影响在统计上不显著。而在当前的产业结构下,降低西部经济中国有企业职工和私营企业职工在劳动总人口中的比例虽然对劳动产出效率没有显著影响,但会明显地降低资本的产出效率,进而减少资本的市场收入。而个体从业人员在总劳动人口中的比例上升虽然会增加劳动的产出效率,同时却会降低资本的产出效率,也就是增加劳动的市场收入,同时减少资本的市场收入。因此,在市场化条件下,如果完全靠资本要素所有者和劳动要素所有者的市场逐利行为来调整经济结构,那么在西部经济区不会出现能够深化社会专业化和劳动分工的经济结构调整,即降低第一产业在产业结构中的份额,并且同时降低国有企业和私营企业职工人数在总劳动人口中的比例,以及增加混合所有制企业职工和个体从业人员在总劳动人口中的比例。

研究发现,西部经济区的经济结构实际上还带有明显的农业化特征,即还没有形成能够通过市场调节使该经济区非农业化的经济结构,其中主要是目前的要素所有制结构还无法形成能够使市场中资本要素所有者和劳动要素所有者都实现帕累托改进的非农业化过程。在目前的要素所有制结构下,西部地区的非农业化过程,即增加第二产业和第三产业在产业结构中份额的过程中,增加第二产业和增加第三产业的经济意义是不同的。从经济规模的角度看,二者对经济规模都没有显著性影响,但是第二产业对规模的潜在影响是负的,而第三产业的影响是正的,因此从扩大经济规模的角度讲,西部地区非农业化的过程应当侧重于第三产业份额的增加;而从要素效率的角度看,增加第二产业的份额似乎会同时提高西部地区资本要素和劳动要素的产出效率,进而提高要素的市场收入,使西部地区出现帕累托改进的市场化过程,这也就是当人们想到西部大发展自然会想到发展西部工业的一个重要原因之一。可是从数量看,这种效率的提高非常微小,对资本没有明显的影响,而对劳动的影响从数量看也很小。可是增加第三产业在产业结构中的份额,对要素的影响非常明显,只是对资本产出效率产生正影响的同时,对劳动的产出效率产生的是负影响,但是这种负影响是劳动要素投入增加时产生的负效应,如果劳动投入要素减少,那么这种负影响就会变为正效应。因此在西部地区只要同时伴随劳动要素的转移,那么增加第三产业的份额会明显地提高资本和劳动的产出效率,也就是提高资本和劳动的市场收入,使西部地区出现帕累托改进的市场化经济结构调整。

四、研究启示

通过对中国东部、中部和西部经济区的经济结构分析,我们发现通过改革开放的市场经济转型,在东部经济区作为中国现代化领头羊,在参与国际高端竞争现行的经济结构中,提高第三产业在产业结构中的份额,并同时增加混合所有制企业职工和个体从业人员在总劳动人口中的比例会极大地扩大经济的总体规模,但是只通过市场行为无法实现这样的经济结构调整。而且在东部的经济结构中,私有化会同时提高资本和劳动的产出弹性,进而通过市场吸引资本要素和劳动要素的大量投入东部地区,并增加资本要素和劳动要素的市场收入,推动经济增长。但是这种私有化并不利于社会专业化和劳动分工的深化,即不能扩大经济的总体规模,反而会阻碍市场制度向更高层次发展。

在中部经济区的现行经济结构中,降低第一产业或第三产业在产业结构中的份额,并且同时增加混合所有制企业职工和个体从业人员在总劳动人口中的比例会极大地扩大经济的总体规模。可是只通过市场的调节,在中部经济区无法实现这样的经济结构调整。并且中部经济区的经济结构实际上还带有明显的非工业化特征,即非工业化会通过市场实现资本要素所有者和劳动要素所有者的帕累托改进,而工业化只会提高资本的市场收入,但同时又降低劳动要素的市场收入。

在西部经济区的现行经济结构中,降低第一产业在产业结构中的份额,并且同时减低国有企业和私营企业职工人数在总劳动人口中的比例,以及增加混合所有制企业职工和个体从业人员在总劳动人口中的比例会极大地扩大经济的总体规模,可是只通过市场无法进行这样的经济结构调整,并且西部经济区的经济结构实际上还带有明显的农业化特征,即在现行的经济结构下,如果只靠市场调节经济,那么经济会趋向于农业化,也就是形成典型的农业经济。

通过上述分析说明,中国的东部、中部和西部三个经济区的经济结构存在较大的差异,主要体现在:在东部经济区,出现了通过要素私有化能够大量吸纳资本要素和劳动要素的初级市场经济结构特征;在中部经济区,经济结构表现出很强的非工业化特征;而在西部经济中则表现出农业化的经济结构特征。然而各个经济区的这些经济结构特征并不利于各个地区的经济总体规模的扩大,即不利于促进各个地区的专业化和社会分工的深化,以及高层次市场经济制度的形成。因此,要促进各个地区的经济平衡发展,只依靠市场的调节力量是无法实现的,并且市场的调节会倾向于向不利于各个地区经济进一步发展的经济结构转变,因而在协调各个地区的经济发展时,政府的指导性干预起到关键性的作用。政府在指导各个地区的经济结构调整时,要强调混合所有制经济和个体经济的发展,同时在东部地区要强调第三产业的发展,特别是商业和金融性的第三产业发展;而在中部地区要强调第二产业的发展,特别是工业化发展;在西部地区要强调第三产业的发展,特别是与生态环境保护、旅游、文化和科技以及军事相关的第三产业的发展。而且这样的经济结构调整还必须配套性地、有计划或有规划地把西部经济区的劳动力向东部经济区和中部经济区转移。

第四节　中国的经济转型问题与挑战

从 1978 年至今,得益于人口和改革的红利,中国经济保持了高速增长,但随着进入中等收入阶段的后期,我国原有的粗放型经济增长模式已难以持续,经济发展与转型面临诸多挑战。

一、经济结构失衡

从总体上说,当前中国经济的结构性矛盾主要表现在以下几方面。

一是需求结构失衡。第一是内外需关系的失衡。虽然金融危机之后,出口依存度有所下降,但到 2016 年,这一比率仍然高达 19.6%,比日本高 3 个百分点,比美国高 7 个百分点。第二是投资消费关系的失衡。近年来,随着出口拉动增长效应的递减,投资和消费对于经济增长的贡献都在增大。但是,投资的贡献增长更多:2007—2015 年,最终消费支出占 GDP 的比重提高了 1.81 个百分点,资本形成总额占 GDP 的比重提高了 3.9 个百分点。多年存在的投资和消费的矛盾不仅没有得到解决,反而还在不断加剧。

二是产业结构失衡。2016 年,中国第一、第二、第三产业增加值的比例关系是 8.56：39.81：51.63,这一比例关系与中国目前发展所处的阶段比较吻合。但中国产业结构方面的矛盾主要存在于第二产业和第三产业内部。从第二产业内部来看,结构矛盾表现为高耗能高污染等重化工业产能严重过剩,制造业大而不强,整体上仍处于全球价值链的中低端,难以适应国际国内的需求变化;产品质量不高,竞争力不强,缺乏有影响力的品牌和产品。从第三产业内部来看,结构性矛盾表现为整体竞争力不强,现代服务业发展不充分,民生短板突出,对第一产业和第二产业支撑力不足。中国是货物贸易顺差国,2016 年货物贸易顺差 5 127 亿美元,但却是服务贸易逆差国,2016 年服务贸易逆差 2 422 亿美元。这从一个侧面反映了我国服务业整体竞争力不强的事实。

三是市场竞争结构失衡。目前,中国大多数行业占市场竞争主体地位的中小企业发展质量还不高,竞争力还不强;我们的市场还存在低水平竞争、集中度不足的现象,还缺乏国际竞争力和影响力的跨国公司。

总的来说,虽然经济的不平衡现象体现在多方面,影响因素也很复杂,但收入分配的失衡是症结。收入分配差距扩大导致总体消费率下降,储蓄率上升,带来高投资和出口,进而产业结构偏向工业、制造业,与消费联系紧密的服务业发展落后,偏重工业的产业结构对资源的需求相对较高,对环境压力大。

二、人口红利消失

近年来,中国劳动年龄人口连续下降,且降幅有明显扩大趋势。国内外对这个变化都很关注。从劳动年龄人口的数量看,按照 2010 年第六次人口普查数据,2010 年 15～59 岁劳动年龄人口的总量到达峰值,为 9.4 亿人,预测到 2020 年降至 9.1 亿人,减少 3 000 万人,并且期间呈现加快减少的趋势。相应地,劳动年龄人口占总人口的比例,也从 70.1% 下降到 66.0%。从经济活动人口的数量看,由于近年来劳动参与率略有提高,根据预测,经济活动人口目前增长速度放慢,大概在 2017 年达到峰值。反映到劳动力市场上,从新成长劳动力的数量看,2013 年到达峰值,此后以每年大约 2% 的速度负增长。从新成长农民工的数量看,外出农民工的年度增长率,已经从 2005—2010 年的平均 4%,显著地下降到 2014 年的 1.3%。

人是生产要素中最活跃的要素。人口数量和结构的变化,会对新常态下的我国经济可持续发展产生严峻挑战。

首先,劳动力短缺,以及工资成本上升过快,将削弱中国制造业的比较优势和国际竞争力。例如,2008—2016 年期间,农民工实际工资每年平均增长率为

11.8%。此外,从行业平均工资看,制造业、建筑业,以及农业中雇用工人的实际工资,年平均提高速度都为两位数。根据世界大型企业联合会数据,我国总体劳动生产率的年平均增长率,在 2007—2012 年期间为 9.5%,2013 年减速为 7.3%,而 2014 年下降到 7%。工资上涨已经超过了劳动生产率提高速度,从而削弱我国制造业产品的比较优势和竞争力。

其次,由于新成长劳动力的平均受教育程度要大大高于劳动力存量,新成长劳动力的减少使人力资本改善的速度减慢。

最后,劳动年龄人口的增长和占比的提高,是储蓄率和投资回报率持续保持高位的重要保障条件。反之,则意味着此增长源泉被削弱,显著抑制经济增长的后劲。

三、资源与环境制约

传统的经济发展方式下,中国经济增长在很大程度上是依赖要素的大量投入,消耗了大量的能源资源。中国已成为全球第一大能源生产国和消费国,主要资源性产品消费占全球总消费的比重明显大于国内生产总值占全球经济总量的比重。据统计,目前中国淡水、一次能源、钢材、水泥、常用有色金属五类主要资源的平均消耗强度高出世界平均水平约 90%,单位国内生产总值能耗大致是美国的 2.9 倍、日本的 4.9 倍、欧盟的 4.3 倍、世界平均水平的 2.3 倍,成为世界上单位国内生产总值能耗最高的国家之一。

与此同时,中国的资源禀赋并不富裕。正是由于能源资源使用粗放,而能源资源蕴藏不足,中国能源资源的对外依存度不断提高,原油、铁矿石、铜精矿、铝土矿、铬矿、镍矿、钾矿等重要矿产品的对外依存度已超过 50%,进口压力不断增大。近年来,各地雾霾现象频发,水污染、重金属污染等事件时有发生,生态环境呈现总体恶化的趋势。如果继续沿着高投入、高消耗、高排放的粗放增长路子走下去,能源资源和生态环境约束将进一步加剧,势必对我国可持续发展造成严重影响。

以石油为例,中国从 1993 年开始成为原油净进口国,2016 年对外依存度已达65.4%。一是国内石油资源不足,原油产量进入微增长阶段。从化石能源储采比来看,中国能源供应前景不容乐观,除煤炭资源尚能满足经济发展的需要外,石油、天然气等资源后继乏力。根据英国石油公司(BP)2014 年对已探明储量的统计,截至 2013 年年底,中国石油探明储量为 25 亿吨,仅占世界石油探明总储量的1.1%,储采比仅为 11.9 年;天然气探明储量为 3.3 万亿立方米,仅占世界探明总储量的 1.5%,储采比为 28 年,油气资源极其有限。受制于资源条件限制,近年来,中国原油生产基本保持在 1%～2% 区间低速增长。2014 年,中国原油产量为 2.101 亿吨,同比仅增长 0.56%。2016 年,中国原油累计产量 1.997 亿吨,同比下降 6.9%,为 2012 年以来首次下降。目前,中国多数主力油田已处于中后期开发阶段,勘探开发成本持续走高,主要成熟油田产量增长潜力有限。以大庆油田为例,2016 年大庆油田减产 183 万吨,到 2020 年产量将调减至 3 200 万吨,年均减幅逾 130 万吨。总体来看,未来可供开发利用的常规油气资源将越来越少,中国原油产量进入微增长阶段,预计 2015—2020 年中国原油产量年均增长将仅在 0.7% 左右。

二是对外依存度持续攀升,石油供应受制于人。石油供应安全与石油进口依赖程度是一种负相关关系,依赖程度越大,供应安全的风险就越高。由于国内资源的不足,中国自 1993 年成为石油净进口国起,对外依存度逐年上升,石油供应安全风险逐步增大。2016 年,中国原油对外依存度攀升至 66%,成为最大石油进口国。与美国对比来看,中美能源安全状况呈现巨大反差。自 2011 年起,中国原油对外依存度超越美国跃居世界第一。在页岩革命推动下,美国自身的能源供应能力得到大幅提升,目前超越沙特阿拉伯和俄罗斯,成为全球最大的原油出产国。而中国由于资源瓶颈尚未得以突破,原油产量增长显著慢于需求增长,未来对外依存度依然将继续攀升。在高依存度下,稳定的、长期的国际石油供给保障将是影响中国能源安全的主要因素。

中国的环境问题主要集中在水污染、大气污染、固体废物以及突发环境事件等方面。和许多发达国家一样,中国的环境问题伴随着工业化进程的推进不断加剧。根据环保部最新公布的 2016 年《中国环境状况公报》,全国开展空气质量新标准监测的 338 个地级及以上城市中,有 84 个城市空气质量年均值达标,254 个城市空气质量超标。全国有 474 个城市(区、县)开展了降水监测,酸雨城市比例为 19.8%,酸雨频率平均为 12.7%。全国 1 940 个国控地表水监测断面(点位)开展了水质监测,Ⅰ、Ⅱ、Ⅲ、Ⅳ、Ⅴ、劣Ⅴ类水质断面分别占 2.4%、37.5%、27.9%、16.8%、6.9%、8.6%,主要污染指标为化学需氧量、总磷和五日生化需氧量。全国 6 124 个地下水监测点位中,水质为优良级的监测点比例为 10.1%;良好级的监测点比例为 25.4%;较好级的监测点比例为 4.4%;较差级的监测点比例为 45.4%;极差级的监测点比例为 14.7%。全国近岸海域 417 个国控监测点中,一、二、三、四、劣五类海水分别占 32.4%、41.0%、10.3%、3.1%、13.2%,主要污染指标为无机氮和活性磷酸盐。先污染后治理的老路使中国当前的环境问题日益严峻。在经济全球化的趋势中,中国逐渐成为世界工厂,大量的高污染高耗能行业向中国转移,污染加剧、资源快速消费的发展现状中,潜伏着各种生态与环境危机。可用资源的减少,战略资源的稀缺性日益突出,环境问题的加剧以及潜在的环境威胁,都将制约我国经济的长期可持续发展。

四、科技创新不足

与发达国家相比,中国自主创新能力还存在较大差距,制约科技创新发展的体制机制障碍也不少。

首先,自主创新能力依然不够强。按照世界经济论坛 2016 年发布的《全球竞争力报告》,中国竞争力在全球 138 个主要国家中位居第 28 位,处于中等偏上水平,与中国经济大国地位不相匹配。在创新和资源利用效率等方面,中国与发达国家有明显差距,每万人中的研发人员数量不到发达国家平均水平的 1/4,发明专利拥有量在世界总量中所占比重很低,特别是关键技术的自给率不高,很多关键和核心技术还主要依靠购买,对外技术依存度达到 50%。由于缺乏核心技术,缺少自主知识产权,中国在国际产业分工中处于低端位置,只能靠大量消耗能源资源维持经济增长。尽管中国科技进步对经济增长的贡献率正在逐年提升,在"十三五规划"(2016—2020 年)中已明确提出达到 60% 的目标,但与美国、日本等发达国家高达 70% 以上的水平相比,仍存在较大差距。

其次,科技与经济"两张皮"的问题尚未根本解决。目前,中国产、学、研、用结合不够紧密,科技成果向经济成果转化的比例低,企业技术创新主体地位尚未真正确立,企业的原创性科技成果较少,创新体系整体效能亟待提升,科技创新对经济发展的支撑作用受到较大制约。比如,科技成果迅速增长的同时,突破性原创性成果却不多;应用型科技成果产出不少,但整体转化率很低;发明专利数量快速增长,但产业化的却很少;科研奖项很多,但科技成果闲置和科技资源浪费严重;科技人员一定程度上为评职称、评奖项而不是从实际应用角度出发搞科研等。以 2013 年为例,中国全社会研发投入已达 1.2 万亿元左右,其中财政科技支出 5 000 亿元,居世界前列,但发改委原副主任张晓强表示,中国科技成果转化率仅为 10%,远低于发达国家 40% 的水平。

最后,科技体制机制不适应经济社会发展和国际竞争的需要。中国的科研管理体制还不完善,科技资源配置过度行政化与分散重复并存,科研体制"九龙治水"导致科技活动"碎片化""聚焦难",科研项目同样存在严重的重复浪费、"撒胡椒面"现象,科技项目及经费管理不尽合理,科研评价和科技奖励机制不够合理,科研投入"重物轻人",激励不足,科研诚信和创新文化建设薄弱,科技人员的积极性、创造性还没有得到充分的发挥。

五、有效消费需求不足

长期以来,中国需求不足特别是有效消费需求不足,内需主要依赖投资,投资率偏高,消费率偏低,这种状况对经济持续健康发展、产业结构优化升级、人民生活质量改善、国家竞争力的提升产生了明显影响。世界各国平均投资率在22%左右,消费率在78%左右。其中,高收入国家投资率均值为20%,消费率均值为80%;中上收入国家投资率均值为22%,消费率均值为75%;中低收入国家投资率均值为31%,消费率均值为66%;低收入国家投资率均值为29%,消费率均值为75%。中国投资率比世界平均水平偏高约20个百分点,消费率比世界平均水平偏低20多个百分点。

当前,中国消费领域存在以下一些突出问题。

第一,社会消费成本较高。一是目前消费者税费负担偏高。如化妆品等大众消费品税率仍然偏高,并且部分已不适宜继续征税的消费品仍在征税。此外,中国公路、电信等行业收费标准较高,不利于相关领域消费增长。二是消费金融信贷资金价格偏贵。作为世界消费大国,中国信用卡消费成本、汽车住房以及其他消费贷款利率水平明显高于发达国家。三是同质产品价格高于海外市场。如奢侈品和部分大众消费品国内相同品牌产品价格高于海外市场2倍以上,部分产品差价甚至达到8~10倍,导致消费外流现象严重。据统计,2005—2015年中国境外消费平均每年增长25%,是中国国内社会消费品零售总额增速的两倍;跨境消费总额约1.2万亿元,未来还将继续增长。随着中国中高收入人群的崛起,对进口商品需求旺盛,品类也从大众消费品转向奢侈品。大规模境外消费与"灰色海淘"导致国家税收、企业收益受损,加剧国内消费力流失。

第二,新兴消费市场培育艰难,市场体系建设滞后。近年来,中国城乡居民消费心理、消费偏好、消费需求多样化进程加快,但相应的市场供给无论是总量、结构、质量保证(如消费者权益、社会诚信环境等)都没有跟上。比较明显的有养老健康、旅游休闲、体育文化、信息消费等领域发展滞后,制约消费迅速扩围以及转型升级的进程。以旅游为例,2015年我国人均GDP为8 069美元,休闲度假应是旅游消费的主体形态,但是旅游休闲度假等消费占收入比重远低于相同发展阶段国家。由于休闲度假产品匮乏,目前境内旅游产业以观光旅游为主,导致游客驻留时间短,花费小,不适应旅游市场向个性化、休闲化、时尚化发展的方向,加上园区门票价格畸高,配套服务缺乏,部分境内旅游消费性价比已不及境外游。

第三,信息消费资费标准较高。电信资费偏高成为互联网快速普及应用的主要障碍,抑制了信息消费的快速成长,影响到"互联网+"战略的实施。2016 年中国移动的 ARPU 值(从每个用户得到的月平均收入)为 55.5 元,相当于城市居民人均可支配收入的 3.6% 和农村居民人均纯收入的 7.4%,发达国家这一比例一般在 1% 以下(这是实现电信普遍服务的基本要求上限)。我国电信业收费标准过高,不仅超过用户承受能力,而且将低收入群体挤出信息消费领域,还抑制了娱乐、购物、教育等关联消费。同时,伴随有"宽带注水"、网速低下等问题,与资费较高出现负面叠加效应。

第四,消费环境不如人意。影响消费潜力释放的环境约束依然存在。一是消费领域基础设施建设相对滞后,农村宽带网络体系、城市轨道交通与停车场等基础设施仍然较为短缺。二是物流、仓储等消费品流通配套产业发展不适应消费升级步伐,导致消费品流通成本远高于发达国家水平。三是财税金融信贷政策支持消费力度不足,导致社会消费意愿不旺,大规模消费流出境外侵蚀国内消费市场收益。四是消费市场监督规范措施体系不完善,食品安全、假冒伪劣等问题层出不穷。

更深层次看,由于高收入群体的边际消费倾向较低,低收入群体的边际消费倾向较高,收入分配的差距扩大,降低了居民部门的平均消费倾向。在成熟的市场经济体,政府通过税收来调节收入分配。我国税收以流转税(包括增值税、营业税、消费税和关税等)为主,流转税的税基是交易额,本质上是一种消费税,具有累退性质,低收入者消费占收入比重大而税负偏重。另外,个人所得税主要针对工资收入,租金和资本增值所得等其他收入没有合并纳税,导致税负主要落在工薪阶层,而且也没有考虑家庭负担的差异。这些使得税收在中国没能有效发挥调节收入分配的作用。

总体消费率偏低的另一个原因是企业对居民部门收入的挤压。因为金融市场发展落后,居民可投资的金融工具少,金融资产以银行储蓄为主,而利率受管制,银行存款利率低,造成金融企业与能获得贷款的非金融企业能够"便宜地"使用居民部门的资金。居民储蓄存款利率低于资金的影子价格,从而压低了居民的可支配收入,进而抑制消费。此外,和其他市场相比,中国上市公司的分红派息率明显偏低。这些因素导致企业部门储蓄率和投资率上升,居民却无法有效分享企业盈利增长所应该带来的投资收益的上升。

政府对居民部门的挤压是总体消费率偏低的另一个原因。中国政府在支出结构上偏重投资而轻公共服务和转移支付,使财政政策不能有效发挥调节收入分配的功能,降低了低收入群体的可支配收入和社会保障力度,拉低了居民消费。此外,社会保障转轨将原先由企业和政府承担的相关储蓄部分转移到居民部门,促使居民部门储蓄率上升,也对居民消费形成了抑制。

六、投融资体制制约

当前,中国投融资格局面临的基本矛盾是:一方面,加快转变经济发展方式、促进经济结构调整、保障和改善民生、统筹城乡和区域发展、提升"走出去"和对外开放水平等,都亟须集中、大额、长期的融资支持;另一方面,巨额的国民储蓄和社会资金不能转化为长期建设资金,大量"热钱"涌动、投机盛行,投资项目资本金匮乏,加快推进中长期融资体系建设已成为当务之急。

一是现行投融资体制难以满足城镇化加速推进和经济快速发展对中长期资金和项目资本金的巨额需求。单纯依靠政府财力、商业银行和资本市场,难以覆盖如此巨大的中长期资金和项目资本金需求。

二是商业银行短贷长用与中长期融资需求存在期限错配。考虑到商业银行作为短期零售银行,其存贷款期限匹配度差,一旦基础设施投资主体无法按期还贷或出现债务违约,将增加经营风险。

三是财政预算难以满足日益增长的中长期项目融资需求。20世纪80年代后,国家的"放权让利""减税让利"财政政策使国民收入分配格局发生了重大变化。国民收入分配结构的转变,表明经济剩余由国家集中控制逐步转化为民间分散拥有。以财政作为分配主体的融资体制已无法适应经济发展的需要,这客观上需要有新的融资制度安排,以便将分散闲置的巨额居民储蓄转化为集中、大额、长期的建设资本。

【专栏 3-1】

中国经济面临去杠杆和加杠杆的两难选择

未来一个时期,经济高杠杆的常态将会伴随中国经济的发展。中国经济杠杆率的快速扩张是从2009年开始的,此前中国的债务增长一直比较平缓。经加总测算,中国的杠杆率平均每年以10个百分点的速度上升,2016年年底总杠杆水平为257%。国际通行的"5-30法则"认为,在5年内,杠杆水平增长幅度超过 30%,该国会面临爆发危机的风险。典型案例包括:1985—1989 年期间的日本经济;2006—2010 年期间的欧洲经济;2003—2007 年期间的美国经济。这说明,杠杆率水平处于高位并不意味着高风险,而真正影响风险的是杠杆率水平在某一时期的快速变化。

从中国经济各部门的杠杆水平来看,一是政府部门的杠杆率总体可控。据 2017 年 6 月 23 日财政部和审计署向全国人大作 2016 年中央决算报告和预算审计报告数据显示,2016 年年底我国中央和地方政府债务余额为 27.3 万亿元,政府负债率为 39.6%,距 60% 的国际警戒线水平尚有较大差距。而同期国际清算银行测算的我国政府负债率稍高,但也仅有 46.4%,且我国政府债务中,60% 以上的资金投向了市政建设、交通运输、保障性住房、土地收储等领域,大多形成了优良资产,在相当长时间内都有较好的经营性收入。

在中央政府债务保持基本稳定和处于相对低位的情况下,地方政府债务成为一个重要的风险点。主要表现在:地方政府债务扩张速度过快,部分地区风险过于集中;地方政府短期债务较多,存在一定的流动性风险;还款严重依赖土地出让收入。

二是非金融企业的杠杆风险主要在于经济增速下行压力带来的风险。按照国际清算银行数据,2016 年中国企业的债务余额是 17.8 万亿美元,占 GDP 比重为 166.3%。同期,美国企业债务占 GDP 比重为 72.5%,欧元区为 104.2%,日本为 95.5%。

三是家庭部门的债务主要是住户贷款。同世界其他国家相比,我国居民和家庭部门杠杆率虽然上升很快,但总体偏低。2016 年,家庭部门债务余额为 4.7 万亿美元。

四是从金融机构的杠杆率来看。由于金融企业的特殊性,为避免重复计算,仅以发行的各类债券来核算。截至 2016 年年底,金融机构总债务大约为 16.3 万亿元,杠杆率为 23.7%。金融机构的风险隐患主要来自经济增速下行导致的信贷资产质量变化,同时,影子银行的快速扩张,其复杂性、隐蔽性、传染性很容易诱发系统性风险。

当前,中国经济面临去杠杆和加杠杆的两难选择。一是稳增长的压力巨大,需要加杠杆来对冲经济下滑;二是中国经济处于快速发展的赶超阶段,工业企业的发展需要在前期投入大量资金,企业高负债、高杠杆在所难免;三是国有企业同时也承担了一些国计民生工程,企业的杠杆率偏高在某种程度上是政府债务转移的结果;四是强行去杠杆容易导致"资产负债表衰退",产生系统性风险。

第五节 中国的社会转型问题与挑战

在经济增长面临换挡转型的同时,长期积累的一些社会问题越来越突出,原有的社会结构与制度面临着转型的挑战。

中国既是有着社会主义传统的转型国家,也是一个多重历史进程同时发生的发展中国家,更是一个 13 亿人口的大国。改革开放以来,中国同时经历着工业化、城市化和全球化这三种进程,也同时面临着这三种历史进程各自的核心挑战。即使对于北京这样的国际都市,也同时涵盖了传统社会、工业社会和后工业社会的特征,同时也出现了各种社会阶层所特有的问题①。这些问题的同时出现与相互叠加,导致中国在跨越中等收入陷阱时,经济和社会转型同时面临多重挑战。

总体来看,中国走出中等收入陷阱,需要同时从社会、经济和治理结构与方式三个方面入手。在社会方面,就要像发达国家那样,尽快改变目前"倒丁字型"的社会结构②,形成一个有着一定规模中产阶层的橄榄型的社会结构,同时提供普遍而又有效的福利保障,从而形成稳定和持续的内需预期。在经济方面,中国也需要像发展中国家那样,尽快实现经济的现代化,鼓励技术创新和制度创新,完成产业的升级转型,实现从劳动密集型向资本和技术密集型的过渡。在制度方面,中国又要像转型国家那样,努力推进制度的突破与变革,在实现权力的分散与下移的同时,克服和消除各种体制的陈规陋俗,从而为迈向高收入阶段的经济增长提供一个良好的制度环境。

一、贫富差距拉大

当前的中国社会贫富差距大、社会不平等现象较为显著,形成了转型时期特定的断裂的社会结构。造成这一结果的原因复杂多样,为未来的社会经济发展提出了严峻的挑战。

中国的改革开放已经走过近 40 年的历程,对于中国社会经济的影响深远而广泛。在这一过程中,整个国家的居民收入分配格局也发生了巨大的变化。总的来讲,在居民收入全面大幅度增长的背景下,居民收入差距一直在不断地扩大。经过近 40 年的发展,中国从一个收入较为平等的国家,进入了收入较为不平等的

---

① 孙立平. 断裂:20 世纪 90 年代以来的中国社会[M]. 北京:中国社会科学文献出版社,2003.

② 李强. "丁字型"社会结构与"结构紧张"[J]. 社会学研究,2005(2).

国家行列。

（一）收入不平等的趋势

改革开放以来，中国居民的收入差距表现为不断扩大的趋势。在改革开放之初的 1981 年，中国城镇居民收入的基尼系数在 0.20 以下，农村的基尼系数略高，但多数估计都在 0.21～0.24 之间，整个国家的居民收入基尼系数为 0.29。

中国居民收入的基尼系数保持着连续较快增长。2003—2008 年，中国基尼系数分别为 0.479、0.473、0.485、0.487、0.484 和 0.491。随后，自 2009 年开始，分别为：2009 年 0.490，2010 年 0.481，2011 年 0.477，2012 年 0.474，2013 年 0.473，2014 年 0.469，2015 年 0.462，2016 年 0.465。

显然，中国居民收入的不平等程度已经达到了一个较为严重的高度。这一点可以通过简单的国际比较得出来。当前的中国居民收入不平等程度既高于绝大多数亚洲国家，也比其他所有从 20 世纪年代开始市场转型的前东欧与苏联国家居民收入的不平等程度更高。

与此同时，中国居民收入的不平等是在短短的十多年时间完成的。从 20 世纪 80 年代中期开始的城市改革加速了居民收入差异的扩大，而到 20 世纪 90 年代的中后期，中国居民收入的不平等已经达到了一个仅次于非洲与拉美一些国家的相当不平等的程度。

（二）贫富差距的制度原因

总体上看，改革开放使整个国家的居民受益，几乎所有居民的收入都得到了大幅度的提高。而收入差距的扩大显示了不同的人群在获取改革开放的收益的程度上并不同步。更为具体地讲，在普遍的收入增长过程中，低收入人群的增长速度要远远落后于高收入人群。而导致这一结果的原因也显示出了多样性。

有研究表明[①]，改革开放以来，国民收入的分配份额持续变化。改革之初，劳动收入的份额上升，资本收入份额下降；从 20 世纪 80 年中期以后，劳动收入的份额一直处于持续下降的状态，而资本收入的份额持续上升。代表政府收入的间接税则在 90 年代中期之前一直保持不变，之后也开始一路上升。在国民收入份额增长最大的资本收入中，企业或政府行业部门分得的比例总体呈上升趋势，而居民分得的比例在下降（参见表 3.3）。纳入经常性转移支付之后的可支配收入的估算结果显示，居民的可支配收入份额从 1996 年的 69.00% 一路下降到 2014 年的 60.65%；与此同时，企业的可支配收入份额从 16.40% 上升到 20.50%，政府的

---

① 白重恩，钱震杰．谁在挤占居民的收入——中国国民收入分配格局分析[J]．中国社会科学，2009，(5)．

可支配收入份额从 14.60% 上升到 18.85%。

表 3.3　1992—2014 年国民收入部门分配　　　　　　　　%

年份	居民	企业	政府
1992	68.70	13.40	17.90
1993	64.70	18.10	17.20
1994	66.90	18.60	14.50
1995	66.20	19.70	14.10
1996	69.00	16.40	14.60
1997	68.00	17.70	14.30
1998	68.30	17.50	14.20
1999	66.70	19.20	14.10
2000	66.10	19.40	14.50
2001	64.40	20.60	15.00
2002	62.60	21.10	16.30
2003	62.00	21.90	16.10
2004	59.10	24.30	16.60
2005	58.90	23.70	17.40
2006	58.40	23.70	17.90
2007	57.30	23.90	18.80
2008	57.20	24.50	18.30
2009	58.70	23.80	17.50
2010	58.40	23.60	18.00
2011	59.30	21.90	18.80
2012	60.20	20.60	19.20
2013	61.30	19.80	18.90
2014	60.65	20.50	18.85

数据来源:国家统计局

据国家统计局公布的数据显示,2016 年全国居民人均可支配收入为 23 821元,比 2015 年名义上增长 8.4%。

显然,经济增长所带来的收入增长并不均匀地分布在不同的国民经济行业部门。劳动工资收入增长的相对缓慢显示了普通工薪阶层并没有同步地享受改革开放所带来的经济高速发展的成果。当其他阶层可以通过其他手段获取收入时,其收入增长的速度也就远远高于普通阶层。

当前的税收制度使政府使用个人所得税调节收入再分配的职能难以发挥作用。首先,由于个人收入来源的多样性,使政府难以切实可行地监测居民收入;其次,个人所得税的征收实施中,存在课税方式不合理、免征额过低等问题,使纳税主体不是高收入者,而是中等收入者;最后,个人所得税占 GDP 的比重偏低,难以起到调节收入差距的作用。

有研究显示[①],当前的财政转移支付缩小了城镇内部收入差距,但同时却扩大了乡村内部的收入差距以及城乡之间的收入差距。究其原因,中央财政对各地的转移支付更多地被用于投资和政府消费,较少用于直接扶贫;且投向区域以城市为主,即使用于农村也限于个别地区和个别项目。因此,这样的财政转移支付可以通过投资带动城镇就业,减小城镇内部收入差距,同时也不可避免地拉大了城乡间和乡村内部的收入差距。表 3.4 显示了 2002—2008 年中国财政政策对居民收入差距的影响。

表 3.4 2002—2008 年中国财政政策对居民收入差距的影响 十亿美元

年份 居民收入	2002	2003	2004	2005	2006	2007	2008
城镇居民							
人均总收入	0.317 9	0.328 6	0.336 8	0.342 0	0.338 3	0.333 2	0.340 9
人均可支配收入	0.315 8	0.326 1	0.333 8	0.339 0	0.335 6	0.331 5	0.339 3
农村居民							
人均总收入	0.323 5	0.330 3	0.326 9	0.323 9	0.324 6	0.332 6	0.328 4
人均现金收入	0.378 8	0.383 7	0.385 4	0.370 0	0.366 4	0.374 6	0.371 3
人均纯收入	0.371 4	0.381 2	0.369 3	0.375 8	0.373 2	0.373 6	0.377 3

数据来源:李吉雄(2010 年)

当前我国的社会保障制度并不完善,除了失业保险降低城镇收入差距以外(但同时拉大了城乡收入差距),基本养老和医疗保险普及率在一定程度上都扩大了城镇内部收入差距。这是因为后两者的实施过程中,高收入者从中获得的收益大于低收入者的收益。很多低收入者根本就没有资格享受养老保险和医疗保险。城乡社会保障覆盖范围的差异,使得这样的保障制度拉大了城乡间的收入差距。

表 3.4 显示,在中国财政政策调节之后,城市居民的收入差异只有微不足道地减轻,而农村居民的收入差距反而扩大了,说明政府的诸多再分配方案在实施过程中并没有完全符合其初衷。

(三) 从收入差距到财富鸿沟

一个值得特别关注的现象是经过近 40 年的改革发展,中国居民已经积攒了一定的家庭财富,但家庭财富的积攒过程却充分显示出社会不平等所导致的贫富巨大差异。

---

① 李吉雄. 我国财政对居民收入再分配的绩效分析——基于贫困度和基尼系数的测度[J]. 经济问题,2010(12).

　　通常来讲,财富积累的三个途径包括储蓄、遗产继承以及资产增值。在这三个途径之中,储蓄对于中国家庭更为重要。由于改革开放以前中国城市居民几乎没有家庭财产的积累,所以代际间的遗产继承并不是一个积累财富的主要方式。资产增值的前提是拥有资产。对于几乎没有家庭私有财产的中国居民,原始的资产积累毫无疑问更多的是来源于储蓄。所以,在当前财富积累的起始阶段,各个阶层收入与消费之间的节余成为财富积累的最重要的手段与方式。

　　中国家庭的财富积累开始于改革开放以后。而在此之前,中国家庭几乎没有私有资产。一系列原因形成了中国家庭没有财富积累的情形。首先,中国社会主义革命使得家庭私有财产降到了最低程度。社会主义改造不仅将私有资产收归国有,完成了消灭阶级的“反向分层”过程,同时使家庭私有财富的积累在政治与法律上都变得没有可能。其次,随后几十年计划经济制度下的压制消费的发展策略与低工资制度使得绝大多数家庭更多地是为了生计和温饱而操心,个体家庭的财富积累变成了一个根本无法企及的目标。另外,整个市场也是由国家控制,个人没有资格在市场中谋利。这在经济上断绝了个体家庭积累财富的可能性。唯一可以算得上家庭财产的是单位分配的、居住权可以传给下一代的福利住房。但是,在房改之前这样的福利房在名义上的所有权也是属于国家的,并不能在市场中升值或是变现。最后,计划经济下政府提供了较为完备的社会福利政策,使居民并不担心教育、医疗以及养老等这些通常需要通过储蓄或是财富积累来加以保障的社会问题。因此,可以说在改革开放之前,中国社会家庭财富的不平等程度较低——因为大家几乎都没有私有财产。

　　改革开放启动以后,这样的家庭财富上的平等才逐渐被打破了。从 1981 年开始,政府积极鼓励和支持城乡个体户的发展。个人逐渐进入市场,不仅仅从市场经营活动中获取利润,同时也开始持有私有财产。个人经营投资机会的放开,使个体与民营企业得到了飞速的发展。随着 20 世纪 90 年代资本市场的开放,人们可以在资本市场获取收益。而住房的商业化,更是使城市家庭财富的积累成为现实的可能与迫切的需要。原有的政府房产通过低价出售给了房屋使用者,使这些人拥有了家庭财富。进入 21 世纪后,在拥有私人住房与改善居住条件的驱动下,房产的购买成为城市居民积累家庭财富的重要手段之一。另一个促使城市居民迫切积累财富的重要原因是,改革开放以来,原来政府提供的各种社会保障措施逐渐被市场化的机制所替代,个人逐步承担起教育、医疗、失业保险以及养老等方面的责任。城市居民的财富积累成为一个重要的保障策略。

　　财富的累积过程反映了一系列的不平等问题。第一,财富累积过程中的权力因素显而易见,而转型过程中制度的不完善又使权力寻租谋利变得可能。第二,财富累积过程中另一个不平等的现象是不同的社会阶层间财富累积的速度差异巨大。富裕阶层累积财富的能力与速度远远高于非富裕阶层。这是因为财富累积的"门槛效应"以及资产增值的"放大效应"一经启动,迅速成为一个自我膨胀与放大的过程,必然加速拉大财富多寡之间的差距。随着这样的过程的不断循环,两个集团之间的财富的差距也越来越大。因此,资产增值成为各个社会阶层间财富差距的放大器。第三,代际间资本的传递也出现了变化。资产财富可以在代际间直接传递,而人力资本的代际传递更为间接与复杂。一方面,人力资本的传递可能变得无足轻重,以交换劳动力得到的工资收入对于资产财富阶层变得无足轻重,或许会出现一个无须工作的食利阶层;另一方面,富裕家庭的孩子在财产资本与人力资本上都处于相对的优势,而这种优势的代际传递使得既有的社会阶层结构得到再生产,并传递下去,形成所谓的长期延续的社会不平等。第四,由于资产的门槛效应以及资产的快速增值,使城市社会各阶层间的差距越拉越大,而阶层间跨过界线的社会流动变得越来越稀少与困难。有产者通过资产来积累财富,而无产者依然只能通过工资节余来积累财富。资产的门槛将穷人排除在有产阶级之外,而资产增值的过程是富人变得更富,穷人还是穷人。低层社会成员向上流动的路径变得越来越遥不可及,而机会也变得越来越稀少。

二、社会结构断裂

贫富差距的不断扩大,导致了社会结构的断裂和利益关系的紧张。大量经验研究表明,中国社会的整体结构是一个底层规模巨大、中层相对弱小、上层较小的不均衡形状,被称为倒丁字型社会结构。这种结构,在社会流动和群体关系上都出现了一种"断裂"趋势:阶层之间的边界逐渐固化,代际间的社会流动日益减少,不同利益群体之间的关系也越发紧张,同时社会共识难以形成。

(一)日益凝固的社会阶层分化

一项具有代表性与广泛影响的研究,根据职业分工、权威等级、生产资料占有情况和制度分割四种导致阶层分化的主要动力机制,以及组织、经济和文化(技术)三种划分阶层的资源,将中国社会划分为十大社会阶层,如表 3.5 所示。在划分出十大社会阶层的基础上,本书还将十大社会阶层转化为五大社会等级[1]。

---

① 陆学艺,等.2013 年中国社会形势分析与预测[M].北京:中国社会科学文献出版社,2013.

表 3.5　当代中国十大社会阶层的变化对比（1978—2010 年）　　　　　　%

年份 十大社会阶层	1978	1999	2001	2006	2010
国家与社会管理者	0.98	2.1	2.1	2.3	2.3
经理人员	0.23	1.5	1.6	2.6	2.7
私营企业主	0.00	0.6	1.0	1.3	2.2
专业技术人员	3.48	5.1	4.6	6.3	6.4
办事人员	1.29	4.8	7.2	7.0	7.3
个体工商户	0.03	4.2	7.1	9.5	10.1
商业服务业员工	2.15	12.0	11.2	10.1	11.3
产业工人	19.83	22.6	17.5	14.7	22.7
农业劳动者	67.48	44.0	42.9	40.3	30.4
无业失业半失业者	4.60	3.1	4.8	5.9	4.6

资料来源:陆学艺,等.2013 年中国社会形势分析与预测.北京:中国社会科学文献出版社,2013

该研究发现,国家与社会管理者阶层呈现出微弱增长趋势,近几年来其比例稳定在 2.3%;与 2001 年相比,2010 年经理人员阶层的比例增长了 1.1 个百分点;私营企业主阶层实现了从无到有并不断壮大的过程,2010 年比 1999 年增长了近 4 倍;专业技术人员阶层、办事人员阶层、商业服务业员工阶层进入 21 世纪以后在稳定中有所增长,但与私营企业主和个体工商户阶层相比增速相对缓慢,后者在 2010 年的比例突破 10%;产业工人阶层在不同时期有所波动,但近年来增加速度很快,2010 年以 22.7% 的比例超过历史上所有时期,比 2001 年净增 4 661 万人,新增人员以农民工为主体;农业劳动者阶层则持续减少,2010 年比 2001 年减少了 12.5 个百分点,十年间减少 8 000 多万农业劳动者;无业失业与半失业者阶层相对保持稳定,其比例近年来有所下降。

因此,该研究认为,与 2002 年《当代中国社会阶层研究报告》中"该大的阶层没有大起来,该小的阶层没有小下去"不同,2010 年中国社会阶层结构的明显变化是"该小的阶层在继续缩小,该大的阶层在继续增大"。具体而言,2001 年中间阶层约为 16%（即"没有大起来"）,农业劳动者阶层却还占 42.9%（即"没有小下去"）。10 年之后的 2010 年,农业劳动者阶层减少了 12.5 个百分点,约占 30.4%,中间阶层增加了 10 个百分点,约占 26%。尽管"该大的阶层没有大起来,该小的阶层没有小下去"这一格局并未根本扭转,但 21 世纪以来十大社会阶层的变化表明,中国社会阶层结构显示了朝着现代社会的"橄榄型"结构方向缓慢演进的趋势。

通过测算职业声望与群体比例,有学者发现中国的社会结构形状呈倒丁字型,而在经历了 21 世纪头 10 年的迅猛发展后,中国的社会结构仍然呈现出了持续顽固的惰性:上层职业比例几乎没有变化,中层职业比例增长缓慢,而下层职业巨大的比例没有太大变化[①]。

表 3.6　中国城乡职业分层结构分布(2000—2010 年)　　　　　　%

	城　　市			农　　村		
	2000 年	2010 年	变化	2000 年	2010 年	变化
上层职业	12.98	12.67	−0.31	3.00	2.93	−0.07
中层职业	30.15	38.44	8.29	7.54	11.75	4.21
下层职业	56.87	48.89	−7.98	89.47	85.32	−4.15
	100.00	100.00		100.00	100.00	

资料来源:李强,王昊(2014)

需要特别指出的是,在上述中层职业中(表 3.6),比重最大的是营业人员与推销展销人员等商业服务人员,另外还包括裁剪、缝纫人员、鞋帽制作人员以及行政人员等。这些职业的职业回报相对较低,远未达到所谓"中产阶级"的标准。因此,合并表 3.6 中的城乡,并且中层职业中的绝大部分应当归于下层职业当中,上述表格显示出来的中国社会结构中的下层规模巨大。

无论从哪种分析的视角都可以看出,当前中国社会结构形状是一个并不均衡的低端巨大、中层弱小的形状。同时,在过去的 30 多年快速发展的过程中,这一结构相对稳定,变化的速度极为缓慢。数据显示,占城镇居民家庭总户数 20% 的低收入阶层享受到了 11.4% 的高等教育;占 20% 的中等偏下收入阶层享受到了 10.1% 的高等教育,占 40% 的中等和中等偏上收入阶层享受到了 25.7% 的高等教育;而占 20% 的高收入阶层却享受到了 51.9% 的高等教育。高收入群体的子女,可以获得更好的教育资源和就业机会,从而成为新一代的高收入群体。而低收入群体的子女,则由于缺乏优质教育和就业资源,只能成为新一代的低收入群体。教育和就业等向上流动的渠道逐渐阻塞,造成日益明显的阶层分化。

(二) 日益紧张的利益关系

任何一个现代社会,随着利益的多元与分化,都会逐渐形成不同的利益群体。每个利益群体有着相似的社会地位和利益诉求,在一定条件下还可能通过集体参与来维护共同的利益。不同利益群体之间往往存在着利益冲突。这些利益群体通过何种方式来化解冲突、形成共识,往往会影响一个社会的基础秩序。

一些研究指出,利益群体模式更适合用来分析中国社会的分层结构。一方

[①]　李强,王昊. 中国社会分层结构的四个世界[J]. 社会科学战线,2014(9);李强. 我国正在形成"土字型社会结构"[N]. 北京日报,2015-05-25.

面,阶级、阶层在含义上应该是指利益分化已经完成、物质利益已经相对稳定的集团,而中国利益结构变迁十分迅速,各个社会利益群体正在分化、解组和重新调和,使用地位相对稳定的阶级、阶层概念不太符合中国的实际情况;另一方面,利益群体是更现实的行动主体,中国社会转型时期恰恰是社会利益关系调整最剧烈的时期,一些群体获得利益的同时另一些群体势必会损失利益,而现实社会中的许多矛盾与冲突大多与利益关系调整直接或间接相关[①]。因此,采用利益群体模式分析转型时期中国社会的分层结构,更能说明利益关系和由此引发的矛盾与冲突。

一项调查结果显示,2/3 的中国居民认为自己获益较多、生活水平也在近几年得到了提高,其中超过 1/8 的人觉得自己的生活水平提高很多;有 1/5 的人觉得自己的生活水平没有变化;有 1/8 的人认为自己利益受损、生活水平下降了。调查结果还显示,不同的社会群体获得的利益是不一样的。家庭背景更好的、年纪更轻的、教育水平更高的、收入水平更高的显示了他们更觉得自己在近几年中得到的利益更多[②]。具体如图 3.1 所示。

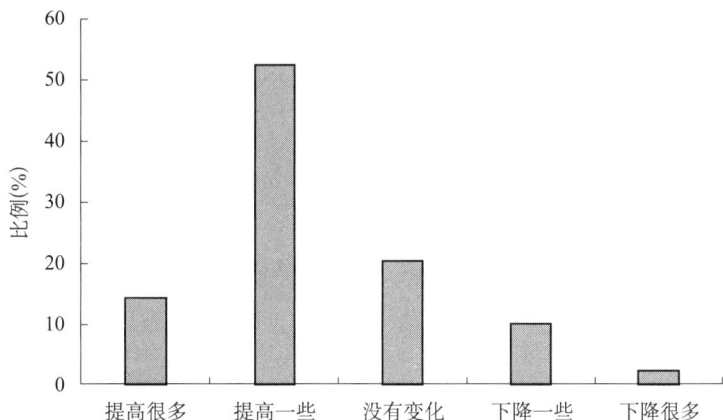

图 3.1 城市居民对自己近几年来生活水平变化的评价

资料来源:李培林,等.2005 年中国社会形势分析与预测[M]. 北京:中国社会科学文献出版社,2005.

这样的利益格局的变化与认知,必然带来社会利益关系与群体关系的变化,这样的变化不可避免地导致因利益分配的社会冲突的出现。上述研究还显示了,不同的利益获得或是受损群体,对待社会冲突的应对措施是不一样的:在利益格局变化过程中获益的群体,更倾向于使用制度化的方式来解决社会冲突;而利益受损的群体,则对制度化的方式失去信心,一旦参与冲突,更多的是寻求制度化之

① 李强.我国初显四大利益群体[J].经济研究参考,2001(23).
② 李培林,等.2005 年中国社会形势分析与预测[M]. 北京:中国社会科学文献出版社,2005.

外的措施,甚至是更为激烈的方式来解决社会冲突。

事实上,任何改革都是利益关系的调整,都会造成物质利益的得失,且利益的获得与受损从逻辑上说是同一个过程的不同方面。因此,从利益关系的角度能够更加清晰地观察各群体的利益所在、诉求及表达。结合现阶段中国改革与转型的实际,我们发现国家与社会之间、城市与农村之间、资本所有者阶级与劳工阶级之间是最重要的利益关系模式,具体表现为官民关系、权利关系与劳资关系。这些基本利益关系模式也奠定了不同群体之间利益诉求与表达的基础,也涉及了权力、权利与市场的分层动力机制。利益格局的变化导致了社会群体的分化,也导致了与利益相关的社会冲突的加剧,使社会风险增加。而在应对利益冲突中,应对策略的疏忽与失误,将会进一步激化社会冲突,导致更为严重的社会威胁。

三、公正缺失与道德滑坡

在任何一个社会中,公平正义和道德规范,都是维持社会运转、保障社会秩序的基本条件。而在进入中等收入阶段之后,我国恰恰遭遇到了公平正义的缺失和道德文化的滑坡。

(一)公平正义的缺失

社会的公平正义,具体来说,就是一个社会的基本制度能够公平、平等地对待每一个社会成员,能够捍卫基本的社会正义——如善恶奖惩分明、扶弱济困等。公平正义已经成为现代社会的一项核心价值,我国也不例外。在一项关于什么是好社会的全国调查中,50.96%的人认为“平等”最重要,在所有选项中排名第一。同时,43.2%的人认为“公正”最重要,在所有选项中排名第四[①]。可见,中国大众同样也将“公平正义”作为最重要的社会价值。

当前我国社会形成了相当比例社会成员自认底层甚至弱势群体的底层认同。这种底层认同倾向强调自身弱势地位、认为自己遭遇了不义不公、带有较强的相对剥夺感。不仅是那些公认的弱势群体如此,就连那些通常被人们羡慕的群体,如公务员、警察、教师、民营企业家甚至领导干部,也都存在普遍的弱势感,认为自己遭遇过这样或那样的不公正。在中国经济如此高速发展的今天,这种普遍的弱势感是很值得人们警觉的。这种现象至少部分说明,在一个公平正义不能得到维护的社会中,每个群体的人生活得都不舒服。因此,促进社会的公平正义,是中国

---

① 王俊秀. 当前社会价值观的特点与社会共享价值的重建——2014 年中国社会心态研究报告. 中国社会心态研究报告(2014)[M]. 北京:社会科学文献出版社,2014.

社会当前最急迫解决的问题。

（二）道德文化滑坡

道德作为一种行为规范，以完整的价值体系为基础，依靠一定的道义力量、社会舆论来保证实施，对人们的行为具有重大影响，可以有效地控制人际互动，维护基本的社会运行秩序。在一定意义上，道德是社会秩序的基础。道德对个人生活、社会稳定都具有重要作用。中国几千年的传统社会以儒家学术为基础，形成了一整套"克己复礼""以仁为上德"的道德规范，并逐渐内化为人们行为的深层心理基础，塑造人们的个性与人格。费孝通[①]认为，在中国的传统乡村，秩序的维系不是依赖国家政权，而是基础传统规范的长老教化。村落长老德高望重，是道德规范的解释者与维护者，通过种种教化，使人们主动遵从礼治。

在现代社会中，由于群体的分化与文化的多元，传统道德的价值与社会基础日渐瓦解，道德的社会控制效果也随之减弱。传统道德面临现代社会的冲击，这一现象在世界各国都普遍存在。然而，我国的情况尤为严重。我国经历了近40年的高速增长与快速转型，传统的道德文化同样遇到了巨大挑战，出现了严重的道德滑坡。道德对个人行为的规范作用在减弱，功利主义和机会主义就可能随之泛滥，造成不守规矩、人人自危的糟糕局面，不仅不敬畏、不遵守道德，而且嘲讽、蹂躏、玩弄道德，甚至违反道德。不遵守道德、违反道德成为毫无成本、无须付出代价甚至有巨大收益的行为，相反，遵守道德则需付出高昂的成本和代价。

道德滑坡导致社会秩序失去了赖以生存的基础，社会成员相互之间的基本信任荡然无存，取而代之的只有猜忌和怨恨，社会信任系统近乎瓦解。近年来对城市居民社会信任状况的调查表明，我国当前的社会信任状况一直在"低度信任"的及格线附近徘徊，一度跌入"不信任"的状况。2010年对北京、上海、广州三地居民社会信任状况的调查显示，社会总体信任得分为62.9分，即低度信任的下限[②]。而2011年这一调查扩展到全国7个大城市，覆盖了我国东、中、西部地区。结果显示，社会总体信任得分为59.7分，甚至低于及格线[③]。2016年北京市关于公众对社会信任度调查报告显示，44%的公众表示在面对诚信问题时能够坚持原则；45%的公众表示会视情况基本坚持原则；仅8%的民众会先考虑自身利益。

上述调查表明，我国当前社会信任度较低，信任关系受到严重破坏，社会信任

---

① 费孝通. 乡土中国·生育制度[M]. 北京：北京大学出版社，1998.

② 杜军峰. 2010年城市居民社会信任状况分析——基于北京、上海、广州三市的调查. 中国社会心态研究报告（2011）[M]. 北京：社会科学文献出版社，2011.

③ 饶印莎，等. 城市居民社会信任状况调查报告[M]. 北京：社会科学文献出版社，2013.

体系濒于瓦解。有学者认为,我国目前出现了严峻的社会信任危机,甚至可以说是"程度之深,波及面之广是史无前例的,危害也极为深远"①。我国当前的信任危机主要体现在民众对政府和公共权力的不信任、市场利益主体之间的不信任以及普通社会成员之间的人际信任危机。

四、社会心态危机加大

概括而言,社会心态是社会大众在日常生活中形成的、对社会现实的认知和态度。社会心态汇聚了社会成员的感受、价值选择和行为倾向,在一段时间内弥散在一个社会之中,对社会成员的行动和整个社会的发展都会产生影响。一般来说,社会心态涉及不同的维度,包括社会满意度、社会公正感、社会信任度以及社会情绪等诸多方面。社会心态不仅反映了大众对社会制度、社会变迁以及社会生活的基本认知和评价,而且透视出社会成员的价值观和行为取向、对社会发展趋势的信心和期望。

在欧美发达国家、东亚和拉美等发展中国家以及中东欧转型国家的经济转型过程中,都曾出现过普遍不满、信任崩溃等社会心态危机。这些不同类型的国家在发展过程中都曾经试图通过经济增长来解决社会问题。但是,集中力量促进经济增长可以掩盖社会矛盾,却不能解决这些矛盾及其带来的问题。经济发展过程中,社会政治改革的滞后会带来社会矛盾和社会问题的累积,进而造成社会心态危机。而社会心态危机又会影响民众行为,甚至导致极端的社会倾向。需要注意的是,社会心态并不单纯是经济发展和社会结构变迁的后果,社会心态具有一定的独立性。不解决社会心态危机,就可能使一个国家在经济转型过程中遭遇各种困境,甚至在中等收入陷阱中越陷越深。因此,为了实现经济转型和社会发展,需要谨慎应对社会心态危机。

从发达国家、发展中国家及转型国家的经验来看,由于采取不同的策略应对社会心态危机,结果导致不同国家在成为中等收入国家后走上了不同的发展路径,也带来了迥异的社会后果。西方学者在一个多世纪之前就已经对经济发展带来的社会困境进行了讨论,分析了现代社会发展过程中会出现不分是非、缺乏信仰,乃至信任结构和价值规范体系解体的情况②。欧美发达国家在经济发展过程中,特别是经济困难时期,也曾出现了严重的社会心态危机。两次世界大战、20

① 杨宜音,等. 当代中国社会心态研究[M]. 北京:社会科学文献出版社,2013.
② [法]埃米尔·迪尔凯姆. 自杀论[M]. 冯韵文译. 北京:商务印书馆,1996.

世纪 30 年代的美国经济大萧条时期,欧美社会都出现了普遍的不满,对国家的经济、政治和社会制度持怀疑甚至悲观失望的态度。这些不满和怀疑推动对制度的反思,社会大众通过积极的社会参与,以公平正义为核心来推动制度建设,来解决社会危机和经济困境。需要注意的是,20 世纪三四十年代,纳粹主义在欧美,特别是德国的兴起甚至蔓延,也可以看作是欧美社会对经济困境中社会心态危机的一种应对。有研究①表明,纳粹主义罔顾社会的公平正义,却宣称将维护日耳曼民族的优势,这一承诺将当时处于艰难转型中的德国大多数人整合在了一起,但结果却造成了世界范围的巨大灾难。与发达国家的经历类似,发展中国家在经济发展过程中也要面对社会心态危机。事实上,东亚之所以能跨越中等收入陷阱,而拉美东盟长期身陷中等收入陷阱,原因之一就在于是否能够应对社会心态危机。第二次世界大战前后,在西方国家现代化的高歌猛进之下,东亚国家不得不面对东方文明衰弱论等社会心态问题,然而,正是由于在强调公平正义的基础上积极推动社会制度的完善和社会力量的建设,东亚国家凝聚了共识,跨越了陷阱。比较而言,拉美国家由于既得利益集团把持了国家决策,忽视底层群体的诉求,底层民粹主义高涨,全社会层面的共识无法形成,公平正义的社会成了泡影,也就不能解决社会心态危机,无法完成经济社会转型。与前述的西方发达国家、东亚拉美东盟发展中国家一样,中东欧转型国家也要在经济发展过程中面对社会心态危机。经济转型发生之前,这些国家大都面临价值观真空,乃至意识形态危机。那些在转型之后能够以公平正义为基础、理顺社会各阶层的关系、凝聚社会共识的国家,解决了社会心态危机,顺利实现了转型。而那些仍然以特殊利益集团为重的国家,因为无法形成共识,不但不能解决经济危机和社会危机,甚至可能导致民族分裂和战争。

从这些不同类型国家的经历来看,单纯的经济制度改革并不能解决进入中等收入国家后出现的种种社会问题。只有正视经济转型与社会转型的双重挑战,正视社会心态危机,凝聚社会共识,增强社会信任,重建社会共享的基础价值和基础伦理,才可能顺利实现经济与社会转型。

五、推动改革面临挑战

以体制变革推动结构调整,实现产业升级与转型,从而完成经济与社会的双重转型,这是中国走出中等收入陷阱的基本思路。然而,推进下一步的经济与社

---

① [英]达仁道夫. 现代社会的冲突[M]. 林荣远译. 北京:中国社会科学出版社,2000.

会转型,目前还存在三个相互冲突的发展趋势,值得我们高度关注。

首先,体制的问题越来越突出,但体制变革的动力越来越弱。中国改革开放近 40 年,已经进入深水区和攻坚期,那些不涉及体制本身的改革,早已经改革完毕。目前遗留下来的改革热点和难点,在根源上都与现行体制有着千丝万缕的关联,可见我国的体制改革远未完成。然而,改革过程中形成了一批特殊利益集团,在现行体制之下,它们才可能获得最大的利益。随着我国进入中等收入阶段,经济起飞时的粗放式增长方式效果越来越差,亟须针对社会结构和利益格局进行体制层面的改革。然而,在体制改革越来越迫切的时候,来自体制内部的改革动力却变得越来越微弱。

其次,改革初期没有解决的问题,后来解决的困难越来越大。中国的渐进式改革,各项改革内容的确定,往往遵循阻力小、收益大的原则。比如,改革最初的突破口,就选择了改革成本更小的农村,而不是改革成本更大的城市。渐进式改革的一个后果是,越是最难啃的那些"硬骨头",其改革就越是尽量向后拖延,最后造成了最难改的领域全都集中在了一起,形成牵一发而动全身的复杂局面,导致问题盘根错节,加上小富即安的心态,改革难以下手。改革初期没有解决的问题,改革成本不仅没有随着时间而减少,反而可能不断扩大,最终形成尾大不掉的局面。

第六节　中国跨越中等收入陷阱面临的法治短板

"奉法者强则国强,奉法者弱则国弱。"改革开放近 40 年来,中国经济得到了空前发展,民主和法制建设也得到了长足进步,具有中国特色的社会主义法律体系基本建立。但是,也不能回避客观存在一些与经济发展不相适应的诸多法治短板。当前,中国正处在改革发展的关键阶段,发展压力大,社会矛盾凸显。要想成功跨越中等收入陷阱,必须遵循良法善治之道,全面深化改革、完善和发展中国特色社会主义制度,提高党的执政能力和执政水平,坚持依法治国,坚定不移走中国特色社会主义法治道路。如何推进经济社会持续健康发展,推动依法治国,顺利跨越中等收入陷阱,事关全面建成小康社会和实现中国梦,是我国当前面临的重要挑战之一。

一、国家治理现代化的法治内涵尚需完善

法治是国家治理体系和治理能力现代化的核心内涵,也是全面深化改革的本

质要求和重要保障。经过近 40 年的改革开放,中国经济社会发展已经进入新常态,要跨越中等收入陷阱,必须从粗放发展转向科学发展,克服短期化、功利化倾向;必须推动改革跨越深水区,探索形成统筹兼顾、透明公正、规范有序的改革方式;必须促进社会平稳转型,化解各种复杂的深层次的社会矛盾。政府公共治理、市场治理、社会治理尚缺乏完善的制度安排和规范的法律支撑;国家治理体系在维护社会稳定和社会秩序的效率上仍有待提高。

二、市场经济体制的法治基础亟待加强

市场经济要求市场主体将市场经济规律作为具有法律约束力的规范,要求用法律来保护市场平等竞争以实现资源配置效率的帕累托最优,要求用法律手段来处置市场运行过程中产生的各种矛盾和冲突,要求严格保护市场主体的财产权利不受侵犯,等等。法治既可以保障自由竞争和效率,又有利于保障和协调社会分配,平衡利益冲突,达到必需的社会公平。成熟的市场经济体制与健全的法制相生相伴,为此市场经济本质上是法治经济。世界经济发展史也表明,100 多年来能成功跨越中等收入陷阱的少数几个国家都施行法治,从实证上确认了法制对跨越陷阱的根本作用。实现市场在资源配置中的决定性作用,最重要的前提就是市场主体的权利和行为受法律约束和保护。改革开放以来,中国市场经济体系和法规体系日益完善,但仍存在不少有待弥补的法治空白和有待完善的薄弱环节。比如,市场规则、监管体系、价格机制尚不健全;产权保护制度、国有资产管理体制需要不断完善;加快转变政府职能的法治保障亟待加强;深化财税和金融体制改革的立法任重道远。

三、创新驱动战略的法治环境有待优化

创造、创新与其说是技术的发明、发现和高效应用,不如说是适应于创新的制度安排,即"制度重于技术"。法治通过对知识产权的保护,通过完善有利和鼓励创新的制度体系,让技术人才、创新企业有了用武之地,使技术创新驱动战略有了赖以支撑的环境。换言之,法治是创新之基。通过技术和制度创新,实施创新驱动发展战略是实现经济转型升级、跨越中等收入陷阱的关键。国外的经验也表明,跨越中等收入陷阱,必须实现竞争力的阶段性提升和跨越,培育内生增长动力,实现从"模仿"到自主创新的增长方式转换。与实施创新驱动战略的迫切要求相比,我国在法治环境、法治保障水平等方面还存在较大差距。在促进技术创新方面,缺少有关国家创新体系和企业自主创新的法律环境,特别是缺少针对中小

企业技术创新和技术进步的专门法规。在促进制度创新方面,法律法规不健全、不衔接,监督体系不完善、执行不到位的现象突出。

四、中国特色社会主义法治信念还需树立

社会主义法治是一种全社会共同的、崇高的理想信念。没有坚定的社会主义法治信仰,面临"四大考验""四种危险"①时,就会感到前途迷茫、精神迷失、无所适从。坚持中国特色社会主义道路,就必须树立法治信仰、培养法治思维、提升法治理念、弘扬法治精神。法律有效调控市场经济和社会生活的前提是社会主体对法律的忠诚和信仰。而目前由于社会主体对法律缺乏信仰而造成的法律"悬空"和"虚设"现象,在中国经济领域中也客观存在,导致国家制定和颁布的许多经济法律、法规被高高挂起,虚置一旁,很难实现其调控和规范市场经济的功能和价值。现实中"经济要发展,法律靠边站""就是要不断突破法律,经济才能更好地发展""法律是说起来重要,做起来次要,忙起来不要"的错误思想也还有市场。另外,诚信是构建法治国家的人文精神要素,是支撑法治工程良性运行的基石。但令人忧虑的是,在市场经济发展过程中出现了较为严重的诚信缺失。一些经营者置法律规定于不顾,损人利己,谋取私利。经济欺诈现象严重,逃、废债行为相当普遍,金融诈骗、逃汇骗汇、骗取出口退税等违法犯罪行为十分猖獗;假冒伪劣商品愈演愈烈,损害广大消费者的利益,危及人民群众的身心健康;地方保护、地区封锁和部门垄断依然存在,并妨碍了统一市场的建立。

第七节 小 结

改革开放以来,在人口和改革红利的作用下,中国经济保持了近 40 年的高速发展。然而,随着人口红利的消失、环境资源的约束,以及改革难度的加大,中国原有经济增长方式面临诸多挑战,已难以为继。中国几十年经济高速增长的同时,一些积累的社会矛盾,例如,环境污染、收入差距等日益突出,并引发社会问题。因此,中国迫切需要进行深入的经济和社会体制改革,以推动经济增长方式和社会治理的成功转型。经济和社会的转型需要完善的法治来维护和保障。当前,中国仍存在不少与经济发展不相适应的法治短板,需要进一步改进与完善。

---

① 面临的"四大考验"是执政考验、改革开放考验、市场经济考验、外部环境考验。面临的"四种危险"是精神懈怠的危险、能力不足的危险、脱离群众的危险、消极腐败的危险。

第四章 跨越中等收入陷阱 需要提高经济治理能力

　　习近平总书记在党的十九大报告中指出:"中国特色社会主义进入了新时代。我国社会主要矛盾已经转化为人民日益增长的美好生活需要和不平衡不充分的发展之间的矛盾"。克服不平衡不充分的发展,就需要提高经济治理能力。经济治理能力现代化是国家治理体系和治理能力现代化的重要组成部分。经济治理体系被理解为政府与市场对经济主体进行调节的制度体系;而经济治理能力则被界定为政府与市场对经济主体进行调节的能力。为了从制度设计和制度执行上搞好经济治理工作,需要正确地处理好政府与市场之间的关系。①

　　在本书的前部分研究中,我们对国家的经济治理进行了分析,如以欧美为代表的发达国家,在跨越中等收入陷阱过程中,同时取得了经济治理能力的提升。例如,从历史经验来看,"危机—变革"模式是美国经济治理模式存在、运行的常态。稳固的制度内核、周期性的体制调整和自由市场与政府干预之间的钟摆运动,确保了美国经济治理模式的生命力。在经济危机中所流行的"美国模式终结论"是片面的。从现实绩效来看,经济衰退的延宕是消除泡沫、重建信心的过程,并不意味着生产能力的下降,对外部市场依赖性的暂时凸显也不表明美国国际经济地位的下降。面对全球经济危机中蕴藏着世界经济重构、新兴国家崛起的契机,更要客观看待、理性借鉴美国模式的经验。②

　　在经济治理方面,英国政府在宏观调控中起到了关键的作用。宏观调控是经济治理能力的重要部分③,英国以财政部为核心建立宏观调控体系。财政部是英国内阁最重要的部门,权力很大,在英国宏观经济调控中起着举足轻重的作用。降低通货膨胀率,使经济发展保持良好势头,提高服务质量,保持人民较高的生活水平,是英国政府致力的经济目标。为此,英国政府希望尽可能降低税率,政府认为低税率对金融市场的稳定是起决定性作用的。

---

①　刘承礼. 经济治理体系和治理能力现代化:政府与市场的双重视角[J]. 经济学家,2015,5(5):28-34.

②　安然,王茗忠. 从经济危机与体制变革看"美国模式"的生命力[J]. 新视野,2010,(4):83-85.

③　区延佳. 英国政府在宏观经济调控中的作用[J]. 经济学动态,1996,(7).

法国在第二次世界大战之后,颁布了国家统计和公共会计法,准确及时地掌握国情,推行计划指示性经济政策和加大科研和教育的投入,技术进步对经济增长贡献突出。法国是欧洲国家中最积极倡导和推行经济区域一体化的国家之一。[①]

德国的经济治理主要特点是将政府的调控作用与市场化运作结合起来,创造激励型国家模式。长期以来,德国的经济治理就以审慎和稳健著称,它不仅是德国有别于其他欧洲国家之处,也是德国能迅速克服金融和经济危机后果的关键。德国是"社会市场经济"理论的发源地和试验场,因此德国的经济治理政策带有明显的社会市场经济特征。[②]

美国、英国、法国、德国和大多数发达国家的经济治理经历了"自主集聚—要素驱动—市场驱动—创新驱动"的过程,其中不乏值得我们借鉴的成功经验。

同时,本书对没有成功跨越中等收入陷阱的国家也进行了分析,如印度尼西亚、菲律宾等东南亚国家和拉美国家以及苏东转型国家在中等收入阶段普遍陷入中等收入陷阱的经验与教训。其中,印度尼西亚在经济发展中仍然存在一些重大问题,包括失业和贫困仍然严重,区域发展不平衡,金融体制市场化改革不彻底,经济结构不合理等。菲律宾的问题是因为长期积累下来的经济、政治及体制等方面的结构性矛盾,严重制约了其经济发展。拉美国家在中等收入阶段的经验与教训是,过去的半个世纪以来的拉丁美洲,基本处于"陷阱中增长"的阶段。它们深陷各种社会经济问题当中,不是完全没有发展,而是缓慢发展,缓慢到远远落后于其他发展迅速的地区。

第一节　跨越中等收入陷阱的国际教训与经验

一个国家能够打破最初的贫困、实现起飞,却陷入中等收入陷阱的根本原因,在于一国从中等收入向着高收入迈进所需的发展机制与原有实现起飞的机制有着根本的区别。也就是说,一个国家可以遵循最初的发展战略和机制继续从低收入经济体成长为中等收入经济体,但难以再依靠这套战略和机制继续从中等收入实现高收入的跨越。中等收入国家的经济社会想要继续发展,人均收入水平想要继续提高,其原有的增长方式和机制就需要有一个本质的变化,从而在经济社会的发展方式上产生脱胎换骨的转变,才能奠定向着高收入国家不断迈进的基础。

从历史上看,很少有经济体能够顺利驾驭这一阶段出现的复杂技术、社会和

---

① 李明烨. 由《拉德芳斯更新规划》解读当前法国的规划理念和方法[J]. 国际城市规划,2012(5).

② 薛彦平. 德国经济治理的回顾与前瞻——社会市场经济模式的影响[J]. 当代世界,2014(9):54-57.

政治等挑战。许多国家都能够以非常快的速度达到中等收入水平,但很少有国家能够成功突破中等收入陷阱。

一、拉美国家跌入中等收入陷阱的教训总结

(一)拉美国家跌入中等收入陷阱的主要教训

1. 未能依据经济发展的不同阶段和特点及时转变经济发展模式

拉美国家大多具有广袤肥沃的土地和丰富的矿产资源,凭借这些有利条件,这些国家曾经实现短时期的高速增长,特别是"二战"后创造的"拉美奇迹"。但20世纪70年代末期,这些国家工业化陷入困境,究其原因,就是长期奉行"进口替代"战略和大企业垄断模式,从普通消费品进口替代,到耐用消费品和资本品进口替代,没有及时转换发展模式,实施对外开放和出口导向战略,脱离全球技术变化主流,即使在70年代初石油危机后陷入债务困境,仍维持"举债增长",使"进口替代"战略延续了半个世纪。

2. 科技发展创新缺乏动力

一国经济在进入中等收入阶段后,低成本优势逐步丧失,在低端市场难以与低收入国家竞争;在中高端市场则由于研发能力和人力资本条件制约,又难以与高收入国家抗衡。在这种上下挤压的环境中,很容易失去增长动力而导致经济增长停滞。要克服这一挑战,必须提高研发能力和重视人力资本,进行产业升级,培育新的竞争优势。拉美国家长期实施进口替代战略,技术创新动力不足,20世纪80年代后又受到西方新自由主义思潮影响,大幅削减公共财政预算,研发投入急剧萎缩,丧失了新一轮技术革命带来的重大机遇。

3. 未能有效平衡政府调控与市场机制

拉美国家20世纪80年代后受"华盛顿共识"新自由主义思潮影响,放任市场机制作用,政府宏观调控被极度削弱,宏观政策缺乏稳定性,加之政府债台高筑,通货膨胀和国际收支不平衡等顽疾难以消除,经济危机频发造成经济大幅波动。

4. 体制调整变革严重滞后

在拉美国家,体制调整变革受到利益集团羁绊,严重滞后于经济发展,精英集团的"现代传统主义"片面追求经济增长和财富积累,反对在社会结构、价值观念和权力分配等领域进行调整变革,或者把变革减小到最低限度。经济财富过度集中,利益集团势力强大,造成寻租、投机和腐败现象蔓延,市场配置资源的功能受到严重扭曲。

5. 收入分配不公平

收入分配不公平的问题严重影响了拉美国家的经济增长。首先,收入分配的不公平导致内需不振。拉美地区广大中下阶层在经济发展过程中被边缘化,直接限制了消费的扩大,国内市场需求不振,陷入增长缓慢和内需不足的恶性循环。其次,收入分配不均限制了投资规模的扩大。储蓄率较低及部分资本外逃等原因导致拉美的资本形成不足,生产投资不得不依靠外部资金,使宏观经济运行暴露在国际环境的风险之下。最后,分配不平等间接影响了拉美国家的人力资本积累,使拉美经济缺乏持续增长的基础。政府对初等教育的投入不足,导致拉美的教育质量较差,影响了人力资本的提升。

(二)拉美和东南亚国家跌入中等收入陷阱的普遍原因

许多拉美国家和东南亚国家为何相继跌入中等收入陷阱?以下原因不可忽视。

1. 发展失速

中等收入陷阱的实质是增长问题。在具有持续增长能力的经济体内,各种社会矛盾可以通过增量调整的方式逐渐予以解决,而在增长停滞的经济体内则只能被迫进行存量调整,陷入"增长停滞—社会动荡—经济失序—复苏无力"的恶性循环。一国经济必须保证持续发展,否则就会跌落中等收入陷阱。整个拉美地区20世纪80年代经济年均增速1.2%,人均GDP增长只有 -1.9% ,其中1963—2008年间,阿根廷还出现了16年负增长。

2. 结构失衡

巴西、墨西哥、阿根廷、马来西亚、泰国长期存在结构失衡。第一,产业结构失衡。巴西、阿根廷、墨西哥等国忽视具有比较优势的劳动密集型产业,却转而发展资本密集型的钢铁、造船等重化工业,导致轻重工业比例失衡和工农业比例失调。第二,人力资本和自主创新失衡。高端人才匮乏和低下的研发能力严重制约经济结构升级转换。2009年,日、韩研发支出占GDP的比重超过2%,而智利研发支出占GDP的比重只有0.7%。2009年,韩国获授权专利达到9 566件,同期马来西亚仅为181件。第三,城乡发展失衡。工业化发展严重滞后于过快的城市化,大量无地人口涌入城市,就业、住房、收入和社会保障困难引发严重的社会问题。巴西城市化率从1950年的41.4%飙升到2013年的85%,达到甚至超过发达国家水平。泰国总人口6 000多万,而首都曼谷人口就达1 000多万。第四,社会保障机制失衡。就业、医疗、教育保障投入弱化,对经济和社会稳定形成巨大冲击。第五,环境发展失衡。巴西大量砍伐亚马孙热带雨林的树木、工业化种植经济作物,阿根廷过度放牧,泰国的森林资源基本被毁损,马尼拉和雅加达大量垃圾被直接倾倒入海中。

3. 资金失血

金融体系脆弱的国家缺乏独立自主的金融体系,经济严重受制于发达国家资金,特别是普遍存在着借短放长现象,加上过早过度放开资本管制,一旦外资撤离致使资金失血,企业就会倒闭或濒临破产。例如,巴西曾经成为南美的骄傲,但巴西后期严重依赖外资,1999年的金融危机彻底击碎了本已脆弱的金融体系,资金大量失血,经济下滑至谷底。墨西哥和阿根廷等国也大致如此。

4. 应对失措

许多跌入中等收入陷阱的国家,当重大困难或经济危机来临时,应对失措,使困难演变成危机,小危机演变成大危机。第一,部分拉美国家顽固坚持"举债增长"战略。20世纪70年代初石油危机后不久,不少拉美国家继续维持"举债增长"的发展战略,同时欧美国家则相继采取紧缩政策,极度加剧了拉美国家的债务负担。第二,推行"原教旨市场决定论"经济政策。20世纪80年代,仍处于经济增长停滞泥潭的拉美国家将"看不见的手"视作救命稻草,让政府这只"看得见的手"见死不救。经济监控缺位下的救助方案不仅未能消除债务危机的根源,反而导致国际收支更趋恶化。第三,拉美不少国家脱离本国财政金融水平,照搬西方高福利制度。1987—1988年,在拉美较早建立社会保险制度的阿根廷和乌拉圭,其社会保障税率分别高达 $34\%\sim45\%$ 和 $54\%\sim57\%$,接近欧洲国家;有不少国家为 $20\%\sim30\%$,也高于加拿大和美国。"福利赶超"扭曲了市场价格信号,导致资源配置失当和宏观财政债台高筑。第四,马来西亚等东南亚国家在亚洲金融危机后,未能及时对依靠低成本贸易拉动经济的模式进行调整,没有找到新的经济增长点。

二、韩国和日本跨越中等收入陷阱的主要表现

20世纪60年代初期,有100多个国家进入中等收入国家行列,但至今进入高收入国家的只有寥寥十几个,且大多数是小国。中国已进入中等收入国家行列,有人认为中国跌入中等收入陷阱可能性很大。"它山之石,可以攻玉"。分析跨越陷阱国家的成功经验和跌入陷阱国家的教训,对中国未来发展非常重要。

韩国和日本是通过增长动力机制转换和经济发展体制改革,成功实现经济发展方式转变,进而顺利成为高收入国家的典型,对中国的借鉴意义较大。总体而言,从日本、韩国的经验来看,跨越陷阱实际上是竞争力的阶段性提升和跨越问

题,日、韩持续增长能力的核心是培育出内生增长动力,最关键的是实现了从"模仿"到自主创新的方式转换,其主要经验包括以下几个方面。

1. 调整经济发展方式

从 20 世纪 50 年代初到 80 年代,日本实现了轻工业—重工业—第三产业的适时转换升级,完成了由"贸易立国"到"技术立国"再到"文化立国"的转变。20 世纪 80 年代以后,西方国家奉行贸易保护主义,极大地冲击了韩国出口导向型经济。韩国提出"产业结构高级化"的政策目标,加速从依托增加资金投入、维持廉价劳动力的粗放型发展战略,转为主要依靠增加研发投资和提高产业科技含量提升竞争力。韩国大力发展以电子工业为核心的技术知识密集型产业,整顿轻纺、纤维、染色等低附加值产业;将汽车、造船、机械等产业的制造工程逐步转移出去,国内主要抓研发、设计等前端工程及营销、售后服务等后端高附加值工程。这为韩国在全球产业调整过程中抢占先机,实现可持续发展奠定了重要基础。

2. 依靠技术创新立国

高收入经济体在中等收入阶段,均采取各种战略和措施来提高本国的技术创新能力,以此在国际竞争中占据有利地位。1982 年,韩国正式提出"科技立国"战略,并明确其主要目标是利用先进技术改造原有产业。进入 20 世纪 90 年代,为减轻对发达国家的技术依赖程度,韩国进一步实施"科技立国"战略,发展本国高新技术产业。与韩国类似,20 世纪 80 年代以来,日本也确立了"创新立国"战略,并把它作为新时期经济发展的基本国策。

3. 提高全要素生产率

20 世纪 70 年代,韩国经济发展模式的显著特点是资本投入增长速度非常快,全要素生产率对经济增长的贡献为负值,经济增长依靠的是要素投入。但到 20 世纪 80 年代,韩国全要素生产率对经济的贡献率达到了 28.94%,全要素生产率对经济增长的贡献超过了劳动投入部分,成为仅次于资本的第二大发展动力。1998—2011 年间,韩国全要素生产率对经济增长的贡献率达到 44.87%,成为促进经济增长的主导因素。韩国真正实现了经济转型,转变为依靠全要素生产率发展的创新型经济发展模式。日本经历了 1951—1974 年的高速增长期,1975—1993 年的平稳增长期,以及 1994—2005 年的失去的十年期,每一个时期最重要的标志之一就是全要素生产率的同向升降。

4. 调整收入分配格局

韩国政府通过税收政策调整初次分配格局;通过社会保障措施调整再分配格局。20 世纪 80 年代以后,基尼系数明显降低,收入分配趋于均等化。1991 年韩国的基尼系数由 1980 年的 0.39 降至 0.26,社会高收入阶层与低收入阶层的收入差距明显缩小。

5. 实现城乡均衡发展

20 世纪 60 年代,在工业化进程中,韩国城乡收入差距逐步拉大。1970 年,韩国政府启动旨在缩小城乡差距、工农协调发展的"新村运动"。韩国《农林统计年报》显示,1970 年韩国农村人口占全国人口的比例为 44.7%,2005 年下降到 6%。农民在其他非农部门大量兼业,城乡收入分配发生了显著变化。20 世纪 90 年代初,韩国农村居民人均收入已经达到城市居民人均收入的 95%,城乡收入差距已基本消失。"二战"后,伴随工业化、城市化的发展,日本城乡差距急剧扩大,由此引发了大城市人口过密、农村人口过疏、农村经济日渐凋敝等一系列问题。日本政府于 1961 年、1969 年和 1977 年先后制订了三轮综合开发计划,不断调整农业、农村政策,通过加强农村地区的社会化服务体系建设,完善城乡统筹的养老、医疗、教育制度的方式,使城市和农村在法律地位、居民政治权利、社会保障、治理模式等方面具有一致性,有效解除了农民进城或城市居民"下乡"的后顾之忧。经过几十年的发展,日本成为世界上城乡差距较小的国家。

三、主要经济体跨越中等收入陷阱经验总结

从本书前面的研究中可以看出,各国由于国情不同、所处的跨越中等收入陷阱发展阶段也不一样,它们的市场经济机制及其观念、意识各有特点,从而使它们的发展道路也有所不同。世界上没有一个十全十美的发展道路。我们将高收入国家的发展道路分为三类,即分别由美国、德国和日本为代表的"自由资本主义""社会市场经济"和"政府导向资本主义"的发展道路。

在主要经济体跨越中等收入陷阱的发展阶段,美国和英国是典型的"自由资本主义"发展道路,政府对经济的干预比较少,商品经济得到极大的发展,投资效率比较高,有利于生产力与经济的发展。这种发展道路过分关注效率,对社会公平的关注不够。根据英国著名经济学家戴维·柯茨的总结,这种跨越中等收入陷阱发展道路的主要特点是"积累的决策权主要在私人公司,它们可以自由地最大限度地追求短期利润目标,通过金融市场获得资本;劳动者只能享有有限的和法律明文规定的劳动所得和社会权利;人们对社会政治和道德的总体认识是个人主义和自由主义"。其主要优点有:弹性很强的劳动力和产品市场,低税,激烈的竞争和股东资本主义——股东对管理者施加压力,要求他们利润最大化。主要缺点是:收入差距悬殊,低福利救济,"公共物品"如初等、中等教育的质量差,公共服务

与其社会财富不成比例,低投资率和很低的储蓄率。

以德国为代表的"社会市场经济"跨越中等收入陷阱发展道路的主要特征是:银行和公司间关系密切,银行以股东和放款人的双重身份对公司实行监督。这种发展道路希望通过实现创造高利润、利益分配平衡和较高的收入水平这个目标来达到效率与公平的平衡。戴维·柯茨认为:社会市场经济的主要特点是"国家对资本的积累的直接干预程度可能比较小,但政治体制严格地确立了一整套劳工权利和福利措施,使有组织的劳工拥有了一个颇有影响的市场和直接参与劳资谈判的能力;主流文化是社会民主和基督教民主"。其主要优点是:出色的教育和培训;工资差距较小和居民拥有的高度福利制度促进了整个社会的和谐;公司和银行的密切关系助长了高投资。其主要缺点是:劳务市场和产品市场的限制较多,权力过大的工会、高税率、过分慷慨的失业救济和对劳动力市场及产品市场的广泛限制等导致了失业率居高不下。法国的发展道路与此接近。

日本和韩国是高收入国家的后来者,两国分别在 20 世纪六七十年代和七八十年代取得了令世人瞩目的经济高速发展。它们的发展道路可以称之为"政府导向的资本主义",取得了"追赶型现代化"的成功。该发展道路的主要特点是:第一,通过"后发优势",采取"追赶"欧美的策略而成为重工业化的先进工业国;第二,主要提供大量引进和消化吸收先进技术而达成自身的技术进步;第三,以出口为主导"贸易立国";第四,政府有长期的经济和产业结构发展规划,并对经济有较多的干预,企业与政府密切合作,银行与公司交叉持股;第五,实行统制金融。戴维·柯茨认为:这种发展道路在"积累决策方面依靠私人公司,但决策最终采用与否,还必须要同公共机构进行紧密磋商之后才能决定下来,并且政府部门和银行在决策过程中起着间接的影响作用;倾向于削弱劳工的政治和社会权力,但对劳资关系的形式留有余地,主张通过公司的福利措施将劳工和私人公司的关系融洽起来;主流文化在内容上似乎是保守主义与国家主义"。其主要优点有:终身雇用制促进了员工对企业的忠诚和高技术熟练度;公共服务(尤其是教育)质量高;银行与其他工商业企业关系密切;公司交叉持股使管理者受到保护,免遭失去耐心的股东影响,从而使之更关注长期投资。其主要缺点是:受到保护、没有完全暴露在市场力量之下的公司受到的促使其高效率地利用资本的压力很小。

政府和市场的关系是经济学探讨的永恒话题之一。这种关系在这三种跨越中等收入陷阱与发展道路中的表现有所不同。在市场经济中,企业是市场供给和市场需求的主体,其发展水平可以作为一国经济发展的衡量标准。美国的发展道路强调个人成功和短期金融利益,其市场模式就是自由开放。美国政府对市场的干预主要是运用财政和货币政策进行间接调控。政府在决定资本和劳动相互作用方式上仅起到极其有限的作用:政府的任务是创造优良的货币,防止垄断扭曲的要素市场、产品市场和危及自由开放的贸易,从而保证和便于市场充分发挥其功能;此外,政府的经济行为还包括提供公共产品(比如防务和社会基础设施);政府对消费品制造业的政策带有浓重的自由主义思想,长期以来一直而且将继续是在有限的范围内,以塑造市场为中心。

德国和日本跨越中等收入陷阱的发展道路更强调集体的成功与长期利益,政府对经济的干预多于美国。德国实质上是国家调节下的市场经济模式,政府采取直接干预(对价格形成控制、各项政策规定和参与企业投资等)和间接干预两种手段调节市场运行中的偏差。作为比英国和美国后实现工业化的国家,德国政府充当经济现代化的实施者:德国政府在"推行各阶级合作主义模式的劳工法则中起了重要作用,实行了积极的劳动力市场和福利政策;德国政府以一系列关键方式直接影响了当地的产业积累率"。但德国政府在经济中的介入和指导没有日本那么广泛。战后日本的经济增长很大程度上要归功于国家计划和指导所发挥的开发性作用。日本经济建立在国家官僚和私人企业、产业界紧密细致合作关系之上,是"国家指导的高速增长体系"。日本通产省及其作用是日本发展道路的鲜明特色和创举,政府通过产业政策和经济计划指导经济活动,特别是对企业决策进行强有力的干预和诱导,依靠财政、金融、税收等经济杠杆对经济活动进行宏观间接有效的调控,并一直管到微观,落实到企业。

在跨越中等收入陷阱阶段,中国今后的发展要充分吸收以美国、德国和日本为代表的三种不同发展道路的经验和教训,充分研究不同国情、不同发展阶段对发展道路选择的影响。

第二节 中国经济跨越中等收入陷阱的挑战和举措

目前,我国在经济发展所处的阶段面临的问题及与之对应的挑战大致包括:世界经济复苏不确定性、不稳定性进一步上升带来的挑战;全球产业结构和国际分工继续深度调整、经济格局发生重大变化带来的挑战;中国经济"三期叠加"带来的挑战;中国的经济结构现状带来的挑战;生产成本上升和创新能力不足带来的挑战;产能过剩及资源环境约束带来的挑战;财政金融风险增大带来的挑战;汇率制度改革带来的挑战;全球化与逆全球化带来的挑战;社会矛盾复杂多发带来的挑战。

一、经济跨越中等收入陷阱的主要挑战

第一,世界经济复苏不确定性、不稳定性进一步上升带来的挑战。国际金融危机深层次影响持续显现,外部需求没有明显提升,化解发达国家经济存在的结构性问题,如产业空心化,服务业特别是金融服务业过度发展的经济结构问题;储蓄率过低、福利消费过高的经济模式问题;高赤字、高政府债务率的财政结构问题;过度杠杆化的金融结构问题等,不是一朝一夕的事情。而发达国家为了走出危机,扭转"高失业、高债务、低增长"状态,毫无例外的采用了大规模的非常规量化宽松措施。一方面,量化宽松政策在短期内可以起到压低国债收益率、降低债务成本的作用,一定程度上有助于提振市场信心;另一方面,量化宽松政策可能引发国际资本大规模跨境流动,加剧各国货币汇率频繁波动,冲击国际金融市场的稳定。因此在短期内,国际经济的大环境很难明显好转,不仅如此,世界经济面临的下行压力和潜在风险可能还会有所加大,世界经济复苏的不确定性、不稳定性进一步上升,使全球经济活动放缓,国际市场需求扩张缓慢,世界贸易前景变得更加暗淡。

第二,全球产业结构和国际分工继续深度调整、经济格局发生重大变化带来的挑战。主要体现在:一是全球产业结构呈现"软化"趋势。劳动密集型产业所占比重逐渐下降,知识密集型和技术密集型产业占比不断上升,信息技术等高新技术在传统产业中广泛应用,金融、信息、咨询服务等现代服务业逐渐成为拉动经济增长的主导产业,从而形成产业结构高度化和高新技术产业化的新趋势;二是传统制造业加速向先进制造业转变。近年来,主要工业国纷纷制订各种发展计划,促进传统制造业向先进制造业转变。先进制造业的发展,不仅优化了制造业内部的产业结构,也为整体经济的技术进步、结构系统优化,提供了坚实的发展基础;三是后危机时代国际产业分工可能出现局部调整。首先,是发达国家的"再工业化"政策,可能使某些制造业回流,带动全球国际分工格局的局部调整。其次,是新兴经济体内部的分工可能出现一些调整,由于要素禀赋、技术水平等不同,新兴经济体的发展会出现一定程度的分化。与此同时,全球金融危机使美、欧、日等传统发达国家实力严重受损,传统意义上的西方世界在国际体系中的地位下降。新兴经济体国家,特别是中国,虽然也深受冲击,但与其他国家和地区相比所受冲击相对较小,起到了引领世界经济增长和复苏的作用,在国际体系中的地位不断上升,开始相对平等地、不同程度地参与到国际体系的"建章立制"进程中,改变了世界经济结构和全球利益格局。国际社会要求中国在贸易体系、气候变化、可持续发展等重大问题上"担负更大的责任"。因此,如何提升中国在国际分工中的地

位、正确定位中国的国际地位，并承担与能力相称的国际责任，对于崛起中的中国而言，无疑是一个崭新的挑战。

第三，中国经济"三期叠加"带来的挑战。第一是经济增长速度进入"减速换挡期"。改革开放以来，经过多年的高速经济增长之后，现今阶段，潜在增速下降是不得不面对的事实。国务院发展研究中心的预测结果显示，中国"十三五"期间的 GDP 年平均增速很可能会下降到 7％～8％左右，而到 2020—2030 年间，中国 GDP 增速可能会进一步下降到 5％～6％左右。也就是说，或者是因为基数的增大以及发展方式的转型，或者是国内外其他因素的影响，今后中国的经济增长可能维持在较低增速的"新常态"。当然，经济增速放缓也不全是坏事，因为经济增速放缓可以在一定程度上缓解以往高速增长导致资源环境破坏。但不可否认的是，正如之前提到的，中国现阶段的国情，如严峻的就业问题、中低收入群体的生活水平问题、社会精英流失问题以及民生问题等，都要求我们保持较高的经济增速。如果不能正视经济增速下降的现实，很可能会制定错误的政策，进而给经济的平稳运行以及经济社会稳定等带来非常大的隐性风险。第二是经济结构调整面临的"阵痛期"。目前，经济发展与资源环境的矛盾日趋尖锐，加快转变经济发展方式和调整经济结构刻不容缓。中国经济结构转型大致包括：以依靠内需为主来替代原来的主要依靠外需为主；以依靠消费为主替代原来主要依靠投资为主；以主要依靠社会投资为主替代主要依靠政府投资为主；以主要依靠高级要素投资替代主要依靠普通要素投入。但结构转型不是免费午餐。为了化解过剩产能，优化产业结构，一些行业难免受到较大冲击，有些企业甚至会退出市场，这些不得不付出的代价就是结构调整中的"阵痛"。第三是前期刺激政策的"消化期"。2008 年国际金融危机爆发后，我国经济遭受巨大冲击。为扭转增速下滑过快造成的不利影响，政府及时采取拉动内需和产业振兴等一揽子刺激政策，推动经济增长迅速企稳回升，但政策的累积效应和溢出效应还在发挥作用，对经济结构继续产生深远影响，也使当期宏观政策的选择受到掣肘，调控余地大为缩小。

第四，中国的经济结构现状带来的挑战。从发展现状看，一是中国已完成了从轻工业向重工业的转型，第二产业仍是主导产业；二是服务业比重偏低，生活性服务业占主体，现代服务业发展滞后；三是消费和投资存在失衡，出口中加工贸易占半壁江山；四是居民收入分配逐渐扩大，资产价格的膨胀恶化了财富分配；五是金融结构属于银行主导型，存在金融抑制现象。未来 20 年里，中国经济结构的演变及发展趋势如下：其一，未来中国的城镇化空间很大，有效投资仍然是经济增长的主要动力。中国未必经历"去工业化"进程，但需要提高制造业核心竞争力；企业投资重心逐渐转向技术密集型的设备和软件等领域,政府投资重心逐渐从大规模基础设施转向科技研发等无形资产。消费的作用会不断增强并最终超过投资,对制成品的消费需求相对下降,对服务的消费需求相对上升,现代服务业成为主要增长点。外贸进入稳定增长期,其中出口面临调整和质量提升,在需求结构中的比重不断下降。其二,受需求结构和生产结构变动缓慢的影响,收入分配差距很可能仍在高位,波动加剧(类似于 1890 年至 20 世纪初期的美国),财富分配差距则很可能继续扩大。其三,随着金融深度脱媒化和证券市场加快发展,直接融资比重将大幅上升,但银行业仍将主导中国金融业,经济仍将高度货币化。

第五,生产成本上升和创新能力不足带来的挑战。高成本包括土地高成本、房价高成本、原材料高成本、能源高成本、环保高成本、人才高成本、普通劳动力高成本、资金高成本、知识产权高成本、物流高成本、税费高成本和交易高成本。随着我国发展阶段的变化,企业面临着各种成本迅速上升的巨大经营压力,土地、矿产等资源和生态环境瓶颈约束日益强化,要素价格持续上升,依靠大规模增加要素投入、透支资源环境支撑经济增长已越来越困难。应对高成本对利润的侵蚀,大多数经济学家开出的"药方"都是强调创新,但是伴随国内生产成本的上涨,企业创新能力不足问题也日益凸显。面对全球以制造业数字化、智能化为核心的产业变革新态势,如不加快提升研发能力,加快产业技术进步,部分已有的技术路线和生产能力将面临被淘汰出局的风险。

第六,产能过剩及资源环境约束带来的挑战。产能过剩一直是近年来中国产业发展的"痼疾"。近年来,我国制造业产能迅猛扩张,在满足国内需求的同时,有相当大一部分通过扩大出口得以释放。但金融危机后,随着国际市场扩容放慢和我国经济增速放缓,产能过剩的矛盾凸显出来。不仅传统产业产能严重过剩,风电设备、太阳能光伏等新兴行业领域也面临较大过剩压力。产能过剩是新一届政府宏观调控中的最大挑战。产能过剩的发展使企业的投资预期下降,净利率降低,负债增加,而应收账款的增加,又会导致银行不良资产增加,进而将风险传递到银行业。压缩产能肯定是需要合并、关闭一些工厂,但这又会导致失业,打击居民的收入和消费预期,由此使经济增长面临越来越明显的下行压力。不仅如此,产能的扩张还会导致能源和资源的大规模消耗,以及与之对应的环境污染。以低碳经济为例可以很明显地看出这个问题。现在全球气候变暖,在国际上我国面临越来越大的碳减排压力,我国政府已经承诺到 2020 年单位 GDP 碳排放比 2005 年减少 $40\%\sim45\%$。但是,我国正处于工业化、城市化中后期阶段,也就是高碳排放阶段;而且,我国的资源禀赋是一个高碳结构;同时,在国际分工体系中我国处于加工制造的低端环节;等等,这些都对未来经济发展的低碳化形成了极大挑战。

第七,财政金融风险增大带来的挑战。在速度效益型增长模式下,经济增速放缓必然带来财政收入、企业利润增幅大幅回落,保证必要的财政支出和企业正常生产经营面临严峻挑战。但是,由于依靠投资拉动经济增长的模式没有得到根本改变,一些地区为了追求经济增长速度,盲目扩大投资,不顾条件上项目。在高速增长时期扩大债务和信用规模,尤其是地方政府融资平台大规模贷款已形成隐性财政债务,一些靠高负债、高投资急剧扩大产能规模的行业,在增速放缓、企业利润明显回落的背景下,其财务状况恶化并将导致金融风险增大。当前我国的地方融资平台、房地产和过剩产能、影子银行的过度膨胀已相互联系,成为一个自我维持的系统。房地产、金融领域的调整,都比较容易引发共振,产生全局性的被动紧缩效应。

第八,汇率制度改革带来的挑战。汇率是开放经济中最重要的核心变量之一。在开放经济条件下,各类经济变量的状况最终都将在汇率上得到不同程度和形式的体现,汇率的调整和变动也会对一国经济的外部与内部、微观与宏观、实际部门与金融部门等产生全方位的影响。由于一国汇率行为的调整、变动方式与该国的汇率制度息息相关,故汇率制度在一国的经济政策以及经济稳定均衡发展中的地位与作用举足轻重。汇率制度不仅直接影响各类微观主体的经济选择行为及其福利后果,也关乎一国宏观经济、金融的稳定,并进一步影响到一国经济的长期增长与长远发展。因此,选择合理的汇率制度是各国在经济发展进程中面临的重要问题,在制定长期金融战略特别是开放战略时,必须予以慎重考虑。

第九,全球化与逆全球化带来的挑战。全球化促进了生产要素的流动,有效配置的进一步发生。一些发达国家在对自己有利时大力倡导经济全球化,甚至制裁不加入全球化的国家,当把全球化的红利阶段吃尽后,又开始反对全球化。不可否认,全球化也带来了一些问题,尤其是在经济下行时,全球化的蛋糕不容易做大甚至变小了。增长和分配、劳动与资本、效率与公平的矛盾更加突出,发达国家与发展中国家都受到压力,但不能因为经济全球化有问题,就一棒子打死,而是要适应和引导好经济全球化,消解经济全球化的负面影响,让它更好惠及每个国家,每个民族。以互联网、大数据、人工智能、物联网等为特征的新经济模式已经将世界经济联系在一起,科技创新与进步,使网络将世界成为一个地球村一样的全球市场。因此全球化是大的历史潮流,不可逆转。

第十,社会矛盾复杂多发带来的挑战。居民收入差距依然较大,不同群体间利益矛盾加大。城乡社区公共服务设施依然薄弱,城乡、区域、群体之间基本公共服务差异较大,低收入群体和农业转移人口享受的基本公共服务水平偏低。环境污染、征地拆迁、非法集资、群体利益诉求等导致的群体性事件时有发生。

二、经济跨越中等收入陷阱的主要举措

中等收入陷阱的实质是进入中等收入阶段后经济社会可持续发展问题。中国要解决这一阶段出现的各种问题，显然需要多管齐下，例如，优化投资、进出口和消费结构，以产业转移实现区域协调发展，推动技术创新，着力提高我国全要素生产率，等等。此外，以下几个方面的举措也是非常重要的。

第一，发挥政府战略导向作用。要跨越中等收入陷阱，决不能忽视政府的作用。以亚洲为例，成功跨越陷阱的大多是政府作用明显、经济决策高度集权的国家，而那些放弃政府应有作用的，反而跌入陷阱不能自拔。菲律宾从 20 世纪 30 年代开始，经过 30 年快速发展，现代化水平仅次于日本。但从 20 世纪 60 年代中期开始，政治、经济体制完全照搬美国，资金和政策严重依附 IMF(国际货币基金组织)、世界银行等外国势力。菲律宾政府作用疲弱，未曾制定明确的、长期的经济发展战略，导致经济长期衰退、社会动荡，由"亚洲典范"走向"亚洲病夫"。"二战"后日本实行政府主导型的市场经济，官产学一体、银企相互渗透，在短短的二三十年时间里，经济实力迅速超过英国、法国和德国。韩国政府在 60 年代初形成以高度集权化为特点的经济决策模式。新加坡政府在西方看来现在仍然是一个政府相对集权的国家。中国的国情和这些国家的发展经验都证明，我们必须坚持中国特色社会主义的道路自信、理论自信和制度自信，才能保持自身特色，跨越发展陷阱。

第二，推进城乡二元市场改革。中国"城乡分割"的二元结构主要表现为土地制度、公共品供给和公共治理制度、户籍管理和相关制度的城乡分割。成功的城市化不是简单的城市人口比例增加和城市面积扩张，更重要的是要实现产业结构、就业方式、人居环境、人的素质、社会保障、配套政策等一系列由"乡"到"城"的转变。要统筹推进人、地、钱等重点领域和关键环节的体制机制改革；在城乡户籍、农村土地产权、城乡社会保障和政府财政税收制度上要有所突破，实现城乡统筹发展，在深度城市化进程中跨越中等收入陷阱。要逐步破除城乡二元结构及城市内部二元结构，重点抓好棚户区改造。

第三，深化收入分配制度改革。要实现经济发展方式从生产推动型向消费推动型转变，必须依赖收入分配差距的缩小和居民收入的提高。努力提高居民收入在国民收入分配中的比重、劳动报酬在初次分配中的比重，努力实现居民收入增长和经济发展同步、劳动报酬增长和劳动生产率提高同步，形成经济增长、公平分配和社会和谐的良性互动局面。要深化收入分配制度改革，加快形成中产阶层占

多数的"橄榄形"分配格局。从减贫、基本公共服务、人力资本建设、就业创业等方面入手,提高社会机会均等程度。加快建立综合与分类相结合的个人所得税制度,合理确定税前抵扣范围和调整累进税率,减轻中低收入群体税收负担,加大对高收入群体的收入调节力度。

第四,把改革驱动作为各项应对措施的主基调。金融危机促使全球经济秩序进行深度调整。为了抢占未来战略制高点,大国已进入空前的创新密集和产业变革时代。我们要紧紧抓住新一轮世界科技革命带来的战略机遇,牢固树立经济增长依靠"改革驱动""效率驱动"的观念,以改革对接开放、对接全球化的规则和机制,提高"中国制造"的竞争力和"中国模式"的影响力,推动中国经济社会发展走上内生增长的轨道。

第五,改善现有的投资与消费结构。中国的投资比重虽然偏高,但仍需要一分为二的看待:一方面要限制产能过剩和粗放式、低效率的投资;另一方面也要积极鼓励高质量、高效率、创新性,大力促进民间投资,适度增加有效供给。消费方面,一是建立合理的收入分配与社会保障制度,促进社会公平,从根本上改变限制我国居民消费的因素。二是扩大消费需求,提升消费质量,调整消费结构,推动消费转型,创造消费新的增长点。三是要实现我国消费结构的升级:降低食品消费在整体消费结构中的比重,提升服务业的消费比重,重视食品安全,提升消费品质量,使国民放心消费。同时也要反对过度消费、透支消费、奢靡消费,鼓励合理消费、理性消费。

第六,加快形成服务业主导的经济结构新常态。中国要加快进入服务业发展的新时代,形成服务业主导的经济结构。其一,通过消费规模扩大和结构升级带动服务消费比重明显提升;其二,通过工业转型升级为生产性服务业发展注入内在动力;其三,通过人口城镇化为生活性服务业发展提供重要载体,加快形成服务业主导的经济结构新常态。

第七,积极调整产业结构。积极支持现代农业发展,改变农业过度依赖劳动力,机械化程度低的特点,提高农业生产效率;积极支持调整产业结构,大力支持高端制造业发展,鼓励企业提高自主创新能力,增强科技成果转化能力,提升产业整体技术水平;鼓励支持节能环保、新能源、新材料等产业的发展;支持有利于促进消费,扩大内需的产业,促进服务业企业加快发展。

第八,解决转型过程中的消费困境。消费问题不是一个简单的经济问题,除了直接的经济因素,在消费的背后,更是社会制度、政府治理、收入与消费政策等方面的作用。提振内需需要推进相关领域的改革。从国际经验来看,有效需求的形成可为成功跨越中等收入陷阱创造积极条件。

从"消费革命"及其影响方面分析,尽管在不同类型国家表现形式有所差异,但从不同类型国家经历中等收入阶段的历史正反两个方面的经验来看,消费结构的转变起着至关重要的作用。消费主导型的经济增长模式是各国经济发展的共同方向。[①]根据对美国、日本、澳大利亚等国家的实证研究,各国经济增长的第一阶段对应的人均 GNI(国民总收入)大致在 1 000~3 000 美元之间,在这一区间内投资、出口对经济增长的拉动作用比较明显,甚至与消费的拉动作用持平;在人均 GNI 达到 3 000 美元后,投资、出口对 GDP 的影响呈下降趋势,消费对 GDP 拉动的主导地位得到确立或加强,消费毫无争议地成为经济增长的主要动力。[②]

当然,这一转变并非自然而然地实现。从历史经验来看,面对周期性经济危机的爆发,全球市场的形成部分解决了发达国家生产过剩的问题,然而更重要的还是内部市场的形成。发达国家进入中等收入阶段,普遍经历了消费结构从"日常生活必需品"向"耐用消费品"转变的阶段,也就是消费从数量高、单价低、弹性低的商品向数量少、单价高、有弹性商品的结构性转变。大量耐用消费品的生产以及整个社会进入大众消费阶段,至少是以三个社会条件为前提的:一是相当高的城市化程度;二是城市工人工资和收入的普遍提高;三是比较完善的社会保障措施、信贷消费制度等。[③]

经过几十年的改革开放,中国经济已经摆脱了"短缺经济"的局面。在某些领域如钢铁、煤炭、水泥、造船等,甚至出现了产能严重过剩的状况。然而,中国目前仍然是投资主导的模式,经济发展存在的一个突出问题即是内需不足。

解决内需不足的问题,关键要进行收入分配改革,包括初次分配和再次分配,推进结构性减税,提升消费率,调整收入结构,解决收入分化。同时,通过加大公共服务提供来释放消费能力,促进基本服务均等化,提升人们的消费意愿。

三、加快产业结构调整,助力经济转型

发达国家跨越中等收入陷阱的经验,都离不开经济发展方式的成功转变和产

---

① 钱纳里的多国比较研究表明,居民消费率在人均 GNP(国民生产总值)低于 100 美元(以 1964 年美元衡量)时最高(77.9%),所谓"贫困型高消费"。随着人均 GNP 上升,消费率开始下降,达到 16.2 个百分点。然而当人均 GNP 跨过 1 000 美元门槛以后,居民消费率步入上升阶段,平均达到 62.4%。(钱纳里. 发展型式(1950—1970)[M]. 北京:经济科学出版社,1988:31.)

② 郭其友,芦丽静. 经济持续增长动力的转变——消费主导型增长的国际经验与借鉴[J]. 中山大学学报(社会科学版),2009,(2).

③ 孙立平. 内需不足的社会学分析[J]. 中国青年政治学院学报,2000,(6).

业结构的升级。我国若要成功跨越中等收入陷阱,产业政策的完善和产业结构的调整升级则是当务之急。

（一）淘汰或限制落后产能

中国经济快速增长主要依靠的是在资本、劳动力和自然资源生产要素方面的粗放投入。2015年,我国单位产值能耗超过全球平均的3倍,能耗全球占比25%。要改变粗放型的经济发展方式,应重点做好以下三个方面工作:第一,加大对落后产能的淘汰力度,可采取经济、法律、技术和必要的行政手段等一系列综合措施;第二,提高重点行业的准入门槛,特别是在指标的设计上加大环保指标的比重;第三,加强"生态GDP建设",提升GDP质量。我国的GDP的生产和服务质量不高,落后产能更是限制了GDP效益的发挥,在"生态GDP建设"中,更是应该提高环保投资占GDP的比重。

针对具有比较优势的传统产业,应积极开拓广阔的亚非拉国际市场,通过"一带一路"、双边（或多边）自贸区等战略,加强与相关国家的经贸合作,促进我国相关产能的转移输出。同时,传统产业也可以通过技术创新或技术引进来改造升级,一方面使其生产高效、环保;另一方面还能提升产品层次,使产品更具有竞争力,以满足更高层次的消费需求。

（二）扶持高科技产业

在当前的国际竞争中,科技产业扮演着基础性和跨越性的作用,我国若想跨越中等收入陷阱,拉近和发达国家的差距,就要积极扶持高科技产业。

首先,积极扶持高科技产业,以高科技产业带动其他产业的发展。要紧跟世界科技发展前沿,国家决策可倾向于选择产业化前景广阔的领域,从而建立起一批具有优势的高科技企业,打造我国的高科技产业,争取在重点领域取得突破性进展,从而打响我国的品牌效应。

其次,要发挥高校科研作用,加强企业与高校间的协同创新。鼓励将科研成果转化为生产力,高校的科研资金来源可由市场化的企业来提供,以市场配置资源,鼓励将实验室中的成果实地转化成产品输出。

最后,为了鼓励企业自主研发,可参照发达国家的模式,政府与企业签订协议,政府放权将研发性项目交予企业,而企业可得到政府的资金、政策支持进行更好地研发,从而壮大企业的自主研发能力。

在国际层面上,要打造我国高科技产业的国际形象。高科技产业将成为经济增长的主要动力,应培育一批具有国际品牌的高科技产业作为我国综合国力发展的坚强后盾。政府应维护我国高科技产业的形象与利益,为高科技企业开拓市场提供良好的政策和外交支持。

（三）鼓励战略新兴产业

战略新兴产业是以重大技术突破和重大发展需求为基础，对经济社会全局和长远发展具有重大引领带动作用的技术密集、物质资源消耗少、成长潜力大、综合效益好的产业，是社会发展的重要力量，已成为世界主要国家抢占新一轮经济和科技发展制高点的重大战略。

在巩固我国基础产业对实体经济贡献的基础上，大力辅以新兴产业作为经济增长新动力。培育战略新兴产业要坚持创新发展，将战略新兴产业加快培育成先导产业和支柱产业，提升战略新兴产业在产业结构中的比重，同时，政策要积极培育市场以鼓励战略新兴产业的发展。培育战略新兴产业重点在于实现关键领域的技术突破，如鼓励新一代信息技术产业，下一代互联网核心设备和智能终端的研发及产业化；大力发展生物产业，提升生物制药水平和产业化；推动高端装备制造产业，强化基础配套能力，强化"中国制造"能力；发展新能源产业，因地制宜开发利用生物质能，实现可持续发展；发展新材料产业，实现资源利用替换；着力突破新能源汽车产业，节能环保，大力推进高能效、低排放节能汽车发展等。

此外，发展战略新兴产业离不开国际合作，要积极探索国际技术合作新模式，尽快、尽可能低成本地引进、消化国际关键核心技术，并开展再创新。

（四）加快经济和产业结构调整

第一，产业结构升级是中国经济发展的客观需要。从国内来看，产业结构调整的高端化不够，产业竞争力在全球价值链中处于低端环节，依然是中国经济结构性矛盾最为突出的表现之一。通过产业结构的转型升级，提高产业创新能力和技术水平，改变产品附加值低、产能过剩、高端产品供给不足的状况，将生态文明建设与产业结构调整结合起来，发展资源节约型、环境友好型产业，以破解环境与资源的双重约束，达到产业结构的高端化与生态化，同样是实现经济强国的内涵要求之一。

第二，产业结构层次较低造成工业增加值率低。中国工业以附加值低的重化工业为主，多数行业处于国际分工的低端，工业增加值率远远低于美国、日本等发达国家。中国工业大而不强，最集中表现在工业增加值率太低。工业发展的质量和效益体现在工业增加值上，尽管中国目前工业产品种类有 500 多种，但高档次、高技术含量、高附加值的产品占的比重不大，导致工业增加值不高，在国际市场的竞争中处于不利地位。由此可见，中国需要通过产业升级、提升国际分工地位来提高工业增加值率。转变工业发展方式成功与否的基本标志就是能否显著提高工业增加值率,这是解决中国工业结构性、素质性问题的根本途径,也是推动产业转型升级的重要指针。

第三,促进产业升级的条件。产业转型升级,由低端向高端发展,必须拥有具有自主知识产权的核心技术和各层次的技术人才,以及以现代企业制度为基础进行良性的商业经营,使技术和人才在商业经营过程中获得合理的收益。

第四,健全技术创新机制。加快产业转型升级,必须突破一批具有自主知识产权的核心技术,加快培育具有世界竞争力的自主品牌,以创新、质量、品牌获得更高的附加值。要积极引导创新要素和资源向企业集聚,支持企业加快成为技术研发和产业转化的投入主体和行为主体,引导企业实施自主知识产权和自主品牌战略,努力提高自主创新能力和品牌发展能力。

四、开发性金融助力经济结构调整

2013 年以来,中国新一届政府高度重视转变发展方式和经济结构调整,主动放缓增长速度,不断增强我国经济中长期持续健康发展的活力。但当前经济存在着一定的下行风险,及时采取适度的稳增长政策,防止最终需求增长率进一步下滑,保持经济稳定增长十分必要。国家开发银行作为开发性金融机构,积极发挥依托国家信用、服务国家战略、资金运用保本微利的开发性金融的对外"供血"和"造血"作用,主动搭建政府和市场之间的桥梁,引导社会资金流向,大力支持我国当前经济的稳定增长及"一带一路"倡议。

(一)我国经济存在一定下行风险

我国经济正处在增速换挡期,潜在增长率呈现下降趋势。从产业结构变化趋势看,越来越多的人力和资源从制造业转移到服务业,整体的劳动生产率下降,带来经济增长速度下滑。从生产要素看,劳动力和资本投入增长率下降,技术进步缓慢。从 2012 年第二季度至 2017 年第三季度,我国经济已连续 22 个季度增长速度低于 8%。总体上讲,我国经济仍处在 2008 年金融危机后经济周期的谷底徘徊。

当前我国经济存在着一定的下行风险,主要表现在:一是经济的内生增长动力不足。主要表现为部分行业产能过剩问题严重,低效率企业大量占用资源,全社会债务规模积累较快,外需和房地产等经济增长动能减弱,资源环境约束进一步凸显。二是投资、消费和出口"三驾马车"增强乏力。

在当前的经济形势下,保持经济稳定增长具有重要的意义。第一,稳增长为调结构创造有效的空间和条件。经济增长减速一旦得不到有效遏制,就业、居民收入和财政收入等关键环节必将受到影响,市场上的悲观情绪加上别有用心的唱衰将可能导致市场整体失信,并激化各种社会矛盾。如果不能维持经济的平稳较快发展,调结构也将缺乏有效的空间和条件。第二,解决新增就业问题需要稳增长。如果经济减速,企业盈利下降或亏损增加,就业增长势必放缓,失业人数势必增加,社会保障的压力也会增大。第三,稳增长对维持金融稳定具有重要作用。如果经济下滑失速,企业盈利下降或亏损增加,商业银行的坏账率势必会上升,更多的信托产品将难以按期兑付,民间融资市场的债务链也会相继断裂,金融系统的风险会显著上升。第四,稳增长有助于更好发挥政府职能。经济减速导致财政收入增速的放慢,不仅会加大地方债务风险,而且还会影响政府包括公共产品的供给、逆周期调节经济运行能力等职能的发挥。

(二)开发性金融助力经济平稳增长

开发性金融是一种金融形态和金融方法,以服务国家战略为宗旨,以中长期投融资手段,依托国家信用,通过市场化运作,缓解经济社会发展瓶颈制约,维护国家金融稳定,增强经济竞争力。国家开发银行是开发性金融的重要开拓者和实践者,自成立以来始终围绕国家经济社会发展的阶段性目标,发挥中长期投融资平抑经济周期波动的作用,为实现国家战略和政府意图提供有力的金融支持。二十多年发展的辉煌成就证明,开发性金融在经济社会发展中具有不可替代的重要作用,得到了中央领导和社会各界的广泛认可。党的第十八届三中全会首次在中央全会层面上提出"开发性金融机构"的命题。"十三五"规划明确开发性金融是中国金融体系的重要组成部分。中央领导同志多次在不同场合明确表示,中国不缺大型商业银行,但是需要像国家开发银行这样的开发性金融机构,希望国家开发银行在实现国家战略方面发挥更大作用。

根据我国经济发展不同阶段和不同周期下国家宏观经济政策调整的需要,国家开发银行充分发挥中长期投融资逆经济周期反向调节的特点,顺境隐于市、逆境托举市。在经济处于快速增长周期时,国家开发银行常常隐于市场,通过为项目构造市场出口,让出更多的空间给商业性金融,以控制整个金融体系的信贷规模;在经济处于下行周期时,率先向国家需要重点发展的领域注入资金,增强市场信心,并通过加大对制约经济发展的瓶颈领域的支持力度和拉动作用,为经济平稳较快增长注入强大动力。1998—2003 年,配合国家应对亚洲金融危机冲击、扩大内需的要求,为国家重点建设项目提供了近 80% 的信贷资金和为国债项目提供了超过 30% 的配套贷款。2003 年下半年到 2008 年,坚持区别对待、有保有压,确保关系国家和各地发展大局的重点项目资金链不断,同时主动调节贷款的结构和投向,加大对社会民生、"走出去"等领域的支持力度。2008 年年底以来,将新增贷款的 3/4 投向保障性安居工程、农村基础设施、重大基础设施、医疗卫生文化教育事业、生态环境建设、自主创新及地震灾后重建等领域,为促进我国经济企稳回升、加快经济发展方式转变发挥了积极作用。面对当前复杂的国内外经济形势,国家开发银行将继续发挥开发性金融"供血"作用,根据国家宏观调控总体要求,开展针对性的工作支持经济平稳增长。

首先,以棚户区改造为重点,服务新型城镇化建设。棚户区改造是国家新型城镇化的重要内容。一方面,可以有效改善民生;另一方面,可以有力拉动投资、促进消费。棚户区改造建设资金投入大、回报周期长,需要有成本相对较低、稳定的融资来源作为保障,需要开发性金融发挥独特作用。2014 年 4 月 2 日国务院常务会议上强调,要更大规模推进棚改,必须抓住资金保障这个"牛鼻子",把政策支持和市场机制有效结合,尤其要发挥好依托国家信用、服务国家战略、资金运用保本微利的开发性金融的"供血"作用,为棚改提速提供依法合规、操作便捷、成本适当、来源稳定的融资渠道,保证棚改任务的资金需要,并努力降低资金成本。为贯彻落实国务院常务会议精神,国家开发银行已多次召开会议全面部署支持棚户区改造专项工作,并设立棚户区改造等保障性安居工程建设的特设机构——住宅金融事业部,认真做好与有关部委和地方政府的衔接,推动省级统贷平台建设,加快棚改项目开发评审和贷款发放。截至 2016 年 12 月末,累计发放棚改贷款 25 275 亿元,当年发放 9 725 亿元,有力支持了全国 1 800 万套棚改建设任务。

其次,以铁路建设为重点,继续支持"两基一支"重点项目。国家开发银行成立以来,支持了一大批关系国计民生的重大项目建设。国务院常务会议上指出,当前形势下加快铁路尤其是中西部铁路建设,不仅可以扩大有效投资、带动相关产业发展,而且有利于推动新型城镇化、改善欠发达地区发展环境、帮助千百万人摆脱贫困。国家开发银行将进一步加大铁路尤其向中西部铁路建设的支持力度,创新铁路建设债券发行品种和方式,做好债券承销,引导社会资本投入城际铁路、市域市郊铁路以及资源开发性铁路建设。

最后,优化信贷投向,服务深化供给侧结构性改革。围绕"三去一降一补"精准发力,着力振兴实体经济,配合"四大板块"和"三大战略",促进区域协同,优势互补,加大对东北、西藏、新疆等地区的支持,促进重大工程落地实施,以基础设施互联互通、产能合作、经贸产业合作区为抓手,服务"一带一路"建设。

另外,还要发展金融普惠,保障和改善民生。国家开发银行以"增强国力,改善民生"为使命,十分注重金融普惠,积极倡导人人拥有平等融资权。截至 2017 年 3 月,累计发放助学贷款 1 108 亿元,其中 2016 年发放 229 亿元,占全国助学贷款发放的 90% 以上,覆盖了 26 个省份,2 094 个县,2 711 所高校,帮组 898 万贫困学生圆了大学梦。今后,国家开发银行将一如既往地继续支持"三农"、水利、小微企业,以及教育、健康养老等社会事业发展,保障和改善民生并促进经济平稳增长。

五、开发性金融助推国家战略

作为服务于国家经济安全和外交战略的重要金融工具,国家开发银行积极发挥开发性金融在国家对外战略中的优势,在我国整个对外开放战略中扮演了重要角色,发挥了重要作用。为适应国家"走出去"战略的部署和要求,国家开发银行把开发性金融方法和经验运用到国际合作业务中,在国际金融机构合作、帮助国内企业对外投资、维护国家能源资源安全、对外金融服务等领域进行了有益的探索,增强了国家对外战略的实现度,为中国企业走出国门奠定了良好的基础。

在我国不断推进对外开放的伟大实践中,国家开发银行紧紧把握我国工业化、城镇化、国际化长远发展的内在需求和世界经济大发展、大调整、大变革的历史机遇,从国家战略层面发现、确立、表达资源需求,构建"全球—区域—国家—企业主体"的规划模型,大力开拓国际合作业务。2016 年以来,国家开发银行认真贯彻中央精神和国家宏观政策,以五大发展理念为引领,坚持稳中求进总基调,把握创新发展总要求,加强经营管理和风险管控,深入开展"两学一做"学习教育,各项工作取得新进展。在经营发展中,国家开发银行坚持把服务供给侧结构性改革作为主线,认真落实"三去一降一补"五大任务,在去产能方面,三季度末钢铁行业贷款余额 1 474 亿元,较年初减少 53 亿元;在去库存方面,发放棚改货币化安置贷款 3 890 亿元,消化存量商品房 52 万套、4 835 万平方米;在去杠杆方面,运用专项基金等投资工具,集中支持棚改、铁路、轨道交通、高速公路等重点领域;在降成本方面,1—9 月定向债置换 3 432 亿元,超过 2015 年全年总额,发放人民币贷款平均执行利率进一步下降;在补短板方面,加大对扶贫、棚改、科技创新、生态环保、基础设施等短板领域支持力度。截至 9 月末,资产总额 13.69 万亿元,贷款余额 9.34 万亿元;实现净利润 889 亿元;资本充足率 11.82%;不良贷款率 0.86%,连续 46 个季度控制在 1% 以内。国家开发银行主要抓住了以下几个方面工作。

一是统筹资源、多措并举,支持经济平稳健康发展。采取有力、有效措施,切实把金融资源投入重点领域和薄弱环节。

二是凝心聚力、精准务实,推动脱贫攻坚取得实效。认真学习贯彻习近平总书记在东西部扶贫协作座谈会上的重要讲话、李克强总理及汪洋副总理关于易地扶贫搬迁工作的重要指示精神,把支持脱贫攻坚作为重大政治任务、重大发展任务、重大民生任务,尽心尽力抓出成效。

三是持之以恒、再接再厉,把棚改工作好事办好。围绕棚改目标任务,持续加大工作力度,不断增强精细化管理水平。

四是加强管理、保证质量,扎实推进专项基金工作。按照"防控风险、夯实基础、稳妥推进"的总体思路,做好专项基金工作。

五是服务战略、突出重点,大力推进国际合作。克服困难,不懈努力,继续在服务国家经济外交、支持企业"走出去"等方面发挥重要作用。

六是精细管理、注重质效,不断提高经营管理水平。向管理要效益,增强经营管理对业务发展的支撑和保障能力。

七是协同联动、守住底线,着力防范各类风险。

多年来,国家开发银行服务于国家战略和社会经济发展的实践充分证明了其在我国社会经济发展全局中作为我国中长期投融资领域主力银行的职能、以融资推动市场、信用和制度建设的开发性金融的理念和方法、作为国家宏观调控工具助力宏观调控、主动承担社会责任、促进民生领域和社会和谐发展的作用以及服务国家经济外交和能源战略的独特优势等方面的不可替代性。在当前改变经济发展方式,促进我国经济平衡增长和金融服务实体经济要求的过程中,凸显国家开发银行在社会经济发展全局中的不可替代性地位和作用是开发银行服务国家战略和自身发展的内在要求。

（一）助力国家对外战略目标的实现

我国经济的不平衡增长不仅表现为对内失衡,而且表现为对外失衡。因此,在经济再平衡增长的过程中,要调节对外失衡,除需要解决内部失衡外,还必须实施更加积极主动的开放战略,进一步加大"走出去"战略的实施力度,通过"走出去"战略,加强与亚非拉等能源资源强国的合作,确保经济发展的能源资源供给;同时,带动我国重大装备、设备等出口以及过剩产能转移,在激烈的国际竞争中赢得主动和优势,为经济结构调整和产业升级创造有利条件,提高安全高效地利用两个市场、两种资源的能力。世界各国开发性金融的实践表明,开发性金融在服务国家安全和对外发展战略方面具有其他商业性和政策性金融所不可替代的优势。这包括借助国家信用进行国际并购的中长期项目运作优势、遵循国际规则、为国际惯例所认可的开发性机构优势、在商业性金融难以涉足的国家能源和资源领域进行合作的项目先行优势等。

正是由于开发性金融是以国家信用为基础的市场主体,在日常的经营活动中,以执行国家经济政策为己任,其信贷政策以国家目标为目标,使其能够自觉地按照政府宏观调控的需要,增加或减少放贷规模,调整信贷结构。开发性金融贷款投向的领域主要是基础设施、基础产业、国家支柱产业、高新技术产业及其配套工程建设以及中小企业贷款等,这些领域属于基础性、源头性行业,均处于产业链的首端,有很强的联动效应。由于开发性金融能够通过产业之间的有效联动,渗透影响经济社会的各个领域,充分放大资本积累的贡献程度,因此开发性金融的乘数效应十分显著。与此同时,开发性金融还能够通过金融创新过程,不断推动信用建设、市场建设、制度建设等,经济外部性显著。在很大程度上,开发性金融能够显著提高投入要素的产出率,使总量生产函数表现出极强的规模报酬递增效应。其对经济增长的基本作用路径充分说明,开发性金融能够从更深的层次和更广的角度长期持续地影响经济增长,引导社会资源配置,提升社会资源配置的针对性和有效性,在我国经济平衡增长中具有不可替代的作用。

在资源、能源、技术和市场等要素面临国内外一系列客观条件约束的背景下,要实现经济发展方式的转变,增强我国经济可持续发展的潜力,就必须实施更加积极主动的开放战略,进一步加大"走出去"战略的实施力度。

因此,在推进经济再平衡增长过程中,国家开发银行应在进一步发挥其国家经济安全和对外战略工具的优势,继续围绕国家安全和发展大局,加强国际合作,特别是与亚非拉国家的合作,以开发性金融的合作模式,缓解经济发展过程中资源、能源、市场的瓶颈制约,为转变发展方式腾出空间。通过建立双边或多边发展基金、开展股权投资、提供大额外汇贷款等方式,支持有实力的金融机构和企业"走出去",拓宽外汇储备资金的运用渠道。同时,通过扩大货币互换、境外人民币贷款以及资源能源等关键领域贸易的人民币结算,推进人民币国际化的进程,推动构建以中国为中心、为中国经济发展服务的国际体系,争取在国际金融体系重构中的主动权和话语权。

(二)国际经济新秩序的构建需要开发性金融的支撑

2007 年全球性金融危机之后,改变以美国为代表的发达国家占主导地位的全球经济治理结构,增加包括中国在内的发展中国家在全球经济治理中的话语权,维护发展中国家在全球经济贸易往来中的利益,构建同舟共济、合作共赢的全球经济秩序已成为应对金融危机、促进全球经济复苏的必然选择。

发达国家经济发展的经验表明,在国际经济秩序重构的过程中,要确保一国的经济安全,就必须有一个强有力的金融机构作为实施国家对外战略的有力工具。而世界各国开发性金融的实践表明,开发性金融在服务国家安全和对外发展战略方面具有其他商业性和政策性金融所不可替代的优势。这包括借助国家信用进行国际并购的中长期项目运作优势,遵循国际规则、为国际惯例所认可的开发性机构优势,在商业性金融难以涉足的国家能源和资源领域进行合作的项目先行优势等。

因此,在当前国际经济秩序重构的过程中,为确保我国经济和外交安全,就必须进一步发挥国家开发银行作为我国实施对外战略的有力工具所具有的独特优势和功能,同时增加经济社会发展综合规划指标,以减少中国投资的风险。

六、我国重点领域经济转型升级的空间

进入中等收入国家行列后,我国原有的经济增长红利逐步消失,经济增速已逐步趋缓,需要通过转型升级来获得新的经济增长动力,以助推经济的稳定增长。就现阶段中国经济发展情况来看,我国尚存在较大的区域差距、城乡差距;居民收入和消费水平还有待提高;产业升级空间较大;健康养老产业需要发展等,而这正是未来我国经济增长的空间和重点领域。如何充分利用好这些增长空间,将其转化为有效的经济增长动力,需要我国进一步释放市场活力、优化结构,深入推进经济体制改革,成功实现由要素投入为主的增长模式向提高全要素生产率增长模式的经济转型。

(一)城镇化发展升级空间

中国目前的城镇化水平与发达国家差距较大。如图 4.1 所示,2016 年中国城镇化率达到 57.36%,这是按照城镇常住人口统计的,包括了在城镇居住半年以上的进城农民,但他们还没有完全融入现代城市生活[①]。这一城镇化率与世界平均水平持平,略高于中等收入国家 50% 的水平,但与发达国家的平均水平相差约 30 个百分点。若以高收入国家 80% 的城镇化率为目标,以目前的速度

---

① 如果按城镇户籍人口计算,目前的城镇化率仅为 35% 左右。

仍需 20~25 年时间。

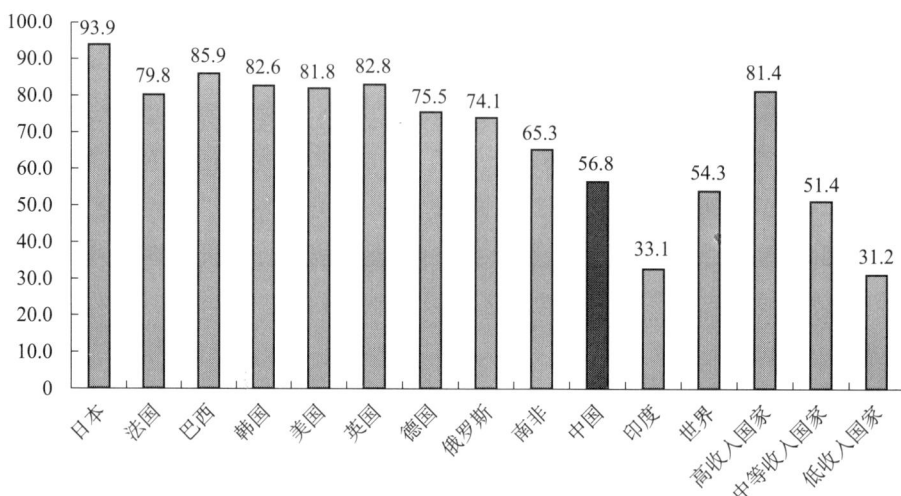

图 4.1　世界主要国家 2016 年城镇化率（％）

数据来源：世界银行，世界发展指标①

　　城镇化是扩大内需的最大潜力，能够释放出巨大的经济能量，可以带动持续的经济增长。城镇化率每提高 1 个百分点，将带动 1 000 万以上的农村人口进入城镇居住、生活、就学和就业，不仅有利于缩小城乡差距，还能增加农民收入，刺激消费增长，增强经济的增长后劲。中国城镇化的质量还不高，城镇各种基础设施建设和各项社会事业发展都还跟不上需求，许多公共品或准公共品的供给还处于严重短缺状态。这些都是中国经济发展的巨大潜力所在。中国已经从一般性城镇化发展升级到新型城镇化发展。

　　（二）基础设施升级空间

　　基础设施对经济增长具有决定性的拉动作用，基础设施建设是经济持续快速发展的重要保证。

　　1. 交通基础设施质量仍待提高

　　中国交通基础设施规模较大，但人均水平仍处于较低水平，与发达国家的差距甚至更大。如图 4.2 和图 4.3 所示，2016 年中国公路网密度为 48.9 公里/百平方公里，高于中等收入国家水平，但仅为法国的 1/4。铁路网密度为 1.29 公里/百平方公里，远低于世界主要发达国家的水平，是欧盟密度的 1/4，美国的 1/2。

―――――――――

　　①　http://databank. shihang. org/data/reports. aspx？ source＝％ e4％ b8％ 96％ e7％ 95％ 8c％ e5％ 8f％ 91％e5％b1％95％c6％8c％87％e6％a0％87＃.

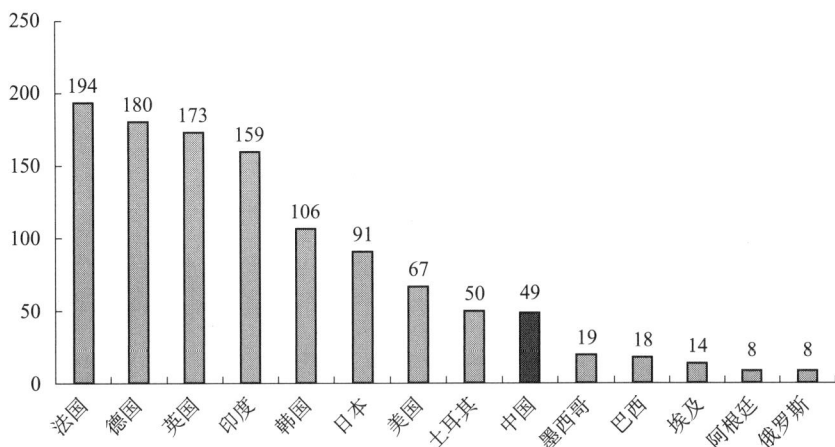

图 4.2 世界主要国家 2016 年公路网密度（公里/百平方公里）

数据来源：国际统计年鉴 2016

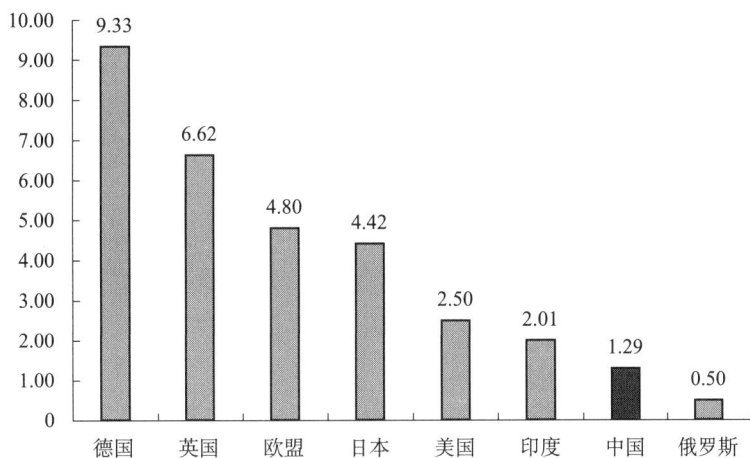

图 4.3 世界主要国家 2016 年铁路网密度（不计复线，公里/百平方公里）

数据来源：世界银行，世界发展指标①

2. 通信基础设施仍有加大发展空间

通信方面，如图 4.4 和图 4.5 所示，2016 年中国互联网普及率为 53.2％，与发达国家 80％左右水平相比，差距十分巨大；每百人固定宽带互联网用户数为 20 户，在全球处于中等水平。2015 年中国每百人移动电话数为 93 个，与发达国家接近甚至超过 100 个的水平相接近。

---

① http://databank. shihang. org/data/reports. aspx？source＝％e4％b8％96％e7％95％8c％e5％8f％91％e5％b1％95％e6％8c％87％e6％a0％87＃.

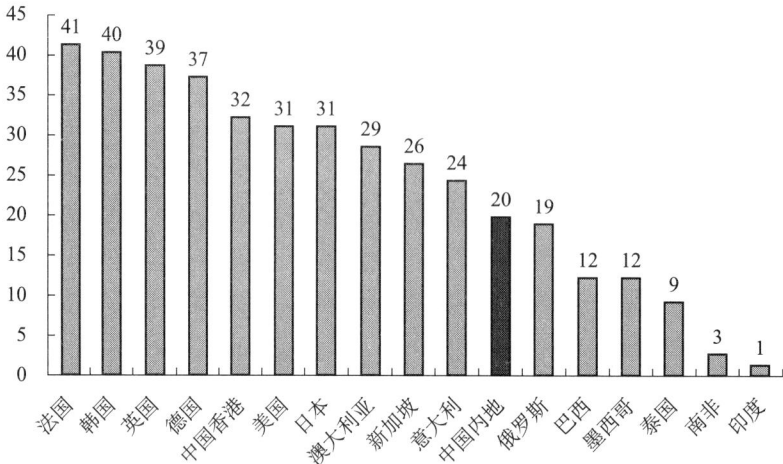

图 4.4　世界主要国家与地区 2015 年每百人固定宽带互联网用户数（户/百人）

数据来源：国开行研究院.2013 年中国与世界主要经济体发展对比启示及政策建议

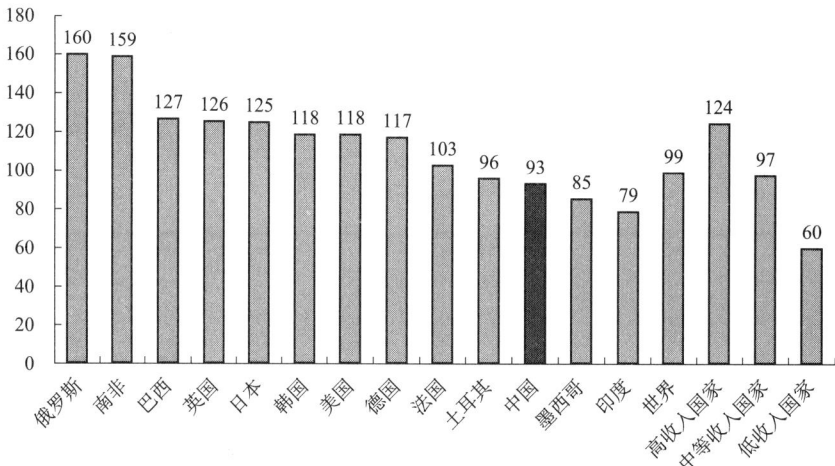

图 4.5　世界主要国家 2015 年百人移动电话数（部/百人）

数据来源：国际统计年鉴 2016

　　几十年来,中国基础设施建设取得了辉煌成就,基础设施从总量规模上看已经处于世界领先水平,但从密度与人均水平来看仍然处于世界落后水平,这表明未来中国基础设施发展和升级的空间仍然巨大,如果及时调整基础设施发展的有关政策,将开拓全新的增长空间。

　　（三）教育与科研发展空间

　　改革开放以来,中国义务教育和高等教育均实现了快速发展。根据教育部的相关数据,小学适龄儿童入学率 1965 年为 84.7%,1980 年达到 93%,1990 年为

97.8%,2000 年达到 99.1%,2012 年的数据为 99.9%,2015 年小学适龄儿童净入学率的数据为 99.88%,基本实现适龄儿童全员入学。初中毛入学率 1990 年为 66.7%,2002 年提高至 90%,2006 年达到 97%,2015 年初中毛入学率超过 100%。

2013 年全国高中阶段毛入学率达到 86.0%,2015 年高中毛入学率超过 87.0%。从高等教育毛入学率来看,1978 年这一比率仅有 1.55%,1988 年达到 3.7%,1998 年提高到 9.76%。1999 年开始实施大学扩招政策,高等教育毛入学率迅速上升,2002 年达到 15%,实现历史性突破。按照国际惯例理解,中国高等教育开始从精英教育阶段迈入大众教育阶段。2012 年,中国高等教育毛入学率达到 30%,2015 年高等教育毛入学率超过 40.0%(见图 4.6)。

从人均教育水平来看,1982 年,中国人均受教育年限仅为 5.2 年,1990 年为 6.26 年,1995 年 6.72 年,2000 年为 7.62 年。2009 年,教育部发布的数据显示,中国人均受教育年限为 8.5 年,新增劳动力平均受教育年限达 10 年以上,均超过世界平均水平,青壮年文盲率下降到 3.58% 以下。2015 年新增劳动力平均受教育年限达 13.3 年。2015 年中国受教育年限 9.28 年。2015 年中山大学发布的《中国劳动力动态调查报告》显示,截至 2014 年,我国劳动力受教育年限以中等教育为主,平均受教育年限为 9.28 年。

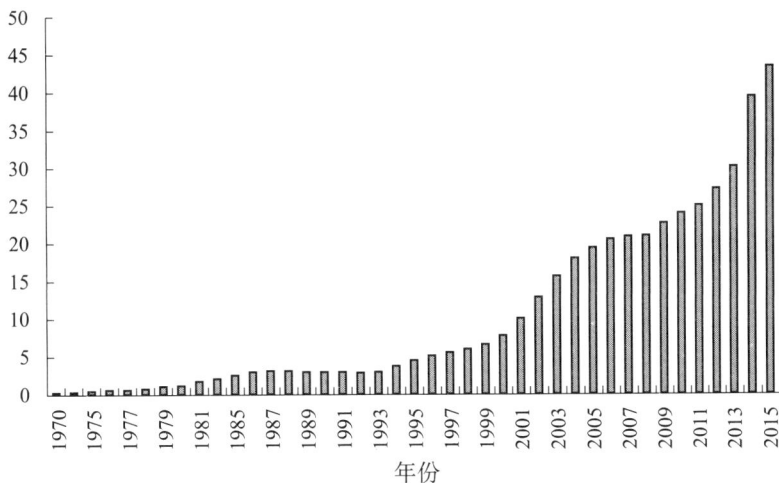

图 4.6　中国高等院校入学率(1970—2015 年,%)

数据来源:世界银行网站

从纵向的历史比较来看,自改革开放以来,我国的教育发展取得了重大成就。但与发达国家横向比较,我国的教育领域仍然相对滞后。

首先,高等教育学历人口比重与发达国家还有较大差距。单就高等院校入学率来看,根据 2015 年的数据,发达国家几乎都达到 60％ 以上水平,高等院校入学率排名最高的韩国更是达到 97％ 的水平,而中国仅为 43％,相距甚远。即便与同为新兴国家的印度和南非相比,中国的优势也并不明显(见图 4.7)。

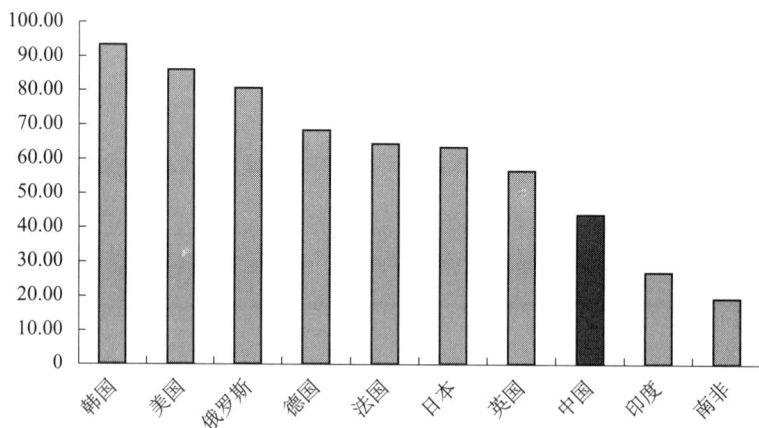

图 4.7　2015 年中国与部分发达国家及新兴国家的高等教育入学率(％)

数据来源:世界银行网站

中国 2015 年高等教育学历人口比重为 40％,高于全球平均水平。较世界主要国家存在较大差距。主要国家中,俄罗斯高等教育人口比重达 54％,位列第一。日本、美国、韩国等高等教育人口占比相对较高,欧洲国家略低一些。总体来看,G20(20 国集团,一个国际经济合作论坛)平均高等教育人口比重为 26％,OECD(Organization for Economic Co-operation and Development,经济合作与发展组织)平均水平为 31％,中国与之仍存在较大差距(参见图 4.8)。

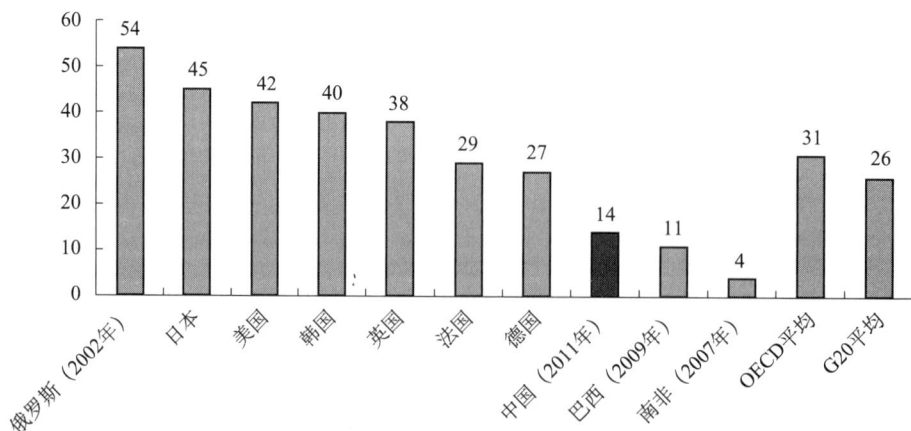

图 4.8　世界主要国家 2010 年 25～64 岁人口中受高等教育人口比重(％)

数据来源:国家开发银行研究院.2013 年中国与世界主要经济体发展对比启示及政策建议.

我国劳动力群体中,初中教育程度占比最高,为 46.97%;其他劳动力受教育程度由多到少依次为小学、普通高中、中专、专科、本科及以上。2.93% 的劳动力未接受过学校教育。女性劳动力平均受教育年限比男性低 0.7 年。劳动力群体的受教育程度也存在较大的城乡、区域差异。非农业户口、居民户口劳动力大专以上受教育程度和受教育年限均比农业户口劳动力高。同时,劳动力群体较少有专业技术培训经历。中山大学的报告显示,自 2012 年 7 月以来,我国劳动力参加过至少 5 天以上专业技术培训的比例仅为 9.13%,仅有 11.75% 的劳动力曾取得专业技术资格证书。

其次,科技研发与创新投入及产出总量较大,但人均与发达国家差距明显。2015 年中国科研经费支出占 GDP 比重为 2.10%,达到 1.4 万亿元,按汇率折算,我国研发经费继 2010 年超过德国之后,2013 年又超过日本,目前我国已成为仅次于美国的世界第二大研发经费投入国家。但人均科研经费支出仅为 158 美元,与发达国家差距巨大。2011 年中国科研人员全时当量的绝对量已达到世界首位,但每万人全时当量仅为 21.1 人,仅为丹麦的 1/5,日韩的 1/3,与发达国家差距明显。

近年来,中国国际科学论文的发表虽然在数量上增长很快,但质量还有待提高。按照中国科学技术信息研究所发布的中国科技论文统计结果,2005 年至 2015 年(截至 2015 年 9 月)中国科技人员共发表国际论文 158.11 万篇,共被引用 1 287.60 万次,与 2014 年统计时比较,数量增加了 24.2%,连续两年排在世界第 4 位。与前 3 位的美国(6 041.7 万次)、德国(1 417.4 万次)、英国(1 404.3 万次)还有差距。中国平均每篇论文被引用 8.14 次,而世界平均值为 11.29 次/篇,表明论文质量在总体上尚未达到平均水平。2014 年 Science、Nature 和 Cell 共刊登论文 2 126 篇。其中中国论文为 177 篇,连续两年排在了世界第 5 位。与排在首位的美国相比(论文数为 1 577 篇),还有相当大的差距。

我国的专利申请数近年快速增长,结构上也日益优化,反映了我国科技产出能力、水平和效益的提高。2015 年我国专利申请受理数为 279.9 万件,比 2012 年增长 36.5%;其中发明专利申请受理数首次突破百万件,为 110.2 万件,比 2012 年增长 68.8%,发明专利申请受理数已连续 5 年位居世界首位。2015 年我国专利授权数为 171.8 万件,比 2012 年增长 36.9%;其中发明专利授权数为 35.9 万件,比 2012 年增长 65.5%。发明专利授权数占专利授权数的比重为 20.9%,比 2012 年提高 3.6 个百分点。截至 2015 年年底,我国有效专利和有效发明专利分别为 547.8 万件和 147.2 万件,分别比 2012 年增加了 196.9 万件和 59.7 万件。

2015 年我国共受理《专利合作条约》(PCT)国际专利申请 30 548 件,从 2013 年起连续两年排名均位居世界第三位。但从每万人发明专利拥有量来看,我国目前为 6.3 件,约为日本的 1/4。

2015 年,中国科研经费支出占 GDP 的比重为 2.10%,相比 2000 年 0.9% 的比重有了大幅提高,也是金砖国家中比重最高的,但仍与发达国家存在一定差距。以色列以 4.39% 的比重位列世界第一,即使我国按照"十三五"规划到 2020 年达到 2.5% 的水平,也远远低于韩国、日本目前的科研投入占比(参见图 4.9)。

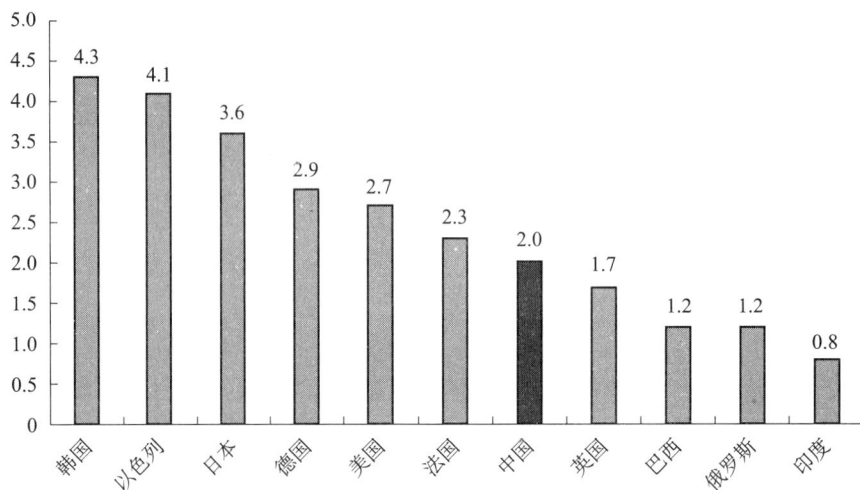

图 4.9 世界主要国家 2014 年科研经费支出占 GDP 的比重(%)

数据来源:国际统计年鉴 2016

从人均年科研经费上看,中国与主要发达国家的差距进一步拉大。2012 年中国人均年科研经费支出为 182 美元(按购买力平价计算),仅为世界首位芬兰的约 1/8,而日本与韩国则遥遥领先于中国(参见图 4.10)。虽然中国 2015 年的科研经费高达 1.4 万亿元人民币,按 1 美元兑换 6.5 元人民币的汇率计算,人均年科研经费支出仅为 158 美元。

从科研产出来看,2015 年源于中国的发明专利授权总量达 35.9 万件,已超过美国和日本,位列世界首位,但每万人仅有 2.6 件,与日本、美国等仍有明显差距。2015 年中国高新技术出口额为 6 553 亿美元,位列世界第一,但人均仅为 475 美元,与韩国、日本等差距尚远。根据 2014 年的数据,在接收到的知识产权使用费方面(按现价美元计),中国与发达国家的差距也相当大。美国约为 1 303 亿美元,日本约为 368 亿美元,韩国约为 51 亿美元,中国仅为 6.8 亿美元(见图 4.11)。

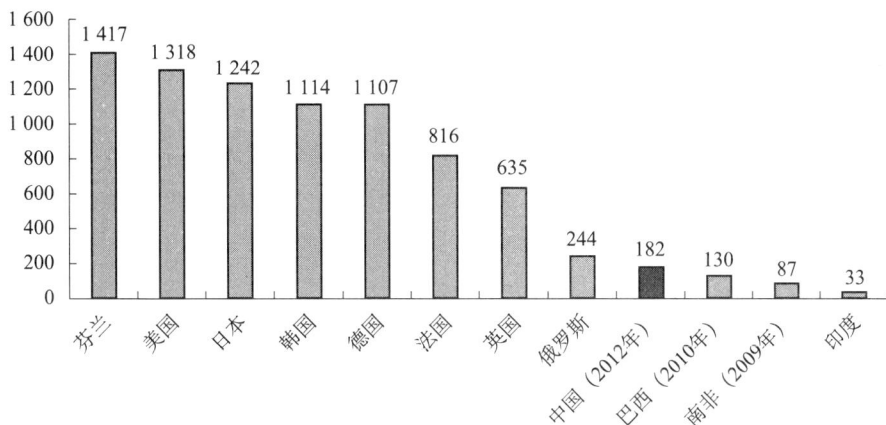

图 4.10　世界主要国家 2011 年人均年科研经费支出（美元）

数据来源：国开行研究院．2013 年中国与世界主要经济体发展对比启示及政策建议．

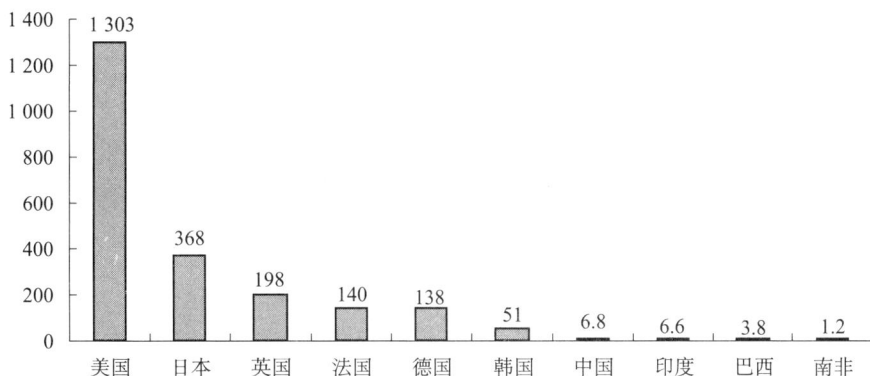

图 4.11　2014 年中国与部分发达国家及新兴国家接收知识产权使用费用比较（亿美元）

数据来源：世界银行网站

（四）服务业升级空间

中国服务业对经济增长的贡献低于发达国家，进一步提升空间较大。尽管中国的经济增速较快，但中国服务业依然是经济社会发展中的一块短板。从三次产业结构看，2015 年第一产业占 GDP 比重为 8.9%，第二产业为 40.9%，第三产业为 50.5%。中国服务业对经济增长的贡献虽然明显提高，却远低于发达国家 70% 左右的份额，也比同等收入水平的发展中国家低 10 个百分点左右，即便在金砖国家中，中国的服务业占比仍然是最低的（参见图 4.12）。

中国服务业具有广阔的发展空间。大力发展服务业，对于我国推动经济结构战略性调整、深化改革开放、扩大国际合作都具有重要意义。服务业不仅日益成为促进世界经济复苏、引领转型发展的新引擎、新方向，也将成为中国经济长期持

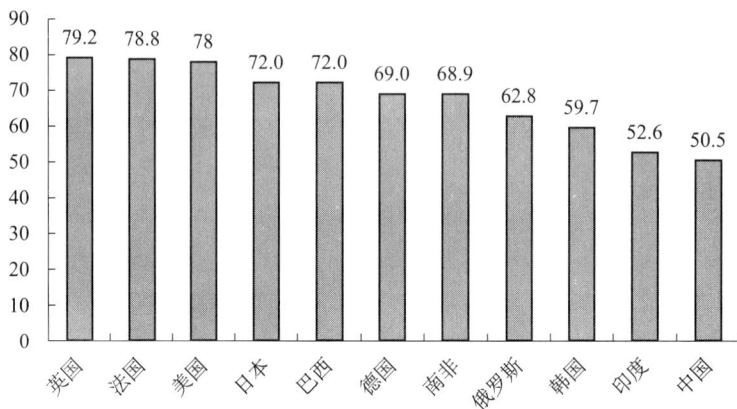

图 4.12　2015 年世界主要国家服务业占 GDP 的比重(%)

数据来源:国际统计年鉴 2016

续健康发展与优化升级的新引擎、新动力。

(五)农业现代化发展空间

目前,中国农业的产出与消费处于紧平衡,未来粮食紧平衡可能长期存在。中国粮食需求将呈现出刚性增长态势。受到人口增长、城镇化及其居民食物消费结构升级,以及粮食用途多元化、工业用粮增多等因素影响,中国粮食需求将长期保持增长态势。

20 世纪 80 年代以来,以发达国家为代表的世界农业在既有的现代化成就的基础上获得了新的发展空间。首先,是高科技农业。20 世纪 90 年代以来,随着以生物技术和信息技术为主的高新技术的不断突破与应用,新技术成为现代农业的先导和发展动力,包括生物技术、信息技术、耕作技术、节水灌溉技术等农业高新技术。其次,是信息化农业。信息及知识越来越成为现代农业生产活动的基本资源和发展动力,信息和智力活动对现代农业增长的贡献越来越大。信息化的现代农业不仅包括计算机技术,还应包括微电子技术、通信技术、光电技术、遥感技术等多项技术在农业上普遍而系统的应用,其目标都是为实现农业信息资源的高度共享。最后,是多功能农业。相对于传统农业,现代农业正在向观赏、休闲、美化等方向扩延,假日农业、休闲农业、观光农业、旅游农业等新型农业形态迅速发展成为与产品生产并驾齐驱的重要产业,与科技、信息等结合形成的现代化农业发展空间巨大。

(六)环保产业发展空间

中国环保产业近年来有了较快发展,但总体上看,发展水平还比较低,与需求相比还有较大差距,主要表现在以下几个方面。

一是创新能力不强。以企业为主体的节能环保技术创新体系不完善,产学研结合不够紧密,技术开发投入不足。一些核心技术尚未完全掌握,部分关键设备仍需要进口,一些已能自主生产的节能环保设备性能和效率有待提高。

二是政策机制不完善,环保投入仍需提高。中国节能环保法规和标准体系不健全,资源性产品价格改革和环保收费政策尚未到位,财税和金融政策有待进一步完善。虽然近年来财政用于环保的支出逐年增加,但环保投入占 GDP 的比重仍然较低,参照发达国家的情况,中国环保投入占 GDP 的比重至少应达到2%～3%,目前还存在较大差距(参见图 4.13)。

三是原有环保产业经济格局已不能适应当今市场经济发展的需要。目前的环保产业结构不合理,产品种类单一,未形成规模经济,企业普遍小而分散。企业技术装备落后,环保设备成套化、系列化、标准化、国产化水平低,低水平重复建设严重。

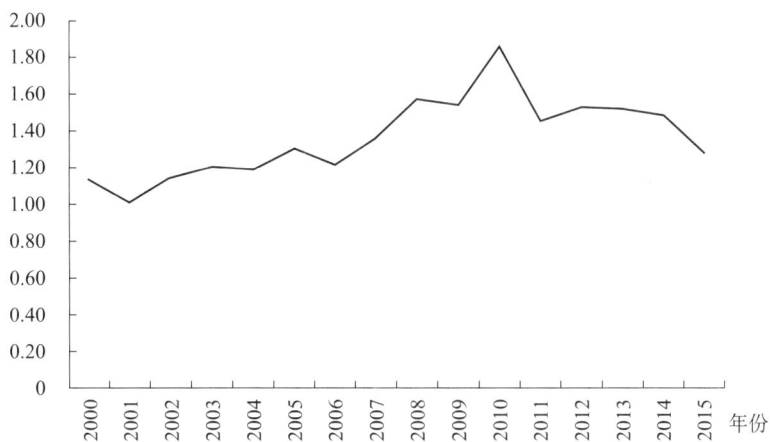

图 4.13 中国环境污染治理投资总额占 GDP 的比重(%)

数据来源:环境保护部

节能环保产业涉及节能环保技术装备、产品和服务等,产业链长,关联度大,吸纳就业能力强,对经济增长拉动作用明显。加快发展节能环保产业,是调整经济结构、转变经济发展方式的内在要求,是推动节能减排,发展绿色经济和循环经济,建设资源节约型、环境友好型社会,积极应对气候变化,抢占未来竞争制高点的战略选择。

近年来,中国环保法规密集出台,如 2004 年《固体废物环境污染防治法》、2008 年《水污染防治法》、2011 年国务院《"十二五"节能减排综合性工作方案》《国家环境保护"十二五"规划》等。2010 年《国务院关于加快培育和发展战略性新兴产业的决定》,将节能环保产业确定为七大战略性新兴产业之一,更是凸显了对于环保的重视程度。环保法规与政策并举,引导环保产业成为下一轮经济发展新的增长点,开启了中国环保产业的新征程。2016 年中央环保督察组由国家环境保护部牵头成立,中纪委、中组部的相关领导参加,是代表党中央、国务院对各省(自治区、直辖市)党委和政府及其有关部门开展的环境保护督察。

（七）工业现代化升级空间

我国工业以附加值低的重化工业为主,多数行业处于国际分工的低端,工业增加值率远远低于美国、日本等发达国家。中国工业大而不强,最集中表现在工业增加值率太低。尽管中国目前工业产品种类有 500 多种,但高档次、高技术含量、高附加值的产品占比不大,如集成电路产业等,导致工业增加值不高,在国际市场的竞争中处于不利地位。中国需要通过产业升级、提升国际分工地位来提高工业增加值率。转变工业发展方式成功与否的基本标志就是能否显著提高工业增加值率,这是解决中国工业结构性、素质性问题的根本途径,也是推动产业转型升级的重要指针。

《中国制造 2025》是中国政府实施制造强国战略第一个十年的行动纲领。《中国制造 2025》提出,坚持"创新驱动、质量为先、绿色发展、结构优化、人才为本"的基本方针,坚持"市场主导、政府引导,立足当前、着眼长远,整体推进、重点突破,自主发展、开放合作"的基本原则,通过"三步走"实现制造强国的战略目标:第一步,到 2025 年迈入制造强国行列;第二步,到 2035 年中国制造业整体达到世界制造强国阵营中等水平;第三步,到中华人民共和国成立一百年时,综合实力进入世界制造强国前列。

（八）健康养老产业发展空间

在我国逐步进入老龄化社会背景下,巨大的养老市场已经形成,但养老产业的发展却相对滞后。目前,我国养老服务机构所能容纳的人数只占老年人口的 0.8%,远落后于发达国家 3%的比例。截至 2016 年年末,我国共有各类养老服务机构 126 773 个,拥有床位 716.6 万张,比上年增长 6.0%;每千名老年人拥有养老床位 31 张,比上年增长 14.8%。由于我国养老产业还存在着较大的供需缺口,因此,这一产业未来发展前景广阔,是毋庸置疑的朝阳产业,预计 2020 年将达到 3.3 万亿元,2030 年将达到 8.6 万亿元。

2016 年,我国基本养老参保人数为 88 777 万人,其中职工养老保险 37 930 万人,居民养老保险 50 847 万人。全年基本养老保险基金收入 37 991 亿元,比上年增长 18％；其中征缴收入 27 500 亿元，比上年增长 16％。全年基本养老保险基金支出 34 004 亿元，比上年增长 21.8％。年末基本养老保险基金累计结存 43 965 亿元。现阶段，我国城乡基本养老保险制度全面建立；企业职工基本养老保险制度逐步完善，建立和巩固了社会统筹和个人账户相结合的基本制度模式；企业年金制度进一步发展，促进了多层次养老保险体系建设，居民基本养老保险城乡统筹的格局基本形成。

老龄化进程的加速带来了养老设施巨大的需求规模，而对应的养老设施供应却严重不足，养老地产作为养老设施的主要部分具有稀缺性，行业投资价值日益凸显。近年来，各类机构积极进入养老地产投资、开发、运营领域，其中传统房地产开发商、产业投资者、保险公司、政府及国外投资机构成为主力。预计到 2030 年，养老地产市场有望增加至 13 万亿元，具有极大的发展空间。总体而言，健康养老产业是老龄社会条件下的战略性产业，也是未来我国经济发展的新增长引擎。

第三节　大力推进市场化改革，释放经济活力

深化改革是加快经济发展方式的关键，经济体制改革的核心问题就是"处理好政府和市场的关系"。纵观我国经济发展脉络，政府和市场关系问题贯穿我国改革将近 40 年的发展历程。一方面，经济腾飞离不开市场在配置资源中所发挥的决定性作用；另一方面，如何促进我国经济的进一步发展，并且跨越中等收入陷阱，大力推进市场化改革、释放经济活力是当下经济发展方式转变的着力点。

一、深化经济体制改革，转变政府职能

经济体制改革是全面深化改革的重点，核心问题是处理好政府和市场的关系，使市场在资源配置中起决定性作用和更好发挥政府作用。政府的职责和作用主要是保持宏观经济稳定，加强和优化公共服务，保障公平竞争，加强市场监督，维护市场秩序，推动可持续发展，促进共同富裕，弥补市场失灵。

我国经济从计划经济走来，政府和市场的关系更为复杂，尽管我国不断推进市场化改革，但总体看来，市场机制的活力还没有得到充分的释放。转变政府职能就是要简政放权，充分利用好"看不见的手"的作用，市场能管好的事情，要放权于市场来提高配置资源的效率，而政府可以从这些微杂、烦琐的微观领域中腾出手来做好政府的本职工作。要把转变政府职能同创新管理方式结合起来。要坚

持社会主义市场经济改革方向,把激发市场活力同加强市场监管统筹起来,精简和优化行政审批,强化和创新市场监管,加快构建市场开放公平、规范有序、企业自主决策、平等竞争,政府权责清晰、监管有力的市场管理新体制。要深入推进政企分开、政资分开、政事分开、政社分开,把经营管理权下放给企业,减少行政审批权限。同时,政府应积极发挥其公共服务和管理职能,专注于宏观领域职能,将计划和市场有机结合起来为市场经济保驾护航。

为使政府更有效地行使公共职能,20世纪80年代中后期兴起的新公共管理、多中心治理和新公共服务理论都强调了公共治理结构的重新塑造问题。按照新公共管理理论的分析框架,政府不再是凌驾于社会之上的官僚机构,而是负有责任的企业家,公民则是其顾客或消费者,政府与公众之间的关系就演化为市场化和顾客导向基础上的供方与顾客之间的互动关系。相应地,在现代的治理架构中,政府的作用应从"划桨"转变为"掌舵",而非政府部门的作用应从"被动排斥"转变为"主动参与"。按照多中心治理理论的研究思路,随着社会的不断发展进步,民众对于政府的期望越来越高,也越来越趋于多元化和碎片化。传统的以政府垄断为特征的"单中心治理"模式在庞大的需求面前是缺乏效率和回应性的,而以"权力分散、管理交叠和政府市场社会多元共治"为特征的多中心治理架构就成为满足民众需求,提高公共服务质量和效率的理想模式。至于新公共服务理论,则强调了"以公众服务为核心,以民主参与为手段,以是否实现公众利益为评价标准"的公共治理思路。在该理论看来,政府最重要的职责,是帮助公民明确地表达他们的共同利益需求,并且利用基于共同价值的集体努力和合作过程使满足公共需要的政策和项目得到有效和负责的实施。

二、扩大市场开放程度,消除市场壁垒

由于历史原因,我国政府与企业长期联系在一起,虽然已推行了政企分离制度,但在市场经济制度建立和完善的初期,我国的政企分离不够彻底,企业经营机制及管理理念尚未彻底转变,部分行业准入不放开,且关键资源定价仍掌握在行政之手,妨碍了经济效率;部分企业,尤其是大型国企热衷于对政府的依赖,习惯于服从政府的指挥和安排。与此同时,为了增加税收和保证就业,地方政府又往往具有很强的依靠投资拉动经济的冲动,从而在信贷、政策方面支持和保护了一些低效率的大型企业。地方政府出于自身利益的考虑,也往往用行政命令的方式限制、排斥或阻碍外地同类企业参与竞争,以追求地方、部门的利益,形成了地方保护和市场壁垒。

（一）行政垄断抑制市场主体的创新动力和经营活力

行政垄断破坏了市场公平竞争秩序,阻碍技术进步和生产力发展,长期闭锁市场、限制市场,使市场调节机制无法正常发挥作用,导致了资源配置效率低下,对企业效率的提高和产业结构升级,乃至整个国民经济的健康发展都带来了不利影响。行政垄断造成了资源配置的扭曲,使要素资源配置在低效率部门,导致社会福利损失,危害整个国民经济的健康持续发展。

一是行政垄断带来的超额利润使垄断企业缺乏转变生产方式、提高生产效率的动力,阻碍研发投资和管理创新。当前我国企业尤其是国有企业的改革不彻底,没有建立起科学合理的现代企业管理机制,投资的责任和风险意识不强,高投入、低产出的现象十分突出,投资效益普遍偏低。

二是行政垄断严重阻碍产业结构优化升级,并加大收入差距和分配的不公。第二产业中,垄断型国有企业占主导地位,这是我国产业结构的一个突出问题。另外,民营企业和中小企业由于受到各种歧视性政策和制度约束,发展落后;垄断型国有企业却依靠对重要资源的廉价垄断权,获取垄断暴利。

三是行政垄断导致寻租,破坏市场公平竞争秩序,阻碍技术进步和生产力发展。由于对行政权力缺乏有效监督与制约,行政人员借行业利益、部门利益将公共权力私权化和个人化,从而产生了大量寻租和腐败问题。中国行政垄断造成的巨大经济损失,已成为腐败所导致经济损失的重要组成部分。

（二）需持续扩大市场开放,打破阻碍市场的壁垒

当前,我国经济面临转型升级,经济增长仍有巨大空间。然而,有效的投资机会却被名目繁多的市场准入限制,大量的社会资本可望而不可即,影响了市场的活力和运行效率。因此,需要持续扩大市场开放,打破壁垒,发挥市场在资源配置中的决定性作用,为社会资本创造公平的竞争环境,从而释放出巨大的投资潜力。

一是对内对外全面推行市场准入负面清单制度,实现"法无禁止皆可为"。负面清单一般是指一国以清单形式公开划定禁止或限制外资进入的领域范围。2015年10月,国务院审议通过的《关于实行市场准入负面清单制度的意见》,首次明确我国将从2018年起正式实行全国统一的市场准入负面清单制度。中央对在全国实施市场准入负面清单制度进行顶层设计,意味着此项准入制度将从外资领域扩大到包括内资在内的所有投资,是我国经济管理体制的重大变革。

二是重点开发开放试验区、沿边国家级口岸、边境城市、边境和跨境经济合作区等沿边重点地区。这些地区是我国深化同周边国家和地区合作的重要平台,是沿边地区经济社会发展的重要支撑。要着眼于实现稳边、安边、兴边,综合考虑经

济发展、边疆稳定、民族团结、周边安宁的需要,深入推进兴边富民行动,加大财税支持力度,实施差别化扶持政策,深化体制机制改革,发挥沿边重点地区对边境地区的辐射和带动作用。要以改革创新助推沿边开放,允许沿边地区先行先试,大胆探索创新跨境经济合作新模式、促进沿边地区发展新机制、实现兴边富民新途径。

三是完善重点领域价格形成机制,实现竞争性领域和环节价格基本放开。要健全政府定价制度,推进定价项目清单化,推进政府定价公开透明。政府定价范围主要限定在重要公用事业、公益性服务、网络型自然垄断环节,建立科学、规范、透明的价格监管制度和反垄断执法体系。凡是能由市场形成价格的都交给市场,坚持放管结合,强化事中事后监管,提高监管效率。

三、推进城乡二元改革,均衡配置资源

当前,我国城乡发展不协调,突出表现在三个方面:一是农业现代化明显滞后,农业发展水平与工业相比差距较大。农业基础依然薄弱,抵抗旱涝、疫情等自然灾害的能力亟待加强;二是农村发展依然滞后。长期以来,对农村基础设施投入不足,农村水、电、路、气、房、环卫建设相对缓慢,农村中小学办学条件差、基本医疗卫生条件落后、公共文化设施不足、社会保障体系不健全,与城镇相比还有较大差距;三是城乡居民收入差距依然较大。

(一)城乡二元结构扭曲了资源均衡配置,阻碍城镇化发展

城乡二元结构极大地制约城乡要素平等交换,扭曲公共资源均衡配置。一是导致土地资源配置扭曲,城乡土地同地不同权、同地不同价;二是导致劳动力市场分割,大量进城务工农民与城镇居民同工不同酬;三是导致城乡公共资源配置不均等,城市公共资源和公共服务的供给水平远远超过农村。

目前,我国城镇化发展水平和质量不高,与发展阶段不相适应,城镇化水平不能对中国的工业化、农业现代化和信息化提供更加有效的辅助和支撑作用。主要表现为以下四个方面。

一是大量农业转移人口难以融入城市社会,市民化进程滞后。被纳入城镇人口统计的两亿多农民工及其随迁家属,未能在教育、就业、医疗、养老、保障性住房等方面平等享受城镇居民的基本公共服务,城镇内部出现新的二元结构矛盾,制约了城镇化对扩大内需和结构升级的推动作用,也存在着社会风险隐患。

二是城镇空间分布与资源环境承载能力不匹配,城镇规模结构不合理。东部一些城镇密集地区资源环境约束加剧,中西部资源环境承载能力较强地区的城镇

化潜力有待挖掘。城市群布局不尽合理,城市群内部分工协作不够、集群效率不高;部分特大城市主城区人口压力偏大,与综合承载能力之间的矛盾加剧;中小城市集聚产业和人口功能不足,潜力没有得到充分发挥;小城镇数量多、规模小、服务功能弱。城镇空间分布和规模结构不合理,增加了经济社会和生态环境成本。

三是"城市病"问题日益突出,城市服务管理水平不高。一些城市空间无序开发、人口过度集聚,重经济发展、轻环境保护,重城市建设、轻管理服务,交通拥堵问题严重,食品药品等公共安全事件频发,大气、水、土壤等环境污染加剧,城市管理运行效率不高,公共服务供给能力不足,城中村和城乡结合部等外来人口聚集区人居环境较差。

四是体制机制不健全,阻碍城镇化健康发展。现行户籍管理、土地管理、社会保障、财税金融、行政管理等制度,在一定程度上固化了已经形成的城乡利益失衡格局,制约了农业转移人口市民化和城乡发展一体化。

成功的城市化,不是土地的城市化,而是人口的城市化,要实现农村劳动力向城市居民的转变。城市化并不是简单的城市人口比例增加和城市面积扩张,而是要实现产业结构、就业方式、人居环境、社会保障、配套政策等一系列由"乡"到"城"的转变。逐步破除城乡二元结构及城市内部二元结构,就需要统筹推进人、地、钱等重点领域和关键环节的体制机制改革;在城乡户籍、农村土地产权、城乡社会保障和政府财政税收制度上有所突破,实现城乡统筹发展,在深度城市化进程中跨越中等收入陷阱。

(二)推进城乡二元结构改革的重点工作

第一,构建新型农业经营体系。鼓励农村发展合作经济,扶持发展规模化、专业化、现代化经营,鼓励和引导工商资本到农村发展适合企业化经营的现代种养业,向农业输入现代生产要素和经营模式。

第二,赋予农民更多财产权利。保障农民集体经济组织成员权利,积极发展农民股份合作,赋予农民对集体资产股份占有、收益、有偿退出及抵押、担保、继承权。保障农户宅基地用益物权,改革完善农村宅基地制度,推进农民住房财产权抵押、担保、转让,探索农民增加财产性收入渠道。

第三,推进城乡要素平等交换和公共资源均衡配置。维护农民生产要素权益,保障农民工同工同酬,保障农民公平分享土地增值收益。鼓励社会资本投向农村建设,允许企业和社会组织在农村兴办各类事业。统筹城乡基础设施建设和社区建设,推进城乡基本公共服务均等化。

第四,推进农业转移人口市民化。创新人口管理,加快户籍制度改革,逐步把符合条件的农业转移人口转为城镇居民。稳步推进城镇基本公共服务常住人口全覆盖,把进城落户农民完全纳入城镇住房和社会保障体系,在农村参加的养老保险和医疗保险规范接入城镇社保体系。

(三)走城镇集约化道路,提高城镇化率

城镇化是经济社会发展的必然趋势,也是工业化、现代化的重要标志。积极稳妥地推进中国城镇化,是全面建设小康社会,解决中国特有的"三农"问题、发展中国特色社会主义事业的基本途径和主要战略之一。推进农村富余劳动力转移就业是发展中国家在城镇化进程中都共同面临的一大难题。

我国城镇化发展核心是如何在比较短的时间内,推动农村传统的经济社会结构向现代化转型。这就要求重视大中小城市、小城镇和农村之间的人力、物力和财力的高度关联,在不断强化城镇化结构互利效应的同时,形成以中心城市为"龙头"、以中等城市为主体、以小城市和中心城镇为基础的城镇体系,不断提高城镇化的聚集效应。

城镇化聚集效应的提高应该包括两个层次的含义:一是产业聚集,形成"龙头"城市和中心镇。城镇化应该以产业发展为基础,没有产业没有就业,城镇是发展不起来的。一个区域没有"龙头"城市和中心镇的发展,就不可能形成能带动区域内的城乡经济和社会发展的推动力和辐射力。二是城市的聚集和城镇的聚集相结合。城市和城镇的聚集发展是城镇化的保证和基础,只有在一定区域内实现大中小城市、中心城镇和小城镇的聚集发展,才能使大中小城市与小城镇之间产业高度融合,充分发挥城市和中心镇对农村的辐射力和影响力,才能促使我国广大农村的经济社会结构向现代城市转型。

由此可见,择优发展中心城市和中心镇,以中心城市发展为"龙头",大力发展中型城市,着力打造以县城为中心的县域城镇增长核,繁荣县城经济,把县城发展为城区人口达 10 万~20 万的小城市,形成以中型城市和县级小城市为区域中心大城市的卫星城市,以中心城镇为依托的城镇网络体系,不断提高城镇体系对农村的辐射和扩散作用,从而推动农村经济社会结构的现代化转型。

城镇化发展不仅仅是城镇规模的简单扩张,而且应该包含城镇化质量的提高。只有城镇规模简单空间上的扩张,没有城镇产业质量的提高和城镇对农村影响力的强化不是真正的城镇化。"摊大饼"式的粗放式城镇规模简单扩张,是与城镇化发展的内在要求相违背的。要实现城镇化发展的近期、中期和远期目标,在重视提高城镇化结构的互利效应、开放效应和聚集效应的基础上,还要高度重视城乡产业的技术创新和生态环境保护,提高城镇化的结构升级效应。

城镇化质量提高主要体现在以下几个方面：一是城镇产业技术创新力增强，技术升级换代速度加快；二是城市先进技术产业对农村产业改造和融合的速度加快，农村产业技术水平提高，农村产业和城市产业技术创新的合作关联性不断强化；三是伴随着城乡产业的融合，城乡的教育、就业社会保障、户籍等制度性壁垒逐渐消除，最终实现城乡制度资源共享；四是城乡生活方式逐渐融合，随着城乡经济文化的融合，农民"去农村化"现象更趋强化，传统农民向现代化农民转变，农民真正成为产业工人的一部分；五是城市和农村生态环境不断改进，人与自然和谐发展。

目前，中国有 2 亿～3 亿人左右的半城镇化居民（农民工），就消费来讲，这是一个潜力极大的资源，加快农民工向完全市民的转化，也将会大大地促进消费需求的增长。加快农民转为市民的进程，应从以下几个方面入手：一是促进城市房价的合理化，高房价之下无城镇化，中国目前的房价水平与收入水平相比，严重偏高，降低房价将会释放出巨大的购房需求，也会相应地加快城镇化进程；二是实施大规模的农民工安居工程。主要是利用政府力量，建立农民工保障性住房；三是鼓励沿海劳动密集型产业向中西部转移，促进中西部地区的城镇化。

保持农民土地承包经营权的稳定，使农民在城乡之间能够"双向"流动，对城市化的健康发展至关重要。印度和巴西的经验教训提醒我们，城市化能否健康发展，与农村的土地制度关系很大。我国的基本国情决定了在相当长的时期内，土地仍然是农民最基本的生活保障。外出打工的农民，大多处于不稳定状态，在家乡有一块地，仍然是农民维持生计的最后一道防线。在农民到城镇落户未取得稳定的就业、收入保障以前，保留这部分农民的土地承包权，让农民在城乡之间"双向"流动，有助于防止大量的无地农民集中于城市，形成贫民窟。扩大农地规模，推动农业产业化经营，都不能拔苗助长，不能剥夺农民的土地承包经营权，不能制造无地农民。调整城市建设的思路，在城镇规划、住房建设、公共服务、社区管理上考虑进城就业农民工的需要。印度和巴西的情况表明，农村人口进城，除了就业之外，较大的问题是安居问题。我国农民进城就业与印度和巴西无地农民进城有很大区别，一些人没有工作干还可回去，但相当一部分人，将长期拖家带口在城镇就业和生活，城市应把他们视同常住人口对待，把外来人口对住房、就学、医疗等设施的需求纳入城市建设规划。城市的财政支出和各种公共服务不能仅考虑城市户籍人口的需要，应该有效服务于全社会。

（四）"十三五"规划：推进新型城镇化

《国民经济和社会发展第十三个五年规划纲要（草案）》（以下简称"规划纲

要")提出,坚持以人的城镇化为核心、以城市群为主体形态、以城市综合承载能力为支撑、以体制机制创新为保障,加快新型城镇化步伐,提高社会主义新农村建设水平,努力缩小城乡发展差距,推进城乡发展一体化。①

规划纲要草案提出,一要加快农业转移人口市民化,统筹推进户籍制度改革和基本公共服务均等化,健全常住人口市民化激励机制,推动更多人口融入城镇。深化户籍制度改革,实施居住证制度,健全促进农业转移人口市民化的机制;二要优化城镇化布局和形态,加快构建以陆桥通道、沿长江通道为横轴,以沿海、京哈京广、包昆通道为纵轴,大中小城市和小城镇合理分布、协调发展的"两横三纵"城市化战略格局。加快城市群建设发展,增强中心城市辐射带动功能,加快发展中小城市和特色镇;三要建设和谐宜居城市,转变城市发展方式,提高城市治理能力,加大"城市病"防治力度,不断提升城市环境质量、居民生活质量和城市竞争力,努力打造和谐宜居、富有活力、各具特色的城市。加快新型城市建设,加强城市基础设施建设,加快城镇棚户区和危房改造,提升城市治理水平;四要健全住房供应体系,构建以政府为主提供基本保障、以市场为主满足多层次需求的住房供应体系,优化住房供需结构,稳步提高居民住房水平,更好保障住有所居。完善购租并举的住房制度,促进房地产市场健康发展,提高住房保障水平;五要推动城乡协调发展,推动新型城镇化和新农村建设协调发展,提升县域经济支撑辐射能力,促进公共资源在城乡间均衡配置,拓展农村广阔发展空间,形成城乡共同发展新格局。发展特色县域经济,加快建设美丽宜居乡村,促进城乡公共资源均衡配置。

四、实施混合所有制改革,引入市场活力

改革开放几十年来,国企改革是中国向现代市场经济转型过程中一个绕不过去的坎,国企改革的关键是所有制形式改革。改革没有灵丹妙药,必须尊重基本的经济规律,密切结合经济形势选择好改革目标,在此基础上有策略地推进,是国企改革成功的前提。

(一)国企改革要点

首先,要完善分类监管。2015年《政府工作报告》提出:"要准确界定不同国有企业的功能,分类进行改革。"不同类型的国有企业属性不同、目标不同,在市场经济中扮演着不同的角色,分类改革的思路,既强调了国有企业的盈利性,又兼顾

---

① "十三五"规划:推进新型城镇化[EB/OL].新华社,2016-03-05. http://news.xinhuanet.com/2016-03/05/c_1118243516.htm.

了国有企业的公共性,在功能分类的基础上进行分类监管,有利于进一步增强国有资产监管的针对性和有效性,同时也有利于国有经济的发展和国民福利的提高。

国企准确分类之后,方能根据功能的不同实施混合所有制改革。公益性国有垄断企业被赋予强制性社会公共目标,不以盈利为目的,向公众提供高质量的公共产品和公共服务是对其进行绩效评价的依据,考核重点是成本控制和服务质量;适度经营性国有垄断企业,包括自然垄断性和部分资源垄断性国有企业,以社会公共性目标为主,经济目标居次,考核重点是风险控制与整合市场资源的能力;而竞争性国有企业,则以利润最大化为首要目标,企业拥有更多的自主权。

其次,要优化监管模式。在设立渠道上,应在国资监管机构与经营性国企之间,系统性地组建国有资本运营公司以及通过改组设立国有资本投资公司,专门从事国有资本的运营管理。在国资监管机构与国有资本投资运营公司之间,实现监管者与出资者职能的分离;在国有资本投资运营公司与经营性国企之间,实现出资者与企业的分离。通过两级分离,形成国资监管机构—国有资本投资运营公司—经营性国企三层国有资产管理架构。同时,改组、新建的国有资本投资运营公司,根据国有经济分类监管的战略,通过对重点行业的各类企业退股、参股或控股,放大国有资本的控制力和影响力。

在监管方式上,应改革政府监管国企的方式。一是出资人履职方式去行政化,探索利用出资人管理事项清单制度,优化国资监管机构的履职方式。其核心是减少国资监管机构对企业的审批事项,逐步将国资监管机构的职权限定在《公司法》所赋予的股东会和股东的职权范围内;二是将更多经营权归还于企业。如将竞争性一级企业高管的选聘、管理等职权交给企业,仅报国资监管部门备案,建立外部董事占多数的规范董事会,将一定额度范围内的投资计划、大额担保、重大财产转让等事项的决定权授予董事会,并探索按完全市场化方式管理国有股权低于50%的混合企业等;三是积极推进国资证券化和国企整体上市,通过定向增发、向控股上市公司注资、剥离辅业资产等多种方式,将更多优质国有资产注入上市公司,实现更多竞争性一级企业整体上市,达到"多位一体"市场化监管的目的。四是深入优化国有资源的布局,借助资本市场力量稳步推进并购重组,实现国企资源的有效配置。

(二)推动中国企业"走出去"

改革开放后特别是近年来,我国企业对外投资的规模不断扩大,在"走出去"方面取得了显著的成绩。扩大企业及个人对外投资需要进一步加大力度推动中国企业"走出去"。中国商务部、国家统计局、国家外汇管理局联合发布《2015年度中国对外直接投资统计公报》显示,2015年,中国对外直接投资迈向新的台阶,实现连续13年快速增长,创下了1 456.7亿美元的历史新高,占到全球流量份额的9.9%,同比增长18.3%,金额仅次于美国(2 999.6亿美元),首次位列世界第二(第三位是日本1 286.5亿美元),并超过同期中国实际使用外资(1 356亿美元),实现资本项下净输出。

1. 中国企业"走出去"战略布局

中国企业对外投资的战略布局主要体现在以下六个方面。

第一,中国"走出去"的主体布局。首先要明确企业是实施"走出去"的主体。《关于全面深化改革若干重大问题的决定》(简称《决定》)提出要"确立企业及个人对外投资主体地位"。从主体的性质上看,中国最初进行对外投资的主要是国有企业,而随着中国经济体制改革过程中各种所有制形式的均衡发展,民营企业越来越多地参与到海外投资中。在投资主体布局上,继续推动国有企业对外投资的同时,需要进一步加大对民营企业"走出去"的政策和资金支持,减少民营企业"走出去"的障碍,为其在境外开展新建投资、并购投资、证券投资、联合投资以及工程和劳务合作等创造条件。从主体的区域分布来看,目前我国中西部地区企业"走出去"的数量规模依然与东部沿海地区差距较大,需要进一步加大对中西部企业对外投资的支持力度,促进区域平衡发展。

第二,中国企业"走出去"的空间布局。我国的对外投资区域不断扩大,对外投资遍布亚洲、欧洲、拉丁美洲、北美洲、非洲和大洋洲等地区,投资市场呈现多元化的发展方向。商务部最新数据显示,2016年,我国境内投资者全年共对全球164个国家和地区的7 961家境外企业进行了非金融类直接投资,累计实现投资1 701.1亿美元(折合11 299.2亿元人民币),同比增长44.1%。我国企业对外直接投资在巩固已有市场的基础上,需要进一步扩展海外市场,尤其是要夯实中国与拉美、非洲等地区的合作基础,不断拓展与发展中国家的投资合作,实现"走出去"的多元化布局。

第三,"一带一路"沿线国家合作成为亮点。2016年全年,我国企业对"一带一路"沿线国家直接投资145.3亿美元;对外承包工程新签合同额1 260.3亿美元,占同期我国对外承包工程新签合同额的51.6%。截至2016年年底,我国企业在"一带一路"沿线国家建立初具规模的合作区56家,累计投资185.5亿美元,入区企业1 082家,总产值506.9亿美元,上缴东道国税费10.7亿美元,为当地创造就业岗位17.7万个。

第四，中国企业"走出去"的行业布局。对外投资行业结构进一步优化，实体经济和新兴产业受到重点关注。2016年全年，我国企业对制造业，信息传输、软件和信息技术服务业以及科学研究和技术服务业的投资分别为310.6亿美元、203.6亿美元和49.5亿美元，我国企业需要在服务业领域加快"走出去"的步伐。对于具有较强竞争力和经营管理能力的服务贸易企业，需要鼓励和引导其开展境外投资，推动商业合作模式的发展，获取境外营销网络和品牌专利。对于建筑、运输、分销等行业领域上，重点支持企业在发展中国家进行直接投资和本地化经营。在金融、教育、文化艺术、广播影视、新闻出版和旅游等领域，根据各国市场特点有重点的推动海外业务。对动漫、网络游戏等新兴产业，加大对企业"走出去"的扶持力度。对于中医药、中餐等中国特色产业，充分利用"老字号"的品牌效应向海外拓展。在为企业"走出去"提供高端咨询服务方面，加快推动建立本土的中介机构和信用评级机构。此外，在企业实现国际化经营的同时，推动中国技术和标准"走出去"。

第五，中国企业"走出去"的方式布局。从投资方式上来说，跨国并购已成为中国企业对外直接投资的重要方式。并购的地位和作用凸显，支持结构调整和转型升级的领域成为热点。2016年全年，我国企业共实施对外投资并购项目742起，实际交易金额1 072亿美元，涉及73个国家和地区的18个行业大类。其中，对制造业，信息传输、软件和信息技术服务业分别实施并购项目197起和109起，占我国境外并购总数的26.6%和14.7%。地方企业占据对外投资主导地位，长江经济带沿线省市表现活跃。我国企业"走出去"战略，需要采取更加多元化的投资方式，包括绿地投资、并购投资、证券投资、联合投资以及对外工程承包和劳务合作等，实现实体企业、金融机构、人民币、资本、营销网络和渠道等全方位的"走出去"。股权投资方面，在加大投资力度的同时，应注意参股行为作为一种中长期战略投资，需要进行深度合作而非短期炒作。同时，与其他国家合作建立境外合作区，从而更好地发挥集群效应。

第六，中国企业"走出去"的产业链布局。我国企业"走出去"能够更好地融入全球价值链中，并且在价值链分工体系中提升我国的地位。一是我国企业"走出去"可以发展境外加工贸易体系。长期以来，加工贸易占据我国贸易方式很大比重，而随着我国劳动力成本上升，把我国境内的国际工序分工从组装环节为主，升级为价值链前端附加值较高的环节，而将国际分工的低端环节通过企业"走出去"战略扩展延伸到境外，形成中国企业主导的加工贸易生产体系；二是通过企业"走出去"实现价值链的攀升。我国企业"走出去"可以吸收国外先进技术和研发资源，提高附加值较高中间产品的生产能力,带动我国提升在全球价值链中的地位。

2. 我国企业"走出去"应注意的问题

第一,防范"走出去"带来的风险。要抵御和防范"走出去"的开放风险。在宏观上,企业"走出去"会面临包括全球金融、汇率、大宗商品价格风险在内的风险。其中,人民币汇率弹性化、资本项目开放、金融和资本市场开放等国内调整可能带来不可预见性风险,需要防范和化解。在微观上,企业"走出去"需要增强风险管理能力,包括绿地投资和跨国并购过程中出现的投资风险、市场风险和环境风险。发达国家对于涉及关键技术和敏感行业领域海外并购,要求进行申报或主动审查,主要包括国家安全审查、特定行业限制、技术禁运和反垄断审查。特别是,美国等发达国家对国有企业并购的特别限制,对我国影响较大。此外,中国企业"走出去"还面临着国际上"中国威胁论"等的非经济风险,需要增强企业的"软实力"消除这些影响。

第二,增强知识产权保护意识。近年来,我国企业在"走出去"过程中遭遇的知识产权纠纷呈增加趋势,而且规模更大和涉及范围越来越广。这是由于利用知识产权来遏制竞争对手,越来越受到发达国家的重视,成为巩固其在创新领域优势的常用做法。而随着新兴市场国家经济实力的不断增强,在法律和技术领域的多边和双边合作更加紧密,全球知识产权领域的格局也在发生变化。近年来,中国在国际知识产权合作中发挥日益重要的作用。我国企业"走出去"的过程中,需要进一步增强知识产权意识,加强对知识产权的开发、运用和保护,在复杂的国际环境中把握竞争的主动权。

第三,重视履行社会责任。随着我国企业"走出去"与当地的交往融合增加,社会责任问题越来越成为企业国际化进程中不可忽视的问题。要引导企业推进属地化、本土化经营,需要企业在以下几个方面注重履行社会责任:一是参与能有助于改善当地民生的公益事业。企业在国际化经营的同时,可以结合自己的能力范围,帮助改善当地的基础设施、教育、医疗等方面的落后状况。由此,使东道国也受益于中国企业"走出去"的成果,有助于中国企业在东道国进一步拓展商业机会;二是重视对当地环境的保护和资源的节约。企业在"走出去"的项目建设和经营活动中,需要科学设计、合理施工,并通过有效管理实现节能减排,将环境污染程度努力降至最低;三是推进属地化经营,与当地企业共同发展。"走出去"企业需要与当地企业更密切的合作,通过原材料当地采购,员工当地雇用的方式增加与当地企业的利益共同点,在为对方提供机会的同时实现共赢发展;四是注重对当地员工的权益保障。我国企业在"走出去"的过程中,需要对当地员工采取同工同酬的原则,维护他们的合法权益,并通过培训提高他们的专业技能。

第四,处理好与世界其他主要大国的合作竞争关系。近年来,新兴经济体出现集体崛起,随着我国经济实力和国际地位的提高,美欧等发达经济体对华策略也在调整,如要求中国承担全球经济再平衡更大的调整任务,承担更多的国际责任等,这些都使中国与世界主要发达国家之间的战略竞争加剧。而金融危机后出现的区域经济合作的新趋势,发达国家主导的 TPP、TTIP、TISA、BIT 等高标准的国际贸易投资协定的谈判,也增加了我国企业"走出去"战略的不确定性。同时,我国在优化投资环境的同时,也应该对等的要求其他国家开放市场,解除对中国企业"走出去"的限制。

五、全面提升外向型经济发展水平,融入和引领全球化

当前,中国已进入全面建成小康社会的决定性阶段,内外部经济环境正发生深刻变化,机遇和挑战并存。要实现全面建成小康社会和成功跨越中等收入陷阱的宏伟目标,需要进一步扩大对外开放,不断完善开放型经济体系,充分发挥对外开放的强大动力。

从国际上看,今后一个时期,世界经济可能陷入长期低迷,外需疲弱很可能常态化,各种形式的保护主义上升,经贸摩擦将进入高峰期。各国围绕市场、资源、人才、技术、规则、标准等方面的竞争更加激烈,中国在传统优势产业与发展中国家竞争加剧,在中高端产业与发达国家竞争也在增多,中国发展面临的外部环境更加复杂。

从国内看,经过加入世界贸易组织十几年的发展,我国的社会生产力、综合国力、人民生活水平大幅度提升,形成了相对完备的产业体系,参与国际竞争与合作的能力增强,已经具备了进一步扩大开放、提升开放水平的基础和条件,国际社会对中国承担更大国际责任也寄予更高期望。同时,我国现有的经济发展方式粗放,资源环境约束强化,传统优势被削弱,新优势尚未建立,转变发展方式和优化结构的任务艰巨,制约开放型经济发展的体制机制障碍仍然较多,对外开放面临的风险增大,开放的层次、水平和效益亟待提高。

未来全面提升中国对外开放水平,重点需要做好以下三方面的突破。

(一)努力转变对外贸易增长的方式

(1)改变出口主要依靠低成本和拼数量的方式,改变粗放型和数量型的经济增长方式,使出口主体形式多样化和贸易形式多样化。努力创造具有自己知识产权、自己品牌的商品和服务出口,控制资源性、高耗性、高污染产品的生产和出口,

扩大新技术产品和附加值高的产品出口。提高加工贸易的层次,改变产品贸易量增加而贸易增加值低的现状,加快产品的升级换代,使出口贸易从数量上的扩张,向提升质量方面转变。

(2)调整进口产品结构和市场结构,优先进口国内发展必需的、重要的、紧缺的高新产品、高新设备、高新技术和具有战略性的资源,实现战略物资进口来源的多元化、方式的多样化和渠道的稳定化。

(3)发展绿色产品贸易,适应国际环境保护的潮流,严格控制高耗能和高污染产品的贸易,形成有利于节约资源和保护环境的贸易结构。

(二)努力提高利用外资的质量和水平

(1)引进外资同提升国内产业结构和技术水平相结合,同促进区域协调发展和提高企业自主创新能力相结合。通过引进外资,对现有企业进行改造、充实和提高,依靠技术的优化升级实现规模经营,努力提高结构优化效益、规模经济效益和区域分工效益。从主要依靠增加大量资金投入,转变到主要依靠提高生产要素的质量上来,提高综合要素生产率对经济增长贡献的份额。

(2)合理利用外资,发展开放型经济,改变经济中的结构不合理、产品质量差、附加值低的状况,通过引进一批高附加值、高技术的产品,加速我国产业结构的进步,做好引进技术的转化、吸收和创新。

(3)提高利用外资的质量,加强对外资产业和区域投向的引导,抓住国际产业转移的机遇,扩大外资直接投资规模,引导外商参与国家鼓励的基本建设项目,包括农业综合开发和能源、交通、重要原材料的建设项目,拥有先进技术、能改进产品性能、节能降耗和提高企业经济效益的技能项目,能综合利用能源防止环境污染的技术项目等。

(三)努力实施中国企业"走出去"战略

实施"走出去"的发展战略,是新阶段对外开放的重要举措,是实施可持续发展战略的必然要求。要鼓励和支持有比较优势的各种所有制企业对外投资,带动商品和劳务出口,形成一批有实力的跨国企业和著名品牌。一是要更好地在全球范围内优化资源配置,在国际市场中求生存谋发展,充分利用国外自然资源、科技资源和人才资源,实施战略性的海外投资,创立我国自己的世界级名牌产品;二是要把技术设备、产品带出去,发挥比较优势,积极开展对外经济合作,在互利互惠的双赢中促进国家经济的发展,带动商品、技术和服务出口,提高商品在国际市场的占有率,在国际分工与合作中提高占领国际市场的能力;三是要参与国际经济竞争与合作,开展跨国经营和跨国投资,培育我国的跨国公司,在对外投资中做到以企业为主，以市场为导向，以提高经济效益和增强国际竞争力为目的。投资的重点要放在能源、原材料、高技术等领域。

第四节 推动创新驱动，激发更大活力

通过多年的艰苦努力，中国经济总量已跃居世界第二位，各项事业发展取得历史性成就，但人均 GDP 列第 72 位，生产力指数列第 28 位，社会生产力水平总体上还不高，发展中不平衡、不协调、不可持续的问题很突出，经济结构问题已经成为一个带有根本性、全局性的问题，转方式、调结构的要求十分迫切。当前中国经济进入"新常态"，转入中高速发展过程，经济发展动力需要转换，经济结构必须调整，产业发展面临升级换代，解决这些问题的根本办法在于制度完善的创新发展。经济的结构问题与科技创新的能力和结构、人才队伍的水平和结构密切相关。中国以较少的人均资源占有量和脆弱的生态环境，承载着巨大的人口规模和实现可持续发展的压力，面临着节能减排、应对气候变化等严峻的挑战。发达国家曾经拥有的资源环境等有利条件，是目前中国所不具备的。中国的根本出路在于科技创新、产品创新、产业创新、商业模式创新和品牌创新。科技创新处于核心地位，负有自身发展和带动其他方面创新的使命。没有创新能力特别是科技创新能力的大幅提升，就难以完成经济结构的调整和发展方式的转变。

中国进入中等收入阶段后，经济的低成本优势将会逐步丧失，必须提高研发能力和重视人力资本，进行产业升级，培育新的竞争优势。1978 年爆发的能源危机对韩国造成较大冲击，使韩国劳动密集型产业的比较优势丧失。但韩国主动求变，通过实施"科技立国"战略，推动产业升级，最终完成了从轻工业向技术密集型的重工业的转型，实现了从"技术模仿"到自主创新的转换。科研投入保持了持续高速增长态势，并于 2007 年占到 GDP 的 3.47%，超过美国、日本等国家。技术创新对韩国经济增长的贡献率高达 70%。

尽管改革开放以来，中国在科技进步和人才教育方面取得了巨大的成就，但经济增长方式没有得到根本性转变，仍是主要依赖廉价的生产要素和大规模投资，经济发展带有明显的高投入、高能耗和高排放的特征，科技进步和创新对经济的增长贡献与发达国家和一些新兴经济体相比仍然有明显的差距，这与苏联和俄罗斯的发展道路很类似。产生这一现象的主要原因有：一是现实原因，即资源和劳动力的比较优势；二是在选择发展道路的决策层面，过度追求经济增长的速度，注重数量的快速扩张而忽视经济效益和质量的提升；三是长期发展道路的路径依

赖问题比较严重,经济发展方式短期内很难扭转。

依靠科技进步,通过提升科技创新能力来转变经济发展方式,需要从以下两个方面入手:一是加强教育和科研的投入力度,提升教育质量,培养优秀的科技创新人才和队伍,积累雄厚的科研创新基础;二是需要改革教育和科学管理体制,创新科研的激励方式和方法,一方面,是为科研人员提供良好宽松的科研环境;另一方面,由政府主导型的科研管理体制向市场驱动的企业自发创新机制转变,基于市场需求大力发展高等职业技术教育,加强高等院校、科研院所和企业间研发的沟通互动,提升科研成果的推广效率。

鼓励自主科技创新,主要是减少对非自主创新方面或领域的过强激励,因为只要存在比对自主创新更多的激励存在(如对外资的过度激励、对房地产的过度激励),那么,自主创新投入就不可能增加,相反是减少。这里也包括威廉·鲍莫尔提出的政府要严厉打击非生产性的"企业家行为"("寻租活动")。所以,政府应该大力改善总体激励环境或方向,改变自主创新刺激政策。

第一,要减少对房地产的过多激励,消除房地产市场暴利,阻止社会资金过度流入房地产市场。纵观历史,房地产既是民生工程又是发展工程,也是风险很大的领域。中国要发展,应对外资的激励要严格限定,取消一般性的优惠,对内资实行同等国民待遇。

第二,降低战略竞争力行业的国有资本比重,发挥民营资本对产业升级的重要作用。促进民营资本的充分发展和国际化,将使中国企业在参与全球竞争中处于更为有利的地位,因此,战略产业的发展一定要把民营资本纳入。

第三,利用资本市场推进自主创新。将大量过剩的社会资金导入资本市场,使其与产业升级相结合,促进重化工业竞争力的提高。如制定产业差别化的上市融资和再融资政策,主要是明显放宽对升级型的重化工业企业上市融资和再融资的条件,促进重化工业的资本扩张和竞争力的提高;成立一批支持升级型重化工业发展的产业投资基金(股权型、债权型);制定针对性强的优惠政策支持升级型重化工业兼并重组。

第四,确定激励自主创新的正确导向。主要是要鼓励企业围绕节能节资搞自主创新,产品的自主创新要坚持"紧凑化"的取向,产业政策重点是鼓励紧凑型的产品创新,如鼓励经济型汽车的消费和生产,鼓励紧凑型的住房(90 平方米以下)消费和生产,鼓励建设紧凑型的城市等。

一、创新制度建设,保护知识产权

我国应稳步推进知识产权法律法规制度建设;要促使企业对于知识产权意识

的尊重；抵制以模仿和抄袭为主的山寨文化，提倡和保护自主创新，改变过度依靠外来技术的做法；在价值评估、担保标的、股权计算等方面保护知识产权；政府应降低企业利用知识产权开展自主创新、创业的门槛；并在财税金融制度上鼓励企业维护和运用知识产权；在企业层面上，要在专利、商标等知识产权方面舍得投入，善于自我保护。

二、优化制度环境，服务创新创业

一是要以科技创新来促进产业升级，以创新、创业作为中国经济发展的新引擎。要为创新和创业需要一个有利的生态环境，在教育、法制、价值观念、科研政策和资本市场等各方面作出改进和努力。

二是倡导公平、开放、宽容的创新环境。户籍制度的限制，教育资源分配的不公平，财富和收入方面存在的巨大差距，以及相对工资水平而言的高房价，在很大程度上抑制了全社会创新和创业潜力的实现。要创造条件尽可能保证人人在创新、创业上享有平等的机会，不受到制度性的歧视和排斥。开放的心态和社会环境有利于学习和吸收全人类共有的创造发明和文明成果，有利于中国与外界的双向沟通。要用宽容的社会环境激励人们去创新和创业，鼓励人们勇于试错，不断探索，促进不同意见和不同思潮的交流和碰撞，有利于取长补短，求同存异。

三是建立公正公平的科研经费分配体制和科学合理的科研评价体系。如果科研经费都向有一定行政职务的研究人员倾斜，会导致科研精英对行政岗位趋之若鹜。在现有分配体制下，最有活力、最需要支持的青年学者往往最不容易得到研究经费，行政力量对科研经费的控制和支配不仅强化了学术界的官本位思想，更造成了对学术人才的巨大浪费。大量优秀的学者为了保证科研经费的充足，都愿意去担任行政职务。我们应该打破由行政部门管理和分配科研经费的现状，成立由学术共同体主导的国家科研基金会，保证学术评价体系的公平、公开、透明。同时应优化科研经费的结构，逐步减少政府在研发经费中所占的比重，促进企业在科研投入和科研活动中发挥更大的作用。

四是建立高效、完善的资本市场，建立促进创新、创业的市场回馈机制。一个健全的创新体系需要资本市场的支撑，天使投资、风险投资、私募基金等金融行业以及完善的并购和股票市场能极大程度地推动科技创新。它们不仅为创新、创业提供最初的资金支持，也为创业企业的发展壮大（包括成功退出）提供了渠道。只有拥有一个完善、发达的本土金融市场，才能避免未来的 BAT（百度、阿里巴巴和腾讯）仍是被外资控制的局面。虽然在全球化的时代追究某个企业属于哪个国家越来越没有意义,但我们至少希望这些在中国市场上创造出的财富,能更多地留在中国的土地上,由更多的中国投资人来分享。

三、鼓励科技创新,建设"创新型国家"

我国人均科技研发经费与发达国家差距明显。2015 年中国科研经费投入总量 1.42 万亿元,占 GDP 比重突破 2.07%,人均科研经费支出仅为 37.7 万元。在 2012 年中国科研人员每万人全时当量仅为 24 人,仅为丹麦的 1/4,日韩的 1/3。2012 年源于中国的发明专利授权总量达 15.2 万件,列世界第三,但人均仅为 1.13 件,是日本的 1/24。2016 年上半年中国的发明专利授权总量达 16.4 万件,同比增长 41%;2012 年中国高新技术出口额为 5 056 亿美元,列世界第一,但人均仅为 374 美元,仅为韩国的 15%。2016 年中国高新技术出口额为 6 039 亿美元,同比下降 7.8%。

因此,依靠科技进步,通过提升科技创新能力来转变经济发展方式。鼓励自主科技创新,主要是减少对非自主创新方面或领域的过强激励。所以,政府要改善激励环境或方向。第一,降低战略竞争力行业的国有资本比重,发挥民营资本对产业升级的重要作用;第二,利用资本市场推进自主创新。将过剩的社会资金导入股市,使其与产业升级相结合,促进工业竞争力的提高。

四、推动"要素驱动"向"创新驱动"转型

2008 年金融危机一度使全球陷入失去增长动力的困境之中,加快结构改革成为各方共识,危机也使人们开始重新追求技术发展和突破,为寻求新的增长动力而努力。

必须进一步落实创新驱动发展的战略,深化科技体制改革,加快建设"创新型"国家的进程。一是强调科技创新在国家强盛和民族复兴中的重要地位;二是强调坚定不移地走自主创新的道路;三是充分认识现有成就,增强创新自信;四是看到当前科技发展不足,保持清醒头脑;五是强调创新驱动发展战略;六是强调科技与经济结合,深化科技体制改革;七是加强人才队伍建设,加强知识产权保护;八是把握世界科技新趋势,以全球视野谋划和推动创新。

实施创新驱动发展战略有五个方面的任务:一是着力推动科技创新与经济社会发展紧密结合。关键是要处理好政府和市场的关系,通过深化改革,进一步打通科技和经济社会发展之间的通道,让市场真正成为配置创新资源的力量,让企业真正成为技术创新的主体。政府在关系国计民生和产业命脉的领域要积极作

为,加强支持和协调,总体确定技术方向和路线,用好国家科技重大专项和重大工程等抓手,集中力量抢占制高点。二是着力增强自主创新能力。关键是要大幅度提高自主创新能力,努力掌握关键核心技术。当务之急是要健全激励机制、完善政策环境,从物质和精神两个方面激发科技创新的积极性和主动性,坚持科技面向经济社会发展的导向,围绕产业链部署创新链,围绕创新链完善资金链,破除制约科技成果转移扩散的障碍,提升国家创新体系整体效能。三是着力完善人才发展机制。要用好用活人才,建立更为灵活的人才管理机制,打通人才流动、使用、发挥作用中的体制机制障碍,最大限度支持和帮助科技人员创新创业。四是着力营造良好政策环境。要加大政府科技投入力度,引导企业和社会增加研发投入,完善推动企业技术创新的税收政策,加大资本市场对科技型企业的支持力度。五是着力扩大科技开放合作。要深化国际交流合作,充分利用全球创新资源,在更高起点上推进自主创新,并同国际科技界携手努力为应对全球共同挑战作出应有贡献。

五、创新促进产业升级及对外投资

中国在新常态下要跨越中等收入陷阱的关键任务是经济结构转型升级,经济增长方式从粗放式的、投资驱动的增长转变为创新和消费驱动的增长;大力推动外延型的自主创新、内涵型的产业升级和合作共赢的对外投资。

（一）创新提升外延型经济增长

目前,中国特别需要外延型创新。2006 年诺贝尔经济学奖得主、哥伦比亚大学教授埃德蒙·菲尔普斯指出,"中国需要一场大规模本土创新来帮助规避中等收入陷阱"。菲尔普斯提到,美、英、德等国在遇到收入增长瓶颈时,社会各层面和绝大多数产业都在进行创新,在规避中等收入陷阱的同时,还引发了其他欧洲国家竞相追赶及模仿。发展中国家从正反两方面证明了强化自主创新是跨越中等收入陷阱的重要决定因素。在"中等收入转型"成功的国家里,巴西、阿根廷、秘鲁等拉美国家一直徘徊在中等收入水平线上;而日本、韩国、智利则进入了高收入国家。其中科技创新是不可忽视的重要因素之一。借鉴国际经验,以创新提升外延型经济增长的建议如下:

一是避免过度依赖"进口替代"政策,防止产业发展过度分散并缺乏国际竞争力。政府不宜大幅度削减公共财政预算,大幅度减少研发投入。国家要发展、培育本土研究开发机构;同时要重视跨国公司对本土企业的兼并重组,占领高端产品市场的问题。要有独立的科技、产业和创新政策。

二是在失去劳动密集型产业比较优势的时期,认识到只有发展科学技术,显著增强自主创新能力,才能促进发展方式转变和结构转型,实现经济的平稳高速增长。树立"科技立国、创新兴邦"战略,利用先进技术改造原有产业。将"引进、模仿"创新转为"创造性、自主性"创新。政府要充分发挥企业作为技术研发主体的作用,尤其要充分发挥民营企业的科技研发积极性。

三是科技政策必须从引进、吸收、利用为主转向基础科学推动为主。日本于2000年提出了"50年内产生30名左右的诺贝尔奖获得者"的目标,到2016年为止,已经有28人上榜。中国也可以提出类似计划,鼓励强调创造产出新的知识,推进原创性研究开发,要产生具有独创性的成果,并进一步强化基础研究。

四是从国家高度设计培育国内自主创新能力的战略,又从政策措施、平台建设等,扶植民间研究开发活动,大力支持自主创新平台的建设,切实提高技术成果的转化率。

五是提升高校及科研机构的科技创新能力和应用转化能力,通过教育、科研多方面的体制改革为科技创新提供体系支撑,建设以企业为主体、市场为导向、产学研相结合的国家创新体系。

六是在促进创新和创业方面,依法治国强调的是厘清国家和市场的边界,限制政府在资源占有和分配上的作用,保护私有产权,为创业者和企业家提供稳定的对未来的预期和经营环境。驱使企业增加在研发上的投入,尊重知识产权,促使我国企业真正走上依靠自主创新的可持续发展道路,为中国企业"走出去"、成为受人尊敬的世界级企业打下坚实基础。

七是国家通过累进制的收入税、房产税、遗产税等杠杆的调节作用,使创新和创业成为更多人可以选择和追求的目标。国家应当避免与民争利,过高的税收和高昂的房价必定会挤压个人和家庭原本可用于教育、创业和创新的资本积累,阻碍人力资本的投资,降低大众创业的可能性。

八是支持创新、创业并不局限于多建几个工业园区和创业孵化器,或者为创新企业提供种子基金,还包括为创业者提供稳定的经营环境、平等的社会保障和公共服务。

(二)创新促进内涵型产业升级

近年来,中国资本产出率已持续下降,自2000年起年均降幅达3.3%,人口红利窗口即将关闭,环境污染、生态破坏,公共健康和食品安全等问题突出。借鉴国际经验,通过创新促进内涵型产业升级。

一是不断培育新的经济增长点。在政府推动下,大力发展第三产业,逐步将文化创意、旅游、健康、体育等作为主导产业之一。

二是通过政策的介入优化产业发展环境,提高了产业结构和贸易结构的层次。重视并资助民间企业的研发活动。通过自主技术革新来加强产业竞争力。对技术引进、消化和再创新给予税收优惠等政策。积极开展产学研联合创新;支持企业与科研机构或大学共建实验室进行合作攻关。

三是专门制定产业政策来推动产业升级,并专门配套以金融和财税政策的支持。要根据经济发展的规律和其他国家的经验,跨越式地选择经济发展的突破口。对现有的中低端工业产业,应通过立法和经济手段推动其向能源资源节约型、提升附加值以及自主创新的方向升级。只有促进经济增长模式由粗放式增长向内涵式增长转变,重新开启新一轮经济增长周期。

四是产业升级和创新的方向应该是通过市场化力量提供与居民消费需求升级相匹配的商品和服务的供给,一方面以技术实力的提升夯实工业制造业基础;另一方面以市场需求主导产业升级的方向,加大科研创新力度,突破模仿桎梏,通过精细化、个性化、差别化的供给与经营挖掘潜在的消费市场。要充分利用中国人口多、市场大的有利条件,即使是长尾理论中的"小众产品",只要重视消费者体验、抓住和解决消费者的"痛点",也可能创造巨大利润与商业规模。

(三)创新推动合作共赢式投资

2016 年,我国对外直接投资实现历史性突破,投资额首次跨过万亿元大关,投资的数万家海外企业分布在全球近 200 个国家和地区。推动合作共赢式的对外投资,将起到化解巨额外汇存量和调整经济结构的双重作用,有助于中国跨越中等收入陷阱。

首先,对外投资有利于对我国巨额的外汇储备进行更有效率的配置和使用。国家外汇管理局的数据显示,2016 年年末,我国的外汇储备规模为 30 105.17 亿美元[①],巨额外汇储备的投资收益一度是公众关注的焦点。目前,央行把外汇储备主要投资于美国国债。数据显示,近 10 年来,美国对中国的直接投资平均回报率是 15%~20%,而中国投资美国国债的收益率仅在 3% 左右(吴松,2014)。为了给中国的外汇储备寻找更多的出路,可以在海外购买包括矿山、能源、港口码头,或收购高科技企业等战略性资产。

其次,要提高国家"软实力",需要进一步调整和提升投资结构。我国企业"走出去"获取能源资源的能力较强,而投资高科技企业的水平较低。截至 2013 年年底,我国在能源资源领域的对外投资总额达 3 084 亿美元(包括对外直接投资和

---

① 2017 年 1 月 17 日,国务院新闻办公室新闻发布会公布数据。

通过境外企业再投资),占对外投资总额的 46.7%。而即使对自然资源极度匮乏的日本,其对外的能源矿产投资也只占总投资的 10% 左右。随着我国经济结构的优化升级,"走出去"不仅要获取资源,更要让当地人得到实惠,给当地人带来发展利益,实现双赢。

再次,作为规模全球第一的制造业大国,中国应提高在制造业的投资比重。截至 2015 年,我国对外各类投资存量中,制造业比重仅为 8.4%。从美、日等发达国家看,制造业对外投资占比都达到 30% 以上。近年来,我国电力、电信、航空航天、轨道交通、海洋工程等装备制造业"走出去"步伐加快,但同时我国企业在运营管理和技术服务中存在的问题也日益凸显(沈丹阳、王红霞,2015)。在制造业日趋服务化的趋势下,制造业"走出去"需要服务结伴而行,只有做好"中国服务","中国制造"才能真正走得出去,站得住脚。

最后,合作共赢式的投资是建设"一带一路"的重要途径。2013 年,习近平主席先后提出"以创新的合作模式,共同建设丝绸之路经济带"和"共建 21 世纪海上丝绸之路"的战略构想,受到了国际社会的高度关注和积极响应。随着中国经济大国地位的逐步上升,中国需要在世界经济发展和全球治理中承担更多与自身发展水平相适应的责任,在促进"一带一路"贸易投资合作和基础设施互联互通建设方面作出贡献。例如,联合各国通过出资设立"亚洲基础设施投资银行"、成立"丝路基金"等金融工具,为区域内的互联互通建设提供必要的资金支持;促进来自"一带一路"相关国家的进口,满足自身生产和消费需要的同时,为其他成员提供巨大的商品和服务市场。

第五节　防范债务危机,把控融资风险

当前,中国正处于中等收入阶段,要跨越中等收入陷阱,重要的问题之一是避免金融危机。而防范金融危机,关键在于防止不稳健的金融自由化和对企业债务问题的不当处理。因此,必须防范债务危机和把控融资风险,提高对金融治理重要性的认识。纵观世界各国在从中等收入阶段向高收入阶段发展的过程中,都会面临巨大的经济社会转型的挑战,其中,金融治理的重要性在此阶段起到决定性作用。中等收入陷阱源于中等收入经济体的经济不稳定,而经济不稳定则主要源于可能爆发的金融危机。中等收入经济体之所以爆发金融危机,是因为其经济与社会转型所引发的一系列结构问题。避免中等收入陷阱防范金融危机至关重要:政治上,要建立强有力的支撑改革和审慎监管的体制;政策上,要及时、审慎地推

进财政改革和金融改革;技术上,要实施宏观审慎监管,维持金融稳定,并建立有效应对危机和加速危机恢复的机制。

伴随中国经济的结构性减速和不断增大的下行压力,有关债务风险加剧的担忧越来越强烈。对于中国政府部门债务风险的评估,首先需要从总体上进行把握,再从国际比较和资产负债比对视角进行分析:中国政府债务风险总体可控。[①]

一、从国际比较和资产负债比对视角看中国政府债务:风险总体可控

对于中国政府部门债务风险的评估,首先需要从总体上进行把握。为此,我们选取国际参照标准和比对目标,并引入资产负债表的分析框架展开讨论。

(一)政府负债率水平相对安全

衡量政府债务风险的一个重要指标是负债率即政府债务年末余额与当年 GDP 的比值,反映的是一个经济体的经济总量承载政府债务的能力。加总前述中央政府和地方政府的负债率水平,得到 2016 年末中国整个政府部门的负债率水平为 38.8%[②]。国际上通常以"马斯特里赫特条约"所设定的 60% 预警线作为参考标准,以此观之,中国政府债务风险处于可接受的水平。并且,从国际比较的视角看,中国政府部门的负债率水平也低于主要市场经济国家和部分新兴市场国家的水平。图 4.14 将有关国家中央政府负债率、地方政府负债率与中国的情况进行了对比。从中可以看出,中国的政府负债率水平是所有比较国家中最低的,比 OECD 国家平均水平要低 52.97 个百分点;特别是中央政府的负债率水平显著偏低,比 OECD 国家平均水平要低 62.68 个百分点。相对来说,地方政府的负债率水平大体处于中等偏上的水平,比 OECD 国家平均水平要高 9.71 个百分点。总体来看,中国政府部门的债务风险尚在可控范围之内。即使将前述隐性准财政债务考虑起来,债务风险应也在安全区内。

(二)主权资产负债表较为稳健

我们认为,评判债务风险特别是在债务危机中负有最后贷款人责任的政府部门的债务风险,不能仅从债务扩张的角度孤立地进行分析,还应该看其是否具有

[①] 郑之杰. 中国及世界主要经济体主权债务危机与融资风险研究[J]. 学术前沿,2018,(2)下期.

[②] 根据财政部部长肖捷于 2017 年 3 月 7 日在第十二届全国人大五次会议关于"财政工作和财税改革"的记者会上最新披露的数据,截至 2016 年末,中国中央和地方政府的债务余额约为 27.33 万亿元,负债率约为 36.7%。我们的估算结果与这一数据略有出入,可能的原因在于,由于数据资料缺失,或存在一定的高估倾向,特别是地方政府存量债务取的是待置换规模的最大值。由于财政部的最新数据没有进一步的结构性信息,因此目前阶段尚无法对我们的估算结果进行校准,这里特别予以说明。

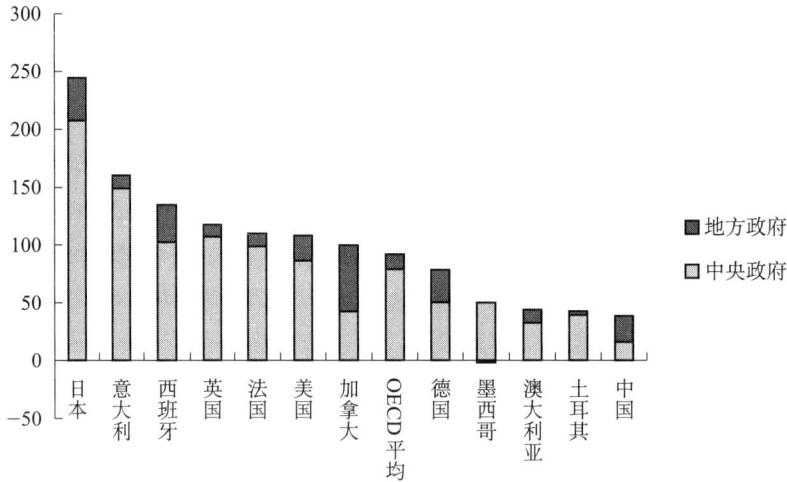

图 4.14　政府负债率的国家比较（%）

注释:中国为 2016 年数据,日本、墨西哥为 2014 年数据,其余国家为 2015 年数据。

数据来源:OECD 数据库

充足的偿债保证,也就是看当发生债务危机时,政府是否有足够的资源去化解"兜底"。这实际就是资产负债表的视角。

基于我们近年来对中国主权资产负债表的持续跟踪研究,可以发现:2008 年国际金融危机以来的这几年,尽管中国公共部门处于不断加杠杆的过程中,导致主权负债增加较多,但主权资产同样呈扩张的态势,从而导致中国政府净值具有相当的规模(参见图 4.15)。以 2015 年为例,按宽口径匡算,中国主权资产总计 241.4 万亿元,主权负债 139.6 万亿元,资产净值为 101.8 万亿元。考虑到行政事业单位国有资产变现能力有限以及国土资源性资产使用权无法全部转让的情况,以窄口径来统计,即扣除行政事业单位国有资产 16.2 万亿元,并以 2015 年的土地出让金 3.1 万亿元替代国土资源性资产 68.5 万亿元,从而主权资产将由 241.4 万亿元减少到 159.8 万亿元。由此,窄口径的主权资产净值为 20.2 万亿元。无论宽口径还是窄口径,中国的主权资产净额皆为正。

在政府部门所拥有或控制的资产中,国有经营性资产和部分可变现的资源性资产是债务偿付的重要保障。即使政府债务未来出现了一定程度的还本付息困难,可供选择的举措之一就是将这些资产通过证券化或者直接出售等方式转变为债务清偿手段。鉴于中国政府拥有足够的主权资产来覆盖其主权负债,基本上不存在无力偿还债务的"清偿力风险",因此在一段时间内发生主权债务危机的可能性极低。

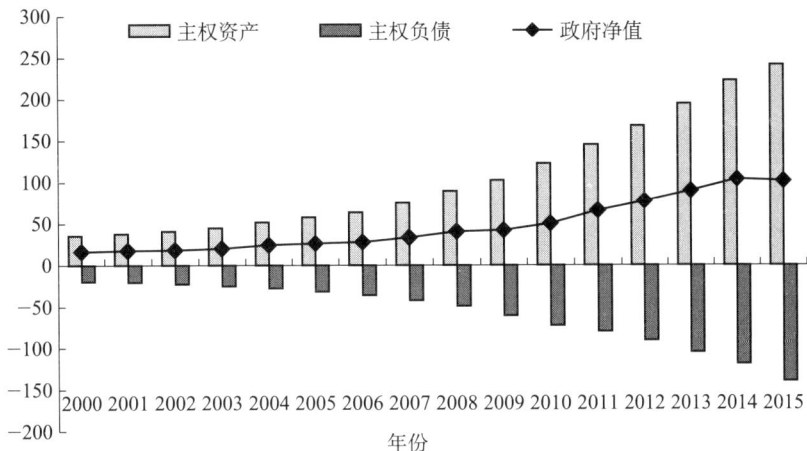

图 4.15 中国主权资产、负债及政府净值(单位:万亿元)

需要补充说明的是,在现有的估算过程中,可能存在资产端低估和负债端高估的情况。

资产项可能存在低估的情况包括:(1)我们对国有企业权益的估算主要使用的是历史成本法,如果使用市场估价或公允价值法,将可能进一步提升政府部门的偿债能力和资产净值。(2)国土资源性资产评估以土地净产出进行折算也可能存在低估现象,因为随着城镇化的推进,部分土地用途会发生改变,其价值也会发生变化。(3)部分特殊资产的价值计入不足。尤其是对部分公共基础设施资产的计量,目前主要以购置价或建造成本为准,还缺乏有效的市场交易价格,无法使用市场估值法公允地反映资产价值。甚至早期部分公共基础设施资产,只有实物数量记录,而没有价值量记录,更增大了低估的成分。

公共基础设施资产的应计未计还体现在其公共属性可能发生变异这一点上。未来在一些基础设施领域,或将经历从纯粹公共产品向准公共产品的转变,这是基于:(1)需求水平的提升。随着经济的发展,对基础设施呈现出强劲的需求,当需求的扩大超过一定限度后,公共产品开始变得拥挤,也就是说具有了竞争性,从而使增加额外使用者的边际供给成本不再为零,这时向消费者收取一定的使用费来排除私人消费就有了必要。(2)技术的发展。随着公共产品排除性量化技术的出现,部分地改变了公共产品的非竞争性和非排他性的特点,使得一定程度上的排除私人消费成为可能,这样就可以通过"受益者负担"的原则向使用者收取受益费用。

当价格形成和收费制度具备必要性和可能性后,一度不具有市场化经营条件的部分基础设施资产开始变得"有利可图",从而为产生持续的现金流创造条件。

由此,一方面显著提升了资产的价值;另一方面也明显增强了资产的可变现能力。综合作用之下,政府的偿债能力相应得到提高。

至于负债项可能存在高估的情况,主要体现在:(1)将确定性负债与或有负债简单加总得出总负债是有一定争议的。或有负债演变成确定负债的风险概率值的选取不同,得出或有债务显性化的数额也不同。因此,如何确定合适的概率值也是值得考虑的一个问题。我们这里的估算没有选取概率,而是直接加总,因此负债规模或有高估。(2)作为或有负债的不良贷款中除了损失类贷款,次级类和可疑类贷款中有一定比例是可以收回的,因此实际的不良资产规模要小一些。

考虑到上述情况,实际的主权资产净值或将更高。我们以为,中国政府的高资产净值是有别于其他国家的独特方面。根据我们的粗略估算,目前在国家整体净资产(包括非金融资产和净对外投资头寸)中,居民部门约占 1/3 略多,非国有企业部门差不多占 1/3,政府部门(含国有企业)差不多占 1/3。这与主要发达国家的国民净资产结构显著不同。在这些国家,居民部门净资产占比通常达到 70%～80%,而政府部门净资产占比微乎其微,甚至为负。由于中国政府拥有或控制的存量资产(包括其他可动用的资源)比例很高,从而显著降低了债务危机爆发的风险。

二、政府债务积累和化解的国际经验:英国、美国和日本

主权国家债务有着悠久的历史,这些债务大多与战争相联系。在现代经济中,由于政府作用的日益增强,公共债务的累积和化解更是成为一个重要经济议题,时时牵动着大众和媒体的注意。

(一) 英国的经验

作为最老牌的发达国家,英国有相对完备的长时段政府债务数据。从这些数据看,英国应该是世界上化解政府债务最成功的国家(参见图 4.16)。英国国债始于威廉三世时期,他组建了一个城市商人的辛迪加来发行政府债券,这个辛迪加成为英格兰银行的前身。此后,以英格兰银行和发达的金融市场为依托,英国政府为其卷入的大小战争不断融资,其债务也持续增长。在拿破仑战争结束后,英国政府债务占 GDP 的比重达到惊人的 260%。不过,在此后的百年里,英国政府开启了去杠杆进程,到 1914 年将该比例降低到 25%。第一次世界大战的爆发使得英国政府债务再次迅速膨胀,很快超过了 GDP 的 150%。不久后爆发的第二次世界大战使得英国政府债务再创新高,1947 年达到了 GDP 的 238%。在此后的几十年里,英国政府再次成功去杠杆,到 1991 年再次把债务占 GDP 比重降低

到 25%,并且这种低水平一直维持到 2007 年。2007 年开始的全球金融危机使得英国政府债务第三次攀升,2016 年达到 GDP 的 85%。

图 4.16 英国政府债务/GDP(1692—2016 年)

数据来源:www.ukpublicspending.co.uk

将英国誉为世界上化解政府债务最成功的国家,除了图 4.16 显示的两次长时段去杠杆之外,还有一点就是自 18 世纪以来英国政府债务从未发生过违约。也就是说,自英格兰银行建立以来,英国政府对自己的债务一向恪守信用,每次去杠杆总是利用经济手段,而不是违约或拖欠。债务积累的主要原因无非两个:经济危机和战争,这两类事件总是令政府债台高筑,英国也不例外。去杠杆的理想环境则是相对的和平和经济繁荣。英国第一次去杠杆时期是维多利亚时代。这个时期的英国走向世界之巅,成为全球霸主,其领土达到了 3 600 万平方公里,经济总量占全球的近 70%,贸易出口更是比全世界其他国家的总和还多上几倍,殖民地的财富则源源不断地流入。英国第二次去杠杆时期则是"二战"后全球资本主义的大繁荣时期。这一时期,虽然冷战的阴霾久久挥之不去,但是相对和平的环境仍然令全球经济取得了不错的增长。在欧洲,马歇尔计划助推了持续多年的战后繁荣,最终彻底改变了全球经济和政治格局。2008 年金融危机后,英国政府债务再次迅速攀升,其未来发展值得进一步关注。

(二)美国的经验

在英国之后,化解政府债务的典范当属美国。如图 4.17 所示,美国从 1929年大萧条至今,出现过两次政府债务高峰。第一次是第二次世界大战后的 1946年,达到 GDP 的 118%。第二次就是 2008 年金融危机后到现在,2016 年联邦政府债务达到 GDP 的 108%。虽然美国的居民部门和企业部门的去杠杆进程已经开启,但是政府债务的增长并未得到有效遏制。

图 4.17 还列出了美国联邦政府财政赤字占 GDP 的比重。通过对比可以更加清晰地窥见债务增长的原因。第一次债务高峰的形成有两个阶段。第一阶段是应对大萧条。1929 年大萧条爆发,1932 年开始美国联邦政府财政出现明显赤字,一直到 1937 年,最终将政府债务从占 GDP 的 20％ 推高到 40％。第二阶段则是第二次世界大战爆发,可以看到,联邦政府赤字迅速扩大,债务也被急剧拉高到占 GDP 的 118％。第二次债务高峰的形成也有两个阶段。第一阶段是里根政府和老布什政府时期,从"星球大战"计划到海湾战争,持续的赤字将债务占 GDP 比重从 30％ 左右推高到 60％ 左右。第二阶段则是 2008 年全球金融危机后的救助和经济刺激,目前已经将债务占 GDP 比重推高到超过 100％。

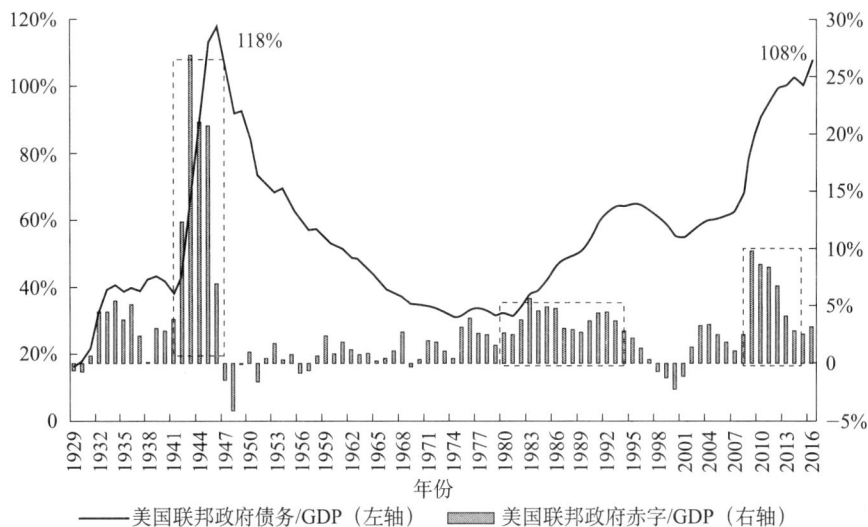

图 4.17　美国联邦政府债务/GDP 与赤字/GDP(1929—2016 年)

数据来源:WIND、美国国会预算办公室

图 4.17 显示了另外一个关键指标,即美国经济增长率和国债收益率之差。从长期来看其取值非同小可。美国的第一次去杠杆和英国的第二次去杠杆在同一时期。这一时期的一个特征就是经济增长率长期稳定的大于国债收益率,直观地说,即经济增长和通货膨胀令债务"贬值"的速度要快于债务利息堆积的速度。这几乎是成功去杠杆的必备条件。当然,这是在控制赤字前提下在中长期消减债务的条件,在赤字高企和债务迅速膨胀的较短时期,其作用相对有限。对比图 4.17 和图 4.18,在大萧条之后和第二次世界大战中,一度出现了非常有利的去杠杆条件,但是高额赤字还是迅速拉高了债务水平。而最近几年美国持续的量化

宽松(QE)和零利率政策,也营造了相对有利的去杠杆条件,但是短期的巨额赤字也还是推升了债务的 GDP 占比。美国政府新一轮去杠杆的成败,取决于短期和长期两个因素。短期看能否有条件控制赤字,长期看能否有新一轮的持续时间较长的繁荣。

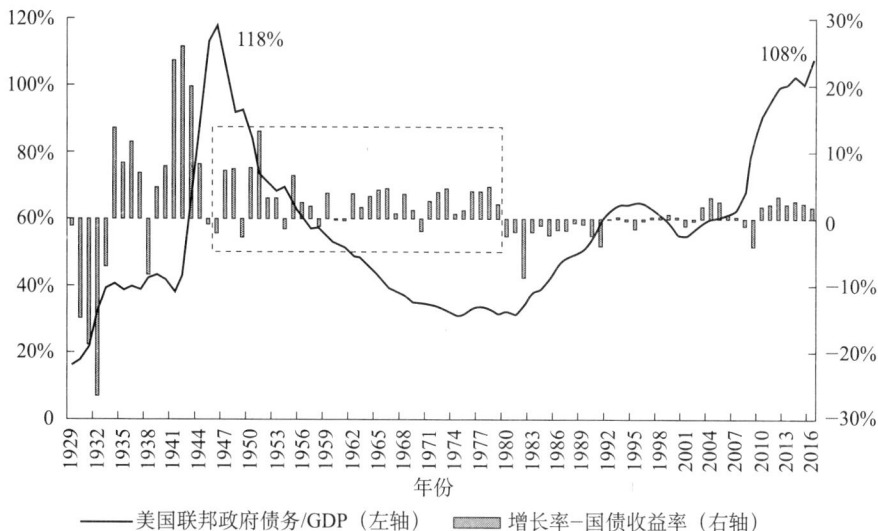

图 4.18　美国联邦政府债务/GDP 与经济增长率和国债收益率之差(1929—2016 年)

数据来源:WIND、霍默和西勒(2010)

(三) 日本的经验

如果说英国和美国是化解政府债务的"模范生",那么日本则因其债务的耐受度而备受瞩目。从图 4.19 和图 4.20 可以看到,日本政府债务的积累经历了三个阶段。1973 年是日本经济出现拐点的一年,此前 20 年的经济增速在 9% 以上,创造了经济奇迹,此后 20 年则断崖式下跌到 3.5% 的平均增速。在经济快速增长的年代,日本政府财政状况良好,名义增长率和国债收益率之差常常超过 10%,因此政府债务占 GDP 的百分比很长时间停留在个位数。两次石油危机导致日本的经济增速快速下滑,政府债务的 GDP 占比也在 1985 年首次达到了 50% 的水平。第二阶段的债务积累发生在泡沫经济破灭后所谓"失去的二十年"。从 1993 到 2012 年,日本的平均经济增长率不及 1%。在财政赤字、经济低迷和通货紧缩三重压力下,日本政府债务占 GDP 的比重在 2005 年首次超过 150%。第三阶段债务积累发生在 2008 年全球金融危机之后。日本政府债务占 GDP 比重在 2012 年首次超过 200%,最近几年也大致维持在这一高位。

在欧债危机如火如荼,"欧猪五国"(PIIGS,葡萄牙、爱尔兰、意大利、希腊和西

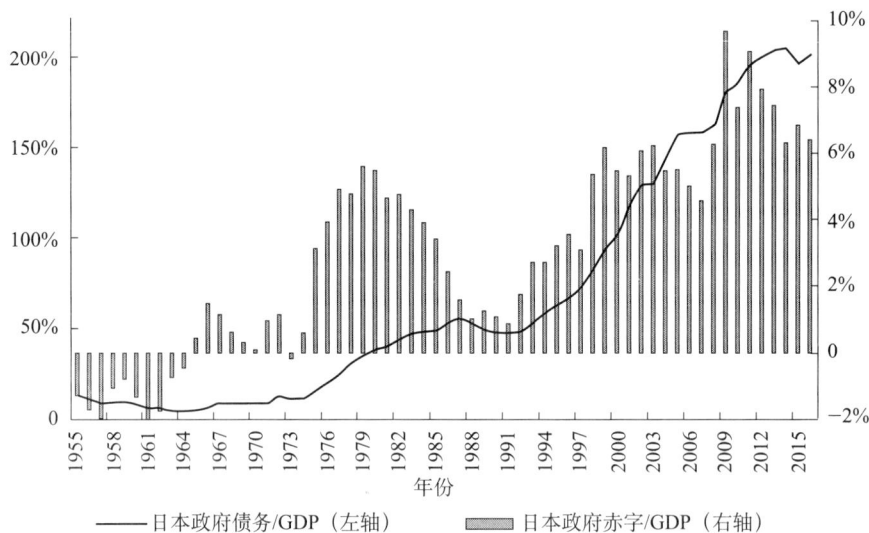

图 4.19 日本政府债务/GDP 与赤字/GDP（1955—2016 年）

数据来源：日本财务省

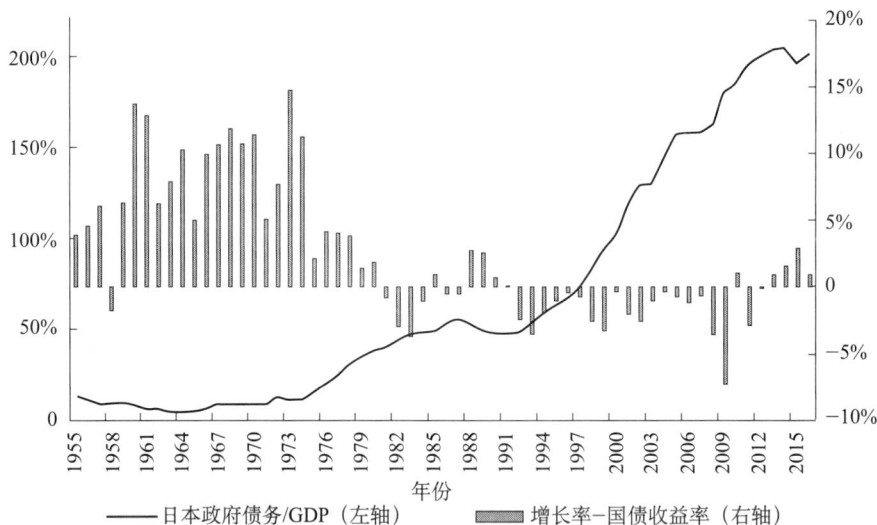

图 4.20 日本政府债务/GDP 与经济增长率和国债收益率之差（1955—2016 年）

数据来源：日本财务省、霍默和西勒（2010）

班牙）的政府债务岌岌可危之际，日本成为众人瞩目的一个神奇存在。日本的政府债务 GDP 占比远超上述五国，为何日本显得高枕无忧？日本为什么没有成为希腊？首先，与很多国家的"双赤字"不同，日本虽然政府财政长期赤字，但是经常账户却长期盈余。根据国民收入核算恒等式，这表明存在正的储蓄——投资缺口。这些过剩储蓄成为国债市场的潜在支撑力量。其次,日本的经常账户盈余来自两个方面,一是贸易盈余,二是海外资产收益。日本在泡沫经济破灭之前积累了大量海外资产。这些资产一方面提供持续的资金流入,使得日本的经常账户相当强健;另一方面某种程度上也是政府信用的背书,在本国出现偿付问题时,这些海外资产是可以出售驰援的。再次,日本的居民和企业储蓄率非常高,而且都有很强的本国偏好,喜欢投资本国国债。也就是说,日本的居民和企业甘愿借钱给政府,也有能力借钱给政府。最后,日本国债主要由国内主体持有。日本中期和长期国债90%左右由国内机构和个人持有,短期国债的国内持有比例也在70%左右。综合以上这些条件,使得日本政府的债务耐受度格外高。

然而,随着这些有利条件的不断损耗,日本的政府债务问题日渐凸显。是债务就最终要还,高杠杆不可能长期持续。说到去杠杆的条件,所有国家都一样。短期看,要改善政府财政、控制赤字。长期看,则要有持续的经济增长。对目前的日本来说,这无疑是一项艰巨的任务。

三、中美债务问题比较与启示

近年来,中国债务问题不断升温,受到国内外各界的高度关注。国际舆论认为中国由债务高企带来的区域性、系统性金融风险已经严重影响到经济增长,穆迪等国际评级机构甚至因此下调中国主权信用评级展望,国内实体经济也缺乏投资信心。事实上,与美国等西方国家相比,中国债务杠杆率并不太高,债务结构、债务本质与西方国家存在明显差异。进行中国与西方国家尤其是与美国债务问题的比较,对于深刻了解中国债务的真实状况,助力"三去一降一补"的供给侧改革,释放实体经济活力具有重要意义。[①]

（一）中美全社会杠杆率大致相当

据国际清算银行统计公报数据显示,2016年第二季度,中国全社会杠杆率为254.9%,美国全社会杠杆率为254.7%,中国仅比美国高0.2个百分点。同期欧洲地区全社会杠杆率高达271.2%,发达经济体高达281.4%,均远远高于中国。G20国家全社会杠杆率为249.2%,略低于中国;新兴市场国家全社会杠杆率为188.1%,相对较低。

中国全社会杠杆率增速相对较快。2011年底,中国全社会杠杆率为180.5%,至2016年第二季度增长了74.4个百分点,平均每年增长16.5个百分点。美国同

---

① 郑之杰,中美债务问题比较与启示[J]. 中国财政,2017,(12).

期基本维持在 250％ 上下波动,中国仅在 2016 年第二季度首次超过美国。欧洲地区、发达经济体、G20 国家、新兴市场国家同期全社会杠杆率增幅分别为 18.6、19.1、29.7 和 57.2 个百分点,平均每年增长 4.1、4.2、6.6 和 12.7 个百分点。

（二）中美债务结构存在较大差异

据国际清算银行统计公报数据显示,2016 年第二季度,中国政府部门杠杆率为 45.6％,居民部门杠杆率为 41.8％,企业部门杠杆率为 167.6％,政府、居民、企业部门杠杆率分别占全社会杠杆率的 17.88％、16.39％、65.73％。美国政府部门杠杆率为 103.5％,居民部门杠杆率为 78.8％,企业部门杠杆率为 72.4％,政府、居民、企业部门杠杆率分别占全社会杠杆率的 40.64％、30.94％、28.43％。中国政府部门和居民部门杠杆率均远低于美国,分别仅是美国的 44.06％ 和 53.05％,而企业部门杠杆率却远高于美国,是美国的 2.31 倍。

中国债务结构呈现"两低一高"的态势,政府和居民部门杠杆率较低,企业部门杠杆率较高,企业部门杠杆率分别是政府和居民部门杠杆率的 3.68 倍和 4.01 倍。美国债务结构却相对均衡,除政府部门杠杆率稍高,居民和企业部门杠杆率相差不大,政府、居民和企业三部门杠杆率之比为:1.43∶1.09∶1。

2011 年至 2016 年第二季度,中国政府、居民、企业三部门的杠杆率都呈增长趋势,其中企业部门增长速度最快,增幅为 47.7 个百分点,年均增幅达到 10.6 个百分点。政府和居民部门增速相对较慢,增幅分别为 12.6 和 14.1 个百分点,年均增幅分别为 2.8 和 3.1 个百分点。

美国由于金融危机以后在金融、房地产、企业、个人等部门有序地去杠杆,居民部门杠杆率不升反降,同期下降了 7.0 个百分点,年均降幅为 1.6 个百分点。企业部门杠杆率控制得也较为稳健,仅增长 6.1 个百分点,年均增幅仅为 1.4 个百分点。而政府部门由于加杠杆增速相对较快,增幅为 11.9 个百分点,年均增幅为 2.6 个百分点。

中国企业部门杠杆率增长速度过快,显著快于政府和居民部门,同时也显著快于美国的三个部门,为中国企业的可持续发展带来沉重压力。

（三）中美债务本质有着显著不同

1. 中国的债务主要是内债问题,美国等西方国家外债占较大比重

据国际清算银行和国家统计局数据显示,2015 年中国外债仅占当年政府债务的 3.33％,占当年 GDP 的 1.48％,占当年财政收入的 6.58％。内债中,无论是中央政府、地方政府债务,还是金融机构、企业、融资平台等的债务,其本质上是同一个债权人。中国有能力、有政策,也有时间、有空间,在不受国际环境的影响下,凭借自己的力量平稳、有序地解决这些债务问题。而美国等西方国家的债务中，外债占有较大比重，2015 年美国、日本的外债分别占政府债务的 39.56%、29.52%，2009 年希腊发生债务危机时外债占比高达 97.64%。外债比重较高的国家，当出现经济金融危机时，国外的债权人一般会在第一时间进行追偿，较高的偿债压力及可能由此产生的区域性、系统性财政金融风险等，加速了经济的崩溃。

2. 中国的债务主要是短期流动性问题，美国等西方国家的债务主要是信用问题

债务的本质是在发展过程中对资金的跨期配置：如果债务人的投资回报能够较好地覆盖项目的资金需求，即使适度举债，也仅会产生短期的流动性问题；反之，则会产生严重的信用问题。目前中国经济虽然从高速增长转变为中高速增长，但经济转型升级成效显著，供给侧结构性改革取得明显进展，即使部分项目在短期内难以产生较高的收益，吞噬了资金的流动性，但长期来看，经济的持续增长使债务不会产生信用风险。而美国等西方国家正处于艰难的经济复苏期，特朗普时代的不确定性、英国脱欧、难民潮、恐怖袭击等不稳定因素给其带来沉重负担，随着经济的持续萧条及社会的长期动荡，西方国家债权人担忧借出的债务难以追偿，国家信用评级开始下降，进而产生债务信用问题。

3. 中国的债务主要是投资性、建设性债务，对应有优良的资产，西方国家主要是消费性、保障性债务，以服务民生为主

全国政府性债务审计结果显示，中国政府债务 60% 以上的资金投向了市政建设、交通运输、保障性住房、土地收储等领域，这些项目主要以增强公共品供给为主，对提高基础设施水平、改善市场环境、带动社会投资等有明显的正溢出效应。其中城市轨道交通、水热电气等市政建设和高速公路、铁路、机场等交通运输设施建设的债务大多形成了优良资产，在相当长时间内都有较好的经营性收入，政府偿债有稳定的现金流保障，债务风险趋向收敛。而美国等西方国家的债务主要用于社会福利、维护社会秩序等领域。如美国政府债务中，债务总额排名前五位的分别是教育、国防、军工、养老金和环境治理，这些领域缺乏与未来偿债相匹配的现金流，债务风险趋向扩散，一旦出现经济金融风险，哪怕债务规模不大，也有可能出现债务问题。希腊债务危机便与其对应的福利水平过高有较大关系。

按照国际清算银行的统计口径，中国全社会杠杆率与美国基本持平，考虑到债务性质及资金投向，如果根据资产负债情况计算净债务，中国的债务水平将进一步降低。就此而论，中国的政府部门、居民部门仍有较大的举债空间，有基础、有条件、阶段性地加杠杆，支持企业部门去杠杆，扩大有效投资，为供给侧结构性改革创造良好的市场环境和政策环境。

（四）在发展、创新、市场、开放中化解中国债务

1. 解决债务问题本质上是要实现经济的企稳增长

债务问题实际上是经济发展问题,债务的化解需要释放经济的活力与创造力,在经济增长中解决债务问题。在坚定不移推进供给侧结构性改革的基础上,实现经济的可持续发展,提高市场的盈利能力。通过营造良好的宏观环境,适度扩大总需求,改善项目的投资收益率。有序推进"三去一降一补",逐步消化落后产能,激活传统产能,培育新兴产能,打造经济新的增长极。有效控制债务的总量,逐步优化债务的结构,从量和质上统筹解决中国的债务问题。

2. 创新体制机制提升中国企业的去杠杆能力

全面推动资本市场改革,完善多层次股权融资市场,建设直接融资和间接融资相协调的现代金融市场体系。积极推进企业混合所有制改革,优化企业治理结构,增强企业盈利能力。学习地方政府债务置换成功经验,对于部分杠杆率较高,但又涉及国家安全、国民经济命脉、重大民生的战略性、关键性、基础性企业,探索开展企业债务置换。在市场化、法治化的前提下,试点推进债转股,有效化解企业债务。充分发挥资产管理公司等的作用,设立专门的债务处置基金,专业处置企业债务。加强对房地产等高杠杆企业的监管,优化金融资源在房地产企业的配置,防范系统性风险。

3. 以市场化方式化解中国政府债务

加强与政策性、开发性、社保、保险等中长期、大额资金的合作,精准化设计融资模式与偿债机制,拓宽政府市场化筹资渠道。积极探索、规范发展 PPP、产业基金、资产证券化等投融资新模式,增加政府项目的市场流动性,鼓励市场资本参与公共品建设。健全完善地方政府举债融资机制,在合法合规的前提下增加政府赤字发行债券,优化政府债务结构,防范财政金融风险。加大地方政府债务的置换规模,通过降低地方政府的本息负担,提高地方经济的可持续发展能力。编制地方政府及企业资产负债表,按照政府职能转变及国企"强体瘦身"的改革,盘活存量资产。加快融资平台转型为市场化运营的国有企业,剥离不应由政府承担的隐性债务,厘清政府与市场的债务边界。

4. 加强中国债务问题的对外沟通协调与宣介

科学、客观地看待中国债务问题,不过分唱空,不恶意炒作。大力唱响中国经济前景,稳定国内外各界对中国经济的预期,加强国际市场对中国经济的信心。积极宣介中国化解债务问题的各项措施与举措,及时、定期对外进行有效的沟通与协调,避免国际舆论的过度甚至错误解读。加强债务化解与研究的国际交流与

合作,与国际组织、各国政府、研究机构等共同制定更精准的债务评价标准,尝试测算各国净债务。

第六节 提高我国经济治理能力

一、提高经济治理能力

跨越中等收入陷阱的本质不仅是数量问题,更是治理水平的质量问题。只要国家治理结构和社会治理能力达不到现代化,在收入的红线阶段都存在着发展陷阱;有的国家虽然进入了高等收入阶段,反而拉大了贫富差距,更加剧了社会矛盾,难以保证持续发展。因此,在我国处于跨越中等收入陷阱的关键时期,有必要分析世界各国跨越中等收入陷阱阶段的成功经验和失败教训,提高经济治理的能力,使我国财政政策和货币政策更好地形成合力,全面构建国家经济治理的法治化机制和实现路径,在法治的轨道上推进国家治理。

（一）提高政府与市场协调治理能力

要跨越中等收入陷阱,需要在各方面处理好政府与市场的关系。在中国,新型城镇化进程是跨越中等收入陷阱的关键。我们以处理好城镇化建设中的政府与市场关系为例。按照政府和市场的关系,可以将世界城镇化发展归纳为四大模式:以西欧和日本为代表的政府调控下的市场主导型城镇化;以美国为代表的自由放任式的城镇化;以拉美和非洲部分国家为代表的受殖民地经济制约的发展中国家城镇化;以苏联为代表的计划经济体制下政府主导型城镇化。无论是成功经验还是失败的教训,都无不与能否处理好政府与市场的关系密切相关。中国是一个幅员辽阔的发展中人口大国,不能简单复制任何国家的城镇化模式,特别是在跨越中等收入陷阱的重要阶段,需处理好新型城镇化进程中政府与市场的关系,走出一条符合自身实际的新型城镇化发展道路。

1. 新型城镇化中政府有限主导的行为方式与职能定位

新型城镇化发展需要市场"无形之手"与政府"有形之手"扬长避短、有机结合,形成合理的"分工协作"关系,政府的干预在于弥补市场失灵,催化与提升市场的力量和效率,并努力消除"市场失灵"。市场机制失灵的地方政府一定要积极到位,把该管的事务管住管好;能够发挥市场机制在资源配置中基础性作用的地方,政府一定要主动让位,把该放的权力放开放到位。

科学定位政府职能,为新型城镇化发展创造制度动力。在新型城镇化进程中要科学定位政府职能,最关键的是政府要尊重市场运行规律,明确自身在市场经济中的定位。我国正处在经济社会发展转型的关键时期,新型城镇化是一个体制变革的过程,政府必须担当起体制变革过程中改革攻坚的历史重任。充分发挥政府有限职能的首要任务,就是政府要有壮士断腕的勇气,彻底打破阻碍新型城镇化发展的旧体制羁绊,创造一个公正公平的政策环境和市场条件。在推进新型城镇化进程中,我们不仅需要彻底摆脱政府全面主导的传统思维定式,而且还要警惕防范陷入市场万能的幻想。

2. 充分发挥市场机制主导作用,开创新型城镇化发展的活力源泉

市场经济是人类社会迄今所能发现的最有效率的资源配置方式,这一点应该成为经济学界的共识。尊重市场规律是新型城镇化建设的首要原则,古今中外城镇化发展实践证明,只有按市场规律发展城镇,城镇才会兴旺发达。市场是新型城镇化发展活力的源泉,高质量的新型城镇化只能通过进一步深化市场化改革来完成。让市场机制充分发挥在资源配置中基础性作用,通过市场竞争提升城镇经济社会资源的配置效率,是推进新型城镇化可持续发展的必要条件。

政府与市场的关系是经济学的一个古老而又永恒的话题。新型城镇化进程中政府与市场作用的边界选择是在动态发展中不断调整变化的,不可能一劳永逸,必须与时俱进。因此,我们必须运用政府的经济权威和比较优势,根据新型城镇化发展所处的不同时期和面临的不同发展环境,适时地调整和更换政府的角色,充分发挥政府职能的有限、有效主导作用和市场机制在资源配置中决定性作用,促进新型城镇化的持续稳定发展。在新型城镇化建设中,政府把该放的权利放掉,显示"壮士断腕"的决心;把该管的事务管好,树立执政为民的形象。这是理顺政府与市场一个基本原则。

(二)提高财政与货币协调治理能力

在跨越中等收入陷阱的关键阶段,为了保证财政政策和货币政策的有效性,我们有必要从经济结构的角度展开对财政政策和货币政策传导机制的分析,从而有别于以往对财政政策和货币政策传导机制本身的分析,将对传导机制的研究具体为经济结构对传导效果的影响,进而为财政政策和货币政策的工具选择提出更有针对性的意见。

改善民生系财政增加支出的重心。积极财政政策的操作历来有两个工作线索:增加支出与减少税收。财政扩张的主要载体之所以由"增支"转为"减税",一个十分重要的考虑就在于,我们要在稳增长与调结构两大目标之间寻求平衡。

鉴于稳定物价总水平仍然是我们的重要任务,更鉴于稳增长和调结构两大目标必须兼容,尤其是不能再走以牺牲调结构换取保增长的老路。即是说,增加支出的重点,要由以往相对偏重投资适时转移到着力拉动消费需求上来。

具体而言,有关"增支"的安排,除了继续着眼于优化投资结构之外,当前最重要的工作,就是要通过一系列以改善民生为主要线索的支出项目及其规模的增加,来拉动消费需求。其中,比较重要的有:落实最低工资制度,提高低收入者劳动报酬;促进增加农民收入;基本实现新型农村社会养老保险和城镇居民社会养老保险制度全覆盖,提高城乡居民最低生活保障水平、部分优抚对象待遇和企业退休人员基本养老金;支持建立企业职工工资正常增长和支付保障机制;增加财政补助规模,提高城乡居民特别是中低收入者的收入,减轻困难群众在教育、医疗、住房等方面的负担;大力支持保障性安居工程建设等。

可以预期,以结构性减税为重心并辅之于以改善民生为主线索的一系列增加支出的操作,收支两翼彼此协调、互相策应,将来的积极财政政策操作将有可能走出一条与当前国内外经济形势相契合、同整个宏观经济政策布局相协调的路子。

增加需求应调整财政制度。当前,中国经济所面临的真正的挑战在于经济增长的不平衡和不可持续性。其重要原因,一方面需求明显不足;另一方面供给侧改革不到位。在全球金融危机以前,中国快速的经济增长,部分原因归于来自美国和欧洲强劲的外部需求,而这些需求现在正逐渐减小,中国投资率将持续走低。要解决中国经济的扩大需求和持续增长问题,首要的方法应该是调整中国财政制度,这将有利于弥补放缓的投资增长和变弱的出口市场。中国财政预算的不合理在于其有限的规模,以及中央和地方的收入和支出分配的方式不一致。社会主义经济体的特点是能够拥有和控制所有关键性资源并主导所有主要的战略活动,而中国财政总预算只占了国内生产总值(GDP)的28%,这个比例与其他类似国家相比实在是偏小。中上收入国家为35%,经济与合作发展组织(OECD)大多数经济体为40%~45%。世界银行报告《2030年的中国》称,与其他类似国家相比,中国财政预算所提供的社会服务及其他消费需求所占GDP的百分比排倒数第三。这就解释了中国总体消费比例(家庭和政府)要比其他类似国家低10%~15%的原因。如果实施了财政改革,此项改革能够提高政府支出,多增加其占GDP的4%~5%。这样一来,就能够确保中国有足够的需求,以维持其年均6%~7%的经济增长率。

货币政策的取向及思路。央行将继续实施稳健的货币政策,同时正确处理经济平稳发展、结构调整和通胀预期管理三者的关系,全力维护好经济增长、物价稳定和风险防范三者的平衡。主要有以下几个方面的思路。

一是促进规范金融市场的建立,大力深化金融机构改革。继续深化大型商业银行改革,不断完善公司各方面管理,逐步实现现代金融企业制度,继续深化内部管理和风险防范管理,提高创新能力和国际竞争力。

二是提高金融体系配置效率,完善金融调控机制,扎实推进利率市场化改革和人民币汇率形成机制改革。加快完成市场基准利率体系的建成,努力提高央行对市场利率调控水平,正确高效引导金融机构进行风险定价,要善于利用好利率浮动定价权进行合理定价,还要加强主动负债管理和成本约束,做到科学评估利率风险,合理完善定价机制,自觉维护定价秩序,最终促进经济金融协调发展。

继续深化人民币汇率形成机制的改革创新,增强人民币汇率双向浮动弹性,使市场供求规律能在汇率形成中发挥更大作用,以便保持人民币汇率基本稳定在合理均衡水平上。同时加快发展外汇市场,推动汇率风险管理工具创新,密切关注国际形势变化对资本流动的影响,加强对国际资本的有效监控。协调人民币在国际贸易投资中的使用,积极拓宽人民币流出和回流渠道。

三是全力支持对经济结构的调整,不断优化信贷资源配置,以便更好地服务实体经济发展。正确引导金融机构加强管理和产品创新,探索适合的信贷管理模式,加大金融支持节能减排和低碳经济发展力度,积极培育多层次、多元化、良性竞争的农村金融服务体系,为促进农业增产、农民增收、农村发展提供更多金融支持,努力开创金融支持就业、扶贫、助学等民生工程的新局面;加大对中小企业尤其是小微企业的金融支持力度;加大对事关全局、带动性强的重大项目和科技、文化产业、旅游业、战略性新兴产业等国民经济重点领域的支持;配合国家区域经济发展政策,继续做好区域经济协调发展的金融支持和服务工作。加大存量信贷资产的结构调整力度。坚决落实差别化的各项住房信贷政策,加大对保障性住房、中小套型普通商品住房建设和居民首套自住普通商品房消费的监管力度,坚决抑制投机投资性购房需求。

四是全方位引导货币信贷及社会融资规模稳步健康增长,深化宏观审慎政策框架,全面运用各种货币政策工具,保持合理的市场流动性。继续发挥宏观审慎政策的逆周期调节作用,根据经济景气变化、金融机构稳健状况和信贷政策执行情况等对有关参数进行适度调整,引导金融机构有针对性和灵活性地支持实体经济发展。根据国际宏观经济形势,综合货币收支和流动性供需关系,运用央行票据、存款准备金率、逆回购、正回购等各种流动性管理工具,综合调节好银行体系流动性,引导市场利率平稳浮动。

五是切实维护金融体系稳定,严密防范系统性金融风险。巩固健全系统性金融风险的防范预警和评估体系,强化不同行业、不同市场和国际金融风险的监测评估,防范部分地区、行业、企业等实体经济风险及非正规金融风险向金融体系的传导。建立风险预警和处置预案,促进存款保险制度的建设。用综合措施维护金融稳定,尽最大可能防患于未然。深化宏观审慎政策改革,引导金融机构稳健经营,对加强系统重要性金融机构监管政策措施深入研究,敢于创新,提出切实可行的办法。督促金融机构加强内控和风险管理,继续加强对金融机构表外业务、地方政府融资平台贷款和房地产业的风险评估与监测管理。

(三)提高债务管理能力

中国是处于社会主义初级阶段的发展中国家,目前正位于经济转型升级的新常态时期,进行供给侧结构性改革的关键时期,而美国等西方国家是资本主义发达国家,基本已完成工业化或处于后工业社会,二者在债务性质、债务风险、偿债能力、金融市场发展等方面有着本质的差异。比如中国的债务主要是内债问题,美国等西方国家外债占较大比重;中国的债务主要是短期流动性问题,美国等西方国家的债务主要是信用问题;中国的债务主要是投资性、建设性债务,对应有优良的资产,西方国家主要是消费性、保障性债务,以服务民生为主;等等。

要提高债务的管理能力,一是要实现经济的企稳增长。债务问题实际上是经济发展问题,债务的化解需要释放经济的活力与创造力,在经济增长中解决债务问题。在坚定不移推进供给侧结构性改革的基础上,实现经济的可持续发展,提高市场的盈利能力。通过营造良好的宏观环境,适度扩大总需求,改善项目的投资收益率。有序推进"三去一降一补",逐步消化落后产能,激活传统产能,培育新兴产能,打造经济新的增长极。有效控制债务的总量,逐步优化债务的结构,从量和质上统筹解决中国的债务问题。

二是要创新体制机制提升中国企业的去杠杆能力。全面推动资本市场改革,完善多层次股权融资市场,建设直接融资和间接融资相协调的现代金融市场体系。积极推进企业混合所有制改革,优化企业治理结构,增强企业盈利能力。学习地方政府债务置换成功经验,对于部分杠杆率较高,但又涉及国家安全、国民经济命脉、重大民生的战略性、关键性、基础性企业,探索开展企业债务置换。在市场化、法治化的前提下,试点推进债转股,有效化解企业债务。充分发挥资产管理公司等的作用,设立专门的债务处置基金,专业处置企业债务。加强对房地产等高杠杆企业的监管,优化金融资源在房地产企业的配置,防范系统性风险。

三是要以市场化方式化解中国政府债务。加强与政策性、开发性、社保、保险等中长期、大额资金的合作,精准化设计融资模式与偿债机制,拓宽政府市场化筹资渠道。积极探索、规范发展 PPP、产业基金、资产证券化等投融资新模式,增加政府项目的市场流动性,鼓励市场资本参与公共品建设。健全完善地方政府举债融资机制,在合法合规的前提下增加政府赤字发行债券,优化政府债务结构,防范财政金融风险。加大地方政府债务的置换规模,通过降低地方政府的本息负担,提高地方经济的可持续发展能力。编制地方政府及企业资产负债表,按照政府职能转变及国企"强体瘦身"的改革,盘活存量资产。加快融资平台转型为市场化运营的国有企业,剥离不应由政府承担的隐性债务,厘清政府与市场的债务边界。

四是要加强中国债务问题的对外沟通与协调。科学、客观地看待中国债务问题,不过分唱空,不恶意炒作。大力唱响中国经济前景,稳定国内外各界对中国经济的预期,加强国际市场对中国经济的信心。积极宣介中国化解债务问题的各项措施与举措,及时、定期对外进行有效的沟通与协调,避免国际舆论的过度甚至错误解读。加强债务化解与研究的国际交流与合作,与国际组织、各国政府、研究机构等共同制定更精准的债务评价标准,尝试测算各国净债务。

(四)加快转变经济发展方式的主要任务

1. 有效扩大国内需求特别是消费需求,促进最终消费成为拉动经济增长的主导力量

进入 21 世纪以来,中国工业化、城镇化进程加快,生产能力规模快速扩张,并通过外需拉动得到释放。在经济快速增长过程中,内外需不平衡、投资与消费不协调的问题逐步显现。2010 年,中国消费率下降到 47.4%,其中居民消费率下降到 33.8%,最终消费对经济增长的贡献率仅为 36.8%。从国际比较来看,即便考虑统计方面低估的因素,中国的消费率也偏低。随着全球经济增速放缓和全球经济再平衡调整加快推进,外需下滑,通过国际市场释放过剩生产能力的空间大大缩小,加之"人口红利"消失和储蓄率下降,经济增长高度依赖出口和投资拉动的局面难以为继,迫切要求增强消费需求对经济增长的拉动作用,逐步提高居民的消费能力和消费率。为此,要把扩大消费需求作为扩大内需的战略重点,构建扩大消费需求的长效机制。积极稳妥地推进城镇化,创造更多的就业和创业机会;加快推进收入分配制度改革,调整政府、企业、居民的分配关系,提高城乡居民特别是中低收入居民收入水平和消费能力,扩大中等收入消费群体;较大幅度地提高公共服务支出占财政支出的比重,扩大社会保障制度覆盖面,增强居民消费意愿,减少预防性储蓄;有效扩大国内市场总体规模,在全球经济再平衡中发挥更加积极的作用。

2. 加快发展现代服务业和战略性新兴产业,培育新的经济增长点

国际金融危机冲击使中国产业结构深层次矛盾和问题更加突出,工业比重过高且附加值低,服务业发展滞后;过度依赖加工制造业,具有高附加值的生产性服务环节发展滞后;高技术产业名义比重提高较快,但基本上还是加工组装,生产环节集中在价值链低端。随着外部需求的萎缩,中国已经形成和正在形成的生产能力面临新的调整压力,经济增长高度依赖低端加工组装、缺乏自主技术和品牌的局面难以为继,迫切要求加快推进新一轮产业转型升级,在提升传统产业竞争优势的同时,在新兴产业领域拓展新的发展空间。结构调整要由重点调整产业间比例关系转向重点突破制约产业转型升级的关键环节,加快发展研发、设计、标准、物流、营销、品牌和供应链管理等生产性服务环节,提升产业价值链好的产品的附加值。适应国际产业竞争格局的新变化,加快培育发展节能环保、新一代信息技术、生物、高端装备制造、新能源、新材料和新能源汽车国务院确定的七大战略性新兴产业,推进技术创新和商业模式创新,完善创新激励机制和风险分摊机制,营造战略性新兴产业发展的良好环境。

选择和发展战略性新兴产业也是中国转变经济发展方式的必然选择。国家提出要把科学发展作为主题,加快经济发展方式转变作为主线,把经济结构的重要调整作为战略发展的主攻方向。具体说来,第一,是从我们过多的依靠出口和投资拉动转向更重视内需,特别是消费需求,形成这样一个协调发展的局面;第二,从主要依靠工业增长拉动向发展现代农业,大力发展服务业,尤其是促进现代服务业、工业本身的结构优化升级和战略性新兴产业来协调发展;第三,要从主要依靠资源能源消费向着依靠科技创新、管理创新和人才资源优势更充分的发挥来转变。

根据战略性新兴产业的特征,立足中国国情和科技、产业基础,《国务院关于加快培育和发展战略性新兴产业的决定》将七大领域确定为战略性新兴产业。这七大领域包括节能环保、新一代信息技术、生物、高端装备制造、新能源、新材料和新能源汽车。但是,这七大领域的发展目标是有区别的。到 2020 年,节能环保、新一代信息技术、生物、高端装备制造产业发展成为国民经济支柱产业,新能源、新材料、新能源汽车产业等发展成为国民经济先导产业。支柱产业,也可称为主导产业,是指产值比重大、综合效益高、对国民经济起着支柱作用的产业。先导产业是指目前所占比重并不高,但其发展条件和发展势头较好,经过扶持培育,有望在今后一段时间内上升为主导产业的产业。

3. 加快培育以科技创新和人力资本为基础的新竞争优势,增强创新对经济增长的驱动作用

随着我国劳动力等生产要素低成本优势减弱,经济增长高度依赖传统比较优势的局面难以为继,迫切要求培育和确立以科技创新和人力资本为基础的新竞争优势。为此,要确立企业技术创新主体地位,鼓励企业加大研发投入和人才储备,扶持创新型中小企业发展,大幅度提升企业创新能力。与此同时,把人力资源开发和人力资本投资作为战略重点,把优先发展教育和培训作为提升人力资本的重要途径,把培养创新型人才作为教育发展改革的重要目标,组织实施高端人才引进计划,促进人才向企业流动,创造和培育由劳动者素质提升形成的"新人口红利",提升人力资本对经济增长的贡献。

4. 降低能源资源消耗和排放强度,构建资源节约、环境友好的生产方式和消费方式

随着国际社会要求我国承担有约束力的减排责任的呼声增大,国内经济发展面临的能源资源和环境硬约束更趋强化,依靠大量消耗不可再生资源来实现经济快速增长的局面难以为继,迫切要求把资源环境压力释放的过程转化为技术进步和产业升级的过程,最大程度地提高资源利用效率。

与此同时,在对外开放战略上,实施更加积极主动的开放战略。更加积极主动的开放战略是指中国中西部继续实施比较优势战略,发挥要素禀赋比较优势;东部地区开始实施绝对优势战略,创造技术绝对优势。

对于中国而言,要想调整贸易结构、实现外贸可持续增长,就应积极主动培育和创造技术上的绝对优势。中西部地区依然具有劳动力成本上的优势,应继续发挥比较优势。但是,东部地区的劳动力成本优势在逐渐削弱,并改变了资本稀缺的局面,具备培育和创造绝对技术优势的条件。因此,东部地区应开始实施绝对优势战略,促进贸易结构转型。

中国外贸和经济发展的最终目标应该是实现技术上的绝对优势。比较优势是基于现状而言,任何国家都可以找到自身的比较优势。但是,比较优势不具有可持续性,会随着时间改变。当一国(尤其是大国)经济发展到一定阶段后,劳动力的比较优势削弱,而资本的比较优势尚未建立起来,很容易陷入中等收入陷阱。在落入中等收入陷阱之前,应主动培育技术上的绝对优势。绝对优势更具可持续性,绝对优势意味着世界范围内的强大竞争力。

(五)优化金融结构可以促进经济发展方式转变

无论是从理论分析还是经验研究来看,均能得出金融结构促进经济发展的结果。世界各国由于政治、经济制度的差异及历史原因,分别形成了银行主导型和市场主导型的金融体系,这构成了金融结构和经济发展研究的一个重要方向。其中,Allen 和 Gale(2000)、Allen(2006)、Demirguc-Kunt 和 Levine(2001)分别建立了相应的理论模型,研究这两种不同的金融体系在资源配置、风险化解中所产生的不同作用。由于金融机构的运行效率会影响整个市场资金的融通效率,金融产品创新又会带来更多的投资,但同时经济和金融风险也会随着金融产品的创新扩大,导致不同类型金融结构中金融主体会以不同的方式发挥作用,从而影响资金配置效率和风险控制,进而对一国整体经济的发展产生影响。他们的比较研究认为,市场主导型金融体系配置资源的效率较高,而银行主导型金融体系防范内部短期风险能力较好。同时,由于储蓄资金是通过银行进入企业,从而完成储蓄向投资的转化,所以银行在一般条件下消除信息不对称的优势比较明显。然而,在非标准状态和不确定的市场环境下,市场主导型对金融创新等信息的处理能力相对较好。

Boot 和 Thakor(2000)建立的模型得出,银行主导型金融体系中的银行和企业潜在紧密度要高于市场主导型,不过这还要取决于经济发展状况。由于金融市场信息不对称的存在,逆向选择、委托—代理等势必会影响金融机构公司治理结构,从而影响金融机构的资源配置效率。然而,不论是市场主导型金融结构还是银行主导型,通过金融机构的参与,都能够在一定程度上减轻或控制这种代理问题。研究表明,金融中介所起的这种对经济发展的促进作用,来自信息在整个金融市场融资过程中的极端重要性,尤其是对资本配置的重要影响。通过外部融资行为,金融中介机构可以减少信息不对称,使资本配置优化。同时由于监控成本的考虑,金融中介机构会促使资本流向监控成本最低的区域,即使这些区域资金远多于另一些监控成本较高的区域或市场。投资者会了解到监控效果较好的金融中介机构能够带来较高的回报,而那些较差的金融中介机构只能使资本得到次优配置。此外,金融机构通过金融创新,降低融资市场的信息不对称,进而对经济增长产生正向作用,保证经济得以稳定发展。相关研究发现,在融资债务合约与经济增长的基本模型中,债务合约能够降低对企业的自由现金流,这可以相应减少管理层的空闲和增加企业经理使用新技术的比率。这一领域研究所得出的另一个结论就是,相对于发达国家,发展中国家的金融市场更适合银行主导型金融体系,这样类型的金融结构更利于发展中国家的经济发展和市场稳定。

林毅夫等(2009)认为,金融结构能促进经济发展。[①] 一个有效的金融结构必须反映实体经济的需求。从根本上说,要素禀赋(劳动力、资本和自然资源)决定产业结构,这反过来又需要特定金融结构的支持。一个国家在发展的不同阶段具

---

① 林毅夫,孙希芳,姜烨.经济发展中的最优金融结构理论初探[J].经济研究,2009,(8).

有不同的要素禀赋组合。这一组合决定要素价格,这进而决定最适合的行业结构、相关的风险特征和企业规模分布(林毅夫,2008)。[①] 由于不同行业的企业在经营规模、风险和融资需求方面具有差异,实体经济对于金融结构的需求随着发展阶段的变化也会有不同。当金融结构的特点和优势符合当前经济的产业结构需求时,金融系统就能够最有效地履行其基本职能,从而为可持续和包容性发展作出贡献。因此,在经济的每一个发展阶段,需要一个与之相匹配的金融结构。

因此,对应某个发展阶段,特定的金融结构可能能够更有效地筹集和分配资金。也即在经济的某个发展阶段,一个适当的金融结构,可以在既定的要素禀赋下最有效地分配资源。对发展中国家来说,在其金融结构中银行(特别是较小的银行)往往要比金融市场发挥更大的作用。对发达国家来说则可能正相反。不同的金融结构对经济发展的效果是不一样的。

从经验研究来看,Rousseau 和 Wachtel(2005)分析了包括 1997 年亚洲金融危机在内,各国金融发展水平、银行业健康状况与结构,及对经济发展的影响作用。发现如果银行业过度发展、产生了过多的泡沫,就会影响宏观经济的稳定发展。Mayer-Foulkes(2005)改进了一般模型,研究低收入国家中,较低水平的金融发展与经济增长的关系。实证结果显示,通过改进金融结构加强金融发展,可以较快地促进这些国家的经济发展。然而,这种增长不一定是稳定的。世界银行(2008)通过对全球各国金融市场的研究比较,指出金融市场多层次、多结构的发展和改进,会促进宏观经济增长。

La Porta et al. (2001,2006)使用各国银行股权或所有权的数据,验证银行股权的国有化程度对一国经济发展的影响,认为国有化程度较高的银行,对信息不对称问题如公司治理结构、市场中信息披露、风险控制和交易成本降低等效用较低。他们得出结论:高度国有化的国有银行直接导致低水平的银行业发展状态;高度国有化的国有银行会制约和影响一国的经济发展。

Loayza 和 Ranciere(2002,2005)使用面板数据,分析了除拉美以外,多个国家长期和短期中金融机构与经济发展的关系。研究指出短期中银行借贷是金融危机和经济停滞的重要指标。Guiso、Sapienza 和 Zingales(2002)利用意大利地区住房金融和服务数据,研究国家内地区金融发展对所在企业和经济发展的作用,发现地区金融发展可以提高个人创业机会,增加产业竞争,促进企业发展。同时也

---

① 林毅夫. 经济发展与转型:思潮、战略与自生能力[M]. 北京:北京大学出版社,2008.

发现地区金融对大企业的作用则微弱了许多,这与大企业融资额度有关。Beck和 Levine(2003,2005)利用动态面板数据检验了股票市场、银行业和经济增长的关系,得出金融因素对经济发展的作用。Christopoulos 和 Tsionas(2003)使用面板单位根和面板协整方法,研究了 10 个发展中国家金融发展状况与经济增长的关系。他们起初使用大量时间序列数据研究,发现收益结果的偏离度是由于典型数据的短期效应所至,因此,改为随样本规模增加并加入面板方法分析收益的时间序列数据,发现长期的金融发展与经济增长的相关性假设是成立的,但并不是互动的,同时还进一步使用了单位协整因子分析了经济与金融发展的长期关系。

Demirguc-Kunt、Feyan 和 Levine(2011)运用规模较大的跨国界样本数据,为金融结构与经济发展之间的关系提供了充实的证据。[1] 他们选取了 1980 年到 2008 年间 72 个国家的数据来评估金融结构对经济发展的作用。他们发现,偏离最优金融结构对经济的影响较大:偏离一个标准差将使得经济产出下降 6%。

(六)加快转变经济发展方式对金融结构升级的要求

加快转变经济发展方式的任务包括城镇化、发展现代服务业和战略性新兴产业、实施创新战略、节能降耗等。这些都要求提高直接融资、民营金融、中小金融机构、中西部金融机构占金融结构的比重。这是中国未来金融结构调整的方向。

目前,地方政府债务问题已经引起国内外高度重视。之前,地方政府在城镇化建设过程中主要通过债务方式吸收资金。但是,鉴于地方政府债务风险,发展直接融资、民营金融和中小金融机构为城镇化建设融资成为现实选择。此外,由于中西部地区经济发展较为落后,而迫切需要大量资金支持,重点发展中西部金融机构必不可少。

发展服务业和战略性新兴产业意味着要调整现有金融结构。服务业需要大量中小企业的支撑,而对于这些中小企业而言,最重要的融资方式是通过中小金融机构融资。同样,由于前几年,地方政府支撑的战略性新兴产业呈现产能过剩的态势,而技术创新不足,引起国外针对中国新兴产业的贸易制裁。未来几年,发展战略性新兴产业重点要解决的问题是鼓励中小企业进入,鼓励这些企业通过创新发展壮大,创造技术上的竞争优势。而这些企业也需要通过直接融资和中小企

---

① Demiguc-Kunt, Asli, Erik Feyen, and Ross Levine. "Optimal Financial Structures and Development: The Evolving Importance of Banks and Markets", Mimeo, World Bank, 2011.

业融资发展。

实施创新战略，一方面需要政府支持；另一方面更需要大量中小企业对研发的持续追求。实施节能降耗，也需要中小企业对低碳技术的研发支持。开发新能源既需要市场主导，也需要政府引导。这些都需要发展直接融资、中小企业融资来进行支撑。

转变对外开放战略也需要优化金融结构。许多学者运用企业层面的数据，发现融资约束显著影响了中国企业的出口。因此，只有解除企业的融资约束，才能进一步优化中国的外贸结构。

（七）打造经济体制升级版迫切需要发展开发性金融

李克强总理提出"打造中国经济升级版"的概念，打造"升级版"经济是中国经济高速增长30多年后"百尺竿头，更进一步"的必然选择，也是实现"中国梦"的重要路径。当前经济增长中潜伏着风险，成就中积累着矛盾，不转型升级则举步维艰。打造中国经济升级版，就是要改变粗放的经济发展方式，调整不合理的经济结构，让经济的质量和效益、就业和收入、环境保护和资源节约等方面有新的大幅度提升。打造好中国经济升级版时代内涵主要表现在以下几个方面。

首先，中国经济升级版是速度和质量的紧密结合体。打造中国经济升级版，必须做到对"稳"和"进"两方面"度"的精确把握。一方面要保持经济持续增长、防范通货膨胀、控制潜在的各种风险；另一方面要聚焦于稳中求进，在稳住"量"的同时，尽力实现"质"的提升。

其次，中国经济升级的新动力来自创新、内需和改革。升级的关键在于推动经济转型，而推动转型，需要把改革的红利、内需的潜力、创新的活力叠加起来，形成新动力。因此，要进一步强化创新驱动战略，让科技进步对经济增长的贡献率大幅上升，力争进入创新型国家行列。重点是推动工业化、信息化高度融合，加快信息等高新技术的推广应用，在高起点上做强先进制造业、战略性新兴产业，带动传统产业升级，提升中国在全球产业链和价值链中的位置。要进一步推动改革开放，坚持市场化、法治化的改革方向；建设创新政府，明确政府和市场的边界，让市场发挥对资源的决定性配置作用，进一步向社会、企业放权，释放社会的活力，让改革的红利更多地惠及广大百姓。要进一步牢牢把握扩大内需这一战略基点，加快建立扩大消费需求的长效机制，扩大国内市场规模。当前重点是挖掘城镇化蕴含的巨大内需潜力，通过对包括户籍、土地、财税在内的制度进行改革、加大公共服务提供能力的建设、加速进行收入分配体制改革，让城镇化真正成为中国最大的内需所在。

再次，打造经济体制升级版迫切需要发展开发性金融。中国经济既有过去30多年奇迹般的成就，又始终与"不平衡、不协调、不可持续"的忧患共存。站在更高的平台上，如何继续保持经济长期平稳增长，如何化解潜在的系统性风险，如何实现居民收入与经济同步增长，如何突破日益趋紧的资源和环境压力？唯一的出路，在于加快转变发展方式，由要素驱动转向创新驱动和消费驱动，实现经济的转型升级。开发性金融是国家金融，其目标是弥补体制落后和市场失灵，实现政府的发展目标。开发性金融通过融资推动项目建设及其制度和市场建设：以国家信用为基础，市场业绩为支柱，信用建设为主线；以融资优势和政府组织协调优势相结合；通过实行政府机构债券和金融资产管理方式相结合，实现损益平衡。

最后，中国经济升级版是改善民生和促进社会公平的有机统一。改善民生，让人民呼吸洁净的空气、饮用安全的水、食用放心食品，编织起涵盖教育、医疗、养老保险、住房等的保障全民基本民生的安全网，这些对中国经济转型升级提出了具体的要求和目标。促进社会公正，从制度上为所有人、所有企业创造公平竞争、公平发展的机会，有利于促进民间投资和创业、扩大就业、提高企业竞争力、激发经济社会活力，这对推动经济转型升级有着非常重要的意义。从这样的意义上讲，经济升级与改善民生、社会公平三者相辅相成，互为表里。推动改善民生和提供社会公平，是升级版中国经济的"人本属性"。

二、提高金融治理能力

我国参与国际宏观经济政策协调的目标有两个：一是为经济转型和发展创造稳定的国际经济金融环境；二是推动全球金融治理，为全球经济平稳发展创造条件。本研究认为，不论是我国处于跨越中等收入陷阱的重要阶段还是参与国际金融治理协调，一要服务自身发展。二要增强中国话语权和影响力。服务自身发展作为核心目标是我国的首要任务。

一是加强国际协调机制的顶层设计。国际宏观政策协调机制要有一揽子的战略设计，将其作为我国总体发展战略的支撑，与其他战略相互配合。特别是，国际宏观经济政策协调应聚焦在提供与人类命运共同体密切相关的公共品上。同时，中美之间应率先垂范，就某些重大的问题形成宏观政策协调机制，使中美共同受益，并带动形成新的世界秩序。黄薇认为，参与国际宏观协调要有顶层设计，如我们对未来全球货币体系、全球贸易投资体系有什么设想，应提出明确思路。梅新育表示，我国参与国际协调，应当明确是现有国际经济治理体系的受益者和改革者,不是颠覆者。

二是注重运用东方的协调理念。中国的理念应当区别于传统宏观经济政策协调机制理念。传统的理念以西方为主,以短期成效为诉求,让其他国家承担责任和成本,并强调意识形态的推广,是西方政治经济学体系的产物,属于霸权主义思维。而我们则应强调东西方政策协调理念的融合。

三是统筹考虑多层次布局。我国要从三个层次布局:首先,是中美协调。这是国际协调中最为重要的部分,中美两国应当建立一个常设性的协调机制,现有中美经济战略对话机制可以进一步提升。其次,是中邻协调。进一步加强"东盟10+3""东盟10+1"、上海合作组织、中日韩、中印等合作机制。最后,是中国与新兴国家协调。除金砖国家外,还可以拉上土耳其、尼日利亚等国家。在具体操作中,可先做双边、再做多边;先做有机构的、再做松散的;先做有共识的,再做其他的;先做周边战略支点国家,再逐步扩展。

四是增强政策的透明性和内外协调。我们参与国际协调的主张是什么,应当透明,而且这些主张要有可获得性,可预见性和稳定性。随着我国的影响力越来越大,如果这点做不好反而会有反效果。同时,要注意规则的抗攻击能力。全球规则实质是美国国内规则的延伸,我们要学习美国的经验。目前国内在推进经济金融治理各项改革时,应统筹考虑下一步参与国际协调的需要。

（一）提高对全球金融治理的认识和能力

纵观全球跨越中等收入陷阱的国家和地区,特别是在 2008 年金融危机来势汹汹的关键时刻,对于美国而言,在短期最重要的是要解决其金融信用问题,解决债务问题;在长期要解决国际货币制度问题。习近平主席提出了共同构建人类命运共同体的倡议,建立全球金融治理体系对于中国和其他国家防范金融风险均有益处。为此,有必要探索和研究行为监管的国际经验模式,研究与"跨越中等收入陷阱"国家的经验和教训并提出问题、发现问题,在此基础上判断与中国金融业发展水平相适应的行为监管的改革趋势及目标模式。

1. 金融治理规则的危机推动

任何一种规则制度都是在遇到现实问题时才会真正得到重视和设计,因此危机过后往往是制度建设的黄金时期。金融属于服务业范畴,宽松的金融监管环境可能引发金融泡沫累积,并产生金融危机。由于金融产品在一定程度上具备公共产品属性,金融危机往往与经济危机相连,因此危机往往是推动制度建设的重要推手,如美国在 1933 年和 2010 年确立的一系列金融法律法规就是典型的例子。具体见表 4.1。

表 4.1　主要金融监管机构与主要职责

名　　　称	监 管 领 域
联邦储备委员会	监管所有联邦储备系统会员银行,包括金融持股公司
货币监理署(OCC)	监管在联邦注册的商业银行
联邦储蓄保险公司(FDIC)	监管投保的商业银行、互助储蓄银行、储蓄贷款协会
储蓄机构监管署(OTS)	监管在联邦注册的储蓄金融机构
证券交易委员会(SEC)	监管有组织的交易所和金融市场
商品期货交易委员会(CFTC)	监管期货交易
全国信用社管理局(NCUA)	监管在联邦注册的信用社
联邦住房监理署(OFHEO)	监管房地产金融机构
外国交易委员会	监管主权财富基金

2008 年这场金融危机虽然推动了美国加强金融监管建设,并推出了多德-弗兰克法案。但是美国金融业依然存在一系列问题:一是金融行业存在显著的道德风险问题难以根治。2000—2008 年美国前十四大金融机构部分 CEO 和少数人员获得了 20 多亿美元的收入,危机爆发后引致 800 多万失业人口,社会总债务的增幅约为 7.3 亿美元(约为 2007 年总债务的 78%),净债务增幅为 6.3 亿美元(约为 2007 年的 94%)。二是大型金融企业存在规模优势和政府背书。1995 年美国六大银行(摩根斯坦利、高盛、摩根大通、美国银行、花旗银行、富国银行)的总资产占美国 GDP 的 17%,2006 年为 55%,2011 年则上升为 62.5%。相对中小金融机构,这些银行往往可以更加廉价地筹集资金。三是对于那些具有全局重要性的非银行金融公司以及跨国性大型金融机构依然监管不足,从业者依然有漏洞可钻。例如,花旗银行资产总额约 1.8 万亿美元,在 17 个国家设有 550 个清算和结算系统,对其进行破产清算谈何容易。

2. 中国金融结构发展不足制约宏观政策选择

第一,中国金融结构变化对宏观金融治理理念的影响。过去 60 年间,中国政府对于金融部门的治理基本以市场化改革为主导思想。完善市场结构,扩大市场规模,解除市场管制是基本的道路选择。一方面这与中国的基本国情相符合;另一方面也是中国逐步融入国际经贸体系中的必然。在近十年的政府工作报告中,经济结构调整和经济体制改革、提高对外开放水平和质量、科教兴国和可持续发展是出现频率最高的三个方面。

第二,金融结构发展不足制约宏观经济政策选择。健全的金融体系能够有效动员社会储蓄、促进投资、提高资金配置效率并推动产业结构升级和经济发展。在资金总量确定的前提下,金融活动越活跃,金融机构间竞争越激烈,资金就越会向着风险小、回报期短、盈利水平高的产业和地区,从而提高资金使用效率、改善产业间结构。经济发展又能提高对金融的需求,刺激金融结构的进一步完善。正如在本章第三节中所展示的,2012 年中国的融资工具中仍以银行信贷(50％以上)为主,融资活动对于银行业的依赖程度较大。而 1999 年美国的融资工具中银行信贷类仅占 35％,其融资方式更加多样、灵活,有助于提供较低的融资成本,提高资金供给效率。

对于大多数中小企业而言,商业银行能够提供的资金相对有限。活跃的地下融资管道已经成为中国东部沿海地区企业发展的主要资金来源。尽管地下融资的效率高,但其借贷利率也相对较高,约为 20％～100％。地下钱庄的繁荣折射出中国企业缺钱的现状,资金供给与资金需求者之间存在裂痕。

第三,中美金融结构发展异同与影响。宏观治理思想决定了金融结构的发展方向,同时金融结构的演变也受制于现有金融发展水平和内外部经济环境。从金融结构发展而言,中美之间存在几个重要异同。相同的地方在于,尽管两国都处于混业经营时期,且都仍处于分业监管中。中美金融结构的主要差异在于。一是运行机制不同:中国金融结构属于银行主导型,而美国金融则属于市场主导型。二是发展阶段不同:中国仍处于金融培育期,还存在金融抑制现象;而美国则已经建立起品类齐全的金融市场,并存在过度金融化现象。三是开放程度不同:由于资本市场尚未完全开放,中国金融部门相对封闭;而美国金融市场则完全开放,并在全球范围内具有定价权和影响力。

一国经济结构的调整都是从高新技术成果的商业化、产业化开始,并通过资本和资源的有效配置和利用,促进经济社会产业结构的优化。处于创业初期的高科技企业往往对于资金的需求更迫切,但也更难得到银行信贷的支持。此外,股权、债权等形式激励约束机制的完善,能够推动“企业家”群体的成长。总之,从金融结构角度而言,中国还有待深化市场化改革,提高金融机构间的竞争,提供更多的金融融资工具。

3. 中国的金融结构还存在较大提升空间

中国仍处于重工业阶段,宏观经济的内在波动性比较大,由于个人所得税体系不够完善,财政自动稳定器作用有限,相机抉择财政支出政策对于宏观调控的作用非常重要,而且中国当前的财政支出更加注重对物理资源和硬件投入。以制造业为主的产业结构、以要素投入为主的增长模式使中国上下游价格传导机制较强,当局始终对通货膨胀保持警惕,货币政策没有明确提出就业目标。

中国需求结构的特点决定了财政政策的作用更加凸显,在危机刺激政策中占据了主导位置,不少看上去像是货币政策的工具,如银行贷款,最终实际上都支持了财政政策的实施。同时,金融市场和金融工具不发达,加之利率市场化程度也不高,因而货币政策的作用并不明显,特别是对大型国有企业和上市公司来说更是如此,因此货币政策也以数量控制为主,价格工具的使用频度不高。

中国分配差距降低了货币政策的效应,而货币政策对分配差距的缓解作用十分微小,甚至是负面的。政府在国民收入中长期处于强势地位,导致货币政策主要服务于政府的发展计划,获益者主要是国有企业、国有银行和国家财政,无疑会加大非国有部门同国有部门之间的分配差距。金融市场不完备加剧收入分配差距恶化势头。总的看来,在宏观分配中长期处于强势地位的政府主导了货币政策的制定,金融市场的不完备加剧了货币政策增长效应的不均匀分布,恶化了分配差距。货币政策要同信贷政策结合起来,通过缓解金融资源分配差距来治理收入与财富分配差距。治理分配差距要求直接有效的财政政策和效应均匀的货币政策相互配合,但中国的财政与货币政策在治理分配差距方面的协调并没有什么经验。

财政政策与金融结构关系的领域是国债和地方债。地方政府以地方融资平台为桥梁,进行信贷和债券融资,项目融资资金 85% 依赖银行贷款,其他部分则依靠企业贷款和理财产品。随着中国大型国有银行的主导地位逐步下降,以股份制商业银行、城市商业银行等新型银行性金融机构逐步成长,为地方政府的"城投债"提供了融资渠道,而逐步壮大的债券市场则成为"城投债"企业债券的主要交易市场。

中国金融结构高度依赖银行业,也导致货币化进程(M2/GDP)比重较高。随着中国金融结构的成熟,如金融机构的完善、金融产品的丰富,中国已经出现了较大范围的金融脱媒现象。中国属于政府主导下的开放市场经济,由于金融结构的不完善,进一步带来资源分配和价格发现功能的相对薄弱,并抑制了产业结构的自我完善功能。在合理监管适度放松的基本思想下,中国的金融结构还存在较大提升空间,这也为未来中国在宏观政策协调、促进产业结构的自发性良性调整创造条件。

4. 提高对全球金融治理的认识

金融危机后的全球金融变革时期,我们必须从全球金融理念、模式和格局多方面在此次危机中的表现进行深度反思,从长期来看,需要通过进一步变革才能为经济的可持续发展提供坚实的基础。

第一,全球金融的规模和经营方式将发生剧烈变化。在金融危机的冲击下,这些金融资产的名义价值大幅缩水,银行资产的规模也将快速收缩。金融衍生产品交易、债券交易、杠杆融资等表外业务会逐渐减少。随着花旗银行被分为花旗银行和花旗控股,传统银行极力追求全能银行的经营模式也受到了质疑。

第二,全球金融市场将发生结构性变化,国际金融的多元化趋势不可避免。美国在金融危机中受到的冲击较大,大批企业破产,失业加剧,其经济实力明显下降。欧元区为了应对此次危机,纷纷采取了扩张性的财政政策和货币政策,在一定程度上推动了该地区经济的整体复苏。但是由于经济增长乏力,以及财政赤字增加,欧元区国家如冰岛、希腊等,很快又陷入了主权债务危机的泥潭,欧元的崛起仍有待时间的进一步考验。经过多年的努力,亚洲正在成为世界经济增长的中心,这与美国、欧洲和日本经济增长率的下降形成鲜明对比。与此同时,亚洲在国际金融市场中的地位也逐渐上升,其数额巨大的官方外汇储备对全球金融市场的影响举足轻重,而主要国家如中国等在数次危机中的负责任态度更是受到国际社会的充分肯定和赞扬,因此,在全球重新定义金融市场结构之际,亚洲将会受到更多地关注,东京、中国香港、中国上海等主要城市将引来新的发展机遇,全球金融格局的多元化趋势呈现不可避免的发展趋势。

第三,主权基金异军突起,正在成为国际金融市场的新兴力量。长期以来,国际金融市场一直是西方私人金融资本的舞台。在金融危机的影响下,这些私人金融机构的实力在去杠杆化和国有化的过程中大大削弱了。2007年金融危机爆发之后,西方发达国家主要金融机构纷纷寻求主权基金的注资,包括阿布扎比投资委员会、科威特投资委员会、中国投资有限责任公司、新加坡政府投资公司等在内的非西方主权财富基金相继入股花旗、高盛等金融巨头,其投资规模达到数百亿美元,极大地稳定了国际金融市场。

第四,全球金融监管框架亟待重建。此次危机充分暴露了原有巴塞尔协议的弱点和漏洞,使各国都认识到并表监管、统一监管和全球间监管的重要性。目前,几乎所有金融股机构、金融市场和金融工具都将得到适度监管,这一思想已经在美国和欧盟出台的金融监管改革方案中得到体现和落实。此外,针对资本的快速、大规模流动,国际社会在监管方面的磋商与协调也会空前紧密,双边和多边金融合作将成为国际金融的重要形式。

当然,全球金融格局在上述四个维度的发展将是一个经济、金融、政治、军事等势力之间复杂的竞合与动态博弈过程,涉及世界本位货币、国际储备和国际收支等核心和敏感问题,需要各国不断在竞争中谋求合作,求同存异,共同避免全球性金融危机的再次爆发,促进世界经济的可持续发展,也需要主要发达和发展中国家承担起推动协商、建立国际金融新秩序的责任和义务。

第五,在全球范围内建立中央银行联盟。随着全球化程度的加深,一国的货币政策必然会影响到其他国家。这时,国际储备货币应当更具备多样性。在金融危机的背景下,建立中央银行联盟,使其成为全球的重要金融机构的最后贷款人,是十分必要也是势在必行的。全球中央银行联盟的职能,就是正确的引导全球宏观经济,并监督金融交易数据和监管金融机构,同时通过全球金融治理来进行金融创新,负责全面的组织和协调工作。

(二)提高国际金融治理能力

1. 金融结构有待进一步优化

目前,中国的金融结构仍然以银行为主,这突出表现在:银行资产在全部金融资产中占有绝对优势,资本市场的发展尽管增加了直接融资的比重,但间接融资的主导地位仍未得到根本性转变,保险业、信托和金融租赁业发展缓慢,社会融资风险高度集中于前者。过多的货币性资产无疑会压缩社会融资的途径和空间,降低金融创新的能力和动力,使企业的负债水平居高不下,不利于金融结构的优化和实体经济的发展。其资源分配又主要集中于国有企业和大型企业,从而将大多数中小企业和民营企业排斥在有组织的金融市场之外,这在客观上催生了各种形式的民间金融市场,在加剧金融系统不稳定因素的同时,增加了金融监管的难度。

2. 中国金融城乡二元结构有待缩小

一方面,农村和欠发达地区产业化程度低,经济效益不明显,信息成本较高,又缺乏足够的抵押担保品和防范风险的可替代手段,从而导致金融机构往往不愿意在上述地区开展业务,造成"市场失灵";另一方面,通过政府补贴和非营利性组织捐助等形式注入的资金,由于逆向选择和道德风险等原因,在实践中使用效率较低,违约情况时有发生,影响了资金的循环使用,并降低了农村和欠发达地区的整体信用状况,造成"政府失灵"。上述两种"失灵"反过来又会产生明显的虹吸效应,引起资金从农村到城市、从西部到东部的逆向流动,进一步阻碍当地的经济发展和合理、均衡的金融结构的形成。

因此,中国金融如果要在跨越中等收入陷阱阶段发挥重要作用,并在国际金融危机后实现战略崛起,必须首先着力解决自身存在的结构性难题,不断优化金融业的内部结构,建立统一的全国金融市场,推动金融系统的健康发展。

3. 迎接 SDR 挑战,增强人民币地位

人民币进入国际货币基金组织(IMF)的特别提款权(SDR)标志着全球金融体系的转变,这是中国经济融入全球金融体系的重要里程碑,也是世界对中国改革开放近 40 年来在货币和金融体系改革方面所取得的进步的认可。但我们必须清醒地看到,此举在很大程度上仍然是象征性的,人民币要真正成为国际重要货币还需时日。从长期来看,人民币资产的吸引力将在很大程度上取决于中国经济

的实力。从近期来看,人民币进入 SDR 的主要挑战是必须保持汇率一定程度的稳定,同时允许市场力量发挥作用。

(三) 国际货币体系和金融结构演进的发展特点

通过本书前面对各国在跨越中等收入陷阱的经验和教训来看,国际金融体系结构和各国金融结构与经济发展演变特点值得我们借鉴。我国要跨越中等收入陷阱,不断扩大中等收入群体,需要采取多方面的政策和措施。金融在现代经济中的核心地位,是由其自身的特殊性质和作用所决定的,金融是现代经济中调节宏观经济的重要杠杆。在现代经济生活中,货币资金作为重要的经济资源和财富,成为沟通整个社会经济生活的命脉和媒介。我国在跨越中等收入陷阱的重要阶段,需要加快推进金融体制改革,构建一个更加完善的金融体系对于合理配置资源、促进经济增长、维护社会公平乃至最终跨越中等收入陷阱具有重要意义。

1. 国际货币体系结构变化和改革分析

1944 年 7 月,西方主要国家的代表在联合国国际货币金融会议上确立了该体系。“二战”后为重建国际货币秩序,以美英等国为首的国际社会通过多边协定方式建立了布雷顿森林体系。布雷顿森林体系主要内容包括:(1)设立国际货币基金组织(IMF),协调国际货币关系,特别是对各国的汇率政策实行监督;(2)实行以黄金为基础、美元为中心的可调整的固定汇率制度;(3)在成员国发生国际收支困难时,IMF 可提供短期信贷,补充其国际流动性。

布雷顿森林体系是以美元和黄金为基础的金汇兑本位制,其实质是建立一种以美元为中心的国际货币体系,基本内容包括美元与黄金挂钩、其他国家的货币与美元挂钩以及实行固定汇率制度。布雷顿森林体系实际上是一种国际金汇兑本位制,又称美元—黄金本位制,即布雷顿森林货币体系的运转与美元的信誉和地位密切相关。它使美元在战后国际货币体系中处于中心地位,美元成了黄金的“等价物”,美国承担以官价兑换黄金的义务,各国货币只有通过美元才能同黄金发生关系,起世界货币的作用。从此,美元就成了国际清算的支付手段和各国的主要储备货币。

20 世纪 70 年代初美国停止向各国政府兑回美元后,各国纷纷放弃本币与美元的固定比价,实行浮动汇率制度,布雷顿森林体系趋于崩溃。1976 年在 IMF 的提议和组织下,国际社会达成牙买加协定,宣布黄金非货币化,同时承认各国实施的浮动汇率制度合法化,这标志着国际金融体系再次进入了一个不受全球性多边协定约束的动荡的时代。由于布雷顿森林体系的基础是美元与黄金的可兑换性,并要求其他各国放弃货币政策独立性,因此,当美国国际收支逆差不断扩大,无法维持美元与黄金的可兑换性时,它的继续存在便受到明显挑战。自 1976 年牙买加协定签订以来,国际货币体系总体上没有发生根本性的变化。伴随着国际经济和金融一体化程度的不断提高,特别是经济区域化的快速发展,该体系发生了一些局部性变化,主要表现在以下几方面。

第一,国际汇率制度呈现出以浮动汇率安排为主、多种汇率安排并存的基本格局。目前,全球有三类基本的汇率安排:一是独立浮动汇率安排,实行国家包括美国、欧盟、日本和部分新兴市场经济体;二是固定汇率安排,包括实行货币局制度和传统钉住汇率制度的国家,以及已取消法定货币国家(如欧盟内部和实行美元化的国家);三是"中间道路"安排,即各种介于浮动汇率和固定汇率之间的安排,如爬行钉住制、区间浮动制和管理浮动制等,主要包括一些外向型程度较高或国内通货膨胀比较严重的发展中经济体。

由于美、欧、日在全球经济中具有重要地位,因此,它们之间的浮动安排对国际汇率制度的性质具有决定性意义。就单个国家而言,浮动汇率安排的利益主要体现在可以维护货币政策的独立性,并在一定程度上自动调节国际收支失衡。但从国际金融稳定的角度看,它至少包含两个缺陷:一是汇率的频繁波动将对正常的国际贸易和投资活动造成不利影响,大大增加全球经济活动的汇兑成本和风险;二是容易引起汇率政策冲突,即运用本币贬值政策推行贸易扩张,以牺牲他国利益的方式维护本国利益。

第二,国际金融市场在国际收支调节中具有显著的作用。在布雷顿森林体系时代,由于各国实行严格的金融管制,国际金融市场在国际收支调节中作用比较有限,许多国家的经常账户逆差调节主要依靠财政货币政策。在发生严重逆差时,也可有限地运用汇率政策,并从 IMF 获得一定的短期信贷支持。然而,自 20世纪 70 年代以来,伴随着国际金融市场的迅速发展,各国可以方便地通过商业性国际融资弥补其经常账户逆差,从而避免采用财政紧缩等可能影响国内经济稳定的调节措施。作为一种基于市场的安排,国际金融市场的存在提供了充裕的国际流动性,从而大大降低了各国国际收支调节的代价。但在另一方面,它也产生了新的不稳定因素。其中最主要的是,它使一些国家放松内部约束,滥用财政扩张政策,延误必要的国内经济改革和调整。结果是不仅经常账户逆差最终变得难以控制,而且常常为沉重的外债负担所累,甚至成为金融动荡的根源。

第三,国际资本流动缺乏有效监管,已经成为国际金融不稳定的重要源泉。自 20 世纪 80 年代以来,随着各国资本管制的不断放松,国际资本流动迅猛扩张。目前,全球各类国际资本的日交易量已经超过 1.5 万亿美元。在资本流向的国别选择上,特别是对于发展中国家的资本流动,常常发生"饱饥综合征",即当看好一些国家的经济增长前景时,国际资本大规模涌向那里,而当这些国家因为资本过度流入而出现危机迹象时,国际资本又快速离去。因此常造成这些国家内外经济失衡,并最终导致货币和金融动荡。此外,在危机发生的前后,由于缺乏有效监管,大规模投机性短期资本的参与更是加剧了有关国家危机的深度,并在危机的国际传递方面扮演核心角色。

第四,全球性货币金融合作成效甚微,区域性货币一体化进展显著。全球性货币金融合作的主要渠道是七国首脑和财长会议,总体上看,这个协调机制常常流于形式和务虚,很少具有实质性内容。近年来,IMF 和国际清算银行也在试图发挥更为积极的作用,但成效并不显著,对各国并没有真正的约束力。相比之下,区域性货币合作进程却取得了显著的进展。经过数十年的努力,欧元于 1999 年成功面世,欧元区内部也已建立起统一的中央银行和货币政策框架。值得注意的是,欧元的诞生产生了明显的示范效应。近几年,在拉美、中东欧等地区,一些国家开始采用美元化和货币局制度,或者在区域内实行固定汇率安排。尽管两年前的金融危机迫使阿根廷放弃了货币局制度,但似乎并没有改变这一趋势。

第五,美元的金融霸权地位基本依旧,但正在面临挑战。国际经济交易始终依赖少数几个主权国家的货币来充当国际支付手段和储备资产,美元正是这些货币中最主要的一种。自布雷顿森林体系建立起,美元便建立了全球性金融霸权地位。半个多世纪以来,尽管美元在国际支付和储备资产体系中的份额有所下降,但目前仍然高达 60% 左右。

2008 年全球金融危机以来,国际货币体系改革提上议事日程。美元实际价值的频繁波动且不断下降是目前美元本位的国际货币体系的内在缺陷,更是全球经济金融失衡的重要诱因。2008 年以来的国际金融危机使这一重大缺陷彻底暴露。本来欧元有可能挑战美元的地位,但欧债危机沉重打击了欧元的吸引力。鉴于欧美债务危机引起全球金融市场大幅波动,欧美两大储备货币的信心均遭到质疑,而国际社会暂时又找不到一种能取代的货币,许多分析人士建议将扩大特别提款权货币篮子和使用范围作为国际货币体系改革的方向,提升全球货币体系的代表性、公平性和稳定性。中国、印度、俄罗斯、巴西和南非认为,鉴于现行国际货币体系要更加平衡地代表当前的世界经济格局,新兴市场货币纳入 SDR 货币篮子是大势所趋。

主要国家和国际组织在质疑现有国际货币体系缺陷的同时,也提出了一些建设性的改革方案。一是走向更加多元化的国际货币体系,更大程度地发挥美元之外货币的作用,并对国际货币施加更严格的纪律约束;二是建立基于特别提款权(SDR)的国际货币制度;三是引入一种超主权货币,这需要各国让渡货币主权。其中后两个方案都需要很高程度的国际协调,实现的可能性较小。

未来,国际货币储备体系可能呈现"一大四强"格局。美元依旧是全球层面的储备货币,欧元和英镑是欧洲两大储备货币,人民币和日元则是亚洲两大储备货币。

展望国际货币体系改革发展,近期内(2020 年),国际货币体系还难以改变以美元为中心的格局,但是目前国际货币体系处在一个剧烈变化的准备期,对我国货币金融体系结构发展具有重大影响作用。从中长期看(2050 年),伴随着经济全球化的持续发展,各国之间经济联系将更加紧密和深化,特别是伴随着中国在 2026 年前后成为第一大经济体,预计我国在国家货币体系改革发展中的话语权会有实质性提高,如何塑造一个适应全球经济一体化和信息化的国际货币体系,成为摆在各国货币金融战略家和中央政府面前一个关键性决策议题。

2. 各国金融结构与经济发展演变的基本特点

金融结构理论(financial structure theory)对金融发展的过程及规律进行了描述和分析,是研究金融发展问题的最早和最有影响的理论之一,其创立者和主要代表人物是雷蒙德·W. 戈德史密斯(Raymond W. Goldsmith),代表作是 1969 年出版的《金融结构与金融发展》。

戈德史密斯对比了世界上 35 个国家百余年的金融史料与数据后,创造性地提出了衡量一国金融结构与发展水平的存量和流量指标;第一次对各国金融发展的差异进行了数量研究和比较研究;研究并揭示了金融深化的内部路径和规律;提出了金融发展与经济发展关系问题的重要性与研究方向。他认为在自由企业经济中不同的金融相关比率产生类型绝然不同的金融结构。他把各种金融现象归纳为三个基本方面:金融工具、金融机构和金融结构。金融工具是指对其他经济单位的债权凭证和所有权凭证;金融机构即金融中介机构,指资产与负债主要由金融工具组成的企业;金融结构是一国现存的金融工具和金融机构之和。他认为金融发展的实质是金融结构的变化,研究金融发展就是研究金融结构的变化过程和趋势。戈德史密斯通过比较分析得出了这样的结论:世界上只存在一条主要的金融发展道路,在这条道路上,金融结构的变化呈现出一定的规律性。尽管不同国家的起点(起始时间、发展速度)各不相同,但它们很少偏离这条道路,只有战争和通货膨胀例外。金融结构理论从研究方法到基本结构都对研究金融和金融发展问题产生了深远的影响。

戈德史密斯把金融上层结构对经济发展影响的理论探讨精简成一个判断,即以初级证券和二级证券为形式的金融上层结构,为资金转移到最佳的使用者手中提供了便利,它使资金流向社会收益最高的地方。从这种意义上说,金融上层结构加速了经济增长速度,改善了经济的运行。

金融发展对经济发展的积极主动作用。由于金融工具的出现和金融机构的成立而扩大金融资产的范围,导致了储蓄和投资的分离。而储蓄与投资的分离能够提高投资收益并提高资本形成对国民生产总值的比率;同时通过储蓄与投资两个渠道的金融活动提高了经济增长率。金融工具的出现使储蓄和投资分离为两个相互独立的职能,这种特殊的分工克服了资金运动中收支不平衡的矛盾。一方面使一个单位的投资可以大于或小于其储蓄,摆脱自身储蓄能力的限制;另一方面为储蓄者带来增值,使得储蓄不仅是财富的贮藏,还能增加收益。正因如此,无论是储蓄者还是投资者都能接受金融活动带来的社会分工。这种角度的分析主要适用于工商企业、国家统计部门和政府等非金融经济单位发行的债券、股票等初级金融工具而言的。资源配置的优化,金融机构对经济的引致增长效应就源于对储蓄者与投资者资金供求的重新安排。

发达金融机构对经济增长的促进作用是通过提高储蓄、提高投资总水平与有效配置资金这两条渠道来实现的。金融结构越发达,金融工具和金融机构提供的选择机会就越多,人们从事金融活动的欲望就越强烈,储蓄总量的增加速度就越快。在一定的资金总量下,金融活动越活跃,资金的使用效率就越高。因此,金融越发达,金融活动对经济的渗透力越强,经济增长和经济发展就越快。注重金融工具供给和强调金融机制的正常运行是金融结构理论的核心,也是金融自我发展及促进经济增长的关键所在,这一观点被后来的金融发展理论所继承。

(四)我国金融结构面临历史性转型升级的机遇

1. 中国金融规模和金融结构的整体状况

改革开放以来,中国金融资产总量快速增加。1978 年,中国金融资产规模总量仅为 3 257.4 亿元,占当年 GDP 的 88.55%。2016 年,中国金融资产规模总额则达到 2 303 756 亿元占当年 GDP 的 309.59%,大约是 1978 年的 707 倍。从以金融相关比率(financial interrelations ratio,FIR)来衡量的相对数量来看,中国的金融规模也是持续增加。所谓金融相关比率,是指某一时点的金融资产总额与国民财富之比,它反映一国金融上层结构与其经济基础结构之间的关系。表 4.2 列出了中国 1978—2016 年相关年份的金融相关比率。从表 4.2 可以看出,1978—2006 年,中国的金融相关比率持续增加,从 0.9 增加到 2.77,随后逐步下降,2013年开始回升,到 2016 年金融相关比率升至 3.09。

表 4.2 1978—2016 年中国的金融相关比率（FIR）

年份	1978	1997	1998	2006	2009	2010	2011	2012	2013	2014	2015	2016
项目金融资产余额	326	18 379	21 432	60 000	78 800	95 300	113 300	133 622	151 355	172 336	199 345	230 376
GDP	362	7 446	7 940	21 631	34 090	40 151	47 288	53 912	59 042	64 479	68 264	74 413
FIR	0.90	2.47	2.70	2.77	2.31	2.37	2.40	2.48	2.56	2.67	2.92	3.09

注：金融资产余额和 GDP 的单位都是十亿元人民币。

数据来源：《中国统计年鉴》《中国金融年鉴》

但是，中国金融资产规模的增长主要是金融资产在原有金融结构和金融制度框架内数量上的简单扩张。尽管中国金融规模增长快速，但是中国金融结构并没有相应改进，而是存在较多不合理之处。

2. 我国金融体系的组织功能结构面临升级

金融体系的组织功能结构即金融业形态，包括银行业、保险业、信托业、证券业和租赁业。改革开放以来，中国金融业由过去单一的银行业，发展成为银行业、证券业、保险业、信托业和租赁业等种类较为齐全的金融产业体系。但是，中国的金融产业结构很不协调。具体表现为银行业独大，其他金融产业的比重偏小，特别是信托业和租赁业的发展速度缓慢，相互协调不够，产业的整体质量不高。

因为银行业提供的是间接融资，证券业提供的是直接融资，银行业独大造成中国的直接融资和间接融资严重失衡，金融资产结构很不合理。2016 年，社会融资总规模中贷款及承兑票据占 76.18%，股票和债券融资仅有 23.82%。从社会融资存量来看，2016 年年底，银行贷款余额及承兑票据占 85.67%，企业股票市值和债券余额仅占 14.33%，这一比例不仅远低于以直接融资为主的美国和英国（分别是 73% 和 62%），也低于以间接融资占为主的德国和日本（分别为 39% 和 44%）。从居民个人金融投资的角度看，银行存款占总额的 64%，股票、债券、基金等投资比例不到 14%，而美国居民金融资产中，股票、基金和投资于资本市场的养老金合在一起，达到了近 70% 的比例。

3. 我国金融体系的组织规模结构需要优化

中国金融机构的集中程度明显偏高，大金融机构所占比重过高，中小金融机构偏少、发展滞后。随着经济改革的深化，中国中小企业有了长足的发展，其数量占到全国企业总数的 99%，对国民经济发展的贡献率达到 50%。这些中小企业的发展迫切需要大量的中小金融机构为其融资。但是，目前中国的金融机构仍然以国有大型金融机构为主，金融业务高度集中于这些国有大型金融机构，国有金融机构比例偏高，市场集中度偏高，地方性中小金融机构比例上升缓慢，非银行金融机构更有待进一步发展。

4. 我国微观金融企业的股权结构需要优化

中国的金融产权结构很不合理,国有金融机构"一股独大"。中国的金融制度改革是在逐步引进制度增量的同时又不损害原有制度的既得利益的前提下进行的。对于在金融结构中起主导作用的国有银行,不触动其自身利益,而是逐步放宽新兴商业银行的市场准入条件,甚至放松外资控股比例,以逐步扩大市场化金融机构的数量和规模,并允许一定范围内的市场竞争。与此同时,逐步深化国有银行的产权制度改革,并完善法人治理结构。在整个金融产权结构中,国有金融机构占据绝对垄断地位。

而从整个国民经济发展的角度来看,中国渐进式改革的结果是国有企业在国民经济的比重不断下降,集体经济、民营经济以及其他经济成分所占比重不断上升。对以民营经济为代表的非国有经济而言,为了在市场经济的竞争中胜出,在其生产过程中越来越追求技术进步,迫切需要大量资金支持其研发。但是,以国有制为主体的金融机构仍主要向国有大中型企业提供金融支持,企业债券发行和股票上市政策总体上有利于大企业尤其是国有企业,金融供给结构与需求结构严重不对称。非国有经济融资困境极大地影响中国非国有经济的进一步快速增长,从而影响整个国民经济的持续快速健康发展。

5. 我国金融市场结构面临战略调整要求

金融市场又被称为"资金市场",是资金融通的市场,是指资金供应者和资金需求者双方通过信用工具进行交易而融通资金的市场,包括货币市场和资本市场。从金融市场发展的国际经验来看,一般是先发展货币市场,再发展资本市场,最后形成"强货币市场、强资本市场"的局面。但是,对于中国而言,尽管货币市场的发展起步早于资本市场,但却远不如资本市场发展迅速,并且两个市场的发展是割裂的。无论是从市场交易量来说,还是政策取向来说,资本市场都强于货币市场。货币市场发展滞后不但削弱了货币市场的基础运行,影响中央银行的宏观调控和利率功能的发挥,而且对金融秩序产生许多负面影响,破坏了货币市场与资本市场协调发展的基础。近两年来,虽然国家一直在强调发展货币市场,并且取得了一定成效,但货币市场落后于资本市场的总体格局仍未改变。

6. 我国金融体系空间布局迫切需要优化

我国金融空间结构不合理,主要体现在国家金融中心较为分散,地区金融中心受到非市场力量分割,特别是金融城乡发展不协调,东、中、西部地区金融发展也不协调,同时,互联网移动支付及城镇化的发展,都加速了金融的流动性。从城乡金融发展来看,类似于中国经济的二元结构,中国金融二元结构的特点非常突出,城乡金融发展极不协调且越来越严重。农村金融抑制现象十分严重,主要表现为:(1)县级金融机构大量撤销合并导致县域金融体系萎缩以至出现"空洞化"现象,很多地方只有农村信用社一家金融机构。(2)银行信贷资金投放不足,农村资金大量外流。2004年以来农业贷款的发放主体仍然主要是农村信用社,国有商业银行用于农业贷款的资金量很小。由于国有商业银行县支行的贷款权上收,其吸收的存款大多流向城市,农村资金"非农化"的现象十分突出。农村本来就资金短缺,而资金大量外流进一步扩大了农村信贷资金的供给缺口,加剧了农村资金供求关系的失衡。(3)农村的金融功能弱化,金融产品少,金融服务种类单调,基本上只有传统的存贷业务,中间业务和外汇业务种类很少。(4)农村的资本市场还没有发育起来。目前证券公司只在极少数经济发达的县级市设有证券服务部,农民基本上没有条件参与证券投资。由于主板市场的门槛很高,农村数量众多的中小企业很难进入资本市场融资从而很难谋求获得长期资本支持。

从金融结构的区域分布来看,东、中、西部金融发展极不协调。一方面,在中国国有产权为主的金融制度下,金融机构的设置主要按行政区划设立,导致经济发达地区与经济贫困地区金融机构结构趋同,例如四大国有商业银行的机构设置就是按照行政科层设立,东、中、西部的格局一样,不可避免地造成金融资源浪费。另一方面,由于东部地区经济更为发达,资金过于偏向东部沿海地区,中西部地区的比例较小,增长缓慢甚至有下降趋势,不利于西部大开发和缩小地区差距。

7. 我国金融的期限结构和风险结构迫切需要优化

我国正处于经济结构升级的关键时期,很多大型基础设施和信息制度基础设施都迫切需要长期资金的支持,长期资金需要回报稳定但风险较低的金融市场环境支持。我国社保资金和保险资金都是长期资金,但是由于体制和机制的束缚难以满足长期建设的需要。我国银行体系筹集的是居民存款等短期资金,却因为土地抵押、政府信用担保等大量投入长期建设。从总体来看,我国金融的期限结构匹配需要优化,从而降低金融的系统性风险。

三、开发性金融的独特性及其优势

多年来,国家开发银行通过服务国家战略的实践,探索了一种联结政府与市场、弥补商业性金融与政策性金融缺陷的新的开发性金融形态,建立了其在中国金融布局中的独特地位,凸显了其在中国金融布局与跨越中等收入陷阱中的不可或缺性和不可替代性。具体地,国家开发银行在我国金融布局中的独特性主要体现在以下几个方面。

（一）开发性金融在我国金融布局中的独特性

1. 经营目标的政策性

开发性金融的政策性具体体现在开发性金融的作用领域,对内支持国民经济的发展和产业结构的升级,完善和培育市场体制,缓和与解决经济发展中的矛盾,提高全民福利;对外支持国际经济合作,助推国家经济安全和外交战略的实现。开发性金融是服务国家政策的工具,还不可避免的使其具有较强的"政治性"。

开发性金融存在的最基本理由就是作为政府意志的载体,帮助实现政府的战略目标。政府借助开发性金融,作用于市场机制不予选择的空白领域或不予选择的薄弱环节,从国家战略高度上实现资金的有效转移和配置,使得社会瓶颈领域得以建设。具体而言,开发性金融贯彻国家政策目标,对内支持对国民经济发展有重大影响和政策鼓励的产业和项目建设;对外积极支持国际经济合作。在支持国内经济建设过程中,开发性金融统筹安排融资,及时调整经营战略和方向,始终坚持贷款投向体现国家产业政策和结构调整的要求,更好地服务于我国经济的发展,最终是为了提高全民的生活水平。

开发性金融作为贯彻政府政策目标的工具,它成功的首要因素是取决于政府为促进经济发展而制定的政策是否明确,为开发性金融机构确定的政策目标是否正确。政策明确、政策目标确定合适,才能保证通过开发性金融机构对经济起到积极的促进作用。发展经济学认为,后起国家为实现经济腾飞,在比较短的时间内完成工业化、现代化,赶上甚至超过发达国家,国家必须强烈地介入经济活动,有意识地引导经济的发展,其中非常重要的手段就是制订产业政策,通过政策引导产业结构合理化和迅速升级,而不能放任市场调节、经济自由发展。开发性金融的资金投向显示的不仅仅是当期政府的调节手段,更重要的是表露出政府对于未来产业发展的规划和经济趋势的判断。可以说,成功的开发性金融机构是以金融手段贯彻政府意图和计划的先驱者。

2. 业务领域的针对性

开发性金融具有"政策导向"的特点,其业务领域的选择一般不遵循商业性原则,有较强的针对性。在发达国家中,政府通过独立的立法来限定开发性金融机构的业务范围。随着经济状况的发展与变化,开发性金融机构的经营领域可能出现调整,但调整的依据也是国家发展战略目标的变化,在这种情况下,法律通常也会进行相应的调整。

从国际实践看,开发性金融一般不直接进入已经高度成熟的商业化领域,而是从不成熟的市场做起。在没有市场的地方建设市场,在有市场的地方充分利用和完善市场,以融资为杠杆,引导社会资本投向国家重点支持领域,有效填补薄弱环节和落后领域的金融市场空白。无论是发展中国家还是发达国家,只要存在瓶颈领域,市场机制配置资源存在缺陷,就需要开发性金融发挥作用,完成单纯依靠市场和商业性金融无法完成的任务,实现政府目标,促进经济社会协调发展。

在经济发展的初期阶段,市场基础不健全。为了实现"赶超战略",政府必须集中一部分财力,投资于经济基础领域,引导经济的发展。在发展中国家经济发展的初期,存在着一个恶性循环,即发展中国家由于经济落后,国民收入低,低收入导致低储蓄,低储蓄进一步导致低投资,低投资反过来又导致低收入。落后国家要想打破经济落后的恶性循环,必须集中有限财力支持基础产业和重点行业的优先发展,在工业化初期基本上奉行重工业先行战略。基础产业和重工业等行业的特点就是投资大,资金回收期较长,具有巨大的正的外部效应,巨额的长期资金是实施这个战略的根本保障。而在资金极其短缺的金融环境中,一般商业性金融机构的资金运用倾向短期化和暴利化。因此需要开发性金融机构贯彻国家政策,为这些领域提供长期贷款,促进经济的发展。

开发性金融在对社会瓶颈领域提供强大的信贷支持、促进经济社会健康协调发展的同时,还在不断进行推进体制的完善和创新,市场体系的健全和经济运行环境的改进,力求形成开发性金融的活动与市场建设、机制转变、体制改革之间的良性循环。

3. 经营行为的市场化

当今世界,市场机制是经济资源配置的主要方式。尽管存在失灵和失败,市场机制是社会资源配置最有效率的方式。开发性金融机构成功的一个重要原因是它们尊重市场的市场化运作,弥补市场失败或失灵,而不是试图替代市场或干扰市场。如前所述,开发性金融机构具有双重经营目标。它在努力完成政策目标的同时,追求保本微利,保证机构的可持续运营。但开发性金融机构自始至终坚持补充性、中立性和不亏损的原则,这是其有效发挥作用的重要保证。

开发性金融的政策性决定了它不同于商业性金融机构的融资原则。开发性金融法定享有主权级的国家信用,国家信用是开发性金融市场化运作的基础。开发性金融主权级信用运用到资本市场和债券市场,保证其在资本市场上发行风险小、易为市场接受的债券,筹集到长期稳定、成本低的资金,对国家重点发展领域提供融资帮助,在建设市场的过程中发挥资金导向作用,吸引商业性资金的进入。从这个角度看,开发性金融的一个重要作用,就是以国家信用为支点,在尚不成熟的领域和将来成熟的市场之间搭建一座桥梁。开发性金融还可通过组织增信发挥国家信用的积极作用。国家及政府组织增信是开发性金融机构与政府的一种合作方式,双方以国家信用为基础,共同构建资源配置的新平台,该平台将政府的组织优势与开发性金融的融资优势相结合,依靠信用制度体系的重新整合控制风险和损失,以实现政府特定经济和社会发展目标。

由于开发性金融的主要使命是实现政策意图,对社会瓶颈领域提供融资和融智帮助,而且提供的贷款比商业性金融更合理,所以开发性金融的经营不以盈利为主要目的。但是,不以盈利为目的并不意味着开发性金融机构不顾利润或者干脆就不盈利(政策性金融机构的经营往往容易陷入了这个误区)。开发性金融在实际经营中必须维护和增强国家信用,因此,只有以优良的市场业绩、良好的资产质量和稳健的经营管理,才能获得市场的信任,提升国家信用等级。优异的市场业绩也是维护和增强国家信用的重要保障,是实现开发性金融持续发展的重要的、基本的手段。事实上,为了不给国家财政造成负担,也为了自身扩大经营规模,很多开发性金融机构注重自身盈利的提高。盈利可以改善开发性金融机构的日常运营,扩大其规模和影响力,从而可以更好地执行政策性业务,服务国家战略目标。

4. 经营理念的诱导性

因为开发性金融的主要使命是贯彻国家政策意图和战略目标,作用市场瓶颈领域,弥补制度缺陷,支持重点领域和薄弱环节。所以开发性金融机构的资金投向表明了国家未来的长远发展目标。商业性金融资金认为,开发性金融机构融资的背后有政府方针政策的支持,对政策信息享有一定的优势,所以,开发性金融机构融资本身对商业性金融机构事前参加贷款具有诱导性作用。由于有国家强大的支撑作为后盾,商业性金融机构就会降低对瓶颈领域项目的审核门槛,加大对此领域信贷的投放。开发性金融可以导致间接地吸引商业性金融机构从事符合政策意图或国家长远发展战略目标的重点产业的放款。同时,在有些情况下,如果某个项目通过了开发性金融机构的融资审查,商业性金融机构也会跟随投资,即"搭便车",形成事后协调融资,同样显示了诱导性。

开发性金融机构首先做诱导性投资,商业性金融机构也随之投资,开发性金融机构再转移投资方向,并开始另一轮循环;同时,开发性金融机构利用其在宏观产业上的优势,筛选优良企业,提高企业在融资市场上的声誉,形成开发性金融对商业性金融投资取向的诱导机制。开发性金融提供的信贷资金虽然在数量上与一般商业性金融机构无法比拟,但是却能引导整个社会资金流向,从而对实现产业结构调整,发展重要经济领域,以及建立社会公共福利事业等,起到了关键的作用。

（二）开发性金融促进我国经济平衡增长的独特优势

针对我国经济再平衡增长中面临的总量和结构性失衡，开发性金融由于其将国家信用与市场运作相结合，将先进的开发性金融理念与中国国情相结合，因而，其在我国经济再平衡增长中具有不可替代的优势。

1. 缓解经济社会发展中的"瓶颈"制约，促进社会资本形成

前述表明，开发性金融以国家信用为基础，服从于国家经济发展战略和目标，用各种现代金融工具，筹集和引导境内外资金，向基础设施和基础产业等具有社会资本公共性质的项目进行投融资。同时引导商业资本和社会资本的流向，促进社会资本的形成，从而成为突破社会经济发展瓶颈制约的重要工具。同时，开发性金融坚持市场化方式运用资金，形成地方政府和企业的"预算硬约束"，提高了社会资本的投资效率；再者，开发性金融能够充分利用国家信用的融资优势和组织优势，加速财政资金和民间资本向建设资本的转化，促进社会资本的规模扩张和质量提升。从开发银行践行开发性金融的实践来看，在公共财力有限的情况下，可借助于开发性金融的投融资功，来弥补政府公共财力的不足，缓解经济发展中的"瓶颈"制约，促进社会资本的形成。

2. 促进市场和制度建设

实现经济平衡增长，促进经济增长方式的转变，必须处理好社会经济资源配置中市场调节与政府干预的关系。在经济发展中，政府与市场之间的关系不是相互替代、截然分开的，而是互相补充、互相渗透。在保证市场对资源配置起基础性作用的前提下，在市场运作的范围内，配以适度的政府干预，从而实现市场调节和政府干预两者的最优组合。长期以来，我国经济发展中面临的突出问题不仅仅是市场失灵，更为重要的是市场制度的空白、缺损和落后。特别是在金融市场领域，由于微观制度和金融基础设施落后，合格的市场主体缺失，基础的信用制度不完善，导致大量的社会储蓄资源无法向投资转化，只能通过扩大外需来实现经济平衡。解决这些问题，不能仅靠市场自发调节，而要立足于主动的制度建设。而开发性金融能够通过融资推动，把政府、市场和金融等力量结合起来形成合力，完善微观制度和金融基础设施。开发性金融的政府信用特征决定了其并不进入高度成熟的市场领域与商业性金融竞争，而是从不成熟的市场做起，即进入那些市场缺损、法人等制度缺损，而又有市场前景的投融资领域，主动运用和依托国家信用，来培育市场、完善市场条件和市场环境，进行项目、法人治理结构、市场、制度和信用建设等。通过参与和培育健全的市场主体和完善的市场，开发性金融发挥

着为商业性金融"铺路""搭桥"的作用,促进储蓄向投资的转化。

在正外部性方面,开发性金融更多地追求社会整体效益,选择"市场失灵"的空白领域或薄弱环节提供融资支持,包括可以主导建立、健全中小企业融资服务体系和支持高新技术产业融资平台,有效地服务于政府目标,因此具有更大的公共品性质的正外部性。在负外部性方面,商业性金融机构的负债资金直接来源于居民,一旦发生危机或损失,容易导致挤兑狂潮,可能引发经济和社会动荡。相比之下,开发性金融机构以发行金融债券为主要资金来源,债权人风险承受能力较强、专业水平较高,因此危机扩散范围和链条要远小于商业性金融。

3. 提升资源配置效率

实现经济的平衡增长,促进经济增长方式的转变,必须解决经济和金融资源配置中存在的城乡、区域和产业结构不平衡的问题,提升资源配置的效率。解决这一问题的途径包括财政融资、商业性金融和开发性金融等。财政融资受财政收入和预算规模的约束;而商业金融由于受到盈利动机的驱使,其资源配置有可能会更进一步加剧资源配置的不平衡。相比较而言,开发性金融在资源配置的目标、功能、效率等方面都有助于实现资源配置的平衡。第一,开发性金融始终站在国家战略和全局的高度,以实现国家战略而不是组织盈利为目标,将资金投资于经济发展中资源短缺的领域,如支持城市化发展、促进落后地区经济建设、扶持高新技术支柱产业等;第二,开发性金融既以政府信用融资促进市场建设和项目建设,又以优良的市场业绩和对经济社会发展的支持来体现和增强政府信用,同时还能够把政府信用、政府组织协调能力与企业和市场的力量结合起来,有效运用和放大政府信用在市场建设中的功能,从而为促进城乡、区域和产业结构的平衡协调发展提供持续的资金支持。

开发性金融还能够有效服务于国家经济战略目标,促进微观金融机构的稳健和宏观金融体系的稳定。从国际经验看,由于开发性金融在信息、交易成本等各个方面具有商业性金融所不能比拟的优势,使其能弥补商业性金融供给不足造成的缺口。特别是在存在利率管制、准入限制等金融抑制政策的情况下,商业性金融通过信贷合约筛选借款人、屏蔽风险的能力和激励受到限制。同时,由于在统一监管体系下商业性金融风险有同质化特征,使风险容易产生"共振",带来风险集中爆发的隐患。而开发性金融能较好地弥补这一监管缺陷,发挥纠偏作用。

4. 烫平经济周期

近年来,在经济发展的过程中,经济增长的不确定性加大,周期性的特征日益明显,经济的波动表现出明显的"不平衡"增长特征,即在每轮经济周期中,经济总量的扩张与结构分化相伴随;反之,经济发展不平衡结构亦随经济回落而缩小。本次金融危机也表明,包括资本市场、商业银行等在内的各类金融组织均具有顺周期的行为特征。因此,构建逆周期的宏观审慎政策框架体系也就成为当前世界各国的当务之急。传统的以财政政策、货币政策和金融监管为主的逆周期宏观经济调节手段和微观干预措施,因其调节主体为政府部门,其效果受多种因素的影响,具有较大的不确定性。开发性金融由于其信贷政策的导向性而非趋利性,使其能够按照政府宏观调控的需要,灵活增加或减少放贷规模,调整信贷结构,具有逆经济周期调节的直接性和掩蔽性,能更好地适应信贷投放微调的需要。同时,开发性金融在外部性、资源配置以及危机救助等方面具有不同商业性金融的特点和要求,能满足主动调节经济周期的需要,使其可以在逆经济周期调节中发挥重要而独特的补充作用。同时,开发性金融的"政府选择项目入口、开发性金融孵化、实现市场出口"的融资机制,在逆经济周期调节中还具有示范效应的功能。在经济处于下行或萧条期,商业性金融因其亲经济周期性而采取紧缩信贷政策时,开发性金融机构能够按照政府宏观调控的需要,选择政府急需支持的企业和领域予以信贷支持,缓解企业的融资约束,促使其投资和生产活动的正常化,进而对商业性金融的信贷投放产生示范效应,引导商业性金融机构增加对这类企业的贷款。由此可见,开发性金融作为直接的微观市场主体在逆经济周期调节中所具有的直接性、及时性和示范效应有效地弥补了以政府部门为主体的间接调控的不足,是政府宏观调控的补充。

5. 助力国家对外战略目标的实现

前述研究表明,我国经济的不平衡增长不仅表现为对内失衡,而且表现为对外失衡。因此,在经济再平衡增长的过程中,要调节对外失衡,除需要解决内部失衡外,还必须实施更加积极主动的开放战略,进一步加大"走出去"战略的实施力度,通过"走出去"战略,加强与亚非拉等能源资源强国的合作,确保经济发展的能源资源供给;同时,带动我国重大装备、设备等出口以及过剩产能转移,在激烈的国际竞争中赢得主动和优势,为经济结构调整和产业升级创造有利条件,提高安全高效地利用两个市场、两种资源的能力。世界各国开发性金融的实践表明,开发性金融在服务国家安全和对外发展战略方面具有其他商业性和政策性金融所不可替代的优势。这包括借助国家信用进行国际并购的中长期项目运作优势、遵循国际规则、为国际惯例所认可的开发性机构优势、在商业性金融难以涉足的国家能源和资源领域进行合作的项目先行优势等。

综上所述,正是由于开发性金融是以国家信用为基础的市场主体,在日常的经营活动中,以执行国家经济政策为己任,其信贷政策以国家目标为目标,使其能够自觉地按照政府宏观调控的需要,增加或减少放贷规模,调整信贷结构。开发性金融贷款投向的领域主要是基础设施、基础产业、国家支柱产业、高新技术产业及其配套工程建设以及中小企业贷款等,这些领域属于基础性、源头性行业,均处于产业链的首端,有很强的联动效应。由于开发性金融能够通过产业之间的有效联动,渗透影响经济社会的各个领域,充分放大资本积累的贡献程度,因此开发性金融的乘数效应十分显著。与此同时,开发性金融还能够通过金融创新过程,不断推动信用建设、市场建设、制度建设等,经济外部性显著。在很大程度上,开发性金融能够显著提高投入要素的产出率,使得总量生产函数表现出极强的规模报酬递增效应。开发性金融对经济增长的基本作用路径充分说明,其能够从更深的层次和更广的角度长期持续地影响经济增长,引导社会资源配置,提升社会资源配置的针对性和有效性,在我国经济平衡增长与跨越中等收入陷阱中具有不可替代的作用。

（三）加快推进开发性金融中长期融资体系建设

全国政协副主席、国家开发银行前董事长陈元曾指出,开发性金融机构在服务国家发展战略中发挥着不可替代的作用,中国金融业体系的设计既要符合现代金融原理和市场规律,更重要的是为执政兴国服务。

随着中国逐渐成为国际政治经济格局中的重要影响因素,开发性金融已经成为服务于国家发展战略的重要手段。在中国城市化、工业化、国际化发展的重要阶段,开发性金融形成了"国家发展战略的重要手段,人民币国际化的重要媒介,国家金融外交的重要工具,全球资源整合的重要力量"的战略目标。因此,加快推进中长期融资体系建设,对于政策性银行和开发性金融机构更好地服务国家发展战略、参与全球资源配置与经济治理的一系列问题具有重要意义。

纵观全球经济发展历程,作为弥补市场失灵的重要政策工具,很多西方发达经济体都长期存在政策性、开发性金融机构。不论在发展中国家还是发达国家,不论在经济稳定发展阶段还是在应对金融危机阶段,政策性、开发性银行作为中长期投融资主力军,都是金融体系中不可或缺的组成部分,发挥着撬动市场的重要作用。国家政治的任务就是在当市场不能产生社会需求时,政府通过采用一定的干涉措施,去矫正"市场的失灵";与此相承,政策性、开发性金融的任务就是通过发行中长期债券直接融资解决开发性业务领域贷款的常见的期限错配风险,为基础设施建设等领域提供长期稳定、持续快速的融资支持。中国作为发展中国家,尚处在美、欧、日等经济发达国家30~50年前的发展阶段,人均收入只有发达国家的 1/10,存在大量政策性、开发性领域。而且,开发性金融面对的不仅仅是市场失灵问题,更多的是市场空白和缺损问题,需要从无到有的建设,实现跨越式发展,这就决定了政策性、开发性金融机构在中国有更为长期和广阔的发展空间。

社会主义初级阶段的基本国情决定了中国发展经济、改善民生需要从"建设"入手。"建设"是中国现阶段经济社会发展的主要矛盾和特征,建设阶段将持续几十年甚至上百年。"十三五"规划(2016—2020 年)发展期间,开发性金融一要围绕中国城市化、工业化和国际化发展的需要,继续加大对基础设施、基础产业和支柱产业领域的支持力度;二要加大对基层金融和民生领域支持力度,促进社会建设与发展,从服务国家发展全局、缓解经济社会发展融资瓶颈出发,不断总结、完善、推广好的做法,建立商业可持续的支持模式;三要服务国家能源资源战略和外交战略,进一步拓展国际合作。

这些规定性和发展要素决定了在中国中长期融资体系建设方面,国家金融政策制定部门和开发性金融机构需要以国家发展战略规划的要求出发,在对中长期项目进行财政性、债券类开发性金融投入的同时,必须带动"储蓄资金"和"社会资金"对中长期融资体系建设的投入,以有效统筹国内国际全局和市场。

(四)开发性金融促进我国经济平衡增长的作用和优势

在市场经济条件下,经济的平衡增长能够通过市场调节下经济主体自发的行为调整和资源要素的重新配置得以实现。但在中国转轨经济条件下,经济的发展和增长更多地体现为一种政策主导型的特征。政府与市场的配合协调是保障我国经济长期快速平稳发展的制度基础。作为政府与市场结合的一种手段,自1994 年成立以来,国家开发银行在突破"瓶颈"制约、促进社会资本形成、完善市场制度、平滑经济周期、服务民生等方面发挥着独特作用,在我国经济平衡发展中长期扮演着重要角色。

纵观改革开放以来,我国社会经济的发展造成当前我国以投资和外需为主导的经济发展模式的深层次原因之一是经济发展的基础薄弱,社会资本严重不足,制约经济发展的"瓶颈"领域较多。如能够促进社会资本有效形成的基础设施、基础产业薄弱、支柱产业缺乏、"三农"发展缓慢等。显然,缓解这类社会经济发展的"瓶颈"制约,促进社会资本的大规模形成,主要应依赖于政府公共财政的支持。但在我国经济发展的初级阶段,经济发展的基础薄弱,公共财力有限,从总量和效率提升上无法满足经济快速发展的需要。从世界各国,特别是发展中国家经济发展的实践来看,在公共财力有限的情况下,可借助于开发性金融的投融资,来弥补政府公共财力的不足,缓解经济发展中的"瓶颈"制约,促进社会资本的形成。

1998 年以来,国家开发银行以国家信用为基础,在服务于国家战略目标实现的前提下,适应于我国经济社会发展不同阶段对金融资源配置的需要,不断改革和调整其服务于我国社会经济发展的功能,促进了不同阶段国家战略目标的实现。多年来,国家开发银行充分利用国家赋予其中长期、债券类批发银行的独特优势,将国家信用与市场化运作相结合,通过在国内外市场发行中长期金融债券,为不同阶段国家战略目标的实施筹集了大量的社会资金,有力地缓解和减轻了经济发展中政府财政支出的压力和负担。

针对我国经济再平衡增长中面临的总量和结构性失衡,开发性金融由于其将国家信用与市场运作相结合,将先进的开发性金融理念与中国国情相结合,因而,其在我国经济再平衡增长中具有不可替代的优势。开发性金融以国家信用为基础,服从于国家经济发展战略和目标,用各种现代金融工具,筹集和引导境内外资金,向基础设施和基础产业等具有社会资本公共性质的项目进行投融资,同时引导商业资本和社会资本的流向,促进社会资本的形成,从而成为突破社会经济发展瓶颈制约的重要工具;同时,开发性金融坚持市场化方式运用资金,形成地方政府和企业的"预算硬约束",提高了社会资本的投资效率;再者,开发性金融能够充分利用国家信用的融资优势和组织优势,加速财政资金和民间资本向建设资本的转化,促进社会资本的规模扩张和质量提升。

四、推进金融改革,做好风险防范

从历史上看,曾经陷入中等收入陷阱的国家在其最困难的时期往往都面临较为严重的通货膨胀和经济增长放缓问题,金融体系处于崩溃边缘。为此,要实现经济成功转型,必须加快推进金融体制机制改革,鼓励发展多元化金融,管控系统性风险,更好地服务实体经济。同时,要防止房地产泡沫和高债务引发的经济危机。

(一)鼓励金融多元化发展,服务实体经济

我国应不断优化多元化金融的体系格局,破除触发或引起潜在重大金融风险的各种危机因素,为实体经济取得长期健康良性发展保驾护航。

首先,要建立多元化金融发展合作体系,形成多层次多品种并具有综合协调性的金融改革开放格局。

其次,要加强风险防控机制建设,不能过于依赖间接金融体系,尤其是银行业,要更多通过多元化金融格局建立良好的风险分散机制。毋庸置疑,中国金融体系发展改革历程说明间接金融体系与中国长期以来的社会文化发展是一脉相

承的,银行在全社会信用体系中发挥了核心导向作用。但是,从防控金融系统性风险看,多元化金融发展合作体系本身就是要建立一个跨市场、跨领域的风险分散系统,破解各种可能引起触发陷入中等收入陷阱的通胀危机因素。尽管当前中国面临进入通缩的危险,但这主要是由于阶段性经济结构调整及外部环境相对复杂和需求疲软导致,并不是长期风险,相反,从前景看,如果货币超发刺激经济的短期性政策没有顺利实现过渡,不能找到有效的货币政策引导渠道,则可能在未来会引致通胀因素发展,例如,日本当前面临的发展困境就与其相对欠发达的直接融资体系有关,企业长期难以实现"去杠杆",在老龄化深度趋势下的低利率政策引致经济增长相对缓慢。解决这一问题的核心手段之一就是要加快直接融资体系建设,尽量增强间接融资的资本补充机制,加快多元化直接融资金融工具开发,不仅限于股票市场,要从资产证券化、多层次股权交易市场、可转换资本工具、长期债券市场创新、互联网金融等角度寻找新路,逐步形成可持续的中国特色"去杠杆"运作模式。

最后,要通过多元化金融发展体系促进经济转型和社会转型的矛盾问题得到解决,防范系统性金融危机。当前,经济转型和社会转型的主要矛盾体现在贫富差距加大,经济发展的新动力和新优势不足,产业没有完成有效升级,社会财富分配没有实现公平有效,社会保障体系没有有力跟上。为此,要助力形成多层次资本市场格局,有效降低实体经济"杠杆率"。与此同时,要始终加强多元化金融发展体系对提高就业率、降低资金成本、优化产出效率等方面的贡献度,通过"一带一路"、京津冀协同发展和长江经济带等国家战略,打通国内东中西产业价值链合理布局,形成连接海内外的跨区域金融合作网络,如考虑在上海自贸区搭建开发性金融批发式互联网金融合作平台,依托自贸区合作机制,加快与沿线国家构建新型产业经贸投资国际合作关系,形成经济发展的新动力和新优势,加强社会保障体系的实体经济支撑基础,有效提升人民币在全球范围内的价值内涵,逐步摆脱对美元外汇储备的过度依赖,寻找和建立新的基础货币投放渠道,加强在稳增长战略实施过程中对货币供应量的动态监控,实现对潜在通货膨胀系统性危机的有效防范。

（二）完善金融监管,防范金融风险

随着我国金融市场发展、金融创新增强、金融产品丰富、竞争压力加大,尤其是我国经济发展进入中等收入阶段后增速放缓后债务率上升等因素,使我国金融监管的难度加大,金融风险上升,亟须完善金融监管,防范金融风险。

1. 金融风险的特点

金融风险是复杂的,既有宏观层面的系统性、全局性风险,也有中观层面的金融业务风险,更多的是微观层面的具体机构或个人的行为操作风险。金融风险既有内生性引发的,也有外部冲击引发的。金融风险区别于其他行业风险的特点是其复杂性、高杠杆、传染性和危害大。首先是复杂性。相比其他行业,金融业的市场规模大、金融产品复杂、参与机构和人员广泛,几乎渗透到各行各业。虽然金融理论不断完善发展,但随着世界经济的发展,金融危机发生的频率反而不断增加,这说明金融风险的复杂性也在不断增加。其次是高杠杆,金融企业负债率偏高,财务杠杆大,导致负外部性大,另外金融工具创新,衍生金融工具等也伴随高度金融风险。2008 年的金融危机就首先由美国次贷危机再通过国际金融市场最后传染至全球。最后是危害大。金融业是经济的血脉,相比其他行业,其外部性巨大。金融风险一旦演化成金融危机,就不仅会导致经济衰退,还会引发社会危机甚至政治危机。最典型的是 20 世纪 90 年代,拉美金融过度自由化,外债过度引发金融危机,最终导致严重的经济危机和社会动荡。

2. 我国面临的金融风险

结合 2017 年 7 月 14 日召开的全国金融工作会议分析,此次会议传达出了一个重要的政策信号,就是金融工作的重要性和过去相比是大大提升了。习近平总书记在讲话当中明确提出了"三个重要":第一个重要,明确提出金融是国家重要的核心竞争力,把金融作为国家核心竞争力的重要组成部分,这个我们在过去还没有提到过,金融是国家重要的核心竞争力;第二个重要,就是金融安全是国家安全的重要组成部分,把金融安全和国家安全紧密地连在了一起,金融安全是国家安全重要组成部分;第三个重要,金融制度是国家经济社会发展中重要的基础性制度。这三个重要,把我国金融工作、金融业的重要性大大提升,重要的核心竞争力,国家重要的核心竞争力,国家安全的重要组成部分,国家经济社会发展的重要的基础性制度,三个重要就把金融业的重要性大大提升了。我们理解重要性的第三个方面,就是金融业现在还存在着一些突出的问题,要让金融业担负起三个重要的责任,现在这些问题就要不断地得到化解。那么,我国金融业现在存在哪些问题呢? 应该说金融业存在着一定的风险,风险的存在是我们金融业发展的一个突出的问题。这一次会议专门讲会议的总体部署,会议的总体部署当中有一个基本点,就是要加强对金融业的监管,加强对金融活动的监管。为什么要加强监管? 就是要防范风险。我国现在金融业的风险,当然讲广义的风险,风险点比较多,风险的隐患也还是比较大,但是总体上来讲,我国现在的金融风险还是可控的,还没有达到金融风险要暴露、要表现的程度。但是我们要防患于未然,所以我们要从金融业的发展、金融业的竞争力方面去认识金融业重要性的提高,去认识三个重要。这样我国金融业的发展才能和党和国家发展要求一致起来，对称起来。

随着我国几十年的经济高速发展，金融业改革发展也取得了巨大成就。截至2016年年末，我国银行业金融机构总资产超过230万亿元，广义货币供应量M2余额达155万亿元。在金融机构方面，建立起以银行为主导，包含保险、证券、信托、租赁、小贷、基金、互联网金融等种类齐全的多元化体系。在金融市场方面，建立了银行间市场、外汇市场、证券交易市场、商品期货市场、股权交易市场等较丰富齐全的各类市场，且规模不断壮大。在金融产品方面，随着金融业的发展和开放，各类金融产品日益更新，品种繁多，发达国际市场复杂的金融衍生品也在我国市场不断涌现。然而随着金融业的繁荣，各类风险也不断积聚。

宏观层面，在十多年的经济高速发展期，我国M2一路高歌猛进，目前M2已突破160万亿元。根据国际清算银行数据显示，2016年年末，中国经济整体负债总额为27.49万亿美元，占GDP的比重从2011年的181.1%上升到257.0%。中国杠杆率快速上升是确定无疑的事实，需保持高度警惕。2008年之前，中国非金融企业杠杆率一直稳定在100%左右，全球金融危机后，杠杆趋势非常明显，非金融企业负债占GDP比重从2008年的97.4%上升到2016年的166.3%。中国非金融企业杠杆率水平较高，隐含风险值得关注，一旦经济增长速度长期持续下滑，我们所面临的债务风险将不断增大。

中观层面，近几年我国的证券市场、债券市场、期货市场、房地产市场等金融市场均出现剧烈波动。2014年以来，银行业不良贷款率普遍上升，2015年的股灾余波未平，2016年以来，房地产市场高烧不退，下半年债券市场形势突然扭转直下，保险业却不断出现"野蛮人"利用万能险的恶意并购，而证券业则出现国海证券"萝卜章"事件。互联网金融业更是出现"e租宝"、中晋资产及大批P2P平台跑路事件。

微观层面，风险也不断增多。2016年票据理财扎堆出事，多家银行等相继暴露出票据风险事件，涉及风险金额逾百亿，暴露出监管漏洞、银行内控不严、票据中介违规操作等一系列问题。大量房地产中介则违规提供"零首付"产品。

当前，我国金融的风险不断积累，既有经济增速减缓，金融市场日益复杂的因素，也有监管体系、监管制度不完善的原因。也说明了我国金融监管体制及部门协调机制的内在缺陷，体现出我国对金融机构行为研究和监管的不足，亟须在今后的金融监管体制改革中进行补缺。

3. 我国的金融监管

2008年全球金融危机后，我国金融监管改革的进展主要体现为中国人民银行(简称央行)的差别存款准备金率动态调整和银监会的四大监管工具。

一是 2011 年,央行结合宏观审慎理念和流动性管理需要,引入差别存款准备金率动态调整。目标是引导货币信贷平稳适度增长,提升金融体系风险防范能力。原理是基于银行信贷偏离经济增长加物价指数的程度,同时考虑各银行对整体偏离的影响以及各自的系统重要性程度和稳健性状况,引导并激励银行自我保持稳健和调整信贷投放。在差别准备金动态调整下,信贷偏离度越小、稳健性程度越高的银行,可相应少存放准备金、多放贷款,反之就需多存放准备金减少贷款投放;超过达标要求后,可视情况反向释放已存放的差别准备金。差别存款准备金动态调整是央行在构建逆周期的金融宏观审慎管理制度框架方面的核心工作之一。差别准备金动态调整具有宏观审慎监管工具的两个主要特征,即信贷投放偏快时上调、对系统重要性机构更严格。

二是近年来中国银行业监督管理委员会(简称银监会)陆续出台了《中国银行业实施新监管标准的指导意见》《商业银行杠杆率管理办法》《商业银行资本管理办法》《商业银行流动性风险管理办法(试行)》。这些办法与 2010 年的巴塞尔协议 III 在精神上一致,即在资本充足率监管之外引入流动性风险监管,在微观审慎监管之外引入宏观审慎监管,监管标准略高于巴塞尔协议 III,实施时间也有所提前。

另外,其他监管改革还包括:银监会加强了对银行表外贷款和信托理财等我国特有的影子银行体系的监管;银监会加强了对地方政府融资平台贷款和"铁、公、基"贷款的监管;在"一行三会"中均成立与金融消费者保护有关的部门;明确央行对信用评级业的监管;明确了银监会、证监会、地方政府对互联网金融监管的职责。

总体来说,我国金融业以银行业为主体,而银行业又以传统信贷业务为主,产品结构较为单一,高风险、复杂的衍生品和证券化产品不多;金融危机前资本充足率较高,而且资本质量较高,次级债务、优先股以及混合资本工具应用不多,也没有使用高杠杆;国际业务规模和占比不高,所以受金融危机的冲击没有欧美银行业大。相应地,金融危机后我国金融监管改革也没有达到欧美的深度和广度。

我国在监管的技术层面与国际趋同,对银行表外贷款、信托理财以及地方政府融资平台贷款和"铁、公、基"贷款等我国特有风险点采取了市场化监管手段,差别存款准备金率动态调整在逆周期调控方面有创新意义,这些都是值得肯定的地方。但也存在几个不足。

第一个不足是在对监管协调的需求提高的情况下,金融监管的方式和力度不足。金融危机后，各国积极推动加强金融监管协调机制，设立实体化、制度化的监管协调机构。例如，美国设立跨部门的金融稳定监察委员会，英国将 FSA 的监管职能合并到英格兰银行中。我国已经形成了"一行三会"的金融分业监管格局，但"一行三会"各自为战，信息不畅通，管理难协调。而实施宏观审慎监管需要银、证、保三个监管当局之间以及中央银行与三个监管当局之间有效协调。

第二个不足是我国"主动介入"提前监测的行为监管制度尚不够健全。审慎监管侧重于遵循审慎经营的监管指标和要求（如资本充足率、资产流动性和风险集中度等），而行为监管注重于"主动介入式"提前监测、关注产品和业务分析以及纠正金融消费者行为偏差等，两者缺一不可。2008 年国际金融危机后行为监管在世界范围内得到了广泛实践。近年来，世界银行、国际货币基金组织、国际消费者联盟、二十国集团、金融稳定委员会都发布了加强行为监管和金融消费者保护的相关指引和调查报告。例如，世界银行的《金融消费者保护的良好经验》、二十国集团的《金融消费者保护高级原则》。

4. 加强金融监管的建议

金融监管体制是一个世界性难题。从金融危机后的改革看，金融监管体制主要受两个关键问题影响。

第一个问题是如何设计宏观审慎监管框架，包括在应对顺周期性和逆周期上金融监管和货币政策的协调，在应对系统重要性金融机构上中央银行、财政当局、监管当局和存款保险机构的协调，特别是货币政策与金融监管要加强协调。IMF 评估了各国做法，发现有的国家成立专责机构，有的国家成立协调委员会，各种模式均有利弊，基于此，有如下建议：一是央行应在宏观审慎监管中发挥重要作用；二是复杂而分割的监管体制不利于有效管理系统性风险；三是系统性风险防范和危机处理是不同职能，在制度上应分开安排。2015 年年底，央行宣布从 2016 年起将差别准备金动态调整和合意贷款管理机制升级为宏观审慎评估体系（MPA）。MPA 体系的主要构成包括：重点考虑资本和杠杆情况、资产负债情况、流动性、定价行为、资产质量、外债风险、信贷政策执行七大方面，其中资本充足率是评估体系的核心。MPA 关注广义信贷，将债券投资、股权及其他投资、买入返售等纳入其中，以引导金融机构减少各类腾挪资产、规避信贷调控的做法。同时利率定价行为是重要考察方面，以约束非理性定价行为。

第二个问题是审慎监管和金融消费者保护的关系。越来越多的国家采取审慎监管与行为监管分离的模式，设立了专职负责行为监管的部门。例如，美国在《多德-弗兰克华尔街改革与金融消费者保护法案》（*Dodd-Frank Wall Street*

Reform and Consumer Protection Act）中把原来多个部门负责的金融消费者权益保护职能进行了合并，设立消费者金融保护局（CFPB）；英国根据 2012 年《金融服务法案》（*Financial Service Act*，2012），对英国金融监管体系进行了彻底改革，建立了负责银行业金融机构在内的所有金融机构经营行为的金融行为监管局（FCA）。中国香港金融管理局则在 2011 年对其部门进行调整和重组，新设立银行操守部，重点在于对违法违规行为加大处罚。

我们对理顺金融监管体制提出以下几点建议。

第一，坚持分业经营、分业监管模式，审慎试点综合经营。商业银行和投资银行在商业盈利模式、资金来源、风险承担、文化等方面有本质区别。金融危机暴露出混业经营模式的两个突出问题：一是在存款保险体制下，银行可用低成本的存款作为高风险、高杠杆投资银行业务的资金来源，相当于存款保险为投资银行业务提供了补贴，有道德风险；二是一旦投资银行业务出问题危及了存款、汇款、支付清算等基础性商业银行业务，可能动摇金融体系基础。美国沃尔克规则引入对银行投资对冲基金和私募基金以及从事自营交易的限制，英国独立银行委员会提出分离零售银行和投资银行，都是对格拉斯—斯蒂格尔法案的部分恢复，对过度混业经营的纠正。

第二，在分业经营、分业监管模式下，为促进监管协调，2017 年 7 月 14 日召开的全国金融工作会议上宣布成立国务院金融稳定发展委员会，强化人民银行宏观审慎管理和系统性风险防范职责，落实金融监管部门职责，并强化问责。习近平总书记在会议上强化监管是在新的国际国内经济形势下作出的重大决定，具有重大意义。金融业发展没有强有力的监管是不行的，要强化监管。这种强化监管原则是以市场导向，金融业发展加强监管并不意味着我们通过行政的办法来进行管理，这次明确提出市场导向，就是金融业的发展仍然要坚持市场在当中起决定性作用这个重大原则。就是要坚持社会主义市场经济改革发展方向，市场在金融资源配置当中仍然要起到决定性的作用。政府作用是要加强顶层设计、加强制度设计，加强监管，加强执行力。对于市场导向原则，回归本源是最重要的。回归本源、优化结构、强化监管、市场导向，这就是这次会议对金融业发展的总体部署。一个目标，就是实现经济和金融良性循环、健康发展；一条底线就是确保不发生系统性金融风险；三大目录就是服务实体经济，防范金融风险，深化金融改革；四大领域就是回归本源、优化结构、强化监管、市场导向。这就是这次金融会议的总体精神。

IMF 2011 年对我国金融系统稳定性的评估报告中,对监管体制提出了类似建议:成立一个由高层领导人负责的关于金融稳定的常设委员会,负责识别和监控系统性风险、提出应对措施;人民银行负责委员会秘书处工作,成员还包括财政部、三个监管当局以及相关部委。

第三,加强央行在宏观审慎监管和防范系统性金融风险方面的职能。央行有宏观经济分析能力、决定利率和贷款总量等重要货币政策变量、参与并了解资本市场和保险市场、负有最后贷款人职能以及监督支付清算系统,应成为宏观审慎监管体系的牵头人。这在全世界范围内都是一个普遍趋势。

第四,借鉴美国多德-弗兰克法案提出的金融研究理事会,在央行内部成立类似机构,系统地收集和整理关于我国金融系统的数据和信息,为系统性风险监测提供分析支持。美国的金融研究办公室设在财政部内部,目标是向政策制定者提供关于金融系统的高质量数据和深度分析,主要有两个运营中心。第一个是数据中心,负责标准化、验证和维护有助于监管当局识别金融系统脆弱性的数据。第二个是研究和分析中心,负责实施、协调和资助有助于改善金融机构和市场监管的研究项目。金融研究办公室的数据和分析报告提供给政策制定者和监管当局,包括美国国会和金融稳定监察委员会,也以一定形式向公众开放,有助于促进金融稳定和市场纪律。

(三) 推进"一带一路"人民币国际化

随着中国"走出去"战略和"一带一路"倡议的全面推进,欧亚区域内人民币国际化迎来新的历史机遇。人民币贸易结算体系和人民币投融资体系建设是欧亚区域内人民币国际化发展的重点,在搭建政策协调机制的同时,积极推动合作平台建设,创新人民币国际化合作模式。

1. 以规划为先导,搭建人民币国际化政策协调机制

根据国际和地区金融市场的特点和需求,以及"一带一路"倡议构思对我国金融业对外开放与合作的要求,将欧亚区域金融合作与推进人民币国际化工作相结合,制定以推进人民币国际化为重点的"一带一路"欧亚区域金融合作中长期规划,建立欧亚区域人民币国际化信息共享系统。完善上合组织金融合作委员会定期会晤和协商机制,深化各国金融机构间的沟通联系和信息交流,建立欧亚区域性信用评级机制和投融资担保机制,加强政策制度、合作项目及合作机制等方面的沟通协调。鼓励和支持中国金融机构在"一带一路"欧亚区域国家设立分支机构,推动人民币跨境支付系统(CIPS)的建立和完善,扩大人民币跨境贸易和投资

结算,实现区域金融服务网络全覆盖。全面推动欧亚区域内人民币资金融通工作,增加人民币贷款额度,扩大人民币货币互换规模。

2. 全面拓宽人民币信贷合作领域,创新人民币国际化合作模式

从落实人民币国际化中长期发展目标的角度看,在"一带一路"欧亚区域以人民币为主要融资货币开展信贷合作具有广泛前景,未来我们应该将人民币融资支持的重点领域从传统的能源资源领域逐步向基础设施、高新科技、新能源等非资源领域、绿色经济及民生领域扩展。要加强重点合作领域人民币融资支持力度,以跨境基础设施互联互通和区域内产业合作为支点,推动区域内国家产能合作优势互补,强化产业和项目对接。积极创新人民币信贷合作模式,搭建人民币投融资体系,将人民币跨境投融资与国家经济外交战略相结合,将援外资金与贷款资金相结合,整合项目融资、银行授信、银团贷款等多种金融合作方式,推进人民币贷款、信贷资产证券化,加快离岸人民币市场建设,开展离岸人民币业务,支持俄罗斯、哈萨克斯坦等国信用等级较高的企业及金融机构在中国境内发行人民币债券,并在中国香港、上海和深圳等地上市融资。

3. 金融市场合作有序畅通

在开放银行间债券市场方面,境外机构在境内发行人民币债券更加便利,蒙古、马来西亚、新加坡、泰国、印尼等多个沿线国家央行获批投资银行间债券市场。在促进亚洲债券市场开放方面,人民银行积极参与了东亚及太平洋地区中央银行行长会议(EMEAP)机制下的亚洲债券基金的发行和管理工作,共同提出了"10+3"金融合作机制下的亚洲债券市场倡议,还共同发起了区域信用担保与投资基金,为"10+3"国家的公司发行可投资级及以上的本币债券提供担保,促进本币公司债市场的发展。此外,目前各方还就成立多币种债券发行框架、区域债券清算中介等问题进行探讨。顺利推出沪港通,资本项目外汇管理进一步简化。

此外,人民币对马来西亚林吉特、俄罗斯卢布在全国银行间外汇市场挂牌交易。云南省开展了人民币对泰铢的银行间市场区域交易,山东、吉林、广西和新疆等地开展了人民币对韩元、越南盾、老挝基普、哈萨克斯坦坚戈等周边国家货币的银行柜台直接挂牌交易。

4. 中国资本市场也在与沿线国家加快融合

2015年8月,中国证监会表示,将进一步向外资公司开放证券业,并指出要继续通过产品跨境交易和互联互通等方式积极推进市场开放,鼓励交易所整合市场资源,支持与境外交易所在交叉持股、产品互挂和市场参与者互通等合作。

5. 区域金融合作机制不断充实和完善

中国积极开展与"一带一路"沿线国家的多方位合作,共同组织了中印财金对话、孟中印缅地区合作论坛、中国-东盟博览会、中国-南亚博览会、中国-亚欧博览会、中阿博览会、中亚区域经济合作机制、博鳌亚洲论坛、中国-东盟征信研究中心、中国-巴基斯坦投资有限责任公司等区域金融合作平台。

此外,中国部分省区地方政府也积极搭建与毗邻沿线国家的金融合作平台,促进区域金融合作。例如,通过在新疆设立中哈霍尔果斯国际边境合作中心开展跨境人民币业务创新。中国、老挝两国还先后签署了《中国老挝磨憨-磨丁经济合作区建设共同总体方案》《中国老挝磨憨-磨丁经济合作区共同发展总体规划》,在中国云南省和老挝南塔省建设"中国老挝磨憨-磨丁经济合作区"。

第七节 小 结

我国经济正处在增长速度换挡期、结构调整阵痛期和前期刺激政策消化期三期叠加的关键时期,也是推进经济转型跨越中等收入陷阱的关键期。虽然目前经济面临调整,增速减缓,但我国经济仍具有较高的潜在经济增长率,经济转型升级有很大的空间。这需要我们深入推进经济体制改革,进一步释放改革红利,激发市场活力,才能把握住机遇。

我国经济转型的重点是要通过改革,使市场对资源配置起决定性作用,同时更好发挥政府作用。要积极转变政府职能,一方面要简政放权,消除市场壁垒;另一方面要积极创造经济转型的良好基础和环境。例如,要消除垄断行业的投资壁垒,推进城乡二元化体制改革。同时要加强教育投入和人才培养模式的改进,以人才促进科技创新。要加强知识产权的保护,创造公平、公正的创业环境。在国际形势错综复杂的形势下,我国要继续加大对外开放力度,积极参与国际经济新秩序的再塑造,为中国开拓国际市场创造有利的环境。对内要做好房地产泡沫和高债务风险防范。

实现经济转型是我国跨越中等收入陷阱必由之路。只有全面深入地推进经济体制改革,才能消除各种障碍取得转型的成功。

本研究认为,在我国跨越中等收入陷阱的重要阶段和参与国际经济金融治理协调的新形势下,关键是如何构建我国参与国际宏观经济政策协调的新机制,进一步扩展到结构性改革等领域。国际宏观经济政策协调分为三个层面:第一层面是汇率关系的协调,再深一层是货币与财政政策协调,最深层次则涉及结构性改革(广义的体制机制与基础性制度)要求。本书的主要建议如下:

一是建立主要经济体间更频繁的沟通机制。在 G20 框架下,主要经济体(欧盟、美国)应建立沟通机制,承担情况通报的责任,更频繁地进行沟通(如一个月一次),包括国际资本流向,主要经济体的通胀、景气或衰退的情况等。在此基础上,建立危机预警机制。

二是建立全球危机应对基金。鉴于当前全球经济风险和不确定性增多,建议将清迈协议全球化,由全球主要经济体向(或承诺向)"共同外汇储备基金"注入一定规模的外汇储备,当有关国家面临外汇资金短缺困难时,其他国家将帮助其缓解危机。如果中国首先提出倡议,可以掌握主动权。

三是扩大特别提款权(SDR)使用范围。提升 SDR 作为"超主权"货币在国际支付中的地位,将有利于降低国际货币体系风险,增加 IMF 金融资源。具体包括:修订 SDR 相关制度并建立和其他货币之间的清算关系;扩大 SDR 在 IMF 成员的国际收支和危机救助中的使用;拓宽 SDR 在国际贸易与投资中作为计价单位的使用范围;IMF 向成员央行和其他多边开发银行提供 SDR 贷款,推动 SDR 在全球重大基础设施项目投资中的使用等。

四是推动构建多级储备货币体系。成立国际货币管理委员会致力于国际货币协调,实施国际汇率正负 10%~15% 的目标区管理,并在全球范围(也可亚洲地区先行)统一征收 0.5% 的托宾税。

五是构建"5+1"全球宏观经济政策协调机制。由构成 SDR 的五种货币的央行加上 IMF 组成协调机制,其运作形式可以是定期开会,内容着重于各自的宏观经济政策,包括财政、货币、外汇、贸易和结构性改革等,目的在于扩大五大经济体宏观经济政策的正面溢出效应,减少负面溢出效应。

六是组建国际经济联盟。应联合巴西、印度等与中国经济高度相关的国家,以及与美国经济低相关或负相关的国家组成联盟,抵消主导国家经济政策的负向溢出效应。

第五章 跨越中等收入陷阱 需要提高社会治理能力

跨越中等收入陷阱，既要完成经济转型，也需要完成社会转型。完成经济转型，离不开经济治理的现代化；完成社会转型，则离不开社会治理的现代化。

社会治理是基于社会价值、法律规则等社会规范，规制社会主体行为、协调社会关系、解决社会问题、化解社会矛盾、消除社会冲突、防范社会风险的活动。从社会管理到社会治理，一字之差，不只是概念的转化，更是改革理念的升华。社会治理现代化体现了社会管理理念和方式的全面升级，是国家治理现代化的重要内容。

中等收入陷阱的本质是没有处理好发展与治理的关系，使政府失效、市场失灵、社会失范同时存在、相互牵制，阻碍了经济与社会的成功转型和进一步发展。对拉美、南亚和苏东的研究表明，这些国家之所以落入中等收入陷阱，既有创新不力、经济转型不畅的原因，也有社会结构畸形发展、收入分配不公、利益关系失衡、法治建设落后等深层次的社会原因。反观西方发达国家和日本、韩国，尽管进入高收入阶段的路径与策略不尽相同，但都较好地处理了发展与治理的关系，在法治框架下实现了经济和社会的成功转型。

改革开放以来，中国经济总量跃升至全球第二，社会发展也进入深刻调整期。不同阶层的利益诉求加快分化，不同群体之间的利益矛盾日益凸显，社会观念和社会价值分散多元，社会发展中许多长期积累的深层次问题逐步显现，与新形势新问题相互交织，给传统的社会管理理念和管理模式带来严峻的挑战。

"月晕知风，础润知雨。"党的十八大以来，以习近平同志为核心的党中央及时把握我国经济社会发展的阶段特征和历史变化，科学分析党和国家事业面临的机遇和挑战，提出了协调推进全面建成小康社会、全面深化改革、全面依法治国、全面从严治党的战略构想，指明了实现中华民族伟大复兴中国梦的现实路径。同时，站在推进国家治理体系和治理能力现代化的高度，科学地提出了创新社会治理、改进社会治理方式、提升社会治理能力的顶层设计。

2013年11月，党的十八届三中全会决定要求"创新社会治理体制"，并从改进社会治理方式、激发社会组织活力、创新有效预防和化解社会矛盾体制、健全公共安全体系四个方面提出了原则性要求。2014 年 10 月，党的十八届四中全会提出要坚持系统治理、依法治理、综合治理、源头治理，提高社会治理法治化水平。2015 年 11 月，党的十八届五中全会提出要加强和创新社会治理，完善"党委领导、政府主导、社会协同、公众参与、法治保障的社会治理体制"，推进社会治理精细化，构建全民共建共享的社会治理格局。我们党对社会治理的理论研究越来越深入，治理思路越来越清晰，社会治理的内涵、外延、重点越来越明确，为实现社会治理的科学化、现代化打下了良好的基础。[①]

习近平同志指出，"中等收入陷阱"过是肯定要过去的，关键是什么时候迈过去，迈过去以后如何更好向前发展。[②] 过去 30 多年的历史经验表明，我国只有坚持改革、解放思想，充满自信、抓住机遇，从顶层设计的高度统筹安排，才能成功应对这一挑战。

跨越中等收入陷阱，需要推动社会转型，提高社会治理能力，推进社会治理现代化。遵循"完善党委领导、政府主导、社会协同、公众参与、法治保障的社会治理体制"的顶层设计，在党的领导下，逐步转变政府职能，激发社会多元主体活力；逐步缩小贫富差距，优化社会结构，尽快扩大中产阶层的规模；推进基本公共服务均等化，完善社会保障体系，织密民生保障网；加强法治建设，走出一条符合中国国情的良法善治之路，实现社会的长治久安，构建全民共建共享的社会治理新格局。

第一节　提高社会治理能力助力跨越中等收入陷阱

一、跨越中等收入陷阱与提高社会治理能力的关系

尽管中等收入陷阱主要是以经济增长和经济发展的量化指标来衡量的，但其内在本质还是制度转型困境，即没有正确处理好发展与治理这两大内在逻辑关系，使政府失效、市场扭曲/失灵、社会失范同时存在和相互牵绊，以致滞留在转型途中。[③] 因此，出现中等收入陷阱表面上看是经济问题，但更深层次上是社会问题。

[①]　谢志强. 创新社会治理：治什么 谁来治 怎么治——我国加强和创新社会治理面临的问题挑战与对策建设[N]. 光明日报，2016-07-13.

[②]　2014 年 11 月 10 日，习近平主席在北京出席亚太经合组织（APEC）领导人同工商咨询理事会代表对话会时的讲话。

[③]　田国强，陈旭东. 中国如何跨越"中等收入陷阱"——基于制度转型和国家治理的视角[J]. 学术月刊，2015,(5)：18.

（一）提高社会治理能力是跨越中等收入陷阱的内在要求

马克思主义基本原理告诉我们，经济基础决定上层建筑，上层建筑反作用于经济基础，必须不断调整以适应经济基础的发展。随着经济的增长，居民收入水平的提高和利益的日益多元化，社会结构和形态也会随之发生变化。如果对社会转型问题处理不当，社会不公平得不到有效遏制，就容易造成社会矛盾易发多发，从而对经济发展形成制约。因此，从某种意义上说，中等收入陷阱也是社会转型和社会治理现代化问题。[①]

从国际上看，落入中等收入陷阱的国家转型失败的一个重要原因，是在经济赶超的过程中没能解决好城乡发展不协调、居民收入差距扩大、社会阶层分化、社会保障失衡、政治动荡、不当的福利赶超等一系列社会问题，使社会发展相对于经济发展出现了严重的脱节与滞后。以 20 世纪 70 年代至 90 年代转型失败的拉美国家为例，主导性的精英集团的"现代传统主义"片面追求经济增长和财富积累，反对在社会结构、价值观念和权力分配等领域进行变革，或者把这种变革减少到最低程度，导致社会发展严重滞后于经济发展。严重的社会分化引发了激烈的社会动荡，甚至政权更迭，严重阻碍了经济向更高层次的转型升级，最终跌入了经济社会发展的中等收入陷阱之中。反观欧美发达国家和日本、韩国，尽管进入高收入阶段的路径与策略不尽相同，但都是在及时转换治理思路和模式，妥善解决或缓和了经济转型过程中的社会矛盾，成功实现经济与社会的双转型后，才实现对中等收入陷阱的跨越。

由此可见，跨越中等收入陷阱不仅需要提高经济治理能力，适应经济发展要求，更要提高社会治理能力，解决好、处理好在中等收入阶段凸显的社会矛盾及爬坡过坎中涌现的敏感问题；不仅要明确界定政府与市场的治理边界，更要厘清政府与社会的治理边界，切实提高社会治理能力，实现社会治理现代化，才能为跨越中等收入陷阱铺平道路。

（二）提高社会治理能力是跨越中等收入陷阱的必要保障

经济发展是社会发展的基础和条件，社会发展是经济发展的出发点和终极目的，两者相辅相成。[②] 中等收入阶段，是各种经济变量变动最剧烈的时期，也是社会结构发生急剧变化和重新组合的时期。这一阶段所追求的经济发展不单纯是经济发展速度的提升与结构的调整，更应是经济发展与社会进步相协调的发展，

① 郑之杰. 良法善治助力跨越"中等收入陷阱"[N]. 学习时报，2014-12-08.
② 邓伟志. 经济发展与社会发展[J]. 南京社会科学，1995，(8)：31.

是良性的、有质量的、可持续的发展。

从成功跨越了中等收入陷阱的欧美发达国家和日韩等东亚国家的经验来看，都是在经济转型的过程中，通过完善福利制度、调整社会结构、均衡政治权利等社会治理手段，为产业升级和经济转型提供了良好的制度保障、营造了稳定的社会环境与社会阶层基础，创造了可以支持经济高速增长的社会条件。例如：美国发挥政府制度调整和全面社会建设的作用、德国法国注重社会保障体系和社会福利制度的建立、英国使社会保障体系与现实经济发展水平的匹配、日本实施"国民收入倍增计划"对现代中产社会的形成、韩国开展"新村运动"对城乡差距的缩小、日韩注重儒家文化对社会心态的调整等社会治理改革和创新等。虽然不同国家措施有所不同，但社会治理对保障经济高速平稳发展所起的作用是显而易见的。

因此，提高社会治理能力是经济发展的前提，经济发展需要社会治理为其赢得更大的空间。通过社会治理，可以创造和谐稳定的社会环境，有利于保障经济的平稳发展；通过社会治理，实现制度构建，才能为创新提供制度保障，激发创新的活力；通过社会治理，优化社会结构，缩小贫富差距，刺激消费、提升内需，为经济发展提供源动力；通过社会治理，可以凝聚社会多元主体的共识，减少经济转型的阻力，推动经济向纵深发展。可以说，社会治理能力和水平是经济发展木桶效应中那块决定水面高低的短板。社会治理水平高，未来经济发展的速度就会加快；社会治理水平跟不上，未来的经济发展也会受到限制。

二、跨越中等收入陷阱亟须提高社会治理能力

改革开放以来，我国社会经历了一系列深刻的变化，其中最为突出的是经济体制从计划经济转向市场经济，社会形态也从传统社会转向现代社会，社会领域遇到的新情况新问题层出不穷，传统的社会管理模式亟待调整和创新，对提升社会治理能力提出了更高要求。

（一）我国社会转型面临挑战

经济和社会的快速转型加速了社会流动性。据统计，在城市就业总人口中，过去"单位人"占比95%以上，现在这个比例已经降到约30%左右。[①] 2010—2016年，中国流动人口数量持续保持2亿人以上，大量"单位人"向"社会人"转变。社会流动的规模越来越大，跨地区流动已经成为一种常态，而且伴有家庭化、居住长

① 谢志强. 创新社会治理：治什么 谁来治 怎么治——我国加强和创新社会治理面临的问题挑战与对策建议[N]. 光明日报，2016-07-13.

期化的趋势,给社会公共服务带来了一些难题。

经济和社会转型相互交织,强化了不同阶层、不同社会群体的差异性,社会结构分化更加明显,利益主体和利益需求更加多元,对传统社会治理模式构成了严峻的挑战。在社会生产力的发展不断满足多样化利益需求的同时,不同阶层、不同群体、不同个体之间的利益差距进一步显现,加上部分制度不能满足社会转型期利益协调的需要,社会矛盾呈现更为复杂的特征。多年的市场化改革培育了多元化的市场主体,如何统筹协调不同阶层、不同利益群体的诉求,如何妥善处理他们之间的利益关系,如何建立健全适应社会主义市场经济体制的利益分配机制,是迈入中等收入阶段后必须通过有效的社会治理予以解决的问题。

公众权利意识迅速提升,对公平正义的期待和需求更为迫切。权利意识是人们对于一切权利的认知、理解和态度,是人们对于实现其权利方式的选择,以及当权利受到损害时采取何种手段予以补救的一种心理反映。进入中等收入社会以后,市场机制已经建立并逐步走向完善,人们的经济收入和文化水平明显提高,对机会公平、规则公平、分配公平等有了更高的期望,个人权利意识进一步增强,更加了解和重视自身权益,更加主动自觉地实施各种维权行为。

(二)传统的社会管理模式存在局限性

社会管理是国家通过自己的权力机关或授权部门依据一定的规则,对社会生活的干预、协调、调节、控制等行为,是政府以调整社会关系、规范社会行为、维护社会秩序为目的的管理行为。我国迈入中等收入阶段后,社会领域也面临很多新挑战,原有的社会管理模式不再满足新形势下的新需求,亟须作出改变。

管理主体的单一性不符合社会发展的多元化趋势。过去,我国社会结构相对简单,社会管理主要依靠政府,对需求的多样化和个性化重视不足,体现出较强的控制色彩。在有些地区,这种控制式的管理模式还会引发行政资源的浪费和管理成果的反弹,给社会建设带来一定的负面影响。面对转型过程中信息分散、社会事务繁重复杂的局面,单纯依靠政府的力量已经不能满足社会治理的客观需要,需要充分发挥多方参与的作用。当前,各类型的社会组织迅速崛起,许多私人领域的活力得到有效释放,推动了经济和社会的繁荣与进步。但是整体上,社会组织的自主性依然比较脆弱,政府大包大揽的做法依然存在,政府与社会组织、民众之间的交流渠道和协商治理机制仍需进一步完善。

自上而下的控制型管理方式难以满足不断增长的社会权利意识。社会管理离不开政府对社会的控制和管制,但是当社会主体多元性日益突出的时候,简单延续传统做法容易造成政府意图与社会意愿、政府权力与社会权利、政府管理方式与社会选择方式之间的冲突,并引发一系列社会问题。如管理方式缺乏弹性,管理成效有限;重管理轻服务,资源配置不合理,公共服务供给与需求不匹配等。

单一的行政化管理手段不利于处理纷繁复杂的利益格局。长期以来,一些政府部门习惯用指令性、强制性的行政手段来管理社会公共事务,只强调社会组织和社会成员的服从和配合,对其应有的权利重视不够,"一刀切"的管理思路难以满足多元利益主体的不同诉求。而且,行政管理手段大多带有短期性、运动式特点,无法从根本上解决顶层设计不足和长效机制缺位的问题,往往只能等社会问题积累到一定程度再进行应对和整治,容易引发"一抓就死,一放就乱"的现象。[①]

上述问题有的是在社会结构转型中,因结构冲突、体制摩擦、规范空白、部门利益冲突等原因造成的,有的是因思想认识不到位、管理方法不当形成的。这些都需要通过转变社会治理方式,提高社会治理能力来逐步解决。

（三）推动社会管理到社会治理的转型

为了更好应对社会转型期的各项挑战,成功跨越中等收入陷阱,必须从价值目标、参与主体、方式手段等方面推动传统的社会管理向现代化的社会治理转变,提升政府与社会的良性互动。在价值目标上,不再单纯强调社会成员的责任与义务、服从与配合,而是树立以人为本、公平正义等理念,将实现好、维护好、发展好广大人民的根本利益作为首要目标。在参与主体上,既要坚持政府在社会治理中的主导地位,也倡导参与式治理,充分发挥企事业单位、社会组织、公民等多元主体的协商合作作用,使社会成员在社会治理过程中享有对相关决策的参与权和发言权,实现政府治理与社会自治的有机结合。在方式手段上,综合运用法律、行政、道德等多种手段,对社会成员的行为进行规范,对社会公共事务进行组织、协调、服务、监督和控制。

三、提高社会治理能力,推进社会治理现代化

提高社会治理能力,主动回应我国社会发展新阶段面临的各种社会矛盾和问题,是中国特色社会主义现代化建设的必然要求,也是推进我国社会治理现代化的重要内容。社会治理现代化就是使社会治理体系制度化、科学化、规范化、程序化、精细化,使社会治理者善于运用法治思维、法治方法、法律制度治理社会,把中国特色社会主义各方面的制度优势转化为治理社会的效能。[②] 跨越中等收入陷

① 王明姬.社会管理方式转型:主要问题与路径选择[J].中国经贸导刊,2013(13):50-51.
② 徐猛.社会治理现代化的科学内涵、价值取向及实现路径[J].学术探索,2014(5):15.

阱,实现全面建成小康社会的宏伟目标,离不开社会治理现代化。当前,就是要遵循中央关于社会治理现代化的顶层设计,推进社会治理规范化、多元化和法治化。

（一）推进社会治理规范化,健全社会治理机制

社会治理机制是指不同的治理主体在不同的治理领域相互协作、良性互动的系统过程,健全社会治理机制是社会治理规范化的必然要求,也是逐步转变政府职能,推进社会治理能力现代化的必然要求。必须努力适应国家现代化总进程和产业升级、新媒体时代的新形势,把社会治理体制改革与社会创新有机结合起来,顺应经济体制、社会体制、文化观念和行政治理模式的变革。

一是完善制度建设,推进社会各项事务治理制度化、规范化、程序化。社会治理是一项庞大而复杂的系统工程,其复杂性、整体性和协同性要求我们在社会治理中坚持源头治理、综合治理、标本兼治相结合,建立和完善意见表达机制、利益协调机制、社会保障机制、公共安全机制、应急管理机制、基层治理机制等一系列的制度建设和机制创新,从而及时反映和协调处理人民群众各方面各层次的利益诉求。

二是提高国家机构履职能力,通过法治化、科学化、多样化的治理手段提供公共服务,满足不同群体的利益需求。而这也为维护社会稳定、确保社会的公平正义提供了有效的途径,避免社会矛盾的进一步激化升级,使社会问题在理性协商的共同作用下得到妥善解决。

三是通过基本公共服务均等化,实现发展成果更多更公平地惠及全体人民。逐步缩小贫富差距、优化社会结构、加强民生保障、化解社会矛盾、促进社会和谐、体现社会公平,建立覆盖城乡居民的全方位的社会保障体系。

（二）推进社会治理主体多元化,激发多元共治活力

在当前社会多元化、利益诉求复杂化的情况下,单一的政府已无法将不同群体和阶层的利益整合起来进行有效的管理,这就需要尽快把党和国家机关、企事业单位、人民团体、社会组织等的工作能力都提高起来,国家治理体系才能更加有效运转。[①] 要创新社会治理体制,治理主体要从政府包揽向政府主导、社会协同转变,既要发挥政府的主导作用,也要积极鼓励和支持社会参与,从而实现政府治理和社会自我调节、居民自治的良性互动。

一是政府要发挥主导作用,推进法治政府和服务型政府建设,让市场在资源配置中起决定性作用,要通过合理的制度安排保障人民群众各方面权益,真正服

---

① 习近平. 习近平谈治国理政[M]. 北京,外文出版社,2014:105.

务社会、服务群众;改进社会治理方式,运用法治思维和法治方式治理社会,使各种社会活动在法律和秩序的框架内进行。

二是要推进社会组织明确权责、依法自治、发挥作用,适合社会组织提供的公共服务和解决的事项,交由社会组织承担,提高社会组织自我管理、依法自治的能力和水平。

三是培育和发展行业协会、公益慈善、社区服务、科技创新等社会团体,加强对社会团体和非政府组织的管理,引导它们依法开展活动。

四是优化社会结构,扩大中产阶层规模,发挥他们在经济、文化、政治生态等多方面的积极作用,提高依法参与管理国家事务、经济社会文化事务、自身事务的能力,形成秩序与活力统一的社会环境,从而实现政府治理与社会自我调节、居民自治良性互动的有效共治。

(三)推进社会治理法治化,维护社会公平正义

党的十九大报告指出:"坚持全面依法治国是中国特色社会主义的本质要求和重要保障。"推进社会治理法治化,要突出良法善治的基础性作用。用良法奠基善治,以善治实现发展。[①] 我们党关于法治在国家与社会治理中重要作用的认识,符合世界范围内的现代国家建设的理论与实践要求。良法与善治的有机融合,将进一步促进我国社会主义市场经济体制的完善和经济社会的持续健康发展,是跨越中等收入陷阱,实现中华民族伟大复兴中国梦的基础和保障。

法治是社会治理现代化的根本。法治能够通过大量程序性规则和实体性制度为社会共同体构造一个理性的公共领域,使人们通过一种规范和理性的方式来处理日常生活中繁复多变的关系和冲突。我们要以法治的可预期性、可操作性、可救济性等优势来凝聚转型时期的社会共识,使不同利益主体求同存异,依法追求和实现自身利益最大化。要形成科学有效的权力制约和协调机制,把权力关进制度的笼子里。要维护宪法法律权威,加快建设公平正义、高效权威的社会主义法律体系,维护人民权益。要努力推动形成办事依法、遇事找法、解决问题用法、化解矛盾靠法的良好法治环境,在法治轨道上开展各项工作,依法公正对待人民群众诉求,使群众在良法善治中切实感受到公平正义。

第二节　转变政府职能,创新社会治理方式

纵观世界各国社会发展历史,尽管政府的政治权力在全球化时代急速对内对

---

① 郑之杰.良法善治助力跨越"中等收入陷阱"[N].学习时报,2014-12-08.

外分流,越来越多的社团组织开始分享原本属于政府的权力,但政府在社会治理中的主导地位是不可动摇的。无论在经济增长、政治发展、文化创新,还是社会进步的总体协调方面,以及效率与公平、民主与法治、发展与稳定、人与自然和谐相处等终极关怀方面,政府都是唯一的主导力量,有着其他社会主体无法替代的独特地位和强大号召力。政府通过所掌握的各种国家机器和组织机构,贯彻统一的思想意识,颁布符合社会发展规律的政策,制定合理的社会制度。

从我国的情况来看,坚持政府在社会治理中的主导地位符合当前我国社会发展的现实需求。一方面,我国一直存在强政府的治理传统,在现实社会治理实践中,市场与社会依赖、服从政府,地方政府依赖、服从中央政府;[①]另一方面,当前中国民众参与社会治理的程度与发达国家相比总体上还比较低,在参与公共事务治理方面缺乏主动性;同时,社会组织参与社会治理的现状和参与能力也存在一些不足。因此,充分发挥政府在社会治理中的主导作用是实现社会治理目标的关键。

改革开放以来,中国在经济上创造发展奇迹的同时,也开始了由社会主义计划经济向社会主义市场经济的转型、由农业社会向工业社会的转型,由一个相对封闭的社会向开放的社会转型。在这个过程中,中国的社会治理正面临极其复杂的社会背景和新问题、新矛盾、新风险,如城乡之间、区域之间、行业之间发展差距不断增大,教育、就业、医疗、社会保障、收入分配方面的改革不到位,流动人口、贫困人群面临着难以解决的困境;利益主体和利益诉求日趋多元,导致社会矛盾日益复杂;信息网络化时代导致的双刃剑效应等。从各国经济与社会转型的经验来看,以美、英、法、德为代表的西方发达国家,都是在创新社会治理方式上下功夫,在成功完成经济和社会的双转型后,实现了对中等收入陷阱的跨越。因此,在我国跨越中等收入陷阱的重要阶段,转变政府职能,创新社会治理方式,切实发挥政府在社会治理中的主导作用意义重大。

一、转变政府治理理念

思想是行动的先导。理念转变是职能转变的前提,正确的政府治理理念对转变政府职能至关重要。推进政府职能转变,首先要树立以人为本的理念和有限政府、服务政府、法治政府的理念。

(一)树立以人为本的理念

随着经济社会的发展,人民生活水平的提高,人们在分享发展成果的同时,权

---

① 麻宝斌. 公共治理理论与实践[M]. 北京:社会科学文献出版社,2013:77.

利意识、民主意识、法治意识不断增强,对生活质量、自身发展、利益实现、权利保障、政府治理等方面产生了更高的诉求。我国是无产阶级领导的人民民主专政的社会主义国家,全心全意为人民服务是党的根本宗旨,也是政府治理的出发点和落脚点。首先,"以人为本"要求政府要保障人权。其中"人"不仅指社会群体意义上的集体和民众,还包括具有独立人格的公民。政府要在民众利益和个体权益之间寻求平衡,要以民众的根本利益和共同利益为重点,同时也要兼顾尊重和保护民众的个体合法权益。其次,"以人为本"要求政府的公共决策和公共管理活动应当顺应民意,不断实现好、发展好、维护好最广大人民的根本利益,使政府的公共管理活动真正落实到满足公共需要、实现公共利益、提高人民生活水平上来。为此,政府需要给予公民足够的自主权利,尊重公民的主体地位,不断拓宽公民利益表达和政治参与渠道,构建反应灵敏、运转高效的利益表达机制,使政府的公共决策和公共管理活动能够及时、迅速地回应民意,体现广大人民群众的利益诉求。此外,"以人为本"还应打破社会治理主体由政府一家独揽的状态,让人民群众以主体身份参与到社会治理中去,最终实现自我治理。[①] 只有这样,才能调动最广大人民群众参与社会主义事业建设的积极性、主动性和创造性,才能实现社会经济的持续健康发展和人的全面发展。

（二）树立有限政府的理念

实现政府治理模式从全能型政府到有限且有效政府的转变,公共管理领域从无所不包到量力而行,已经成为新时期社会各国政府的必然选择和发展趋势。"有限"包含:一是指政府的权力有限,政府权力来源于宪法和全体公民的意志,因此政府必须要受到立法和司法权力的限制,并公开接受公众监督,而不能肆意行使权力;二是指政府的职能有限,仅限于一些重要的、基础性的公共事务领域,尽量做到较少从事细节性和具体性的公共事务,不允许政府干预公民的私人事务;三是指政府规模有限,政府应自身规模适度、工作高效。树立有限政府的理念,做到有所为,有所不为;该管的管住管好,不该管的不管不干预。具体而言,政府要减少微观干预和减少行政审批事项,放宽市场准入,引入竞争机制,实行政社分开,培育社会组织,把政府职能转到创造良好发展环境、提供优质公共服务、维护社会公平正义上来。

（三）树立服务政府的理念

从国际来看,20 世纪 70 年代末以来,西方发达国家纷纷实行政府改革,新公

---

① 郑之杰. 跨越中等收入陷阱亟须提高经济治理能力[N]. 学习时报,2016-08-11.

共管理理论和模式逐渐兴起。它强调以顾客为导向,奉行顾客至上的价值理念,改变了传统模式下政府与公众之间的关系,政府不再是发号施令的权威官僚机构,而是公共服务提供者。

胡锦涛同志在 2011 年省部级主要领导社会管理以及创新研讨班上讲到:社会管理,说到底就是对人的管理和服务。习近平总书记在研讨班结业式上也强调:一切社会管理部门都是为群众服务的部门。要正确看待管理与服务的关系,寓管理于服务之中,在管理中体现服务,在服务中实现管理。要摒除计划经济体制下形成的"政府本位""官本位"的观念,政府作为管理者与被管理者不再是管制与服从的关系,政府不应再垄断一切资源,大包大揽、过多过细地管理经济社会事务。而应树立服务政府的理念,将公共服务职能上升为政府的主要职能,将公共服务部门作为政府的主要部门,将公共服务支出成为政府的主要支出。通过优化政府结构、创新政府机制、规范政府行为、提高政府效能,来满足广大人民群众日益增长的公共需求。

(四)树立法治政府的理念

所谓"法治政府",即政府依法律产生、政府由法律控制、政府依法律善治并为人民服务、政府对法律负责、政府与公民法律地位平等。[1] 纵观人类社会发展历史,法治化程度高的国家,经济社会发展就比较稳定,人民才能安居乐业,法治化已成为衡量现代文明进步的一个重要因素。党的十八大报告强调 2020 年我国全面建成小康社会,有一个重要的标志,就是法治政府基本建成,同时要推进依法行政,严格规范文明执法,通过科学立法、严格执法、公正司法、全民守法,实现国家各项工作的法治化。树立法治政府的理念,不在于法律数量的多少,关键是管理者意识的变化。习近平总书记在纪念现行宪法公布施行 30 周年大会上的讲话中指出,"各级领导干部要提高运用法治思维和法治方式深化改革、推动发展、化解矛盾、维护稳定能力"。根据这一要求,政府管理者应对法律怀有尊崇与敬畏之心,并且带头遵守法律,依法执政,自觉维护法律的尊严和权威,不得有超越法律的特权,不允许以言代法、以权压法、徇私枉法。

二、发挥政府主导作用

(一)政府在社会多元主体治理体制中的主导作用

美国社会学者朱迪·弗里曼在《合作治理与新行政法》一书中认为,在社会合

---

① 杨海坤,章志远.中国特色政府法治论研究[M].北京:法律出版社,2008:137-140.

作治理模式中,行政机关是:最低标准的设定者;多方协商的召集者与助成者,旨在提出目标、标准以及判断前述目标与标准是否已经实现所必需的检验方法;机构能力的建设者,以使相关机构在合作管制中可以形成伙伴关系。[①] 根据该理论,政府在社会多元主体治理体制中的主导作用体现在下述几个方面:一是政府要成为社会治理最低标准的设定者,明确各项社会治理事项的底线。二是政府应当成为各治理主体协商、合作的召集者和助成者。政府应当制定政策、建立机制促进广泛的社会参与,推动形成合意,但政府不应当是最终治理方案或结果的确定者。三是政府要成为各治理主体参与能力的培育者。政府可通过资助或提供技术等方面的专业知识,支持和鼓励社会组织参与,并推动各相关治理主体在合作治理中形成伙伴关系。四是法律可赋予政府行使社会治理最终监管者的职责。政府根据法律赋予的权力,对社会治理过程中的行为及效果进行监督管理。

（二）政府在社会治理中发挥主导作用的路径

党的十八届三中全会通过的《中共中央关于全面深化改革若干重大问题的决定》指出:要"加强党委领导,发挥政府主导作用,鼓励和支持社会各方面参与,实现政府治理和社会自我调节、居民自治良性互动"。在这样的社会治理主体格局下,政府作为社会治理的主导者,应注重强化公共事务治理的顶层设计,着力破解体制机制层面的突出问题,发挥目标凝聚力、整合资源能力、责任控制能力,做公共事务治理的重要组织者、推动者、参与者、服务者。具体来说:一是政府应强化在基本公共服务供给中的主体责任,做公共服务的"推进者"与"服务者";二是实行政社分开,真正放开对社会组织的直接管理,转而通过推动制定法律法规支持社会组织的发展,同时积极开展与其他社会力量的合作;三是在引导公民社会独立自治的过程中,政府应主动自觉地为公民社会的自治提供相应的制度环境,为公民参政和实现权利创造政治、经济和文化条件,积极引导、组织和支持公民参政和公民社会的自治,促进社会的公正和进步;四是政府应在确保公共安全和国家安全中起关键作用,尤其是当前公民最为关心的食品药品安全、生产安全、网络信息安全和国家安全领域,政府的主导作用应当加强。

三、厘清政府职能边界

从1978年党的十一届三中全会以来,国务院经过数轮机构改革,政府职能不断适应社会主义市场经济体制的要求。体现在:行政审批制度改革持续推进,减

[①] 江必新. 推进国家治理体系和治理能力现代化[N]. 光明日报,2013-11-15.

政放权力度不断加大,直接管理和微观干预逐步减少,宏观调控体系更加健全,依法行政扎实推进,政府职能重心进一步向社会治理和公共服务转移。但在看到成绩的同时,我们更应关注目前在政府治理中仍然存在的"越位""错位"(包办)"缺位"问题,并提出完善之策。

(一)减政放权,把政府"越位"的手收回来

目前,政府职能的"越位"主要是指政府直接包揽了本来可以通过市场或非政府公共组织提供的公共物品和服务。突出表现在以下几个方面:一是政府对社会组织进行管控。通过主管、指导等方式直接介入各种协会、社团、居民自治组织和村民自治组织的内部管理与事务运作,直接或间接将这些社会组织变为政府的附属,约束了社会组织的自我发展和管理,极大束缚了社会组织在社会治理中发挥的作用。二是政府包揽了事业机构的发展。我国历史上形成的"大政府"模式,造成政府与事业单位的编制和职能互相交错,既有使用事业编制的行政机关,又有使用行政编制的事业机构,有的事业单位承担着政府行政职能,实际上是行政部门的延伸。

解决上述政府职能"越位"的问题,需要进一步加大减政放权的力度,尽快将"越位"的手收回来。遵循"市场优先""社会自治优先"的原则,凡是市场能够自我调节和公民、法人及其他经济组织能够自主决定、自担风险、自律管理的事项,政府不再干预;凡是能够通过事中、事后监管达到管理目标的事项,取消政府事前审批;凡是能够通过法律手段和经济手段解决问题的事项,不再使用行政手段;凡是直接面向基层、量大面广、由地方管理更方便有效的经济社会事项,一律下放到地方和基层管理。通过将"越位"的手收回来,真正实现政府"瘦身",进而实现政府"强身",使政府职能向创造良好发展环境、提供优质公共服务、维护社会公平正义的根本转变,完成法治政府和服务型政府的建设。

(二)适度让位,将政府"包办"的手缩回来

从全能政府转变为有限政府要理顺政府和社会组织的关系,优化非政府社会组织的运作机制,实现政府由"包办"到"协办"的角色转换,为社会组织的合理定位和独立运作创造良好的社会环境。首先,要让社会组织承担政府职能转变过程中转移出去的微观管理和某些服务功能,成为联系政府与企业的桥梁,沟通政府与市场的纽带,使政府更好地摆脱具体事务的束缚,提高政府宏观管理能力;其次,要充分发挥社会组织与基层联系密切、运行成本低、服务效率高等优势,更好地解决社会福利、社区服务、环境保护等方面的问题,为政府分忧解难;最后,要让社会组织在广辟就业渠道、完善社会保障制度等方面有更大的作为,减轻政府与

企业的负担。

（三）做好服务，使政府"缺位"的手补回来

改革开放以来，经济建设是我们的头等重要的任务，政府基本上是"经济建设型"的政府，主要精力用在了参与或干预微观经济活动而不是公共服务上。虽然中央已经明确提出政府职能是经济调节、市场监管、社会管理和公共服务，然而单一发展观的惯性依然存在，有些地方和部门的政府职能还没有转到公共服务上来，导致在某些公共领域出现"缺位"，具体表现为：一是社会安全、生产安全、食品药品安全等公共危机治理责任存在缺位的现象；二是水利设施、生态环境保护和其他必要基础设施的建设力度仍然不够，不能完全满足民众需求；三是社会保障服务供给不足，目前的医疗、养老、失业、救济以及其他社会保障服务与人民群众期望之间仍有落差；四是社会公共服务存在欠缺，应由各级政府提供的公共教育服务、公共卫生服务、城市公用事业服务等，仍然不能满足社会公共需要。党的十九大提出，深化机构和行政体制改革，转变政府职能，深化简政放权，创新监管方式，增强政府公信力和执行力，建设人民满意的服务型政府，深化事业单位改革，强化公益属性、推进政事分开、事企分开，管办分离。

因此，政府应当加大力度弥补公共服务这一"短板"。在强化政府公共服务职能这一问题上，应坚持从实际出发，因地制宜，不搞一刀切；充分利用现有资源，合理利用社会资金，避免盲目投资和重复建设；坚持将加强基础设施建设、公益事业建设和公用事业建设同完善运行机制结合起来；借鉴西方先进国家政府企业化管理、社会化服务的先进经验，不断提高公共服务治理能力。具体措施包括：建立和健全公共财政体制，加大政府对公共服务的投入；从中国国情出发，建立"覆盖面广、水平适度、兼顾公平与效率"的具有中国特色的公共服务模式，在保证最低生活保障、初级卫生保健、义务教育的基础上，以保护贫弱者为重点，扩大公共服务的覆盖面，实现人人享有基本公共服务的目标；加大农村公共服务建设力度，切实解决城乡失衡问题；针对我国当前公共卫生体制薄弱的问题，加强公共卫生体系建设，实现全体人口基本公共卫生服务的均等化。党的十九大提出，坚持人人尽责，人人享有，坚守底线，突出重点，完善制度，引导预期，完善公共服务体系。

四、创新社会治理手段

按照党的十九大报告提出的"打造共建共治共享的社会治理格局"的要求，政府还应在完善多重治理手段上下功夫。除了传统的行政手段外，政府在社会治理过程中要因地制宜，根据治理事项的特殊性和复杂性，综合运用法律、经济、市场、

道德等非行政手段,必要时还须加强心理疏导、思想引导、情感激励等措施。

（一）加强对市场手段的运用

为解决政府目前在公共服务领域面临的投入不足、效益较低、资源浪费等问题,应利用市场机制,通过招投标、合同承包、特许经营等市场化的方式调节公共服务的供给和需求,充分发挥市场在资源配置中的决定性作用,从而达到降低成本、提高效率的目的。因此,应进一步推广和规范政府购买服务,即通过发挥市场机制作用,把政府直接提供的一部分公共服务事项以及政府履职所需服务事项,按照一定的方式和程序,交由具备条件的社会力量和事业单位承担,并由政府根据合同约定向其支付费用。政府购买服务应遵循以下要求:一是按照公开、公平、公正原则,建立健全政府向社会购买服务机制,及时、充分地向社会公布政府购买服务项目、内容以及对承接主体的要求和绩效评价标准等信息,建立健全项目申报、预算编报、组织采购、项目监管、绩效评价的规范化流程。二是购买主体应按照合同管理要求,与承接主体签订合同,明确所购买服务的范围、标的、数量、质量要求,以及服务期限、资金支付方式、权利义务和违约责任等,按照合同要求支付资金,并加强对服务提供全过程的跟踪监管和对服务成果的检查验收。承接主体要严格履行合同义务,按时完成服务项目任务,保证服务数量、质量和效果。三是购买工作应按照政府采购法的有关规定,采用公开招标、邀请招标、竞争性谈判、单一来源、询价等方式确定承接主体,严禁转包行为。四是建立健全由购买主体、服务对象及第三方组成的综合性评审机制,对购买服务项目数量、质量和资金使用绩效等进行考核评价,并将评价结果向社会公布。

（二）综合运用思想情感疏导、舆论引导手段

纵观世界各国的发展轨迹,道德失范、文明退化、心态危机等问题是跌入中等收入陷阱国家的共性表现。我国在社会转型中也出现了社会诚信缺失、道德滑坡、精神缺钙等社会文化问题,这些问题如果不解决,将影响我国能否成功跨越中等收入陷阱。政府在解决上述社会精神文化层面的问题时,需重点运用思想引导、心理疏导、舆论引导等多重治理手段。在思想引导方面,应加强全民思想道德建设,加强社会公德、职业道德、家庭美德、个人品德教育,培育自尊自信、理性平和、积极向上的社会心态,引导公民自觉履行守法义务、社会责任、家庭责任,自觉维护社会秩序。在心理疏导方面,政府应建立心理干预机制,广泛宣传普及个人心理健康知识,建立心理危机干预预警机制,防范和降低社会风险。在舆论引导方面,政府要坚持正确舆论导向,提高舆论引导能力。将互联网等新媒体作为社会治理的重要手段和重要内容,利用这个平台宣传党的路线、方针和政策,了解社

情民意,理顺社会情绪。按照积极利用、科学发展、依法管理、确保安全的方针,加大依法管理网络力度,加快完善互联网管理领导体制,确保国家网络和信息安全,使互联网成为发挥正确舆论导向作用的重要媒介。

五、激发社会多元主体活力

在中国社会转型期,为统筹兼顾多元利益,应对各种复杂的社会问题和矛盾,仅凭单一的政府服务和单一的权威治理模式已经远远不够,构建政府主导的社会治理共同体,发挥社会多元主体的合作能力是消解社会问题、化解社会矛盾、确保社会正常运行的根本之策。作为社会治理主导者的政府,应积极培育发展政治上相互认同、伦理上相互信任、职责上权责明确、利益上相互协调的社会组织等多元主体,形成政府与社会治理共同体平等合作、互相尊重的多元治理模式。

(一)推动社会组织健康发展

党的十八届三中全会提出:要激发社会组织活力,正确处理政府和社会关系,加快实施政社分开,推进社会组织明确权责、依法自治、发挥作用。适合由社会组织提供的公共服务和解决的事项,交由社会组织承担。但从现状来看,我国社会组织由于成长空间有限、行政化倾向明显等原因,自治能力不足,缺乏自治性、志愿性和组织性,势必影响社会组织在社会治理共同体中发挥应有的作用。因此,政府应当积极推动社会组织健康发展。一是要加快社会组织体制改革,加快其"去行政化""去垄断化"进程,切断政府部门与社会组织之间的利益链条,让社会组织回归其本来的民间属性。二是政府要解放思想,充分认识到社会组织在当前我国经济建设和社会发展中的作用,发挥社会组织为社会提供服务这一主要职能,将一些民生项目向社会组织招标,以政府购买服务的形式,将新增的公共服务职能交给社会组织完成,将原本属于社会组织的职能归还社会组织,将由社会组织承担更为有效的职能转移给社会组织完成。三是政府要积极培育社会组织,根据社会组织的活动领域及功能作用,科学调控,合理布局,优化结构,有针对性地制定鼓励政策,统筹兼顾,循序渐进,突出重点,分类推进,构建科学优化、平稳有序的社会组织发展体系。四是政府应完善相关法律法规,规范社会组织的行为;加强监督管理,加大执法力度,确保社会组织依法开展活动,促进社会组织健康发展。五是要加强社会组织的自我建设和人才队伍建设,提高自身服务社会的能力和公信力。社会组织就是要靠自身的公信力赢得社会和公众的认可,靠发挥服务社会的功能提高知名度,扩大影响,具备专业的服务水平,才能积极有效地参与社会治理和公共服务。

（二）加强"积极公民"培养

"积极公民"的概念是 20 世纪德国政治理论家汉娜·阿伦特"公民观"的重要内容。阿伦特认为，"积极公民"是指有思想、判断力和共通感的公民，他们推崇积极行动、关注公共生活。根据阿伦特的理论，秉承公共精神、关心公共领域、积极参与社会政治生活的公民关系到社会治理共同体运行的成败。[①]

随着改革开放的深入推进和民主法治建设的发展，我国公民的政治参与意识逐渐增强，政治参与范围逐渐扩展，参与行为日渐活跃。但总体来看，我国公民政治参与水平还很低。主要体现在参与热情总体不高；政治参与的利益取向明显，多数参与带有维权性质；参与中的非理性因素和无序化倾向明显，制度化程度较低等。上述问题在一定程度上制约了公民参与社会管理的水平，影响社会多元主体治理的建设。因此，应将培养"积极公民"作为社会治理共同体建设的一项重要任务。一方面，政府应培育公民参与公共事务的理念。该理念既包含公民对公共利益的信仰和承诺，也包含公民对"公共性"所持有的信念与承诺，它意味着公民对"公共性"的尊重和坚守、责任与义务，可以促使每一个公民个体以公民身份积极参与公共事务。只有全面提升公民的主体意识、公共意识、责任意识和参与意识，才能提高公民自治的积极性与能力。另一方面，政府还应建立健全公民参与机制。为推进公民充分交流、沟通、协商与合作，政府应建立健全利益沟通机制和利益协调机制，给公民意志表达的机会，引导公民以合理合法的形式表达利益要求、解决利益矛盾，从而加大公民在社会共同治理中的参与地位。

第三节 缩小贫富差距，优化社会结构

收入差距过大、贫富悬殊，甚至两极分化，是所有落入中等收入陷阱国家存在的最为突出和普遍的问题。许多国家在进入中等收入发展阶段后，由于收入差距扩大导致社会问题丛生、社会矛盾激化，甚至出现社会动乱，成为严重拖累经济增长的重要原因。一些拉美国家之所以陷入中等收入陷阱，最突出的问题是收入差距急剧扩大，社会分化严重，这反映出与收入分配相关的很多制度安排不适应经济发展的需要。在这种情况下，社会经济就会失去稳定发展的基本条件。因此，尽快完善相关制度，缩小贫富差距，优化社会结构，是我国跨越中等收入陷阱的一个重要任务。

---

① 汪晖，陈燕谷. 文化与公共性[M]. 北京：生活·读书·新知三联书店，2005：70.

一、扩大中产阶层规模，构建稳定社会结构

形成一个以中产阶层为主体的社会结构，是各国成功进行经济和社会转型的一个关键步骤。只要一个国家可以形成"橄榄型"的社会结构——高收入群体和低收入群体在总人口中比例较低，中等收入群体则占总人口的一半以上，甚至超过 70%，这个国家就可以较为顺利地跨越中等收入陷阱。一个具有一定规模的中产阶层，在经济、文化和政治等领域都发挥着重要的稳定作用，构成了现代社会正常秩序的基石。在经济上，中产阶层刺激、拉动和引导社会消费，是国内市场需求最主要的提供者，是推动社会经济增长的重要力量；在文化上，中产阶层具有良好的公民意识、公共道德和文化修养，是社会主流文化最重要的承载者和维系社会稳定的精神支柱；在政治上，中产阶层普遍表现出一种强烈拥护现有政治体系的倾向或是政治改革的温和派，是有效预防和缓解社会矛盾，维系社会稳定最重要的结构性力量。中产阶层只要具有一定规模，就可以充分发挥经济、文化、政治生态等多方面的积极作用，成为一个社会稳定器，同时也构成了经济与社会转型的主力军。

我国目前的社会结构，由于种种历史和制度的原因，其构成还远不尽如人意。世纪之交的研究发现，从经济社会地位的角度看，我国的社会结构呈现一种"倒丁字形"结构：2/3 的人口构成一个庞大而又扁平的社会底层，而中等收入群体的比例较低。近年来的后续研究又发现，经过十多年的发展，"倒丁字形"结构已经演变为"土字形"结构：位于社会底层的群体依然庞大，超过总人口的一半；中产阶层的某些群体有所扩大，但是整体社会结构还没有根本改观，中产阶层在全社会中仍然比例较小。从经济与社会转型的角度来看，"土字形"社会结构仍旧无法在经济、文化和政治领域提供跨越中等收入陷阱的充足动力。这就要求我们尽快扩大中产阶层的规模，形成一个中产为主体、相对较稳定的"橄榄型"社会结构，让社会最大多数成员在经济社会的发展中共享丰富的社会资源、共享公平的发展机会、共享改革开放的成果，这是全面建成小康社会，实现稳定发展、科学发展、可持续发展的必然选择。

努力培育壮大中产阶层，构建"橄榄形"的现代社会结构，不是一蹴而就的，需要多方努力，多管齐下，分步实施，协调推进。

（一）调结构转方式，夯实经济基础

"橄榄形"社会结构必须建立在产业结构合理、发展方式科学、社会财富充裕的基础之上。只有加快调整产业结构、转变发展方式，推动经济平稳增长，增大社

会财富总量,把"蛋糕"做得够大,分到每个个体手中的才会变多,才能摆脱贫困、不断提高生活水平,防止出现过于严重的两极分化,使大多数社会成员获得更多更公平的选择和社会公共资源。为此,必须大力推进新型城镇化和农业现代化,统筹城乡发展,千方百计缩小城乡居民之间的收入差距;必须大力推进新型工业化,构建具有特色的现代产业体系,不断增加社会中间层的规模总量,提升新型工业化对经济社会发展和居民收入增长的贡献率;必须大力推进服务业的发展,重点发展包括金融证券、现代物流、信息技术、文化产业等在内的第三产业,使其成为吸纳剩余劳动力和推动社会结构转型的主要产业。

(二)加强收入调控,完善财富分配

在增加社会财富总量的同时,积极理顺社会财富关系,完善当前的收入分配制度,理顺经济主体之间的利益关系,努力把"蛋糕"分好。政府应把经济体制改革的核心放在支持中产阶层成长方面,加快转型成为"福利型"和"富民型"的政府。始终坚持效率优先、兼顾公平的原则,加强对收入分配的宏观调控,从单纯的按劳分配转变为按要素分配,劳动、技术、资产、资本或管理等都可以参与收入分配;提高最低工资标准,确保正常的工资增长速度,建立相互制衡的企业工资决定机制,继续完善企业经营者分配机制,将经营者收入增长与职工收入增长挂钩,确保职工收入与企业经济效益同步增长;拓宽和保护居民的财产性收入,帮助居民开辟收入来源渠道,加快形成多元化的收入来源体系。包括健全多级资本市场,在银行理财、人寿保险、股票市场、房地产市场等以外,建立健全城市银行和乡村银行、开发金融衍生品、完善股票期货市场、拓展私募股权投资(PE)和风险投资(VC)等大型合法融资渠道和提升融资管理、深入开发保险市场等,为居民开通多种投资渠道;全面加强金融系统的稳定性,构建健康的金融结构、层级和系统,避免集中投资对单一资本市场价格的盲目推高,规避游资对国内居民资本的冲击,确保居民财产性资本收入的增加和社会财富规模的扩大;完善和规范证券市场,按照证券市场的内在规律,建立一套科学、系统、完善的包括市场准入、上市、监督等在内的制度规范,保证投资者的合法权益,增加居民的资本性收益;鼓励劳动者在依靠自己的劳动获取劳动报酬的同时,将自己的消费剩余转化为资产,承认并保护其合法的非劳动收入。

(三)协调利益诉求,助推成果共享

"橄榄型"的社会阶层结构,意味着社会成员在现代化过程中普遍受益,绝大多数人能够充分就业、享受着全面的社会福利、利益诉求能够得到回应,有着强烈的社会认同感与生活幸福感。为此,可在借鉴法国、德国等经验的基础上,结合我国国情,采取切实措施,进一步完善市场经济法律体系和社会保障体系,全面提升民生,改善质量与效益。包括高度重视中产阶层的利益诉求,根据我国中产阶层利益诉求呈多元化、复杂化的特点,建立与之相匹配的体制、机制,使他们获得相应的社会资源和制度安排,以免利益被侵害;实施更加积极的就业政策,创造更多的就业岗位,鼓励和支持创业,逐步消除户籍、教育、身份等方面的制度性障碍,推动不同就业阶层之间的合理流动,进而逐步扩大中等收入群体;加快建立覆盖城乡的社会保障体系,适当提高城乡贫困线标准和扶贫补助标准,保障社会低收入群体的基本生活,完善城镇居民基本医疗保险、新型农村合作医疗、新型农村社会养老保险等机制,健全社会保险、社会救助、社会福利和慈善事业相衔接的社会保障体系等。

二、改革收入分配制度,更加注重分配公平

收入分配通常分为三个层次,即初次分配、二次分配和三次分配。初次分配是市场调节之下,按生产要素供给者各自供给的生产要素的数量和质量进行的分配。二次分配是政府调节之下,通过税收和社会福利措施对初次分配进行调节之后所形成的分配。三次分配在二次分配的结果上进行,是一种以道德力量为指导的个人收入再分配,不包括任何强制性的因素而完全依赖于个人的自愿,例如,捐献、扶贫济困措施、公益性基金等。政府在这种情况下的作用在于制定完善、健全的法律法规和规章制度,鼓励个人的自愿捐献,防止有关单位、机构和人员对公益性捐献的侵占。[①]

党的十八大报告提出,要提高居民收入在国民收入分配中的比重,提高劳动报酬在初次分配中的比重,阐明了深化收入分配制度改革的基本方向,报告同时提出初次分配和再分配都要兼顾效率和公平,再分配更加注重公平。收入分配问题是我国在社会转型时期和经济高速增长阶段面临的突出问题,也是突破全局性发展困境,跨越中等收入陷阱并向着全面建成小康社会的宏伟目标阔步前进的关键环节。要实现经济发展方式从生产推动型向消费型转变,也必须依赖收入分配差距的缩小和居民收入的提高。民众对经济增长放缓的焦虑不能以饮鸩止渴、重新刺激经济高速增长的手段来解决,而应该以推进收入分配体制改革、加强社会福利目标的方式来解决。要快速有效地遏制贫富分化趋势,应该坚持目标导向、精准发力,加强制度建设,用制度来确保社会公平分配的实现。

(一)初次分配应以市场调节为基础兼顾公平

初次分配主要解决资本所有者和人力资本所有者的利益分配问题。衡量一

---

① 厉以宁. 中国经济双重转型之路[M]. 北京:中国人民大学出版社,2013.

国国民收入初次分配是否公正的主要指标是分配比率,即劳动报酬总额占国内生产总值的比重。劳动者报酬占 GDP 的比重越高,说明国民收入的初次分配越公正。[①] 但我国职工工资水平上升幅度一直低于经济增长速度,且劳动与资本的收入结构不合理,分配中出现强资本弱劳动的趋势。现阶段市场机制对中国初次收入分配的影响仍受到很多限制,不能起到基础性调节作用。现行工资制度带有计划体制色彩,与市场经济不匹配:工资增长机制僵硬,缺乏制度性保障;工资结构设置不合理,岗位绩效工资占年工资比重过低,不能体现合理的工资级差,缺乏激励和约束作用;劳动力市场中非国有单位的最低工资和工资支付管理保障不力,职工权益受到侵犯,非熟练、非技术劳动力的劳动报酬被人为压低。

完善初次分配制度,必须积极理顺社会财富关系,始终坚持兼顾效率与公平的原则,加强对收入分配的宏观调控。

1. 完善最低工资保障制度

针对企业部分一线工人和灵活就业人员等低收入群体,政府要完善工资指导线制度,为企业工资集体协商提供劳动报酬参考标准。要完善最低工资保障制度,在经济发展和企业效率提高的基础上,最低工资的增长水平要略高于社会平均工资的增长水平,使最低工资标准逐步达到社会平均工资 40%～60% 的国际惯例水平。要运用法律手段促使企业建立健全职工工资正常的增长机制和支付保障机制,政府对企业也要减免一些税费,以鼓励企业给工人增加工资,减轻企业的成本负担。

2. 提高劳动报酬占比

劳动报酬是低收入群体的主要收入来源,要调整国民收入分配结构,提高居民收入在国民收入分配的比重,降低企业收入和政府收入的比重。提高劳动报酬在初次分配中的比重,使那些只能凭劳动力赚取收入的低收入者更多地分享到经济发展的果实,实现居民收入增长和经济发展同步、劳动报酬增长和劳动生产率提高同步。

3. 确保正常的工资增长速度

建立相互制衡的企业工资决定机制,继续完善企业经营者分配机制,将经营者收入增长与职工收入增长挂钩,确保职工收入与企业经济效益同步增长;拓宽和保护居民的财产性收入,帮助居民开辟收入来源渠道,鼓励劳动者在依靠自己的劳动获取劳动报酬的同时,将自己的消费剩余转化为资产,承认并保护其合法

---

① 李包庚. 对我国收入分配制度的若干思考[J]. 特区经济,2011,(2).

的非劳动收入。

4. 应注重规范政府行为，发挥市场对资源配置的决定性作用

早日形成生产要素供给方和需求方之间的公平竞争环境，以及商品生产者之间的公平竞争环境，为调整初次分配格局做好制度上的准备，减少"非市场化"因素产生的贫富差距。对一些新兴产业主体要给予扶持，激发"大众创业，万众创新"新局面，让更多人创业就业，让每个公民可以自由出入市场，成为市场主体，分享市场经济红利。

（二）二次分配改革应更加注重公平

如果说初次分配主要以市场调节为基础，更多地考虑效率的因素，二次分配的核心则是通过政府合理的公共政策实现公平。[①] 效率基础上的公平应该是我国社会主义市场经济条件下社会治理所追求的价值目标。市场机制固然是一种有效的资源配置方式，但是市场不是万能的，市场机制对资源的配置也会产生其自身无法克服的缺陷，即所谓的"市场失灵"，引起贫富差距扩大就是其主要表现之一。因此，现代市场经济中的政府应该运用公共政策来影响和调节再分配。

1. 建立公平合理的税负机制，利用税收政策调节社会财富结构

实现国民收入在再分配中向落后地区、低收入者和社会弱势群体倾斜。进一步深化税制改革，继续推行个人收入规范化和透明化，完善个人所得税，通过有增有减的调节，加大对高低两级收入者平衡的力度。继续加大再分配支出力度，增加对低收入群体的收入补贴和资助力度，适时启动低收入居民生活补贴与低收入居民基本生活费用价格指数的联动机制，进一步加强对农村和落后地区的财政补贴，提高总财政支出中用于农村和落后地区的转移支付比例等。

2. 完善社会保障制度顶层设计，增强社会保障制度的普惠性

中国社会保障制度再分配作用不足，也是收入差距难以缩小的重要原因。中国社会保障体系的特点是需要个人缴费并强调待遇与缴费挂钩，但调节收入分配的作用有待加强。完善社会保障制度，需要从顶层设计入手，增强制度的普惠性和公平性，发挥社会保障制度作为再分配手段调节收入分配的作用。为此，可以考虑在全国推行高龄津贴制度或建立统一的非缴费型公共养老金制度，改革现行城镇职工养老保险制度，进一步完善职业年金制和企业年金制。

3. 加强福利措施保障，重点解决外来人口的同等待遇

在当前公共服务提供中，最大的不公平来自生活在同一地区甚至同一个城市

---

① 蔡昉，张车伟，等. 中国收入分配问题研究[M]. 北京：中国社会科学出版社，2016.

的人被区分为不同身份而差别对待,其中那些已经长期工作生活在城镇中的农村人口是遭受不公对待的主要群体。加快实现公共服务均等化,当务之急是尽快把这部分外来人口纳入当地的公共服务体系中去,这不仅是缩小收入差距和实现社会公平正义的需要,也是保持社会和谐稳定的需要。

（三）三次分配应注重慈善和公益事业的制度保障

三次分配即先富起来的人在自愿的基础上,拿出自己的部分财富,通过慈善事业等方式,帮助贫困地区和弱势群体,改善他们的医疗、文化、教育和生存条件。在一些发达国家,慈善事业等三次分配的总量大约占GDP的3%~5%,而我国目前只占GDP的0.1%。这说明我们需要大力提倡三次分配,鼓励先富起来的人在自愿的基础上量力而行支持弱势群体,以达到共同富裕的目标。

目前我国"三次分配"制度存在缺失。民办慈善事业和公益事业是成熟市场经济国家收入再分配和社会福利建设的重要组成部分。而目前我国仍然缺乏鼓励扶持民间力量进入慈善事业和公益事业的社会机制,参与慈善事业的企业和个人尚不普遍。对此,首先,政府应正面引导,给予政策支持,为慈善事业提供发展平台。其次,应加强对相关领域的法规制度建设。2016年出台的《中华人民共和国慈善法》(以下简称《慈善法》)是慈善立法的一大进步,但在慈善机构准入、互联网募捐、税收优惠等制度中,公权力对参与慈善事业的私主体进行行政管控的色彩仍较为浓重。相比而言,法律对公权力的行使方式却欠缺相匹配的严格规制,很多影响私主体权益的事宜都要依靠行政部门的自由裁量。在法律的执行中,相关部门也应转变思路,消除权力设租寻租的空间,取消垄断和歧视,保障慈善组织的权利;从管控型模式向监管型模式转变,落实《慈善法》鼓励慈善事业发展的精神,矫正其中"权力"导向色彩较重的部分,从管控模式向监管模式转变,把规制重点放在事后监管上,在确保公益市场的开放性、公平性与竞争性之后,对市场调节机制保持一种基本的信任,以匹配《慈善法》"权利"导向的初衷,完成第三次分配的"帕累托"改进,进一步增进社会公平。

三、加强农民产权保护,统筹城乡发展水平

党的十九大报告提出"实施乡村振兴战略"。我国经济社会发展过程中存在着非常明显的城乡二元结构特征,城乡之间居民收入差距大是一个重要体现。改革开放之前,我国长期推行重工业优先发展战略,通过吸收农业剩余为工业提供资本积累和对城市进行补贴,以加快工业化进程,因而形成了收入分配上对城镇

居民的倾斜。[①]

改革开放之后,中国开始了从计划经济体制向市场经济体制的转型。在此过程中,产权模糊、权利主体不确定、权利和责任不清晰是改革的主要障碍,也是发展的巨大阻力。因此,产权改革是突破口和动力源泉。在目前的产权制度之下,农民虽已能够自由进入市场,但对手中的承包地、宅基地,以及在宅基地上建成的住房,都没有明晰的产权,长期以来不能用于抵押或转让。农村土地流转在很大程度上要受到市场外因素的干扰,农民失去土地时得不到合理的补偿。此外,由于农民没有明晰的产权,土地收入受到诸多限制,因而没有资本性收入,也无法成为独立的市场主体。农民在土地产权体系中的权利缺失,如支配权、处置权、收益权的虚置,[②]使农民的土地权利得不到相应保障,土地长期维持家庭小规模经营,不能通过自由交易而实现规模经营,其结果必然是高成本、低效益,土地的生产效率难以提高,无法产生规模效益。

党的十八届三中全会提出,要在我国农业经营体制中建立"三权分置"(即土地所有权、承包权、经营权分置)的模式,赋予农民对承包地占有、使用、收益、流转及承包经营权抵押、担保权能;2014年《中共中央、国务院关于全面深化农村改革加快推进农业现代化的若干意见》进一步明确了"三权分置"的制度设计,明确在落实农村土地集体所有权的基础上,稳定农户承包权、放活土地经营权,允许承包土地的经营权向金融机构抵押融资。这一改革政策在此后的相关文件中得到了进一步强化。"三权分置"模式是关于我国农业经营体制的重要创新,解决了20世纪90年代以来农村土地承包经营权确定的土地条块小型化问题,而且方便引入绿色农业、科技农业,可以从规模效益的角度有效地促进农业经济发展,提高农民资本性收入。

落实中央提出的"赋予农村土地承包经营权抵押、担保权能""放活土地经营权",需要考虑进行以下工作。

(一)扩大农村土地确权的范围

农民相对于城市居民而言最大的资产是土地。在目前集体所有的农地制度下,农民却无法将这块资产价值最大化。而土地一旦通过征地收归国有,土地的增值就与农民无关,农民不仅无法从土地增值中受益,还会成为城市化的利益受损者。因此,明晰土地权属关系迫在眉睫。[③]为了落实农村土地的用益物权,赋予

① 于国安,曲永义,等. 收入分配问题研究[M]. 北京:经济科学出版社,2008.
② 中国(海南)改革发展研究院. 收入分配改革的破题之路[M]. 北京:中国经济出版社,2012.
③ 上海金融与法律研究院. 重新解释中国 隐忧与出路[M]. 上海:上海三联书店,2013.

农民更多财产权利,2013 年 1 月 31 日下发的中央一号文件提出:"全面开展农村土地确权登记颁证工作。健全农村土地承包经营权登记制度,强化对农村耕地、林地等各类土地承包经营权的物权保护。"通过对土地登记申请、地籍调查、核属审核、登记注册、颁发土地证书等土地登记程序,最终确认每宗地的权利归属。

农村土地的确权颁证会促进土地的流转,土地逐步流入、聚集到种植大户、种植能手的手中,有助于培育出一批以农户为主体的家庭农场,同时也会催生出一批农业龙头企业。权属关系的稳定,财产权利保护的完善,土地流转中交易行为的规范,降低了流转各方的风险,减少了流转过程中的模糊环节,增强了流转的稳定性,参与流转的覆盖面和规模也会更大。实践证明,由于农民有了产权和财产性收入,加之自主经营和资本积累,农民经营的积极性高涨,从而扩大生产规模,提高生产效率,城镇人均收入与农村人均收入差距大大缩小。① 这些因素都促使初次分配朝有利于农民的方向变化。

(二)落实农村土地"三权分置"

"三权分置",即在现行农村基本经营制度下,将农地产权分解为三种权利:土地所有权、土地承包权和土地经营权。拥有土地承包经营权的农户在自己保留土地承包权的基础上将土地经营权转让给他人,即可构成农地流转。

实施"三权分置"的产权结构,明确界定"承包权"和"经营权",一方面承认土地承包权因农户的集体组织成员身份而生,有利于强化对农户承包权的保护;另一方面,保护经营权流转的安全可使经营者有稳定的预期,有利于提高土地资源的产出效率。保护承包权以求公平,用活经营权以求效率,实现公平与效率的有效统一。②

现阶段亟须解决的问题是将中央文件提到的经营权这一权利以法律明确规定的方式赋予其物权上的处分权能。物权法虽然规定了土地承包经营权人可享有占有、使用和收益的权利,但未明确处分其权利的方式。实践中,土地经营权的流转一般是由承包人在不改变与集体的承包关系的前提下,以支付一定对价为条件,委托经营权人在其承包土地上进行耕种,经营权人和集体经济组织或农民个人签订租赁合同。但这种权利属于债权,受《合同法》规定的 20 年最高期限限制③,且一般情况下不需要不动产登记,甚至不需要公证,其法律流通性不足,获得

---

① 厉以宁.中国经济双重转型之路[M].北京:中国人民大学出版社,2013.
② 高圣平.新型农业经营体系下农地产权结构的法律逻辑[J].法学研究,2014,(4).
③ 《中华人民共和国合同法》第二百一十四条第一款规定:"租赁期限不得超过 20 年。超过 20 年的,超过部分无效。"

法律保护的刚性不足,转让的安全性也不足。只有确定为物权,赋予其占有、使用、收益、处分的各项权能,才能满足"可转让""可抵押"的要求,尤其是该权利的存续期间可以跨越《合同法》规定的 20 年最高期限,满足权利人长期生产经营的需要。① 另外,赋予"经营权"依法可处分的物权权能,也强化了这种权利进入市场的能力。因为其作为一种不动产物权,在实践中可以纳入不动产登记,登记后该权利不论是转让还是设置抵押,法律上操作都很方便,而且权利的保护会得到强化。

(三) 促进土地承包经营权的流转

促进土地承包经营权的流转,需将土地承包经营权纳入《物权法》可抵押财产范围,发挥土地承包经营权的金融价值。长期以来,我国农村处于严格的金融抑制之下,以担保贷款为特征的商业性金融在农村举步维艰,农民难以享受到与城镇居民平等的融资权。实践发现,缺少担保物是造成农村贷款难的重要因素之一。担保物在一定程度上可减轻信贷双方的信息不对称问题,缓解金融逆向选择,降低道德风险。在我国农村,农户拥有的最重要的财产就是土地承包经营权,土地承包经营权的金融化也就成为农村土地深化改革的一个重要路径和突破口。

我国《物权法》依承包取得方式不同,对土地承包经营权作了类型化的区分,其中以招标、拍卖、公开协商等方式取得的土地承包经营权的抵押被定位为一种流转方式,可以"转让、入股、抵押或者其他方式"处分;而以家庭承包方式取得的土地承包经营权在担保方面较受限制,仅限于"转包、互换、转让等方式"。

十八届三中全会《决定》指出"赋予农村土地承包经营权抵押、担保权能",中央《关于全面深化农村改革加快推进农业现代化的若干意见》明确可以"承包土地的经营权"向金融机构抵押融资,这些认识强化了土地承包经营权的物权性和财产属性,完善了土地承包经营权的抵押担保权能,为促进农地流转和金融化、解决农户融资难题提供了重要路径。

现阶段应逐步放开农地市场化发展的限制条件,让农户手中沉淀的土地资产流动起来,充分实现农地的市场价值,为土地规模经营和农业集约化经营的信贷供给创造条件。鼓励融资机构开展农地金融业务,降低实现农地抵押权的成本,促进农地按《物权法》的规定流转。

2015 年,北京市大兴区等 232 个县域开展农村土地承包经营权抵押贷款试点。在承包土地经营权和农民住房财产权抵押贷款试点区域和试点期间,暂停实

---

① 孙宪忠.推进农地三权分置经营模式的立法研究[J].中国社会科学,2016,(7).

施与试点内容不相适应的法律条款。在试点成熟后，可考虑修改《物权法》《担保法》和《农村土地承包法》，将土地承包经营权纳入法律规定可抵押的财产范围。

（四）改革完善农村宅基地制度

通过法律上赋权，赋予农民处分其住房财产权的权利，让农民拥有涵盖使用价值和交换价值在内的更为完整的房地权益，是增加农民财产性收入的重要渠道，也是走出农村商业性金融发展困境的突破口。改革完善农村宅基地制度，探索农民增加财产性收入渠道。党的十九大提出，巩固和完善农村宅基地基本经营制度，深化农村土地制度改革。农民住房财产权由房屋所有权和宅基地使用权构成，是绝大多数农民的一项重要财产。现行法律明确禁止宅基地使用权抵押，在很大程度上制约了这项财产金融价值的充分体现。《中共中央关于全面深化改革若干重大问题的决定》明确指出："保障农户宅基地用益物权，改革完善农村宅基地制度，选择若干试点，慎重稳妥推进农民住房财产权抵押、担保、转让，探索农民增加财产性收入渠道。"农民住房财产权抵押牵涉的主体较多，其中包含的利益关系十分复杂，涉及重大理论、政策和法律问题。因此，要对农民住房财产权抵押开展系统研究，并及时总结实践经验，研究抵押权实现时宅基地处置范围、形式、收益分配及抵押中的风险防范问题显得尤为重要和迫切。在"保障农户宅基地用益物权"的政策指引下，应尽快赋予农民财产权抵押权，农民住房财产权抵押权未经登记不得设定，其实现可以采取协议拍卖、协议变卖、强制拍卖、强制变卖、强制管理等方式。抵押物处置时受让人范围不应以本集体经济组织成员为限，但其他人受让农民住房财产权时，可以采取仅取得房屋所有权、同时取得宅基地使用权租赁权的方法，原抵押人仍然可以基于宅基地使用权的出租而取得相应收益，以保障其基本住房权利。

四、完善转移支付体系，促进区域协调发展

党的十九大报告提出"实施区域协调发展战略"。我国地区经济社会发展水平差异很大，既存在东中西部地区横向上的发展不均衡，也有省市县级纵向上的发展不均衡。在统一的财政体制下，各地本级税收收入差异大，客观上加大了基本公共服务均等化的难度。十九大报告提出，要加大力度支持革命老区、民族地区、边疆地区、贫困地区加快发展，强化举措推进西部大开发新格局，深化改革加快东北老工业基地振兴，发挥优势推动中部地区崛起，创新引领率先实现东部地区优化发展，建立更加有效的区域协调发展新机制。因此，既要合理增加地方自有财力，又要适当由中央政府集中一部分财力，以加大转移支付力度，均衡地区

差异。

中央和地方政府对转移支付方式的偏好往往存在差异。一般而言,专项转移支付和一般性转移支付各有特点:前者可以体现中央政策导向,以便于监督检查;后者便于地方统筹安排,灵活性较强。中央政府一般倾向于增加专项转移支付,以利于加强引导,落实中央重大决策部署,地方政府一般希望提高一般性转移支付比例,以便于政府财力统筹使用。合理统筹转移支付比例,必须首先合理规划中央和地方的事权与财权,健全事权与财权相匹配的转移支付体系。

（一）合理划分中央和地方的事权与支出责任

事权和支出责任清晰,是增强政府决策科学性、提高政府工作效率和财政资金使用效益的一个重要前提。在加快政府职能转变、明确政府和市场作用边界的基础上,可按照法律规定、受益范围、成本效率、基层优先等原则,界定政府间事权和支出责任[①]。对跨地区重大基础设施建设等涉及经济社会可持续发展的项目,由中央牵头或为主来承担;对与居民切身利益紧密相关、社会普遍关注的支出,如基本民生支出等,加大中央投入力度,促进社会公平正义;其他事权在省以下政府间合理划分。政府间事权和支出责任划分,涉及各级政府职能及相关机构人员的调整,需要加快立法研究,在实践中由粗到细,形成明细单,并逐步用立法形式稳定和规范下来。在政府间事权划分和支出责任明确后,根据事权属性对转移支付进行总体设计,确保转移支付资金的公平合理分配和使用。由于各地区自有财力差距和收支的不完全匹配,重点还应放在调整和完善转移支付制度上。属于地方事权的支出,原则上中央财政通过一般性转移支付予以支持,增强地方政府的统筹权限和支出责任。

（二）适当提高一般性转移支付比例

适当提高一般性转移支付的比例,尤其是通过提高转移支付补助比例的方式,增强贫困地区政府公共服务保障能力,完善资源枯竭型城市转移支付制度,加大对资源枯竭型城市的支持力度。增加革命老区、民族地区、边疆地区转移支付,进一步支持西部大开发、中部崛起和东北老工业基地的振兴,帮助这些地区加快发展。优先弥补禁止和限制（如生态和农林）开发区域的收支缺口,推进主体功能区建设。同时,还应结合我国现阶段的区域发展实际,充分考虑人口稠密程度和各地区自然环境禀赋条件差异等主要客观因素,研究推动将部分财力性转移支付和专项转移支付归并到一般性转移支付中,以增强基层政府统筹安排财力、提供

---

① 贾康.服务全局的财税体制改革与财税调控［N］.广东商学院学报,2012,(7).

公共服务的能力。[①]

（三）分类规范专项转移支付

一是整合规范专项转移支付制度，引导地方与中央形成合力，切实保障重点支出需要。属于中央和地方的共同事务，通过法律形式明确中央、地方各自应承担的支出比例；属于中央委托的事务，其所需的支出由中央通过专项转移支付足额安排；符合中央政策导向的地方事务，中央财政通过专项转移支付加以引导，但数额不宜过大。

二是对照专项转移支付的功能和目标，科学界定专项转移支付的标准，对现行专项转移支付项目进行全方位梳理分类、清理合并。严格控制设立新的专项转移支付项目，区分不同情况取消、压缩、整合现有专项转移支付项目。对政策意图不明显的项目予以取消，对重复的项目进行清理和归并。列入专项转移支付的项目，应是具有外溢性、突发性、特殊性、非固定性等特征的项目，如跨地区的大江大河的治理、防护林带的建设、突发性的自然灾害和疫情的救治、特困县的脱贫救济、中央委托地方的项目等。

三是规范中央对地方专项拨款配套政策，实行分地区区别对待，减轻贫困地区的财政压力。专项拨款往往要求地方配套，配套要求应体现区别对待。原则上，富裕地区的地方配套要求应高一些，贫困地区的配套要求应低一些，特困地区则可免予地方配套。此外，列入专项转移支付的项目须经过科学论证和严格的审批程序。要加强对专项转移支付项目的监督检查和绩效评估，防止资金被截留、挪用，提高其使用效益。要提高拨款安排的透明度，从制度上杜绝所谓"跑部钱进"的现象。要防止具有突发性、特殊性、非固定性等特征的专项项目固化沉淀，以保证其运行效率。规范专项转移支付的分配、监督、管理与绩效评估，充分发挥主管部门在相关公共服务标准与政策制定、实施过程的监督管理等方面的职能作用。进一步提高专项转移支付的可预见性和规范性，继续完善转移支付立法工作，加快健全规范转移支付的法制基础。

第四节　加强民生保障，推动经济社会协调可持续发展

习近平总书记在十九大报告中指出，"我国社会主要矛盾已经转化为人民日益增长的美好生活需要和不平衡不充分的发展之间的矛盾。"民生是人民幸福之

[①]　财政部财政科学研究所. 中国财税体制改革的战略取向：2010—2020[J]. 改革，2010，(1).

基、社会和谐之本。党的十九大强调,保障和改善民生要抓住人民最关心最直接最现实的利益问题。加强民生保障、增进民生福祉是现代服务型政府的基本职能,也是实现社会转型、跨越中等收入陷阱的必然要求。十九大要求,坚持在发展中保障和改善民生,强化制度保障。纵观跌入中等收入陷阱国家的发展历程,其面临的一个共性问题就是民生保障机制的失衡,就业、医疗、教育、社会保障投入与经济社会发展不匹配,福利政策的进退失据导致经济增长动能衰竭,甚至引发激烈的社会动荡。中国已迈入中等偏上收入国家行列,面临由生存型社会向发展型社会转型,民众对于民生保障的要求越来越高,公共服务供给和需求的矛盾进一步显现,并日益成为制约经济社会发展的瓶颈,需要我们不断健全和完善民生保障,推动社会稳定和经济可持续发展。

一、织密民生保障网,实现经济发展和民生改善的良性循环

经济发展与民生改善相互促进、相辅相成。经济发展是前提,离开经济发展谈改善民生是无源之水、无本之木;民生保障是经济发展的"指南针",只有持续不断地改善民生,编织好民生保障网,才能维护社会稳定,调动人们发展生产的积极性、释放居民消费潜力、拉动内需,为经济发展、转型升级提供强大内生动力。与此同时,一些拉美国家的实践表明,如果发展中国家在中等收入阶段转向盲目的福利赶超,导致过度福利化问题,也将损害经济发展的可持续性,从而陷入中等收入陷阱。因此,平衡民生保障和经济发展之间的关系,实现两者的良性循环对于一个国家的发展至关重要。

(一)把握新时期民生保障的新要求

中华人民共和国成立以来,中国的民生保障改革至少历经了两次较为明显的转折,第一次转折发生在 20 世纪 80 年代,是从传统计划经济时代向现代市场经济时代跨越的关键时期。与转折前相比,这一时期的保障政策主张政府责任的有限性,强调个人和社会的责任。第二次转折发生在 20 世纪 90 年代末特别是进入 21 世纪以来,民生保障政策以国家责任的适度回归为重要标志,覆盖城乡的社会保障体系逐步建立[①]。2003 年,农村地区推广建立新型合作医疗制度,标志着中国的社会保障制度建设开始跨越城乡二元分隔这道高墙,迈出了从特殊福利到普遍福利具有开创性的一步。此后,农村最低生活保障制度和农村新型养老保险制度先后建立,社会保障普遍化全面提速。这种转变既体现了党和政府执政理念的

---

① 张翼.当代中国社会结构变迁与社会治理[M].北京:经济管理出版社,2016:369-370.

发展，也表现出不同经济社会发展阶段对发展与民生、效率与公平之间的动态权衡。

十八大以来，党中央坚持"以民为本""以人为本"的执政理念，不断完善民生保障网，推进脱贫攻坚，提高民众获得感，使改革发展成果更多更公平地惠及全体人民。党的十八届五中全会聚焦全面建成小康社会中的短板，提出坚持共享发展理念，就帮扶特定人群特殊困难、努力实现基本公共服务常住人口全覆盖、保障基本民生等目标提出了具体要求。近年来，我国经济增长虽然从高速转为中高速，但民生保障水平不断提高，涉及民生的多项支出增幅高于同期财政支出总体增幅。据统计，2016年，全国31省民生投入占财政支出比均超过了2/3，有17个省份达到75％以上，大量财政资源以民生为重，向基层延伸，向农村覆盖，支出强度和规模不断提升。

然而，当前中国民生保障还处于完善制度、健全机制、提高水平的初期阶段，保障水平偏低，区域、城乡、部门之间的不均衡问题突出。同时，我国正处于全面深化改革的攻坚期和深水区，医疗、教育、收入分配、社会保障、生态环境等各种民生问题越加凸显，也面临新的挑战，如城镇化水平提升要求加快城乡基本公共服务均等化，加强民生保障的统筹发展；人口老龄化要求增强制度设计的可持续性；经济中速增长的新常态要求合理安排公共财政的民生保障投入，提高资金使用效率；民众诉求渐涨要求合理确定居民社会保障区间和正常增长机制；贫富差距扩大要求强化社会保障的兜底功能，等等。这在客观上要求我们既要着眼长远又要立足当前，既要适度超前又要兼顾现实，推动建立健全具有中国特色的民生保障网，妥善化解社会矛盾、缩小贫富差距、增加民众获得感，为可持续发展注入持久动力。

（二）坚持底线公平和适度普惠理念

在全面建设小康社会的过程中，健全和完善民生保障体系的关键在于选择一个符合中国国情的福利模式。中国是一个人口众多的发展中国家，人均收入仍然偏低，这是中国民生保障建设的基本现实，决定了中国不可能重复过去平均主义的低福利模式，也不可能复制西方国家高福利道路，而应以保障社会成员基础性需求为出发点，坚持底线公平和适度普惠原则[1]。

底线公平就是要保障社会成员的基础性需求，主要包括解决温饱的需求（生存需求）、基础教育的需求（发展需求）、公共卫生和医疗保障的需求（健康需求）。

---

① 景天魁，毕天云. 论底线公平福利模式[J]. 社会科学战线，2011，(5)：161-177.

底线公平强调政府要守住公平底线，对于民众的基础性需求提供一致保障，确保每个公民都能平等享有。底线以上部分的社会福利应充分发挥市场机制、慈善机制、互助机制、自助机制的作用，通过多元化方式满足公民多样化和差异化的福利需求。底线公平模式是一种"刚柔相济"的弹性模式，将社会福利的刚性和柔性结合起来，划定政府责任范围，将刚性限定在一个范围内，让出更大的部分发展柔性机制。

适度普惠就是要以公平正义为原则，确保政府和社会提供的公共产品和服务能够惠及尽可能多的人群，它介于"补缺型"和"普遍型"模式之间，是一个动态发展的过程，具有以下特点：一是普遍性，针对全体国民基本生活的最主要方面，为所有城乡居民解决后顾之忧；二是多层次性，以社会保险、社会救助、社会福利为基础，以基本养老、基本医疗、最低生活保障制度为重点，以慈善事业、商业保险为补充，逐步扩大保障范围，不断提高社会成员的生活质量和自我发展活力；三是适度性，强调福利水平应保障底线公平，并与经济发展水平相适应[①]。

（三）建立内外均衡的全方位民生保障体系

底线公平和适度普惠原则强调的重点在于民生保障的内外均衡，以实现自我维持、自我调节和自我平衡。从内部来看，民生保障的内涵非常宽泛，涵盖了社会保险、社会救济、社会福利、优抚安置、社会慈善、扶贫等各项制度安排，同时我国还存在城镇社会保障和农村社会保障、城镇职工和非职工社会保障等多类不同的体系，需要有系统和全局意识，统筹协同推进，加强各项制度的配合和衔接，构成一个功能齐备、运转自如的完整体系。从外部来看，民生保障以公益性为基本特点，但也不能忽视和排斥其市场性、社会性，在政府主责的前提下，要充分发挥市场和社会力量，共同协作以满足不同人群的多层次、多样化需要。结合我国现状，建立和完善民生保障体系应重点关注以下问题：

一是在功能上，以满足社会成员基本需求为主，加大对基础教育、公共卫生、医疗、社会保障等的投入。与西方发达国家不同，中国仍然是一个发展中国家，经济总量大，但人均收入较低，在民生保障建设上，需要把握国情实际，确定政策目标和优先选项。首先，要明确政府兜底责任，筑牢社会保障安全网，满足弱势群体的基本生活保障，目前重点是做好脱贫攻坚，深入实施精准扶贫、精准脱贫，解决全面建设小康社会的"最后一公里"问题；其次，完善社会保障制度，尤其是养老、医疗保险制度；最后，优化民生保障结构，针对社会发展的关键和重点问题，突出

---

① 齐红芳，曾瑞明. 近年来关于适度普惠型社会福利的研究综述[J]. 社会保障研究，2011，(5)：9-14.

教育、住房等社会保障,尽可能使经济增长与福利增进之间形成正向激励的关系。实践证明,教育投入具有很高的经济回报率,对于增强福利制度的"造血功能"具有重要意义。比如,韩国和希腊在 1995 年人均国民收入基本相同,分别为 7 660 美元和 7 390 美元,但韩国的教育投入占其财政支出比重(16.8%)约为希腊(8.5%)的两倍;而希腊的住宅和社会福利支出占其财政支出的比重约为韩国的两倍,医疗支出更是韩国的五倍。显然,两者的福利结构不同,韩国更重视教育对经济发展和国民素质提高的直接促进作用,希腊更重视生活质量的提升,而目前韩国在国际竞争力、产业层级等方面要明显优于希腊。[①]

二是在范围上,实现多层次民生保障的广覆盖,由特定的服务对象和少数困难群体,转向所有的社会成员。现代意义上的民生保障的基本特点是社会性和公共性,它是一项面向全体国民的公共或社会政策,而并非针对少数人的局部的、有限的慈善活动。经过近 40 年的改革开放,我国仍然面临城乡分割、群体分割带来的群体性福利现象,由此带来的负面效应日益显现。为此,需要构建惠及全民的民生保障体系,推动社会公平正义的实现。尤其是,我国仍处于低水平福利的发展阶段,民生保障往往意味着公平底线,"不患寡而患不均",尤其要注意均等化和公平性。但也要看到,社会福利支出具有较强刚性,一旦设立就需要持续提供,需要政府有足够财力保障长期供给。因此,要加强民生保障的顶层设计,确保在基本国情下坚持适度的普惠。考虑到我国国情,统筹规划社会福利的发展要重点突破,向以下几个方面倾斜:针对城乡二元结构,加大对农村地区的支持;针对地区差异,加大向欠发达地区倾斜;针对弱势群体,加强精准识别和帮扶兜底,保障其基本生活;针对部分群体较高的、个性化的需求,创新机制引入社会力量予以满足。

三是在提供主体上,坚持政府首责,明确政府在提供基本公共服务上的第一责任。现代民生保障本质上是一种政府主导下的公共产品,其供给一直就是政府而不是市场的责任。按照底线公平原则,政府的福利责任首先是底线福利责任,在满足公民底线福利需求的问题上,政府是第一责任者,负有不可推卸的责任。近几年来,我国各级财政逐渐承担了对基础教育的责任,加强了对公共卫生和城乡基层医疗机构的投入,建立了农村最低生活保障制度,这些社会政策体现了"政府首责"的原则。当然,"政府首责"不是"政府全责",政府不应该也不可能承担所有的福利责任,企业、非政府组织、家庭和个人在满足社会成员的非底线福利需求

---

① 张翼. 当代中国社会结构变迁与社会治理[M]. 北京:经济管理出版社,2016:351.

时,也应承担相应责任。

二、增加公共服务供给,推进基本公共服务均等化

增加公共服务供给,推进基本公共服务均等化是我国"十三五"时期的主要目标之一。根据国际经验,一个国家步入中等收入阶段之后,更加关注个人权利和人的全面发展,居民对于公共服务供给的要求越来越高,公共服务供给和需求的矛盾也越来越突出,并成为制约经济社会发展的瓶颈之一。现阶段,中国的基本公共服务供给水平偏低、质量不高、制度不完善,并且存在区域、城乡之间的多重标准和不均,呈现明显的"碎片化"特征[①],需要从管理机制入手,发挥中央和地方合力,进一步完善基本公共服务供应标准体系和制度保障。

(一)创新基本公共服务多元化提供机制

基本公共服务的供给,要体现公平原则,但供给方式的选择,应考虑效率原则。我国现行基本公共服务供给制度过分依赖政府,这种较为单一的政府提供模式使得政府的责任与压力会持续加重,而市场主体、社会力量却又无法顺利进入并发挥应有的作用,导致我国基本公共服务供给出现总量不足、分配不均的问题。西方国家在这方面有较为丰富的经验,从 20 世纪 70 年代开始,面对严重的经济"滞胀"危机和不断增加的财政压力,欧洲各国纷纷推进公共服务的市场化和社会化,以完善公共服务体系,应对公共服务体系可持续发展面临的难题。

一是推进供给主体多元化。政府在基本公共服务的供给过程中应居主导地位,在"市场失灵"或者"社会失灵"的情况下担负起保障公共服务供给的最终责任,具有行政主导和统筹协调的优势。但市场力量、公众和社会组织也是公共服务产品供给机制中不可缺少的主体,具有效率较高和形式灵活的优势,能够适应数量庞大和多样化的公共服务需求。一方面,坚持政府主责和兜底原则,加强政府监管职能,明确政府在法律、政策层面对基本公共服务的支持,划定基本公共服务民生底线范围,确保政府和社会在提供公共服务方面边界合理、权责明确,防止过度市场化和社会化;另一方面,综合政府、市场和社会的比较优势,加快社会事业改革,推动形成公共服务供给过程中合理分工;在政府加强监管的前提下,积极支持社会资本投资生产并提供公共产品和服务,推动基本民办非营利性机构享受与同行业公办机构同等待遇;推进公办服务机构尤其是社会福利机构的改制、改组及民营化,加快培育公共服务领域的社会主体。

---

① 赵宇. 社会治理:新思维与新实践[M]. 北京:社会科学文献出版社,2014:452.

二是促进供给方式多样化。适当引入竞争机制,对于适合由市场提供的公共服务,要面向市场,向社会投资者公开招标,通过政府购买服务、政府和社会资本合作、特许经营等方式支持民间组织或其他社会力量承担。推进政府购买公共服务,能由政府购买服务提供的,政府不再直接承办,交由具备条件、信誉良好的社会组织、机构、事业单位和企业等承担。能由政府和社会资本合作提供的,广泛吸引社会资本参与,政府通过投资补助、基金注资等多种方式,优先支持政府和社会资本合作项目。发展志愿和慈善服务,发挥慈善组织、专业社会工作服务机构在基本公共服务提供中的重要补充作用,落实慈善捐赠的相关优惠政策。

三是推动融资渠道社会化,扩大公共服务供给资金来源。在单一供给模式下,我国公共服务资金的主要来源是财政投入,这种相对有限的资金来源难以满足居民公共服务需求迅猛增长的需要,也导致财政投入效率难以有效监控。同时,绝大部分公共服务资金由各级地方政府特别是基层地方政府承担,在县乡财政较为困难、财政转移支付制度不合理和不完善的条件下,公共服务的发展受到一定程度的制约。应进一步加强融资模式创新,发挥开发性金融、政策性金融的长期大额资金优势和金融导向优势,把政府、市场、企业、金融及社会各方的力量结合起来,调动各方积极性,引导更多社会资金投入民生领域和社会建设上来。

(二)完善基本公共服务的财政投入机制

推进基本公共服务体系建设是公共财政的职责所在,财政制度是推进公共服务均等化的核心制度保障。近年来,我国财政支出的公共性不断增强,用于民生保障的支出增长高于财政收入增速,但仍然存在财政支出不足、结构不合理等问题,需要进一步创新方式方法,完善财政投入机制,明确财政投入的重点方向和领域,以应对基本公共服务的刚性增长需求。

一是保障公共财政对于基本公共服务的投入增长。现阶段,我国基本公共服务投入仍然不足。据统计,2012 年中央财政用于教育、医疗、就业、住房和社会保障等支出达 13 848 亿元,其中公共服务支出占总支出的 31.42%,同比国外财政支出中用于公共服务的比重高达 60%~70%。我国财政用于公共服务的投入比起世界中等收入国家仍然偏低[①]。政府在做大蛋糕的同时,还要改变预算结构,落实各级政府在基本公共服务项目中的投入逐步增长,同时减少行政开支,尤其要加强人大对财政预算监督约束,实现预算编制科学化、合理化和精细化,预算审查程序化和民主化,预算执行公开化和透明化。

---

① 孙旭宁. 基本公共服务均等化法治体系建构与民生底线保障[J]. 中国行政管理,2014,(8):101-104.

二是合理划分中央和地方的职责范围,确保事权和财力相匹配。建立健全基本公共服务的各级政府分担机制,明确中央、省级和地方政府基本公共服务供给的职责。首先,适度上移中央和省级政府基本公共服务事权。对于具有较强外部性、跨区域、信息采集相对简单的基本公共服务,由更高一级的政府负责;对于区域性、信息不对称的基本公共服务,由地方政府负责,避免事权的交叉重叠。适度上移中央政府和省级政府事权,减少对基层政府委托事务。在必要领域,建立全国性的管理和经办机构。其次,参照事权划分,进一步明晰各级政府支出责任,确保政府间基本公共服务事权和支出责任相适应。明晰中央和地方财权和公共服务责任的划分,确保财政支出结构以公共服务均等化为主要目标。最后,增加中央和省级政府的支出比例,通过财政转移支付等措施,使资源向欠发达的省市、地区和农村转移;加大一般性转移支付比重,逐步缩小专项转移支付规模,增强地方政府提供基本公共服务的自主性和积极性,更好地满足公众基本公共服务需求。

三是强化支出管理,提高基本公共服务供给资金的管理水平和使用效率。随着我国经济增长进入新常态,财政收入增长也面临放缓,而基本公共服务支出逐年增长,应努力提高资金使用的绩效水平,以满足“只能上不能下”的刚性民生支出需求。将基本公共服务均等化纳入地方政府政绩考核重点的范畴内,健全地方政府治理的激励机制,将单一的“经济性”导向转变为“经济性、社会性、效率性”导向,使基本公共服务成为衡量政府社会建设能力的重要尺度。创新体制机制,加强公民等其他社会主体的参与,积极调动市场力量、民间资本和社会资金的力量,“四两拨千斤”,发挥财政资金的杠杆作用。健全“全口径预算”,强化预算硬约束,不断提升预算管理的科学化、精细化水平。强化财政支出的监管,推行从预算编制到执行的全过程绩效评价,健全事前监督、事中监督与事后监督相结合的全方位财政监管体系。另外,对于基本公共服务而言,财政资金使用效率的提高,不仅体现为某些项目直接效益的提高,更重要的是还表现为综合效益、社会效益的上升,应在制度、管理和技术多个层面进一步探索财政资金使用效益的量化衡量标准。

(三)推进城乡、区域基本公共服务制度的有效衔接

近年来,我国城乡、区域基本公共服务差距不断扩大的趋势有所放缓,但由于农村社会发展历史欠账较大、区域经济发展不平衡以及受体制政策等因素影响,城乡基本公共服务非均等化仍然十分明显,主要体现为投入力度不均等、供给水平不均等、供给质量不均等和成本负担不均等。因此,推进公共服务均等化是一个艰巨的系统工程,在我国城乡二元、区域分割的现行框架下,实现体制之间的接

轨需要一定的时间,制度整合的基础也还不牢固,应采用渐进方式,逐步破解体制机制障碍,现阶段首先要推进城乡、区域公共服务制度的有效衔接。

一是推进公共服务标准和制度的衔接。建立健全基本公共服务清单制,明确各级政府应当提供的国家基本公共服务项目和保障标准,逐步建立统一的均等化标准,努力做到基本公共服务在城乡之间、区域之间大致趋同。加快义务教育、社会保障、公共卫生、劳动就业等制度的城乡一体设计、一体实施。重点以县(市、区)为单位,有步骤、分阶段推动规划、政策、投入、项目等同城化管理,统筹设施建设和人员安排,推动城乡服务内容和标准的统一、衔接。

二是提高区域内的服务均等化水平。强化省级人民政府统筹职能,加大对省域内基本公共服务薄弱地区的扶持力度,通过完善事权划分、规范转移支付等措施,逐步缩小县域间、地市间服务差距。强化跨区域统筹合作,促进服务项目和标准水平的衔接。

三是加快城乡、区域之间社会保障的流转。我国社会保障领域呈现出一定的"碎片化"特征,在同一保障项目下存在多个相互分割的不同类别,每个类别又在城乡和区域之间进一步分割,不仅造成不同群体适用不同的保障制度,难以从机制安排上进行整体协调,甚至造成制度的冲突和空白。因此,在不同制度之间建立转移通道并实现城乡和区域间的顺畅转移,是我国完善社会保障制度的第一步。农民工群体是我国流动性最大的群体,应以农民工为重点,解决他们在城乡、区域流动时社会保险的衔接问题[①]。要将城乡社会保障作为一个有机整体,进行科学合理地规划和设计,以方便城乡保障制度的有效衔接。考虑到当前城乡社保制度发展不平衡和经济实力有限等条件的制约,应逐步推进农村社会保障制度向相对先进、运行相对成熟的城镇社会保障制度靠拢,在设计上尽量避免两者在基本构成要素方面的偏差,为将来城乡社会保障一致化奠定基础。同时,应做好相应的基础性工作,统一社会保障信息管理标准,实现信息指标体系和编码体系的全国统一,加快推进信息化工程建设。

(四)构建基本公共服务均等化的法治基础

基本公共服务均等化离不开法律法规的基础性支持,尤其是在市场机制比较成熟、经济发展水平比较高的国家,社会保障等基本公共服务对于法律的依赖性就更强。以美国为例,早在1933年,就制定了《社会保障法》,涵盖老年、残障、遗属社会保险、医疗、失业、工伤保险和福利补助等内容,并以此为核心建立了社会

① 赵宇.社会治理:新思维与新实践[M].北京:社会科学文献出版社,2014:460.

保障制度。目前,我国在基本公共服务方面缺乏基本法,专项领域的立法也比较滞后、立法层级较低,现行的《社会保险法》《义务教育法》等立法散见于不同领域,难以发挥顶层统筹的作用。我国应建构科学的法治体系,构筑以宪法为根本、基本法为基础、专项法为细化的全方位制度体系,尤其要加强重点法律制度的建设。面对公共服务领域条块分割的复杂情况,可考虑制定《基本公共服务法》,用法律手段整合公共服务领域的"碎片化"问题,规避行政立法的部门利益导向,保证基本公共服务制度的公正性和权威性,以顶层立法推动跨区域、跨领域的整合,建立统一的基本公共服务体系。

三、健全社会保障制度,夯实社会公平的基础保障

跨越中等收入陷阱,社会保障的兜底作用必不可少。一个公平可持续的社会保障制度不仅可以保基本、兜底线,维护最低限度的底线公平,也是化解社会矛盾、促进社会公平的有力保障。目前,中国已经建立了覆盖城乡居民的社会保障体系框架,包括社会保险、社会救助、社会福利和社会优抚共四大类,覆盖养老、医疗、工伤、失业、生育等方面,其中养老和医疗是最基本、最重要的两大构成部分,不仅在社会保障体系费用中占比较高,而且直接关系到大多数民众的切身利益,是民生保障的核心部分。

目前,养老和医疗也是全球各国民众最关切、争议最多的世界性难题,人口老龄化已经成为各国福利制度可持续发展的最大挑战。中国是世界上人口老龄化速度最快、规模最大且家庭保障功能因少子高龄化而持续弱化的国家,面临"未富先老"的挑战,能不能有效处理老龄化带来的养老、医疗问题,直接关系到能否实现经济社会的健康可持续发展。

(一)完善养老保险制度,积极应对人口老龄化挑战

经过改革开放以来近 40 年的发展,中国养老保险呈现出多种类型并存的格局,基本覆盖全部城乡居民,但存在的问题也越来越突出,如人口老龄化的挑战、缴费率较高、养老待遇不均衡等[①]。此外,由于老龄化发生在经济发展水平相对较低的阶段,养老保险作为一项强制性制度,其完善和改革还需要权衡社会保障水平和经济发展竞争力的矛盾,建立健全更加公平、更可持续的养老保险制度。

一是进一步完善基本养老保险制度。推进实施全民参保计划,促进和引导各类单位和符合条件的人员长期持续参保,重点解决部分非公经济组织员工、城镇

---

① 宋晓梧.“十三五”时期我国社会保障制度重大问题研究[M]. 北京:中国劳动社会保障出版社,2016:23.

灵活就业人员、农民工以及部分农村居民等群体的参保问题,基本实现法定人员全覆盖。推进养老保险的全国统筹,进一步完善基础养老金省级统筹,推动省级层面实现制度政策、缴费比例、待遇计发办法、基金使用、基金预算、业务规程等"六统一",在更大范围内调剂余缺、抵御风险。完善职工养老保险个人账户制度,加强个人缴费与待遇水平之间的联系,健全多缴多得、长缴多得的激励机制。适应人口和职业流动加快的趋势,建立更加便捷的社会保险转移接续机制。

二是加快构建多层次养老保险体系。目前,养老保险三大支柱(即基本养老保险、企业年金和个人商业养老保险)存在发展失衡的问题,养老保险体系的第二、第三支柱发展滞后,占比较低、作用较弱,在一定程度上加重了基本养老保险的压力,造成了对公共养老金过度依赖的社会心理[1]。应通过免税、延期征税等优惠政策,强化对发展职业年金、企业年金和各类商业性养老保险的激励。适时适当降低社会保险费率,为补充保险留出发展空间。创新发展多种形式的商业养老保险产品,发展商业团体养老保险和养老保障管理业务,促进商业养老保险与社会保险、补充保险相衔接,构建多层次养老保险体系。

三是加强养老保险制度与其他社会保障制度衔接。加强养老保险制度与经济困难的高龄、失能老年人补贴等社会福利制度的衔接,与最低生活保障、特困人员救助供养等社会救助制度的衔接,与农村扶贫开发政策相衔接。渐进式延迟退休年龄,适时适度提高城乡居民基础养老金的领取年龄。着力构建以社会救助为托底,社会保险为主体,社会慈善、企业年金和商业保险为补充,各层次之间相互衔接的多层次养老保障体系。

四是加强社会养老保险基金投资管理和监督。严格执行相关法律法规,在确保当期养老金发放和保证基金安全的前提下,积极稳妥地推进基金的市场化、多元化投资运营,确保养老保险基金保值增值。完善基金风险管理和内部控制制度,进一步细化风险管理流程和措施;按照全面、全程、全员风险管理的原则,加强对各类风险的识别、衡量、评估、监测和应对。

(二)深化医疗保险制度改革,推进健康中国建设

正如习近平总书记所言"没有全民健康,就没有全面小康",健康是促进人的全面发展的必然要求,是经济社会发展的基础条件,也是民族昌盛和国家富强的重要标志。党的十八大以来,党中央把"健康中国"提升为国家战略,在较短时间内建立起世界上规模最大的基本医疗保障网,以基本医疗保险为主体的多层次保

① 胡永泰,陆铭. 跨越"中等收入陷阱"——展望中国经济增长的持续性[M]. 北京:格致出版社,2012:95.

障框架初步建立，"全民医保"体系更加健全。然而，我国还面临着工业化、城镇化、人口老龄化以及生态环境、生活方式不断变化等带来的新挑战，需要统筹解决好关系人民健康的重大和长远问题。

一是应全面实施城乡居民大病保险制度。我国医疗资源不平衡，看病难、住院难一直是人民心头的"大病"，因病致贫、因病返贫的现象在一些地区仍然存在，应进一步完善大病保险制度，覆盖所有城镇居民医保、新农合参保人群，与医疗救助等制度紧密衔接，共同发挥托底保障作用，有效防止发生家庭灾难性医疗支出。

二是应整合基本医疗保险制度，理顺居民医保和新农合管理体制，加快城乡居民基本医疗保险制度整合步伐。健全医疗保险稳定可持续筹资和报销比例调整机制，完善医保缴费参保政策。改革医保管理和支付方式，合理控制医疗费用，实现医保基金可持续平衡。改进个人账户，开展门诊费用统筹。加快推进基本医保异地就医结算，实现跨省异地安置退休人员住院医疗费用直接结算。针对人口老龄化带来的老年人长期护理成本和负担增加问题，探索建立长期护理保险制度，开展长期护理保险试点。

三是鼓励发展补充医疗保险和商业健康保险。积极鼓励发展企业和个人共同负担的补充医疗保险以及个人投保的商业健康保险。在落实对基本医疗保险、补充医疗保险税收优惠政策的基础上，完善个人购买商业健康保险的个人所得税税前扣除优惠政策。

（三）推动精准、深度扶贫和棚户区改造，增进城乡居民福祉

贫困问题依然是我国经济社会发展中最突出的"短板"，是跨越中等收入陷阱的重要内容，其中政府作用是关键因素。党的十八大以来，党中央把扶贫开发作为关乎党和国家政治方向、根本制度和发展道路的大事，明确到 2020 年现行标准下农村贫困人口实现脱贫，打赢脱贫攻坚战，吹响了消除绝对贫困、决胜小康社会的号角。对于城镇居民，2013 年，国务院常务会议提出了"未来 5 年，将再改造各类棚户区 1 000 万户"的目标，大力推进棚户区改造，把实现人民幸福安居作为出发点和落脚点，2013—2016 年 4 年间，每年农村贫困人口减少都超过 1 000 万人，累计脱贫 5 564 万人；贫困发生率从 2012 年年底的 10.2％下降到 2016 年年底的 4.5％，下降 5.7 个百分点；贫困地区农村居民收入增幅高于全国平均水平，贫困群众生活水平明显提高，贫困地区面貌明显改善。推动贫困人口和弱势群体共享改革发展成果、实现共同富裕。

一是扶贫开发是全面建成小康社会、跨越中等收入陷阱的刚性任务。贫困人口规模大、贫困程度深依然是我国贫困问题的基本特征，也是我国全面建成小康

社会、跨越中等收入陷阱的突出短板。扶贫开发关键在于精准,应充分发挥政府主导和市场引导作用,精确瞄准、因地制宜、分类施策,稳步提高贫困人口增收脱贫能力;立足贫困地区资源禀赋,促进扶贫开发由"输血"向"造血"转变;要大力实施易地扶贫搬迁,因地制宜选择搬迁安置方式,多措并举促进搬迁群众稳定增收,确保搬得出、稳得住、能脱贫。同时,要进一步加强转移就业脱贫、教育扶贫、健康扶贫、生态保护扶贫等专项扶贫工程。

二是棚户区改造是体现以人民为中心发展思想的重大民生工程,是推动新型城镇化的重要举措。针对目前一些地方棚改推进难度加大、配套建设滞后等问题,要落实各项支持政策和地方责任,加大督查力度,管好用好棚改专项资金,完善水电气热路和教育、医疗等配套设施,提高入住率,在商品住房库存量大、市场房源充足的市县,进一步提高货币化安置比例。加大中央财政补助和金融、用地等支持,创新拓展多元化融资渠道,推进采用政府购买服务、政府与社会资本合作等投融资模式提升棚改融资力度。同时,坚持业务推动与社会建设、民生发展统筹考虑,将推动棚户区改造与资源枯竭型城市转型相结合,与促进棚改居民就业和再就业相结合,与完善城市基础设施建设、增强城市功能相结合,与提高棚改新区居民幸福指数相结合,让棚改真正成为润民心、暖民心、赢民心的民心工程,实现社会效益和经济效益的协调促进。

三是发挥最低生活保障制度的兜底保障作用。最低生活保障制度是我国社会救助的重要内容,通过对社会最底层弱势群体实施兜底保障,发挥着社会"安全阀"的作用。对贫困人口中完全或部分丧失劳动能力的人,实施低保兜底,使其脱离"绝对贫困"。强化低保和扶贫的制度衔接,坚持应扶尽扶、应保尽保,形成制度合理,前者维持基本生活,后者强调能力提升,双轮驱动,共同保障贫困人口共享改革发展成果、实现共同富裕。

第五节　加强法治建设,提高社会治理水平

法治是上层建筑的重要组成部分,公平公正地解决社会矛盾、科学规范各类社会主体行为,需要以法律为支撑,以法治为保障。历史一再证明,"法治兴则国家兴,法治衰则国家乱",顺利跨越中等收入陷阱的国家,法治都比较健全,而落入中等收入陷阱的国家,法治落后都是重要原因。当前,我国正处在发展的重要战略机遇期和社会矛盾的凸显期,经济发展"三期叠加",改革进入攻坚期和深水期,利益主体和诉求多元化,不公正现象在部分领域还比较突出,全面推进依法治国

是我国社会转型步入新常态的必然选择。

党的十八届四中全会吹响了建设社会主义法治国家的进军号,为全面建成小康社会、全面深化改革、实现中华民族的伟大复兴提供坚实的制度框架和法治保障。全会通过的《中共中央关于全面推进依法治国若干重大问题的决定》提出,要努力形成完备的法律规范体系、高效的法治实施体系、严密的法治监督体系、有力的法治保障体系和完善的党内法规体系,坚持依法治国、依法执政、依法行政共同推进,坚持法治国家、法治政府、法治社会一体建设,促进国家治理体系和治理能力现代化。这些理念体现了良法与善治的有机融合,将进一步促进我国经济社会的持续健康发展,为依法维护人民权益、维护社会公平正义、维护国家安全稳定奠定坚实的法治基础,也为跨越中等收入陷阱提供有力的法治保障。

一、法治是社会治理体系和治理能力现代化的必然要求

社会治理是社会治理体系和社会治理能力的有机统一。社会治理体系表现为一整套紧密相连、相互协调的社会治理制度,是社会建设领域体制机制、法律法规安排的总和;社会治理能力是运用相关制度管理社会各方面事务的水平和绩效,反映社会治理行为的质量。社会治理现代化是跨越中等收入陷阱的基本条件。在党中央治国理政总体战略中,明确以法治和改革形成双轮驱动,共同推动实现全面建成小康社会的奋斗目标,共同推进国家治理体系和治理能力现代化。完善中国特色社会主义制度和推进国家治理体系、治理能力现代化都离不开法治的现代化。

(一)"良法善治"是衡量社会治理现代化的重要标准

现代化的社会治理表现为,治理目标突出公平、正义、民主、人权、秩序等共同价值,治理主体由单一政府转为政府主导、多元参与,治理规则和治理方式透明、稳定、规范。"良法善治"体现了法治精神与社会治理共识的高度契合,将法治建设与社会治理有机融合,是社会治理体系和治理能力现代化、建设法治中国的应有之义。"良法"是善治的前提,"善治"是良法的支撑,两者相互促进、相辅相成。[①]

其中,"良法"侧重静态的社会治理制度建设目标,强调公平、正义、民主、人权、秩序、和谐等共同价值,与法治精神的内在属性高度一致。虽然"良法"的标准受历史条件、文化传统和政治意识形态等诸多因素制约,具有多样性特征,但始终体现了人类共有的进步伦理观念。"善治"侧重动态的社会治理过程,强调社会治

---

① 张文显. 法治与国家治理现代化[J]. 中国法学,2014,(4):5.

理能力的提升。社会治理涉及社会权利的保障、社会利益的协调、社会矛盾的化解、社会冲突的管理等多个方面,解决这些问题最直接、最有效的办法就是在社会治理中加强法治。以法治的思维方式代替行政命令、管控维稳的思维,以法律的明文规定划定多元主体的权利边界,以法治的强制力约束依法行政,以法治信仰塑造全民尊法守法的良好氛围,才能达到社会治理的最佳效果。

(二)法治是实现社会治理现代化的根本保障

跨越中等收入陷阱的本质不仅是收入水平的数量问题,也是治理水平的质量问题。为了实现社会治理体系和社会治理能力的现代化,必须在法治的轨道上推进社会治理。纠正有法不依、执法不严、违法不究等现象;整治以权谋私、以权压法、徇私枉法等问题;依法公正对待人民群众诉求,使群众感受到公平正义,消除引发落入中等收入陷阱的社会不安定因素。

法治为社会治理现代化提供稳定的制度基础。社会转型期,不稳定因素增加,社会矛盾集中多发,人们对社会的关注点由收入生活水平扩展到民生保障、社会福祉等领域,社会建设任务繁重。法治追求主权在民、公平正义、人权保障等人类社会共有价值,是社会进步伦理观念在制度领域的延伸。法治通过一系列具体化、规范化、统一化的制度安排,约束国家权力,保障公民权利,为实现社会公平正义、安定和谐奠定制度基础。法治强调法律至上,能够保持执政理念、执政路线、执政方针的连续性、稳定性和权威性;能够通过公开透明的规则和程序,由国家强制力量保证实施,使社会民众形成合理预期,维护社会治理的公信力。

法治是调节社会矛盾、维持社会稳定最基本的手段。对许多国家而言,跨越中等收入陷阱既是结构的变迁、制度的变革,也是处置社会矛盾与冲突的思路和方法的重大转变。如何平稳有序地度过这一矛盾井喷期,如何完成转型过程中的"惊险一跃",是所有试图跨越中等收入陷阱的国家必须面对的挑战。当前,我国社会转型出现了一些新问题,利益主体和利益诉求日趋多元增加了社会矛盾的复杂性,信息化、网络化对社会治理的双刃剑效应逐步显现等,都需要通过有效的手段予以解决。事实上,任何社会矛盾都有对应的法律关系,对社会矛盾的调整就是对法律权利义务关系的调整,必须充分发挥法治手段的作用,依法评判和认定曲直对错、合法与非法、违法与犯罪、责任与惩罚,促进社会稳定与社会和谐。[①]

---

① 俞可平.国家底线:公平正义与依法治国[M].北京:中央编译出版社,2014.

二、以法治推进社会治理体系现代化

社会治理体系包括规范社会治理行为的一系列制度和程序。推进社会治理体系现代化,就是要适应时代变化,既改革不适应实践发展要求的体制机制、法律法规,又不断构建新的体制机制、法律法规,使各方面制度更加科学和完善,实现社会各项事务治理的制度化、规范化、程序化。立法是建立和完善法律制度的过程,是依法执政、严格执法、公正司法、全民守法的基础,对推进国家治理体系起着引领和推动作用。当前,与现代化治理的目标相比,我国在立法方面还存在一些不适应、不协调的问题,社会主义法律制度体系有待进一步完善,有的制度未能全面反映客观规律和人民意愿,针对性、可操作性不强,立法的部门化、地方保护主义倾向依然存在,有些法律规范互相冲突,使执法者、守法者及司法者无所适从。坚持科学民主立法,提升立法的科学性和公正性,是实现治理体系现代化的前提。民主立法就是在一个公开、公正的制度框架下,通过各种社会主体的平等博弈、理性协商和相互妥协制定法律的过程。民主立法是科学立法的程序性要求,科学立法是提升立法质量的根本保障。①

（一）完善以宪法为核心的中国特色社会主义法律体系

一个国家从中等收入阶段到高收入阶段遇到的挑战,与迈入中等收入阶段之前存在的问题是不同的。随着内外部现实条件的变化,原有的制度安排不一定持续有效,可能对经济、社会等发展形成制约,必须适时地进行制度转型。

法律是治国之重器,良法是善治的前提。建设完备的中国特色社会主义法律体系是破解中等收入陷阱的前提和基础。面对改革和发展的新形势,要继续完善以宪法为统帅,以法律为主干,以行政法规、地方性法规为重要组成部分的中国特色社会主义法律体系。必须坚持立法先行,发挥立法的引领和推动作用,贯彻社会主义核心价值观,使每一项立法都符合宪法精神、反映人民意志、得到人民拥护。坚持立改废释并举,增强法律法规的及时性、系统性、针对性、有效性,做好各部门法之间、各种不同渊源的规范性法律文件之间的相互衔接,更好地适应我国经济社会的发展需要。

健全宪法实施和监督制度。宪法是我国的根本大法,既规定公民的基本权利义务,也规定国家的根本制度和根本任务、规范国家权力的行使,在法律体系中具有最高效力。全社会都必须以宪法为根本活动准则,并负有维护宪法尊严、保证

---

① 唐皇凤. 构建法治秩序:中国国家治理现代化的必由之路[J]. 新疆师范大学学报,2014,(4).

宪法实施的职责。坚持法律面前人人平等,任何组织或者个人都不得有超越宪法法律的特权,违反宪法的行为应当予以追究和纠正。为确保宪法实施,应完善全国人大及其常委会宪法监督制度,健全宪法解释程序机制。加强备案审查制度和能力建设,把所有规范性文件纳入备案审查范围,依法撤销和纠正违宪违法的规范性文件。

（二）完善立法机关主导、社会各方有序参与的立法体制

为保证立法质量、提升立法科学化水平,应进一步改善立法机关组成人员的结构,完善立法流程,提升立法技术。特别是通过多种手段畅通民意表达机制,加强民意与立法的对接,提高立法的民主参与水平。

加强立法机关自身建设,完善立法体制。加强党对立法工作的领导,完善党对立法工作中重大问题决策的程序。发挥人大及其常委会在立法工作中的主导作用,把公开、公平、公正原则贯穿立法全过程。由全国人大相关专门委员会、全国人大常委会法制工作委员会组织有关部门参与起草综合性、全局性、基础性等重要法律草案,建立健全专门委员会、工作委员会立法专家顾问制度。加强人大对立法工作的组织协调,完善立法项目征集和论证制度,健全立法起草、论证、协调、审议机制,健全向下级人大征询立法意见机制,建立基层立法联系点制度,推进立法精细化。进一步明确立法权力边界,从体制机制和工作程序上有效防止部门利益和地方保护主义法律化,加强政府立法制度建设,完善行政法规、规章制定程序。对部门间争议较大的重要立法事项,引入第三方评估,充分听取各方意见,协调决定。对法律适用中发现的问题,及时做好法律解释工作,明确法律规定含义和适用法律依据。

创新公众参与立法方式。通过座谈、听证、评估、公布法律草案等方式扩大公民有序参与立法途径,通过询问、质询、备案审查等方式广泛听取各方面的意见和建议,积极回应社会关切。健全立法机关和社会公众沟通机制,开展立法协商,充分发挥政协委员、民主党派、工商联、无党派人士、人民团体、社会组织在立法协商中的作用,探索建立有关国家机关、社会团体、专家学者等对立法中涉及的重大利益调整论证咨询机制。健全法律法规规章草案公开征求意见和公众意见采纳情况反馈机制,广泛凝聚社会共识。充分吸纳和满足各利益相关者的价值诉求,改善法律对社会经济问题的回应性和调适性,发挥法律在多元社会中的利益整合与利益协调的功能。

（三）加强转型期重点领域立法

依法保障公民权利,加快完善体现权利公平、机会公平、规则公平的法律制

度,保障公民人身权、财产权、基本政治权利等各项权利不受侵犯,保障公民经济、文化、社会等各方面权利得到落实,实现公民权利保障法治化。增强全社会尊重和保障人权意识,健全公民权利救济渠道和方式。

完善社会主义市场经济法律制度,以保护产权、维护契约、统一市场、平等交换、公平竞争、有效监管为基本导向,使市场在资源配置中起决定性作用。健全以公平为核心原则的产权保护制度,加强对各种所有制经济组织和自然人财产权的保护,清理有违公平的法律法规条款,形成依法经营、依法竞争的现代市场体系。加强市场法律制度建设,促进商品和要素自由流动、公平交易、平等使用。健全创新驱动战略的法治支撑,完善激励创新的知识产权保护制度和促进科技成果转化的体制机制。加快科技创新立法,鼓励原创性、核心性、先进性和带动性科技创新。加强知识产权运用和保护,健全技术创新激励机制,形成相互支撑、相互协同的科技创新法律体系,激发各类主体的创新活力,保障和促进全面创新。发展技术市场,健全技术转移机制,完善风险投资机制,促进科技成果资本化、产业化。推动科技进步、战略性新兴产业布局和企业自主创新等配套政策的法治化。依法加强和改善宏观调控、市场监管,反对垄断,促进合理竞争,维护公平竞争的市场秩序。

完善社会治理法律制度,推进社会治理体制创新。强化社会发展转型的法治保证,完善公民有序参与社会治理的良性机制,畅通利益诉求表达渠道,准确把握社会心态,依法保障群众权益、规范社会行为、化解社会矛盾、维护社会秩序,推动我国成功跨越中等收入陷阱。在社会治理模式方面,健全政府主导、社会协同、多方参与的相关制度。完善政府组织法,明确政府社会治理职责,有序转移政府社会治理权力,充分发挥政府主导社会治理的功能。加强社会组织立法,规范和引导各类社会组织健康发展,降低社会组织准入门槛,健全社会组织章程、治理机构及退出机制,推进社会组织依法自治。在缩小贫富差距方面,建立健全现代产权制度,改革收入分配制度。在保障和改善民生方面,依法加强和规范公共服务,完善教育、就业、收入分配、社会保障、医疗卫生、食品安全、扶贫、慈善、社会救助和妇女儿童、老年人、残疾人合法权益保护等方面的法律法规。

(四)实现转型期立法与改革决策的有效衔接

立足国情全面深化改革是跨越中等收入陷阱的必然要求。改革越深入,越要强调法治,通过立法来引领改革方向、推动改革进程、保障改革成果,让全体人民共享改革红利、法治红利。为了确保法治体系建设进程与全面深化改革相匹配,应妥善处理实践变动性与法律稳定性、法律前瞻性与可行性的关系。立法要主动适应改革和经济社会发展需要,尊重和体现经济社会建设的客观规律,积极回应人民期待,更好地协调利益关系,做到重大改革于法有据。研究改革方案和改革措施时,要同步考虑改革涉及的立法问题,及时提出立法需求和立法建议。实践证明,行之有效的治理或改革措施,要及时上升为法律;实践条件还不成熟、需要先行先试的,要按照法定程序进行授权;对不适应改革要求的法律法规,要及时修改和废止。

三、以法治推进社会治理能力现代化

社会治理能力是指运用相关制度,管理社会各方面事务的能力,涉及法律制度的动态实施和运行,包括执法、司法和法治文化建设等内容。社会治理能力现代化要求牢固树立按制度办事、依法办事的意识,善于运用法律治理国家,把各方面制度优势转化为社会治理的效能,提高科学执政、民主执政、依法执政水平。

（一）依法行政,加强权力监督,保证法律实施

依法行政是规范公权力运行、保障私权利实现的必然要求。行政机关的行政行为直接影响到社会大众对政府的信赖,并决定社会治理的效果。近年来,随着市场经济转型、社会利益格局的调整,新问题新矛盾有所增多,群体性事件呈上升趋势。行政权力失控是其中一项不容忽视的原因。有些部门和干部习惯用行政命令或简单生硬的手段推动工作,容易引发干群矛盾;有些部门和干部脱离实际,盲目追求所谓的政绩,不顾民意推行"形象工程";有些干部越权错位、违法乱纪、官僚作风严重,给社会发展带来了负面影响。对于上述不良倾向,必须采取有效措施予以纠正。

1. 依法全面履行政府职能

牢固树立权力来自人民、权力源于法律授予的理念,坚持职权法定原则,完善行政组织和行政程序法律制度,推进机构、职能、权限、程序、责任的法定化,形成权责一致、分工合理、决策科学、执行顺畅、监督有力的行政管理体制。按照"法定职责必须为,法无授权不可为"的行政管理原则,在法治化轨道上行使行政权力。纠正行政机关不作为、乱作为,克服懒政、怠政,惩处失职、渎职,充分发挥政府在经济调节、市场监管、社会管理和公共服务等方面的法定职能,积极回应社会公众的需求和关切。禁止行政机关在法外设定权力,没有法律法规依据不应减损公民、法人和其他组织的合法权益,或者增加其义务。推行政府权力清单制度,消除权力寻租空间,推进各级政府事权规范化、法律化。

2. 健全依法决策机制

把公众参与、专家论证、风险评估、合法性审查、集体讨论决定确定为重大行政决策法定程序,确保决策制度科学、程序正当、过程公开、责任明确。建立行政机关内部重大决策合法性审查机制,积极推行政府法律顾问制度,保证法律顾问在制定重大行政决策、推进依法行政中的积极作用,确保决策内容的依法合规。建立重大决策终身责任追究制度及责任倒查机制。

3. 深化行政执法体制改革

建立权责统一、权威高效的行政执法体制,加强基层执法力量,整合执法主体,支持有条件的领域推行跨部门综合执法,着力解决权责交叉、多头执法问题。根据不同层级政府的事权和职能,按照减少层次、整合队伍、提高效率的原则,合理配置执法力量。严格实行行政执法人员持证上岗和资格管理制度。健全行政执法和刑事司法的衔接机制,建立行政执法机关、公安机关、检察机关、审判机关信息共享、案情通报、案件移送制度,克服有案不移、有案难移、以罚代刑现象,实现行政处罚和刑事处罚的无缝对接。

4. 坚持严格规范、公正文明执法

依法惩处各类违法行为,加大对关系群众切身利益重点领域的执法力度。完善执法程序,建立执法全过程记录制度。明确具体操作流程,重点规范行政许可、行政处罚、行政强制、行政征收、行政收费、行政检查等执法行为。严格执行重大执法决定的法制审核制度。建立健全行政裁量权基准制度,细化、量化行政裁量标准,规范裁量范围、种类、幅度。加强行政执法信息化建设和信息共享,提高执法效率和规范化水平。加强行政执法保障,对妨碍行政机关正常工作秩序、阻碍行政执法人员依法履责的违法行为,依法予以处理。全面落实行政执法责任制,严格确定不同部门、不同机构、不同岗位执法人员的执法责任和责任追究机制,加强执法监督,排除对执法活动的干预,克服地方和部门保护主义,惩治执法腐败现象。

5. 强化对行政权力的制约和监督

形成科学有效的权力运行制约和监督体系,加强党内监督、人大监督、民主监督、行政监督、司法监督、审计监督、社会监督、舆论监督制度建设,增强监督合力和实效。对权力集中的部门和岗位,实行分事行权、分岗设权、分级授权,定期轮岗,强化内部流程控制,防止权力滥用。完善政府内部层级监督和专门监督,改进上级机关对下级机关的监督,建立常态化监督制度。完善纠错问责机制,健全问责方式和程序,对有令不行、有禁不止、行政不作为、失职渎职、违法行政等行为依

法依规严肃处理。完善审计制度,对公共资金、国有资产、国有资源和领导干部履行经济责任情况实行审计全覆盖,强化上级审计机关对下级审计机关的领导,探索省以下地方审计机关人财物统一管理,推进审计职业化建设。

6. 全面推进政务公开

行政机关应将政府信息公开作为依法行政的重要内容,坚持以公开为常态、不公开为例外的原则,推进决策公开、执行公开、管理公开、服务公开、结果公开,使行政权力公平透明运行,让群众看得到、听得懂、能监督。各级政府及其工作部门依据权力清单,向社会全面公开政府职能、法律依据、实施主体、职责权限、管理流程、监督方式等事项。重点推进财政预算、公共资源配置、重大建设项目批准和实施、社会公益事业建设等领域的政府信息公开。涉及公民、法人或其他组织权利和义务的规范性文件,按照政府信息公开要求和程序予以公布。推行行政执法公示制度。推进政务公开信息化,加强互联网政务信息数据服务平台和便民服务平台建设。

(二)保证公正司法,提高司法公信力

司法是国家司法机关按照法定职权和法定程序,运用法律处理案件的过程。公正司法是定纷止争、化解社会矛盾、实现公平正义的最后一道防线。当前,我国司法环境总体是好的,但实践中仍然存在不足,部分案件的办理受到外部因素的干扰,部分案件久拖不决,司法不公、司法腐败的现象仍有发生,不能有效维护当事人的合法权益。特别是当社会步入转型期之后,如何积极回应社会需求,如何在立法缺位时进行裁决,成为司法面临的又一难题。因此,必须完善司法管理体制和司法权力运行机制,规范司法行为,加强对司法活动的监督,努力让人民群众在每一个司法案件中感受到公平正义。

1. 依法独立公正行使审判权和检察权

建立健全司法人员履行法定职责保护机制。严格执行领导干部干预司法活动、插手具体案件处理的记录、通报和责任追究制度,任何党政机关和领导干部都不得让司法机关做违反法定职责、有碍司法公正的事情,任何司法机关都不得执行党政机关和领导干部违法干预司法活动的要求。对干预司法机关办案的人员,依法追究责任。

2. 优化司法职权配置

健全公安机关、检察机关、审判机关、司法行政机关,各司其职、相互配合、相互制约的体制机制。完善司法体制,推动实行审判权和执行权相分离的体制改革试点。完善刑罚执行制度,统一刑罚执行体制。完善行政诉讼体制机制,切实解

决行政诉讼立案难、审理难、执行难等问题。改革法院案件受理制度,对依法应当受理的案件,做到有案必立、有诉必理,保障当事人诉权。完善对涉及公民人身、财产权益的行政强制措施的司法监督制度。探索建立检察机关提起公益诉讼制度。健全司法机关内部监督制约机制,建立司法机关内部人员过问案件的记录制度和责任追究制度。完善主审法官、合议庭、主任检察官、主办侦查员办案责任制。

3. 推进严格司法

坚持以事实为根据、以法律为准绳,健全事实认定符合客观真相、办案结果符合实体公正、办案过程符合程序公正的法律制度。统一司法裁判的规范标准,加强和规范司法解释和案例指导,统一法律适用标准。推进以审判为中心的诉讼制度改革,确保侦查、审查起诉的案件事实证据经得起法律的检验。全面贯彻证据裁判规则,完善证人、鉴定人出庭制度,保证庭审在查明事实、认定证据、保护诉权、公正裁判中发挥决定性作用。明确各类司法人员工作职责、工作流程、工作标准,实行办案质量终身负责制和错案责任倒查问责制,确保案件处理经得起法律和历史检验。

4. 保障人民群众参与司法

依靠人民推进公正司法,通过公正司法维护人民权益。在司法调解、司法听证、涉诉信访等司法活动中保障人民群众的参与权。完善人民陪审员制度,保障公民陪审权利,扩大参审范围,完善随机抽选方式,进一步提高人民陪审制度的公信度。逐步实行人民陪审员不再审理法律适用问题,只参与审理事实认定问题。构建开放、动态、透明、便民的阳光司法机制,推进审判公开、检务公开、警务公开、狱务公开,依法及时公开执法司法依据、程序、流程、结果和生效法律文书,杜绝暗箱操作。

5. 加强人权司法保障

强化诉讼过程中当事人和其他诉讼参与人的知情、陈述权、辩护辩论权、申请权、申诉权的制度保障。健全落实罪刑法定、疑罪从无、非法证据排除等法律原则的法律制度。完善对限制人身自由司法措施和侦查手段的司法监督,健全冤假错案有效防范、及时纠正机制。切实解决执行难问题,制定强制执行法,规范查封、扣押、冻结、处理涉案财物的司法程序。加快建立失信被执行人信用监督、威慑和惩戒法律制度。依法保障胜诉当事人及时实现权益。

6. 加强对司法活动的监督

完善检察机关行使监督权的法律制度,加强对刑事诉讼、民事诉讼、行政诉讼的法律监督。完善人民监督员制度。司法机关要及时回应社会关切,规范媒体对案件的报道,防止舆论影响司法公正。依法规范司法人员与当事人、律师、特殊关系人、中介组织的接触、交往行为,打击司法领域的腐败行为。严禁违法违纪行为,惩治司法掮客行为,防止利益输送。坚决破除各种潜规则,不允许办关系案、人情案、金钱案。反对和克服特权思想、衙门作风、霸道作风,反对和惩治粗暴执法、野蛮执法行为。

(三)培育全民守法意识,推进法治社会建设

现代化的社会治理强调政府主导、社会协同、公众参与。法治建设不仅在于法律体系和法律制度等硬件条件的完善,也在于全社会能够形成对宪法和法律权威的普遍遵从与发自内心的信仰和拥护。公民遵法、知法、懂法,掌握运用基本的法律技能,是有效参与社会治理、确保法律得到遵守的前提。公民法治意识淡薄、法治信仰不坚定、法律运用水平偏低、依法维权意识不强都会对社会治理产生负面影响。健全社会普法教育机制,增强全民法治观念,使法治精神入脑入心,营造自觉学法、尊法、信法、守法、用法、护法的良好氛围,是社会治理走向现代化的必要条件。

1. 推动全社会树立法治意识

把全民普法和守法作为依法治国的长期基础性工作,深入开展法治宣传教育,引导全民自觉守法、遇事找法、解决问题靠法。把领导干部带头学法、模范守法作为树立法治意识的关键,完善国家工作人员学法用法制度,把法治教育纳入国民教育体系。健全普法宣传教育机制,创新普法和法治宣传教育的具体形式,努力培育现代公民,使法治精神和法治信仰深入民心。把法治教育纳入精神文明创建内容,开展群众性法治文化活动,健全媒体公益普法制度,加强新媒体新技术在普法中的运用,提高普法实效。坚持法治教育和道德教育相结合,加强公民道德建设,弘扬社会主义核心价值观和中华优秀传统文化,增强法治的道德底蕴,强化规则意识,倡导契约精神,弘扬公序良俗。发挥法治对解决道德领域突出问题的作用,引导人们自觉履行法定义务、社会责任、家庭责任。加强社会诚信建设,完善守法诚信褒奖机制和违法失信行为惩戒机制,通过信用信息共享,建立跨地区、跨部门、跨领域的联合激励与惩戒机制,形成政府部门协同联动、行业组织自律管理、信用服务机构积极参与、社会舆论广泛监督的共同治理格局。

2. 推进多层次多领域依法治理

坚持系统治理、依法治理、综合治理、源头治理,提高社会治理法治化水平。深入开展多层次多形式法治创建活动,支持各类社会主体自我约束、自我管理,确

保社会组织对其成员的行为导引、规则约束、权益维护作用。发挥市民公约、乡规民约、行业规章、团体章程等社会规范在社会治理中的积极作用。发挥人民团体和社会组织在法治社会建设中的积极作用,建立健全社会组织参与社会事务、维护公共利益、救助困难群众、帮教特殊人群、预防违法犯罪的机制和制度化渠道。强化行业协会商会类社会组织的行业自律和专业服务功能,加快行业协会商会与行政机关脱钩步伐,使之真正成为组织健全、制度完善、权责明确、运行规范的社会主体。依法妥善处置涉及民族、宗教等因素的社会问题,促进民族关系、宗教关系和谐。

3. 建设完备的法律服务体系

加快建立健全符合国情、覆盖城乡、惠及全民的公共法律服务体系,整合公共法律服务资源,拓展公共法律服务领域,提高公共法律服务能力和水平,加强民生领域法律服务,不断满足人民群众基本法律服务需求,促进社会公平正义。完善法律援助制度,扩大援助范围,健全司法救助体系,保证群众在遇到法律问题或者权利受到侵害时获得及时有效的法律帮助。统筹城乡、区域法律服务资源,发展涉外法律服务业。

4. 健全依法维权和化解纠纷机制

强化法律在维护群众权益、化解社会矛盾中的权威地位,引导和支持人们理性表达诉求、依法维护权益,解决好群众最关心最现实的利益问题。构建对维护群众利益具有重大作用的制度体系,建立健全社会矛盾预警机制、利益表达机制、协商沟通机制、救济救助机制,畅通群众利益协调、权益保障法律渠道。把信访纳入法治化轨道,保障合理合法诉求依照法律规定和程序就能得到合理合法的结果,规范信访工作程序,畅通群众诉求表达、利益协调和权益保障渠道。健全社会矛盾纠纷预防化解机制,完善调解、仲裁、行政裁决、行政复议、诉讼等有机衔接、相互协调的多元化纠纷解决机制。加强行业性、专业性人民调解组织建设,完善人民调解、行政调解、司法调解联动工作体系。完善仲裁制度,提高仲裁公信力。健全行政裁决制度,强化行政机关解决同行政管理活动密切相关的民事纠纷功能。深入推进社会治安综合治理,完善立体化社会治安防控体系,有效防范化解管控影响社会安定的问题,保障人民生命财产安全。依法严厉打击暴力恐怖、涉黑犯罪、邪教和黄赌毒等违法犯罪活动,依法强化危害食品药品安全、影响安全生产、损害生态环境、破坏网络安全等重点问题治理。

四、依法治国和以德治国相结合,构建社会主义和谐社会

"依法治国"与"以德治国"是党中央在借鉴和总结中外历史经验,并结合我

国社会实际提出的治国方略。对于"法治"和"德治"的探讨已有千年的历史,但是将依法治国与以德治国两种治国方略结合起来是中国治国理论的创举,两者的结合有利于促进我国构建社会主义和谐社会,有利于国家的长治久安。习近平总书记曾指出:"国无德不兴,人无德不立。必须加强全社会的思想道德建设,激发人们形成善良的道德意愿、道德情感,培育正确的道德判断和道德责任,提高道德实践能力尤其是自觉践行能力,引导人们向往和追求讲道德、尊道德、守道德的生活,形成向上的力量、向善的力量。只要中华民族一代接着一代追求美好崇高的道德境界,我们的民族就永远充满希望。"

以德治国属于思想范畴,依法治国属于政治范畴,两者在治理国家的手段和方式上不尽相同,依法治国具有强制性和权威性,是以国家的强制力保障社会的有序运行和人民的合法权益不受侵犯,它要求任何人和组织不得逾越法律,不得凌驾于法律之上,在法律规定的范围内行使权力和履行义务,所有违背法律的行为都要收到法律的制裁,法律面前人人平等。以德治国则依靠社会舆论、价值评判、良知和信仰等无形的力量的维系,通过说服、劝导、感化、教化等形式来指引人们的行为,在社会生活中有极强的渗透力和影响力,通过内心的引导达到社会治理的目的,以德治国是内在的自律。

（一）依法治国与以德治国的辩证统一关系

以德治国是依法治国的道德基础。道德先于法律产生,德治是法治的源头,绝大多数的法律都是从道德中提炼出来的,法律是道德的升华。以德治国为依法治国提供了道德基础,体现在法治的各个阶段。首先,在立法阶段,道德为立法确定了方向和指导思想,为良法的制定提供了标准和出发点;其次,在执法和司法过程中,需要执法者和司法者具有良好的道德标准,严格遵守职业道德,按照法律的要求行使国家赋予的权力,同时,道德的评价作用为执法和司法工作提供了舆论监督,有利于执法和司法公正严明;最后,在守法阶段,道德为公民守法做好道德和思想基础,提高公民的道德素质,加强公民对法律的认同和信仰,从而使公民从心底愿意服从法律的制约,自觉守法。

依法治国是以德治国的法律保障。在维护社会稳定、经济有序和文化繁荣等方面,仅仅依靠以德治国是无法实现的,特别是对于严重违法行为和缺乏道德观念的人来说,依法治国的强制性和权威性是特别必要和关键的。正所谓"法律是道德的最后一道防线",法律通过对严重违反道德而触及法律底线的违法者进行严惩和对合法权益的保障,培养公民遵纪守法的习惯,同时也提升了公民的思想道德素养,保障以德治国的顺利实施。

以德治国与依法治国相辅相成,互相促进。法律具有局限性和滞后性,无法调节社会生活的所有领域,且法律制定需要一定的时间,对社会出现的新问题不能及时调整,而道德无处不在,无时不在,弥补法律空白。同时,由于道德的任意性和无强制性的特点,使道德在受到破坏时无法自助救济,这就需要法律的强制力和权威的保障。可见,以德治国与依法治国两者相辅相成,互相促进,相得益彰,依法治国需要以德治国的补充,以德治国需要依法治国的保障,只有将以德治国和依法治国紧密结合起来才能实现国家的长治久安。

（二）依法治国与以德治国的结合是构建社会主义和谐社会的必然要求

在市场经济建立和发展过程中,人们的价值观发生了颠覆性的变化,形成了多元化的道德体系,而由于法制建设还需要继续完善,很多方面未能纳入法律调整的范围内。在这个阶段提出将以德治国与依法治国相结合来构建社会主义和谐社会是十分必要的,是由我国现阶段的基本国情所决定的。

1. 社会主义政治和谐需要以德治国和依法治国的结合

两者的结合为和谐社会构建提供了一套完整的治国方略,为政治和谐奠定了制度基础。政治和谐首先要求政治民主,以德治国和依法治国的结合是民主政治实现的重要保障,依法治国为政治民主提供了实现途径,以德治国为政治和谐做好监督、评价和宣传,使民主政治深入人心。同时,以德治国和依法治国为和谐政治的建立培养优秀的领导干部,用道德提高其德行素质,用法律来规范其言行。

2. 社会主义经济和谐需要以德治国和依法治国的结合

社会主义市场经济是法治经济,也是道德经济。市场经济的发展需要法律保驾护航,同时也需要道德的规范制约。我们需要将以德治国和依法治国结合起来,用法律规范市场经济的发展,惩罚违法乱纪行为,用道德净化人们的心灵,提高其道德水平,以抵御市场经济发展中的不良思想,从而建设一个公平、诚信、和谐的社会主义市场经济体系。

3. 社会主义文化和谐需要以德治国和依法治国的结合

文化建设一直是我党工作的重心,社会主义和谐社会的构建也离不开和谐文化。思想道德建设是和谐文化建设的重要内容,和谐文化建设需要依靠以德治国来实现,同时,和谐文化建设也需要依法治国为其提供法律保障和制度支持。只有将以德治国和依法治国结合起来才能将以社会主义核心价值体系为主导的和谐文化建设融入社会生活的各个领域,从而使以思想道德修养和民主法制观念为主要内容的公民素质得到显著提高。

4. 生态和谐需要以德治国和依法治国的结合

自工业革命以来,各国为了发展,以生态破坏为代价,对自然资源进行掠夺式的开采,进入 21 世纪以来,全球自然灾害增多,如今生态环境问题已成为需要全球各国共同应对的一大难题。中国要实现社会主义和谐社会,生态和谐自然必不可少。要实现生态和谐,首先,需要国家制定相应的法律制度,将生态保护纳入法律调整的范畴之内,在法律规定的合理范围内行事,对违反法律破坏生态环境的人和组织依法追究;其次,发挥政府的政策指导作用,引导公民进行生态和谐建设以及人与自然的和谐;最后,注重公民的生态道德教育和宣传,建立公民生态理念,为生态和谐打好基础。

(三) 营造以德治国促进依法治国的法治环境

道德失范、诚信缺失、贪污腐化等问题是跌入"中等收入陷阱"国家的共性表现。相反,凡是世界上重视"德化"的国家,往往会为跨越"中等收入陷阱"提供推力。儒家主张以德去刑,韩国、日本、新加坡、中国台湾、中国香港等重视儒家等优秀文化的国家和地区,都较快较好地跨过了中等收入陷阱;德国、瑞典、芬兰等重视社会文明规范的国家,在跨过中等收入陷阱后,仍能保持持续稳定的发展。据对美国 623 所大学开设的 2 757 门课程的调查,50% 涉及伦理道德或职业道德。"法治"是他律之治,通过约束人们的行为而实现治人;而"德治"则是自律之治,通过约束人们的思想意识来达到约束人们行为的目的。

"法制是成文的道德,道德是内心的法律",两者相互促进,都是实现跨越中等收入陷阱的需要和保障。立良法,意在谋善治。善治既离不开法律制度的强制规范,也离不开人们认可的各种非正式制度安排,包括道德的调节指引,善治的前提是法治,法治把人们的行为控制在国家法律许可范围内。善治的侧重点是协调。必须坚持法治与德治并举。坚持一手抓法治,充分发挥法律规范作用,以法治体现道德理念、促进道德建设;一手抓德治,重视发挥道德教化作用,以道德滋养法治精神、建构法治文化。这就是两手并举,实现法律和道德相辅相成、法治和德治相得益彰。在强调法治的同时,也要强调加强公民的道德建设,增强法治的道德底蕴,弘扬公序良俗,要"坚持依法治国和以德治国相结合",具有道德引领的法律才是讲理服众的法律。未来,我们要既发挥法治规范作用,也重视德治调节作用,增强法治的道德底蕴,法治与德治两翼齐飞,为经济社会发展注入新动力。治理国家和治理社会必须一手抓法治,一手抓德治,既重视发挥法律的规范作用,又重视发挥道德的教化作用,实现法律和道德相辅相成、法治和德治相得益彰。

第六节　教育是跨越中等收入陷阱的关键

党的十九大报告指出，"建设教育强国是中华民族伟大复兴的基础工程"。影响一个国家能否跨越中等收入陷阱的因素很多，如政治、经济、文化、法制和资源等，但从根本和长远来看还是教育。教育能够直接提升国民和劳动者素质，优化人力资源结构，提高人力资源效率，增加智力资源、保证创新驱动、促进产业升级，改善生产力结构，改进生产关系，推动经济社会进步甚至最终优化社会的经济基础。只有教育，才能实现从传统资本资源要素拉动式增长向人力要素拉动式增长的转变。德国虽然经历了多次战争的严重破坏，但完善的教育体制和发达的教育理念为德国的经济发展输送了大量全方位、高素质的专业人才，为其经济腾飞提供了关键性的人力资源保证。日本资源十分贫乏，也经历了多次战争的严重破坏。日本的教育以及教育所催生的科技，对全国经济发展的影响权重达到 60%以上。大力发展教育，是以色列的立国之本、兴国之途。由教育造就的丰富人力资源和高层次的整体国民素质，保障了以色列经济持续飞速发展。英国在贸易、技术、教育、旅游这四大经济支柱中，教育不仅是独立的一个经济支柱，同时还为其他三个支柱提供强大的支撑力。教育为科学技术发展所提供的推动力是很多发达国家之所以成为富国与强国的根本动力源，是国家经济发展和社会稳定的关键所在。党的十九大报告指出，建设教育强国是中华民族伟大复兴的基础工程，必须把教育事业放在优先位置，深化教育改革，加快教育现代化。

在劳动力、土地、资本、企业家、信息五大生产要素中，教育直接决定着其中三大要素。尤其是中国，经过近 40 年的高速增长，在资源、环境、劳动力、资本效率等方面面临着十分巨大的压力，原有的发展模式显然不可持续。而通过教育挖掘、提升劳动力、企业家、信息生产要素潜力，并缓解资源、环境等巨大制约和瓶颈。跨越中等收入陷阱的最基础、最全局性的因素是经济转型和社会转型。但我们认为：教育又是深刻影响这两大因素的根源性要素。因此，教育的本源性作用不可替代，发展教育是跨越中等收入陷阱的关键，是跨越中等收入陷阱的必由之路。

一、教育在跨越中等收入陷阱过程中的关键性作用

从深层次来讲，教育与跨越中等收入陷阱之间的关系实际上是教育与经济关系的一个表现。教育作为社会系统中的一个有机组成部分，发挥着越来越重要的

推动作用。"谁要想经济得到发展,谁就必须先办教育",这是当代人们认识中的一条公认的定律。教育为经济发展提供越来越多的智力支持、人力保障。教育通过对人才的培养,直接改变生产力结构中劳动者的素质。劳动者是生产力中最活跃的因素,通过对劳动者进行教育和培训,能使劳动者的素质大大提高,从而提高经济效率。因此,教育能生产劳动能力。教育通过改变劳动者,进而改变生产力的结构,并推动生产关系的改变,最终改变社会的经济基础。

从教育的宗旨来看,教育的根本目的是培养和造就人才,是劳动力生产、再生产的重要途径。劳动力的生产不但包括自然生命的成长,更包括后天的教育和学习。后者形成劳动者的脑力和智力,从而实现社会劳动力的生产和再生产。据《2016 年大学生就业质量研究报告》显示,专科、本科、硕士的就业率最高。因此,教育对经济发展具有直接的作用。其一,教育缩短社会必要劳动时间、提高劳动生产效率,是提高劳动力劳动熟练程度、生产技能和技巧以及劳动速度的重要手段。其二,教育是使科学转化为技术的重要途径。科技是第一生产力,而要想使科技成为第一生产力必须发挥教育的作用,教育是使科学转化为生产技术的中间环节。同时,教育也是科学知识再生产和科学转化为生产技术的最有效的形式。其三,教育能够提高经济管理水平,通过对经济管理者进行培训,从而提高经济管理者的决策水平和管理水平,进而提高经济效益。

在经济发展和社会改革开放中,教育日渐成为国内和国际经济社会协调发展的先驱。教育传播先进思想、营造积极的文化氛围、创造新的理念,其中,一些思想和理念就会成为驱动经济社会发展的动力。同样,在跨越中等收入陷阱的过程中,教育也起着先导性的作用。

教育虽然不像企业那样直接生产产品,直接促进经济发展,然而,它却通过人才培养,为经济社会发展提供大量的人力资本。人力资本的开发和利用对经济增长和社会发展具有巨大的作用。经验证明,教育带来的人力资本积累是经济增长最重要的要素之一,教育及其产生的人力资本积累是国家的主要财富和经济增长的重要因素。因为教育进步可以带来快速的人力资本积累,从而实现快速的经济增长。同时,教育水平进一步提高所带来的知识积累和技术进步也是经济转型、产业升级并成功跨越中等收入陷阱的根本前提。

教育通过人才的培养,渗透进社会大系统的每一根神经。从家庭教育到学校教育再到社会教育,教育或通过正式的教学培训去影响人、影响社会的发展,或通过潜移默化的作用去影响人们价值观的形成,进而影响社会发展的进程。因此,在跨越中等收入陷阱的过程中,教育起着提高劳动力素质的作用。

综上可见,教育在跨越中等收入陷阱过程中的重要作用,在于能够提供人力资本,而人力资本的积累,是经济快速增长的前提和条件;教育可促使科学知识转化为科技,推动经济转型、产业升级,从而为实现跨越中等收入陷阱创造条件;教育还能在一定程度上为跨越中等收入陷阱提供资金支持。因此,我们必须不断发挥教育在跨越中等收入陷阱过程中的基础性、先导性、全局性作用,始终把教育摆在优先发展的国家战略地位。

二、加大教育投入,跨越中等收入陷阱

未来 10~15 年是我国经济社会和教育发展极为重要的阶段,结束了连续 30 多年的经济高速增长,进入"新常态"的中国,面临着全面建成小康社会与跨越中等收入陷阱的历史重任。[①]

据统计,在 1960 年的 101 个中等收入经济体中,到 2008 年仅有 13 个成为高收入经济体,其余的国家和地区继续停留在中等收入阶段,有的甚至降为低收入经济体。在各国跨越中等收入陷阱的实践中,既有日本和韩国成功的经验,又有拉美国家和东南亚国家失败的教训。

成功的经验有很多,但一个重要方面是重视教育投入,实行"教育立国"战略,将人口数量红利转变为人口质量红利。而要发展教育事业,就必须加大教育投入力度与水平,为教育发展提供良好保障与基础。

(一)教育投入与经济发展水平的关系

从总体教育投入水平看,我国 2013 年教育总投入占 GDP 的比例为 5.34%,已超过中等收入国家水平,但未达到"人均国民总收入(GNI)低于 2 万美元的高收入国家"即跨越中等收入陷阱的国家水平,更低于其他高收入国家投入水平。

根据世界银行 2010 年 8 月收入分组标准,GNI 低于 1 005 美元为低收入国家,在 1 006~3 975 美元为中等偏下收入国家,在 3 976~12 275 美元为中等偏上收入国家,高于 12 276 美元为高收入国家。通过对经济发展不同阶段国家(中等收入国家、GNI 低于 2 万美元的高收入国家即近期跨越中等收入陷阱的国家、GNI 高于 2 万低于 5 万美元的高收入国家、GNI 高于 5 万美元的高收入国家)教育投入的相关特点进行分析,可以发现,随着经济发展水平的提高,教育投入会逐步增加。

在教育公共投入占 GDP 的比例方面,中等收入国家为 3.97%;"GNI 低于 2

---

① 李立国,黄海军. 跨越中等收入陷阱高等教育作用更重大[N]. 光明日报,2015-12-08.

万美元的高收入国家"为 4.60％；"GNI 高于 2 万美元低于 5 万美元的高收入国家"为 5.12％；"GNI 高于 5 万美元的高收入国家"为 5.48％；我国在 2013 年则是 4.30％。

（二）公共投入占 GDP 的比例

我国的公共投入超过了中等收入国家的水平，但与"GNI 低于 2 万美元的高收入国家"即跨越中等收入陷阱国家相比，依然存在差距。与国际比较，我国生均教育经费除了中等教育生均经费高于中等收入国家外，其他均低于各类别国家。以 2013 年具体数据为例：

2013 年，我国学前教育阶段生均经费为 1 025 美元，占中等收入国家的 64.8％；占"GNI 低于 2 万美元的高收入国家"的 28.6％；占"GNI 高于 2 万美元低于 5 万美元的高收入国家"的 16.9％；占"GNI 高于 5 万美元的高收入国家"的 11.6％。

2013 年，我国小学教育阶段的生均教育经费为 1 323.99 美元，占中等收入国家的 85.1％；占"GNI 低于 2 万美元的高收入国家"的 35.3％；占"GNI 高于 2 万美元低于 5 万美元的高收入国家"的 19.4％；占"GNI 高于 5 万美元的高收入国家"的 13.6％。

2013 年，我国中等教育阶段的生均教育经费为 1 882.03 美元，占中等收入国家的 109.1％；占"GNI 低于 2 万美元的高收入国家"的 45.8％；占"GNI 高于 2 万美元低于 5 万美元的高收入国家"的 22.8％；占"GNI 高于 5 万美元的高收入国家"的 16.2％。

在中学后非高等教育阶段，2013 年我国生均经费为 2 192.91 美元，占"GNI 低于 2 万美元的高收入国家"的 47.1％；占"GNI 高于 2 万美元低于 5 万美元的高收入国家"的 30.6％；占"GNI 高于 5 万美元的高收入国家"的 29.2％。

在高等教育阶段，2013 年我国生均经费为 4 008.47 美元，占中等收入国家的 58.7％；占"GNI 低于 2 万美元的高收入国家"的 62.8％；占"GNI 高于 2 万美元低于 5 万美元的高收入国家"的 34.8％；占"GNI 高于 5 万美元的高收入国家"的 21.3％。

（三）"政府投入为主，多元投入相结合"的教育投入新体制

经济学家埃森格林联合两位亚洲经济学者共同发表的研究报告《中等收入陷阱的新证据》指出：高质量人力资本的缺乏有助于解释为什么马来西亚和泰国成为中等收入陷阱的同义词。相比之下，中等及高等教育的快速扩张有助于解释韩国从中等收入国家到高等收入国家的成功转型。"

　　中国是否可以避免中等收入陷阱,将部分取决于中国是否可以发展以下教育体系:即可以成功地培养出具备雇主所需技能的毕业生。从日本、韩国、"亚洲四小龙"跨越中等收入陷阱的成功经验与"亚洲四小虎"(马来西亚、印度尼西亚、泰国、菲律宾)的失败案例看,跨越中等收入陷阱必须大力投资教育与人力资源开发,努力增加教育投入。

　　我国教育投入近年来取得很大成绩,但仍然需要继续扩大投入总量。我国目前人均收入约为 8 000 美元,处于中等偏上收入国家阶段,根据国际经验和我国所处阶段的实际,需要由政府投入为主的单一来源结构转变为"政府投入为主,多元投入相结合"的教育投入新体制。

　　第一,要逐步提高教育总投入水平。在教育总投入方面,"GNI 低于 2 万美元的高收入国家"的教育总投入占 GDP 的比重,阿根廷为 6.78%、智利为 6.43%、波兰为 5.71%、爱沙尼亚为 5.43%、匈牙利为 5.04%、俄罗斯为 4.8%、捷克为 4.75%、斯洛伐克为 4.4%,总体平均值为 5.42%。考虑到未来十年我国将跨越中等收入陷阱,进入高收入国家行列,在教育总投入方面,可努力实现教育总投入占 GDP 5.4% 左右的目标。

　　第二,在公共投入方面,政府要依照《教育法》规定的"三个增长"的要求,未来十年可努力实现教育公共投入占 GDP 4.6% 左右的目标。从教育公共投入的国际经验看,刚跨越中等收入陷阱的国家,即"GNI 低于 2 万美元的高收入国家"的教育公共投入,阿根廷为 5.83%、爱沙尼亚为 5.14%、波兰为 5.08%、匈牙利为 4.85%、俄罗斯为 4.28%、捷克为 4.15%、斯洛伐克为 3.76%、智利为 3.74%,总体平均值为 4.6%。在不同教育阶段的投入结构方面,应大力提高对学前教育的公共投入,我国公共投入在学前教育阶段的相对占比过低,2013 年仅为 3.52%,不及"GNI 低于 2 万美元的高收入国家"11.65% 的 1/3。

　　第三,可适度提高社会投入水平特别是家庭投入的水平。在家庭投入方面,从各经济不同发展阶段的变化趋势来看,主要呈现出先增长而后下降的趋势,也就是说从中等收入阶段到高收入阶段必然会经历一定时期的增长,进入高收入阶段之后,随着社会投入的不断增加,家庭投入才出现缓慢下降的趋势。从我国 2013 年的数据来看,家庭投入为 11.23%,虽然高于"GNI 高于 5 万美元国家"的 10%,但是却低于其他不同阶段的高收入国家。因而,适当提高家庭投入在教育总投入中的比例,还有一定空间。特别是在高等教育阶段,要建立起举办者投入为主,受教育者合理分担培养成本,高校多渠道筹措办学经费的新体制。

　　第四,努力提高各级教育的生均经费。与不同经济发展阶段国家相比,我国各级教育生均经费普遍偏低,且从世界发展情况来看,又主要表现为随着各发展阶段层次的提升,各级教育的生均经费也呈现出不断增长的趋势。因而,不断提高各级教育的生均经费,意义重大。

（四）以新理念引领教育现代化发展环境

根据《国家教育事业发展"十三五"规划》显示,"十二五"时期特别是党的十八大以来,按照党中央、国务院决策部署,我国教育改革发展取得了显著成就,社会主义核心价值观教育深入推进,立德树人根本任务有效落实,学生思想道德素质持续向好,教育现代化取得新进展,为促进经济发展、社会和谐、文化繁荣作出重要贡献。

教育总体发展水平进入世界中上行列。九年义务教育全面普及,进入均衡发展新阶段,学前三年毛入园率提前实现《教育规划纲要》2020 年目标,高中阶段教育基本普及,基本公共教育服务体系和现代职业教育体系基本确立,高等教育大众化水平显著提升,继续教育持续发展,全民终身学习的态势初步形成。教育质量稳步提升,我国学生在经济合作与发展组织开展的国际学生评估项目中表现良好,我国成为国际工程联盟本科教育互认协议成员,一批高校和学科世界排名显著提升。

教育公平取得重要进展。城乡和区域教育发展差距进一步缩小,大中城市义务教育阶段"择校热"有所缓解,国家助学制度更加完善,农村义务教育学生营养改善计划深入实施,贫困地区学生的体质健康得到改善,进城务工人员随迁子女、农村留守儿童、残疾学生受教育权利得到更好保障,中西部地区特别是农村学生接受优质高等教育的机会明显增加。

服务经济社会发展能力显著增强。职业学校每年输送近 1 000 万名技术技能人才,开展培训上亿人次。普通本科高校累计输送 2 000 多万名专业人才。高等学校牵头承担了一大批国家重大科学研究任务和重大工程项目,产出了一大批服务国家战略、具有国际影响力的标志性研究成果,技术转移和成果转化成效明显。

教育发展能力显著提升。教育投入实现历史性突破,2012 年首次实现国家财政性教育经费占国内生产总值 4% 的目标,生均拨款制度逐步建立,各级各类学校特别是农村学校办学条件有较大改善,教师队伍素质进一步提高,教育信息化全面推进。教育对外开放水平显著提升,国际影响力稳步增强。教育体制改革取得重要进展,人才培养体制、办学体制、管理体制、评价体制、保障体制改革全面深化,一些重点领域和环节取得突破性进展。考试招生制度改革全面启动,现代教育督导体系进一步完善。

总体来看,我国《教育规划纲要》确定的阶段性目标如期实现,教育事业发展

"十二五"规划圆满收官,我国教育进入提高质量、优化结构、促进公平的新阶段。

三、深化教育改革,促进人才培养

中国的教育与发达国家相比还有较大差距。2016 年中国高等教育学历人口毛入学率为 42.7%,较欧美国家 50% 以上的毛入学率仍有不少差距,而距韩国98.4% 的水平差距巨大。在 2012 年中国平均预期受教育年限为 13 年,低于发达国家 2~4 年。我国对教育的投入占 GDP 的比重仍然低于多数发达国家,美国教育投入占 GDP 比重在 7% 以上,而我国仅为 4%。[①]

中国要依靠教育促进自主创新能力而不是依靠资源、资本的过度投入。中国未来的发展要将人口红利转化为人才红利并进一步提高人才质量,这一转变,需要实现高质量的全面普及教育、现代化教育、传统教育、公平教育、终生教育、创新教育、能力教育,创建学习型社会,进入人力资源强国行列。

四、完善人才培养平台

跨越中等收入陷阱,离不开素质全面人才、创新创造人才、开放型国际竞争人才,包括经济发展进程中不同行业和不同层级的能工巧匠等。上述人才的培养,教育是极其重要的途径。以美国为例,世界最好的十所大学中,至少有一半在美国;美国还每年招收数十万国际学生,约占全球国际学生总数的 1/4。高素质人才是中国实现产业转型与升级的核心资源。

(一)促进教育资源配置的公平性

一方面,我国的教育资源在城市和重点学校的过度集中,剥夺了广大偏远农村和城市弱势群体的公平教育机会;另一方面,我国的人力资源主要在农村,人才资源也应该在农村。当前教育资源配置倾向于城市,应改变这种现状,加强农村教育提升农村人才的质量和数量。

(二)短期人才培养目标要与中长期人才战略相协调

中国已经发布第一个人才规划纲要,提出了到 2020 年的人才战略目标。在此人才规划纲要的指导下,短期的人才培养实施计划应有积极响应,具体的实施步骤应由相关部门落实到细节。应该在短期目标的实现上,政府部门对研究组织、教育机构、私人企业进行人才培养资助,同时制定详细的评估方案对资助对象

---

① 李立国,黄海军. 跨越中等收入陷阱,高等教育作用更重大[N]. 光明日报,2015-12-08.

的成果进行评估,具体的评估标准可以量化成一系列指标。

（三）人才培养基地依托于学校教育和现有劳动力平台

学校作为开放型人才培养基地,侧重点有二:一是教育与市场紧密联系,根据行业发展状况、市场对人才的需求情况设置高等教育培训课程,例如,设置面向贸易的商务人才课程、面向具体项目的工程人才课程;二是从长期看,对学生从小学开始的全面教育应有具体的实施办法,基于培养全面的创新型人才视角,设置基于研究的课程,提升学生基础研究的意识和能力,同时整合师资力量,建立辅助教师制度,鼓励重点领域的专业人士进行授课,采取联合培养模式。对劳动力的培训作为继续教育应视为对学校教育的补充,在培训机构设置上,除了依托于职业技校、各类职业技能培训中心,企业雇主也可作为培训主体。政府设立相应的人才培养平台,由符合资格的企业申请并予以培养,由政府提供一定资助和优惠政策。在具体的项目中,面向多地区多领域聘请专业人士作为技术指导。

（四）积极引进人才与防止人才流失并重

一方面,中国制定"千人计划",截至 2016 年上半年,已引进各领域高端人才6 000多名。除吸引海外留学的中国学生归国外,扩大外国留学生来华留学可以促进吸纳优秀人才。今后,中国要继续对外广泛吸引优秀人才。要多吸收技术型人才,继续强化实施"千人计划",将具有特殊才能或专业的外国人,送往中国的顶尖科技公司和大学。通过吸收商业精英带动外资流入。继续在国家重点创新项目、学科、实验室以及中央企业和国有商业金融机构、以高新技术产业开发区为主的各类园区等引进人才,并有重点地支持一批能够突破关键技术、发展高新产业、带动新兴学科的战略科学家和领军人才来华创新创业。

另一方面,要充分重视人才流失现象。当前,在中国处在产业升级、提升国际竞争力、构建开放型经济体制的关键时期,大量高端人才流失将对中国经济转型和发展产生不利影响。防止高端人才流失,对国内人才的培养是利好因素,高端人才与培训机构、培训基地的合作,也具有可行性的空间。为了尽可能留住人才,需要制定一系列政策,例如,提高国内大学教育水平,降低国内大学的学费,在创业、就业等各个方面,在综合素质处在一个水平的前提下,对本地培养的人才与海归人才要一视同仁。

（五）构建国内人才建设平台

要在政府的指导下,以学校等教育机构、公共研究机构、私人研究部门为主,辅之以不断改善的市场环境。在人才培养、人才吸研引和人才使用上,采取多种政策和措施,引导性地加强基础研究和提升教育质量。对内人才培养规划要从政策制定、机构运作、市场环境等多方面入手。

（六）制定中国人才竞争力规划,要强调人才培养从小抓起

要舍得投入培养和招聘高素质的教师;提升学生的德育、基础学科教育,鼓励学生主修科学、技术、物理、工程和数学领域。人才竞争力规划要具有全局性,综合性和开放性的特点。全局性是指人才政策通常与教育、移民、科技等各部门政策紧密相连;综合性是指人才战略计划对人才的培养是多方面的;开放性是指不仅面向本国国民,还面向世界其他国家人才制定相应的政策。

五、创新教育模式,加强岗位教育

（一）试行分散化的双轨制职业教育模式

我国的产业结构决定我国需要大量职业技能人才。需要政府做好规范和引导,兴办职业教育,夯实职业教育基础。可参照德国建立有效的技术和商务教育体系,借此提高各层次的劳动者文化技术水平。在职业教育体系中,行会组织的作用不可替代。它推动了进入城市的农村劳动力积极参与相关的职业培训,学习与自己职业相关的必要技术,以适应职业转换并提高在城市中的社会地位,在造就和提供熟练技术工人方面发挥了积极效应。此外,行会组织还塑造了诚实的商业态度和商业氛围;促进行会成员尽快适应工业化对其提出的前所未有的高要求,并鼓励其成员接受更高级别的教育。这种多样化的教育体制为公民提供了大量的发展机会,促进了行业的技术进步,并且有助于防止对高学历的盲目、无效追求,也为择业倾向的分散化埋下了伏笔。

（二）充分重视加强岗位和实践教育

可以参照国际发达国家的做法:开展现场工作岗位培训、手工业学徒培训、在企业实习车间和学校中进行封闭式培训。也可以设立厂校,学徒除了在徒工实习车间接受实践性培训外,还要在厂校等机构接受理论培训。没有经过职业教育的人不能进入工作岗位。

第七节　小　结

我国跨越中等收入陷阱,需要同时完成经济转型与社会转型。由于我国在进入中等收入阶段后,既具有发展中国家的特征,也具有转型国家的特征,因此同时

面临多重挑战。中国的社会转型之路,也格外复杂难解。因此,我国跨越中等收入陷阱,必须坚持解放思想、实事求是、与时俱进、求真务实,一切从实际出发,从国情出发,借鉴国外有益经验,勇于推进理论和实践创新。

我国顺利实现社会转型,需要坚持以下四条原则。

一、顶层设计

社会转型的目标,是建构和完善适应高收入阶段的制度与社会条件。这些制度与社会条件包括良好的利益关系、均衡的分配格局、稳定的社会结构以及有效的治理能力。这涉及一个国家的政治、经济、文化等方方面面,往往牵一发而动全身,因此必须站在全局高度,通盘考虑,进行顶层设计。

第一,确定社会转型的核心目标,明确迫切需要改革的领域。核心目标的确立,既需要广泛吸取发达国家、转型国家和发展中国家在社会转型过程中的经验教训,也要充分考虑我国独特的国情与发展阶段,两者不可偏废。改革共识的凝聚、治理能力的增强、利益格局的调整以及社会结构的改善,这些核心目标的确立,需要更为详尽的研究和慎重的论证。

第二,明确社会转型的主要措施。在每个改革领域中,确定实现核心目标的政策与做法:将推进"公平正义"作为改革的核心价值和基本目标,重新凝聚社会共识;产业结构优化,调整利益格局,扩大中产阶层,改善社会结构;信任重建,道德重塑,加强政府治理能力,应对社会道德滑坡危机;加大民生投入,推动公共资源合理分配,消解潜在的社会矛盾与冲突。

第三,明确社会转型的推进次序,将改革视为一个整体,确定推进路径,判明启动次序。社会转型涉及的领域,往往互有重叠、彼此影响。例如,分配格局与社会结构会相互作用,社会结构与利益关系也会相互影响。这些领域改革的先后次序安排,不仅会影响改革的难易程度,甚至还可能影响到改革的最终成败。因此,确定社会转型各个领域的推进次序,一定要慎之又慎。

二、法治先导

以法治替代人治,充分发挥市场的资源配置作用,营造透明有序、公平正义的市场环境才是确保公平和跨越中等收入陷阱的先导条件。全面推进依法治国,用法治思维和法治方式深化各项改革,有序调整各种社会关系,合理分配各种社会资源,既是新形势下社会转型发展的必然要求,也是我国法治发展的历史责任和时代使命。

法治建设不仅在于法律体系和法律制度等硬件条件的建立、完善，也在于全社会能够形成对于宪法和法律权威的普遍尊重、服从与发自内心的信仰和拥护。国家治理体系现代化的任何一个方面都离不开法治的轨道。必须逐步夯实市场在资源配置中起决定性作用和更好发挥政府作用的法治基础，健全现代产权制度，形成企业依法经营、依法竞争的现代市场体系。全面推进依法治国，必然大大推动技术创新和管理创新。规范社会转型，必须以良好的法治来保障与协调。要实现政治清明、社会公平、民心稳定、长治久安，根本还在于实现政府管理行为的法治转型。

三、政府推动

世界相关各国的经验和教训表明，在跨越中等收入陷阱的努力中，政府扮演着越来越重要的角色。与最早进入高收入阶段的美英相比，德法等发达国家的经济转型和社会转型中，政府的作用有了明显的增强。日韩这样的发展中国家，之所以能较为顺利地进入高收入阶段，政府的积极介入和有效引导更是功不可没。而长期陷入中等收入陷阱的国家，一个突出的共同特征就是政府能力的低下与政策的无效。以拉美国家为例，由于拉美国家治理能力薄弱，导致国家两极分化的社会结构，让政府在国家治理上面临两难的境地，经常在发展与公平之间无法平衡，政策选择进退失据，并可能最终导致政府的频繁更替与政局的动荡。这显示了拉美政府在特定的社会结构中薄弱的治理能力：既无法完全倒向权贵集团成为寡头政府，也无法完全成为一个可持续的"民粹主义"政府。作为发展中国家，我国在经济和社会转型的过程中，政府的关键作用自然无法替代。

第一，政府需要具有超越性。现代社会中，国家都具有自主性，有着独立的利益与诉求，而不是特定阶层或群体的利益代言人。拉美国家的一个突出教训，就是政策的制定与实施均被特殊利益集团控制，政府实质上丧失了自主性和超越性。为了避免像拉美国家那样落入中等收入陷阱，政府必须主动与特殊利益集团切割，从而较为公正地代表各个社会群体和利益集团的利益。

第二，政府需要具有包容性。这意味着政府如何处理与民众的关系。具有包容性的经济发展，才是有效而又可持续的。同样，具有包容性的社会发展，也才是有效而又可持续的。在这里，包容性具有两层含义：一方面，政府应当寻求改革的最大公约数，将尽可能多的社会群体吸引进改革的支持阵营，从而将改革的阻力尽可能减小；另一方面，政府应当充满自信，主动容纳不同的利益诉求，听取不同的意见表达，为普通民众提供更为有效的表达渠道。

第三，政府需要具有回应性。回应性是责任政府的一项重要属性。责任政府作为一种理想的政府模式，表现为对公民与社会的需求能迅速且有效地回应，具有良好的公共需求导向的公共服务能力。政府的责任性、回应性与服务性是密切联系的，回应性是政府责任的传导机制，政府通过有效的回应，履行责任，实现公共服务的终极目标。对于现代政府而言，回应的关键不仅在于对民众的诉求作出反应，更应采取积极有效的措施来解决问题。为此，政府应当建立科学有效的回应机制，不断地提高政府回应力，以便能够在较短的时间内制定出能反映公众需求的政策，以较低的成本满足公众的需求。同时，随着民众权利意识、监督意识、民主参与意识的不断增强，我国民众对民主的发展要求越来越迫切，需要重视公民参与对政府公共决策民主化、公开化的积极作用，建立让群众"看得到、听得懂、信得过"的政府，不断提升政府的公信力。

四、民众参与

跨越中等收入陷阱，民众的参与和支持同样不可或缺。南美一些国家落入中等收入陷阱的教训表明，由于缺乏权力的制衡，缺乏舆论的透明，缺乏普通民众对自己的利益进行保护的权利和能力，市场化与私有化方向的改革，往往会演变为对社会和民众财富进行掠夺的过程。而那些成功跨越了中等收入陷阱的国家经验又表明，民主监督必不可少，民众参政议政的制度化、规范化、程序化至关重要。因此，无论是经济转型，还是社会转型，都需要来自普通民众的积极参与和全力配合。

第一，开展形式多样的基层民主协商。推进基层协商制度化，建立健全居民、村民监督机制，促进群众在城乡社区治理、基层公共事务和公益事业中依法自我管理、自我服务、自我教育、自我监督。加强社会组织民主机制建设，保障职工参与各类企业中管理和监督的民主权利。

第二，激发社会组织活力。正确处理政府与社会的关系，加快实施政社分开，推进社会组织明确权责、依法自治、发挥作用。对于适合由社会组织提供的公共服务和解决的事项，稳妥有序地交由社会组织承担。支持和发展各级志愿服务组织，同时积极培育和发展公益慈善类、城乡社区服务类社会组织，完善居民自我服务和自我管理。

第三，创新预防和化解社会矛盾的制度化渠道与方式。认可和容纳不同利益群体的合法诉求，健全重大决策社会稳定风险评估机制，建立畅通有序的诉求表达、心理干预、矛盾调节处、权益保障机制，使群众问题能反映、矛盾能化解、权益有保障，从源头化解矛盾与冲突，实现社会的长治久安。

第六章 参与全球化，探索中国发展道路

第一节 参与全球治理

中国面临的国内外政治经济形势正在发生深刻的变化。全球化驱动力发生重大变化，新兴经济体群体崛起成为推进全球经济政治格局变革的最主要力量，全球新一轮贸易投资规则正在密集重构，但全球治理体系改革步伐缓慢，中国等新兴经济体获得与自己经济实力相称地位需要长期争取和努力。客观、理性地评价当前我国面临的国内外经济环境变化，并对"十三五"规划（2016—2020 年）时期国际形势进行科学预判，是制定符合我国国情的新一轮及更长发展目标和政策的前提和基础。

一、全球经济增长的趋势

"十三五"时期，尽管全球经济增长中不稳定和不确定因素增多，但整体而言，仍将呈现出一个较为平稳且缓慢的发展期。

首先，美国复苏进程加快。得益于油价下跌、持续宽松货币政策等，美国经济正在经历温和复苏，劳动力市场、企业和消费者信心稳步改善，通胀温和、财政政策宽松以及房地产市场趋好在内的经济刺激条件继续存在，美元走强显示美国经济仍有韧劲。未来 5 年，这一趋势可能得到延续。如果国际资本大量回流美国市场，很有可能会从根本上改变 2002 年以来美元汇率的贬值趋势、打破 2008 年以来美元汇率的盘整局面，使美元汇率持续上行。但是，除人口老龄化外，因创新不足和生产率增速放缓的影响，美国潜在经济增速并非十分乐观，美元走强对美国本土出口的冲击将继续存在。[①]

其次，欧元区将保持低速增长。尽管遭受了债务危机的打击，欧元区仍然是

---

① 高凌云. 对"十三五"时期国际经济形势的基本判断[J]. 全球化，2015，(11).

一个发达的国家集团，其人口和经济规模在世界上都占有重要地位，更拥有较为成熟的经济体制、良好的基础设施和雄厚的资本技术。近期欧元区经济已明显出现好转迹象，通货膨胀趋于缓和，失业率逐渐降低，相关经济景气指数连续上升。但是，欧元区在市场经济模式的选择上更偏重公平而非效率，倾向于维持较高的社会福利水平，在保护劳动者权益的同时也容易带来僵化的弊病。因此，即便是债务危机告一段落，当前困境暂时缓解，欧元区也很难实现较为快速的增长。

再次，日本经济前景仍不乐观。在"安倍经济学"的作用下，经济复苏确实取得了一定的短期效果，特别是在提振股市、激发出口导向型大型企业活力，增加经济效益，解决就业问题等方面有较明显的成效。但由于存在实际收入下降、日元贬值、外需疲软以及提高消费税率等诸多短期风险，消费、出口和投资三驾马车很难持续改善，加之人口少子老龄化还在加速、社保资金缺口增大、财政状况日趋恶化、全要素生产率难以提高、创新能力下降等诸多结构性问题难以解决，其中长期的前景不容乐观。

最后，新兴经济体增速总体趋缓。在过去较长时间内，以新兴经济体为代表的发展中国家保持经济高速增长，有力地带动了世界经济发展。但是未来的5年甚至更长的时间里，各新兴经济体国家均将遭遇不同程度的挑战，如外部需求萎缩或变化，内部需求增长动力不足，产业结构较为单一，产能严重过剩，债务和金融风险积聚等。整体而言，增长仍是新兴经济体的主流。

二、国际分工的趋势

以全球价值链（global value chains，GVC）为代表的国际分工，成为当今世界贸易和投资领域的主要特征，也是全球化的重要推动力量。全球价值链的深入发展，将进一步改变国际产业格局和国家间的贸易、投资和生产模式。

全球价值链在倡导经济全球化的当今世界获得了全面发展。对于发达国家，全球价值链是其获得巨大收益的重要途径。目前，发达国家掌控着价值链的高端环节，占据着"微笑曲线"的两端位置，所得到的贸易和投资收益最大。例如，在东亚国际生产网络中，经济发达国家美国、日本和韩国等国就掌控着产品的研发、设计和营销等环节，而中国、马来西亚和泰国等国就成为加工工厂，仅赚取微薄的利润。发达国家和发展中国家扮演着全球价值链上、下游不同的角色，国家的经济发展水平越高，生产的上游高技术零部件就越多，发展中国家则主要生产下游劳动力密集型零部件并完成组装任务。

对发展中国家而言，参与全球价值链可能会存在不同的发展路径，而这完全取决于发展中国家所采取的贸易和投资战略。对于提升在全球价值链中的地位和参与度的问题,发展中国家可以根据自身情况沿着如下路径寻求不同阶段的发展:一是从事全球价值链的生产活动。发展中国家依靠吸引 FDI 与跨国公司建立非股权关系,从事加工贸易生产,其出口中内涵着不断增加的中间品和服务。通过这种非股权生产模式下的贸易与投资活动,扩大参与全球化的广度边际(extensive margin)。二是在全球价值链中求升级。一体化程度较高的发展中国家,不断增加高增加值产品和服务的出口,扩大参与全球化的深度边际(intensive margin)。三是在全球价值链中勇于竞争。一些发展中国家在高增加值环节利用国内生产能力取得竞争,并通过跨国并购使国内生产企业融入全球生产体系。四是转变全球价值链模式。发展中国家根据其出口构成提升加工贸易中的进口构成,其进口构成与自身生产能力可以改变全球价值链的模式。五是实现全球价值链跨越发展。一些国家出口竞争力依托国内生产能力的快速扩张而得到提升,FDI 在贸易一体化和国内生产能力建设方面起着催化剂作用。

因此,上述发达国家和发展中国家在全球价值链中的地位和结构并非一成不变。我们判断,"十三五"时期,发达国家和发展中国家在价值链上的部分环节将出现重叠,导致国际市场的竞争加剧。首先,新兴经济体增速仍将明显快于发达经济体,这将导致越来越多新兴经济体的企业"走出去",对海外公司实施跨国投资战略,体现在价值链上就是,新兴经济体国家整体由下游向中上游攀升。其次,由于要素禀赋、技术水平等不同,新兴经济体内部的分工可能出现一些调整,部分新兴经济体(如中国)将进入全球价值链的中上游。最后,发达国家的"再工业化"政策,可能使某些制造业回流。以美国为首的发达国家为了应对金融危机后失业率不断高企的状况,提出了"振兴制造业"的"再工业化"目标,如果新兴经济体劳动力成本继续快速上涨,制造业尤其是高端制造业可能出现回流现象。

三、产业结构调整的趋势

"十三五"时期及之后,也将是国际产业结构大的调整期。这一调整,首先,体现在"软化"趋势。所谓产业结构"软化",是由工业经济时代传统的以物质生产为关联的硬件产业结构向以技术、知识生产为关联的软件产业结构转变的过程。产业结构的"软化"不仅是指产业结构演进过程中第三产业的比重不断上升,出现所谓"经济服务化"的趋势,也是指整个产业结构的演进更加依赖于信息、服务共享、新技术和知识等"软要素"。这种趋势主要表现在:一是劳动密集型产业所占比重逐渐下降,知识密集型和技术密集型产业占比不断上升,从而形成产业结构高度化和高新技术产业化的新趋势。二是信息技术等高新技术在传统产业中广泛应用,为传统产业提供新的发展机遇和空间;同时,信息技术加快了各类技术相互融合和渗透的步伐,提高了工业产品信息化、生产工具数字化和智能化水平,极大地促进了生产力的提高和生产方式的转变,成为新时期全球产业结构调整的重要驱动力。三是金融、信息、咨询服务等现代服务业逐渐成为拉动经济增长的主导产业,在经济社会发展中的作用越来越突出。

其次,也体现在"先进化"趋势。这里的"先进化",是指采用先进技术、设备和现代管理手段,科技含量较高的制造业形态。先进制造业的发展对推动第二产业内部结构升级发挥着至关重要的作用。在经济全球化和信息技术革命的推动下,国际制造业的生产方式正在发生着重大变革。近年来,主要工业国纷纷制定各种发展计划,促进传统制造业向先进制造业(advanced manufacturing industry)转变。加快发展先进制造业,已经成为世界制造业发展的一种不可逆转的新潮流。先进制造业的发展,不仅优化了制造业内部的产业结构,也为整体经济的技术进步、结构系统优化,提供了坚实的发展基础。

最后,还体现在"绿色化"的产业转型趋势。碳排放所引发的气候变化和环境污染已对全球生态系统造成了不可逆转的后果,以"低能耗、低污染、低排放"为标志的全球化的"低碳革命"将逐渐深化。从经济角度看,"绿色化"要求合理地利用资源和能源,降低生产成本,符合经济可持续发展的要求。这就要求,各国在追求自身经济增长速度和质量目标的同时,更加重视对生态环境的改善和维护。因此,绿化美化环境、重视环境保护,大力发展环保产业和绿色产业,构建低碳、绿色、生态的现代产业体系,必将成为全球经济发展和产业转型的重要潮流。

四、区域经济一体化发展的趋势

区域经济一体化是指地缘或经济发展水平临近的两个或两个以上的国家或地区之间,为谋求共同利益,在平等互利以及彼此自愿地约束各自部分经济主权,甚至相互对等地分享或让渡部分国家主权的条件下,通过建立的共同协调机构,打破行政区划界限,制定统一的经济贸易政策,按区域经济原则统一规划布局、统一组织专业化生产和分工协作,消除相互之间的贸易壁垒,逐步实现区域内共同的协调发展和各种资源的优化配置,以促进经济贸易发展、实现产业互补和共同经济繁荣的过程。"十三五"时期及之后,将会出现更多的、具有更多新特征的区域贸易一体化安排。

（一）区域贸易协定数量持续快速增长

我们判断，"十三五"时期，区域贸易协定数量仍将持续快速增长。首先，以WTO为主导的全球多边贸易谈判举步维艰。随着WTO成员的不断增多，发展中国家队伍的不断壮大，不仅发达国家和发展中国家之间存在严重的利益冲突，即便是发达国家和发展中国家内部也存在较多矛盾和分歧，协调和达成共识的难度极大，导致"多哈回合"全球多边贸易谈判屡次陷入困境，无果而终。很多国家和地区逐渐对WTO框架下的多边贸易谈判丧失信心，把注意力转向建立区域性或双边自由贸易协定（FTA）。其次，FTA自身的优越性和灵活性被越来越多的认可和接受。FTA参与成员少，谈判更加灵活和自愿，比较容易达成共识。FTA还可以根据不同的对象，按照不同的时间表自由签订协定，贸易利益可以在短期内实现。另外，FTA协议超越了以往只降低关税、降低数量限制的范围，向服务业、投资等领域拓展，可为缔约方创造更好的贸易和投资环境。最后，是"多米诺骨牌"效应。有的国家虽然自身并不愿意加入区域贸易协定，但它们会感受到游离于区域贸易集团之外的巨大压力。因此，它们必须考虑加入区域贸易协定，从而产生类似于"多米诺骨牌"的效应。

（二）经济一体化将呈现更多的新特征

目前，全球及各主要地区的区域贸易协定在合作模式、组织架构、地域重心以及运作领域等方面，均呈现出许多新的特征。并且，从区域贸易规则开始，伴随着规范某一领域的诸边贸易规则的发展，货物、投资、知识产权、服务贸易规则融合后逐渐向多边经贸规则扩展，肯定是会出现诸多制度层面的新特征和创新。

第一，区域经济一体化合作的模式打破了传统理论限制，组织成员在地域与经济发展水平等方面的同质性减弱，异质性或混合型趋势愈益明显，南北型合作成为发展的新主流。传统的区域经济一体化理论认为，社会经济、政治制度同一、经济发展水平相近、地理位置相邻和具有共同历史文化背景等，是建立区域经济一体化组织的基本条件，即同质的国家之间易于建设区域经济一体化，开展经济协调合作，如东扩前的欧盟与美加自由贸易区。但是，在生产分割条件下，发展中国家与发达国家间生产网络的发展，导致近些年区域贸易协定（RTA）的发展基本上改变了这一趋势，越来越多的南北型区域经济一体化组织建立起来。这表明随着国际形势的发展和变化，区域经济合作和一体化中的意识形态因素和色彩越来越淡化了。

第二，区域经济一体化合作的格局日益复杂，经济一体化组织出现多层次性，成员交叉重叠，呈网络化、跨洲性的发展趋势。过去的区域经济一体化组织带有明显的联合一致、共同对外的特征，区域经济集团之间的竞争多于合作，对抗甚于协调。实行区域经济一体化的成员之间在地理上基本是连成一片或邻近的，形成贸易集团的主要动力之一是为了对付其他更强大的贸易团体或集团，保证多边谈判以及进出口市场的讨价还价能力。但近年来，这种封闭式的一体化发展道路有了很大的改观。这昭示着，各国追求的并非一时一地的区域经济一体化，只要条件和时机成效，在更大的地域范围内实现一体化是必然选择。

第三，亚太地区是当前及下一轮区域一体化的重点。自 2009 年年底以来，亚太地区的区域经济合作成为全球关注的焦点。一是此前美国的高调介入和推动使得《跨太平洋战略经济伙伴协定》（TPP）成为当今亚太区域合作中最引人关注的问题。2017 年 1 月 23 日，美国正式宣布退出 TPP。在美国并不参与的情况下，TPP 11 个参加国家能否达成初步协议，将会有更多的不确定性。二是 2012 年 11 月 20 日，东盟 10 国与 6 个自由贸易区伙伴国中国、日本、韩国、印度、澳大利亚和新西兰正式启动了"区域全面经济伙伴关系"（RCEP）谈判，旨在整合和优化东盟与中、日、韩等 6 国已签署的自由贸易协定，建成一个高质量的自贸区。这不仅对进一步密切东盟和其他 6 国经济关系和提升彼此之间的凝聚力，巩固和发展东盟在亚太区域合作中的话语权起到了重要的推动作用，而且为东亚经济一体化注入了强劲动力。三是经过历时 10 年的艰苦努力，东亚自贸区建设也迈出了新的步伐。中日韩自贸区的建立一方面可以扩大区域内市场，推动三国经济融合，实现三国互利共赢；另一方面，对促进东北亚一体化进程乃至亚太及全球经济贸易格局产生重大影响都具有深远意义。

第四，区域经济一体化合作涉及的领域日趋广泛，内涵和外延不断加深，而且标准也越来越高，将成为重塑国际经济合作基本规则的关键。全球价值链的变化，使国家间的联系程度更加紧密，利益纠葛在一起。生产的一体化，要求各国市场规则的一致性，以及各国间标准的相融性。这需要更复杂的国际贸易规则来处理商品和要素的跨境流动，促使国际贸易规则从边界规则向边界内规则（behind the border barriers）扩展，这些边界内规则主要规范对象涉及一国的国内政策，如国有企业行为、知识产权保护、劳工等。全球价值链所带来的挑战还包括全球贸易更多的由国际直接投资（FDI）所驱动，贸易和投资规则有整合的必要性。商品贸易和服务贸易的关联度加强，运输服务、商业流动、信息服务等新领域涌现，需要新的贸易规则来协调与商品贸易相关的服务贸易的发展。生产分割所引起的中间产品在多国间的流动，使原产地规则的确定需要更细化。

传统的 RTA 内容涵盖的范围以货物贸易自由化为核心，主要通过取消或削减关税以及非关税壁垒的形式,后来扩展至服务贸易的自由化。然而,新一代RTA 除在规则上与 WTO 保持一致外,涉及的内容日益广泛,内涵和外延不断加深。除上述内容外,还包括贸易投资便利化、贸易投资促进、知识产权保护标准、环境保护标准、劳工标准、原产地规则以及贸易争端解决机制等。此外,有的协定还包括经济技术合作以及海关合作的内容,有的已经超越了 WTO 的要求,即所谓的"超 WTO 协定"(WTO-Plus Agreement),或者说,要求成员在某方面作出比WTO 更多的承诺。新一代 RTA 这种"超 WTO 协定"在遵循多边贸易体制的基本原则的基础上为协定伙伴国家之间提供更加自由的经贸空间,从而实现了互惠互利。但值得注意的是,发达国家参与区域经济一体化,除了在合作协定中谋求其自身的经济利益之外,试图利用经济一体化内部合作规则制定影响未来国际经济格局的动机明显增强。如跨太平洋战略经济伙伴关系协定(TPP)与跨大西洋贸易与投资伙伴协定(TTIP),体现了以美国为代表的、传统主导国际经济旧秩序的发达国家,在应对新经济形势挑战中,力求通过携手合作,主导贸易与投资规则谈判,重塑全球贸易新规则,掌握全球贸易"话语权",以维持其在世界经济、国际贸易以及全球治理中主导权的战略意图。

五、贸易保护主义的发展趋势

经济危机通常是贸易保护滋生的温床。全球至今仍然没有完全走出美国次贷危机和欧洲债务危机的影响,因此,"十三五"时期及之后,贸易保护主义仍将保持快速上升的态势,在关注贸易保护在手段、方式和内容上可能出现变化的同时,可以肯定,中国一方面仍将是贸易保护主义最大的受害国;另一方面,中国也是参与全球治理及引领全球化的国家。

（一）贸易保护主义的新变化

首先,需要警惕贸易保护中政府援助措施的运用。为尽快摆脱危机,加快国内经济复苏步伐,各国政府采取了一系列经济刺激政策,包括政府采购和政府救助措施。这些经济政策将重点从限制进口转移到扩大出口上,通过政府经济政策的扶持,增加本国产品的国际竞争力,从而达到拉动经济增长的目的。自 2008 年11 月至今,政府援助措施和政府采购已经占全部贸易保护措施的 26%,成为最重要的保护手段之一。以往贸易保护措施中最常使用的手段是关税和非关税措施,目前所占的比重已经不足 1/5。因此,在新一轮贸易保护抬头的过程中,各国出台的一系列经济政策代替了以往的贸易限制措施,成为当前贸易保护的新手段。

其次,需要警惕贸易保护转向新兴产业和稀缺资源。信息技术、生物技术、节能环保、新能源等新兴产业被视为带动世界经济走出低迷的重要引擎，因此，各主要经济体都将新兴产业作为新的经济增长点，企图依靠资金和技术优势，控制新兴产业关键领域，占领未来产业发展制高点。由于稀缺资源被广泛运用于高新技术产业和战略性新兴产业，因此，发达国家格外注重控制这一战略性资源。而发展中国家在经济发展初期，由于技术水平较低，大量的出口资源型产品，长期粗放式经营和大量出口导致许多丰裕型资源变得极为紧缺，有些甚至需要进口才能满足国内需求。于是，各国政府通过出口限制等贸易保护手段来保护本国资源，稀缺资源领域的贸易摩擦逐渐加剧。

最后，需要警惕全球治理成为贸易措施的新"保护伞"。随着人们生活理念的变化，国际社会关注的问题越来越集中于气候变化、低碳经济、粮食和食品安全、能源资源安全等问题上。这些问题不仅直接关乎人类生存，也是涉及经济发展的重大问题，成为全球新的治理机制建设过程中的重大议题。因此，很多国家，特别是发达国家常常以全球治理为借口，行"贸易保护"之实。如一些发达国家凭借环保技术优势，以节能减排为口号，提出低碳经济、绿色经济等概念。随后，碳关税、碳标签、碳认证等"三碳"问题便随之应运而生，并被越来越多的国家推崇。

（二）中国仍将是贸易保护的主要目标

《全球贸易预警》报告显示，在 2008 年 7 月至 2013 年 5 月，中国受到的歧视性贸易措施共 877 项，占到全球保护措施的 41%。其中，反倾销、反补贴和特殊保障限制措施等贸易救济措施成为对中国贸易限制的主要手段，占中国被实施措施总数的比例超过 20%；对中国贸易保护的对象已从具有出口竞争力的劳动密集型产业逐渐向新能源和高科技产业扩展，包括太阳能电池板和风电塔、钢铁、化工等产业。2011 年 11 月，美国正式对进口中国的太阳能电池发起"双反"调查，开启美国对中国清洁能源产品的首例"双反"调查。紧接着，又对原产于中国的晶体硅光伏电池和应用级风电塔发起"双反"调查。2012 年，法国成立 11 个委员会对国内的航空航天、可再生能源等一些核心产业进行监督，以在"必要"时干预国外企业的并购。同年，欧盟又开始对中国光伏电池展开"双反"调查，并欲征收惩罚性关税。

值得特别关注的是，近年来国际社会对华贸易保护措施的隐蔽性在提升。国外往往通过国家安全、拒绝并购、投资审查等各种名目，行贸易保护之实。如美国政府多次以"国家安全"为借口阻止中国电信设备商华为、中兴等企业在其国内进行收购、设备供应等计划。其目的就是打压外国企业保护美国企业，实行贸易保护。除此之外，中兴、华为这些企业在印度、欧洲等国也遇到同样挑战。如印度以"危害国家安全"为由禁止国内运营商从华为、中兴手中购买电信设备，直至华为等企业接受其苛刻的条件后,才允许重新进入印度市场。随着中国经济的进一步发展,中国面临的贸易摩擦会越来越多,对外投资遇到的阻力和干扰越来越多,中国技术引进特别是高技术引进面临越来越严格的限制,这些将直接影响我国开放的进一步扩大和深化。

六、全球经济治理体系变革的趋势

"十三五"时期及之后,随着以大稳定为主要特征的"旧常态"的结束,全球经济进入一个深度调整与再平衡的"新常态"。全球经济正在经历的深刻结构性变化,以及越来越频繁的要素流动,亟须新型国际经济治理机制。

(一)全球经济治理变革的方向

现行全球经济治理机制是"二战"后在美、欧等发达国家主导下形成的,是一种以多边贸易体制和国际货币金融体制为核心,通过经济、贸易、金融协定等国际条约体系调整国际经济关系的经济治理模式,包括治理平台和机构两部分。其中,代表性的全球经济治理平台包括八国集团、G20、金砖国家合作机制、亚太经济合作组织(APEC);代表性的全球经济治理机构则有世界贸易组织(WTO)、国际货币基金组织(IMF)和世界银行等。近些年,经过各方的共同努力,全球经济治理改革虽然迈出了崭新步伐,取得了一定的进展,但是,现行的全球经济治理机制仍然存在一些问题,例如主导权过于集中等。

"十三五"时期,全球经济治理机制变革,将体现四个方面的要求。首先,全球经济治理机制应该切实反映国际经济格局的变化。顺应国际政治和经济力量"东升西降""南升北降"的趋势,在全球经济治理的议程设置、议事决策等各方面,应保证各国平等参与,平衡反映各方意见和关切,使最终结果符合各方利益,实现共赢。其次,考虑到代表性和决策效率之间存在一定的矛盾,全球经济治理机制应该实现代表性、决策效率和实施效力的有机统一。再次,全球经济治理机制应该同时包括目标共识的协商机制与约束性规则的制定机制。全球经济治理机制既要通过协商政策目标方向达成一些共识性、意愿性的东西,也要制定一些约束性的规则、量化的指标,例如国际货币基金组织治理结构考虑设定的国际宏观经济框架内的"数量化规则"等。最后,全球经济治理机制应该同时兼顾短期的经济危机应急机制和长效的经济治理机制。正如习近平总书记在2013年G20圣彼得堡峰会上指出的,"我们要放眼长远,努力塑造各国发展创新、增长联动、利益融合的世界经济,坚定维护和发展开放型世界经济"。习近平总书记在2017年G20汉堡峰会强调坚持建设开放型世界经济大方向,为世界经济增长发掘新动力,使世界经济增长更加包容，完善全球经济治理，推动联动增长，促进共同繁荣，向着构建人类命运共同体的目标迈进。

（二）全球经济治理变革将会逐步推进

国际金融、债务危机的爆发，揭示了全球经济治理的不足之处。但是，全球经济治理机制改革涉及各方利益再分配、再调整，以及大国之间、各集团之间博弈和较量等；具体而言包括，各国不论大小、经济发展水平如何，其利益均应受到尊重，但也应同时考虑和照顾他国利益，在此基础上，通过充分协商、妥协，达成实现各国共同利益的治理模式和规则体系。每个成员根据自身能力、特点以及通行的国际法原则，允许所承担责任的范围、大小、方式和时限等方面存在差异，没有区别责任，片面强调共同责任将有违公平合理；同时，国际社会中的每个成员不论大小、强弱都必须承担为解决全球经济问题作出力所能及贡献的责任，没有共同责任，区别责任也就失去了根基，成为无本之木。所有这些，都将导致全球治理体系变革将呈现渐次的特征。

七、结语

总结起来，"十三五"时期及之后，全球经济基本上可以保持平缓增长的态势；同时，在这一整体趋势下，发达国家和发展中国家在价值链上的部分环节，将出现大幅重叠，从而加剧国际市场竞争；与之对应的国际产业结构，将呈现以"软化""先进化"和"绿色化"为方向的大调整；区域经济一体化，无论是在数量，还是在质量上，均将大幅提升；另外，贸易保护主义也将保持快速上升的态势，且中国仍会是贸易保护主义最大的受影响国家；尽管这些都对全球经济治理体系变革提出了更高要求，但是，处于制度层面的全球经济治理体系变革仍将步履维艰。

而从国内来看，"十三五"时期，有三个方面的变动需要特别关注。首先，"新常态"下我国经济面临着"三期叠加"带来的诸多挑战，GDP 年平均增速可能下降到 7% 及以下。其次，与经济增速下滑相对应，我国对外贸易也将进入低速增长期。这是因为，一方面，世界经济尚处于深度调整期，国际市场总需求难以回到金融危机前的持续高增长水平；另一方面，随着"刘易斯拐点"的来到，我国劳动力成本持续上升的趋势在加强，经济贸易发展的资源能源、生态环境约束加强。最后，我国资本净输出国的地位将进一步加强。外商对我国的投资增速明显放缓，而我们对外投资依然有希望在未来 10 年出现 10% 以上的快速增长。

结合国内外的形势，我们建议，"十三五"时期及之后应重点谋划好以下工作：第一，主动参与新一轮贸易投资规则制定，在亚太、北美、拉美、中东欧、欧亚经济联盟、非洲、阿拉伯国家等国家和地区,对我国自贸区的全球布局进行有针对性地推进;第二,以"一带一路"为抓手,加快沿线国家和全球基础设施互联互通,加强与沿线国家的能源资源开发合作,加强人文交流,推动国际产能合作;第三,在积极吸引全球高端要素集聚、提高利用外资质量和综合效益的同时,大力推动我国企业海外直接投资,培育世界级跨国企业;第四,积极参与国际和区域金融合作,稳步推进人民币国际化和资本账户开放,建立安全、高效、开放的国际金融体系;第五,金融安全是国家安全重要组成部分,把金融安全和国家安全紧密地连在了一起。

第二节　全球价值链与产业结构调整的方向

　　全球价值链(GVC)成为当今世界贸易和投资领域的主要特征,也是全球化的重要推动力量。全球价值链的深入发展改变了世界经济格局,也改变了国家间的贸易、投资和生产模式。在过去的 20 多年里,受全球价值链以及当前世界先行的商业和法规环境、新技术、公司观念和战略、贸易与投资自由化等因素的共同影响,国际生产分割(fragmentation of production)现象出现了。在新型国际生产体系中,国际组织和政策制定者将弥合传统规则制定和经济现实的分歧。不断推进的国际生产分割也具有很重要的政策含义,包括强调参与价值链的国家若要获得经济收益,就必须具有开放、透明的贸易和投资政策,以此吸引外国供应商、国际投资者和国内生产者。

一、变化世界中全球价值链的新发展

　　全球价值链自身的发展和变化体现的是各国在价值链上位置或者经济结构的变动。对于国家而言,提升本国的全球化水平不仅要积极参与全球价值链,关键是把全球价值链纳入国家发展战略中。各国需要清楚国家在全球价值链中的位置,这里有两个判断因素:一是国家经济参与 GVC 的水平和国内价值创造能力;二是国家经济在全球价值链中技术层面所处的位置和能力。国家产业(或者企业)一般是从资源密集型活动到低、中、高技术制造服务活动,再到高增加值的知识型创造活动等,表现出生产活动的结构升级。GVC 的变化则是从一体化融入不同层面的升级过程,整个价值链呈现梯级发展状态。

　　对于只能依赖资源型经济的国家而言,GVC 的发展战略通过提高参与分割化的价值链、扩大多样化程度、同时增加中间产品和服务的出口获得提高。上述的生产和出口只是位于低技术复杂度的价值链末端，依靠低成本劳动力实现。这种模式虽然参与了多条价值链，但都是低端环节的加工制造，所以，出口的国内增加值很低。资源型国家全球价值链发展可以通过吸收外国投资来发展加工制造业，逐步提高国内增加值，从资源比较优势向规模经济跨越。

即使拥有技术的国家，参与全球价值链的水平和层次也不尽相同。这些国家不断在全球价值链中升级的关键在于，提升产品和加工水平，提高生产率和增加值创造能力，以此向价值链技术更高、更复杂的环节发展。可见，国家既要一体化于全球价值链，还要在价值链中获得升级，就必须利用国内要素禀赋和条件，在价值链上获得成功发展路径。参与全球价值链不仅是国家获得经济发展的必要选择，同时也是贸易和投资全球化的重要途径。

二、全球价值链的结构重构和发展路径

全球价值链的结构在经济全球化过程中经历着变化，也面临着转型和重构。从世界层面看，中国越来越多的企业"走出去"，对海外公司实施跨国投资战略，美国则在危机后宣称"重返制造业"，欧洲实体经济饱受债务危机的重创，新兴经济体则异军突起引领危机后的经济增长，世界经济格局的新变化对全球价值链的结构和发展将产生战略性影响。

不同的国家在全球价值链上发挥了自身比较优势并获得了对应的任务贸易（task trade），充分参与了全球生产体系，赢得了更多的福利。在此背景下，全球价值链可能会存在不同的发展路径，而这完全取决于各国参与全球价值链的模式，尤其是发展中国家所采取的贸易和投资战略。如何提升在全球价值链中的地位和参与度，发展中国家可以根据自身情况沿着如下路径寻求不同阶段的发展：

一是从事全球价值链的生产活动：发展中国家依靠吸引 FDI 与跨国公司建立非股权关系，从事加工贸易生产，其出口中内涵着不断增加的中间品和服务。通过这种非股权生产模式下的贸易与投资活动，扩大参与全球化的广度边际（extensive margin）。

二是在全球价值链中求升级：一体化程度较高的发展中国家，不断增加高增加值产品和服务的出口，扩大参与全球化的深度边际（intensive margin）。

三是在全球价值链中勇于竞争：一些发展中国家在高增加值环节利用国内生产能力取得竞争，并通过跨国并购使国内生产企业融入全球生产体系。

四是转变全球价值链模式：发展中国家根据其出口构成提升加工贸易中的进口构成，其进口构成与自身生产能力可以改变全球价值链的模式。

五是实现全球价值链跨越发展：一些国家出口竞争力依托国内生产能力的快速扩张而得到提升，FDI 在贸易一体化和国内生产能力建设方面起着催化剂作用。

三、国际产业结构调整的方向

国际产业结构调整的方向主要体现在以下三个方面。

首先，产业结构呈现"软化"趋势。所谓产业结构"软化"，是由工业经济时代传统的以物质生产为关联的硬件产业结构向以技术、知识生产为关联的软件产业结构转变的过程。产业结构的"软化"不仅是指产业结构演进过程中第三产业的比重不断上升，出现所谓"经济服务化"的趋势，也是指整个产业结构的演进更加依赖于信息、服务、新技术和知识等"软要素"。这种趋势主要表现在：一是劳动密集型产业所占比重逐渐下降，知识密集型和技术密集型产业占比不断上升，从而形成产业结构高度化和高新技术产业化的新趋势。二是信息技术等高新技术在传统产业中广泛应用，为传统产业提供新的发展机遇和空间；同时，信息技术加快了各类技术相互融合和渗透的步伐，提高了工业产品信息化、生产工具数字化和智能化水平，极大地促进了生产力的提高和生产方式的转变，成为新时期全球产业结构调整的重要驱动力。三是金融、信息、咨询服务等现代服务业逐渐成为拉动经济增长的主导产业，在经济社会发展中的作用越来越突出。

其次，传统制造业加速向先进制造业转变。先进制造业是指采用先进技术、设备和现代管理手段，科技含量较高的制造业形态。先进制造业的发展对推动第二产业内部结构升级发挥着至关重要的作用。在经济全球化和信息技术革命的推动下，国际制造业的生产方式正在发生着重大变革。近年来，主要工业国纷纷制订各种发展计划，促进传统制造业向先进制造业（advanced manufacturing industry）转变。加快发展先进制造业，已经成为世界制造业发展的一种不可逆转的新潮流。先进制造业的发展，不仅优化了制造业内部的产业结构，也为整体经济的技术进步、结构系统优化提供了坚实的发展基础。在美国、德国和日本等发达国家，制造业中高技术产业的比重都在 60% 以上。生产效率的不断提高主要还是由先进制造业拉动的。制造业特别是先进制造业劳动生产率的较高增幅，带动了第二产业劳动生产率的整体提高。

最后，后危机时代国际产业分工可能出现局部调整。金融危机的爆发一定程度上也影响了现阶段国际产业分工格局，有可能带动国际产业分工格局的局部调整。一是发达国家的"再工业化"政策，可能使某些制造业回流。以美国为首的发达国家为了应对金融危机后失业率不断高企的状况,提出了"振兴制造业"的"再工业化"目标。如果新兴经济体劳动力继续快速上涨,制造业尤其是高端制造业可能出现回流现象,从而带动全球国际分工格局的局部调整。二是新兴经济体内部的分工可能出现一些调整。国际金融危机爆发后,新兴经济体增速明显快于发达经济体。但由于要素禀赋、技术水平等不同,新兴经济体的发展也出现了一定程度的分化。在发达国家短期内难以向外大规模产业转移的情况下,经济发展前景的不同导致在新兴经济体已经形成的分工体系可能出现一些调整。当然这取决于新兴经济体政策调整方向和经济发展前景。

第三节　探索新时代的中国发展道路

中国改革开放实现了持续近 40 年的经济快速增长,创造了世界经济发展的奇迹。我国社会生产力水平总体上显著提高,社会生产能力在很多方面进入世界前列。统计表明,按照不变价计算,1978—2016 年的 38 年间,中国的 GDP 增长了32.3 倍,年均增长率高达 10%,远高于同期世界经济 3%左右的年均增长速度;人民生活总体上进入了小康水平,农村绝对贫困人口数量从 2.5 亿下降到 1 000 多万,绝对贫困发生率由 30%下降到 1%以下,是目前全球唯一提前实现联合国千年发展目标中贫困人口减半目标的国家。特别是 2008 年国际金融危机爆发以来,全球经济总体上呈全面放缓的趋势,中国经济仍继续保持中高速增长,对世界经济逐步走出低谷起着越来越重要的推动作用,2016 年,中国对世界经济贡献率达到 30%左右,超过美国、欧元区和日本贡献率的总和,居世界第一。中国长期坚持的发展道路和发展经验也受到了国际社会越来越多的关注和解读。发展道路既可以用来总结一个国家过去所走过的发展历程,又可以用来描述一个国家为了达成未来某个目标(如从中等收入国家成为高收入国家)而规划的途径。研究中国发展道路,一要总结中国经验,即如何从低收入国家发展成为中等收入或中高收入国家的基本路径、基本方法及制度安排;二要研究中国如何从目前的发展阶段(中高收入)顺利地继续发展成为高收入国家的各种方法、政策或制度等的集合(或战略选择)。

一、中国发展道路的基本经验

尽管国内外学者和政要曾经从不同角度对中国发展道路的基本内涵、理论基础、主要内容、现实意义、历史局限等方面进行了许多阐述,但由于立场观点、分析角度的差异,对于中国发展道路的解读和理解存在较大的差异。从十九大报告来看,中国在过去近40年的现代化建设实践中,在经济、政治、社会、文化、外交等各个方面创造性地形成有中国特色的社会主义体制以及形成这些体制、制度的基本路径,概括起来就是中国发展道路。简单来讲,中国发展道路的本质是:不盲目照搬国外发展道路和模式,在实现社会稳定、坚持对外开放、借鉴国外成功发展经验的同时,立足于中国国情的、有中国特色的社会主义发展道路。

中国能够长期保持高速增长,除了依靠大规模的要素投入、技术进步和有效的制度创新之外,还与基于自身国情选择的独特的改革开放和发展路径存在密切关系。尽管世界上奉行对外开放并且具有后发优势的发展中国家为数众多,但能像中国这样13亿人口的大国,保持经济长期高速增长的发展中国家很少见,这在很大程度上得益于中国选择的改革方式和发展路径,其主要经验可以总结为以下三点。

一是政治和社会稳定。中国在30多年的经济发展过程中,始终奉行以社会稳定为首要的政治思想和制度保障。与很多发展中国家和转型国家不同的是,中国存在一个强有力的执政党以及在这个党领导下的强有力的政府,尤其有一个富有权威的中央政府,这是中国改革开放走向成功的重要政治前提。

二是诱致性制度变迁和渐进式改革。"摸着石头过河"是对中国改革战略最形象的表述。中国几乎所有的改革策略都是采取做"实验"的方式推进:首先选取几个地区进行"试点",建特区、开发区和实验区,观察其具体的效果,再决定是否将改革的具体措施推广到整个国家层面。这样的改革路径极大地缓和了社会矛盾,避免了新体制和旧体制的激烈碰撞,有效地保证了改革措施的顺利推行。

三是政府主导型的经济改革。中国的经济改革和对外开放的本质是建立一个完善且高效的市场经济,但中国需要建立的市场经济始终坚持"政府干预为辅,市场调控为主"的改革方向,反对并且警惕市场万能论、市场原教旨主义和"新自由主义"所提倡的市场经济改革方向。虽然我们不能否认西方发达国家,在成熟且完善的市场经济条件下创造了高度的物质和精神文明,但对中国这样一个在人口多、基础差、法治观念薄弱、历史文化与西方发达国家有本质区别的基本国情下,试图建立一个类似西方发达国家的市场经济来调控经济显然是不现实的。

这三大基本经验,是我国在探索社会主义发展道路的实践过程中形成的有中国特色、不照搬西方的独特经验,在未来较长一段时间,对继续探索中国发展道路,仍然具有重要的指导意义。

二、新时代中国发展面临的新挑战

中国在经济增长的起飞时期(如工业化的前期和中期),推动经济增长主要依赖大规模的要素禀赋优势和物质资本投入,比如丰富的劳动力和自然资源、大规模的投资扩张等,而随着经济发展到更高的阶段,由于"要素边际报酬递减"这个客观经济规律的存在,单纯依靠要素禀赋和物质资本的投入来推动经济的持续增长变得越来越不可持续。经济从高速增长转向中高速增长,以结构优化和技术升级为特征,从中等收入国家向高收入国家转变的阶段,将成为我国当前及未来 10 年内经济的新常态。

从各国的发展历史进程和经验来看,与中国相似,当一个国家完成前期的工业化之后,即处于中高收入发展阶段时(工业化中后期,人均 GDP 为 4 000～12 000美元),经济发展都将面临一个关键的转折时期。发达国家跨越这一阶段,美国花了 13 年(1967—1980 年),德国花了 13 年(1973—1986 年),法国花了 12 年(1974—1986 年),英国花了 12 年(1975—1987 年),日本花了 12 年(1974—1986 年)。从发达国家的发展历程来看,从中高收入到高收入阶段的过程中,经济增长的速度呈现出下降趋势。

在研究追赶型国家时,可以看到,既有发展速度明显加快的韩国、俄罗斯,也有阿根廷、巴西等很长时间徘徊不前的国家。具体来看,韩国跨越这一阶段花了 8 年(1988—1996 年),俄罗斯花了 7 年(2004—2011 年),阿根廷花了 21 年(1990—2011 年),巴西花了 16 年(1995—2011 年)。中等收入国家容易落入增长陷阱的一个重要原因在于:这些国家的产业发展往往介于低收入国家主导的成熟产业和高收入国家主导的新兴高技术行业之间,产业的发展同时受到低收入国家的激烈市场竞争和高收入国家新兴产业技术优势的双重挤压。也就是说,产业升级对于中等收入国家摆脱中等收入陷阱极其重要,持续的经济高速增长如果不能带来产业竞争力和技术水平的稳步提升,必然会落入中等收入陷阱。

长期以来,推动中国经济高速增长的两大主要动力来自投资和出口,目前这两大引擎的边际拉动作用已经明显减弱。一方面,依靠大规模的投资来推动经济的增长并不具有可持续性。首先,持续高企的投资必然导致资本的边际报酬水平降低,投资对经济拉动的效应存在递减的客观规律;其次,中国一段时间的投资有很大部分属于房地产及相关行业,房地产具有粗放发展的特征,给环境带来巨大压力,同时严重挤压居民消费,降低经济持续增长的动力。另一方面,过度依赖贸易扩张和大规模吸引外商直接投资的经济增长方式也变得越来越难以维持。首先,中国对外贸易的快速扩张是建立在廉价的劳动力和土地等生产要素基础之上,近年来随着劳动力成本和其他生产要素价格的大幅度攀升,"人口红利"效应逐渐减弱,在国际市场仅仅依靠价格优势参与竞争的空间越来越小。其次,自从2008年金融危机爆发以来,全球经济进入了艰难且缓慢的复苏和调整期,当前各国纷纷采取宽松的货币政策和竞相性的货币贬值,受制于外部经济环境的影响,很难再实现快速的扩张。最后,外商直接投资曾对经济发展产生了诸多有利的效应,但跨国公司很难转让核心技术,对于推动国内产业升级的作用有限。

总体来说,中国现有的发展道路如果不进行战略性调整,就会因为创新激励不足和技术进步缓慢而无法顺利实现产业升级:一方面,劳动密集型产业会因国内要素成本的上升及低收入国家的竞争而逐渐失去竞争力;另一方面,在跨国公司的竞争压力和自身有效激励机制难以建立起来的情况下,资本密集型产业的自主创新能力不足、缺乏核心的技术优势和竞争力,难以形成强大的国际市场竞争力。

三、新时代如何完善中国发展道路

必须清醒地看到,中国30多年来一直奉行的发展道路还存在着各种隐忧和挑战,社会经济和政治方面的有些问题并没有因为经济的快速发展而得到根本解决。在新常态下完善中国发展道路,其核心就是解决高质量的发展问题,基本思路是由"两个过度依赖"转变为"两个依靠",即经济增长主要依靠扩大内需,内需的扩大和升级主要依赖于扩大消费需求,同时主要依靠自主创新能力而不是资源、资本的过度投入。这一增长动力的转变,需要对原来的分配格局、激励机制进行重大调整,建立新的分配格局和新的激励机制,同时加快对制约产业升级、内需扩大的重要经济体制的改革。

(一)深化经济体制改革,转变政府职能

党的十九大报告明确指出,全面深化经济体制改革是加快转变经济发展方式的关键。经济体制改革的核心问题是处理好政府和市场的关系,必须更加尊重市场规律,更好地发挥政府作用。规范、成熟的市场经济中政府的作用主要体现在以下几个方面:调解收入分配;纠正市场失败;维护司法公正;制约垄断、鼓励竞争;提供公共物品和服务;进行宏观调控。当前政府的缺位主要表现在:对收入分配的调节还不到位;对市场失灵的监控力度以及效益需要提高;对公共物品和公共服务的提供需要加强;服务型政府的文化有待建立;公平的市场规范和规则须得到更好的维护;独立于行政干预的司法体系有待建立。政府的越位主要表现

在：对没有自然垄断属性也不涉及国家安全的产业和资源干预过多。

因此，首要是明确企业和政府的关系及其权利的边界。政府需要改变过去身兼多职的角色定位，作为社会服务的提供者，维护公平游戏规则的顺畅运转。政府的作用主要从以下几个方面体现：一是在不涉及国计民生的领域，降低市场准入的门槛，引入多元化的投资主体；二是更有效地提供公共物品和服务、控制市场失灵；三是建设具有中国特色的社区服务、社会治理，进一步提升在危机状况下调动资源和组织应急的公共管理能力和模式；四是在尊重民主的基础上引导健康文化和社会风气；五是建立完善的法律法规体系和更加高效公正的司法体系。

（二）缩小收入、城乡、地区三大差距

三大差距是指城乡居民收入差距、地区差距、城镇贫富财产差距，是全面小康路上的"拦路虎"。党的十八大以来，以习近平同志为核心的党中央，坚持以人民为中心的发展思想，把改善人民生活、增进人民福祉作为出发点和落脚点。2017年3月8日，参加两会的代表委员热议缩小"三大差距"，在共建共享中实现共同富裕。

中国社会科学院《社会蓝皮书：2017年中国社会形势分析与预测》指出，城乡居民收入增长出现新的态势。总的来说，城乡居民收入继续增长，但同比增速明显下降。2016年1—9月，全国居民人均可支配收入累计17 735元，同比名义增长8.4%，扣除价格因素影响后实际增长6.3%。分常住地看，城镇居民人均可支配收入25 337元，同比名义增长7.8%，扣除价格因素影响后实际增长5.7%；农村居民人均可支配收入8 998元，同比名义增长8.4%，扣除价格因素影响后实际增长6.5%。城乡居民收入差距继续缩小，城镇居民人均可支配收入是农村居民人均可支配收入的2.82倍，比2015年同期缩小0.01倍。

应当注意的是，中国社会的收入差距并不仅仅表现在城乡居民收入差距一个维度上，行业差距、地区差距以及社会成员差距都对总体的收入差距有重要影响。总的来说，这些方面的收入差距近年来也不断缩小，加上国家对低收入和贫困人口的转移支付力度逐年加大，并且努力缩小不同社会阶层和群体间的转移性收入的差距，中国社会的总体收入差距自2009年以来不断缩小，全国居民收入分配基尼系数从2008年的0.491下降到2015年的0.462。收入分配差距缩小，从社会阶层结构来说，意味着中等收入群体规模的扩大。

如何界定中等收入群体，在国际上都是一个重大的理论和实践问题。如果把家庭人均收入在城乡居民家庭人均可支配收入中位数的75%以下、75%～125%、125%～200%和200%以上，分别作为界定低收入群体、中低收入群体、中高收入群体和高收入群体的标准,利用中国社会科学院社会学研究所 2015 年开展的全国社会状况综合调查(CSS 2015)数据来测算,结果显示,在所有被调查户中,不包括未提供家庭收入信息的被调查户,2014 年低收入群体占 39.9%,中低收入群体占 18.9%,中高收入群体占 18.5%,高收入群体占 22.8%,若把中低收入群体与中高收入群体合并成中等收入群体,则中等收入群体所占比重为 37.4%。

改革开放以来,经济高速增长虽然在一定程度上掩盖了三大差距对社会发展的巨大负面影响,但我们可以相信,随着中国从高速进入中高速发展阶段,这些差距将会成为经济持续增长的一个重大障碍。经济发展到一定阶段,主要增长动力将来自技术进步和居民消费,而缩小差距具有明显的帕累托改进效应,缩小一个点的差距可能比增加许多点的投资的增长效应更大。如果收入、城乡、地区的差距长期得不到改善,将对扩大消费形成明显的约束。

首先,可以采取以下政策措施来缩小居民收入和城乡差距:第一,要消除机会的不公平问题,主要是加快实现基本教育、医疗服务等的均等化,同时增加政府对国民在岗和离岗的培训投入,建立城乡平等的社会保障、社会医疗和失业保险制度。第二,加大对扩大就业的刺激,建立支持中小企业发展的政府金融服务机构,鼓励非政府的社会中介服务组织的发展。第三,促进劳动力市场充分发育,严格执行新劳动法,提高职工工资,规范收入分配秩序,取缔、打击非法和灰色收入。第四,提高垄断行业和一些非创新型暴利行业的税收,加大收入的再分配调节。第五,提高农民收入,完善土地制度和土地流转制度的改革,加大对农业的补贴。

其次,可以通过培育新的区域增长点来缩小地区差距。中部地区资源丰富、交通便利、产业基础较好、市场潜力巨大,已经具有加快发展的有利条件,可将中部崛起战略上升为新时期的国家发展战略。我国要保持劳动密集型产业的竞争力,有效的出路就是将劳动密集型产业加快向中西部地区转移,特别是向临近的中部地区转移,利用其丰富的自然资源优势和劳动力优势,让其重复沿海 20 世纪八九十年代的发展过程,与此同时,促进沿海地区产业升级。

(三)鼓励科技创新,提高产业竞争力,走创新驱动的发展道路

中国进入中等收入阶段后,经济的低成本优势将会逐步丧失,必须提高研发能力和重视人力资本,进行产业升级,培育新的竞争优势。20 世纪 80 年代韩国和巴西的差距并不大。1978 年爆发的能源危机同样对韩国造成较大冲击,使韩国丧失了劳动密集型产业的比较优势,但韩国主动求变,通过实施"科技立国"战略,推动产业升级,最终完成了从轻工业向技术密集型的重工业的转型,实现了从"技术模仿"到自主创新的转换。现在,科技创新对韩国经济增长的贡献率高

达 70％。

依靠科技进步,通过提升科技创新能力来转变经济发展方式,需要从以下两个方面入手:一是加强教育和科研的投入力度,提升教育质量,培养优秀的科技创新人才和队伍,积累雄厚的科研创新基础;二是需要改革教育和科学管理体制,创新科研的激励方式和方法,一方面为科研人员提供良好宽松的科研环境;另一方面,由政府主导型的科研管理体制向市场驱动的企业自发创新机制转变,基于市场需求大力发展高等职业技术教育,加强高等院校、科研院所和企业间研发的沟通互动,提升科研成果的推广效率。

鼓励自主科技创新,主要是减少对非自主创新方面或领域的过度激励,因为只要存在比对自主创新更多的激励(如对外资的过度激励、对房地产的过度激励),那么,自主创新投入就不可能增加,而是减少。所以,政府要改善激励环境或方向。第一,降低战略竞争力行业的国有资本比重,发挥民营资本对产业升级的重要作用;第二,利用资本市场推进自主创新。将过剩的社会资金导入股市,使其与产业升级相结合,促进工业竞争力的提高。

(四)走新型城镇化道路

城镇化和城市群是经济社会发展的必然趋势,也是工业化、现代化的重要标志。积极稳妥地推进中国城镇化,是决胜全面建设小康社会,解决"三农"问题、促进中国经济稳定可持续增长的基本途径和主要战略。

新型城镇化发展不仅仅是城镇规模的简单扩张,而是体现在城镇化质量的提高。城镇化质量提高主要体现在以下方面:一是城镇产业聚集和技术创新能力增强;二是农村产业和城市产业技术创新的合作关联性不断强化,融合的速度加快,带动农村产业技术水平提高;三是伴随着城乡产业的融合,城乡的教育、就业社会保障、户籍等制度性壁垒逐渐消除,最终实现城乡资源共享;四是城乡生活方式逐渐融合,传统农民向现代化农民转变,"去农村化"现象更加明显;五是城市和农村生态环境不断改进,人与自然和谐发展。新型城镇化涉及土地制度、城市管理、区域发展、农业现代化等方方面面,是一项复杂的系统工程,对政府在经济、社会中的科学管理能力提出了更高的要求。

城镇化进程的一大难题是农村富余劳动力的转移就业。目前中国有两亿左右的半城镇化居民(农民工),他们将是农民转为市民的主要人群,要加快其市民化进程,一方面可以实施大规模的农民工安居工程,利用政府力量,建立农民工保障性住房;另一方面可以鼓励沿海劳动密集型产业向中西部转移,促进中西部地区城镇化发展。

（五）全面提升外向型经济发展水平

我国改革开放的实践证明,改革和开放作为中国发展的两大根本动力,两者相互促进,不可分割。当前我国改革进入攻坚期和深水区,面对深层次的矛盾和发展瓶颈,需要通过更高水平的对外开放,进一步促进国内体制改革,为我国经济持续发展再造一个开放红利期。第一,在服务业领域,我国的开放程度偏低,资本、人力、技术等要素还存在流动障碍,需要促进国际国内两个市场的深度融合,让市场发挥决定性作用,在全球范围内整合资源,实现国内外资源的优化配置,在重点领域和关键环节加快国际经济合作和参与国际竞争,培育新的增长点。第二,在引入外资上,一方面优化投资的产业及区域结构,一方面借助投资协议谈判,参与国际投资规则重构,"倒逼"国内配套体制改革;在对外投资上,加快对外投资的配套体系建设,建立信息统计、咨询服务体系,扶持本土海外投资中介机构发展以及多层次解决企业"走出去"融资难问题,并鼓励不同所有制企业联合"走出去"。第三,在对外贸易上,要完善现有对外贸易管理体制,建立质量效益导向型的贸易促进体制和全方位开放格局,以适应国际高标准的贸易规则体系,形成以价值链为基础的贸易发展战略,实现由"参与者"向"主导者"的角色转变,由数量扩张为主的贸易大国向提升质量的贸易强国转变。第四,在国际金融上,以国际储备货币多元化、提高新兴市场的国际话语权以及维护全球金融稳定为目的,坚持参与国际金融机构治理、扩大东亚区域货币合作以及人民币国际化这三大并行的对外金融战略。同时,加强国内金融改革与国际金融战略的相互联动、相互促进,形成良性循环。

第四节　政府角色转型是跨越中等收入陷阱的关键

从世界经济发展的历史来看,英国和美国实现快速增长并非依靠自由市场,实现经济增长的政策是依靠政府的大量干预。英国崛起成为世界经济霸主期间的特点是依靠巨额的政府借贷和支出——主要是为建立世界最大的帝国而发动的战争融资。1763 年,英国政府债务占 GDP 比重超过 150%;1815 年,这一比重甚至超过 250%。美国崛起成为世界霸主期间,利用政府干预手段建立了世界上最具保护主义色彩的关税制度之一。这些高额的关税是为保护美国北部各州的工业发展而刻意设计的。

无论是拉美、东盟国家的教训还是从东亚一些国家的经验来看,政府的体制及其政治经济政策的改变都起着决定性的作用。在人均 GDP 达到一定水平之后,经济增速放缓、经济面临转型是世界各国一个普遍存在的问题。如何应对这种必然到来的局面,在经济理论和经济政策上虽然有对策和理路可循,如产业升级、技术创新等,但是一个国家能否实现升级、转型和创新,甚至能否出台、实施合理的经济政策并得到全社会的响应,却不是一个经济学问题,而是比较典型的政治和社会问题。因此,我们需要对政府的作用进行一些较为深入的考察。[①]

一、中国的发展模式和政府的作用

我们首先来回顾一下中国自改革开放以来形成的基本发展模式与政府在其中所起的主导作用。

改革开放以后,随着家庭联产承包责任制的全面推行,农村的活力得到释放,推动了快速发展的农村工业化和全国工业产业结构的调整。乡镇企业最早在沿海发达地区兴起,20 世纪 80 年代后期在全国中西部地区达到全面繁荣。从 80 年代中期到 90 年代中期,是工业产值比重增长最快的一段时期,这其中主要得益于乡镇企业的带动。乡镇企业除了在产业结构、产权结构和治理结构方面与国有企业相比具有优势以外,地方政府的强力推动也是一个引人注目的事实。有学者指出,中央与地方政府于 80 年代中期实行的“财政包干制”对于乡镇企业的发展提供了政府行为方面的激励。但是,在这个阶段,工业化的迅速发展与城市化的发展速度并不协调。1994 年之前,工业对 GDP 的贡献率年均增长速度为 3.7%,城镇人口比重的年均增长速度只有 0.6%,与 1994 年之后年均 1.3% 的增速形成了鲜明的对比(中国经济景气月报杂志社,2008)。以乡镇企业为主的工业化,是所谓“离土不离乡、进厂不进城”的工业化,农民离开农业,并没有离开农村。虽然其就业和收入状况都有较大的改善,但是并非通过城市化的方式实现,城乡二元壁垒并没有被打破。从政府行为的角度来看,财政包干制度所推动的地方政府“法团主义”实际上构建了一种“地方保护主义”的行为模式。各地政府“大办企业”“办大企业”,所追求的是包干制下的超收分成。在“一揽子”包干的体制下,产品税和增值税构成了地方财政收入的支柱性税收,而以扩大地方投资规模为主要推动方式的工业化模式正是与这种体制相契合的。从另一个角度来看,“地方保护主义”的局面也正是“地方竞争”的局面,而地方政府就 GDP 和财政收入展开的“锦标赛”正是财政包干制造就的“财政分权”的结果。虽然这种区域竞争对经济增长的作用得到了实证性的证明,但是较少有学者去正面讨论财政分权、区域竞

---

① 郑之杰. 政府主导的经济模式及转型[J]. 中共中央党校《理论动态》,2015 06 20.

争与城市化的关系。

1994年的分税制改革虽然彻底改变了中央与地方的财政收入格局,也改变了地方政府与企业的关系,使地方政府与其所属的国有企业、乡镇企业"脱钩",但是并没有改变地方政府区域竞争的基本格局。有些学者仍然将分税制后的地方竞争归因于财政分权,这是因为他们单纯用支出法来作为测量分权的指标。事实上,分税制虽然没有改变中央——地方的事权分配格局,但是却彻底颠倒了财权分配的格局,大部分学者都承认财权集中引起的基层财政困难以及由此导致的县乡财政危机和农民负担问题,国家和农民的关系由此发生了巨大的改变。再联系到20世纪90年代中期乡镇企业的迅速倒闭和转制,以及国有企业激进的股份化改革,可见分税制也颠覆了地方政府与企业的关系。分税制没有改变的是地方政府的公共支出比重以及"晋升锦标赛"的人事体制,这可以帮助我们理解为何在分税制改革之后地方政府的区域竞争格局不但没有改变,而且还有所加剧。但国家与农民、政府与企业关系的变化却是影响深远的:地方政府区域竞争的内容和方式发生了激烈的变化。如果说此前的区域竞争是地方政府通过大办企业推动工业化实现,那么此后的区域竞争则是地方政府通过经营土地推动城市化来实现的。

在现行的土地制度下,地方政府通过垄断土地的征用、开发和出让过程可以获得高额的财政收入,学界名之为"土地财政"。地方政府在分税制后转向土地财政,既符合我们可以直接观察到的经验事实,也在财政和土地数据上得到了证明。这并非意味着分税制与土地财政之间存在着直接的因果关系,根据我们以上的分析,可以看出土地财政是地方政府在分税制后走出一条新的生财之道。土地财政的内容,不仅包括地方政府通过土地出让得到的土地出让金,也包括了作为分税制后地方预算财政收入主要支柱的建筑业营业税。根据财政部公布的数据,2013年地方政府土地出让金(国有土地使用权出让收入)为41 250亿元,比2012年增长44.6%,与地方财政收入的比例为1:1.68。这两大收入来源都与城市土地征用、开发和出让的过程紧密相关,没有城市扩张和大兴土木,则没有土地财政,可谓"有土斯有财"。地方政府通过建设城市、经营土地获得财政收入,但是土地收入与工业企业产生的税收不同,具有外生的不稳定性。无论是土地出让金还是建筑业营业税,在纳入预算之后,便产生了稳定增长的要求。但城市扩张、土地征用都需要大量的资金投入,土地出让金远远不能满足城市基础设施建设的需要,地方政府"经营城市"必然要求金融资金的介入。

地方政府并不能直接利用贷款资金进行城市建设。政府机构既不能直接向金融机构贷款,也不能作为担保人实行政府担保贷款。在实际运作中,地方政府通常的做法是利用财政资金作为注册资本金成立一些政府国有的城市建设投资公司,利用这些公司进行融资。这些公司一般包括城市建设投资公司、城市交通公司、城市水务集团、土地储备中心等,由地方政府的国资委管理,以公司方式运行,利用政府划拨的国有建设用地从银行获得土地抵押贷款进行城市建设。这种运作方式自 21 世纪初就在东部沿海地区的城市实行,西部地区最早有重庆的所谓"八大投"模式,到目前全国各地市、县普遍都有这些城市建设公司,统称为"地方融资平台"。按照国发(2010)19 号文件《国务院关于加强地方融资平台管理有关问题的通知》,地方融资平台是指"由地方政府及其部门和机构等通过财政拨款或注入土地、股权等资产设立、承担政府投资项目融资功能、并拥有独立法人资格的实体"。这些地方融资平台通常以国有土地为抵押物,按照土地评估价值的70%获得土地抵押贷款,用于城市的基础设施和公益性项目的建设。需要指出的是,虽然依据《中华人民共和国担保法》,地方政府无权进行财政担保贷款,但是根据 2010 年证监会对地方融资平台的清查情况,截至 2010 年 8 月,融资平台贷款7.66 万亿元余额中仍有将近一半(3.6 万亿元)为财政担保贷款。

对于地方政府融资平台土地抵押性质的贷款,银行面临的风险相对较小。在实际运作中,银行可以实施动态抵押率,实时对土地价值进行动态评估。这样一来,一旦房地产价格下跌,借款方就需要补充抵押物。而在房地产价格上行的时候,借款方可以通过置换抵押物的方式,将以前的抵押物进行出让或开发。在这种安排下,房地产价格变动带来的风险和额外的收益大部分都由地方政府的融资平台承担了。事实上,自有融资平台以来,土地价格一直在上行,其中蕴含的潜在风险并没有成为现实。土地抵押贷款相对于其他贷款而言,被银行这类商业机构视为最为优质的贷款。因此,只要融资平台提供国有土地抵押,就会相对顺利地获得土地抵押贷款。

综上分析,我们可以看到,城市扩张背后有着强大的土地、财政和金融方面的支持机制:地方政府通过土地征用、开发和出让一方面获得国有建设用地用于城市建设;另一方面获得大量的土地财政收入,并在地方融资平台的运作下,从银行获得土地抵押贷款用于支持城市建设的资金,也用于支付新征土地的成本。这构成了由土地、财政、金融三个要素组成的循环机制,这个机制不断将土地和资金吸纳进来,造就了日新月异的繁荣城市。我们可以将其称之为"三位一体"的新城市化模式。

由以上的分析,我们可以看出中国改革开放之所以保持近 40 年的持续高速增长,主流的解释都与政府的作用密不可分。在 20 世纪 90 年代,人口红利和比较优势理论是一个比较有代表性的解释,但是它很快就被"地方政府竞争"的政治经济学解释所替代,到目前几乎形成了国内外学术界对中国经济增长的共识。我们可以把政府的作用概括为以下三个要点。

首先,地方政府的公司化或"法团主义"行为。地方政府的行为特征类似于一个地方总体性的"总公司",以 GDP 和财政收入的增长为基本行动目标,在资源配置、绩效提高等方面展开竞争。

其次,中央与地方的关系是塑造地方政府行为特征的重要因素。在 1994 年分税制改革前,地方政府以"大办企业"和"办大企业"为首要目标,这与中央——地方间的"财政包干制"有着密切的关系;分税制改革之后,地方政府竞争的主要内容变成以土地经营和土地融资为主的城市化的竞争,而这个特点则与分税制有着密切的关系。

最后,地方政府的行为与工业化和城市化结合在一起,利用外部出口和土地经营,实现了持续高速的地方经济增长。自 20 世纪 90 年代中期以来,随着土地管理制度的改革以及中国加入世界贸易组织,规模巨大的廉价劳动力自中西部地区涌向东部沿海城市,中国成为世界劳动力密集产品的制造基地,创造了巨大的财富和外汇储备。这也与地方政府的土地和城市经营策略密不可分。地方政府一方面利用廉价的工业用地在招商引资方面展开竞争;另一方面又通过商住用地的征收、开发和出让带动数量巨大的土地投资,实现了迅速发展的城市化。这两个方面相辅相成,工业化带动了城市化,城市化又以投资为主导进一步拉高了GDP 和财政收入。

二、政府主导的发展模式遇到的问题和挑战

由以上解释来总结改革开放近 40 年来的经济增长动力,可以说是两轨并行的。由人口红利带来的制造业增长与由地方竞争带来的投资型增长齐头并进又互为动力,使得中国在短时期内由贫穷落后的农业国进入了中等收入国家的行列。但是,在面临经济转型、产业升级的中等收入陷阱时,这种经济增长的动力逐渐衰减,过去积累的问题也逐步显现。

在新形势下,过去的经验有可能变为现在的问题,劳动力成本提高、制造业外移、政府财政状况不佳等宏观形势促使我们对于过去政府的作用进行一些反思。从大的方面来看,主要问题如下。

1. 政府主导的经济模式受到严峻挑战,制造业增长的衰落导致投资型增长面临困境

自 20 世纪 90 年代中期以来,地方政府以土地为中心,通过征收、开发、出让

等政府垄断的特权经营城市,导致了超大规模的基础设施投资。这种经济模式的基本媒介是土地,其运作核心是土地融资。各地通过建立各种地方融资平台,将中央政府刺激经济的超发货币用于城市的基础设施建设,一方面拉动了 GDP 的快速增长;另一方面也抬高了城市的土地和房产价格,间接提高了城市的居住和生活成本。这其中的代价就是两亿多以产业工人为主体的流动人口始终处于流动状态,而难以落地和在城市安居。在外部需求旺盛、产业经济繁荣的时候,这并不是太大的问题,但是在劳动力价格升高、产业外移的时候,政府的财政和地方金融的状况便会受到严重的影响。这主要表现为二三线城市房地产增长乏力、地方遍布"空城"、地方政府对进一步增加基础设施投资信心不足。而且令人担忧的是,制造业的衰落和产业外移并非暂时现象,随着人口红利的消失和东南亚、南亚国家对制造业吸引力的增强,这将会是一个长期持续的现象,也正是中等收入陷阱到来的主要表现。由此而言,政府将经济增长主要寄托于以土地融资为核心的投资拉动时代,也即将终结。

在这种局面下,政府迫在眉睫的问题就是如何处理规模巨大的地方债务。中央政府在过去十多年的时间里,利用超发货币的财政手段来刺激投资,是建立在中国作为"世界工厂"的外汇储备持续快速增长的基础上。在国际贸易顺差不断减小、外汇储备额增长率逐渐放缓的长期趋势下,债务问题所积累的金融风险正在日益增大。

2. 从政府与企业的关系来看,企业升级和转型的成本很高

在过去的发展模式中,地方政府一方面通过廉价的土地招商引资;另一方面又实行高税收政策,制造业面临的税负指数普遍很高,这也是制造业企业难以承受劳动力价格上涨的主要原因之一。据 2013 年 7 月下旬财政部发布的一个报告显示,2012 年中国企业税负负担综合考虑税收、政府基金各项收费、社保金等项目后,税负已经高达 40% 左右,超过了经合组织(OECD)国家的平均水平。当前中国企业面临的主要困难有三个,分别是融资难、高税收和雇工难,普遍面对来自政府和劳动力的双重压力。其中,融资难和高税收使企业普遍缺乏资本积累,构成了企业转型和产业升级的巨大障碍。金融部门普遍沿袭过去几十年的做法,其放贷的首选对象仍然是地方政府的融资平台,企业想得到扩大规模甚至正常运转的投资都比较困难,遑论技术改造资金。

3. 从中央和地方的关系来看,地方政府的转型能力不足

中国的中央—地方关系一直沿袭郡县制的模式,在传统社会一直在"外轻内重"和"外重内轻"之间摇摆,主要表现在军事、人事和行政上。中华人民共和国建立后至今,经济建设逐渐成为中央地方关系的主要内容,除了军事、人事和行政之外,经济和财政政策经常在"放权"和"收权"之间摇摆。改革开放的近40年,并没有从根本上走出"收放模式"。改革前期的财政包干制可以看作为了刺激地方工业化而采取的放权模式,而分税制后财政和金融权限大多收归中央政府,近些年来盛行的"项目制"实际上是中央集中权力的结果。中央集权的结果,使得地方政府日益陷入一种经济增长的"锦标赛"之中,其"锦标"就是GDP和财政收入为中心的经济指标。当然,在政府的责任目标考核之中,还包括各种政治和社会指标,但是这些指标一般难以量化和落实,所以尽管意识到这种"锦标赛"的问题和危险,但迄今为止,并没有出现更加合理的制度安排。考核和竞赛体制以经济指标为中心,导致中央和地方关系出现一个奇怪的悖论:经济增长绩效往往和"擦边球""寻租"和腐败行为联系在一起,强调指标竞赛则容易滋生腐败,强调反腐则有可能损害经济增长。这其中当然存在社会体制的原因,例如缺少社会监督和司法独立,法治不健全等根深蒂固的顽疾。在这种情况下,即使中央政府力图促进产业机构转型、鼓励技术创新,也会因为这种中央集权的"锦标赛"体制而影响其实际效果。

4. 收入差距过大使得政府转型的空间变小,"固化"的社会结构使得各种政策难以落实

中国高速增长的近40年,也是收入差距不断扩大的近40年。按照官方的统计,基尼系数0.474,民间的各种统计更高一些。这种统计是基于家庭或个体数据的统计。实际上,中国的收入差距在宏观上还表现为城乡之间、地区之间、不同职业群体之间的差距,在结构上则表现为纵向流动的减弱,不同收入群体之间的区隔日益加强,整体来说社会流动的活力减小。经济增长会扩大收入差距是一个普遍存在的现象,而政府的角色和责任就是要在发展的过程中调节收入差距,减缓收入差距的扩大。但是中国过去的发展模式可以说是部分依靠扩大收入差距来展开的。沿海地区的工业化依靠工资低廉的产业工人,而城市化推动的城市建设和推高的房地产价格则迅速扩大了"有房阶层"和"无房阶层"的差距,并将之"固化"下来:政府经营土地、商人经营地产、有房者经营房产,造就了中国收入差距的基本格局。同时,政府和资本尤其是房地产资本以及由产业资本转型而来的房地产资本一起,形成了垄断性的利益集团。权力和资本的结合,既是过去发展模式的主要动力之一,也是当前中国面临的转型困难之一。各种利益集团的形成,为政府的调节职能和转型政策设置了巨大障碍。

5. 政府开始重新遭遇信任危机,这使得转型的空间和余地迅速变小

应该说,当前政府遭遇的社会普遍的不信任感危机并非是当前的经济和社会政策造成的,事实上,政府的反腐力度空前强大,有利于社会增强对中央政府的信任。有的地方政府的信任危机,是在过去的高速经济增长中逐渐积累起来的,只是在经济增长的情况下,民众对未来一般抱有比较强烈的正面预期,所以这些危机往往在一定程度上被经济增长掩盖起来。但是,掩盖并不等于消除。一旦经济增长放缓,民众对未来的预期下降,这些积累起来的危机反而有可能以更为极端的方式释放出来,使得政府设计和实施各种政策的空间和余地都迅速变小。

从当前的形势来看,上述五个方面的问题是中央和地方政府面临的主要障碍,而这些障碍都不是能够通过调整和实施新的经济政策能够解决的,特别是在经济增长放缓的局面下,单纯寄望于经济改革反而有可能使上述问题变得更加严重。这些问题如果得不到缓解或解决,中国陷入中等收入陷阱的可能性将会很大。

三、转变发展模式的关键在于政府角色转型

结合世界各国的经验和教训,我们认为,当前比较紧要的任务,是调整政府在经济转型中的角色,出台一些以缓解和稳定为主、而非单纯刺激经济增长速度的政策,主要的努力应该集中在以下几个方面。

1. 政府的发展战略转型

过去的发展模式应该加以改变,即摆脱"制造业＋城市投资"的发展模式,转向以高新技术、服务业、文化产业为主导的经济增长模式。这是一个长期而宏观的目标,在当前的局面下,并非中央政府出台一系列扶持和优惠政策就能够做到的。其关键是要摆脱地方政府过度依赖土地财政和土地融资的发展模式,这需要调整中央和地方的财税体制。分税制的历史表明,调整中央地方的财税体制对改变地方政府的行为有明显的作用。

对于地方的工业企业,政府的角色也应该发生比较大的转变。强调市场配置为主、政府调控为辅的原则,充分发挥市场价格的信号功能,减少政府对私有品市场的价格干预,也要保证企业享有完整的自主经营权;同时加强和完善法律体系,保证企业运行的软环境;加强对企业转型的财政税收方面的政策支持。

2. 调整中央和地方关系,改变过度依赖 GDP 和财政收入为指标的考核方式

应着重研究考核指标体系,改变考核方式,重点加强对 GDP 和财政收入结构方式的考察,结合财税体制的调整和改革,促使地方政府向促进产业升级和经济转型的方向改变。具体而言,考核指标体系应当反映经济、社会和人的全面发展,特别是增加一些有利于实现发展方式转变的约束指标,如节能减排、产业升级等。

3. 调整收入结构,加大全社会的社会福利和社会保障开支

世界许多国家的转型经验表明,良性的收入结构是支持中等收入国家迈入高

收入国家的关键。民众对经济增长放缓的普遍焦虑不能以饮鸩止渴、重新刺激经济高速增长的手段来解决,而应以推进收入分配体制改革、加强社会福利目标的方式来解决。当前中国的主要收入分配是以垄断性的利益集团为主导,如果不改变这种格局,中国将难以避免落入中等收入陷阱的危险。要改变这种格局,应当利用中央政府的反腐契机,一方面增加普通民众的工资收入;另一方面则应将社会保障和社会福利作为政府开支的主要内容之一,使普通民众做到学有所教、病有所医、老有所养、住有所居。

4. 大力加强教育投入,重点扶持技术创新和文化产业

东亚国家的成功转型大多建立在东亚文化重教育、政府大力投资办学的基础之上。人力资本的积累,往往对社会稳定和经济增长起到巨大的推进作用。从目前政府对教育的投入而言,虽然总量规模较大,但是重数量轻质量、重技能轻基础,在高校中重科研轻教学,急功近利的趋向过于明显。在产业政策方面,要重点学习韩国经验,重点扶持民营企业,激发全社会的创新动力。

5. 加强法治建设,促进政府行为的转型

政府的信任危机大多表现为普遍的劳资冲突和官民冲突,这在转型期间不可避免。政府行为转型的重点,是应当努力将官民冲突和劳资冲突逐步纳入法治的框架内解决,而做到这一点的前提是加强依法治国,将法律的权威至于政府之上。

中等收入陷阱问题,从根本上看,是一个国家政治和社会结构转型的问题,这个过程最需要避免的,是普遍的社会和政治危机以及由此而引起的社会动荡和社会混乱状态。要避免这种状态,政府自身的改革和转型是首要的任务,也是最大的难点所在。

第五节 小 结

自 2008 年美国金融危机爆发以来,美、日、欧经济先后陷入困境,新兴经济体和发展中国家经济前景则普遍向好。但新兴经济体和发展中国家普遍有一个担心,担心美、日、欧采取量化宽松的货币政策、扩张性的财政政策、保护主义的结构调整政策,实际上则是在对新兴经济体和发展中国家转嫁危机和矛盾。当这种转嫁持续到美、日、欧经济复苏的时候,新兴经济体所遭受的通货膨胀、资产泡沫、社会经济矛盾激化,是不是会出现另一轮经济调整和危机?

对中国而言,在跨越中等收入陷阱的关键阶段,未来是做一个全球负责任大国还是做一个被边缘化大国?是否敢于应对高标准规则、高标准投资和服务贸易自由化的新挑战？是否有能力赢得全球大宗商品的定价权、重大规则的参与制定权、责任担当和逆周期调节能力的开放大国地位？从这个角度看，经济全球化的新形势，不仅对国际经济治理、多边贸易体制、双边经贸合作产生深远作用，也将通过不同渠道影响我国开放经济体制的构建。为此，十八届三中全会审议通过的《中共中央关于全面深化改革若干重大问题的决定》明确提出，打造开放型经济新体制，适应经济全球化新形势。在党的十九大报告中，习近平总书记提出了贯彻新发展理念，建设现代化经济体系的新时代规划。

我国在跨越中等收入陷阱重要时刻，应对经济全球化的新形势，打造开放型经济新体制，具体的工作大致可以归纳为以下四个方面。

第一，打造开放型经济新体制，必须充分发挥市场在资源配置中的决定性作用。过去近40年来，我国开放型经济发展模式是由各级地方政府主导、以招商引资为中心、以开发区为载体、通过大规模引进外资形成庞大的生产制造能力和大进大出的循环格局，其核心在于以低成本迎合了国际产业转移的基本动因，同时解决了经济起飞所需要的市场，让中国经济在较长时间获得并保持高速发展。但是，这种模式带来的弊端，如资源错配、价格扭曲、产能过剩、环境恶化等，也日益凸显。

从政府主导不计成本的开放模式转向以企业为主导并充分发挥市场配置机制的开放模式，需要着重抓以下三个方面的工作：一是完善开放型经济的制度建设，对于阻碍开放型经济发展的法律法规，要及时修订，并在较长时间内保持稳定；二是减少政策性调控，强化制度性调控，由市场按照需求和价格自发调节，由企业基于市场形势和自身竞争力决策选择出口进口；三是在机构设置和政府职能发挥上，做到不越位、不缺位、不错位，政府主要承担规则执行者和秩序维护者的工作。

第二，打造开放型经济新体制，必须积极推动对内对外开放相互促进。对内对外开放的本质是一致的。扩大对内开放，是为了在国内建设一个更有活力、更加公正的经济社会体制，实现经济社会的可持续发展，而扩大对外开放，是为了充分利用外部资源为我国经济社会的发展服务，尽快提升我国在国际分工体系和国际经贸利益分配格局中的地位。在中国和世界联系日趋紧密、相互影响不断加深的今天，中国改革发展比以往任何时候都需要坚持和扩大对外开放，以开放促改革，可以使我们更好地了解世界，也可以使世界加深对中国的了解，进一步扩大同各方利益汇合点，不断拓展合作领域，促进国际国内要素有序自由流动、资源高效配置、市场深度融合。

积极推动对内对外开放相互促进,需要着重抓以下四个方面的工作:第一,实行统一的市场准入制度,进一步减少前置审批和资质认定项目,鼓励各种资本以多种方式参与银行、保险、电信等行业,并扩大国内不同地区的相互贸易、相互投资和相互合作;第二,加快研究制定进一步扩大开放的政策措施,对已经明确的扩大开放要求,要抓紧落实配套措施,统一内外资法律法规,促进有序开放;第三,如果说改革开放之初我们的对外开放主要还是体现在部分沿海地区,那么现在已经涉及全国所有地区,因此,还应加快推动中西部地区的经济发展,尤其是要扩大中西部地区的对外开放;第四,扩大内陆沿边开放,挖掘内陆沿边地区的开放潜力,打造分工协作、优势互补、均衡协调的区域开放新格局。

第三,打造开放型经济新体制,必须加快自由贸易区建设。自贸区是国际经济合作的重要载体,近年来,世界主要经济体纷纷将自贸区作为重要战略推动,自贸协定已成为大国开展地缘政治和经济博弈的重要手段。美、欧正积极推动高标准的"下一代自贸协定",不仅要求开放的部门多、程度高,还力图在其重点关注的劳工、政府采购、知识产权、投资、人权、环境等领域制定和形成新的规则,为未来全球各种自贸区谈判树立新的"标杆",形成所谓的"21世纪新议题"。

打造开放型经济新体制,必须顺应这一新趋势,加快实施自由贸易区战略,当前需要着重抓以下四个方面的工作:第一,继续完善对外开放新格局,以中国(上海)自由贸易试验区为新的起点,在推进现有试点基础上,选择若干具备条件的地区发展自由贸易园(港)区,为全面深化改革和扩大开放探索新途径、积累新经验;第二,改革海关监管、检验检疫等管理体制,推行"单一窗口"制度,提高贸易便利化水平;第三,充分依靠中国与有关国家既有的双多边机制,将"一带一路"作为我国全方位开放格局建设的新抓手,为既有的、行之有效的区域合作平台注入新的内涵和活力;第四,积极推进与其他国家的自由贸易协定谈判,加快环境保护、投资保护、政府采购、电子商务等新议题谈判,形成面向全球的高标准自由贸易区网络。具体来说,在双边层面,创新与发达国家的合作模式,加强政策协调,增进开放互信;与新兴市场国家和发展中国家实现优势互补、错位竞争,维护共同利益。在多边层面,维护多边贸易体制主渠道地位,反对任何形式的保护主义,减少和消除贸易投资壁垒;积极参与国际经贸规则制定,推动国际经济秩序更趋公平合理。在区域层面,以周边为基础加快实施自贸区战略,主动参与新议题谈判,形成面向全球的高标准自贸区网络。在次区域层面,深化大湄公河、泛北部湾、大图们江等地区合作,形成于我国有利的地缘经济和政治新格局。

第四,打造开放型经济新体制,必须改革利用外资、对外投资管理体制。从国际趋势看，贸易政策的重心正从"第一代贸易政策"（如关税、许可证等）转向"第二代贸易政策"（如投资、竞争政策、贸易便利化、放松管制、环境等）。而我国利用外资仍然以专案审批加产业指导目录的管理方式为主。这种管理方式的优点是产业政策导向性强，缺点是审批环节多，政策稳定性不足，行政成本和营商成本都较高。而在对外投资领域，我们多年来的重点是引进来，现行的审批体制容易束缚住企业海外投资并购的手脚。在继续主动开放国内市场、提高利用外资质量的同时，要秉承利益互换、对等开放的原则，消除我国对外投资合作的障碍，促进国际国内要素有序自由流动，不断拓展我国经济发展空间。

提升"引进来"和"走出去"的水平。改革利用外资、对外投资管理体制需要着重抓以下三个方面的工作：第一，以负面清单和准入前国民待遇为切入点，改革利用外资、对外投资管理体制。到目前为止，我国对外资的管理一直采用的是正面清单模式，由"正"转"负"，充分体现了投资便利化与放宽投资准入的积极主动开放战略，具有开创意义。第二，继续鼓励各国投资者来华投资兴业，切实保护投资者合法权益，为各国企业提供公平竞争和分享中国发展红利的机会，同时也希望境外投资者更多把资金投向符合中国产业升级的领域，更多投向中西部地区；推进金融、教育、文化、医疗等服务业领域有序开放，放开育幼养老、建筑设计、会计审计、商贸物流、电子商务等服务业领域的外资准入限制。第三，加快实施"走出去"战略，按照市场导向和企业自主决策原则，放宽对外投资的各种限制，落实"谁投资、谁决策、谁受益、谁承担风险"的原则，确立企业及个人对外投资的主体地位，允许企业和个人发挥自身优势到境外开展投资合作，允许自担风险到各国各地区自由承揽工程和劳务合作项目，允许以创新方式"走出去"开展绿地投资、并购投资、证券投资、联合投资等。

参考文献

[1] 奥尔森 . 国家的兴衰:经济增长、滞胀和社会僵化[M]. 上海:上海世纪出版集团,2007.

[2] 白鲁恂 . 政治发展面面观[M]. 天津:天津人民出版社,2009.

[3] Berend, Ivan. Transformation and Structural Change: Central and East Europe's Post-communist Adjustment in Historical Perspectivein Tadayuki Hayashi, The Emerging New Regional Order in Central and East Europe, Slavic Research Center, Hokkaido University.

[4] 布鲁斯 . 社会主义的政治与经济[M]. 北京:中国社会科学出版社,1981.

[5] Byrd, William A and Lin, Qingsong (eds.). China's Rural Industry: Structure, Development, and Reform[M]. London: Oxford University Press,1990.

[6] 蔡昉 . 劳动人口负增长下的改革突围[J]. 经济导刊,2014,(2):82-84.

[7] 蔡洪滨 . 避免陷入中等收入陷阱关键是增加社会流动性[J]. 企业观察家,2011,(3).

[8] 曹颖,等 . 转型期的社会心态研究 . 中国社会心态研究报告(2012—2013)[J]. 北京:社会科学文献出版社,2013.

[9] 陈抗,Hillman,A. L.,顾清扬 . 财政集权与地方政府行为变化——从援助之手到攫取之手[J]. 经济学(季刊),2002,(4).

[10] 陈鹏 . 当代中国城市业主的法权抗争——关于业主维权活动的一个分析框架[J]. 社会学研究,2010,(1).

[11] 陈锡文 . 中国县乡财政与农民增收问题研究[M]. 太原:山西经济出版社,2003.

[12] 陈秀英 . 苏联东欧国家经济统计[J]. 世界经济,1991,(5).

[13] Cheng Li . The End of CCP's Resilient Authoritarianism? A Tripartite Assessment of Shifting Power in China[J]. The China Quarterly. 211, 2012,9(211): 595-623.

[14] [英]达仁道夫 . 现代社会的冲突[M]. 林荣远译 . 北京:中国社会科学出版社,2000.

[15] 杜建政,等 . 公正世界信念:概念,测量及研究热点[J]. 心理学进展,2007,(2).

[16] 杜军峰 . 2010 年城市居民社会信任状况分析——基于北京、上海、广州三市的调查[M]//王俊秀,杨宜音 . 中国社会心态研究报告(2011). 北京:社会科学文献出版社,2011.

[17] 方浩 . 利益集团与"中等收入陷阱":拉美模式之反思[J]. 经济体制改革,2011,(5).

[18] [美]菲特,里斯 . 美国经济史[M]. 沈阳:辽宁人民出版社,1981.

[19] 高文珺,等 . 几种重要需求的满足状况:基于网络调查数据的社会心态分析//王俊秀,杨宜音 . 中国社会心态研究报告(2012—2013). 北京:社会科学文献出版社,2013.

[20] 高勇 . 社会樊篱的流动——对结构变迁背景下代际流动的考察[J]. 社会学研究,2009,(6).

［21］郭其友，芦丽静．经济持续增长动力的转变——消费主导型增长的国际经验与借鉴［J］．中山大学学报（社会科学版），2009，（2）．

［22］何凌南，等．广东网民直觉研究报告［M］//王俊秀，杨宜音．中国社会心态研究报告（2014）．北京：社会科学文献出版社，2014．

［23］［美］赫德里克·史密斯．俄国人［M］．上海：上海人民出版社，1977．

［24］黄安年．二十世纪美国史［M］．石家庄：河北人民出版社，1989．

［25］Huntington，Samuel. Political Order in Changing Societies［M］. New Haven：Yale University Press，1968．

［26］金雁．波兰经济转轨的成就、经验与教训［J］．国际经济评论，2003，2：20-29．

［27］金雁．我看"东欧"转型 20 年来的几个问题［N］．北京日报，2011-08-29（20）．

［28］金雁．从"东欧"到"新欧洲"：20 年转轨再回首［M］．北京：北京大学出版社，2011．

［29］金雁，秦晖．捷克：起点平等之后［J］．改革，2001，（2）：112-127．

［30］金雁，秦晖．经济转轨与社会公正［M］．郑州：河南人民出版社，2002．

［31］金雁，秦晖．十年沧桑：东欧诸国的经济社会转轨与思想变迁［M］．上海：上海三联书店，2004．

［32］江时学．论拉美国家的社会问题［J］．国际问题研究，2011，（1）．

［33］晋军．从现实性冲突到非现实性冲突［J］．社会学家茶座，2009，（4）．

［34］［匈］科尔奈．短缺经济学［M］．北京：经济科学出版社，1986．

［35］［匈］科尔奈．社会主义体制——共产主义政治经济学［M］．北京：中央编译出版社，2007．

［36］Kennedy，Paul. The Rise and Fall of the Great Powers：Economic Change and Military Conflict from 1500 to 2000［M］. NY：Vantage，1989．

［37］Kharas，Homi & Gertz，Geoffrey，2010，"The New Global Middle Class：A Cross-Over from West to East"，in China's Emerging Middle Class：Beyond Economic Transformation，Cheng Li（ed.），Chapter 2，Brookings Institution Press．

［38］Knell，M.，and C. Rider. Socialist Economies in Transition：Appraisals of the Market Mechanism［M］. Edward Elgar Publishing Limited. ，1992．

［39］Mills，C. Wright. The New Men of Power：America's Labor Leaders［M］. IL：University of Illinois Press，1948．

［40］李强．"丁字形"社会结构与"结构紧张"［J］．社会学研究，2005，（2）．

［41］李强．我国正在形成"土字形社会结构"［N］．北京日报，2015-05-25．

［42］李新．对俄罗斯经济两次转型的认识［J］．俄罗斯学刊，2014，（1）：34-47．

［43］李振京，等．发展改革与民意基础：我国城镇居民对发展改革问题的反映调查研究［M］．北京：中国财政经济出版社，2015．

［44］Lin Justin Yifu and Liu Zhiqiang. Fiscal Decentralization and Economic Growth in China

[J]. Economic Development and Cultural Change，2000，(49)：1-21.

[45] 刘绪贻，杨生茂．美国通史 第三卷 美国内战与镀金时代[M]．北京：人民出版社，2008．

[46] 刘绪贻，杨生茂．美国通史 第四卷 崛起和扩张的年代[M]．北京：人民出版社，2008．

[47] 刘璇，等．2012 年网络维权舆情事件社会心态分析报告[M]//王俊秀，杨宜音．中国社会心态研究报告(2012—2013)．北京：社会科学文献出版社，2013．

[48] 罗志如，厉以宁．二十世纪英国的经济——"英国病"研究[M]．上海：商务印书馆，2013．

[49] Maddison，Angus. The World Economy：Historical Statistics[M]. OECD Publishing，2003.

[50] Oi，Jean C. Fiscal Reform and the Economic Foundations of Local State Corporatism in China[J]. World Politics，1992，Vol. 45，No. 1 (Oct.)：99-126.

[51] Oi，Jean C. Rural China Takes Off：The Institutional Foundations of Economic Reform[M]. California：University of California Press，1999.

[52] 彭清华．2014．跨越"中等收入陷阱"的消费率变化轨迹研究——基于东亚、拉美部分国家(地区)的启示[J]．兰州商学院学报，2014，(4)．

[53] 秦佳，李建民．人口年龄结构、就业水平与中等收入陷阱的跨越——基于 29 个国家和地区的实证分析[J]．中国人口科学，2014，(2)．

[54] 钱纳里．发展型式(1950—1970)[M]．北京：经济科学出版社，1988．

[55] 渠敬东．占有、经营和治理：乡镇企业的三重概念分析[J]．社会，2013，(1)(2)．

[56] 饶印莎，等．城市居民社会信任状况调查报告[M]．中国社会心态研究报告(2012—2013)．北京：社会科学文献出版社，2013．

[57] 饶印莎，等．2013 年中国八大城市居民社会信任状况调查报告[M]//王俊秀，杨宜音．中国社会心态研究报告(2014)．北京：社会科学文献出版社，2014．

[58] 任剑涛．社会主义国家改革的宿命[J]．二十一世纪，2012，(10)．

[59] 汝信，等．2009 年中国社会形势分析与预测[M]．北京：社会科学文献出版社，2009．

[60] 塞缪尔·亨廷顿．《第三波：二十世纪后期的民主化浪潮》[M]．刘军宁译，上海：上海三联书店，1998．

[61] 孙立平．向市场经济过渡过程中的国家自主性问题[J]．战略与管理，1996，(4)．

[62] 孙立平．内需不足的社会学分析[J]．中国青年政治学院学报，2000，(6)．

[63] 孙立平．断裂：20 世纪 90 年代以来的中国社会[M]．北京：中国社会科学文献出版社，2003．

[64] 孙立平．罗斯福是怎么解决 30 年代大萧条的[J]．中国改革，2009，(7)．

[65] 孙立平，等．以利益表达制度化实现社会的长治久安[J]．领导者，2010，(4)(总第 33 期)．

[66] 孙立平．再谈中国进入耐用消费品时代[N]．经济观察报，201-07-19．

[67] 孙立平，等．"中等收入陷阱"还是"转型陷阱"？[J]．开放时代，2012，(3)．

[68] 孙秀林，周飞舟．土地财政和分税制：一个实证解释[J]．中国社会科学，2013，(4)．

[69] Szelenyi，Ivan. Social Inequalities under State Redistributive Economies[J]. International

Journal of Comparative Sociology，1978，1：61-87.

［70］ Szelenyi， Ivan. Eastern Europe In an Epoch Of Transition：Toward a Socialist Mixed Economy？ In Remaking the Economic Institutions of Socialism：China and Eastern Europe（1989）：208-232.

［71］田春生．"部人控制"利益集团——中国与俄罗斯公司治理结构的一个实证分析［J］．经济社会体制比较．2002，05：18-25.

［72］ U. S. Bureau of the Census，1976，Historical Statistics of the United States（series D736）.

［73］王春雷．居民部门收入份额下降：原因分析与财税政策取向——基于资金流量表实物交易部分的分析（1992—2009）［J］．税务研究，2013，（1）.

［74］王俊秀．关注人们的尊严和幸福，促进社会的公正与和谐——2010—2011 年中国社会心态研究报告［M］//王俊秀，杨宜音．中国社会心态研究报告（2011）．北京：社会科学文献出版社，2011.

［75］王俊秀．关注社会情绪，促进社会认同，凝聚社会共识——2012—2013 年中国社会心态研究报告［M］//王俊秀，杨宜音．中国社会心态研究报告（2014）．北京：社会科学文献出版社，2013.

［76］王俊秀．当前社会价值观的特点与社会共享价值的重建——2014 年中国社会心态研究报告［M］//王俊秀，杨宜音．中国社会心态研究报告（2014）．北京：社会科学文献出版社，2014.

［77］王小鲁．灰色收入与国民收入分配［J］．比较，第 48 辑，2010，（7）.

［78］岳平．关于经济转型地区的产业结构调整——对德国、匈牙利产业结构调整的考察报告［J］．宏观经济研究，2000，04：59-63.

［79］ Weitzman，Martin. L. and Xu Chenggang. Chinese Township-Village Enterprises as Vaguely Defined Cooperatives［J］．Journal of Comparative Economics，18（Apr. ）：121-145.

［80］谢宇，等．中国民生发展报告 2014［M］．北京：北京大学出版社，2014.

［81］［美］威廉·曼彻斯特．光荣与梦想：二十世纪美国实录［M］．朱协译．上海：商务印书馆，1993.

［82］文宗瑜．支持经济转型及产业升级的财税政策——着眼于低碳经济等视角［J］．地方财政研究，2010，（1）.

［83］阎坤，张立承．中国县乡财政困境分析与对策研究［J］．经济研究参考，2003，（90）.

［84］杨明，等．变迁社会中的社会信任：存量与变化——1990—2010 年［J］．北京大学学报（哲学社会科学版），2011，（6）.

［85］杨宜音，等．当代中国社会心态研究［M］．北京：社会科学文献出版社，2013.

［86］姚洋．中性政府：对转型期中国经济成功的一个解释［J］．经济评论，2009，（3）.

［87］于海荣．2014 年全国居民收入基尼系数为 0.469［EB/OL］．财新网，2015-01-20.

［88］翟学伟．信任与风险社会：西方理论与中国问题［J］．社会科学研究，2008，（4）.

［89］张晏，龚六堂．分税制改革，财政分权与中国经济增长［J］．经济学（季刊），1998，5（1）.

［90］张翼．中国人社会地位的获得、阶级继承和代内流动［J］．社会学研究，2004，（4）.

［91］张友伦,陆镜生.美国工人运动史［M］.天津:天津人民出版社,1993.

［92］张准,周密,宗建亮.美国"镀金时代"的腐败问题研究［J］.生产力研究,2008,(15).

［93］赵德雷.黑龙江垦区居民社会公平心态的调查报告［M］//王俊秀,杨宜音.中国社会心态研究报告(2014).北京:社会科学文献出版社,2014.

［94］赵朝霞.重庆发展的投融资模式研究［J］.商业经济,2012,(5).

［95］郑辉,李路路.中国城市的精英代际转化与阶层再生产［J］.社会学研究,2009,(6).

［96］郑永年,等.中国的社会信任危机［J］.文化纵横,2011,(2).

［97］中国改革杂志社.吴敬琏专访:当前中国改革最紧要的问题［J］.中国改革,2011,12.

［98］中国经济景气月报杂志社编.数字中国三十年:改革开放30年统计资料汇编［J］.中国经济景气月报增刊,2008.

［99］周飞舟.分税制十年:制度及其影响［J］.中国社会科学,2006,(6).

［100］周飞舟.生财有道:土地开发和转让中的政府和农民［J］.社会学研究,2007期.

［101］周飞舟.大兴土木:土地财政与地方政府行为［J］.经济社会体制比较,2010,(3).

［102］周飞舟.以利为利:财政关系与地方政府行为［M］.上海:上海三联书店,2012.

［103］Zou Hengfu, and Zhang Tao. Fiscal Decentralization, Public Spending, and Economic Growth in China［J］. Journal of Public Economics, 1998,67:221-240.

后　记

塑造人类文明共同体：中国的努力

在《中等收入陷阱：基于经济转型与社会治理的理解》一书出版之际，我首先要感谢的是在本书研究撰写的过程中，清华大学社会科学学院课题组的教授们和国家开发银行研究院与法律事务局的研究人员做了大量的研究工作，为本书提供了大量的帮助。感谢布鲁金斯学会主席约翰·桑顿教授为本书作序，感谢北京大学厉以宁教授为本书撰写绪论。同时本书参考了大量的文献资料，在此，向各位学术界的学者们和同仁表示感谢。此外，还要感谢清华大学出版社及其编辑、校对人员。

中国作为全球第二大经济体，2016 年中国的人均 GDP 达到 8 123 美元，在跨越中等收入陷阱的过程中，只能成功不能失败，这不仅是对中国的责任更是对世界的责任。众所周知，中国自改革开放蓬勃发展以来到近年，从倡议"一带一路"为全球经济提供发展平台，到设立亚洲基础设施投资银行和参与金砖国家银行金融对世界金融体系的补充，从建立世界合作体系，到倡导人类命运共同体。不论是在经济发展、制度创新方面的贡献，还是在推动全球化以及人类价值观等各个方面的贡献，中国一直都在为引领和重塑人类文明共同体而努力，并为世界合作共赢的发展作出了重大贡献。这些都表明，中国的发展与世界的发展息息相关，中国的发展不仅能够成功跨越中等收入陷阱，而且当中国进入高收入国家之后，将更能够为全球提供经济秩序和安全秩序。写下此文，以作后记。

人类只有一个地球，各国共处一个世界，在全球化纵深发展背景下，国际社会日益成为"你中有我，我中有你"、休戚与共的"命运共同体"。然而，正如《全球化的悖论》所指出的：政府是每个国家的政府，市场却是全球性的，这就是全球化的致命弱点。这一致命弱点使得全球化历程中总面临着"逆全球化"的挑战和危机，以致国际经济社会乃至政治的动荡不安。近年来，"二战"后以"联合国宪章""布雷顿森林体系"为基础而开启的这轮史无前例的全球化浪潮开始不断遭遇"逆全球化"的挑战。一直以来西方经验和理念主导的全球化思维在这场"逆全球化"危机面前越来越显得捉襟见肘。国际社会迫切需要新的价值理念和思想观念来引领全球未来发展方向。党的十八大以来,习近平主席在国际国内多个重要场合提出和阐释了构建人类命运共同体的伟大理念及其实践路径。

改革开放以来中国建设特色社会主义的伟大实践,为探索和构建未来人类文明共同体积累了丰富的经验和提供了深刻的启示;十八届三中全会以来,以习近平同志为核心的党中央继续高举中国特色社会主义的伟大旗帜,在政治上以"壮士断腕"的决心与魄力,推进反腐常态化,力图形塑风清气正的政治生态和廉政文明;在经济上谋划"一带一路"等蓝图,在西方逆全球化端倪初露、全球经济局势云谲波诡之时,拨云见日,继续引领深度全球化;在社会发展方面,"精准扶贫"战略举措力求将近 7 000 万贫困人口全面脱贫并带入小康社会,实现经济社会的协同和全面发展;在生态环境保护方面,将生态文明建设上升到"五位一体"的国家战略层次,力求打造"绿水青山",再现"蓝天白云"。在党的十九大报告中,习近平总书记提出了贯彻新发展理念,建设现代化体系的新时代规划。总之,与时俱进、砥砺前行的"中国梦"必将引领和重塑人类文明共同体。

一、提出并践行和平与发展的时代主题

第二次世界大战之后,随着发展中国家反殖民运动高潮、美苏两级争霸,雅尔塔会议所定下的战后世界政治经济体系不断因为意识形态的对立而走向崩溃的边缘。作为仅次于当时苏联的社会主义大国,中国并没有因为意识形态而卷入这场国际纷争。中国改革开放的总设计师邓小平在 20 世纪 80 年代初就根据国际形势的深刻变化,提出了"和平与发展是当代世界两大主题"的著名论断,以取代意识形态主导下"战争与革命"的陈旧世界观。

把握和平与发展的时代脉搏,中国共产党带领全国人民抛弃"姓资"还是"姓社"的意识形态争论,果断开启改革开放的伟大征程,逐步建立中国特色社会主义市场经济体系,积极加入世界贸易组织,融入全球贸易体系,参与全球生产和社会化大分工。实践表明,中国是全球化的重要参与者、建设者和贡献者,同时也是共享者。中国经济的崛起,既得益于和平与发展的国际环境,也得益于改革开放的基本国策。中国经济所取得的举世瞩目成就,为世界各国实现经济发展作出了示范和表率。

坚持和平与发展的时代主题,中国共产党以"一国两制"的政治智慧,成功实

现了香港和澳门的回归,并保持港澳地区的持续繁荣和稳定。"一国两制"是中国的一个伟大创举,为国际社会解决类似问题提供了一个新的思路和方案,是中华民族为世界和平与发展作出的新贡献,凝结了海纳百川、有容乃大的中国智慧。

秉承和平与发展的时代理念,中国共产党率领全国人民始终坚持"互相尊重主权和领土完整、互不侵犯、互不干涉内政、平等互利、和平共处"五项基本原则的外交政策,始终践行"与邻为善、以邻为伴"的周边外交方针,积极发展同周边国家的睦邻友好关系,努力使自身发展更好地惠及周边国家。以实际行动粉碎了"中国威胁论"的卑鄙言论,在世界发展史上为实现"和平崛起"躬亲示范。

二、"一带一路"倡议引领全球化发展

以国际交往和贸易为核心的全球化是推动全球命运共同体建设的重要力量。然而,2008年全球金融危机以来,西方诸国经济长期低迷,贫富差距日渐扩大,社会矛盾日趋显现,各种逆全球化的极端民粹主义开始抬头。从美国特朗普总统抛出"全球收缩"的经贸保护政策和"美国优先"的国际经济政策框架,到英国"脱欧"公投成功,这些典型事件标志着在全球经济低迷的新常态下,长期以来支持和推动世界经济一体化和人类文明进步的全球化浪潮遭遇沉重打击。如何处理好全球化与国家主权之间的关系,建立可持续的全球治理框架,迫切需要各国抛弃传统主权理论中的零和博弈的思维理念,建立"共享共赢"的经济社会共同体。

在此背景下,中国政府以引领全球化发展的责任担当和魄力,提出了"一带一路"建设的伟大倡议。"一带一路"以人类命运共同体为初衷和宗旨,倡导各国在追求本国利益时兼顾他国合理关切,在谋求本国发展中促进各国共同发展,建立更加平等均衡的新型全球发展伙伴关系,同舟共济,权责共担,从而增进人类共同利益。丝路精神在于和平合作、开放包容、互学互鉴、互利共赢,"一带一路"是和平之路、繁荣之路、开放之路、创新之路、文明之路。

"一带一路"倡议正是从人类命运共同体的理念出发,坚持共商共建共享的基本原则,带动相关国家共同发展。4年来,已有100多个国家和国际组织积极响应支持,40多个国家和国际组织同中国签署合作协议。中国企业对沿线国家投资达到500多亿美元,一系列重大项目落地开花,促进了各国经济发展,创造了大量就业机会。

因此,"一带一路"是在"逆全球化"浪潮初见端倪,各国极端思潮云谲波诡的情境下,中国政府拨云见日,为引领深度全球化,继续推进各国开放和发展引领方向。"一带一路"建设是构建人类命运共同体的伟大探索和实践,同时也丰富和完

善了构建人类命运共同体的理论体系。随着"一带一路"建设的深入实施,人类命运共同体理念也将更加深入人心,和平发展、合作共赢之路必会更加宽广。

三、亚投行重塑国际金融秩序,共享发展

金融作为现代世界经济的核心,是国家核心竞争力的组成部分,也是形成世界政治和社会秩序的重要基础。而从目前全球金融体系和框架来看,在经济发展领域主要以世界银行为中心,以亚洲开发银行等地区性发展银行为载体,主要由美国、部分西欧国家、日本等发达国家所主导。在这一既有国际金融体系中,包括中国在内的广大发展中国家话语权严重缺失,全球金融治理结构中利益分配严重不均。

2008 年全球金融危机后,世界经济、金融格局发生剧烈变革,随着全球经济紧缩,不少发展中国家在事关经济发展前途的基础设施融资、建设方面遭遇诸多困难,国际金融秩序亟待重塑。例如,作为占全球经济总量的 1/3 的亚洲地区,是当今世界最具经济活力和增长潜力的地区,拥有全球近 60% 的人口。但因建设资金有限,一些国家铁路、公路、桥梁、港口、机场和通信等基础建设严重不足,这在一定程度上限制了该区域的经济发展。在此背景下,中国国家领导人在出访东南亚各国时,率先倡导筹建亚洲基础设施投资银行(AIIB),重点支持亚洲地区的基础设施建设。

亚投行符合世界上大多数国家的需求,得到了国际社会的广泛支持和积极参与。倡导和筹建亚投行是中国首次以规则制定者的身份参与全球经济治理,不仅提高了发展中国家在全球经济治理的话语权,也体现了中国作为大国主动承担起更多的国际责任,为国际社会提供更多的新的公共产品。亚投行的成立,更是体现了"共商、共建和共享"的国际开放和合作趋势,体现了新时代全球合作过程中无论大国还是小国,都遵循"平等互惠,合作共赢"的关系准则,体现了中国大国崛起给全球带来的新的精神气质。

四、精准扶贫,共享小康,增进改革获得感

贫困是人类社会几千年持续存在共同敌人,消除贫困实现共同富裕是所有社会发展问题的核心。统计表明,目前,全球范围还有 7 亿极端贫困人口,其中一半生活在撒哈拉以南非洲地区,1/3 在南亚。"9·11"事件后,国际机构的研究指出:贫困是孕育恐怖事件的温床,减少贫困是维护世界和平的重要手段。因此,2015 年 9 月,世界各国领导人在联合国总部通过了联合国 2030 年可持续发展议

程,消除一切形式的极端贫困成为 2030 年可持续发展议程的首要目标。

"贫穷不是社会主义"! 改革开放近 40 年来,中国政府始终将扶贫开发和消减贫困摆在重要工作位置,扶贫开发工作不断推进,使 7 亿多人摆脱了贫困,在世界上得到广泛赞誉。世界银行认为,中国减贫工作的卓越成就推动了全球贫困人口下降。"人民对美好生活的向往,就是我们的奋斗目标"! 2013 年以来,中国政府开始实施精准扶贫精准脱贫方略。4 年内,中国农村贫困人口年均减少 1 391 万,累计脱贫 5 564 万人,贫困发生率从 2012 年底的 10.2% 下降至 2016 年底的 4.5%。到 2020 年,中国现行标准下的农村贫困人口将全部脱贫,这意味着中国的绝对贫困问题得到历史性解决,提前 10 年实现联合国 2030 年可持续发展议程确定的减贫目标,成功创造世界反贫困史上的减贫奇迹。

自古以来,贫困是人类文明的顽疾,减少贫困是世界性难题和重任,让世界上最大的发展中国家摆脱贫困,更是一项前无古人的壮举,中国的精准扶贫为世界有效治理贫困提供了"中国方案"。中国全面建设小康社会,缓减贫困经验的国际化,将为消除贫困,缩小贫富差距,实现全人类的共同发展作出巨大贡献。

五、环保战营造绿水青山实现绿色发展

绿色发展是实现健康可持续发展和生态文明的基础。西方现代文明建立在先污染后治理的掠夺式发展模式基础上,这一发展模式的全球化蔓延给世界资源和环境造成了严重的问题。2008 年,联合国倡导世界各国推行"绿色新政"。

中国政府一贯高度重视绿色发展,先后把保护环境、节约资源作为基本国策,提出建设资源节约型、环境友好型社会,强调要走出一条生产发展、生活富裕、生态良好的文明发展道路,形成人与自然和谐发展的现代化建设新格局。中国共产党十八届五中全会更是把绿色发展写入"十三五"规划建议。2015 年的第一天,中国政府更是颁布实施了《中华人民共和国环境保护法》,提出对环境污染"按日计罚、查封扣押、限产停产"等狠招,成为治理污染的"钢牙利齿",被称为"史上最严厉"的环保法。环保部手握治污重典"强势环保",公开约谈 20 多个城市的市长。史无前例的环保战役充分体现了中国政府对人民福祉、民族未来的责任担当,对人类文明发展进步的深邃思考。

"绿水青山就是金山银山"。近年来,绿色发展、生态保护已成为中国展示给世界的一张新"名片"。中国正以自己的理念和行动探索新的发展模式,助力全球生态文明建设。以清洁能源为例,2016 年,中国新能源汽车销量全球占比 50%,可再生能源增长量占世界总增量的 40% 以上,水电、风电和光伏发电累计装机量

均位居世界第一。国际社会都看到,中国已成为全球能源转型的"引擎"。

作为世界上最大的制造业大国和全球第二大经济体,作为拥有全球1/5人口的中国,绿色驱动,转型发展以及新型城镇化战略,这一系列推动中国经济和产业转型发展的绿色发展战略的实施,必将给世界经济和产业体系实现绿色转型,建构绿色、低碳、健康的生活方式提供范本和蓝图。世界自然基金会一份报告指出,如果每个人都按美国的生活标准享受,人类需要 4.5 个地球。13 亿中国人从生产方式和生活方式入手,走一条绿色发展的"中国之路",是对新型现代化路径的有益探索,是对人类文明和社会发展的新贡献。

为了推动全球绿色、低碳、可持续发展,中国也在尽自己的力量帮助其他发展中国家。目前,中国气候变化南南合作基金已经启动,中国团队已与 27 个发展中国家开展合作,帮助这些国家提高适应和减缓能力、管理能力和融资能力。在美国等国纷纷退出《巴黎气候协定》,全球气候保护遭遇严峻考验的紧要关头,中国政府早在 2015 年就向世界庄严承诺,2030 年中国单位国内生产总值二氧化碳排放比 2005 年下降 60%～65%,非化石能源占一次能源消费比重达到 20% 左右。这意味着我们离应对气候变化的《巴黎协定》目标更近了,中国将在应对全球气候变化中扮演着"至关重要的角色",体现了中国大国崛起对全球命运共同体的责任和担当。

六、小结:中国发展为世界提供新理念

综上所述,中国包容发展的历史文化背景为世界提出了新的价值理念,以共赢共享的理念为世界共同发展搭建了一个新平台。一方面,中国对世界的贡献不仅体现在世界发展的模式上;另一方面,更体现了中国为人类的文明发展贡献了新的价值理念。自改革开放以来,中国在"和平与发展"的时代主题下奉行的"改革开放"的基本国策,为中国经济的腾飞奠定了内外基础。中国所创造的经济奇迹和政治文明,已经开始在改造世界经济格局治理体系中发挥越来越重要的作用,正潜移默化形塑未来全球文明走向。时下,以廉实力建设为核心建立起包容性的政治经济制度;以"一带一路"倡导和引领深度全球化浪潮以推动互利共赢、开放共享的全球经济体系;以精准扶贫为着力点全面建成小康社会增加人民的获得感和幸福感,实现经济社会的协同全面发展;以环境保护和生态文明建设为重心的转型发展战略实施,中国正在践行的这些伟大实践背后所承载的中国发展的价值理念,是当今全球化背景下最有时代意义的价值观,它不仅代表着中国先进文化的前进方向,也是对全人类共同价值的巨大贡献,更昭示着全世界进一步升

华和形塑新的价值观和文明体系的必然趋势。

因此,亟须进一步深刻总结中国特色的发展模式,完善尤其是要准确提升党的十八届三中全会以来,党中央在政治文明、经济发展、社会建设和治理以及生态文明建设等方面践行的新理念和战略布局,塑造中国特色发展模式在国际上的话语权和影响力,彰显当代中国发展观价值观治理观及生态观对引领和形塑新的全球文明共同体的重大价值。

总之,中国特色社会主义伟大实践所践行的"和平与发展"的时代主题以及"改革开放"的基本国策所取得的举世瞩目的成就,向世界昭示了"以和为贵、求同存异""共建共享,世界大同"的东方文明对重塑人类文明共同体的重要意义和巨大贡献。中国对塑造全球文明共同体所作出的巨大努力,就是以实际行动,修正了传统西方思维主导下的以"意识形态"为主导的全球化模式和西方价值取向;中国与世界各国和平共处的努力以及和平崛起的行动,打破了西方学者"文明的冲突"的魔咒;中国主推新型全球化,引导各国互利共赢的努力,为全球治理贡献中国智慧和中国方案,必将引领和重塑全球新的文明共同体。

郑之杰
2017 年 12 月于北京

Afterword：Building a Common Civilization
for All Mankind：China's Efforts

On the occasion of the publication of *Middle-Income Trap*：*An Analysis Based on Economic Transformations and Social Governance*，I'd like to extend my gratitude to the professors of the research group at the School of Social Sciences at Tsinghua University and researchers from the Center for Research & Development and the Legal Department of China Development Bank，who did a great amount of research during the writing of this book. My gratitude also goes to John Thornton，Chairman of Brookings Institution for writing the Preface for the book and Prof. Li Yining from Peking University for writing the Introduction. I also want to express my appreciation for my fellow scholars whose work I have used as reference for this book. My thanks also go to Tsinghua University Press and its editors and proof-readers.

As the world's second largest economy，China's GDP per capita stands at 8 123 dollars. In order to be responsible for itself and for the world，there's no room for failure for China to cross the middle-income trap. No one can ignore China's achievements since the Reform and Opening-up，including proposing the "Belt and Road Initiative" as a platform for world economic development，founding the Asian Infrastructure Investment Bank and co-founding the New Development Bank as supplements to the global financial system，pushing for more global cooperation in a number of areas and advocating a community of shared future for all mankind. It's undeniable that China has striven to lead and reshape a common civilization for all mankind that encompasses economic development，institutional innovation，globalization and human values. Therefore，China's development is closely in line with the world's development as a whole. And not only will China succeed in crossing the middle-income trap，it will be trusted to offer economic opportunities and security for the world as a high-income country in the future. This article is written as an afterword.

Mankind has only one earth in which to live，and countries have only one world to share. As globalization continues to develop in depth，the international community has become a community with a shared future and each country's growth and prosperity are closely interconnected. However，just as The Globalization Paradox points out，the fatal flaw of globalization is that there is one government for each country but only one market for the world. This fatal flaw has led to anti-globalization sentiment，leading to political tension and upheavals in the global economy. In recent years, the unprecedented wave of globalization taking form after the Second World War based on the UN Charter and the Bretton Woods System has constantly been under threat. As the current anti-globalization crisis goes beyond the wit of traditional globalization thinking dominated by western experiences and concept, the international community urgently needs new values and an ideology to guide the future development of the world. China's President Xi Jinping has discussed on several occasions the need to establish a community of shared future for all mankind since the 18th National Conference of the Communist Party of China.

China's efforts to establish socialism with Chinese characteristics since its Reform and Opening-up have resulted in rich experiences and set up solid examples for exploring and building a common civilization. Ever since the Third Plenary Session of the 18th Central Committee of the CPC, the Party Central Committee with President Xi as its core has continued to hold high the banner of socialism with Chinese characteristics. In politics, it has shown its resolve and courage to "cut the wrist like brave warriors" to create an unwelcome environment for corruption, create an honest political setting and build a clean government. Regarding the economy, the Party Central Committee drafted its strategic blueprint called "Belt and Road Initiative" that is opening up globalization even further despite the emergence of anti-globalization sentiment in the west. In terms of social development, the strategy of "targeted poverty alleviation" has been a success, with 70 million people leaving poverty behind. As for environmental protection, promoting ecological progress has been included into the "Five-in-one Strategy" in the pursuit of "Lucid waters and lush mountains" and "Clear skies and white clouds. " In the report of 19th National Congress of CPC, President XI Jinping put forward the idea of carrying out the new development, and the plan for the construction of modern economic system in the new era. All in all, the "Chinese Dream" is keeping up with the times and forging ahead and will definitely lead in the creation of a common civilization for all mankind.

I. Propose and practice peace and development as underlying trends of our times

After the Second World War, with anti-colonial campaigns in developing countries reaching a climax and competition in full swing between the two Cold War rivals, the Soviet Union and the United States, the post-war political and economic system of the world set up at the Yalta Conference was constantly brought to the verge of collapse by opposing ideologies. But China as the second largest socialist country at the time was not involved into this ideological combat. As early as the beginning of the 1980s, Deng Xiaoping, the general designer of China's Reform and Opening up came up with the famous theory that

"Peace and development are the main themes of the times" to replace the dated world view of "War and Revolution" dominated by current widespread ideology.

In response to the peace and development themes of our times, the Communist Party of China ended the ideological argument between capitalism and socialism and made the decisive move to Reform and Open up. Since then, China has gradually established a market economy system with Chinese characteristics. China also joined the World Trade Organization as an active participant of the world trade system, global production and socialized division of labor. All those practices are evidence that China is a crucial participant, builder, contributor and sharer of globalization. The rise of China's economy is the result of an international environment of peace and development, as well as the basic state policy of Reform and Opening up. China's economic achievements have attracted global attention, setting up a good example for other countries to follow in their own development.

Sticking to the underlying theme of peace and development, the Communist Party of China successfully achieved the return of Hong Kong and Macao to the motherland and maintained continuous prosperity and stability of the two regions by wisely applying the principle of "one country, two systems." The policy is a great invention by China, offering a new approach for the international community to solve similar problems. It is a new contribution the Chinese nation has made toward world peace and embodies China's ancient wisdom of inclusiveness.

With the concept of peace and development in mind, the Chinese people led by the Communist Party of China have been upholding the Five Principles of Peaceful Coexistence: mutual respect for each other's sovereignty and territorial integrity, mutual nonaggression, mutual noninterference in each other's internal affairs, equality and mutual benefit, and peaceful coexistence. China has also been implementing its policy of "building friendships and partnerships with neighboring countries," in which China's neighbors benefit from its development. Through its actions, China has proven wrong the despicable "China Threat Theory", providing history with an honest example of a "peaceful rise."

II. Leading globalization through the belt and road initiative

A globalization featuring international communication and open trade is a major driving force for building a community of shared future for the world. However, ever since the Global Financial Crisis, western countries have been home to rather gloomy economies, with a widening wealth gap and emerging social contradictions along with the rise of populism rooted in anti-globalization sentiment. American President Donald Trump's trade protection and "America First" policies as well as "Brexit" are all challenges for globalization and steps backward for humanity. Therefore, it is imperative that nations abandon a zero-sum-game mentality when it comes to traditional theories of sovereignty and establish an economic community based on mutual benefits and rewards sharing, in order to balance globalization with national sovereignty and to set up a sustainable global governance framework.

Against this backdrop, the Chinese government created the "Belt and Road Initiative," showing its responsibility and ability to lead the world toward a new globalization. The "Belt and Road Initiative," taking a community of shared future for all mankind as its base principle, calls for countries to accommodate each other's legitimate concerns when pursuing their own individual interests, to promote common development for everyone as part of their overall development plans, to build up a new type of global development partnership that is more equitable and balanced, to stick together in times of difficulty and to share rights and shoulder obligations, all in a bid to boost the common interests of humankind. The Silk Road spirit is about peaceful cooperation, openness and tolerance, mutual learning and mutual benefit. The "Belt and Road Initiative" aims to pave a road to peace, prosperity and openness.

The "Belt and Road Initiative" is about creating a community of shared future for all mankind. It upholds the principle of achieving shared growth through discussion and collaboration to boost development of all involved countries. The initiative has received positive responses, with support from more than 100 countries over the past four years; more than 40 countries and global organizations have also signed collaboration agreements with China. Chinese companies have already invested over 50 billion US dollars in countries involved in the initiative, translating into a series of major projects that promote economic development and create plenty of jobs.

In conclusion, the "Belt and Road Initiative" is China's effort to lead a more in-depth globalization and further promote the opening-up and development of all nations. It comes at a time of anti-globalization sentiment and emerging extremism in many countries. The initiative in a practical manner complements the theoretical system of creating a community of shared future for all mankind. As the initiative continues to deepen implementation, the theory of a community of shared future will be more widely accepted, and the road for peaceful development, cooperation and mutual benefit will widen as well.

III. AIIB: Reshape the international financial order, seek common development

The financial system represents the core of a modern economic system and national competitiveness, and plays an important role in shaping the global political and social order. The current global financial system is led by the World Bank, supported by regional development banks, such as the AIIB, with developed countries playing a guiding role, including the United States, some West European countries and Japan, to name a few. This entrenched framework has severely deprived the vast number of developing countries, including China, of their powers of discourse and interests in the system.

After the global financial crisis in 2008, the global financial system and economy underwent fundamental changes. The world economic recession posed great challenges to developing countries in getting the necessary funding to expand infrastructure, which is of great significance to a country's economic promise. As such, the international financial system requires immediate reform. Asia, for example, arguably the most dynamic and promising region globally, constitutes one third of global GDP and has 60 percent of the world's population. However, the lack of capital limited its development of infrastructure, such as railways, roads, bridges, ports, airports and communications facilities. Against this backdrop, during visits to countries in Southeast Asia, Chinese leaders decided to set up AIIB, aiming to support infrastructure expansion in Asia.

The international community extensively supports the AIIB. It conforms to the requirements of many countries, and thus they are willing to join it. As the founder of the AIIB, China has become for the first time a rule-maker in global economic management. So the initiative not only improves the discourse power of developing countries, but also highlights China's willingness to take responsibility and provide public services for the international community. The AIIB was jointly built through extensive consultation to meet the interests of all members, which complies with the trend of international cooperation and openness. Under the AIIB's framework, all countries, no matter big or small, shall follow the bank's relationship code featuring equality and mutual benefit, cooperation and win-win. This represents the spiritual wealth left behind by China during its peaceful rise.

IV. Targeted poverty alleviation: let all people live in a well-off society, improve people's sense of gain through reforms

For thousands of years, poverty has been the great enemy of humanity. Poverty alleviation and common prosperity rank top among all development issues. Statistics show that currently, there are 700 million people living in extreme poverty, among whom, half live in sub-Saharan Africa and one third in the South Asia. After the September 11 attacks in the United States, some international institutions pointed to poverty as a hotbed of terrorism, arguing that poverty alleviation is important to safeguard world peace. In September 2015, Transforming Our World: the 2030 Agenda for Sustainable Development was passed by all state leaders at UN headquarters. To eliminate extreme poverty in all forms is the Agenda's top priority.

"Poverty isn't socialism"! Over the 40 years of reform and opening up, the Chinese government has always put poverty relief and development on the top of its agenda and it continues to make progress in that regard. Until now, over 700 million people have shaken off poverty, a feat for which the Chinese government has been given due credit. The World Bank commented that China's great achievements in poverty relief helped to significantly reduce the population of the world's poor. "People's aspiration for a good life is what we are fighting for"! Since 2013, the Chinese government has adopted targeted poverty alleviation measures. Within four years from 2012 to 2016, China's rural poor population was reduced by 13. 91 million, raising the total population that has shaken off poverty in rural areas to 55. 64 million. In the same period, the poverty rate was reduced from 10. 2 percent to 4. 5 percent. At this pace, by 2020 the rural poor population in China will have completely shaken off poverty. By then, extreme poverty will have entered the annals of history, with China reaching the goals formulated in the Agenda ten years ahead of schedule. Such is truly a miracle in the history of poverty alleviation.

Since ancient times, poverty has been a chronic disease in human civilization, and to alleviate it is a task of global proportions. It will be an unprecedented feat for China, the largest developing county in the world to alleviate poverty. China has formulated its "Chinese Solution", an example for the world to effectively alleviate poverty. China will make a great contribution to the world by reducing poverty and shrinking the wealth gap by building a well-off society in an all-round way and internationalize its experience.

V. The battle for environmental protection aims to bring back a beautiful landscape and witness green development

Green development is the foundation for sound and sustainable development and an ecological civilization. Modern western civilization is built through a predatory development mode, namely, treatment following pollution, whose worldwide spread posed serious problems for the resources and environment of the world. In 2008, the United Nations proposed that all countries should implement the Green New Deal.

The Chinese government attaches great importance to green development. It made protecting the environment and saving resources as basic state policy, proposed to build a resource-saving and environment-friendly society, and pioneered a path to a civilized development featuring production growth, affluent living and a sound ecosystem with the aim of shaping a new pattern of modernization and harmonious development between humans and nature. In the 5th Plenary Session of the 18th CPC Central Committee, the

Chinese government put green development into the Proposal on Formulating the Thirteenth Five-year Plan. On the first day of 2015, the government enacted and implemented the amended Environmental Protection Law of the People's Republic of China, in which harsh punishments, such as daily penalties, suspension of business and administrative detention, and restrictions on and suspension of production were imposed for environment pollution. The law is an effective measure for pollution control and is known as the severest law for environmental protection in history. With heavy penalties in hand, the Ministry of Environmental Protection of China strengthened environmental protection and held public interviews with mayors of more than 20 cities on the matter. This unprecedented battle for environmental protection fully presents the responsibility of the Chinese government to ensure China's future and the people's well-being as well as its deep reflection on the need to advance human civilization.

"Lucid waters and lush mountains are invaluable assets". In recent years, green development and environmental protection have become China's name card to the world. China is now exploring a new development mode with its own concepts and actions to contribute to the creation of a more environmentally sound world. For example, in 2016 the sales volume of new energy automobiles in China was 50% of the total global sales volume, and the growth of renewable energy sources accounted for more than 40% of the world's total. The total installed capacity of hydroelectricity, wind power and photovoltaic power generation ranked first in the world. The international community can see that China now has become the lead engine in the transformation of global energy.

China, with one fifth of the global population, is the second largest economy and the largest manufacturing state in the world. Green development drives the country's growth and China's green urbanization strategy aims to boost the country's economy. Green development as part of China's industrial transformation will definitely provide models and blueprints for the world economy. The World Wildlife Fund said in one report that if everyone enjoyed a lifestyle in line with American standards, then 4.5 earths would be needed. China, with its 1.3 billion people, has taken a different, more sustainable approach. It has pioneered a path of green development, one that greatly contributes to humanity and social progress.

To boost a green, low-carbon and sustainable development of the world, China is now doing its part to help other developing countries. China's South-South Cooperation Fund on Climate Change was launched and the Chinese team has started cooperation with 27 developing countries to help them improve management ability and financing capacity with regards to green development. At this critical juncture when the US and other countries have withdrawn from the

Paris Agreement and global climate protection is under severe stress, the Chinese government has solemnly promised the world in 2015 that CO_2 emissions per unit of GDP will fall by $60\% \sim 65\%$ and that the ratio of non-fossil energy to primary energy consumption will reach 20% or so by 2030. This means we are closer to the climate change goals of the Paris Agreement. It illustrates China's responsibility and undertaking as a rising power in its belief of a global community of common destiny.

VI. Conclusion: China's progress offers a new approach for the world

To sum up, the historic and cultural background of China's inclusive development provides new values for global development, and an economic platform where the fruits of growth are shared with everyone. China's contribution to the world is not only embodied in its development mode but also in the values of human civilization. Under the "peace and development" theme of the times, the state policy of reform and opening up laid an internal and external foundation for the rise of China's economy. The economic wonder and political civilization that China has created has played an increasingly important role in transforming global economic governance and exerts a subtle influence on the future direction of global civilization. At the moment, an inclusive political and economic system is being built with integrity at its core; under the guidance of the Belt and Road Initiative, globalization has deepened and consists of a more open global economic system defined by mutual benefits and win-win results. A moderately prosperous society in an all-around way is being built through targeted poverty alleviation to enhance people's sense of gain and happiness and to achieve coordinated and comprehensive development. China's transformation takes environmental protection as its driving force. The values behind these great practices of China's development are of great significance in the context of globalization. The values represent the direction of China's advanced culture and are themselves a massive contribution to humanity's own common values. Moreover, these values are ready for the whole world to sublimate and shape toward creating a new world.

Therefore, there has been an urgent need to complete a development mode with Chinese characteristics. Since the 3rd Plenary Session of the 18th CPC Central Committee, there has been a need by the CPC Central Committee to improve in particular new concepts and a strategic layout pertaining to political civilization, economic development, social construction and governance and the creation of an ecological civilization. The reason is to ensure that a development mode with Chinese characteristics has influence in the international community, and that contemporary China's outlook on development and the environment can guide and shape the common civilization for all mankind.

In a word, the "peace and development" theme of the times practiced through socialism with Chinese characteristics and the remarkable achievements witnessed through China's reform and opening up have made it clear to the world that the eastern civilization is of great significance and has made a huge contribution to reshaping the common civilization for all mankind. At the root of eastern civilization is the belief that peace is most precious. There is a need to seek common ground and reserve differences and strive for universal harmony. The efforts that China has made to reshape the common civilization include its efforts to revise the original mode of globalization based on western values led by traditional western ideology. The efforts that China has made for peaceful coexistence and its commitment to a peaceful rise have broken the spell of the Clash of Civilizations advocated by western scholars. Carrying on the initiative of a new globalization, contributing China's wisdom and solution for global governance, China will guide the win-win efforts of all countries and create a new global common civilization.

Zheng Zhijie
December 2017 in Beijing